L'INGÉNIEUX CHEVALIER

DON QUICHOTTE

DE LA MANCHE

PAR

MICHEL CERVANTES

TRADUCTION NOUVELLE

TOME II

PARIS
FURNE, LIBRAIRE-ÉDITEUR
M DCCC LVIII

L'INGÉNIEUX CHEVALIER

DON QUICHOTTE

DE LA MANCHE

II

PARIS. — IMPRIMERIE DE J. CLAYE
RUE SAINT-BENOIT, 7

L'INGÉNIEUX CHEVALIER

DON QUICHOTTE

DE LA MANCHE

PAR

MICHEL CERVANTES

TRADUCTION NOUVELLE

TOME II

PARIS

FURNE, LIBRAIRE-ÉDITEUR

M DCCC LVIII

PRÉFACE

Vive Dieu! avec quelle impatience, ami lecteur, illustre ou plébéien, peu importe, tu dois attendre cette préface, croyant sans doute y trouver des personnalités, des représailles, des injures, contre l'auteur du second *don Quichotte* : je veux parler de celui qui fut, dit-on, engendré à Tordésillas, et naquit à Tarragone [1]. Eh bien, je t'en demande pardon, mais il ne m'est pas possible de te donner cette satisfaction, car si d'habitude l'injustice et l'outrage éveillent la colère dans les plus humbles cœurs, cette règle rencontre une exception dans le mien. Voudrais-tu que j'allasse jeter au nez de cet homme qu'il n'est qu'un impertinent, un sot, un âne? Eh bien, je n'en ai pas même la pensée; qu'il reste avec son péché, qu'il le mange avec son pain, et grand bien lui fasse.

Mais ce que je ne puis me résoudre à passer sous silence et à couvrir simplement de mon mépris, c'est de m'entendre appeler par lui vieux et manchot, comme s'il avait été en mon pouvoir d'arrêter la marche du temps et de faire qu'il ne s'écoulât pas pour moi, et comme si ma main brisée l'avait été dans quelque dispute de taverne, et non dans la plus éclatante rencontre [2] qu'aient vue les siècles passés et présents et que puissent voir les siècles à venir.

Si ma blessure ne brille pas aux yeux, elle est, du moins, appréciée par ceux qui savent où elle fut reçue, car mourir en combattant sied mieux au soldat, qu'être libre dans la fuite; et je préfère avoir assisté jadis à cette prodigieuse affaire que de me voir aujourd'hui exempt de blessures sans y avoir pris part. Les cicatrices que le soldat porte sur la

---

1. C'est l'écrivain caché sous le nom du licencié Alonzo Fernandez de Avellaneda, natif de Tordesillas, et dont le livre fut imprimé à Tarragone.
2. La bataille de Lépante, livrée le 7 octobre 1571.

poitrine et au visage sont autant d'étoiles qui nous guident dans le sentier de l'honneur vers le désir des nobles louanges. D'ailleurs est-ce avec les cheveux blancs qu'on écrit? N'est-ce pas plutôt avec l'entendement, lequel a coutume de se fortifier par les années ?

Autre chose encore m'a causé du chagrin : cet homme m'appelle envieux et il se donne la peine de m'expliquer, comme si je l'ignorais, ce que c'est que l'envie ; eh bien, qu'il le sache, des deux sortes d'envie que l'on connaît, je n'éprouve que celle qui est sainte, noble, bien intentionnée. Comment donc oser supposer que j'aille m'attaquer à un prêtre, surtout quand ce prêtre ajouté à ce respectable caractère le titre de familier du saint-office¹ ? Je le déclare ici, mon adversaire se trompe ; car de celui qu'il prétend que j'ai voulu désigner, j'adore le génie, j'admire les travaux et je respecte le labeur incessant et honorable. Quant à mes *Nouvelles*, cet aristarque les trouve plus satiriques qu'exemplaires ; eh bien, qu'importe? pourvu qu'elles soient bonnes, et elles ne pourraient l'être s'il ne s'y trouvait un peu de tout.

Tu vas dire sans doute, ami lecteur, que je me montre peu exigeant ; mais il ne faut pas accroître les chagrins d'un homme déjà si affligé, et ceux de ce seigneur doivent être grands puisqu'il dissimule sa patrie et déguise son nom, comme s'il se sentait coupable du crime de lèse-majesté. Si donc par aventure tu viens à le connaître, dis-lui de ma part que je ne me tiens nullement pour offensé, que je connais fort bien les pièges du démon, et qu'un des plus dangereux qu'il puisse tendre à un homme, c'est de lui mettre dans la cervelle qu'il est capable de composer un livre qui lui procurera autant de renommée que d'argent et autant d'argent que de renommée. A l'appui de ce que j'avance, conte-lui avec ton esprit et ta bonne grâce accoutumée la petite histoire que voici :

« Il y avait à Séville un fou qui donna dans la plus plaisante folie dont fou se soit jamais avisé. Il prit un jonc qu'il tailla en pointe par un bout, et quand il rencontrait un chien, il lui mettait un pied sur la patte de derrière, lui levait l'autre patte avec la main, après quoi lui introduisant son tuyau dans certain endroit, il soufflait par l'autre bout, et rendait bientôt l'animal rond comme une boule. Quand il l'avait mis en cet état, il lui donnait deux tapes sur le ventre et le lâchait en disant à ceux qui étaient là toujours en grand nombre : « Vos Grâces

---

1. Allusion à Lope de Vega, qui était en effet prêtre et familier du saint-office.

pensent-elles que ce soit chose si facile que d'enfler un chien ? » Eh bien, à mon tour, je demanderai : Pensez-vous que ce soit un petit travail de faire un livre ?

Si ce conte, ami lecteur, ne lui convient pas, dis-lui cet autre, qui est encore un conte de fou et de chien : « Il y avait à Cordoue un fou qui avait coutume de porter sur sa tête un morceau de dalle en marbre ou en pierre, non des plus légers ; quand il apercevait un chien, il s'en approchait avec précaution et laissait la dalle tomber d'aplomb sur le pauvre animal. Roulant d'abord sous le coup, le chien ne tardait pas à se sauver en jetant des hurlements à ne pas s'arrêter au bout de trois rues. Or, il arriva qu'un jour il s'en prit au chien d'un mercier, que son maître aimait beaucoup. L'animal poussa des cris perçants. Le mercier, furieux, saisit une aune, tomba sur le fou et le bâtonna rondement, en lui disant à chaque coup : « Chien de voleur, ne vois-tu pas que mon chien est un lévrier ? » Et après lui avoir répété le mot de lévrier plus de cent fois, il le renvoya moulu comme plâtre. L'avertissement fit son effet, et le fou fut tout un mois sans se montrer. A la fin cependant, il reparut avec une dalle bien plus pesante que la première, mais quand il rencontrait un chien, il s'arrêtait tout court en disant : « Oh ! oh ! celui-ci est un lévrier. » Depuis lors, tous les chiens qu'il trouvait sur son chemin, fussent-ils dogues ou roquets, étaient pour lui autant de lévriers, et il ne lâchait plus sa pierre. Peut-être en arrivera-t-il de même à cet homme ; il n'osera plus lâcher en livres le poids de son esprit, lequel, il faut en convenir, est plus lourd que le marbre.

Quant à la menace qu'il me fait de m'enlever tout profit avec son ouvrage, dis-lui, ami lecteur, que je m'en moque comme d'un maravédis et que je lui réponds : « Vive pour moi le comte de Lémos, et Dieu pour tous ! » Oui, vive le grand comte de Lémos, dont la libéralité bien connue m'abrite contre la mauvaise fortune, et vive la suprême charité de l'archevêque de Tolède [1] ! Ces deux princes, par leur seule bonté d'âme et sans que je les aie sollicités par aucune espèce d'éloges, ont pris à leur charge le soin de venir généreusement à mon aide, et en cela je me tiens pour plus heureux et plus riche que si la fortune, par une voie ordinaire, m'eût comblé de ses faveurs. L'honneur, je le sens, peut rester au pauvre, mais non au pervers ; la pauvreté peut couvrir d'un nuage

---

1. Don Bernardo Sandoval y Rojas.

PRÉFACE.

la noblesse, mais non l'obscurcir entièrement. Pourvu que la vertu jette quelque lumière, fût-ce par les fissures de la détresse, elle finit toujours par être estimée des grands et nobles esprits.

Ne lui dis rien de plus, ami lecteur; quant à moi, je me contenterai de te faire remarquer que cette seconde partie de *Don Quichotte*, dont je te fais hommage, est taillée sur le même patron, et qu'elle est de même étoffe que la première. Dans cette seconde partie, je te donne mon chevalier conduit jusqu'au terme de sa vie, et finalement mort et enterré, afin que personne ne puisse en douter désormais. C'est assez qu'un honnête homme ait rendu compte de ses aimables folies, sans que d'autres prétendent encore y mettre la main. L'abondance des choses, même bonnes, en diminue le prix, tandis que la rareté des mauvaises les fait apprécier en ce point.....

J'oubliais de te dire que tu auras bientôt *Persiles*, que je suis en train d'achever, ainsi que la seconde partie de *Galatée*.

L'INGÉNIEUX CHEVALIER
DON QUICHOTTE
DE LA MANCHE

DEUXIÈME PARTIE

CHAPITRE PREMIER

De ce qui se passa entre le curé et le barbier avec don Quichotte, au sujet de sa maladie.

Dans la seconde partie de cette histoire, qui contient la troisième sortie de don Quichotte, Cid Hamet Ben-Engeli raconte que le curé et le barbier restèrent plus d'un mois sans chercher à le voir, pour ne pas lui rappeler par leur présence le souvenir des choses passées. Ils ne laissaient pas néanmoins de visiter souvent sa nièce et sa gouvernante, leur recommandant chaque fois d'avoir grand soin de leur maître, et de lui donner une nourriture bonne pour l'estomac et surtout pour le cerveau, d'où venait, à n'en pas douter, tout son mal. Ces femmes répondaient qu'elles n'auraient garde d'y manquer, d'autant plus que, par moment, leur seigneur paraissait avoir recouvré tout son bon sens. Cette nouvelle causa bien de la joie à nos deux amis, qui s'applaudirent d'autant plus d'avoir employé, pour le ramener chez lui, le stratagème que nous avons raconté dans les chapitres qui terminent la première partie de cette grande et véridique histoire. Toutefois, comme ils tenaient cette guérison pour impossible, ils résolurent de s'en assurer par eux-mêmes, et après s'être promis de ne pas toucher la corde de la chevalerie, dans la crainte de découdre les points d'une blessure si fraîchement fermée[1], ils se rendirent chez don Quichotte, qu'ils trouvèrent dans sa chambre, assis

---

1. Il était alors d'usage en chirurgie de coudre les blessures.

sur son lit, en camisole de serge verte, et coiffé d'un bonnet de laine rouge de Tolède, mais tellement sec et décharné, qu'il ressemblait à une momie. Ils furent très-bien reçus de notre chevalier, qui répondit à leurs questions sur sa santé avec beaucoup de justesse et en termes choisis.

Peu à peu la conversation s'engagea, et après avoir causé d'abord de choses indifférentes, on en vint à entamer le chapitre des affaires publiques et des formes de gouvernement. Celui-ci changeait une coutume, celui-là corrigeait un abus; bref, chacun de nos trois amis devint, séance tenante, un nouveau Lycurgue, un moderne Solon, et ils remanièrent si bien l'État, qu'il semblait qu'après l'avoir mis à la forge, ils l'en avaient retiré entièrement remis à neuf. Sur ces divers sujets, don Quichotte montra tant de tact et d'à-propos, que les deux visiteurs ne doutèrent plus qu'il n'eût recouvré tout son bon sens. Présentes à l'entretien, la nièce et la gouvernante versaient des larmes de joie et ne cessaient de rendre grâces à Dieu en voyant leur maître montrer une telle lucidité d'esprit. Mais le curé, revenant sur sa première intention, qui était de ne point parler chevalerie, voulut compléter l'épreuve, afin de s'assurer si cette guérison était réelle ou seulement apparente. De propos en propos, il se mit à conter quelques nouvelles récemment venues de la cour : On tient pour assuré, dit-il, que le Turc fait de grands préparatifs de guerre, et qu'il se dispose à descendre du Bosphore avec une immense flotte; seulement on ne sait pas sur quels rivages ira fondre une si formidable tempête; il ajouta que la chétienté en était fort alarmée, et qu'à tout événement Sa Majesté faisait pourvoir à la sûreté du royaume de Naples, des côtes de la Sicile et de l'île de Malte.

Sa Majesté agit en prudent capitaine, dit don Quichotte, lorsqu'elle met ses vastes États sur la défensive, afin que l'ennemi ne les prenne pas au dépourvu. Mais si elle me faisait l'honneur de me demander mon avis, je lui conseillerais une mesure à laquelle elle est, j'en suis certain, bien éloignée de penser à cette heure.

A peine le curé eut-il entendu ces paroles, qu'il se dit en lui-même : Dieu te soit en aide, pauvre don Quichotte; car, si je ne me trompe, te voilà retombé au plus profond de ta démence.

Le barbier, qui avait eu la même pensée, demanda quelle était cette importante mesure, craignant, disait-il, que ce ne fût un de ces impertinents avis qu'on ne se fait pas faute de donner aux princes.

Maître râpeur de barbes, repartit don Quichotte, mon avis n'a rien d'impertinent : il est, au contraire, tout à fait pertinent.

D'accord, répliqua le barbier; cependant l'expérience a prouvé que ces sortes d'expédients sont presque toujours impraticables ou ridicules, quelquefois même contraires à l'intérêt du roi et de l'État.

Soit; mais le mien, reprit don Quichotte, n'est ni impraticable ni ridicule : loin de là, c'est le plus simple et le plus convenable qui puisse se présenter à l'esprit d'un donneur de conseils.

Votre Grâce tarde bien à nous l'apprendre, dit le curé.

Je ne suis pas fort empressé de le faire connaître, répondit don Quichotte, de peur qu'en arrivant aux oreilles de messeigneurs du conseil, l'honneur de l'invention ne me soit aussitôt enlevé.

Quant à moi, reprit le barbier, je jure devant Dieu et devant les hommes de n'en parler ni à roi, ni à Roch, ni à âme qui vive, comme il est dit dans cette romance du curé [1], où l'on avise le roi de ce voleur qui lui avait escamoté cent doublons et sa mule qui allait si bien l'amble.

Je ne connais pas cette histoire, dit don Quichotte, mais je tiens le serment pour bon, sachant le seigneur barbier homme de bien.

Et quand cela ne serait pas, reprit le curé, je me porte fort pour lui, et je réponds qu'il n'en parlera pas plus que s'il était né muet.

Et vous, seigneur curé, demanda don Quichotte, quelle sera votre caution?

Mon caractère, répliqua le curé, car il me fait un devoir de garder les secrets.

Eh bien donc, s'écria don Quichotte, j'affirme que si le roi faisait publier à son de trompe que tous les chevaliers qui errent par l'Espagne sont tenus de se rendre à sa cour, à jour nommé : ne s'en présentât-il qu'une demi-douzaine, tel parmi eux, j'en suis certain, pourrait se rencontrer qui viendrait à bout de la puissance du Turc. Que Vos Grâces veuillent bien me prêter attention et suivre mon raisonnement. Est-ce qu'on n'a pas vu maintes fois un chevalier défaire à lui seul une armée de deux cent mille hommes, comme si tous ensemble ils n'avaient eu qu'une tête à couper? Vive Dieu! si le fameux don Bélianis, ou même un simple rejeton des Amadis de Gaule était encore vivant, et que le Turc se trouvât face à face avec lui, par ma foi, je ne parierais pas pour le Turc. Mais patience, Dieu aura pitié de son peuple, et saura lui envoyer quelque chevalier moins illustre peut-être que ceux des temps passés, qui pourtant ne leur sera point inférieur en vaillance. Je n'en dis pas davantage, Dieu m'entend.

---

1. Allusion à quelque romance populaire de l'époque, aujourd'hui inconnue.

Sainte Vierge! s'écria la nièce, que je meure si mon oncle n'a pas envie de se faire encore une fois chevalier errant!

Oui, oui, repartit don Quichotte, chevalier errant je suis, et chevalier errant je mourrai; que le Turc monte ou descende quand il voudra, et déploie toute sa puissance! je le répète, Dieu m'entend.

Sur ce, le barbier prit la parole : Que Vos Grâces, dit-il, me permettent de leur raconter une petite histoire; elle vient ici fort à propos.

Comme il vous plaira, reprit don Quichotte; nous sommes prêts à vous donner audience.

Le barbier continua de la sorte : A Séville, dans l'hôpital des fous, il y avait un homme que ses parents firent enfermer comme ayant perdu la raison. Cet homme avait pris ses licences à l'université d'Ossuna; mais quand même il les eût prises à celle de Salamanque, il n'en serait pas moins, disait-on, devenu fou. Après plusieurs années de réclusion, le pauvre diable se croyant guéri, écrivit à l'archevêque une lettre pleine de bon sens, dans laquelle il le suppliait de le tirer de sa misérable vie, puisque Dieu, dans sa miséricorde, lui avait fait la grâce de lui rendre la raison. Il prétendait que ses parents, pour jouir de son bien, continuaient à le tenir enfermé, et voulaient, en dépit de la vérité, le faire passer pour fou jusqu'à sa mort. Convaincu du bon sens de cet homme par les lettres qu'il ne cessait de lui adresser, l'archevêque chargea un de ses chapelains de s'informer auprès du directeur de l'hôpital si tout ce que lui écrivait le licencié était exact, enfin de l'interroger lui-même, l'autorisant, si l'examen était favorable, à le faire mettre en liberté.

Le chapelain vint trouver le directeur de l'hôpital, et lui demanda ce qu'il pensait de l'état mental du licencié. Le directeur répondit qu'il le tenait pour aussi fou que jamais; qu'à la vérité il parlait quelquefois en homme de bon sens, mais qu'en fin de compte il retombait toujours dans ses premières extravagances, comme le chapelain pouvait d'ailleurs s'en assurer par lui-même. Celui-ci témoigna le désir de tenter l'expérience. On le mena à la chambre du licencié, avec lequel il s'entretint plus d'une heure sans que pendant tout ce temps cet homme donnât le moindre signe de folie; loin de là, ses discours furent si pleins d'à-propos et de bon sens, que le chapelain ne put s'empêcher de le regarder comme entièrement guéri.

Entre autres choses, le pauvre diable se plaignait de la connivence du directeur de l'hôpital, qui, pour plaire à sa famille et ne pas perdre les cadeaux qu'il en recevait, affirmait qu'il était toujours fou, quoiqu'il eût souvent de bons moments. Il ajoutait que, dans son malheur, son plus grand ennemi, c'était sa fortune; car pour en jouir, disait-il, mes parents portent un jugement qu'ils savent faux, puisqu'ils ne veulent pas reconnaître la grâce que Dieu m'a faite en me rappelant de l'état de brute à l'état d'homme. Bref, il parla de telle sorte, qu'il réussit à rendre le directeur suspect, et à faire passer ses parents pour cupides et dénaturés, si bien que le chapelain résolut de l'emmener, pour rendre l'archevêque lui-même témoin d'une guérison dont il n'était plus permis de douter. Le directeur fit tous ses efforts pour dissuader le chapelain, lui disant d'y prendre garde; que cet homme n'avait jamais cessé d'être fou, et qu'il aurait le déplaisir de s'être trompé sur son compte; mais quand on lui eut montré la lettre de l'archevêque, il ordonna de rendre au licencié ses anciens vêtements, et le laissa entre les mains du chapelain.

A peine dépouillé de sa casaque de fou, notre homme voulut aller prendre congé de ses anciens compagnons. Il en demanda avec instance la permission au chapelain, qui désira même l'accompagner dans cette visite; quelques-uns de ceux qui étaient là se joignirent à lui. En passant devant la loge d'un fou furieux qui par hasard était calme en ce moment: Adieu, frère, lui dit le licencié; voyez si vous n'avez pas quelque chose à me demander, car je vais retourner chez moi, puisque Dieu dans sa bonté infinie et sans que je le méritasse, m'a fait la grâce de me rendre la raison. J'espère qu'il fera de même pour vous; aussi priez-le bien et ne manquez jamais de confiance; en attendant, j'aurai soin de vous envoyer quelques bons morceaux, car je sais, par ma propre expérience, que la folie ne vient le plus souvent que du vide de l'estomac et du cerveau. Prenez donc courage, et ne vous laissez point abattre; dans les disgrâces qui nous arrivent, le découragement détruit la santé et ne fait qu'avancer la mort.

En entendant ce discours, un autre fou renfermé dans une loge qui faisait face à celle du fou furieux, se redressa tout à coup d'une vieille natte de jonc sur laquelle il était couché, et demanda en criant à tue-tête quel était ce camarade qui s'en allait si sain de corps et d'esprit?

C'est moi, frère, répondit le licencié; je n'ai plus besoin de rester dans cette maison, après la grâce que Dieu m'a faite.

Prends garde à ce que tu dis, licencié mon ami, repartit cet homme, et que le diable ne t'abuse pas. Crois-moi, reste avec nous, afin de t'épargner l'allée et le retour.

Je sais que je suis guéri, reprit le licencié, et je ne pense pas avoir jamais à recommencer mes stations.

Toi, guéri! continua le fou; à la bonne heure, et que Dieu te conduise; mais par le nom de Jupiter, dont je représente ici-bas la majesté souveraine, je jure que pour ce seul péché, que Séville vient de commettre en te rendant la liberté, je la frapperai d'un tel châtiment, que le souvenir s'en perpétuera dans les siècles des siècles. *Amen.* Ne sais-tu pas, pauvre petit licencié sans cervelle, que j'en ai le pouvoir, puisque je suis Jupiter Tonnant, et que je tiens dans mes mains les foudres destructeurs qui peuvent en un instant réduire toute la terre en cendres? Mais non, je n'infligerai qu'une simple correction à cette ville ignorante et stupide; je me contenterai de la priver de l'eau du ciel, ainsi que tous ses habitants, pendant trois années entières et consécutives, à compter du jour où la menace vient d'en être prononcée. Ah! tu es libre, tu es dans ton bon sens, et moi je suis fou et en prison! De par mon tonnerre, je leur enverrai de la pluie, tout comme je songe à me pendre.

Chacun écoutait ces propos avec étonnement, quand le licencié se tourna vivement vers le chapelain et lui prenant les deux mains: Que Votre Grâce, mon cher seigneur, lui dit-il, ne se mette point en peine des menaces que ce fou vient de débiter; car s'il est Jupiter, le dieu de la foudre, je suis Neptune, le dieu des eaux, et je ferai pleuvoir quand il en sera besoin.

Très-bien, très-bien, repartit le chapelain; mais en attendant, il ne faut pas irriter Jupiter, seigneur Neptune. Rentrez dans votre loge, nous reviendrons vous chercher une autre fois.

Chacun se mit à rire en voyant la confusion du chapelain. Quant au licencié, on lui remit sa casaque, on le renferma de nouveau, et le conte est fini.

C'était donc là, reprit don Quichotte, ce conte venu si à point qu'on ne pouvait se dispenser de nous le servir. Ah! maître raseur, maître raseur, bien aveugle est celui qui ne voit pas à travers la toile du tamis! Votre Grâce en est-elle encore à ignorer que ces comparaisons d'esprit à esprit, de courage à courage, de beauté à beauté, de famille à famille, sont toujours odieuses et mal reçues? Seigneur barbier, je ne suis pas Neptune, le dieu des eaux, et je m'inquiète fort peu de passer pour un homme d'esprit, surtout ne l'étant pas; mais, quoi qu'il en soit, je n'en continuerai pas moins jusqu'à mon dernier jour à signaler au monde l'énorme faute que l'on commet en négligeant de rétablir l'ancienne chevalerie errante. Hélas! je ne le vois que trop, notre âge dépravé ne mérite pas de jouir du bonheur ineffable dont ont joui les siècles passés, alors que les chevaliers errants prenaient en main la défense des royaumes, la protection des jeunes filles, des veuves et des orphelins. Maintenant, les chevaliers abandonnent la cuirasse et la cotte de mailles, pour revêtir la veste de brocart et de soie. Où sont-ils ceux qui, armés de pied en cap, à cheval et appuyés sur leur lance, s'ingéniaient à tromper le sommeil, la faim, la soif, et les besoins les plus impérieux de la nature? Où est le chevalier de notre temps qui, après une longue course à travers les montagnes et les forêts, arrivant au bord de la mer, où il ne trouve qu'un frêle esquif, s'y jette hardiment, malgré les vagues furieuses qui tantôt le lancent au ciel, tantôt le précipitent au fond des abîmes; puis le lendemain, à trois mille lieues de là, abordant une terre inconnue, y accomplit des prouesses si extraordinaires, qu'elles méritent d'être gravées sur le bronze? A présent, la mollesse et l'oisiveté sont vertus à la mode, et la véritable valeur qui fut jadis le partage des chevaliers errants n'est plus de saison. Où rencontrer aujourd'hui un chevalier aussi vaillant qu'Amadis? aussi courtois que Palmerin d'Olive? aussi galant que Lisvart de Grèce? plus blessant et plus blessé que don Bélianis? aussi brave que Rodomont? aussi prudent que le roi Sobrin? aussi entreprenant que Renaud? aussi invincible que Roland? aussi séduisant que Roger, de qui, en droite ligne, descendent les ducs de Ferrare, d'après Turpin dans sa Cosmographie.

Tous ces chevaliers et tant d'autres que je pourrais citer ont été l'honneur de la chevalerie errante; c'est d'eux et de leurs pareils que je conseillerais au roi de se servir, s'il veut être bien servi et à bon marché, et voir le Turc s'arracher la barbe à pleines mains. Mais avec tout cela, il faut que je reste dans ma loge, puisqu'on refuse de m'en tirer; et si Jupiter, comme a dit le barbier, ne veut pas qu'il pleuve, je suis ici, moi, pour faire pleuvoir quand il m'en prendra fantaisie. Ceci soit dit afin que le seigneur Plat-à-Barbe sache que je l'ai compris.

Seigneur don Quichotte, répondit le barbier, Votre Grâce aurait tort de se fâcher; Dieu m'est témoin que je n'ai pas eu dessein de vous déplaire.

Si je dois me fâcher ou non, c'est à moi de le savoir, repartit don Quichotte.

Seigneurs, interrompit le curé, qui jusqu'alors avait écouté sans rien dire, je voudrais éclaircir un doute qui me pèse, et que vient de faire naître en moi le discours du seigneur don Quichotte.

Parlez sans crainte, répondit notre chevalier, et mettez votre conscience en repos.

Eh bien, dit le curé, je dois avouer qu'il m'est impossible de croire que tous ces chevaliers errants dont Votre Grâce vient de parler, aient été des hommes en chair et en os; pour moi, tout cela n'est que fictions, rêveries et contes faits à plaisir.

Voilà une erreur, répondit don Quichotte, dans laquelle sont tombés nombre de gens. J'ai souvent cherché à faire luire la lumière de la vérité sur cette illusion devenue presque générale; quelquefois je n'ai pu réussir; mais presque toujours j'en suis venu à bout, et j'ai eu le bonheur de rencontrer des personnes qui se sont rendues à la force de cette vérité pour moi si manifeste, que je pourrais dire avoir vu de mes yeux Amadis de Gaule. Oui, c'était un homme de haute taille, au teint vif et blanc; il avait la barbe noire et bien plantée, le regard fier et doux; il n'était pas grand parleur, se mettait rarement en colère, et n'y restait pas longtemps. Non moins aisément que j'ai dépeint Amadis, je pourrais vous faire le portrait de tous les chevaliers errants; car sur l'idée qu'en donnent leurs histoires, il est facile de dire quel était leur air, quelle était leur stature et la couleur de leur teint.

S'il en est ainsi, seigneur, dit le barbier, apprenez-nous quelle taille avait le géant Morgan?

Qu'il ait existé des géants ou qu'il n'en ait pas existé, répondit don Quichotte, les opinions sont partagées à ce sujet. Cependant la sainte Écriture, qui ne peut induire en erreur, nous apprend qu'il y en a eu, par ce qu'elle raconte de ce Goliath qui avait sept coudées et plus de hauteur. On a trouvé en Sicile des ossements de jambes et de bras dont la longueur prouve qu'ils appartenaient à des géants aussi hauts que des tours. Toutefois je ne saurais affirmer que le géant Morgan ait été d'une très-grande taille; je ne le pense pas, et en voici la raison : son histoire dit qu'il dormait souvent à couvert; or, puisqu'il trouvait des habitations capables de le recevoir, il ne devait pas être d'une grandeur démesurée.

C'est juste, dit le curé, qui, prenant plaisir à entendre notre héros débiter de telles extravagances, lui demanda à son tour ce qu'il pensait de Roland, de Renaud et des douze pairs de France, tous anciens chevaliers errants?

De Renaud, répondit don Quichotte, je dirai qu'il devait avoir la face large, le teint vermeil, les yeux à fleur de tête et pleins de feu; il était extrêmement chatouilleux et emporté, et se plaisait à protéger les malandrins et gens de cette espèce. Quant à Roland, Rotoland ou Orland (l'histoire lui donne ces trois noms), je crois pouvoir affirmer qu'il était de moyenne stature, large des épaules, un peu cagneux des genoux ; il avait le teint brun, la barbe rude et rousse, le corps velu, la parole brève et le regard menaçant ; du reste, courtois, affable et bien élevé.

Par ma foi, si Roland ressemblait au portrait que vient d'en faire Votre Grâce, dit le barbier, je ne m'étonne plus que la belle Angélique lui ait de beaucoup préféré ce petit More à poil follet à qui elle livra ses charmes.

Cette Angélique, reprit don Quichotte, était une créature fantasque et légère, une coureuse, qui a rempli le monde du bruit de ses fredaines. Sacrifiant sa réputation à son plaisir, elle a dédaigné mille nobles personnages, mille chevaliers pleins d'esprit et de bravoure, pour un petit page au menton cotonneux, sans naissance et sans fortune, et dont tout le renom fut l'attachement qu'il montra pour son vieux maître [1]. Aussi, le chantre de sa beauté, le grand Arioste, cesse-t-il d'en parler après cette faiblesse impardonnable, et pour ne plus s'occuper d'elle, il termine brusquement son histoire par ces vers :

> Peut-être à l'avenir une meilleure lyre,
> Dira comme elle obtint du grand Catay l'empire.

Ces vers furent une prophétie, car les poëtes s'appellent *vates*. c'est-à-dire devins, et la prédiction s'accomplit si bien, que depuis lors ce fut un poëte andaloux qui chanta les larmes d'Angélique, et un poëte castillan qui chanta sa beauté.

Parmi tant de poëtes qui l'ont célébrée, dit maître Nicolas, il doit s'en être trouvé au moins un pour lui dire son fait.

Si Sacripant ou Roland eussent été poëtes, reprit don Quichotte, j'incline à croire qu'ils auraient joliment savonné la tête à cette écervelée ; car c'est l'ordinaire des amants rebutés de se venger par des satires et des libelles : vengeance, après tout, indigne d'un cœur généreux. Mais jusqu'à ce jour, je n'ai pas connaissance d'un seul vers injurieux contre cette Angélique qui a bouleversé le monde.

C'est miracle ! dit le curé ; et tout à coup on entendit la nièce et la gouvernante, qui depuis quelque temps déjà s'étaient retirées, jeter les hauts cris ; aussitôt nos trois amis se levèrent et coururent au bruit.

---

1. Médor fut laissé pour mort sur la place, en allant relever le cadavre de son maître. (ARIOSTE, chant XXIII).

CHAPITRE II

Qui traite de la grande querelle qu'eut Sancho Panza avec la nièce et la gouvernante, ainsi que d'autres plaisants évenements.

L'histoire raconte que les auteurs de tout ce tapage étaient Sancho, lequel voulait entrer pour voir son seigneur, et la nièce et la gouvernante qui s'y opposaient de toutes leurs forces.

Que veut ce vagabond, ce fainéant? demandait la gouvernante. Retournez chez vous, mon ami, vous n'avez que faire céans; c'est vous qui débauchez et pervertissez notre maître, et l'emmenez courir les grands chemins.

Gouvernante de Satan, répondait Sancho, vous vous trompez de plus de moitié; le débauché, le perverti et l'emmené par les chemins, c'est moi et non pas votre maître. C'est lui qui m'a tiré de ma maison en m'enjôlant avec des tricheries et en me promettant une île que j'attends encore.

Que veut-il dire avec ses îles? répliquait la gouvernante. Est-ce par hasard quelque chose de bon à manger, glouton que tu es?

Non pas à manger, reprenait Sancho, mais à gouverner, et meilleur que quatre villes et une province entière.

Tu n'entreras pas ici, tonneau de malices, sac de méchancetés, continuait la gouvernante : Va gouverner ta maison et labourer ton coin de terre, et laisse là tes gouvernements.

Le curé et le barbier riaient de bon cœur de ce plaisant dialogue; mais don Quichotte, craignant que Sancho ne lâchât sa langue et n'en vint à débiter selon sa coutume quelques malicieuses simplicités, fit taire les deux femmes, et ordonna qu'on le laissât entrer. Sancho entra. Aussitôt le curé et le barbier prirent congé de leur ami, désespérant de sa guérison, puisqu'il se montrait entiché plus que jamais de sa maudite chevalerie.

Vous verrez, compère, dit le curé en sortant, qu'au moment où nous y penserons le moins, notre hidalgo reprendra sa volée.

Oh! cela est certain, reprit le barbier; mais ce qui m'étonne, c'est moins la folie du maître que la simplicité de l'écuyer : il s'est si bien fourré cette île dans la cervelle, que rien au monde ne pourrait l'en faire sortir.

Dieu leur soit en aide, dit le curé; quant à nous, guettons-les bien afin de voir où aboutira cette mise en commun d'extravagances; car on dirait qu'ils ont été créés l'un pour l'autre, et que les folies du maître vaudraient moins sans celles du valet.

C'est vrai, ajouta le barbier; mais je désirerais bien savoir ce qu'ils vont comploter ensemble.

Soyez tranquille, répliqua le curé, la nièce et la gouvernante ne nous laisseront rien ignorer; elles ne sont pas femmes à en perdre leur part.

Pendant cet entretien, don Quichotte et son écuyer s'étaient renfermés. Quand ils se virent seuls : Sancho, dit don Quichotte, je suis très-peiné d'apprendre, que tu ailles répétant partout que je t'ai enlevé de ta chaumière, quand tu sais que je ne suis pas resté dans ma maison. Partis ensemble, nous avons fait tous deux même chemin et éprouvé même fortune : si une fois on t'a berné, cent fois j'ai reçu des coups de bâton : c'est le seul avantage que j'ai sur toi.

C'était bien juste, répondit Sancho; puisque, d'après le dire de Votre Grâce, les mésaventures sont plutôt le fait des chevaliers errants que de leurs écuyers.

Tu te trompes, Sancho, repartit don Quichotte, témoin ce vers : *Caput dolet...*

Je n'entends point d'autre langue que la mienne, dit Sancho.

Je veux dire, répliqua don Quichotte, que quand la tête souffre, souffrent tous les membres. Ainsi, moi, ton maître, je suis la tête du corps dont tu fais partie, étant mon serviteur; par conséquent, le mal que j'éprouve, tu dois le ressentir, et moi le tien.

Cela devrait être, repartit Sancho; mais pendant qu'on me bernait, moi, pauvre membre, ma tête était derrière la muraille de la cour, et elle me regardait voltiger dans les airs, sans éprouver la moindre douleur; si les membres sont obligés de ressentir le mal de la tête, il me semble que la tête devrait à son tour prendre part à leur mal.

Crois-tu, reprit don Quichotte, que je ne souffrais pas pendant qu'on te bernait? Ne le dis, ni ne le pense, mon ami, et sois bien persuadé que je souffrais plus dans mon esprit que toi dans tout ton corps. Mais laissons cela, nous en reparlerons à loisir. Maintenant, ami Sancho, réponds-moi franchement, je te prie; que dit-on de moi dans le pays? comment en parlent les paysans, les hidalgos, les chevaliers? quelle opinion a-t-on de ma courtoisie, de ma valeur, de mes exploits? que pense-t-on du dessein que j'ai formé de rétablir dans son antique lustre l'ordre oublié de la chevalerie errante? Bref, répète-moi, sans flatterie, ce qui est arrivé à tes oreilles, sans rien ajouter, sans rien retrancher; car le devoir d'un serviteur fidèle est de dire à son seigneur la vérité telle qu'elle est, sans qu'aucune considération la lui fasse exagérer ou diminuer. Tu sauras, Sancho, que si la vérité se présentait toujours devant les princes nue et dépouillée des ornements de la flatterie, notre siècle serait un âge d'or, ce qu'il est déjà, à ce que j'entends dire chaque jour, comparé aux siècles qui nous ont précédés. Mets à profit cet avis, et réponds sans déguisement à ma question.

Volontiers, répondit Sancho, mais à condition que Votre Grâce ne se fâchera pas si je lui redis les choses telles qu'elles sont venues à mes oreilles.

Je t'assure que je ne me fâcherai nullement, dit don Quichotte; parle librement et sans détour.

Eh bien, seigneur, reprit Sancho, vous saurez que tout le monde nous tient, vous, pour le plus grand des fous, et moi, pour le dernier des imbéciles. Les hidalgos disent que Votre Grâce n'avait pas le droit de s'arroger le *don*, et de se faire d'emblée chevalier, avec quatre pieds de vigne, deux journaux de terre, un fossé par devant et un par derrière. Quant aux chevaliers, ils sont fort peu satisfaits que les hidalgos se mêlent à eux, principalement ceux qui sont tout au plus bons pour être écuyers, qui noircissent leurs chaussures avec de la suie, et raccommodent leurs bas noirs avec de la soie verte.

Cela ne me regarde pas, dit don Quichotte; je suis toujours très-convenablement vêtu, et je ne porte jamais d'habits rapiécés; déchirés, c'est possible, et encore plutôt par le frottement des armes que par l'action du temps.

Quant à votre valeur, votre courtoisie, vos exploits et vos projets, continua Sancho, les opinions sont partagées; les uns disent : C'est un fou, mais il est plaisant; les autres : Il est vaillant, mais peu chanceux; d'autres : Il est courtois, mais extravagant; et pour ne rien vous cacher, ils en débitent tant sur votre compte, que par ma foi ils ne laissent rien à y ajouter.

Tu le vois, Sancho, dit don Quichotte, plus la vertu est éminente, plus elle est exposée à la calomnie. Peu de grands hommes y ont échappé : Jules César, ce sage et vaillant capitaine, a passé pour un ambitieux; on lui a même reproché de n'avoir ni grande propreté dans ses habits, ni grande pureté dans ses mœurs. On a accusé d'ivrognerie Alexandre, ce héros auquel tant de belles actions ont mérité le surnom de Grand. Hercule, après avoir consumé sa vie en d'incroyables travaux, a fini par passer pour un homme voluptueux et efféminé. On a dit du frère d'Amadis, don Galaor, que c'était un brouillon, un querelleur, et d'Amadis lui-même, qu'il pleurait comme une femme. Aussi, mon pauvre Sancho, je ne me mets nullement en peine des traits de l'envie, et pourvu que ce soit là tout, je m'en console avec ces héros, qui ont fait l'admiration de l'univers.

Oh! répliqua Sancho, on ne s'arrête pas en si beau chemin.

Qu'y a-t-il donc encore? demanda don Quichotte.

Il reste la queue à écorcher, répondit Sancho : jusqu'ici ce n'était que miel, mais si vous voulez savoir le reste, je vais vous amener un homme qui vous donnera contentement. Le fils de Bartholomé Carrasco est arrivé hier soir de Salamanque, où il s'est fait recevoir bachelier; et comme j'allais le voir pour me réjouir avec lui, il m'a raconté que l'histoire de Votre Grâce est déjà mise en livre sous le titre de l'*Ingénieux chevalier don Quichotte de la Manche;* il dit de plus que j'y suis tout du long avec mon propre nom de Sancho Panza, et qu'on y a même fourré madame Dulcinée du Toboso, sans compter bien d'autres choses qui se sont passées entre vous et moi, tellement que j'ai fait mille signes de croix, ne sachant comment ce diable d'auteur a pu les apprendre.

Il faut assurément, dit don Quichotte, que ce soit un enchanteur qui ait écrit cette histoire, car ces gens-là devinent tout.

Parbleu, si c'est un enchanteur, je le crois bien, reprit Sancho, puisque le bachelier Samson Carrasco dit qu'il s'appelle Cid Hamet Berengena.

C'est un nom moresque, dit don Quichotte.

Cela se pourrait, répondit Sancho, d'autant plus que j'ai ouï dire que les Mores aiment beaucoup les aubergines [1].

Il faut que tu te trompes quant au mot de cid, dit don Quichotte, car ce mot signifie seigneur.

Je n'en sais rien, répondit Sancho; mais si vous voulez que j'amène ici le bachelier, je l'irai querir à vol d'oiseau.

Tu me feras plaisir, mon enfant, dit don Quichotte; ce que tu viens de m'apprendre m'a mis la puce à l'oreille, et je ne mangerai morceau qui me profite jusqu'à ce que je sois exactement informé de tout.

Sancho s'en fut. Peu après il revint avec le bachelier, et il y eut entre eux trois la plaisante conversation que l'on verra dans le chapitre suivant.

---

1. Sancho change le nom de Ben-Engeli en Berengena, qui veut dire aubergine espèce de légume fort commun dans le royaume de Valence.

CHAPITRE III

Du risible entretien qu'eurent ensemble don Quichotte, Sancho Panza, et le bachelier Samson Carrasco.

En attendant le bachelier Samson Carrasco, don Quichotte resta tout pensif; il ne pouvait se persuader que l'histoire de ses prouesses fût déjà publiée, quand son épée fumait encore du sang de ses ennemis. Il en vint alors à s'imaginer que quelque enchanteur, ami ou ennemi, l'avait, par son art, écrite et livrée à l'impression : ami, pour les grandir et les élever au-dessus de celles des plus illustres chevaliers; ennemi, pour les ravaler et les mettre au-dessous des moindres exploits du plus mince écuyer. Cependant, se disait-il à lui-même, jamais, s'il m'en souvient, exploits d'écuyers ne furent écrits! et s'il est vrai que mon histoire existe, étant celle d'un chevalier errant, elle doit être noble, fière, pompeuse et véridique. Cette réflexion le consola; mais venant à songer que l'auteur était More, comme l'indiquait ce nom de cid, et que de pareilles gens on ne doit attendre rien de vrai, puisqu'ils sont tous menteurs et faussaires, cela lui fit craindre que cet écrivain n'eût parlé de ses amours avec madame Dulcinée, d'une manière peu décente et qui entachât l'honneur de la souveraine de son cœur. Il espérait au moins qu'en parlant de lui, l'auteur avait eu soin d'exalter cette admirable constance envers sa dame, qui lui fit refuser tant d'impératrices et de reines, pour ne point porter d'atteinte, même légère, à la fidélité qu'il lui devait. Ce fut plongé dans ces pensées que le trouvèrent Sancho Panza et Samson Carrasco, et il sortit comme d'un assoupissement pour recevoir le bachelier, à qui il fit beaucoup de civilités.

Bien qu'il s'appelât Samson, ce Carrasco était un petit homme, âgé d'environ vingt-quatre ans, maigre et pâle, de beaucoup d'esprit et très-railleur : il avait le visage rond, le nez camard, et la bouche grande, signes caractéristiques des gens qui ne se font pas scrupule de se divertir aux dépens d'autrui. En entrant chez don Quichotte, il se jeta à genoux en lui demandant sa main à baiser : Seigneur, lui dit-il, par les licences que j'ai reçues, vous êtes bien le plus fameux chevalier errant qui ait jamais été et qui sera jamais dans tout l'univers. Soit mille fois loué cid Hamet Ben-Engeli, du soin qu'il a pris d'écrire l'histoire de vos merveilleuses prouesses! et cent mille fois

CHAPITRE III.

loué soit celui qui l'a fidèlement traduit de l'arabe en castillan et qui par là nous fait jouir d'une si agréable lecture!

Il est donc vrai, dit don Quichotte en le relevant, que l'on a écrit mon histoire, et qu'un More en est l'auteur?

Cela est si vrai, seigneur, repartit Carrasco, qu'à cette heure on en a imprimé, je crois, plus de douze mille exemplaires tant à Lisbonne qu'à Barcelone et à Valence; on dit même qu'on a commencé de l'imprimer à Anvers, et je ne doute point qu'un jour on ne l'imprime partout, et qu'on ne la traduise dans toutes les langues.

Une des choses qui peuvent donner le plus de satisfaction à un homme éminent et vertueux, dit don Quichotte, c'est de se savoir en bon renom dans le monde, imprimé et gravé de son vivant.

Oh! pour le bon renom, repartit le bachelier, Votre Grâce l'emporte de cent piques sur tous les chevaliers errants, car l'auteur more dans sa langue, et le chrétien dans la sienne, ont pris à tâche de peindre votre caractère avec tous les ornements qui pouvaient lui donner de l'éclat : l'intrépidité dans le péril, la patience dans les adversités, le courage à supporter les blessures, enfin la chasteté de vos amours platoniques avec madame dona Dulcinée du Toboso.

Ah! ah! interrompit Sancho, je n'avais pas encore entendu donner le *don* à madame Dulcinée du Toboso, on l'appelait seulement madame Dulcinée, voilà déjà une faute dans l'histoire.

C'est une objection sans importance, répondit le bachelier.

Certainement, ajouta don Quichotte. Mais, dites-moi, je vous prie, seigneur bachelier, quels sont ceux de mes exploits que l'on vante le plus dans cette histoire?

Les goûts diffèrent à ce sujet, répondit Carrasco, et les opinions sont partagées. Ceux-ci raffolent de l'aventure des moulins à vent, que Votre Grâce prit pour des géants; ceux-là de l'aventure des moulins à foulon; quelques-uns préfèrent celle des deux armées qui se trouvèrent être deux troupeaux de moutons; il y en a qui sont pour l'histoire du mort qu'on menait à Ségovie; d'autres pour celle des forçats; beaucoup enfin prétendent que votre bataille contre le valeureux Biscayen l'emporte sur tout le reste.

Dites-moi, je vous prie, seigneur bachelier, demanda Sancho, parle-t-on dans cette histoire de l'aventure des muletiers Yangois, quand il prit fantaisie à Rossinante de faire le galant?

Il n'y manque rien, répondit le bachelier : l'auteur n'a rien laissé au fond de son écritoire, il a tout mis, et tout bien circonstancié, jusqu'aux cabrioles que le bon Sancho fit dans la couverture.

Je ne fis pas de cabrioles dans la couverture, répliqua Sancho; mais dans l'air, et beaucoup plus que je n'aurais voulu.

Il n'y a point d'histoire, ajouta don Quichotte, qui n'ait ses hauts et ses bas, surtout les histoires qui traitent de chevalerie, car elles ne sont pas toujours remplies d'événements heureux.

En effet, repartit Carrasco, parmi ceux qui ont lu celle-ci, beaucoup disent que l'auteur aurait bien dû omettre quelques-uns de ces nombreux coups de bâton que le seigneur don Quichotte a reçus en diverses rencontres.

Ils sont pourtant bien réels, dit Sancho.

On aurait mieux fait de les passer sous silence, reprit don Quichotte : à quoi bon rapporter des choses inutiles à l'intelligence du récit, et qui sont faites pour déconsidérer le héros qui en est l'objet? Croit-on qu'Énée ait été aussi pieux que le dépeint Virgile, et Ulysse aussi prudent que le fait Homère?

En effet, répliqua Carrasco, autre chose est d'écrire comme poëte ou d'écrire comme historien; le poëte peut raconter les événements non tels qu'ils furent, mais tels qu'ils devraient être; tandis que l'historien doit toujours les rapporter comme ils sont, sans rien y ajouter, ni rien retrancher.

Pardieu, si ce seigneur more est un historien véridique, dit Sancho, sans doute qu'en parlant des coups de bâton de mon maître, il aura fait mention des miens; car jamais on n'a pris à Sa Grâce la mesure des épaules, qu'en même temps on ne m'ait pris celle de tout le corps. Mais il ne faut pas s'en étonner, si, comme le dit monseigneur, du mal de la tête les membres doivent pâtir.

Sancho, vous êtes un mauvais plaisant, reprit don Quichotte, et vous ne manquez pas de mémoire, quand cela vous convient.

Comment pourrais-je oublier les coups de bâton, repartit Sancho, quand les meurtrissures sont encore toutes fraîches sur mes côtes?

Taisez-vous, dit don Quichotte, et n'interrompez pas le seigneur bachelier, que je prie de passer outre, et de m'apprendre ce qu'on raconte de moi dans l'histoire en question.

Et de moi aussi, ajouta Sancho, car on prétend que j'en suis un des principaux parsonnages.

Dites personnages, et non parsonnages, interrompit Carrasco.

Allons! voilà un autre éplucheur de paroles, s'écria Sancho; si cela continue, nous ne finirons de la vie.

Que Dieu cesse de veiller sur la mienne, Sancho, reprit le bachelier, si vous n'êtes pas le second personnage de cette histoire; il y a des gens qui préfèrent vous entendre parler que d'entendre le plus huppé du livre; mais on trouve que vous avez été bien crédule en prenant pour argent comptant cette île que le seigneur don Quichotte devait vous donner à gouverner.

Il y a encore du soleil derrière la montagne, dit don Quichotte; à mesure que Sancho avancera en âge, il deviendra, avec l'expérience des années, plus capable d'être gouverneur qu'il ne l'est à présent.

Par ma foi, reprit Sancho, l'île que je ne saurais pas gouverner à l'âge que j'ai, je n'en viendrais pas à bout, quand même j'aurais l'âge de Mathusalem : le mal est que l'île se cache, et qu'on ne sait où la trouver, mais ce n'est pas la cervelle qui manque pour cela.

Il faut s'en rapporter à Dieu là-dessus, reprit don Quichotte, et tout ira peut-être mieux qu'on ne pense; il ne tombe pas une feuille de l'arbre sans sa volonté.

Cela est vrai, repartit Carrasco, et si Dieu le veut, Sancho aura plutôt cent îles à gouverner qu'une seule.

Moi, j'ai vu par ici, dit Sancho, des gouverneurs qui ne me vont pas à la cheville; cependant on les traite de seigneurie, et ils mangent dans des plats d'argent.

Ce ne sont pas des gouverneurs d'îles, mais d'autres gouvernements plus à la main, reprit Carrasco; car ceux qui ont la prétention de gouverner des îles doivent au moins savoir la grammaire.

Je n'entends rien à toutes vos balivernes, répliqua Sancho; au reste, Dieu saura m'envoyer là où je pourrai mieux le servir. Seigneur bachelier, l'auteur de cette histoire a bien fait, en parlant de moi, de prendre garde à ce qu'il disait; autrement je jure que j'aurais crié à me faire entendre des sourds.

Par ma foi, on aurait crié au miracle, repartit Samson.

Miracle ou non, répliqua Sancho, que chacun fasse attention à la manière dont il parle des personnes, et qu'il ne mette pas à tort et à travers tout ce qui lui passe par la cervelle.

Un des défauts de cette histoire, continua le bachelier, c'est que l'auteur y a inséré une nouvelle intitulée : *le Curieux malavisé;* non que cette nouvelle soit ennuyeuse ou mal écrite, mais parce qu'elle n'a aucun rapport avec les aventures du seigneur don Quichotte.

Je gage que, dans cette histoire, ce fils de chien aura tout fourré pêle-mêle comme dans une valise, dit Sancho.

S'il en est ainsi, reprit don Quichotte, cet historien n'est pas un sage enchanteur, mais quelque bavard ignorant; il aura sans doute écrit sans jugement et au hasard, comme peignait ce peintre d'Ubeda qui, lorsqu'on lui demandait ce qu'il allait faire, répondait : Ce qui se rencontrera. Une fois, il peignit un coq si ressemblant, qu'on fut obligé d'écrire au bas : Ceci est un coq. Je crains bien qu'il n'en soit de même de mon histoire, et qu'elle n'ait grand besoin de commentaire.

Oh ! pour cela, non, répondit Carrasco ; elle est si claire, qu'aucune difficulté n'y embarrasse, et que tout le monde la comprend. Les enfants la feuillettent, les jeunes gens la dévorent, les hommes en sont épris, les vieillards la vantent. Finalement elle est lue et relue par tant de gens, qu'à peine voit-on passer un cheval étique, aussitôt chacun de s'écrier : Voilà Rossinante. Mais ceux qui raffolent le plus de cette lecture, ce sont les pages : il n'y a pas d'antichambre de grand seigneur où l'on ne trouve un DON QUICHOTTE ; dès que l'un l'a quitté, l'autre s'en empare ; et tous voudraient l'avoir à la fois. Enfin, ce livre est bien le plus agréable et le plus innocent passe-temps que l'on ait encore vu, car on n'y rencontre pas un seul mot qui éveille une pensée déshonnête ou qui prête à une interprétation qui ne soit parfaitement orthodoxe.

Celui qui écrirait autrement, mériterait d'être brûlé vif comme faux-monnayeur, reprit don Quichotte. Mais je ne sais vraiment pourquoi l'auteur s'est avisé d'aller mettre dans cette histoire des aventures épisodiques et qui n'ont nul rapport au sujet, alors que les miennes lui fournissaient une si ample matière ? Rien qu'avec mes pensées, mes soupirs, mes larmes, mes chastes désirs et mes hardies entreprises, n'avait-il pas de quoi remplir plusieurs volumes ? Je conclus de tout ceci, seigneur bachelier, que pour composer un livre il faut posséder un jugement solide et un mûr entendement : il n'appartient qu'aux grands esprits de plaisanter avec grâce, de dire des choses piquantes et ingénieuses. Dans la comédie, vous le savez, le rôle le plus difficile à peindre, c'est celui du niais ; car il faut ne pas être simple pour savoir le paraître à propos. Je ne dis rien de l'histoire, chose sacrée, qui doit toujours être conforme à la vérité ; et cependant on voit des gens qui composent et débitent des livres à la douzaine, comme si c'était des beignets.

Il n'y a livre si médiocre qui ne contienne quelque chose de bon, dit le bachelier.

Sans doute, repartit don Quichotte ; mais on a vu souvent des écrits vantés tant qu'ils restent en portefeuille, être réduits à rien dès qu'ils sont livrés à l'impression.

La raison en est simple, dit Carrasco ; un ouvrage imprimé s'ex a mine à loisir, on est à même d'en saisir tous les défauts, et plus la réputation de l'auteur est grande, plus on les relève avec soin. Nos grands poëtes, nos historiens célèbres, ont toujours eu pour envieux cette foule de gens qui n'ayant jamais rien produit, se font un malin plaisir de juger sévèrement les ouvrages d'autrui.

Il ne faut pas s'en étonner, reprit don Quichotte; nous avons quantité de théologiens qui figureraient très-mal en chaire, quoiqu'ils jugent admirablement des sermons.

D'accord, répliqua le bachelier, mais au moins ces rigides censeurs devraient être plus indulgents, et considérer que *si aliquando bonus dormitat Homerus*[1], il a dû se tenir longtemps éveillé pour imprimer à la lumière de son œuvre le moindre d'ombre possible; il se pourrait même que ces prétendus défauts dont ils sont choqués fussent comme ces signes qui relèvent la beauté de certains visages. Aussi, je dis que celui qui publie un livre s'expose à une bien grande épreuve, car, quoi qu'il fasse, il ne pourra jamais plaire à tout le monde.

D'après cela, dit don Quichotte, je crois que mon histoire n'aura pas satisfait beaucoup de gens.

Au contraire, repartit le bachelier; comme *stultorum infinitus est numerus*[2], infini est le nombre de ceux à qui a plu cette histoire. On reproche seulement à l'auteur de manquer de mémoire, parce qu'il oublie de faire connaître le voleur qui déroba l'âne de Sancho; en effet, il dit que le grison fut volé, et quelques pages plus loin on revoit Sancho sur son âne, sans qu'on sache comment il l'a retrouvé. On lui reproche encore d'avoir oublié de nous apprendre ce que Sancho fit des cent écus qu'il trouva dans certaine valise; car il n'en est plus question, et l'on serait bien aise de savoir ce qu'ils sont devenus.

Seigneur bachelier, répondit Sancho, je ne suis guère, à l'heure qu'il est, en état de vous répondre sur tant de points; je viens d'être pris d'une faiblesse d'estomac que je vais m'empresser de guérir avec deux bonnes rasades. Ma ménagère m'attend, et dès que j'aurais fini, je reviendrai vous satisfaire sur l'âne, sur les cent écus, sur tout ce que vous voudrez; et il partit sans attendre de réponse.

Don Quichotte retint Carrasco à dîner; on ajouta deux pigeons à l'ordinaire, ils prirent place à table, et le bachelier se mettant à l'unisson de son hôte, on ne parla que de chevalerie. Après le repas, ils firent la sieste, et quand Sancho revint on reprit la conversation.

1. Si le bon Homère dort quelquefois.
2. Infini est le nombre des fous.

CHAPITRE IV

Où Sancho Panza répond aux questions et éclaircit les doutes du bachelier Samson Carrasco, avec d'autres événements dignes d'être racontés.

Vous voulez savoir, seigneur bachelier, dit Sancho, reprenant la conversation précédente, quand, comment et par qui mon âne fut volé. Eh bien, je m'en vais vous le dire. La nuit où, redoutant la Sainte-Hermandad, nous gagnâmes, mon seigneur et moi, la Sierra Morena, après cette maudite aventure des forçats et la rencontre du défunt qu'on menait à Ségovie, nous nous enfonçâmes dans l'épaisseur d'un bois, et là, lui à cheval, et appuyé sur sa lance, et moi planté sur mon grison, tous deux moulus de nos derniers combats, nous nous endormîmes comme sur de bons lits de plume. Pour mon compte, mon sommeil fut si profond, que qui voulut eut tout le temps de mettre quatre pieux aux quatre coins du bât pour le soutenir, puis de tirer mon âne d'entre mes jambes sans que je m'en aperçusse.

L'aventure n'est pas nouvelle, dit don Quichotte; pareille chose est arrivée à Sacripant, lorsqu'au siége d'Albraque ce larron de Brunel lui déroba son cheval.

Le jour vint, continua Sancho, et au premier mouvement que je fis en m'éveillant, les quatre pieux manquant à la fois, je tombai à terre fort lourdement. Je cherchai mon âne, et ne le vis plus. Aussitôt mes yeux se remplirent de larmes, et je me livrai à une lamentation telle que si l'auteur de notre histoire n'en a rien dit, il peut se vanter d'avoir oublié un excellent morceau. A quelque temps de là, comme je suivais madame la princesse Micomicona, je reconnus sur le dos de mon âne, en habit de bohémien, ce vaurien de Ginès de Passamont que mon maître avait délivré de sa chaîne.

Ce n'est pas en cela qu'est l'erreur, dit Carrasco, mais en ce qu'avant d'avoir retrouvé l'âne, l'auteur dit que Sancho était monté sur ce même grison.

Je n'ai rien à répondre à cela, reprit Sancho, sinon que l'historien s'est trompé ou que c'est une faute de l'imprimeur.

C'est assez probable; mais qu'avez-vous fait des cent écus? demanda Carrasco.

Je les ai défaits, répondit Sancho; je les ai dépensés pour l'utilité de ma personne, pour celle de ma femme et de mes enfants. Ils sont cause que ma Thérèse a pris en patience toutes mes courses à la

CHAPITRE IV.

suite du seigneur don Quichotte; car si, après ma longue absence, j'étais revenu sans âne et sans argent, je n'en aurais pas été quitte à bon marché! Maintenant veut-on en savoir plus long? Me voici prêt à répondre au roi même en personne. Et qu'on ne se mette point à éplucher ce que j'ai rapporté, ce que j'ai dépensé; car si tous les coups de bâton que j'ai reçus dans le cours de ces voyages m'étaient comptés seulement quatre maravédis la pièce, cent écus ne suffiraient pas pour m'en payer la moitié. Seigneur bachelier, que chacun s'examine, sans se mêler de critiquer les autres.

J'aurai soin, reprit Carrasco, d'avertir l'auteur de l'histoire de ne point oublier, s'il la réimprime, ce que le bon Sancho vient de dire; cela devra rehausser le prix d'une nouvelle édition.

Y a-t-il encore autre chose à corriger? demanda don Quichotte.

Sans doute, répondit Carrasco, mais aucune correction n'aura l'importance de celle-ci.

Et l'auteur promet-il par hasard une seconde partie? poursuivit don Quichotte.

Oui, certes, répondit Carrasco, mais il dit qu'il ne l'a pas encore trouvée et qu'il ne sait où la prendre; de sorte qu'on ignore si jamais elle paraîtra. Ainsi, pour cette raison d'abord, puis à cause de la prévention que le public a toujours eue pour les secondes parties, on craint bien que l'auteur n'en reste là; et pourtant on ne cesse de demander des Aventures de don Quichotte. Que don Quichotte agisse et que Sancho parle, entend-on répéter à tout propos, nous sommes contents.

Et à quoi se décide l'auteur? demanda notre chevalier.

A quoi? répondit Carrasco, à chercher cette histoire avec un soin extrême, et quand il l'aura trouvée, à la livrer sans retard à l'impression, plutôt en vue du profit que de l'honneur qu'il peut en tirer.

Ah! l'auteur ne pense qu'à l'argent! s'écria Sancho; par ma foi, ce sera merveille s'il réussit. Il m'a bien la mine de faire comme ces tailleurs, qui, la veille de Pâques, cousent à grands points pour expédier la besogne, mais du diable s'il y a morceau qui tienne. Dites de ma part à ce seigneur more de prendre un peu de patience; car mon maître et moi nous lui fournirons bientôt tant d'aventures, qu'il pourra publier non-seulement une seconde partie, mais dix autres encore. Le bon homme pense peut-être que nous ne songeons qu'à dormir; eh bien, qu'il vienne nous tenir le pied à la forge, et il verra duquel nous sommes chatouilleux. Tenez, seigneur bachelier, si mon maître voulait suivre mon conseil, nous serions déjà en campagne, redressant les torts, réparant les injustices, vengeant les outrages, comme c'est le devoir des chevaliers errants.

A peine Sancho achevait de parler, qu'on entendit hennir Rossinante; don Quichotte, voyant là un favorable augure, résolut de faire sous peu de jours une nouvelle sortie. Il s'ouvrit de son projet à Samson Carrasco, et lui demanda son avis sur le chemin qu'il devait prendre.

Si vous m'en croyez, répondit le bachelier, vous vous dirigerez du côté de Saragosse, où dans peu, pour la Saint-Georges, doivent avoir lieu des joutes solennelles; là il y aura de la gloire à acquérir, car, en l'emportant sur les chevaliers aragonais, vous pourrez vous vanter de l'emporter sur tous les chevaliers du monde. Carrasco loua sa généreuse résolution, tout en lui conseillant d'affronter désormais le péril avec moins de témérité, parce que sa vie ne lui appartenait pas, mais à ceux qui avaient besoin du secours de son bras.

Voilà justement ce qui me fait donner au diable, dit Sancho; mon maître se précipite sur cent hommes armés, comme un enfant gourmand tombe sur une douzaine de poires. Mort de ma vie! il y a temps pour attaquer, et temps pour faire retraite; on ne peut pas toujours crier *Saint-Jacques!* et *ferme Espagne!* d'autant plus que j'ai entendu dire bien des fois, et, si j'ai bonne mémoire, c'est à monseigneur lui-même, qu'entre la témérité et la poltronnerie, il y a place pour le vrai courage. On ne doit donc pas fuir sans motif, ni attaquer hors de propos. Au surplus, je l'avertis que s'il m'emmène avec lui, ce sera à condition qu'il se chargera seul de toutes les batailles, et que je n'aurai à m'occuper que de sa nourriture et de ses vêtements; oh! pour cela, il ne me trouvera pas en défaut; mais espérer que je mette l'épée à la main, fût-ce même contre des muletiers, par ma foi, je suis bien son serviteur.

Seigneur bachelier, jamais je n'ai songé à passer pour un Roland, mais pour le meilleur et le plus loyal écuyer qui ait servi chevalier errant. Après cela, si en récompense de mes bons services, monseigneur don Quichotte veut m'accorder une de ces îles qu'il doit conquérir, à la bonne heure! je lui en aurai grande obligation. S'il ne me la donne pas, eh bien, il faudra s'en consoler; l'homme ne doit pas vivre sur la parole d'autrui, mais sur celle de Dieu. Et puis, gouverné ou gouvernant, le pain que je mangerai me semblera-t-il meilleur? Que sais-je même, si en fin de compte le diable ne me prépare pas dans ces gouvernements quelque croc-en-jambe, pour me faire tomber et casser la mâchoire? Sancho je suis né, et Sancho je pense

CHAPITRE IV.

mourir. Pourtant, si sans risques ni soucis, le ciel m'envoyait une île ou quelque chose de semblable, je ne suis pas si sot que d'en faire fi. Quand on te donne la génisse, dit le proverbe, jette-lui la corde au cou et mène-la dans ta maison.

Ami Sancho, vous venez de parler comme un livre, reprit le bachelier ; prenez patience ; tout vient à point pour qui sait attendre, et le seigneur don Quichotte vous donnera non-seulement une île, mais un royaume.

Va pour le plus comme pour le moins, repartit Sancho. Soyez certain, seigneur bachelier, que si mon maître me donne un royaume, il n'aura pas lieu de s'en repentir ; je me suis bien tâté là-dessus, et me sens de force à gouverner île ou royaume.

Prenez garde, Sancho, dit le bachelier ; les honneurs changent les mœurs, et il se pourrait qu'une fois gouverneur, vous en vinssiez à méconnaître la mère qui vous a mis au monde.

Cela serait bon pour ces petites gens nés sous la feuille d'un chou, répliqua Sancho ; mais pour ceux qui, comme moi, ont sur l'âme quatre doigts de graisse de vieux chrétien !... Oh ! ne craignez rien, tout le monde sera content.

Dieu le veuille ainsi, ajouta don Quichotte. Au reste, nous ne tarderons pas à voir Sancho à l'œuvre ; car, si je ne me trompe, l'île est bien près de venir, je crois déjà la voir d'ici.

Cela dit, notre héros pria le bachelier, en sa qualité de poëte, de vouloir bien lui composer quelques vers pour prendre congé de madame Dulcinée du Toboso. Je voudrais, lui dit-il, que chaque vers commençât par une lettre de son nom, de telle sorte que les premières lettres de chacun d'eux forment par leur réunion le nom de Dulcinée du Toboso.

Bien que je ne sois pas un des poëtes fameux que possède l'Espagne, puisqu'on n'en compte en tout que trois et demi, j'essaierai de vous donner satisfaction, repartit le bachelier.

Surtout, répliqua don Quichotte, faites de façon à ne pas laisser croire que ces vers aient pu être composés pour une autre dame que pour Dulcinée du Toboso.

Ils tombèrent d'accord sur ce point, et fixèrent le départ à huit jours de là. Don Quichotte recommanda au bachelier le secret, surtout à l'égard du curé, de maître Nicolas, de sa nièce et de sa gouvernante, afin qu'ils ne vinssent pas se jeter en travers de sa louable résolution. Carrasco le promit et prit congé de notre héros, le priant de l'aviser, quand il en aurait l'occasion, de sa bonne ou de sa mauvaise fortune. Sur cela ils se séparèrent, et Sancho alla faire ses dispositions pour leur nouvelle campagne.

CHAPITRE V

Du spirituel, profond et gracieux entretien de Sancho et de sa femme, avec d'autres événements dignes d'heureuse souvenance.

En arrivant à écrire ce cinquième chapitre, le traducteur de cette histoire avertit qu'il le tient pour apocryphe, parce que Sancho y parle un langage qui semble surpasser son intelligence bornée, et qu'il y dit des choses si subtiles, qu'elles ne sauraient venir de son propre fonds; toutefois, il ajoute qu'il n'a pas voulu manquer de le traduire, comme c'était son devoir, puis il continue de la sorte :

Sancho revenait chez lui si joyeux, si content, que sa femme, qui avait aperçu son allégresse à la distance d'un trait d'arbalète, lui demanda avec empressement : Qu'avez-vous donc, mon ami, que vous paraissez si joyeux?

Femme, répondit Sancho, je le serais bien davantage, si je n'étais pas si content.

Je ne vous comprends pas, mon ami. Vous dites que vous seriez plus joyeux si vous n'étiez pas si content; encore que je sois bien sotte, je ne crois pas qu'on puisse regretter d'être content.

Apprends, Thérèse, répondit Sancho, que si je suis joyeux, c'est parce que j'ai résolu de repartir avec mon maître don Quichotte, qui s'en va pour la troisième fois chercher les aventures; apprends de plus que si je m'en vais avec lui, c'est d'abord par nécessité, et ensuite dans l'espoir de trouver cent autres écus comme ceux que nous avons déjà dépensés; car, si Dieu m'avait accordé de vivre à l'aise dans ma maison, ce qui lui était facile, puisqu'il n'avait qu'à le vouloir, ma joie serait bien plus grande encore, car je n'aurais pas le déplaisir de te quitter, ainsi que mes enfants! N'ai-je donc pas raison de dire que je serais plus content je n'étais pas si joyeux?

En vérité, dit Thérèse, il n'y a plus moyen de vous entendre depuis que vous êtes dans vos chevaleries.

Dieu m'entend, femme, répliqua Sancho; et comme il est l'entendeur de toutes choses, cela me suffit. Aie seulement soin du grison pendant ces trois jours-ci, afin qu'il soit en bon état; double-lui sa ration, regarde s'il ne manque rien aux harnais, car ce n'est pas à la noce que nous allons, mais bien faire le tour du monde, nous prendre de querelle avec des géants, des andriaques, des vampires; et tout cela encore ne serait que pain bénit, si l'on ne rencontrait pas des muletiers yangois et des Mores enchantés.

Je me doute bien, répliqua Thérèse, que les écuyers errants ne mangent pas gratis le pain de leur maître; aussi, je prierai Dieu qu'il vous garantisse des mauvaises aventures.

Vois-tu, femme, dit Sancho, si je n'espérais devenir bientôt gouverneur d'une île, je me laisserais tomber mort à l'instant même.

Que dites-vous là, Sancho? reprit Thérèse; vive, vive la poule, même avec sa pépie! Vivez donc, et que les gouvernements s'en aillent à tous les diables. Vous êtes sorti sans gouvernement du ventre de votre mère, et sans gouvernement vous avez vécu jusqu'à cette heure; il faudra bien trouver moyen de s'en passer; que de gens vivent sans cela, et qui n'en sont pas moins gens de bien! Tenez, la meilleure sauce du monde c'est la faim, et comme elle ne manque jamais aux pauvres, ils mangent toujours avec appétit. Mais pourtant, mon ami, si vous veniez à attraper un gouvernement, tâchez de ne pas oublier votre femme et vos enfants. Notre fils Sancho a bientôt quinze ans, et il est temps de l'envoyer à l'école, si tant est que son oncle le bénéficier le destine toujours à l'église; quant à Sanchette, votre fille, je ne pense pas qu'un mari lui fasse peur; et si je ne me trompe, elle n'a pas moins d'envie d'être mariée que vous d'être gouverneur; après tout, mieux vaut fille mal mariée que bien amourachée.

Écoute, femme, repartit Sancho, je t'assure que si je deviens gouverneur, je marierai notre fille en si haut lieu, qu'on ne l'approchera pas à moins de la traiter de Seigneurie.

Oh! pour cela, non, non, s'il vous plaît, répliqua Thérèse, croyez-moi, mariez-la avec son égal, c'est le plus sage parti; mais si vous la faites passer des sabots aux escarpins et de la jaquette de laine au vertugadin de velours; si d'une Sanchette qu'on tutoie, vous en faites une dona Maria, qu'on traitera de Seigneurie, la pauvre enfant ne s'y reconnaîtra plus, et fera voir à chaque instant qu'elle n'est qu'une grossière paysanne.

Tais-toi, sotte, repartit Sancho; tout cela n'est que l'affaire de deux ou trois ans, après quoi tu verras si elle ne fait pas comme les autres! Qu'elle soit Seigneurie d'abord, après nous verrons.

Mesurez-vous avec votre état, Sancho, reprit Thérèse, sans chercher à vous élever plus haut que lui. Ce serait, par ma foi, une belle affaire de marier notre Sanchette avec quelque gentillâtre, qui, lorsqu'il lui en prendrait fantaisie, l'appellerait fille de manant piocheterre et de dame tourne-fuseau. Non, non, mon ami, ce n'est pas pour cela que je l'ai élevée; tâchez seulement d'apporter de l'argent; et quant à la marier, fiez-vous-en à moi. Nous avons ici tout près de nous le fils de Juan Tocho, notre voisin, Lope Tocho, garçon frais et gaillard, que nous connaissons depuis longtemps; je sais qu'il ne regarde pas la petite d'un mauvais œil, il est notre égal, et avec lui elle sera bien mariée. Nous les aurons tous les deux sous nos yeux; père, mère, enfants et petits-enfants, nous vivrons tous ensemble, et la bénédiction de Dieu sera sur nous. Mais n'allez pas me la marier dans vos grands palais, où on ne l'entendrait pas plus qu'elle ne s'entendrait elle-même.

Viens çà, bête opiniâtre, femme de Barabbas, répliqua Sancho; pourquoi, veux-tu m'empêcher, sans rime ni raison, de marier ma fille avec un homme qui me donnerait des grands seigneurs pour héritiers? Écoute, Thérèse, j'ai toujours entendu dire à mon grand-père que celui qui ne sait pas saisir le bonheur quand il vient ne doit pas se plaindre quand il s'en va; ainsi, à cette heure, qu'il frappe à notre porte, nous serions bien sots de la lui fermer au nez. Laissons-nous donc emporter par le vent favorable de la fortune, puisqu'il souffle dans nos voiles! (C'est à cause de cette façon de parler, et aussi pour ce que Sancho va dire plus bas, que le traducteur de cette histoire tient le présent chapitre pour apocryphe.) Lorsque j'aurai attrapé quelque bon gouvernement qui nous tire de la misère, et que j'aurai marié ma fille selon mon goût, tu verras alors comme on t'appellera dona Teresa Panza, gros comme le poing, et comment à l'église tu t'assoiras sur des tapis et des carreaux de velours, en dépit de toutes les femmes d'hidalgos du pays? Veux-tu donc rester toujours dans le même état, sans jamais croître ni décroître, comme une figure de tapisserie? Mais en voilà assez là-dessus. Quoi que tu dises, notre fille sera comtesse.

Prenez garde à ce que vous dites, mon ami, répondit Thérèse, j'ai bien peur que tout cela ne soit un jour la perdition de votre fille. Faites-en ce que vous voudrez, mais pour comtesse, jamais je n'y donnerai mon consentement. Voyez-vous, ami, j'ai toujours aimé l'égalité, et je ne saurais endurer la morgue et la suffisance; on m'a nommée, au baptême, Thérèse, tout court; mon père s'appelait Cascayo, et moi je m'appelle Thérèse Panza, parce que je suis votre femme, car je devrais m'appeler Thérèse Cascayo; mais là où sont les rois, là sont les lois; tant il y a que je suis contente de mon nom, et ne veux pas qu'on le grossisse, de peur qu'il ne pèse trop et ne fasse jaser les gens. Vraiment ils se gêneraient bien pour dire : Voyez donc comme elle fait la renchérie, cette gardeuse de cochons! Hier encore elle filait de l'étoupe et allait à la messe avec le pan de sa robe en guise de mante, et aujourd'hui, madame se promène avec une robe de soie et porte un vertugadin. Si Dieu me conserve mes cinq ou six sens, enfin le nombre que j'en ai, je jure bien de ne pas leur donner cette satisfaction. Pour vous, mon ami, soyez gouverneur, président, tout ce qu'il vous plaira ; mais quant à votre fille et à moi, nous ne ferons jamais un pas hors de notre village, où je n'aurai pas voix au chapitre. Femme de bon renom a la jambe cassée et reste à la maison, et fille honnête de travailler se fait fête. Allez-vous-en courir à vos aventures avec votre seigneur don Quichotte, et laissez-nous tranquilles ; en vérité, je ne sais où il a pris le *don*, celui-là, car ni son père ni son grand-père ne l'ont jamais porté !

En vérité, femme, répliqua Sancho, il faut que tu aies un démon familier dans le corps ; où vas-tu prendre toutes les sottises que tu viens de débiter ? Qu'est-ce que tes Cascayo, tes vertugadins et tes présidents ont à voir avec ce que j'ai dit ? Viens çà, stupide ignorante ; car j'ai bien le droit de t'appeler ainsi, puisque tu n'entends pas raison, et que tu fuis ton bonheur. Si je te disais qu'il faut que ma fille se jette du haut d'une tour en bas, ou s'en aille courir le monde, comme l'infante *dona Urraca*[1], tu pourrais te fâcher : mais si en trois pas et un saut je fais tant qu'on la nomme madame, si je la tire du chaume pour la faire asseoir sous un dais, et sur plus de coussins de velours qu'il n'y a d'Almohades du Maroc, pourquoi ne veux-tu pas être de mon avis ?

Pourquoi ? répondit Thérèse ; c'est à cause du proverbe qui dit : Qui te couvre, te découvre. On ne jette les yeux qu'en passant sur les pauvres, mais on les arrête sur les riches ; quand le riche a été pauvre, on ne fait que murmurer et en médire, et le pis est que lorsqu'on a commencé, on ne finit plus ; car il y a dans les rues des médisants par tas, comme des essaims d'abeilles.

Ma pauvre Thérèse, répliqua Sancho, je m'en vais te dire des choses que tu n'as peut-être jamais entendues en toute ta vie, et certes elles ne sont pas de mon crû, car ce sont les propres paroles du prédicateur qui prêchait le carême dernier dans notre village. Il disait, si j'ai bonne mémoire, que les choses qu'on a tous les jours devant les yeux

1. L'infante dona Urraca n'ayant rien reçu dans le partage des biens de la couronne que fit le roi de Castille, Ferdinand Ier, entre ses trois fils, prit le bourdon de pèlerin, et menaça son père de quitter l'Espagne. Elle obtint alors la ville de Zamora.

entrent dans la tête, et s'impriment mieux dans la mémoire que les choses passées. (Ce discours que va tenir Sancho est tellement au-dessus de sa portée d'esprit habituel, que c'est le second motif pour lequel le traducteur croit que le présent chapitre n'est pas authentique.) Ainsi, lorsque nous voyons un homme paré de beaux habits et entouré de nombreux valets, nous lui portons involontairement du respect, quoique nous nous rappelions de l'avoir jadis vu pauvre, parce qu'il ne l'est plus, et que nous ne pensons qu'à ce qu'il est devenu : l'état où on le voit fait oublier l'état où on l'a vu. Pourquoi donc, celui que le sort favorise, s'il est bon et libéral, serait-il moins aimé et estimé que ceux qui sont de noble race, puisqu'il vit comme s'il l'était, et qu'il mérite de l'être; il n'y a que les envieux qui se rappellent son passé pour lui en faire reproche.

Je ne comprends rien à tout cela, reprit Thérèse; faites ce que vous voudrez, mon ami, et ne me rompez plus la tête si vous êtes si révolu de faire ce que vous dites...

Il faut dire résolu, femme, et non pas révolu, observa Sancho.

Ne nous amusons point à disputer, répliqua Thérèse, je parle comme il plaît à Dieu, et cela me suffit. Je veux dire que si vous vous opiniâtrez à être gouverneur, il faudra emmener avec vous votre fils Sancho, pour lui apprendre à tenir un gouvernement; car les fils doivent apprendre de bonne heure le métier de leurs pères.

Quand je serai dans le gouvernement, répondit Sancho, j'enverrai chercher le petit par la poste, et en même temps je t'enverrai de l'argent; je n'en manquerai pas alors, car il n'y a personne qui n'en prête aux gouverneurs; seulement, fais en sorte que son habit ne laisse pas voir ce qu'il est, mais ce qu'il doit paraître.

Commencez par envoyer l'argent, ajouta Thérèse, et je vous l'habillerai comme un chérubin.

Or çà, femme, dit Sancho, sommes-nous d'accord que notre fille sera comtesse?

Le jour où elle sera comtesse, s'écria Thérèse, je préférerais la voir à cent pieds sous terre. Mais encore une fois, faites comme vous l'entendrez : car, vous autres hommes, vous êtes les maîtres, et les femmes ne sont que vos servantes.

Là-dessus la pauvre Thérèse se mit à pleurer, comme si l'on eût porté sa fille en terre. Mais Sancho l'apaisa en l'assurant qu'il attendrait le plus tard possible pour la faire comtesse, et il alla trouver don Quichotte pour procéder aux préparatifs du départ.

CHAPITRE VI

Qui traite de ce qui arriva à don Quichotte avec sa nièce et sa gouvernante,
et l'un des plus importants chapitres de cette histoire.

Pendant que Sancho Panza et sa femme Thérèse Cascayo avaient ensemble l'étonnante conversation que nous venons de rapporter, la nièce et la gouvernante de don Quichotte étaient dans une grande anxiété, car à mille signes divers elles voyaient bien que leur oncle et seigneur se préparait à leur échapper une troisième fois pour retourner à sa maudite chevalerie; aussi, par tous les moyens possibles, tâchaient-elles de l'en détourner, mais c'était prêcher dans le désert et battre le fer à froid.

Enfin après y avoir dépensé toute son éloquence, la gouvernante ne put s'empêcher de lui dire : En vérité, Monseigneur, si Votre Grâce a résolu de quitter encore une fois sa maison pour s'en aller courir par monts et par vaux, comme une âme en peine, cherchant ce que vous appelez des aventures, et ce qu'il faudrait plutôt appeler mauvaises rencontres, je jure que j'irai m'en plaindre à Dieu et au roi.

J'ignore, ma mie, repartit don Quichotte, ce que Dieu répondra à vos plaintes, non plus que ce que dira le roi; mais ce que je sais, c'est qu'à sa place, je me dispenserais de recevoir toutes ces impertinentes requêtes qu'on lui fait parvenir chaque jour. Un des plus grands ennuis de la royauté, parmi beaucoup d'autres, c'est, à mon avis, d'être forcée d'écouter tout et de répondre à tout; aussi ne voudrais-je pas que mes affaires causassent au roi le moindre souci.

Dites-moi, seigneur, demanda la gouvernante, est-ce que dans la cour du roi il n'y a pas des chevaliers?

Il y en a en grand nombre, répondit don Quichotte, car ces chevaliers sont le soutien du trône, et leur présence augmente l'éclat de la majesté royale.

Eh bien, reprit la nièce, pourquoi ne seriez-vous pas un de ces heureux chevaliers qui, sans tourner les talons à tout propos, servent tranquillement, dans sa cour, leur roi et seigneur?

Ma mie, répliqua don Quichotte, tous les chevaliers ne peuvent pas être courtisans, ni tous les courtisans être chevaliers; il faut de tout dans le monde, et quoique les uns et les autres portent le même nom, il existe cependant entre eux une grande différence. En effet, sans quitter la cour, sans dépenser un maravédis, et sans éprouver la moindre fatigue, il suffit aux courtisans, pour voyager par toute la terre, de regarder simplement la carte. Mais nous, chevaliers errants, c'est exposés au brûlant soleil de l'été et au froid glacé de l'hiver, que nous parcourons incessamment la surface entière du globe ; ce n'est pas en peinture que nous connaissons l'ennemi, c'est armés et à chaque instant que nous l'affrontons, sans consulter cette loi du duel qui veut que la longueur des épées soit égale de part et d'autre ; sans savoir si notre adversaire n'a pas sur lui quelque talisman qui lui assure l'avantage ; sans penser, avant d'en venir aux mains, à partager le soleil ; et tant d'autres cérémonies en usage dans les combats singuliers. Sachez, ma chère nièce, qu'un véritable chevalier errant, loin de s'épouvanter de la rencontre de dix géants, leurs têtes dépassassent-elles les nuages, leurs jambes fussent-elles plus grosses que des tours, leurs bras plus longs que des mâts de navires, leurs yeux plus grands que des roues de moulins et plus ardents qu'un four de vitrier ; sachez, dis-je, que loin d'éprouver la moindre crainte, ce chevalier doit, avec une contenance dégagée et un cœur intrépide, attaquer ces géants, s'efforcer de les vaincre, de les tailler en pièces : et cela, quand bien même ils auraient pour armure les écailles d'un certain poisson qu'on dit plus dures que le diamant, et pour épées, des cimeterres de Damas ou des massues à pointes d'acier, comme j'en ai vu très-souvent. Je vous dis cela afin que vous fassiez la différence de tel chevalier à tel autre chevalier ; il serait bon que les princes sussent faire aussi cette différence, afin d'apprécier un peu mieux le mérite et l'importance de ceux qu'on appelle chevaliers errants, car il s'est rencontré tel parmi eux qui a été le salut de tout un royaume.

Que dites-vous là, mon bon seigneur? repartit la nièce ; considérez donc que tout ce qu'on dit des chevaliers errants n'est que fable et mensonge ; par ma foi, leurs histoires mériteraient un *san benito*[1], comme corruptrices des bonnes mœurs.

Par le dieu vivant qui nous éclaire ! s'écria don Quichotte, si tu n'étais ma nièce, la fille de ma propre sœur, je t'infligerais, pour le blasphème que tu viens de prononcer, un tel châtiment, que tout l'univers en parlerait. Est-il possible qu'une petite morveuse qui sait à peine tourner le fuseau, ait l'audace de parler ainsi des chevaliers errants ! qu'aurait dit le grand Amadis s'il t'avait entendue tenir un semblable langage? Tiens... il aurait eu pitié de toi, car c'était le plus courtois des chevaliers et le plus grand protecteur des jeunes filles. Mais tel

---

1. C'était la coiffure des condamnés du Saint-Office.

autre te l'aurait fait payer cher ; car ils n'avaient pas tous la même modération, et pour s'appeler chevaliers, ils ne se ressemblaient pas en toutes choses. Si les uns sont d'or pur, les autres sont d'alliage. Les premiers s'élèvent par leur mérite et leur courage, les seconds s'abaissent par leur mollesse et leurs vices. Il faut, je t'assure, beaucoup de discernement et d'expérience pour distinguer ces deux espèces de chevaliers, si semblables par le nom, mais si différents par la conduite.

Sainte Vierge ! s'écria la nièce ; en vérité, mon cher oncle, vous pourriez monter en chaire et devenir prédicateur ; et pourtant vous êtes aveugle à ce point de vous croire encore un jeune homme, tout vieux que vous êtes, et surtout de vous dire chevalier, ne l'étant pas ? car bien que les hidalgos puissent le devenir, ce n'est pas quand ils sont pauvres.

En ceci tu as raison, ma chère nièce, répondit don Quichotte, et je pourrais, sur ce chapitre de la naissance, t'apprendre des choses qui t'étonneraient ; mais pour ne pas mêler le divin au terrestre, je m'en abstiens. Écoutez seulement ceci, l'une et l'autre, et faites-en votre profit. On peut réduire à quatre toutes les races ou familles qu'il y a dans le monde : les unes, parties d'un humble commencement, se sont progressivement élevées jusqu'à la puissance souveraine ; d'autres, illustres dès l'origine, se maintiennent encore aujourd'hui dans le même éclat ; il en est dont la grandeur peut se comparer à celle des pyramides : ayant eu d'abord une base large et puissante, elles ont fini peu à peu en pointe imperceptible ; la dernière, enfin, et la plus nombreuse, est toujours restée dans l'obscurité, et continuera d'y demeurer, c'est le menu peuple.

De ces races parties d'humbles commencements, je pourrais citer en exemple la maison ottomane, qui a eu pour point de départ un simple pâtre, et s'est élevée successivement au faîte de la grandeur où nous la voyons aujourd'hui. Nombre de princes qui règnent par droit de succession et qui ont su conserver en paix leurs États, sont la preuve des secondes ; pour les troisièmes, qui ont fini en pointe ainsi que les pyramides, nous avons les Pharaons et les Ptolémées d'Égypte, les Césars de Rome, et cette multitude de princes, assyriens, mèdes, grecs ou barbares, dont il ne reste plus que le nom. Quant aux familles plébéiennes, je n'ai rien à en dire, si ce n'est qu'elles servent à augmenter le nombre des vivants, sans mériter aucune mention dans l'histoire.

Par tout ce que je viens de dire, mes enfants, je veux vous faire conclure qu'il y a des différences considérables entre les race, et que celle-là seule est grande et illustre, qui se distingue par la vertu, la richesse et la libéralité de ses membres ; je dis la vertu, la richesse et la libéralité, parce qu'un grand seigneur sans vertu n'est qu'un grand vicieux ; et le riche sans libéralité, qu'un mendiant avare. Ce ne sont pas les richesses qui font le bonheur, c'est l'usage qu'on en fait. Le chevalier pauvre a un sûr moyen de prouver qu'il est un véritable chevalier ; ce moyen, c'est de se montrer loyal, obligeant, sans orgueil, et surtout charitable, car avec deux maravédis seulement qu'il donnera d'un cœur joyeux, il ne sera pas moins libéral que celui qui fait l'aumône à son de cloches. En le voyant orné de ces vertus, chacun, même en sachant sa détresse, le jugera de noble race, et ce serait miracle qu'il en fût autrement ; car l'estime publique a toujours récompensé la vertu.

Deux chemins, mes chères filles, peuvent conduire aux richesses et aux honneurs ; ces deux chemins ce sont les lettres et les armes. Il faut croire que la planète de Mars dominait quand je vins au monde, puisque les armes sont plus de mon goût ; aussi je me vois contraint d'obéir à leur influence, et de suivre le penchant de ma nature. Oui, c'est en vain que l'on voudrait me persuader de résister à la volonté du ciel, d'aller contre ma destinée, et avant tout contre mon désir. Je connais les rudes travaux imposés à la chevalerie errante, mais je sais aussi combien on y rencontre de sérieux avantages ; je n'ignore pas que le sentier de la vertu est rude et étroit, et le chemin du vice large et facile ; mais je sais aussi que ces deux voies aboutissent à des résultats bien différents : le chemin du vice, avec tous ses charmes, nous conduit à la mort ; tandis que le sentier de la vertu, tout pénible qu'il est, nous conduit à la vie, non à une vie périssable, mais à une vie qui n'a point de fin ; et, comme dit notre grand poëte castillan [1] :

> Par ce sentier étroit, si rude et si pénible,
> On arrive à la fin au séjour éternel ;
> Le chercher autrement, c'est tenter l'impossible
> Et renoncer au ciel.

Miséricorde ! s'écria la nièce, quoi ! mon oncle est poëte aussi ? il connaît tout, il sait tout ; je gage, s'il l'eût entrepris, qu'il pourrait bâtir une maison.

Ma pauvre enfant, repartit don Quichotte, je t'assure que si l'exer-

---

1. Garcilaso de la Vega.

cice de la chevalerie errante ne m'absorbait tout entier, il n'est rien au monde dont je ne puisse venir à bout.

En ce moment, on entendit frapper à la porte. Sancho ayant fait connaître que c'était lui, la gouvernante se cacha aussitôt pour ne pas le voir, car elle le haïssait mortellement ; la nièce alla lui ouvrir ; don Quichotte courut au devant de son écuyer, l'embrassa, se renferma avec lui dans sa chambre, où ils eurent ensemble une conversation qui ne le cède en rien à celle qui vient d'avoir lieu.

CHAPITRE VII

De ce qui se passa entre don Quichotte et son écuyer, ainsi que d'autres événements on ne peut plus dignes de mémoire.

Dès que la gouvernante vit Sancho s'enfermer avec son seigneur, elle devina leur dessein ; aussi, se doutant bien que de cette entrevue allait naître la résolution d'une troisième sortie, elle prit sa mante, et, pleine de trouble et de chagrin, elle courut trouver le bachelier Samson Carrasco, pensant que, comme nouvel ami de son maître, et doué d'une parole facile, il pourrait mieux que personne le dissuader de son impertinente résolution. Quand elle entra, le bachelier se promenait dans la cour de sa maison ; aussitôt qu'elle l'aperçut, elle se laissa tomber à ses pieds haletante et désolée.

Qu'avez-vous, dame gouvernante ? demanda Carrasco ; qu'est-il donc arrivé ? On dirait que vous allez rendre l'âme.

Rien, rien, seigneur bachelier, répondit-elle, sinon que mon maître s'en va ; bien certainement il s'en va.

Et par où s'en va votre maître ? demanda Carrasco ; s'est-il ouvert quelque partie du corps ?

Non, seigneur, répondit-elle ; il s'en va par la porte de sa folie ; je veux dire, seigneur bachelier de mon âme, qu'il va faire une nouvelle sortie, et ce sera la troisième, afin d'aller courir encore une fois le monde à la recherche de ce qu'il appelle d'heureuses aventures, quoique je ne sache guère comment il peut les nommer ainsi. La première fois, on nous le ramena couché en travers sur un âne, et roué de coups de bâton ; la seconde, nous le vîmes revenir sur une charrette traînée par des bœufs, enfermé dans une cage où il se prétendait enchanté, et dans un état tel, que la mère qui l'a mis au monde aurait eu peine à le reconnaître. Il était jaune comme un parchemin, et il avait les yeux tellement enfoncés dans le fin fond de sa cervelle, que pour le remettre sur pied, il m'en a coûté plus de cent douzaines d'œufs, comme Dieu le sait, et comme le diraient mes pauvres poules si elles pouvaient parler.

Il n'est pas besoin de témoin pour cela, reprit Carrasco ; on sait que pour tout au monde vous ne voudriez pas altérer la vérité. Ainsi donc, dame gouvernante, il ne s'est passé rien autre chose, et vous n'avez à cette heure d'autre souci que celui de voir le seigneur don Quichotte prendre encore une fois la clef des champs?

Oui, seigneur, répondit-elle.

Eh bien, ne vous mettez point en peine, repartit le bachelier, retournez chez vous, et préparez-moi quelque chose de chaud pour déjeuner. Vous direz seulement, chemin faisant, l'oraison de sainte Apolline ; je vous suis de près et vous verrez merveilles.

L'oraison de sainte Apolline! *Jésus Maria!* s'écria la gouvernante ; ce serait bon si mon maître avait mal aux dents ; mais, ce qui est malade chez lui, c'est la cervelle.

Allez, dame gouvernante, allez, repartit Carrasco ; faites ce que je vous dis sans répliquer ; car, ne l'oubliez pas, je suis bachelier, et qui plus est de par l'université de Salamanque.

Là-dessus, la gouvernante se retira, et le bachelier alla trouver le curé pour comploter avec lui ce qu'on verra plus tard.

Pendant ce temps, don Quichotte et Sancho avaient ensemble une longue conversation, dont l'histoire nous a conservé la relation véridique.

Seigneur, disait Sancho, j'ai fait si bien, que ma femme est réluite à me laisser aller encore une fois avec Votre Grâce, partout où il lui plaira de m'emmener.

C'est réduite qu'il faut dire, et non réluite, reprit don Quichotte.

Je vous ai déjà prié, seigneur, répondit Sancho, de ne pas me reprendre sur les mots, lorsque vous comprenez ce que je veux dire ; quand vous ne me comprenez pas, dites : Sancho, je ne te comprends pas. Si après cela je m'explique mal, alors vous pourrez me reprendre ; car je n'ai pas un esprit de contravention, et je ne demande pas mieux qu'on m'induise?

Du diable si je te comprends, repartit don Quichotte ; que veux-tu dire avec ton esprit de contravention, et ton je veux bien qu'on m'induise?

Un esprit de contravention, répliqua Sancho, cela veut dire un esprit qui est... tout... attendez... tout je ne sais comment, qui n'aime point à être... vous me comprenez bien.

CHAPITRE VII.

Je te comprends encore moins, dit don Quichotte.

Par ma foi, si vous ne me comprenez pas, je ne sais plus comment parler, reprit Sancho : nous n'avons donc qu'à en rester là.

Ah! si vraiment, je devine, repartit don Quichotte : tu veux dire que tu n'as pas un esprit de contradiction, et que tu es bien aise qu'on t'instruise.

Je gagerais ma vie, reprit Sancho, que vous m'avez compris du premier coup; mais vous prenez plaisir à me faire trébucher à tout bout de champ.

Ce n'était pas mon intention, observa don Quichotte; mais enfin que dit Thérèse?

Thérèse dit qu'il faut que je prenne mes sûretés avec Votre Grâce, que quand l'homme se tait, le papier parle; que qui prend bien ses mesures, ne se trompe point : qu'un tiens vaut mieux que deux tu auras; et moi j'ajoute qu'un conseil de femme n'est pas grand'chose, mais que celui qui ne l'écoute pas est un fou.

C'est aussi mon avis, dit don Quichotte; continue, Sancho, tu parles aujourd'hui comme un livre.

Je dis donc, poursuivit Sancho, et Votre Grâce le sait mieux que moi, je dis donc que nous sommes tous mortels, que l'agneau meurt comme la brebis, et que nul ne peut en cette vie se promettre une heure au delà de celle que Dieu a jugé bon de lui accorder; car la mort est sourde, et lorsqu'elle frappe à notre porte, c'est toujours à grand'hâte, et alors prières, couronnes, sceptres, mitres, n'y peuvent rien, comme disent les prédicateurs.

Tout cela est vrai, mais où veux-tu en venir? demanda don Quichotte.

Je veux en venir, répondit Sancho, à ce que Votre Grâce m'alloue des gages fixes, c'est-à-dire tant par mois, tout le temps que j'aurai l'honneur de vous servir, et que ces gages me soient payés sur vos biens. J'aime mieux cela que d'être à merci, parce que les récompenses viennent trop tard ou même jamais, tandis qu'avec des gages, je sais au moins à quoi m'en tenir. Peu ou beaucoup, on est bien aise de savoir ce que l'on gagne; et qui gagne, ne perd point. Malgré cela, s'il arrivait, ce que je ne crois ni n'espère plus, que Votre Grâce vînt à me donner l'île qu'elle m'a promise, je ne suis pas si ingrat ni si exigeant, que je ne consente volontiers à rabattre mes gages sur le montant des revenus de l'île.

A bon chat bon rat, ami Sancho, dit don Quichotte.

Je gage, repartit Sancho, que Votre Grâce a voulu dire qu'un rat est aussi bon qu'un chat; mais qu'importe! puisque vous m'avez compris.

Si bien compris, continua don Quichotte, que j'ai pénétré le fond de ta pensée, et deviné le but où visent les innombrables flèches de tes proverbes. Écoute, Sancho; si dans une seule histoire j'avais pu trouver le plus léger indice de ce que les chevaliers errants donnaient par mois à leurs écuyers, je ne ferais aucune difficulté de condescendre à ton désir; mais je t'affirme qu'après les avoir toutes lues et relues, je n'y ai jamais rencontré rien de semblable. Tout ce que je sais, c'est que les écuyers servaient à merci; seulement, à l'heure où ils y pensaient le moins, et si la chance tournait en faveur de leurs maîtres, ils étaient gratifiés de quelque île, ou tout au moins ils attrapaient un titre et une seigneurie. Si dans cette espérance, mon ami, vous voulez rester à mon service, à la bonne heure; sinon je vous baise les mains; car, croyez-le bien, je n'irai pas pour vos beaux yeux changer les antiques coutumes de la chevalerie errante. Vous n'avez donc qu'à retourner chez vous, et consulter votre Thérèse: si elle trouve bon que vous me serviez dans l'attente des récompenses, ainsi soit-il; si elle ne le veut pas, ni vous non plus, *bene quidem*, nous n'en serons pas moins bons amis. Tant que le grain ne manquera pas au colombier, le colombier ne manquera point de pigeons. Cependant je vous avertis que bonne espérance vaut autant que mauvaise possession, et bonne revendication mieux que mauvais paiement. Vous voyez, Sancho, que les proverbes ne me coûtent pas plus qu'à un autre. Je vous parle franchement, si vous n'avez pas envie de me suivre à merci, Dieu vous bénisse et vous sanctifie! quant à moi, je saurai trouver des écuyers plus obéissants, plus empressés, et surtout moins bavards que vous.

Devant une si ferme décision de son maître, Sancho sentit son cœur défaillir et ses yeux se couvrir d'un nuage; car il s'était persuadé que pour tous les trésors du monde don Quichotte ne partirait pas sans lui. Il en était encore tout interdit, lorsque Samson Carrasco survint avec la nièce et la gouvernante, qui le suivaient, empressées de savoir comment le bachelier parviendrait à détourner leur seigneur de se lancer encore une fois à la recherche des aventures. A peine le bachelier fut-il entré, qu'embrassant les genoux de notre héros: O fleur de la chevalerie errante, s'écria-t-il, lumière resplendissante des armes, honneur et miroir de la vaillante nation espagnole! plaise au Dieu tout-puissant que ceux qui voudraient s'opposer à la généreuse résolution que tu as formée de faire une troisième sortie, ne sachent plus comment sortir du labyrinthe de leurs folles pensées, et ne voient jamais s'accomplir leurs souhaits les plus ardents !

Il est inutile de réciter plus longtemps l'oraison de sainte Apolline, dit-il à la gouvernante ; je sais que le ciel, dans ses décrets immuables, a décidé que le seigneur don Quichotte retournerait au grand exercice de la chevalerie errante; je chargerais donc gravement ma conscience si je ne conseillais, que dis-je, si je n'intimais à ce chevalier de faire éclater de nouveau la bonté de son imperturbable cœur, et la force de son valeureux bras, qu'il ne peut laisser plus longtemps dans l'inaction, sans tromper l'attente des malheureux, sans faire tort aux orphelins et aux veuves, sans exposer l'honneur des femmes et des filles, dont il est le rempart et l'appui, sans contrevenir à toutes les lois de cet ordre incomparable que Dieu enflamma de son souffle tout-puissant pour la sûreté du genre humain. Courage donc, seigneur don Quichotte ! courage ! commençons aujourd'hui plutôt que demain ; et si quelque chose vous manque pour l'exécution de vos grands desseins, je suis prêt à vous y aider en personne ; je tiendrai non-seulement à honneur d'être écuyer de Votre Grâce, mais j'en recevrai encore le titre comme la première et la plus glorieuse fortune du monde.

Eh bien, que t'avais-je dit ? reprit don Quichotte en se tournant vers Sancho ; crois-tu maintenant que je manquerai d'écuyer ? vois-tu qui s'offre à m'en servir ! sais-tu que c'est l'étonnant bachelier Samson Carrasco, le joyeux boute-en-train de l'université de Salamanque ? Considère comme il est sain de corps et d'esprit, bien fait de sa personne, et dans la vigueur de l'âge ; celui-là sait souffrir le chaud et le froid, la faim et la soif, et, ce qui vaut mieux, il sait se taire ; enfin c'est un homme qui possède au plus haut degré toutes les qualités requises chez l'écuyer d'un chevalier errant. A Dieu ne plaise cependant que pour mon intérêt particulier, j'expose ainsi le vase de la science, la colonne des lettres, et la palme des beaux-arts ! Que le nouveau Samson reste dans sa patrie, dont il est l'honneur et la défense ; ne privons pas son vieux père de l'appui de sa vieillesse ; et puisque Sancho ne veut pas venir avec moi... j'aime mieux me contenter du premier écuyer venu.

Si fait, si fait, je veux y aller, reprit Sancho tout attendri et les yeux pleins de larmes : il ne sera pas dit que j'aurai faussé compagnie à un homme après avoir mangé son pain. Je ne suis point, Dieu merci, d'une race ingrate, et, dans notre village, tout le monde connaît ceux dont je suis sorti ; et puis, je vois à vos actes et plus encore à vos paroles, que vous avez envie de me faire du bien. Si je vous ai demandé des gages, c'était pour complaire à ma femme ; car dès qu'elle s'est mis une chose dans la tête, il n'y a pas de maillet qui serre autant les cercles d'une cuve, qu'elle vous serre le bouton pour en venir à ses fins. Mais après tout, il faut que l'homme soit homme, et puisque je le suis, je le serai dans ma maison comme ailleurs, quand on devrait en enrager. Il n'y a donc plus qu'une chose à faire, c'est que Votre Grâce rédige son testament et son concile, de telle façon qu'il ne se puisse rétorquer ; après quoi mettons-nous en chemin, afin que l'âme du seigneur bachelier ne pâtisse pas davantage, car il a dit que sa conscience le pressait de pousser Votre Grâce à faire une troisième sortie. Quant à moi, mon cher maître, je suis prêt à vous suivre jusqu'au bout du monde ; et je vous servirai aussi fidèlement, et même mieux qu'aucun des écuyers qui ont jamais servi les chevaliers errants passés, présents et à venir.

Le bachelier ne fut pas médiocrement étonné du discours de Sancho, car bien qu'il connût la première partie de l'histoire de don Quichotte, il ne croyait pas son écuyer aussi plaisant que l'auteur le fait ; mais en lui entendant dire un testament et un concile qui ne se puisse rétorquer, au lieu d'un testament et d'un codicille qui ne se puisse révoquer, il crut aisément tout ce qu'il avait lu sur son compte, et il se dit en lui-même qu'après le maître il n'y avait guère de plus grand fou au monde que le serviteur.

Finalement, don Quichotte et Sancho s'embrassèrent, meilleurs amis que jamais ; puis, sur l'avis du grand Samson Carrasco, qui était devenu son oracle, notre chevalier arrêta de partir sous trois jours, pendant lesquels il aurait le loisir de se munir des choses nécessaires pour le voyage et de se procurer une salade à visière, décidé qu'il était à en porter désormais une de la sorte. Carrasco s'offrit à lui procurer celle que possédait un de ses amis, l'assurant qu'elle était de bonne trempe, et qu'il suffirait de la dérouiller.

La nièce et la gouvernante, qui attendaient tout autre chose des conseils du bachelier, lui donnèrent mille malédictions : elles s'arrachèrent les cheveux et s'égratignèrent le visage, criant et hurlant, comme si la troisième sortie de don Quichotte eût été un présage assuré de sa mort. Le projet de Carrasco, en lui conseillant de se mettre encore une fois en campagne, était de faire ce qu'on verra dans la suite de cette histoire.

Enfin, pourvus de tout ce qui leur parut nécessaire, Sancho ayant apaisé sa femme, et don Quichotte sa nièce et sa gouvernante, un beau soir, sans témoins, hormis le bachelier, qui voulut les accompagner à demi-lieue, nos deux coureurs d'aventures prirent le chemin du Toboso, don Quichotte sur Rossinante, et Sancho sur son ancien grison, le bissac bien bourré de provisions de bouche et la bourse garnie d'argent. Carrasco prit congé du chevalier, après l'avoir supplié de lui donner avis de sa bonne ou de sa mauvaise fortune, afin de se réjouir de l'une ou de s'attrister de l'autre, comme le voulait leur amitié. Ils s'embrassèrent : le bachelier reprit le chemin de son village, et don Quichotte continua le sien vers la grande cité du Toboso.

CHAPITRE VIII

De ce qui arriva à don Quichotte et à Sancho en allant voir Dulcinée.

Béni soit le Tout-Puissant Allah! s'écrie cid Hamet-Ben-Engeli au commencement de ce chapitre, Allah soit béni! répète-t-il par trois fois, ajoutant que s'il lui adresse ces bénédictions, c'est parce qu'enfin don Quichotte et Sancho sont en campagne, et que désormais vont recommencer les exploits du maître et les facéties de l'écuyer. Il invite en même temps le lecteur à oublier les prouesses passées de notre héros, pour accorder toute son attention à celles qu'il va raconter et qui commencent sur le chemin du Toboso, comme les premières ont commencé dans la plaine de Montiel ; et en vérité ce qu'il demande est peu de chose en comparaison de ce qu'il promet. Après quoi il continue de la sorte :

A peine don Quichotte et Sancho venaient-ils de quitter Samson Carrasco, que Rossinante se mit à hennir et le grison à braire ; ce que le maître et l'écuyer tinrent à bon signe et regardèrent comme un heureux présage. Toutefois, s'il faut dire la vérité, les soupirs et les braiments de l'âne furent plus prolongés et plus forts que les hennissements du cheval, d'où Sancho conclut que son bonheur devait surpasser celui de son maître, se fondant sur je ne sais quelle astrologie judiciaire dont il avait sans doute connaissance, quoique l'histoire n'en parle pas. Seulement on lui avait entendu dire que lorsqu'il trébuchait ou tombait, il eût voulu n'être pas sorti de sa maison, parce que trébucher et tomber signifiait, selon lui, souliers rompus, ou côtes brisées ; et par ma foi, tout simple qu'il était, il faut convenir qu'il avait raison.

Ami Sancho, dit don Quichotte, plus nous marchons, plus la nuit avance, et bientôt elle sera si obscure, que nous ne pourrons apercevoir le Toboso ; et pourtant c'est là que j'ai résolu de me rendre avant d'entreprendre aucune aventure. Là je demanderai à la sans pareille Dulcinée son agrément et sa bénédiction, et dès qu'elle m'aura accordé cette faveur, j'espère et je suis même assuré de mener à bonne fin toute périlleuse prouesse, car rien n'exalte et ne fortifie le cœur d'un chevalier errant comme de se savoir protégé par sa dame.

Je le crois aussi, répondit Sancho ; mais il me semble qu'il sera bien difficile à Votre Grâce de lui parler et de recevoir sa bénédiction, à moins cependant qu'elle ne vous la jette par-dessus le mur de la basse-cour où je la vis la première fois quand je lui portai votre lettre avec le détail des extravagances que vous faisiez pour elle au fond de la Sierra-Morena.

Un mur de basse-cour ! s'écria don Quichotte. Quoi ! c'est là que tu t'imagines avoir vu cet astre de beauté ! Tu te trompes grandement, mon ami ; ce ne pouvait être que sur quelque balcon doré ou sous le riche vestibule de quelque somptueux palais.

C'est possible, répondit Sancho ; mais à moi, si je m'en souviens bien, cela m'a semblé le mur d'une basse-cour.

Quoi qu'il en soit, allons-y, reprit don Quichotte, et pourvu que je voie Dulcinée, peu m'importe que ce soit par-dessus le mur d'une basse-cour ou à travers la grille d'un jardin, car de quelque endroit que m'arrive le moindre rayon de sa beauté, il éclairera mon entendement et fortifiera mon cœur de telle sorte que je deviendrai sans égal pour l'esprit et pour la vaillance.

Par ma foi, seigneur, dit Sancho, quand je vis ce soleil de madame Dulcinée, il n'était pas assez brillant pour jeter aucun rayon. Mais cela vient sans doute de ce qu'étant à cribler le grain que je vous ai dit, la poussière épaisse qui en sortait élevait devant elle un nuage qui m'empêchait de les voir.

Est-il possible, Sancho, reprit don Quichotte, que tu persistes encore à croire et à soutenir que Dulcinée criblait du grain, quand tu sais combien une semblable occupation est indigne d'une personne de son mérite et de sa qualité ! As-tu donc oublié ces vers dans lesquels notre grand poëte[1] dépeint les ouvrages délicats dont s'occupaient, au fond de leur palais de cristal, ces nymphes qui, sortant des profondeurs du Tage, allaient souvent s'asseoir dans une verte prairie pour travailler à de riches étoffes toutes de perles, d'or et de soie ? Eh bien, telle devait être l'occupation de Dulcinée quand tu la vis, à moins cependant que

---

1. Garcilaso de la Vega.

quelque maudit enchanteur, par une de ces transformations qu'ils ont toujours à leurs ordres, ne t'ait donné le change et jeté dans l'erreur. Aussi je crains bien que l'histoire de mes prouesses (qui circule imprimée, dit-on), si elle a pour auteur un de ces mécréants, contienne fort peu de vérités mêlées à beaucoup de mensonges. O envie! source de tous les maux, ver rongeur de toutes les vertus! Les autres vices, Sancho, ont encore, malgré leur laideur, je ne sais quel charme, mais l'envie ne traîne après elle que désordres, ressentiments et fureurs.

Voilà justement ce que je pense, dit Sancho : aussi je gage que dans ce livre, dont a parlé le bachelier Carrasco, je suis arrangé de la bonne façon, et que mon honneur y va roulant de çà, de là, battant les murs comme une voiture disloquée; et pourtant, je le jure par l'âme des Panza, je n'ai de ma vie médit d'aucun enchanteur, et je ne suis pas assez riche pour faire des jaloux. Ce qu'on peut me reprocher, c'est d'avoir un petit grain de coquinerie et de dire trop souvent ce qui me vient au bout de la langue; mais, après tout, je suis plus simple que méchant, et quand je n'aurais pour moi que de croire sincèrement et fermement à tout ce que croit et enseigne la sainte Église catholique romaine, et d'être, comme je le suis, ennemi mortel des Juifs, les historiens devraient m'en tenir compte et m'épargner dans leurs écrits. Au reste, puisque je n'y peux rien, et que me voilà mis en livre, qu'ils disent ce qu'ils voudront; je m'en soucie comme d'une figue, et je ne donnerais pas un maravédis pour les en empêcher.

Ce que tu viens de dire, Sancho, reprit don Quichotte, me rappelle l'histoire d'un poëte de notre temps, qui, dans une satire contre les dames galantes de la cour, avait négligé à dessein d'en nommer une sur le compte de laquelle il n'osait pas se prononcer. Furieuse de l'oubli, la dame courut chez le poëte, le sommant de réparer l'omission et le menaçant, en cas de refus, de lui faire un mauvais parti. Le poëte s'empressa de lui donner satisfaction, et l'arrangea de telle sorte que mille langues de duègnes n'eussent pas mieux fait. A ce propos vient encore l'histoire de ce berger qui, dans le seul but d'immortaliser son nom, incendia une des sept merveilles du monde, le fameux temple de Diane à Éphèse : aussi malgré tout ce qu'on put faire pour empêcher d'en parler, nous ne savons pas moins qu'il s'appelait Érostrate.

On peut encore citer à ce sujet ce qui arriva à notre grand empereur Charles-Quint. En passant à Rome, ce prince voulut visiter le Panthéon d'Agrippa, ce fameux temple de tous les dieux, qu'on a depuis appelé Temple de tous les saints : c'est l'édifice le mieux conservé de l'ancienne Rome, celui qui donne la plus haute idée de la magnificence de ses fondateurs; il est d'une admirable architecture, et quoiqu'il ne reçoive le jour que par une large ouverture placée au sommet du monument, il est aussi bien éclairé que s'il était ouvert de tous côtés. L'illustre visiteur considérait de là l'édifice, pendant qu'un gentilhomme romain, qui l'accompagnait, lui faisait remarquer les détails de ce chef-d'œuvre d'architecture. Lorsque l'empereur se fut retiré : « Sire, lui dit ce gentilhomme, il faut que j'avoue à Votre Majesté une pensée bizarre qui vient de me traverser l'esprit : pendant qu'elle était au bord de ce trou, il m'a pris plusieurs fois envie de la saisir à bras-le-corps et de me jeter du haut en bas avec elle, afin de rendre, par sa mort, mon nom immortel ! » « Je vous sais gré de n'avoir pas mis à exécution cette mauvaise pensée, reprit Charles-Quint; et pour ne plus vous exposer à semblable tentation, je vous défends de jamais vous trouver dans le même lieu que moi. » Après quoi il le congédia en lui accordant une grande faveur.

Ceci te montre, Sancho, combien est vif, chez les hommes, le désir de faire parler de soi. Quel motif, à ton sens, avait Horatius Coclès pour se jeter dans le Tibre, chargé du poids de ses armes? Qui pouvait inspirer à Mutius, surnommé depuis Scævola, un mépris de la douleur assez grand pour lui faire tenir la main étendue sur un brasier ardent, jusqu'à ce qu'elle fût presque consumée? Qui poussa Curtius à se précipiter dans cet abîme de feu qui s'était ouvert tout à coup au milieu de Rome? Pourquoi Jules César passa-t-il le Rubicon après tant de présages sinistres? De nos jours, enfin, pourquoi les vaillants Espagnols, que guidait le grand Cortez à la conquête du Nouveau-Monde, coulèrent-ils eux-mêmes leurs vaisseaux, s'ôtant ainsi tout moyen de retraite?

Eh bien, Sancho, c'est la soif de la renommée qui a produit tous ces exploits; c'est pour elle qu'on affronte les plus grands périls et la mort même, comme si dans la résolution que l'on fait paraître on jouissait par avance de l'immortalité. Mais nous chrétiens catholiques et chevaliers errants, nous devons travailler plutôt pour la gloire éternelle dont on jouit dans le ciel, que pour une vaine renommée qui doit finir avec cette vie périssable. Ainsi donc, Sancho, que nos actions soient toujours conformes aux règles de cette religion que nous avons le bonheur de connaître et de professer. En tuant des géants, proposons-nous de terrasser l'orgueil, combattons l'envie par la générosité et la grandeur d'âme, opposons à la colère le calme et le sang-froid, à la gourmandise la sobriété, à l'incontinence et à la luxure la fidélité due à la dame de nos pensées; triomphons de la paresse en parcourant les quatre parties du monde et en recherchant sans cesse toutes les occasions qui peuvent nous rendre non-seulement bons chrétiens, mais encore fameux chevaliers. Voilà, Sancho, les degrés par lesquels on peut et on doit atteindre au faîte glorieux d'une bonne renommée.

Seigneur, dit Sancho, j'ai bien compris ce que vient de dire Votre Grâce; je désire seulement que vous me débarrassiez d'un doute qui m'arrive à l'esprit.

Qu'est-ce, mon fils? reprit don Quichotte; dis ce que tu voudras, et je te répondrai de mon mieux.

Ces Césars, ces Jules, tous ces chevaliers dont vous venez de parler, et qui sont morts, où sont-ils maintenant? demanda Sancho.

Sans aucun doute, les païens sont en enfer, répondit don Quichotte; les chrétiens, s'ils ont bien vécu, sont dans le purgatoire ou dans le ciel.

Voilà qui est bien, continua Sancho; mais dites-moi : les tombeaux où reposent les corps de ces gros seigneurs ont-ils à leurs portes des lampes d'argent sans cesse allumées, et les murailles de leurs chapelles sont-elles ornées de béquilles, de suaires, de têtes, de jambes et de bras en cire? Si ce n'est de tout cela, de quoi sont-elles ornées, je vous prie?

Les tombeaux des païens, répondit don Quichotte, ont été pour la plupart des monuments fastueux. Les cendres de Jules César furent mises sous une pyramide en pierre d'une grandeur démesurée, qu'on appelle, à Rome, l'Aiguille de saint Pierre; un tombeau grand comme un village, qu'on appelait alors *Moles Adriani,* et qui est aujourd'hui le Château Saint-Ange, a servi de sépulture à l'empereur Adrien; la reine Artémise a fait placer le corps de son époux Mausole dans un tombeau si vaste et d'un travail si exquis, qu'on l'a mis au rang des sept merveilles du monde; mais tous ces somptueux monuments n'ont jamais été ornés de suaires ou d'offrandes pouvant faire penser que ceux qu'ils renferment soient devenus des saints.

Très-bien, répliqua Sancho; maintenant, que choisirait Votre Grâce de tuer un géant, ou de ressusciter un mort?

La réponse est facile, dit don Quichotte; je préférerais ressusciter un mort.

Par ma foi, je vous tiens! s'écria Sancho : vous convenez que la renommée de ceux qui ressuscitent les morts, qui rendent la vue aux aveugles, qui font marcher les boiteux, et qui ont sans cesse la foule agenouillée devant leurs reliques, est plus grande dans ce monde et dans l'autre que celle de tous les empereurs idolâtres et de tous les chevaliers errants ayant jamais existé?

J'en demeure d'accord, dit don Quichotte.

Eh bien, reprit Sancho, puisque les saints ont seuls le privilége d'avoir des chapelles toujours remplies de lampes allumées, de jambes et de bras en cire; que les évêques et les rois portent leurs reliques sur leurs épaules, qu'ils en décorent leurs oratoires, et en enrichissent leurs autels...

Achève, dit don Quichotte; que veux-tu conclure de là?

Je conclus, continua Sancho, que nous ferions mieux de nous adonner à être saints, pour atteindre plus tôt cette bonne renommée que nous cherchons, et qui nous fuira peut-être encore longtemps. Tenez : avant-hier, on canonisa deux carmes déchaux; eh bien, vous ne sauriez imaginer la foule qu'il y avait pour baiser les chaînes qu'ils portaient autour de leur corps. Sur ma foi, on paraissait les priser bien plus que cette fameuse épée de Roland qui est dans le magasin des armes du roi, notre maître, que Dieu garde! Vous voyez donc, seigneur, qu'il vaut mieux être un simple moine, n'importe de quel ordre, que le plus vaillant chevalier errant du monde. Douze coups de discipline appliqués à propos sont plus agréables à Dieu que mille coups de lance qui tombent sur des géants, des vampires ou autres monstres de cette espèce.

J'en conviens, mon ami, dit don Quichotte; mais nous ne pouvons pas tous être moines, et Dieu a plusieurs voies pour acheminer ses élus au ciel. La chevalerie est un ordre religieux, et il y a des saints chevaliers dans le paradis.

D'accord, reprit Sancho; mais on dit qu'il s'y trouve encore plus de moines.

C'est vrai, répondit don Quichotte, car le nombre des religieux est plus grand que celui des chevaliers errants.

Il y a pourtant bien des gens qui errent, dit Sancho.

Beaucoup, reprit don Quichotte, mais peu qui méritent le nom de chevaliers.

Ce fut dans cet entretien et autres semblables, que nos aventuriers passèrent la nuit et le jour suivant, sans qu'il leur arrivât rien qui mérite d'être raconté, ce qui chagrinait fort don Quichotte. Enfin, le second jour, ils découvrirent la grande cité du Toboso, et notre chevalier ne l'eut pas plus tôt aperçue qu'il ressentit une joie incroyable.

Sancho, au contraire, devint mélancolique et rêveur, parce qu'il ne connaissait pas la maison de Dulcinée, et que pas plus que son seigneur, il n'avait vu la dame ; de sorte que tous deux, l'un pour la voir, l'autre pour ne pas l'avoir vue, ils étaient inquiets et agités. Bref, notre chevalier résolut de n'entrer dans la ville qu'à la nuit close ; en attendant l'heure, il se tinrent cachés dans un bouquet de chênes qui est proche du Toboso, et la nuit venue ils entrèrent dans la grande cité, où il leur arriva des choses qui peuvent être qualifiée ainsi.

CHAPITRE IX.

Où l'on raconte ce qu'on y verra.

Il était minuit ou à peu près, quand don Quichotte et Sancho quittèrent le petit bois pour entrer dans le Toboso. Un profond silence régnait dans tout le village, car à cette heure les habitants dormaient, comme on dit, à jambe étendue. La nuit était d'une clarté douteuse, et Sancho aurait bien voulu qu'elle fût tout à fait noire, afin que cette obscurité vînt en aide à son ignorance. Partout ce n'était qu'aboiements de chiens qui assourdissaient don Quichotte et troublaient l'âme de son écuyer. De temps en temps, un âne se mettait à braire, des cochons grognaient, des chats miaulaient, et ces bruits divers produisaient un vacarme qu'augmentait encore le silence de la nuit. Tout cela parut de mauvais augure à l'amoureux chevalier ; cependant il dit à Sancho : Mon fils, conduis-nous au palais de Dulcinée ; peut-être la trouverons-nous encore éveillée ?

A quel diable de palais voulez-vous que je vous conduise, répondit Sancho ; celui où j'ai vu Sa Grandeur n'était qu'une toute petite maison des moins apparentes du village.

Sans doute, reprit don Quichotte, elle s'était retirée dans quelque modeste pavillon de son alcazar, pour se divertir en liberté avec ses femmes, comme c'est la coutume des grandes princesses.

Puisque Votre Grâce veut à toute force que la maison de madame Dulcinée soit un alcazar, répliqua Sancho, dites-moi, je vous prie, est-ce bien l'heure d'en trouver la porte ouverte ? est-il convenable d'y aller frapper à tour de bras, au risque de mettre sur pied tout le monde ? Allons-nous par hasard chez nos donzelles, semblables à ces galants protecteurs qui entrent et sortent à toute heure de nuit ?

Commençons par trouver l'alcazar, dit don Quichotte ; après je te dirai ce qu'il faut faire. Mais, ou je n'y vois goutte, ou cette masse qu'on aperçoit là-bas et qui projette une si grande ombre doit être le palais de Dulcinée?

Eh bien, seigneur, conduisez-moi, répondit Sancho; peut-être bien est-ce cela; mais quand même je le verrais de mes yeux et le toucherais de mes mains, j'y croirais comme je crois qu'il fait jour à présent.

Don Quichotte prit les devants, et après avoir fait environ deux cents pas, il s'arrêta au pied de la masse qui projetait la grande ombre. En voyant une haute tour, il reconnut que cet édifice n'était pas un palais, mais l'église paroissiale du village. Nous avons rencontré l'église, dit-il à son écuyer.

Je le vois bien, répondit Sancho, et Dieu veuille que nous n'ayons pas rencontré notre sépulture, car c'est mauvais signe de courir les cimetières à pareille heure, surtout, si je m'en souviens, quand j'ai dit à Votre Grâce que la maison de sa dame est dans un cul-de-sac.

Maudit sois-tu de Dieu, s'écria don Quichotte; où et par qui as-tu jamais entendu dire que les maisons royales étaient bâties dans de pareils endroits?

Seigneur, répliqua Sancho, chaque pays a sa coutume, et peut-être que celle du Toboso est de placer dans les culs-de-sac les palais et les grands édifices; je supplie Votre Grâce de me laisser chercher autour d'ici, et sans doute je trouverai dans quelque coin cet alcazar que je voudrais voir mangé des chiens, tant il nous fait donner au diable.

Sancho, dit don Quichotte, parle avec plus de respect de ce qui concerne ma dame; passons la fête en paix et ne jetons pas le manche après la cognée.

Je tiendrai ma langue, seigneur, répondit Sancho; mais comment Votre Grâce veut-elle que je reconnaisse la maison de notre maîtresse, que je n'ai vue qu'une seule fois dans ma vie, et surtout quand il fait noir comme dans un four, tandis que vous qui devez l'avoir vue plus de cent fois, vous ne pouvez la retrouver.

Tu me ferais perdre l'esprit! reprit don Quichotte. Viens çà, hérétique. Ne t'ai-je pas dit mille et mille fois que de ma vie je n'ai vu la sans pareille Dulcinée; que je n'ai jamais franchi le seuil de son palais; qu'enfin je n'en suis amoureux que sur oui-dire et d'après cette grande réputation qu'elle a d'être la plus belle et la plus sage princesse de la terre!

Je l'apprends à cette heure, répondit Sancho; et je dis que puisque Votre Grâce ne l'a pas vue, par ma foi, je ne l'ai pas vue davantage.

CHAPITRE IX.

Cela ne peut être, répliqua don Quichotte, puisque tu m'as dit l'avoir trouvée criblant du blé, quand tu me rapportas sa réponse à la lettre que tu lui avais remise de ma part.

Ne vous y fiez pas, seigneur, répondit Sancho; car, sachez-le, ma visite et la réponse que je vous rapportai sont aussi sur ouï-dire; je connais madame Dulcinée tout comme je puis donner un coup de poing dans la lune.

Sancho, Sancho, repartit don Quichotte, il y a temps pour plaisanter et temps où la plaisanterie ne serait pas de saison. Parce que je dis n'avoir jamais vu la dame de mes pensées, il ne t'est pas permis à toi d'en dire autant, surtout quand tu sais que c'est le contraire qui est la vérité.

Ils en étaient là de leur entretien, lorsqu'ils virent venir à eux un homme qui poussait deux mules devant lui. Au bruit que faisait la charrue que traînaient ces mules, nos aventuriers jugèrent que ce devait être quelque laboureur levé avant le jour pour aller aux champs; ce qui était vrai. Tout en cheminant, le rustre chantait ce refrain d'une vieille romance :

On vous fit bonne chasse,
Français, à Roncevaux [1].

Que je meure, dit don Quichotte, s'il nous arrive rien de bon cette nuit; entends-tu ce que chante ce drôle?

Je l'entends fort bien, répondit Sancho, mais qu'est-ce que cela fait à notre affaire, la chasse de Roncevaux?

Le laboureur les ayant rejoints : Ami, lui dit don Quichotte, Dieu vous donne sa bénédiction. Pourriez-vous m'indiquer où est le palais de la sans pareille princesse dona Dulcinée du Toboso?

Seigneur, répondit le laboureur, je ne suis pas d'ici, et il y a peu de temps que je sers un riche fermier de ce village; mais, dans cette maison, là en face, demeurent le curé et le sacristain; l'un ou l'autre pourra vous donner des nouvelles de cette princesse, parce qu'ils ont la liste de tous les habitants du Toboso; quoique, à vrai dire, je ne pense pas qu'il y ait dans ce pays aucune princesse, mais seulement des dames de qualité qui peut-être sont princesses dans leurs maisons.

Eh bien, c'est parmi elles que doit se trouver celle que je cherche, dit don Quichotte.

[1]. Mala la hovistes, Franceses,
La caza de Roncesvalles; etc., etc. (*Cancionero.*)

Cela se pourrait, répondit le laboureur : le jour vient, adieu ; et touchant ses mules, il s'éloigna.

Voyant son maître indécis et mécontent de la réponse, Sancho lui dit : Seigneur, voici venir le jour, et il me semble qu'il ne serait pas prudent que le soleil nous trouvât dans la rue. Si vous m'en croyez, nous sortirons de la ville, et nous irons nous embusquer dans quelque bois près d'ici ; quand le jour sera venu, je reviendrai chercher de porte en porte le palais de votre maîtresse ; et, par ma foi, il faudra que je sois bien malheureux si je ne parviens pas à le déterrer ; puis, quand je l'aurai trouvé, je parlerai à Sa Grâce et je lui demanderai humblement où et comment nous pourrons la voir sans dommage pour sa réputation et son honneur.

Bien parlé, Sancho, dit don Quichotte, ces quelques mots valent un millier de proverbes, et je veux suivre ton conseil. Allons, mon fils, allons chercher un endroit propre à m'embusquer en t'attendant ; après quoi tu iras trouver cette reine de la beauté, dont la discrétion et la courtoisie me font espérer mille faveurs miraculeuses.

Sancho brûlait d'impatience d'emmener son maître, tant il craignait de voir découvrir sa fraude au sujet de cette réponse qu'il lui avait rapportée dans la Sierra-Morena, de la part de Dulcinée ; il se mit donc à marcher le premier, et au bout d'une demi-lieue, ayant rencontré un petit bois, don Quichotte s'y cacha pendant que son écuyer alla faire cette ambassade dans laquelle il lui arriva des événements qui méritent un redoublement d'attention.

CHAPITRE X

Où l'on raconte le stratagème qu'employa Sancho pour enchanter Dulcinée, avec d'autres événements non moins plaisants que véritables.

En arrivant à raconter les événements que renferme le présent chapitre, l'auteur de cette grande histoire dit qu'il fut tenté de les passer sous silence, dans la crainte qu'on ne voulût pas y ajouter foi, parce qu'ici les folies de don Quichotte touchèrent la dernière limite qu'il soit possible d'atteindre et allèrent même à deux portées d'arquebuse au delà. Il se décida pourtant à les écrire comme le chevalier les avait faites, sans rien ajouter, sans rien retrancher, dût-il être accusé d'avoir menti ; et en cela il eut raison, car la vérité, si ténue qu'elle soit, ne se brise jamais, et nage toujours au-dessus du mensonge, comme l'huile nage au-dessus de l'eau.

CHAPITRE X.

Continuant donc son récit, l'historien dit qu'à peine entré dans le petit bois qui est près du Toboso, don Quichotte ordonna à Sancho de retourner à la ville, et de ne pas reparaître devant lui sans avoir parlé à sa dame, pour la supplier de daigner admettre en sa présence son captif chevalier, dont le souhait le plus ardent était d'obtenir et de recevoir sa bénédiction, afin qu'il pût se promettre de sortir heureusement de toutes les entreprises qu'il allait affronter désormais. Sancho promit d'exécuter ponctuellement les ordres de son maître, et de lui rapporter une réponse non moins bonne que la première fois.

Va, mon fils, lui dit don Quichotte, va, mais songe à ne point te troubler quand tu approcheras de ce soleil de beauté à la recherche duquel je t'envoie, ô le plus fortuné des écuyers du monde! Lorsque tu seras admis en son auguste présence, aies bien soin de graver dans ta mémoire de quelle façon elle te recevra; observe si elle se trouble quand tu lui exposeras l'objet de ton ambassade, si elle rougit en entendant prononcer mon nom. Si tu la trouves assise sur les moelleux coussins de la riche estrade où doit te recevoir une femme de sa condition, remarque bien si elle s'agite, si elle a de la peine à rester en place. Dans le cas où elle serait debout, observe si elle se pose tantôt sur un pied, tantôt sur l'autre; si elle hésite dans sa réponse, si elle la change de douce en aigre, et d'aigre en amoureuse; si enfin, pour cacher son embarras, elle porte la main à sa chevelure, faisant semblant de l'arranger, bien qu'elle ne soit pas en désordre. Bref, mon fils, examine avec soin tous ses gestes, tous ses mouvements, afin de m'en faire un fidèle récit. Car tu sauras, Sancho, si tu ne le sais pas encore, qu'en amour les mouvements extérieurs trahissent les secrets sentiments de l'âme. Pars, ami, sois guidé par un meilleur sort que le mien, et ramené par un meilleur succès que celui dans l'attente duquel je vais rester en l'amère solitude où tu me laisses.

J'irai et je reviendrai promptement, répondit Sancho; mais, seigneur, remettez-vous, de grâce, et laissez dilater un peu ce petit cœur, qui ne doit pas être en ce moment plus gros qu'une noisette; rappelez-vous ce qu'on a coutume de dire : Bon courage vient à bout de mauvaise fortune, et à l'heure où l'on s'y attend le moins, saute le lièvre. Si je n'ai pu trouver, cette nuit, le palais de madame Dulcinée, maintenant qu'il fait jour je saurai bien le reconnaître, et quand je l'aurai trouvé, laissez-moi faire.

Sur ce, Sancho tourna le dos et bâtonna son grison, tandis que don Quichotte restait à cheval, languissamment appuyé sur sa lance, l'esprit livré à de tristes et confuses pensées. Nous le laisserons dans cette attitude pour suivre l'écuyer, qui s'éloignait non moins pensif et préoccupé que son maître.

Quand Sancho fut hors du bois, il tourna la tête ; n'apercevant plus don Quichotte, il mit pied à terre, puis s'asseyant au pied d'un arbre, il commença de la sorte à se parler à lui-même : Maintenant, frère Sancho, dites-moi un peu où va Votre Grâce ? Allez-vous à la recherche de quelque âne que vous avez perdu ? — Pas le moins du monde. — Eh bien, qu'allez-vous donc chercher ? — Je vais tout simplement chercher une princesse qui, à elle seule, est plus belle que le soleil et tous les astres ensemble. — Et où pensez-vous trouver cette princesse ? — Où ? Dans la grande cité du Toboso. — Fort bien. Et de quelle part l'allez-vous chercher ? — De la part du fameux chevalier don Quichotte de la Manche, celui qui redresse les torts, qui donne à manger à ceux qui ont soif, et à boire à ceux qui ont faim. — Très-bien. Connaissez-vous la demeure de cette dame ? — Pas du tout ; seulement mon maître m'a dit que c'était un magnifique palais, un superbe alcazar. — L'avez-vous vue quelquefois cette dame ? — Ni mon maître ni moi ne l'avons jamais vue. — Et si les gens du Toboso savaient que vous venez dans l'intention d'enlever leurs princesses et de débaucher leurs femmes, croyez-vous, ami Sancho, qu'ils auraient tort de vous frotter les épaules à grands coups de bâton ? — C'est juste ; mais s'ils considèrent que je ne suis qu'ambassadeur, et que je ne viens que pour le compte d'autrui, je ne pense pas qu'ils se permettent d'en user si librement. — Ne vous y fiez pas, Sancho ; les gens de la Manche n'entendent point raillerie. Vive Dieu ! s'ils vous dépistent, vous n'avez qu'à bien vous tenir, ou à jouer des jambes au plus vite. — En ce cas, qu'est-ce donc que je viens chercher ? Par ma foi, je l'ignore moi-même, et j'en donne ma langue aux chiens ; d'ailleurs, chercher madame Dulcinée dans le Toboso, n'est-ce pas chercher le bachelier dans Salamanque ? Malédiction ! c'est le diable en personne qui m'a fourré dans cette affaire.

Telles étaient les réflexions que faisait Sancho, et la conclusion qu'il en tira fut de se raviser sur-le-champ. Pardieu, se dit-il, il y a remède à tout, si ce n'est à la mort, à laquelle nous devons tribut à la fin de la vie. Mon maître est fou à lier, comme je m'en suis maintes fois aperçu ; et franchement je ne suis guère en reste avec lui, puisque je l'accompagne et le sers ; car selon le proverbe : Dis-moi qui tu hantes, et je te dirai qui tu es. Or, mon maître étant fou, et d'une folie qui lui fait prendre le blanc pour le noir et le noir pour le blanc, des moulins à vent pour des géants, des mules pour des dromadaires, des troupeaux de moutons pour des armées, et cent autres choses de la même force, il ne me sera pas difficile de lui faire accroire que la première paysanne qui me tombera sous la main est madame Dulcinée. S'il s'y refuse, j'en jurerai; s'il soutient le contraire, j'en jurerai encore plus fort; s'il tient bon, je n'en démordrai pas; de cette façon, j'aurai toujours manche pour moi, quoi qu'il arrive. Peut-être ainsi le dégoûterai-je de me charger de pareils messages, en voyant le peu d'avantage qu'il en tire; ou plutôt s'en prendra-t-il à quelque enchanteur qui, pour lui faire pièce, aura changé la figure de sa dame.

De cette manière, Sancho se mit l'esprit en repos et regarda l'affaire comme arrangée. Il resta sous son arbre jusqu'au soir, afin de mieux tromper son maître sur l'aller et le retour, et son bonheur fut tel, que lorsqu'il se leva pour remonter sur son grison, il aperçut venir, sur le chemin du Toboso, trois paysannes montées sur trois ânes ou trois ânesses (l'auteur se tait sur ce point), mais il faut croire que c'étaient des bourriques, monture ordinaire des femmes de la campagne. Bref, dès que Sancho vit ces trois donzelles, il revint au petit trot chercher don Quichotte, qu'il retrouva dans la même attitude où il l'avait laissé, continuant à se lamenter et à soupirer amoureusement.

Eh bien, qu'y a-t-il, ami? lui dit son maître; dois-je marquer cette journée avec une pierre blanche ou avec une pierre noire?

Il faut la marquer avec une pierre rouge, répondit Sancho; comme ces écriteaux qu'on veut qui soient vus de loin.

Tu m'apportes donc de bonnes nouvelles, mon fils? demanda don Quichotte.

Si bonnes, répondit Sancho, que vous n'avez qu'à éperonner Rossinante, pour aller au-devant de madame Dulcinée, qui vient avec deux de ses femmes rendre visite à Votre Grâce.

Sainte Vierge! dis-tu vrai? s'écria don Quichotte; ne m'abuse point, mon ami, et ne cherche pas à me donner de fausses joies pour charmer mes ennuis.

Et que gagnerais-je à vous tromper, répliqua Sancho, quand vous êtes à deux doigts de savoir ce qu'il en est? Avancez seulement de quelques pas, et vous verrez venir votre maîtresse parée comme une châsse. Elle et ses femmes ne sont que colliers de perles, rivières de diamants, étoffes d'argent et d'or, si bien que je ne sais comment elles peuvent porter tout cela; leurs cheveux tombent sur leurs épaules à grosses boucles, et on dirait les rayons du soleil agités par le vent;

enfin, dans un moment, vous allez les voir toutes les trois, montées sur des caquenées grasses à lard, et qui valent leur pesant d'or.

C'est haquenées qu'il faut dire, Sancho, reprit don Quichotte; si Dulcinée t'entendait parler de la sorte, elle ne nous prendrait pas pour ce que nous sommes.

La distance de caquenées à haquenées n'est pas bien grande, répliqua Sancho; mais qu'elles soient montées sur ce qu'elles voudront, je n'ai jamais vu de dames plus élégantes, et surtout madame Dulcinée.

Allons, reprit don Quichotte, pour étrennes d'une nouvelle si heureuse et si peu attendue, je t'abandonne le butin de notre prochaine aventure; ou, si tu l'aimes mieux, les poulains de mes trois juments, qui, tu le sais, sont près de mettre bas.

Je m'en tiens aux poulains, repartit Sancho, car il n'est pas sûr que le butin de votre prochaine aventure soit bon à garder.

Ainsi discourant ils sortirent du bois; aussitôt don Quichotte jeta les yeux sur toute la longueur du chemin du Toboso; mais n'apercevant que trois paysannes, il commença à se troubler, et demanda à son écuyer s'il avait laissé ces dames hors de la ville.

Hors de la ville? répondit Sancho. Votre Grâce a-t-elle les yeux derrière la tête? ne voyez-vous point ces trois dames qui viennent à nous, resplendissantes comme le soleil en plein midi?

Je ne vois que trois paysannes montées sur trois ânes, dit don Quichotte.

Dieu me soit en aide! repartit Sancho; se peut-il que vous preniez pour trois ânes trois haquenées plus blanches que la neige! Par ma foi, on dirait que vous n'y voyez goutte, ou que vous êtes encore enchanté.

En vérité, Sancho, reprit notre chevalier, c'est toi qui n'y vois goutte : ce sont des ânes ou des ânesses, aussi sûr que je suis don Quichotte et que tu es Sancho Panza; du moins il me le semble ainsi.

Allons, allons, seigneur, vous vous moquez, repartit Sancho : frottez-vous les yeux, et venez faire la révérence à la dame de vos pensées que voilà tout près de vous.

En même temps, il alla à la rencontre des paysannes, et sautant à bas de son grison, il arrêta un des ânes par le licou, puis, se jetant à deux genoux :

O sublime princesse! s'écria-t-il, reine et duchesse de la beauté, que Votre Grandeur ait la bonté d'admettre en grâce et d'accueillir avec faveur ce pauvre chevalier, votre esclave, qui est là froid comme le marbre, sans force et sans pouls, tant il est étourdi de se voir en votre magnifique présence! Je suis Sancho Panza, son écuyer, pour vous servir, et lui, n'est autre que le vagabond chevalier don Quichotte de la Manche, autrement appelé le chevalier de la Triste-Figure.

Pendant cette harangue, l'amoureux chevalier s'était jeté à genoux auprès de Sancho et ouvrait de grands yeux; mais ne voyant dans celle que son écuyer traitait de reine et de princesse qu'une grossière paysanne au visage boursouflé et au nez camard, il demeura si stupéfait qu'il ne pouvait desserrer les lèvres. Les paysannes n'étaient pas moins étonnées à la vue de ces deux hommes si différents l'un de l'autre, tous deux à genoux et leur barrant le chemin; aussi celle que Sancho avait arrêtée, prenant la parole : Gare, seigneurs, gare, dit-elle, passez votre chemin et laissez-nous, nous sommes pressées.

O grande princesse, répondit Sancho, ô dame universelle du Toboso, comment votre cœur magnanime ne s'amollit-il point, en voyant prosterné devant votre sublime présence la colonne et l'arc-boutant de la chevalerie errante?

Oui-dà, oui-dà, reprit une des paysannes : voyez un peu ces hidalgos qui viennent se gausser des filles de village; comme si nous n'étions pas faites comme les autres! Passez, passez, celles-là sont prises; laissez-nous continuer notre chemin.

Lève-toi, Sancho, lève-toi, dit tristement don Quichotte; je vois bien que le sort n'est point encore las de me persécuter, et qu'il n'y a plus de bonheur à espérer pour moi ici-bas. Et toi, dernier terme de la beauté humaine, résumé accompli de toutes les perfections, unique soutien de ce cœur affligé qui t'adore, puisque le maudit enchanteur qui me poursuit a jeté sur mes yeux une effroyable cataracte, et que pour moi et non pour d'autres, il cache ton incomparable beauté sous les traits d'une grossière paysanne, ne laisse pas, je t'en supplie, de me regarder avec amour, à moins toutefois qu'il ne m'ait donné aussi l'aspect de quelque vampire, pour me rendre horrible à tes yeux. Tu vois, adorable princesse, tu vois quelle est ma soumission et mon zèle, et que, malgré l'artifice de mes ennemis, mon cœur ne laisse pas de t'offrir les hommages qui te sont dus.

Ah! par ma foi, repartit la paysanne, je suis bien bonne d'écouter toutes vos cajoleries! Laissez-nous passer, seigneurs, nous n'avons point de temps à perdre.

Sancho s'empressa de se relever et de lui faire place, ravi dans son cœur d'être parvenu si heureusement à sortir d'embarras.

A peine la prétendue Dulcinée se vit-elle libre, qu'avec le clou qui était fixé au bout de son bâton elle piqua son âne, et le fit courir de toute sa force à travers le pré. Mais pressé par l'aiguillon plus qu'à l'ordinaire, le roussin allait par sauts et par bonds, lâchant force ruades, et il fit tant qu'à la fin il jeta madame Dulcinée par terre. Aussitôt, l'amoureux chevalier courut pour la relever, tandis que Sancho ramenait le bât qui avait tourné sous le ventre de la bête. Le bât replacé et sanglé, don Quichotte voulut prendre sa dame entre ses bras pour la porter sur l'âne, mais la belle se releva prestement, fit deux ou trois pas en arrière pour prendre son élan, posa les mains sur la croupe de sa monture, et d'un saut se trouva à califourchon sur le bât.

Vive Dieu! s'écria Sancho, notre maîtresse est plus légère qu'un daim, et elle pourrait rendre des points à tous les écuyers de Cordoue et du Mexique! D'un seul bond elle a passé par-dessus l'arçon de sa selle. Voyez comme elle fait courir sa haquenée sans éperons. Par ma foi, ses femmes ne sont point en reste, tout cela court comme le vent.

Sancho disait vrai, car toutes trois galoppaient à qui mieux mieux, sans tourner la tête, et elles coururent ainsi plus d'une demi-lieue.

Don Quichotte les suivit des yeux pendant quelque temps, et lorsqu'il cessa de les apercevoir: Vois, Sancho, lui dit-il, jusqu'où va la haine des enchanteurs, et de quel détestable artifice ils se servent pour me priver du bonheur que j'aurais eu à contempler Dulcinée? Fut-il jamais homme plus malheureux que moi, et ne suis-je point le type du malheur même? Les traîtres! non contents de la transformer en une grossière paysanne, et de me la montrer sous une figure indigne de sa qualité et de son mérite, ils lui ont encore ôté ce qui distingue les grandes princesses, dont l'haleine respire toujours un si doux parfum; car lorsque je me suis approché de Dulcinée pour la remettre sur sa haquenée, comme tu l'appelles, quoique j'aie constamment pris sa monture pour une ânesse, elle m'a lancé, te l'avouerai-je, une odeur d'oignon cru qui m'a soulevé le cœur.

Canailles! misérables et pervers enchanteurs! s'écria Sancho, n'aurai-je jamais le plaisir de vous voir tous enfilés par la même broche, et griller comme des sardines! Ne devait-il pas vous suffire, infâmes coquins, brigands maudits, d'avoir changé les perles des yeux de notre maîtresse en des yeux de chèvre, ses cheveux d'or pur en queue de vache rousse, et finalement d'avoir gâté toute sa personne sans pervertir encore son odeur? Par là du moins nous aurions pu nous faire quelque idée de ce qui était caché sous cette grossière écorce;

bien qu'à vrai dire, je ne me sois point aperçu de sa laideur, et qu'au contraire je n'aie vu que sa beauté, à telles enseignes qu'elle a sur la lèvre droite un gros signe, en manière de moustache, d'où sortent sept ou huit poils roux de deux doigts de long, qu'on prendrait pour autant de filets d'or.

D'après le rapport que les signes du visage ont avec ceux du corps, reprit don Quichotte, Dulcinée doit en avoir un du même côté sur le plat de la cuisse ; mais ces poils que tu viens de dire, Sancho, sont bien grands pour un signe, et cela n'est pas ordinaire.

Par ma foi, seigneur, repartit Sancho, ils font là merveille.

Oh ! j'en suis persuadé, dit don Quichotte, car la nature n'a rien mis en Dulcinée qui ne soit l'idéal de la perfection ; et ces signes dont tu parles ne sont pas en elle des défauts, ce sont plutôt des étoiles resplendissantes et lumineuses. Mais dis-moi, ce qui m'a semblé un bât, était-ce une selle plate ou une selle en fauteuil ?

C'était une selle à la genette[1] avec une housse si riche, mais si riche, qu'elle vaut la moitié d'un royaume, répondit Sancho.

Et je n'ai rien vu de tout cela ! reprit don Quichotte : ah ! je ne cesserai de le répéter, je suis le plus malheureux des hommes.

Le sournois d'écuyer avait bien de la peine à s'empêcher de rire en voyant l'extravagance et la crédulité de son maître, et il se réjouissait tout bas de l'avoir trompé si adroitement. Finalement, nos deux aventuriers remontèrent sur leurs bêtes, et prirent le chemin de Saragosse, où ils comptaient être encore assez à temps pour se trouver à une fête solennelle qui a lieu tous les ans dans cette ville : mais il leur arriva tant de choses et de si surprenantes, qu'elles méritent d'être racontées comme on le verra ci-après.

CHAPITRE XI

De l'étrange aventure du char des Cortès de la Mort

Don Quichotte suivait son chemin tout pensif et préoccupé du mauvais tour que lui avaient joué les enchanteurs en transformant sa dame en une grossière paysanne, ce qui malheureusement lui paraissait sans remède. Ces pensées l'absorbaient tellement que, sans y faire attention, il lâcha la bride à Rossinante, lequel, se sentant libre, s'arrêtait

---

1. Selle arabe, avec deux montants, un par devant et un par derrière.

à chaque pas pour paître l'herbe fraîche qui croissait abondamment dans cet endroit.

Seigneur, lui dit Sancho en le voyant ainsi, la tristesse n'a pas été faite pour les bêtes, mais bien pour l'homme; et pourtant, quand l'homme s'y abandonne, il devient une bête. Allons, allons! remettez-vous, relevez la bride à Rossinante, et faites voir ce que vous êtes: un véritable chevalier errant. Morbleu! pourquoi vous décourager de la sorte? Que Satan emporte toutes les Dulcinées qu'il y a dans ce monde, plutôt que j'aie la douleur de voir un seul chevalier errant succomber à la maladie!

Tais-toi, répondit don Quichotte, et ne profère point de blasphème contre Dulcinée; c'est moi qui suis la seule cause de sa disgrâce : elle ne serait pas telle qu'elle m'est apparue si les enchanteurs ne portaient envie à ma gloire et à mes plaisirs.

C'est aussi mon avis, repartit Sancho; en vérité le cœur se fend quand on pense à ce qu'elle était jadis et à ce qu'elle est maintenant.

Ah! tu peux bien le dire, toi qui l'as vue dans tout l'éclat de sa beauté, car le charme dirigé contre moi ne troublait point ta vue. Il me semble pourtant, Sancho, que tu as mal dépeint la beauté de ma dame en disant qu'elle avait des yeux de perles : des yeux de perles sont des yeux de poisson plutôt que des yeux de femme. Les yeux de Dulcinée ne peuvent être que deux vertes émeraudes, avec deux arcs-en-ciel pour sourcils. Mon ami, réserve les perles pour les dents et non pour les yeux; tu auras sans doute fait confusion.

Cela peut être, répondit Sancho, car j'ai été aussi troublé de sa beauté que vous avez pu l'être de sa laideur. Mais recommandons le tout à Dieu, qui seul sait ce qui doit arriver dans cette vallée de larmes, dans ce méchant monde où il n'y a rien qui soit exempt de malice et de fourberie. Une seule chose m'inquiète, c'est de savoir comment on s'y prendra quand, après avoir vaincu quelque géant ou quelque chevalier, Votre Grâce lui ordonnera d'aller se présenter devant madame Dulcinée. Où le pauvre diable la trouvera-t-il? Il me semble le voir d'ici se promener dans les rues du Toboso, le nez en l'air, la bouche béante, et cherchant madame Dulcinée, qui passera cent fois devant lui sans qu'il la reconnaisse.

L'enchantement ne s'étendra peut-être pas jusqu'aux géants ou aux chevaliers vaincus, répondit don Quichotte. Au reste, nous en ferons l'expérience sur les deux ou trois premiers auxquels nous aurons affaire, en leur ordonnant de venir me rendre compte de ce qu'ils auront éprouvé à ce sujet.

Votre idée me paraît excellente, repartit Sancho. Une fois certain que la beauté de notre maîtresse n'est voilée que pour vous seul, il faudra en prendre votre parti ; le malheur sera pour vous et non pour elle ; et puis du moment que madame Dulcinée se porte bien, pourquoi nous attrister ? En attendant, poussons notre fortune du mieux que nous pourrons en cherchant les aventures ; le temps arrangera le reste, car il est le meilleur médecin du monde, et il n'y a pas de maladie qu'il ne guérisse.

Don Quichotte allait répliquer, quand tout à coup, au détour du chemin, parut un chariot chargé de divers personnages et des plus étranges figures qu'on puisse imaginer. Celui qui faisait l'office de cocher était un horrible démon ; et comme le chariot était découvert, on voyait aisément ceux qui étaient dedans. Après le cocher, la première figure qui s'offrit aux yeux de don Quichotte fut celle de la Mort, sous un visage humain. Tout près d'elle se tenait un ange avec de grandes ailes de différentes couleurs ; à sa droite était un empereur avec une couronne qui paraissait d'or ; aux pieds de la Mort, on voyait assis le dieu Cupidon, avec son carquois, son arc et ses flèches, mais sans bandeau sur les yeux ; enfin, un chevalier armé de toutes pièces, si ce n'est qu'au lieu de casque il portait un chapeau orné de plumes de diverses couleurs, complétait la troupe.

Ce spectacle inattendu troubla quelque peu notre chevalier, et jeta l'effroi dans l'âme de Sancho ; mais une prompte joie succéda à la surprise dans l'esprit de don Quichotte, qui ne douta point que ce ne fût quelque périlleuse aventure. Dans cette pensée, et avec un courage prêt à tout braver, il se campe au-devant de l'équipage, et, d'une voix fière et menaçante : Cocher ou diable, s'écrie-t-il, il faut que tu me dises à l'instant qui tu es, où tu vas, et quelles gens tu mènes dans ce chariot, qui a plutôt l'air de la barque à Caron que d'une charrette ordinaire.

Seigneur, répondit le diable d'une voix mielleuse, et en retenant les rênes, nous sommes acteurs de la troupe d'Angulo le Mauvais. Ce matin, octave de la Fête-Dieu, nous venons de représenter derrière cette colline que vous voyez là-bas, la tragédie des *Cortès* de la Mort, et nous devons la jouer encore ce soir dans le village qui est devant nous : comme c'était tout proche, nous n'avons pas voulu quitter nos habits, afin de n'avoir pas la peine de les reprendre. Ce jeune homme que vous voyez représente la Mort ; cet autre un ange ; cette dame, qui est la femme de l'auteur de la pièce, fait la reine ; en voilà un qui remplit un rôle d'empereur, cet autre celui de soldat ;

quant à moi je suis le diable, à votre service, et un des principaux acteurs, car j'ouvre la scène. Si vous avez d'autres questions à me faire, parlez, seigneur, parlez, je répondrai à tout ponctuellement ; étant le diable, il n'y a rien que je ne sache.

Foi de chevalier errant, répondit don Quichotte, dès que j'ai aperçu votre chariot, j'aurais juré que c'était une grande aventure qui s'offrait à moi ; je vois bien qu'il ne faut pas se fier aux apparences, si l'on ne veut être trompé. Allez, mes amis, allez en paix célébrer votre fête, et si je puis vous être utile à quelque chose, croyez que je suis à vous de bien bon cœur : j'ai été toute ma vie grand amateur du théâtre, et dès ma tendre jeunesse je ne rêvais que comédie.

Comme ils en étaient là, le sort voulut qu'un des acteurs de la troupe, qui était resté en arrière, les rejoignît. Ce dernier était habillé en fou de cour, avec quantité de grelots autour du corps, et il portait au bout d'un bâton trois vessies gonflées. En approchant de don Quichotte, ce grotesque personnage se mit à s'escrimer avec son bâton, frappant la terre avec ses vessies, et sautant de droite et de gauche pour faire résonner ses grelots. Cette fantastique vision épouvanta tellement Rossinante, que, malgré les efforts de son maître pour le calmer, il prit le mors aux dents et se mit à courir à travers champs avec une vitesse qu'on était loin d'attendre de lui. A cette vue, Sancho sauta à bas de son âne pour aller secourir son seigneur, mais quand il arriva, cheval et cavalier étaient étendus dans la poussière, conclusion ordinaire des prouesses de Rossinante.

Or, à peine Sancho eut-il lâché sa monture, que le fou sauta dessus, et, la fouettant à grands coups de vessies, il la fit courir vers le village où la fête allait avoir lieu. Entre la chute de son maître et la fuite de son âne, Sancho se trouvait dans une cruelle perplexité ; mais, en fidèle écuyer, l'amour de son seigneur l'emporta, et malgré la pluie de coups qu'il voyait tomber sur la croupe du baudet, et qu'il eût préféré cent fois recevoir sur la prunelle de ses propres yeux, il accourut auprès de don Quichotte qu'il trouva en fort mauvais état. Tout en l'aidant à remonter sur Rossinante : Seigneur, lui dit-il, le diable emporte l'âne.

Quel diable ? demanda don Quichotte.

Le diable aux vessies, répondit Sancho.

Sois tranquille, reprit notre héros, je te le ferai rendre, allât-il se cacher au fond des enfers. Suis-moi ; le chariot marche lentement, et avec les mules qui le traînent je couvrirai, sois en certain, la perte de ton grison.

CHAPITRE XI.

Plus n'est besoin de s'en occuper! s'écria Sancho; le diable l'a lâché, et le voilà qui revient, le pauvre enfant!

Sancho disait vrai; le diable et le grison avaient culbuté à l'instar de don Quichotte et de Rossinante, et pendant que l'un gagnait le village, l'autre venait retrouver son maître.

Malgré tout, dit don Quichotte, il serait bon de châtier l'insolence de ce démon sur un des hommes du chariot, fût-ce sur l'empereur lui-même.

Otez-vous cela de l'esprit, seigneur, repartit Sancho; il n'y a rien à gagner avec les comédiens, ces gens-là ont des amis partout. J'ai connu autrefois un comédien poursuivi pour deux meurtres; eh bien, il s'en est tiré sans qu'il lui en coûtât un cheveu de la tête. Comme ce sont des gens de plaisir, tout le monde les protège et les aime, ceux-ci surtout qui se prétendent de la troupe royale!

Il ne sera pas dit, répliqua don Quichotte, que ce mauvais histrion m'aura échappé, dût le genre humain tout entier le prendre sous sa protection! Et il se mit à courir après le chariot, en criant: Arrêtez, baladins! arrêtez, mauvais bouffons! je veux vous apprendre à respecter à l'avenir les bêtes qui servent de monture aux écuyers des chevaliers errants.

Don Quichotte criait si fort que les comédiens l'entendirent. Jugeant de son intention par ses paroles, la Mort saute à terre avec le diable, suivi de l'empereur et de l'ange; il n'y eut pas jusqu'au dieu Cupidon qui ne voulut être de la partie: alors tous se chargent de pierres, et, se retranchant derrière leur voiture, ils attendent l'assaillant, résolus à se défendre. En les voyant si bien armés et faire bonne contenance, notre héros retint la bride à Rossinante, et se mit à réfléchir de quelle manière il attaquerait ce bataillon avec le moins de danger. Pendant qu'il délibérait sur ce qu'il avait à faire, Sancho arriva, et trouvant son maître prêt à en venir aux mains:

Seigneur, lui dit-il, voici une aventure qui ne me paraît nullement bonne à entreprendre. Considérez que contre des amandes de ruisseaux il n'existe pas d'armes défensives, à moins de se blottir sous une cloche de bronze? Considérez aussi qu'il y a plus de témérité que de courage à vouloir attaquer seul une armée où les empereurs combattent en personne, et qui est soutenue par les bons et les mauvais anges, sans compter la Mort, qui est à leur tête? Et puis, remarquez, je vous prie, mon cher maître, que parmi tous ces gens-là il n'y a pas un seul chevalier errant.

Tu as touché juste, interrompit don Quichotte; et voilà de quoi me faire changer de résolution : je ne puis ni ne dois tirer l'épée contre n'importe quelles gens s'ils ne sont armés chevaliers ; ainsi donc, Sancho, cela te regarde ; c'est à toi de tirer vengeance de l'outrage fait à ton grison. Je me tiendrai ici pour te donner mes conseils et t'animer au combat.

Seigneur, il n'y a pas là de quoi tirer vengeance de personne, repartit Sancho, et un bon chrétien doit savoir oublier les offenses ; d'ailleurs je m'arrangerai avec mon âne, et comme il n'est pas moins pacifique que son maître, je suis certain qu'une mesure d'avoine sera bien plus de son goût.

Si c'est là ton avis, bon et pacifique Sancho, répliqua don Quichotte, laissons là ces fantômes et allons chercher de meilleures aventures ; car ce pays-ci m'a tout l'air d'en fournir un bon nombre et des plus surprenantes.

En parlant ainsi, il tourna bride, suivi de son écuyer. De son côté, la Mort et ses compagnons remontèrent sur le chariot et continuèrent leur voyage. Telle fut, grâce aux sages conseils de Sancho Panza, l'heureuse fin de la terrible aventure du char de la Mort. Le jour suivant, notre héros eut une autre aventure avec un chevalier amoureux et errant, laquelle mérite, à elle seule, un nouveau chapitre.

CHAPITRE XII

De l'étrange aventure qui arriva au valeureux don Quichotte, avec le grand chevalier des Miroirs.

La nuit qui suivit le jour de la rencontre du char de la Mort, don Quichotte et son écuyer la passèrent sous un bouquet de grands arbres où ils soupèrent avec les provisions que portait le grison. Pendant qu'ils mangeaient, Sancho dit à son maître : Avouez, seigneur, que j'aurais eu grand tort de choisir pour étrennes le butin de votre première aventure plutôt que les poulains des trois juments ? Par ma foi, mieux vaut moineau en cage que grue qui vole !

Cela se peut, répondit don Quichotte ; mais pourtant si tu m'avais laissé attaquer et combattre comme je le voulais, tu n'aurais certes pas eu lieu de te plaindre, car à cette heure, tu serais en possession de la couronne d'or de l'empereur et des ailes peintes de ce Cupidon : je les lui aurais arrachées pour les remettre entre tes mains.

Bah ! reprit Sancho, jamais sceptres ni couronnes des empereurs de comédie n'ont été d'or, mais bien de cuivre ou de fer-blanc.

CHAPITRE XII.

Cela est vrai, reprit don Quichotte ; en effet, il ne conviendrait pas que les hochets de la comédie fussent de fine matière ; ils doivent être comme elle une sorte de fiction, une simple apparence. A propos de comédie, j'entends, Sancho, que tu sois bien disposé pour le théâtre, ainsi que pour ceux qui composent les pièces et ceux qui les représentent, parce que ce sont des gens fort utiles dans un État, car, en nous offrant chaque jour un miroir fidèle où se reflète la vie humaine, ils nous montrent ce que nous sommes et ce que nous devrions être. Tu as sans doute vu représenter des comédies dans lesquelles il y avait des rois, des prêtres, des chevaliers, des dames et autres personnages divers? L'un fait le fanfaron, l'autre le fourbe, celui-là le soldat, celui-ci l'amoureux ; puis quand la pièce est terminée, chacun quitte son costume, et dans la coulisse tous se donnent la main.

Oui, vraiment, j'ai vu de ces comédies-là, répondit Sancho.

Eh bien, reprit don Quichotte, il en est de même dans la comédie de ce monde : les uns sont empereurs, les autres papes ; finalement autant de personnages différents que sur le théâtre. Puis quand arrive la fin de la pièce, c'est-à-dire quand vient la mort qui leur fait quitter les oripeaux qui les distinguaient, tous redeviennent égaux dans la sépulture.

Voilà une comparaison que j'ai entendu faire bien souvent et qui ressemble comme deux gouttes d'eau au jeu des échecs, dit Sancho : tant que le jeu dure, chaque pièce représente un personnage ; mais une fois le jeu fini, elles sont toutes jetées pêle-mêle dans une boîte, comme dans un tombeau.

Il me semble, reprit don Quichotte, que tu deviens chaque jour moins simple et plus avisé.

Pardieu, répliqua Sancho, en me frottant tous les jours contre Votre Grâce, il faut bien qu'il m'en reste quelque chose. Bien aride serait le terrain qui ne rapporterait rien, quand on le cultive et qu'on le fume : je veux dire, seigneur, que la conversation de Votre Grâce a été l'engrais répandu sur la terre sèche de mon esprit, et le temps passé à votre service la culture moyennant laquelle j'espère rapporter des moissons dignes du bon labourage que vous avez fait dans mon stérile entendement.

Le chevalier ne put s'empêcher de sourire des expressions recherchées dont Sancho appuyait son raisonnement ; il lui sembla qu'il en savait plus long qu'à l'ordinaire, et il en était tout surpris. En effet, depuis quelque temps, Sancho parlait de façon à étonner son maître ; seulement, quand il voulait par trop faire le beau parleur, comme un candidat au concours, il trébuchait lourdement. Ce qui lui allait le mieux, c'était de débiter des proverbes, qu'ils vinssent à tort ou à raison, comme on l'a vu souvent et comme on le verra encore dans la suite de cette histoire.

Nos aventuriers passèrent une partie de la nuit en de semblables entretiens, jusqu'à ce qu'il prit envie à Sancho de laisser tomber les rideaux de ses yeux : c'était sa manière de s'exprimer lorsqu'il voulait dormir. Il ôta le bât et le licou au grison, et le laissa paître en liberté. Quant à Rossinante, il se contenta de lui retirer la bride, parce que don Quichotte lui avait expressément défendu d'enlever la selle tant qu'ils seraient en campagne, suivant la coutume si prudemment établie et si fidèlement observée par les chevaliers errants.

D'après la tradition, l'amitié de ces deux pacifiques animaux fut si intime, que l'auteur de ce récit lui avait consacré plusieurs chapitres; il les supprima depuis par bienséance et pour garder la dignité qui convient à une si héroïque histoire. Parfois, néanmoins, il oublie sa résolution, et se complaît à nous représenter les deux amis se grattant l'un l'autre; puis, quand ils étaient fatigués de cet exercice, Rossinante croisant sur le cou du grison un cou qui le dépassait d'une demi-aune; et tous deux les yeux fichés en terre demeurant ainsi des jours entiers, à moins qu'on ne les tirât de leur immobilité, ou que la faim ne les talonnât. L'auteur n'avait pas craint de comparer leur amitié à celle de Nisus et Euryale, ou bien encore à celle d'Oreste et Pylade, ce qui fait voir la haute opinion qu'il en avait conçue; peut-être aussi voulait-il par là montrer aux hommes combien ils ont tort de trahir l'amitié, quand les bêtes la pratiquent si fidèlement. C'est pourquoi l'on a dit : il n'y a pas d'ami pour l'ami, et les roseaux se changent en lances. Et qu'on n'aille pas blâmer cette comparaison de l'amitié des bêtes avec celle des hommes : n'avons-nous pas appris du chien la fidélité, de la fourmi la prévoyance, de l'éléphant la pudeur, et du cheval la loyauté!

Nos aventuriers reposaient depuis peu de temps, Sancho sous un liége et don Quichotte sons un robuste chêne, lorsque notre héros fut réveillé par un bruit qui se fit derrière sa tête; se levant en sursaut pour s'assurer d'où ce bruit provenait, il crut entendre deux cavaliers, dont l'un, se laissant glisser de sa selle, disait à l'autre :

Ami, mets pied à terre, et ôte la bride à nos chevaux; ils doivent trouver ici de l'herbe fraîche, comme j'y trouverai moi-même le silence et la solitude propres à entretenir mes amoureuses pensées.

Dire ce peu de mots et s'étendre à terre fut l'affaire d'un instant.

CHAPITRE XII.

Mais en se couchant l'inconnu fit résonner les armes dont il était couvert. A cet indice, don Quichotte reconnut un chevalier; s'approchant de Sancho, et le secouant par le bras pour l'éveiller : Ami, lui dit-il à voix basse, nous tenons une aventure.

Dieu veuille nous l'envoyer bonne, répondit Sancho encore à moitié endormi; mais, dites-moi, seigneur, où est-elle Sa Grâce madame l'aventure?

Où elle est, répliqua don Quichotte : regarde de ce côté, et tu y verras étendu un chevalier qui, si je ne me trompe, a quelque grand sujet de déplaisir, car il s'est laissé tomber à terre si lourdement, que ses armes en ont résonné.

Eh bien, où voyez-vous que ce soit une aventure? dit Sancho.

Je ne prétends pas que ce soit absolument une aventure, repartit don Quichotte, je dis que c'est un commencement d'aventure, car elles débutent toujours ainsi. Au reste, écoutons; il me semble que ce chevalier accorde un luth ou une guitare, et à la manière dont il tousse pour se nettoyer le gosier, il doit se préparer à chanter.

Par ma foi, vous avez raison, dit Sancho, il faut que ce soit un chevalier amoureux.

Crois-tu donc qu'il y en ait d'autres? reprit don Quichotte; apprends, mon ami, qu'il n'y a point de chevalier qui ne soit amoureux. Écoutons-le; sa plainte nous apprendra sans doute son secret, car l'abondance du cœur fait parler la langue.

Sancho allait répliquer, quand l'inconnu se mit à chanter ce qui suit :

> Eh bien, il faut, Madame, il faut vous satisfaire,
>   Et ne plus vous parler d'amour;
> Mon tourment a beau croître et grandir chaque jour,
> Ce cœur, trop amoureux, sait souffrir et se taire;
> Mais quand pour vos beaux yeux je consens à mourir,
> Pardonnez à l'amour s'il m'échappe un soupir.

L'inconnu poussa un profond soupir, et bientôt après il s'écria d'une voix dolente et plaintive : O la plus belle, mais la plus ingrate de toutes les femmes, sérénissime Cassildée de Vandalie! comment peux-tu consentir à laisser errer par le monde et consumer sa vie en d'âpres et pénibles travaux le chevalier ton esclave? Ne suffit-il pas que ma valeur et mon bras aient fait confesser à tous les chevaliers de la Navarre, à tous les chevaliers de Léon, d'Andalousie, de Castille, et enfin à tous les chevaliers de la Manche que tu es la plus belle personne du monde?

Oh! pour cela non, repartit don Quichotte, car je suis de la Manche, et je n'ai jamais confessé ni ne confesserai de ma vie une chose si contraire et si préjudiciable à la beauté de Dulcinée. Sancho, ce chevalier divague; mais écoutons encore, peut-être va-t-il se faire mieux connaître.

Sans aucun doute, répliqua Sancho; car il me paraît prendre le chemin de se lamenter un mois durant.

Toutefois, il n'en fut point ainsi : l'inconnu ayant cru entendre qu'on parlait à ses côtés, se leva et dit d'une voix sonore : Qui va là? qui êtes-vous? Êtes-vous du nombre des heureux, ou de celui des affligés?

Je suis du nombre des affligés, répondit don Quichotte.

Dans ce cas, approchez, repartit l'inconnu; vous trouverez ici la tristesse et l'affliction en personne.

Don Quichotte s'approcha, s'y voyant invité avec tant de courtoisie, et l'inconnu le prenant par le bras :

Asseyez-vous, seigneur chevalier, lui dit-il; car pour deviner que vous l'êtes, il me suffit de vous avoir rencontré dans cet endroit, où vous font compagnie la solitude et le serein, gîte naturel et couche ordinaire des chevaliers errants.

Je suis chevalier, en effet, répondit don Quichotte, et de la profession que vous dites; accablé moi-même par le souvenir de mes disgrâces, je ne laisse pas d'avoir le cœur sensible aux malheurs d'autrui; et je compatis d'autant plus aux vôtres, seigneur, que par vos plaintes j'ai compris qu'ils doivent avoir leur source dans votre amour pour l'ingrate que vous venez de nommer.

Pendant qu'ils s'entretenaient de la sorte, tous deux étaient assis sur le gazon, l'un à côté de l'autre, et aussi tranquilles que s'ils n'eussent pas dû se couper la gorge au lever de l'aurore.

Seigneur chevalier, seriez-vous par bonheur amoureux? demanda l'inconnu.

Pour mon malheur, je le suis, répondit notre héros, quoique, après tout, les souffrances qui résultent du choix d'un trop noble sujet puissent plutôt passer pour des biens que pour des maux.

Oui, reprit l'inconnu, si les dédains d'une ingrate n'en venaient pas à troubler notre raison, et à nous exciter à la vengeance.

Pour moi, repartit don Quichotte, je n'ai jamais éprouvé le dédain de ma dame.

Non, par ma foi, interrompit Sancho; notre maîtresse est tendre comme la rosée, et plus douce qu'un mouton.

Est-ce là votre écuyer? demanda l'inconnu du bocage à don Quichotte.

C'est mon écuyer, répondit notre héros.

En vérité, répliqua l'inconnu, il est le premier que j'aie entendu parler si librement en présence de son maître; j'ai là le mien, qui n'a jamais été assez hardi pour desserrer les dents, quand il est devant moi.

Eh bien, moi, s'écria Sancho, j'ai parlé et je parlerai devant le... et même plus... mais laissons cela.

En ce moment, l'autre écuyer tira Sancho par le bras, et lui dit à l'oreille : Frère, cherchons quelque endroit où nous puissions parler à notre aise, et laissons ici nos maîtres s'entretenir de leurs amours; car le jour les surprendra qu'ils n'auront pas encore fini.

Volontiers, repartit Sancho; je serais bien aise d'apprendre à Votre Grâce qui je suis, et de vous montrer si c'est à moi qu'on peut reprocher d'être un bavard.

Tous deux s'en furent à l'écart, et il s'établit entre eux une conversation pour le moins aussi plaisante que celle de leurs maîtres fut sérieuse.

CHAPITRE XIII

Où se poursuit l'aventure du chevalier du Bocage avec le piquant dialogue qu'eurent ensemble les écuyers.

Ainsi séparés, d'un côté étaient les chevaliers, de l'autre les écuyers, ceux-ci se racontant leurs vies, ceux-là se confiant leurs amours; mais l'histoire s'occupe d'abord de la conversation des valets, et rapporte que l'écuyer du Bocage dit à Sancho :

Il faut convenir, frère, qu'il y a peu d'existences aussi rudes que celles des écuyers errants, et c'est bien à eux que peut s'appliquer la malédiction dont Dieu frappa notre premier père, quand il lui dit : « Tu mangeras ton pain à la sueur de ton front. »

Et à la froidure de ton corps, ajouta Sancho, car qui souffre plus de l'intempérie des saisons qu'un écuyer dans la chevalerie errante? Encore s'il avait toujours de quoi manger, le mal serait moins grand : avec du pain on nargue le chagrin; mais il se passe des jours entiers où nous n'avons rien à mettre sous la dent, si ce n'est pourtant l'air que nous respirons.

Quand on a l'espoir d'être récompensé quelque jour, tout cela peut se prendre en patience, repartit l'écuyer du Bocage; car il faut qu'un chevalier errant soit bien peu chanceux s'il n'a pas une fois en sa vie une île ou un comté à donner à son écuyer.

J'ai souvent dit à mon maître qu'avec une île je me tiendrais pour satisfait, répliqua Sancho, et il est si noble et si libéral qu'il me l'a promise bien des fois.

Je n'ai pas de si hautes prétentions, repartit l'écuyer du Bocage, et avec un canonicat dont mon maître m'a déjà pourvu je me trouverai amplement récompensé de mes services.

Votre maître, demanda Sancho, est donc chevalier ecclésiastique, puisqu'il peut donner un canonicat à son écuyer? Quant au mien, il est simple laïque; et pourtant, je me rappelle que des gens d'esprit et de sens, dans des intentions suspectes, à mon avis, lui conseillaient de devenir archevêque. Par bonheur, il ne voulut jamais être qu'empereur; mais je tremblais qu'il ne lui prît fantaisie de se faire d'église; car, entre nous, tout dégourdi que je paraisse, vous saurez que je ne suis qu'une bête pour gérer un bénéfice.

Ne vous y trompez pas, répondit l'écuyer du Bocage, les gouvernements d'îles ne sont pas si aisés à conduire que vous pourriez le supposer, et souvent on n'y trouve pas même de l'eau à boire. Il y en a de fort pauvres, d'autres sont très-mélancoliques; et les meilleurs sont des charges fort pesantes que se mettent sur les épaules certains gouverneurs: aussi à toute heure en voit-on qui ploient sous le faix. Tenez, plutôt que d'exercer une profession comme la nôtre, on ferait mieux de s'en aller chez soi pour y passer le temps à des exercices plus paisibles, tels que la chasse ou la pêche; car quel est l'écuyer, si pauvre soit-il, qui n'a pas quelque méchant cheval et une couple de lévriers, ou tout au moins une ligne à pêcher, pour se divertir dans son village?

A l'exception du cheval, je possède tout cela, répondit Sancho; mais j'ai un âne qui, sans le flatter, vaut deux fois le cheval de mon maître; aussi je me garderais bien de le troquer, me donnât-il quatre boisseaux d'avoine en retour. Sur ma foi, vous ne sauriez croire ce que vaut mon grison, je dis grison, parce que c'est sa couleur; quant aux lévriers, du diable si j'en manquais, car il y en a de reste dans notre village, et la chasse est d'autant plus agréable qu'on la fait aux dépens d'autrui.

Seigneur, dit l'écuyer du Bocage, il faut que je vous avoue une chose: c'est que j'ai résolu de laisser là cette ridicule chevalerie et de me retirer chez moi, afin d'y vivre en paix et d'élever mes enfants; j'en ai trois, Dieu merci, qui sont beaux comme des anges.

Moi, repartit Sancho, j'en ai deux qu'on pourrait présenter au pape en personne, surtout une jeune créature que j'élève pour être comtesse, s'il plaît à Dieu, quoique un peu en dépit de sa mère.

CHAPITRE XIII.

Eh ! quel âge a cette demoiselle que vous élevez pour être comtesse ? demanda l'écuyer du Bocage.

Environ quinze ans et demi, plus ou moins, répondit Sancho ; elle est grande comme une perche, fraîche comme une matinée d'avril, et forte comme un portefaix.

Peste ! s'écria l'écuyer du Bocage, voilà bien des qualités : il y a là de quoi faire non-seulement une comtesse, mais encore une nymphe du vert bosquet. Oh ! la gueuse, la fille de gueuse, elle m'a la mine de porter joliment son bois !

Ma fille n'est point une gueuse, repartit Sancho avec humeur, ni sa mère non plus ; et il n'en entrera jamais dans ma maison tant que je vivrai. Seigneur écuyer, parlons plus sagement : pour un homme nourri parmi les chevaliers errants, qui sont la courtoisie même, vos propos sont très-malsonnants.

Oh ! que vous vous connaissez mal en fait de louanges ! répliqua l'écuyer du Bocage. N'avez-vous donc jamais entendu, lorsque dans un combat de taureaux le toréador vient de faire un beau coup, chacun s'écrier : Oh ! le gueux, le fils de gueuse, comme il s'en est bien tiré ! Vous voyez donc que ce n'est pas une injure, mais une sorte de louange. Allez, seigneur, reniez plutôt vos enfants s'ils ne font rien pour mériter de pareils éloges.

A ce compte-là vous pourriez leur jeter toute une gueuserie sur le corps, repartit Sancho ; mais j'espère qu'ils ne me causeront point ce chagrin, car ils ne font et ne disent rien qui mérite de pareils compliments : aussi je voudrais déjà les revoir, tant je les aime, et tous les jours je prie Dieu qu'il me tire de ce dangereux métier d'écuyer, où je me suis fourré encore une fois dans l'espoir de trouver une bourse de cent ducats, comme je l'ai déjà fait dans la Sierra-Morena. Depuis lors, le diable me met à toute heure devant les yeux un sac de doublons ; il me semble en ce moment que je le vois, que je me jette dessus, que je le tiens entre mes bras, que je l'emporte dans ma maison, que j'en achète des terres, et que je vis comme un prince. Aussi chaque fois que je pense à cela, je compte pour rien toutes les fatigues que j'endure à la suite de mon maître, qui, je le vois bien, tient plus du fou que du chevalier.

C'est pour cela qu'on dit, convoitise rompt le sac, reprit l'écuyer du Bocage ; et, s'il faut parler de nos maîtres, je ne crois pas qu'il y ait au monde un plus grand fou que le mien ; il est de ceux dont on dit : Des soucis d'autrui, l'âne dépérit. Ainsi, pour rétablir en son bon sens un chevalier qui est devenu fou il est devenu fou lui-même, et il va chercher sans nécessité une chose telle, que s'il la trouvait, il pourrait bien s'en mordre les doigts.

Serait-il par hasard amoureux, votre maître ? dit Sancho.

Justement, répondit l'écuyer du Bocage, il est amoureux d'une certaine Cassildée de Vandalie, qui est bien la plus cruelle créature et la plus difficile à gouverner qu'on puisse rencontrer dans le monde. Mais ce n'est point cela qui occupe mon maître en ce moment : il a bien d'autres choses en tête, comme il le fera voir avant peu.

Il n'est chemin si uni qui n'ait quelques pierres à faire broncher, reprit Sancho ; si l'on fait cuire des fèves chez les autres, chez nous c'est à pleine marmite, et la folie a toujours plus de commensaux que la raison. Mais si, comme je l'ai entendu dire souvent, les malheureux se consolent entre eux, je pourrai me consoler avec Votre Grâce, puisque vous servez un maître aussi fou que le mien.

Fou, oui, mais vaillant, dit l'écuyer du Bocage, et plus matois encore que vaillant et que fou.

Oh ! ce n'est pas ainsi qu'est mon maître, reprit Sancho : il n'y a pas chez lui la moindre malice ; au contraire, il a un cœur de pigeon et il est incapable de faire du mal à une fourmi ; de plus, il est si naïf, qu'un enfant lui ferait accroire qu'il est nuit en plein jour. Eh bien, c'est cette simplicité qui fait que je l'aime comme la prunelle de mes yeux, et que je ne puis me résoudre à le quitter malgré toutes ses extravagances.

Mais enfin de compte, dit l'écuyer du Bocage, quand un aveugle en conduit un autre, il y a danger pour tous les deux. Je pense donc que le meilleur et le plus sûr serait de battre en retraite et de regagner nos gîtes ; car ceux qui cherchent les aventures ne les trouvent pas toujours comme ils les voudraient.

En cet endroit de la conversation, l'écuyer du Bocage s'apercevant que Sancho crachait souvent et avec peine, lui dit : Seigneur, il me semble qu'à force de parler nous nous sommes desséché le gosier et la langue ; il n'y aurait donc pas grand mal de nous les rafraîchir, et, contre de tels accidents, mon cheval porte à l'arçon de ma selle un remède qui n'est pas à dédaigner. Attendez-moi un moment.

Cela dit, il se leva, et revint bientôt après portant une grande outre pleine de vin, et un pâté si long, que Sancho crut qu'il contenait non pas un chevreau, mais un bouc.

Comment, seigneur ! dit Sancho en le débarrassant du pâté, ce sont là vos provisions ?

Et qu'attendiez-vous donc ? répondit l'écuyer du Bocage : me pre-

CHAPITRE XIII.

niez-vous pour un écuyer au pain et à l'eau? Je ne me mets jamais en chemin sans avoir semblable valise en croupe.

Ils s'assirent à terre ; et Sancho, sans se faire prier, se mit à manger de si grand appétit, que, grâce à l'obscurité, il avalait des morceaux gros comme le poing.

Seigneur, dit-il, à en juger par les provisions que vous portez, si vous n'êtes point ici par enchantement, au moins le croirait-on : vous êtes bien le plus magnifique et le plus généreux écuyer que j'aie rencontré de ma vie : en vérité, vous méritiez d'être celui d'un roi. Tandis que moi, pauvre diable, je n'ai dans mon bissac qu'un morceau de fromage si dur, si dur, qu'on pourrait en casser la tête à un géant; puis quelques oignons et deux ou trois douzaines de noisettes qui lui font compagnie, grâce à la détresse de mon maître, et à la conviction où il est que les chevaliers errants doivent se contenter de quelques fruits secs et des herbes des champs.

Mon estomac n'est point accoutumé aux oignons et aux racines sauvages, répliqua l'écuyer du Bocage; que nos maîtres vivent tant qu'ils voudront selon les lois de leur étroite chevalerie; moi, je porte toujours des viandes froides, et de plus cette outre pendue à l'arçon de ma selle : c'est ma fidèle compagne, et je l'aime si tendrement, que je lui donne à chaque instant mille embrassades et mille baisers.

En disant cela, il passa l'outre à Sancho, qui, l'ayant aussitôt portée à sa bouche, se mit à regarder les étoiles pendant un bon quart d'heure. Quand il eut achevé d'étancher sa soif, il laissa tomber sa tête sur son épaule, et jetant un profond soupir, il s'écria : Oh! le fils de gueuse! comme il est catholique et comme il se laisse avaler!

Ah! pour le coup, je vous y prends, repartit l'écuyer du Bocage : comment venez-vous d'appeler ce vin?

Je conviens, répondit Sancho, ce n'est pas une injure d'appeler quelqu'un fils de gueuse, quand c'est avec intention de le louer. Mais, dites-moi, seigneur, par le salut de votre âme, n'est-ce pas là du vin de Ciudad-Real?

Par ma foi, vous êtes un fin gourmet, répondit l'écuyer du Bocage; vous l'avez deviné, il n'est pas d'un autre cru, et il est vieux de plusieurs années.

Oh! j'ai le nez bon, repartit Sancho; et pour se connaître en vin, je défie qui que ce soit : rien qu'au flair je vous dirai d'où il vient, quel est son âge, s'il est de garde; enfin toutes ses bonnes ou mauvaises qualités. Et il ne faut pas s'étonner de cela : dans ma famille, du côté de mon père, nous avons eu les deux plus fameux gourmets qui se soient jamais vus dans toute la Manche. Ce que je vais vous conter en est la preuve. Un jour, on les appela pour avoir leur avis sur du vin qui était dans une cuve. L'un en mit sur le bout de sa langue, l'autre l'approcha de son nez; le premier prétendit que le vin sentait le fer, le second assura qu'il sentait le cuir; le maître du vin jura qu'il était franc, et qu'on n'y avait rien mis qui pût lui donner aucune odeur : mais nos deux gourmets ne voulurent pas en démordre. A quelque temps de là, le vin se vendit, et quand on eut nettoyé la cuve, on trouva, au fond, une petite clef attachée à une aiguillette de cuir. Maintenant, seigneur, dites-moi si un homme qui sort d'une telle race peut donner son avis en semblable matière?

Assurément, répondit l'écuyer du Bocage; mais à quoi cela vous sert-il dans le métier que vous faites? Croyez-moi, laissons la chevalerie et les aventures pour ce qu'elles valent, et puisque nous avons du pain chez nous, n'allons pas chercher des tourtes là où il n'y a peut-être pas de farine.

J'ai résolu d'accompagner mon maître jusqu'à Saragosse, repartit Sancho ; mais après, serviteur! et je verrai le parti qu'il me faudra prendre.

Finalement, tant parlèrent et tant burent nos deux écuyers, que le sommeil fut seul capable de mettre fin à leurs propos et à leurs rasades. Ainsi, tous deux tenant embrassée l'outre à peu près vide, et ayant encore les morceaux à demi mâchés dans la bouche, ils s'endormirent sur la place. Nous les y laisserons, pour conter ce qui se passa entre le chevalier du Bocage et le chevalier de la Triste-Figure.

CHAPITRE XIV

Où se poursuit l'aventure du chevalier du Bocage.

Parmi beaucoup de propos qu'échangèrent don Quichotte et le chevalier du Bocage, l'histoire raconte que celui-ci dit à l'autre : Enfin, seigneur, vous saurez que ma destinée, ou plutôt mon libre choix, m'a rendu amoureux de la sans pareille Cassildée de Vandalie; je dis sans pareille, parce qu'elle n'a point d'égale pour l'élégance de la taille, ni pour la perfection de la beauté; eh bien, quoi que j'aie pu faire, cette Cassildée, dont je vous parle, n'a su récompenser mes honnêtes pensées et mes chastes désirs qu'en m'exposant sans cesse comme la marâtre d'Hercule à une foule de périlleux travaux, me

CHAPITRE XIV.

flattant de l'espérance toujours déçue de me récompenser à la fin de chaque aventure.

Une fois, le croiriez-vous, elle m'a commandé d'aller combattre en champ clos cette fameuse géante de Séville, appelée la Giralda[1], qui tout naturellement offre la résistance et la force du bronze, et qui, sans jamais bouger de place, est la plus volage et la plus changeante femme de la terre. Je vins, je la vis, je la vainquis, et je la tins immobile, aidé d'un vent du nord qui souffla toute une semaine. Une autre fois, Cassildée m'ordonna d'aller prendre et soupeser les formidables taureaux de Guisando[2], entreprise plus digne d'un portefaix que d'un chevalier. Ce n'est pas tout, elle a voulu que je me précipitasse tout vivant dans les profondeurs de Cabra pour lui rapporter une relation exacte de ce que renferme cet obscur abîme, entreprise téméraire, inouïe, et dont on ne peut sortir que par miracle. Eh bien, j'arrêtai la Giralda, je soupesai les taureaux de Guisando, je révélai le secret des abîmes de Cabra, sans que Cassildée cessât de se montrer ingrate et dédaigneuse. Enfin, pour dernière épreuve, elle m'a ordonné de parcourir toutes les provinces d'Espagne, afin de faire confesser à tous les chevaliers errants que je viendrais à rencontrer, qu'elle seule mérite le sceptre de la beauté, et que je suis le plus vaillant et le plus amoureux des chevaliers. J'ai obéi, et dans plusieurs rencontres j'ai vaincu bon nombre de chevaliers assez hardis pour me contredire. Mais, je dois l'avouer, l'exploit dont je suis le plus fier, c'est d'avoir vaincu en combat singulier, le fameux, l'illustre chevalier don Quichotte de la Manche, et de lui avoir fait confesser que ma Cassildée de Vandalie est incomparablement plus belle que sa Dulcinée du Toboso : victoire à jamais glorieuse pour moi, et dans laquelle je puis me vanter d'avoir triomphé de tous les chevaliers errants du monde, puisque le fameux, l'illustre don Quichotte dont je vous parle les a tous vaincus.

Don Quichotte eut besoin de toute sa courtoisie pour ne pas donner sur le champ un démenti au chevalier du Bocage ; la formule consacrée *tu en as menti* lui vint même au bout de la langue : il se contint toutefois, certain de lui faire confesser plus tard son erreur de sa propre bouche.

Seigneur, lui dit-il avec calme, que Votre Grâce ait triomphé de la plupart des chevaliers errants d'Espagne, et même du monde entier,

---

1. La Giralda, grande statue de bronze qui sert de girouette à la haute tour arabe de la cathédrale de Séville.
2. Les taureaux de Guisando sont quatre énormes blocs de pierre qui ont la forme de taureaux ; ils sont dans la province d'Avila.

à cela je n'ai rien à répondre ; mais que vous ayez vaincu don Quichotte de la Manche, vous me permettrez d'en douter ; il se pourrait que ce fût quelque autre qui lui ressemblât, quoiqu'à vrai dire il y ait bien peu de gens qui lui ressemblent.

Non, non, répliqua le chevalier du Bocage, c'est bien don Quichotte de la Manche que j'ai combattu, que j'ai vaincu, que j'ai fait rendre à merci. C'est un homme de haute taille, maigre de visage, qui a les membres longs et grêles, les cheveux grisonnants, la narine relevée, le nez crochu, les moustaches grandes, noires et tombantes ; il combat sous le nom du chevalier de la Triste-Figure, et mène pour écuyer un paysan nommé Sancho Panza ; il presse le flanc et dirige le frein d'un fameux coursier appelé Rossinante ; enfin il a pour dame de ses pensées une certaine Dulcinée du Toboso, appelée jadis Aldonça Lorenzo, comme la mienne que j'appelle Cassildée de Vandalie, parce qu'elle a nom Cassilda et qu'elle est Andalouse : maintenant si tout cela ne suffit pas pour prouver ce que j'avance, j'ai là une épée qui saura mettre les incrédules à la raison

Doucement, seigneur chevalier, reprit don Quichotte ; ne vous emportez pas, et écoutez ce que je vais vous dire. Apprenez que ce don Quichotte dont vous parlez est le meilleur ami que j'aie au monde, et que sa réputation ne m'est pas moins chère que la mienne. Aux indices que vous m'en donnez, je dois croire que c'est lui-même que vous avez vaincu ; cependant, je vois avec les yeux et je touche avec les mains que cela est de toute impossibilité, et je ne trouve d'explication à ce que vous affirmez, si ce n'est que des enchanteurs, surtout un qui est son ennemi particulier, aura pris sa ressemblance et se sera laissé vaincre tout exprès pour lui enlever la gloire que ses exploits lui ont si justement acquise par toute la terre ; et pour preuve de cela, je dois vous apprendre qu'il y a deux jours à peine, ces mécréants ont transformé la belle Dulcinée du Toboso en une horrible paysanne. Ils auront sans doute aussi transformé don Quichotte. Si, après cela il vous reste encore quelque incertitude, voici devant vous don Quichotte en personne qui maintiendra ce qu'il avance les armes à la main, soit à pied soit à cheval, enfin de telle manière qui vous conviendra.

En même temps, don Quichotte se leva brusquement, et, portant la main sur la garde de son épée, il attendit la décision du chevalier du Bocage, qui lui répondit froidement :

Un bon payeur ne craint pas de donner des gages, seigneur chevalier ; celui qui une première fois a su vous vaincre transformé, peut espérer vous vaincre de nouveau sous votre forme véritable. Mais comme il n'est pas convenable que les chevaliers errants accomplissent leurs faits d'armes dans les ténèbres, ainsi que des vauriens et des brigands, attendons le lever du soleil, et alors nous verrons à qui des deux Mars sera favorable ; toutefois, seigneur, sous cette condition, que le vaincu restera à la discrétion du vainqueur, et sera obligé de faire ce qu'il lui ordonnera, pourvu que ce soit selon les règles de la chevalerie.

Cela dit, ils se rapprochèrent de leurs écuyers, qu'ils trouvèrent dormant et ronflant dans la même posture où ils avaient été surpris par le sommeil ; ils les réveillèrent en leur ordonnant de tenir leurs chevaux prêts et en bon état, parce qu'au lever du soleil allait se livrer un combat sanglant et formidable.

Atterré de cette nouvelle, Sancho tremblait déjà pour les jours de son maître, après les prouesses qu'il avait entendu raconter du chevalier du Bocage par son écuyer. Tous deux néanmoins se mirent en devoir d'obéir, et s'en furent chercher leur troupeau ; car, après s'être flairés, les trois chevaux et l'âne paissaient ensemble.

Chemin faisant, l'écuyer du Bocage dit à Sancho : Vous saurez, frère, que la coutume des écuyers d'Andalousie n'est pas de rester les bras croisés quand leurs maîtres se battent ; ainsi nous n'avons qu'à nous préparer à jouer des couteaux.

Cette coutume peut être celle des bravaches dont vous parlez, répondit Sancho ; mais que ce soit la coutume des chevaliers errants, je ne le pense pas ; au moins n'ai-je jamais entendu dire rien de semblable à mon maître, lui qui sait par cœur tous les règlements de la chevalerie. D'ailleurs, s'il y a obligation pour les écuyers de se battre quand s'escriment leurs seigneurs, il doit y avoir une peine pour les contrevenants, dans ce cas, je préfère payer l'amende ; elle n'excédera point, j'en suis sûr, la valeur de deux livres de cire [1] ; eh bien, j'aime mieux payer les cierges que de recevoir quelque mauvais coup et me ruiner en emplâtres ; il y a plus, c'est que je n'ai point d'épée, et n'en ai porté de ma vie.

Qu'à cela ne tienne, repartit l'écuyer du Bocage ; j'ai ici deux sacs de toile de même grandeur : Votre Grâce en prendra un, moi l'autre, et de la sorte nous combattrons à armes égales.

Très-bien, dit Sancho : d'autant que ces armes seront plus propres à ôter la poussière de nos habits qu'à nous faire du mal.

---

1. C'était l'amende à laquelle on condamnait les membres d'une confrérie absents le jour d'une réunion.

Comment l'entendez-vous? répliqua l'écuyer du Bocage : nous mettrons dans chaque sac, afin que le vent ne les emporte pas, une douzaine de jolis cailloux bien polis, bien ronds, et après cela nous pourrons nous battre tout à notre aise.

Une douzaine de cailloux! quelle ouate! repartit Sancho; si vous avez la tête de bronze, la mienne est de chair et d'os : mais, je vous le dis et le redis, n'y aurait-il dans les sacs que des cocons de soie, je ne me sens pas d'humeur à guerroyer : laissons nos maîtres combattre tant qu'ils voudront, s'ils en ont envie; quant à nous, buvons et mangeons, par ma foi, c'est le plus court et le plus sûr ; le temps se chargera bien assez du soin de nous ôter la vie, sans travailler à la raccourcir nous-mêmes avant qu'elle soit à terme et tombe de maturité.

Vous avez beau dire, répliqua l'écuyer du Bocage, nous nous battrons au moins une demi-heure.

Non, non, répondit Sancho, pas même une minute : je suis trop courtois pour chercher querelle à un homme avec qui je viens de boire et de manger; et puis, diable! qui peut songer à battre sans être en colère?

A cela je sais un remède, dit l'écuyer du Bocage : avant de commencer le combat je m'approcherai tout doucement de Votre Grâce, et avec cinq ou six coups de poing par les mâchoires et autant de coups de pied dans le ventre, je suis assuré de réveiller votre colère, fût-elle plus endormie qu'une marmotte.

Et moi j'en sais un autre qui ne lui cède en rien, repartit Sancho : je prendrai un bon gourdin, et avant que vous ayez réveillé ma colère, j'endormirai si bien la vôtre, qu'elle ne pourra se réveiller que dans l'autre monde. Oh! je ne suis pas homme à me laisser manier de la sorte; tenez, le meilleur est de laisser dormir chacun notre colère. Il ne faut point, comme on dit, réveiller le chat qui dort, et tel souvent va chercher de la laine qui revient tondu. Dieu a béni la paix et maudit les querelles; faisons de même : aussi bien, si un chat enfermé se change en lion, en quoi suis-je capable de me changer, moi qui suis un homme?

C'est bien, dit l'écuyer du Bocage; le jour ne tardera pas à paraître, et nous verrons ce qu'il faudra faire.

Déjà l'on entendait gazouiller dans le feuillage une foule de petits oiseaux, saluant de leurs cris joyeux la venue de la blanche aurore, qui commençait à se montrer sur les balcons de l'Orient. De sa chevelure dorée ruisselait un nombre infini de perles liquides, et les plantes, baignées de cette suave liqueur, paraissaient elles-mêmes répandre des

CHAPITRE XIV.

gouttes de diamant; les saules distillaient une manne savoureuse, les fontaines semblaient rire, les ruisseaux murmurer, les bois prenaient un air de fête et les prairies se paraient de fleurs.

Aussitôt que le jour parut, le premier objet qui s'offrit aux regards de Sancho fut le nez de l'écuyer du Bocage, nez si grand, si énorme, qu'il faisait ombre sur son corps. En effet, l'histoire raconte que ce nez était d'une grandeur démesurée, bossu au milieu, tout couvert de verrues, d'une couleur violacée comme celle des mûres, et qu'il descendait deux doigts plus bas que la bouche. Cette hideuse vision épouvanta si fort le pauvre Sancho, et il fut saisi d'un tel tremblement que, tout bas, il se vouait à tous les saints d'Espagne, afin d'être délivré de ce fantôme, bien résolu d'en recevoir cent gourmades plutôt que de laisser éveiller sa propre colère pour combattre ce vampire.

Don Quichotte regarda aussi son adversaire; mais celui-ci avait déjà le casque en tête et la visière baissée, de façon qu'il ne put le voir au visage; seulement il remarqua que c'était un homme fort et robuste, quoique de moyenne taille; par-dessus ses armes il portait une casaque qui paraissait de brocart d'or; on y voyait éclater quantité de petites lunes ou miroirs d'argent, et ce riche costume lui prêtait beaucoup d'élégance et de grâce; son casque était surmonté de plumes jaunes, vertes et blanches; sa lance, appuyée contre un arbre, était grosse et longue, et terminée par une pointe d'acier d'une palme de long. De tout cela, don Quichotte conclut que l'inconnu devait être d'une force peu commune; mais loin de s'en étonner, il s'avança vers lui d'un air dégagé : Seigneur, lui dit-il, si l'ardeur qui vous porte au combat n'altère point votre courtoisie, je vous prie de lever un moment votre visière, afin que je puisse voir si votre bonne mine répond à la vigueur qu'annonce votre noble taille.

Vainqueur ou vaincu, répondit le chevalier des Miroirs, vous aurez tout le temps de m'examiner après le combat; je ne puis accéder à votre demande, car il me semble que je fais tort à la beauté de ma Cassildée et à ma gloire, en reculant d'une seule minute l'aveu que je dois vous arracher.

Au moins, répliqua notre héros, vous pouvez me dire, avant que nous montions à cheval, si je suis ce don Quichotte que vous prétendez avoir vaincu.

A cela, je répondrai qu'on ne peut pas avoir plus de ressemblance, dit le chevalier des Miroirs : mais, après ce que vous m'avez dit de la persécution des enchanteurs, je n'oserais jurer que vous soyez le même;

Il suffit, reprit don Quichotte ; qu'on amène nos chevaux, et je vous tirerai d'erreur en moins de temps que vous n'en auriez mis à lever votre visière ; si Dieu, ma dame et mon bras ne me font pas défaut, je verrai votre visage, et vous me direz alors si je suis ce don Quichotte qui se laisse vaincre si aisément.

Ils montèrent à cheval sans discourir davantage, et tournèrent leurs chevaux pour prendre du champ ; mais à peine s'étaient-ils éloignés d'une vingtaine de pas, que le chevalier des miroirs appela don Quichotte.

Seigneur chevalier, lui dit-il en se rapprochant, vous savez les conditions de notre combat ; le vaincu sera à la discrétion du vainqueur.

Je le sais, répondit don Quichotte ; mais à la condition aussi que le vainqueur n'imposera rien de contraire aux lois de la chevalerie.

Cela est de toute justice, repartit le chevalier des Miroirs.

En ce moment l'étrange nez de l'écuyer du Bocage vint frapper les regards de don Quichotte, qui n'en fut pas moins surpris que Sancho ; il crut même voir une sorte de monstre, un homme de race nouvelle, jusqu'alors inconnu sur la terre. Sancho, voyant partir son maître pour prendre du champ, ne voulut pas rester seul avec cet effroyable nez ; s'accrochant à une des courroies de la selle de Rossinante, il courut derrière don Quichotte, et dès qu'il le vit prêt à tourner bride, il lui dit à l'oreille : Seigneur, je vous supplie de m'aider à grimper sur ce chêne, afin que je puisse voir plus à mon aise votre combat avec ce chevalier.

N'est-ce point plutôt, dit don Quichotte, que tu veux monter sur les banquettes pour voir sans danger courir les taureaux ?

S'il faut dire la vérité, repartit Sancho, l'effroyable nez de cet homme me fait peur, et je n'ai pas le courage de rester seul avec lui.

Il est tel, en effet, reprit don Quichotte, que si je n'étais pas ce que je suis, il me ferait trembler moi-même. Viens çà, que je t'aide à accomplir ton dessein.

Pendant que don Quichotte secondait les efforts de Sancho, le chevalier des Miroirs prenait le champ qu'il jugeait nécessaire ; et pensant que son adversaire avait fait de même, il tourna bride pour venir à sa rencontre de toute la vitesse de son cheval, c'est-à-dire au petit trot, car son coursier ne valait guère mieux que Rossinante. Mais en voyant don Quichotte occupé à prêter secours à Sancho, il s'arrêta au milieu de la carrière, à la grande satisfaction de sa monture, qui ne pouvait déjà plus remuer. Notre héros, qui croyait au contraire que son adversaire allait tomber sur lui comme la foudre, enfonça vigou-

CHAPITRE XIV.

reusement l'éperon dans les flancs de Rossinante, et le fit détaler de telle sorte, que l'histoire rapporte qu'il prit enfin le galop, ce qui ne lui était jamais arrivé. Ainsi emporté, le chevalier de la Triste-Figure s'élança sur celui des Miroirs, qui ne cessait de talonner son cheval sans pouvoir le faire avancer ; et le choc fut si violent, qu'il lui fit vider les arçons et le coucha par terre privé de connaissance.

Sancho se laissant glisser de son arbre vint en toute hâte rejoindre son maître, qui déjà s'était précipité sur le vaincu, et lui détachait les courroies de son armet, pour voir s'il était mort, ou pour lui donner de l'air, si par hasard il était encore vivant. Il reconnut... (comment le dire sans frapper d'étonnement et d'épouvante ceux qui liront ce récit?...) il reconnut, dit l'histoire, le visage, la figure, l'aspect, l'effigie, enfin toute l'apparence du bachelier Samson Carrasco. A cette vue, il appela Sancho à grands cris : Accours, mon fils, lui dit-il, accours, viens voir ce que tu ne pourras jamais croire, même après l'avoir vu ; regarde quel est le pouvoir de la magie, la malice des enchanteurs et la force des enchantements.

L'écuyer s'approcha, et reconnaissant Samson Carrasco, il se signa plus de mille fois. Mais comme le chevalier vaincu ne donnait pas signe de vie : Seigneur, dit-il à son maître, plantez-moi, à tout hasard, votre épée deux ou trois fois dans la gorge de cet homme qui ressemble si fort au bachelier ; peut-être tuerez-vous en lui un de vos ennemis les enchanteurs.

Tu as raison, repartit don Quichotte ; aussi bien, plus de morts, moins d'ennemis. Et déjà il tirait son épée, quand l'écuyer du chevalier des Miroirs, qui n'avait plus ce nez qui le rendait si effroyable, accourut en criant de toutes ses forces : Arrêtez, seigneur, arrêtez, prenez garde à ce que vous allez faire ; cet homme étendu à vos pieds est le bachelier Samson Carrasco, votre bon ami, et moi qui vous parle, je lui servais d'écuyer.

A d'autres, répliqua Sancho ; qu'est devenu le nez ?

Le voici, répondit l'écuyer du Bocage ; et il tira de sa poche un nez de carton vernissé, tel qu'il a été dépeint.

Sainte Vierge ! s'écria Sancho en regardant l'homme qui le lui montrait, n'est-ce pas là Thomas Cécial, mon voisin et mon compère ?

C'est lui-même, ami Sancho, répondit Thomas, c'est votre voisin, et qui vous dira tout à l'heure par suite de quelle intrigue il se trouve ici. Mais priez d'abord votre maître de ne point faire de mal à ce chevalier qu'il tient sous ses pieds, et qui n'est autre que le pauvre et imprudent Samson Carrasco.

En cet instant, le chevalier des Miroirs revint à lui, et au premier signe de vie qu'il donna, don Quichotte lui présentant l'épée à la gorge : Vous êtes mort, chevalier, lui dit-il, si vous ne confessez que la sans pareille Dulcinée du Toboso l'emporte en beauté sur votre Cassildée de Vandalie. Vous allez promettre en outre, dans le cas où vous survivriez à ce combat et à cette chute, de vous rendre à la ville du Toboso, et de vous présenter devant ma dame, pour qu'elle dispose de vous selon son bon plaisir. Si elle vous laisse libre, vous reviendrez me chercher à la trace de mes exploits, afin de me rendre compte de ce qui se sera passé entre elle et vous, conditions qui, ainsi que nous en sommes convenus avant le combat, ne sortent pas des règles de la chevalerie.

Oui, je le confesse, répondit le pauvre Carrasco, mieux vaut cent fois le soulier sale et déchiré de madame Dulcinée du Toboso, que les mules brodées d'or de Cassildée de Vandalie; je promets d'aller au Toboso me présenter devant cette dame, et de revenir ensuite vous rendre un compte exact et détaillé de ce que vous demandez.

Il vous faut encore confesser, continua don Quichotte, que le chevalier que vous avez vaincu n'était ni ne pouvait être don Quichotte de la Manche, mais seulement quelqu'un qui lui ressemblait : comme aussi, de mon côté, je reconnais que vous n'êtes point le bachelier Samson Carrasco, mais quelque autre qui lui ressemble, et à qui les enchanteurs mes ennemis ont donné le même visage et la même forme, afin de modérer les mouvements impétueux de ma colère, et me faire user avec clémence de la victoire.

J'avoue tout cela et le confesse selon votre désir, dit Carrasco; laissez-moi seulement me remettre debout, je suis fort incommodé de ma chute.

Don Quichotte l'aida à se relever, secondé par Thomas Cécial, que Sancho ne quittait pas des yeux, lui faisant mille questions pour s'assurer si c'était bien lui qu'il voyait, car il ne pouvait y croire, tant la rencontre lui semblait surprenante, et tant l'opinion de son maître sur le pouvoir des enchanteurs s'était fortement imprimée dans son esprit.

Finalement, maître et valet restèrent dans cette erreur, et le chevalier des Miroirs s'éloigna, suivi de son écuyer, afin d'aller se faire guérir les côtes. Un moment après, don Quichotte reprit sa route vers Saragosse, où il faut le laisser aller pour dire quels étaient le chevalier des Miroirs et l'écuyer au grand nez.

CHAPITRE XV

Quels étaient le chevalier des Miroirs, et l'écuyer au grand nez.

Don Quichotte s'en allait tout ravi, tout glorieux, tout fier de la victoire remportée sur un aussi vaillant adversaire que le chevalier des Miroirs; confiant dans la parole que ce chevalier lui avait si solennellement donnée, il comptait apprendre bientôt des nouvelles de Dulcinée, et surtout si son enchantement durait toujours. Mais si le vainqueur pensait une chose, le vaincu en pensait une autre ; car ce dernier ne songeait, comme on l'a dit, qu'à se faire guérir promptement les côtes pour être en état d'exécuter son nouveau dessein.

Or, voici ce que rapporte l'histoire : lorsque Samson Carrasco conseilla à don Quichotte de retourner à la recherche des aventures, ce ne fut qu'après en avoir conféré avec le curé et le barbier. Sur sa proposition particulière, l'avis unanime fut qu'on laisserait partir notre héros, puisque le retenir était chose impossible ; que quelques jours après, Carrasco se porterait à sa rencontre, en équipage de chevalier errant, chercherait à le provoquer et à le vaincre, ayant auparavant mis dans les conditions du combat que le vaincu serait à la discrétion du vainqueur; qu'alors il lui ordonnerait de retourner dans sa maison, et de n'en pas sortir sans sa permission avant l'expiration de deux années : ce que don Quichotte ne manquerait pas d'accomplir religieusement, pour ne pas contrevenir aux lois de la chevalerie, et qu'alors peut-être il oublierait ses extravagances, ou du moins qu'on aurait le loisir d'y apporter remède. Samson s'était chargé de bon cœur de l'entreprise ; Thomas Cécial, compère et voisin de Sancho, et de plus bon compagnon, s'était offert à lui servir d'écuyer.

Carrasco s'équipa donc comme nous venons de le voir, et prit le nom de chevalier des Miroirs. Pour n'être pas reconnu de Sancho, Thomas Cécial s'étant mis un faux nez, tous deux suivirent don Quichotte à la trace, et de si près, qu'ils faillirent assister à l'aventure du char de la Mort; mais ils le rejoignirent seulement dans le bois où eut lieu le combat que nous venons de raconter ; et n'eût été la cervelle détraquée de don Quichotte, qui se figura que le vaincu n'était point Carrasco, notre bachelier demeurait à tout jamais hors d'état de prendre ses licences de docteur.

Thomas Cécial, voyant le mauvais succès de leur voyage, et le pauvre Carrasco en si piteux état : Par ma foi, seigneur bachelier, lui dit-il, nous n'avons que ce que nous méritons ; entreprendre une aventure n'est pas chose difficile, mais la mener à bonne fin est tout différent. Don Quichotte est un fou, et nous nous croyons sages ; cependant il s'en va sain et content, et nous nous en retournons tous deux tristes, et de plus vous bien frotté. Dites-moi, je vous prie, quel est le plus fou, ou de celui qui l'est parce qu'il ne peut s'en empêcher, ou de celui qui le devient par l'effet de sa volonté ? La différence entre ces deux espèces de fous est que celui qui l'est sans le vouloir, le sera toujours, tandis que celui qui l'est par sa volonté, cessera de l'être quand il lui plaira. Ainsi donc, si j'ai consenti à être fou en vous servant d'écuyer, je veux, pour ne l'être pas davantage, reprendre le chemin de ma maison.

Comme il vous conviendra, dit le bachelier ; mais si vous croyez que je rentrerai chez moi avant d'avoir roué de coups don Quichotte, vous vous trompez étrangement. Ce qui m'anime à cette heure, ce n'est pas le désir de lui rendre la raison, mais bien le désir de tirer une éclatante vengeance de l'effroyable douleur que je ressens dans les côtes.

Tout en parlant ainsi, ils atteignirent un village où, par bonheur, il y avait un chirurgien ; Samson se mit entre ses mains, et Thomas Cécial reprit le chemin de sa maison. Pendant que le bachelier se fait panser et songe à sa vengeance, allons retrouver don Quichotte, et voyons s'il ne nous donnera point de nouveaux sujets de divertissement.

CHAPITRE XVI

De ce qui arriva à don Quichotte avec un chevalier de la Manche.

Dans cette satisfaction, ce ravissement et cet orgueil qu'on vient de dire, notre héros poursuivait son chemin, se croyant désormais le plus vaillant chevalier du monde, car cette dernière victoire lui semblait le présage assuré de toutes les autres ; il tenait pour achevées et menées à bonne fin les aventures qui pourraient lui arriver désormais ; et narguant enchanteurs et enchantements, il ne se souvenait plus des nombreux coups de bâton qu'il avait reçus dans le cours de ses expéditions chevaleresques, ni de cette pluie de pierres qui lui cassa la moitié des dents, ni de l'ingratitude des forçats, ni de l'insolente audace des muletiers yangois. Enfin, se disait-il en lui-même, si je parviens à découvrir quelque moyen de désenchanter Dulcinée,

CHAPITRE XVI.

je n'aurai rien à envier au plus fortuné de tous les chevaliers errants des siècles passés.

Il était plongé dans ces agréables rêveries, lorsque Sancho lui dit :

— Seigneur, n'est-il pas singulier que j'aie toujours devant les yeux cet effroyable nez de mon compère Cécial?

Est-ce que par hasard tu t'imagines que le chevalier des Miroirs était le bachelier Samson Carrasco, et son écuyer Thomas Cécial? repartit don Quichotte.

Je ne sais que dire à cela, répondit Sancho, mais tout ce que je sais, c'est qu'un autre que Cécial ne pouvait savoir ce que celui-là m'a conté de ma maison, de ma femme et de mes enfants; et puis quand il n'a plus ce grand nez, c'est bien le visage de Cécial, c'est aussi le même son de voix; en un mot, il est tel que je l'ai connu toute ma vie. Je ne puis m'y tromper, puisque nous demeurons porte à porte et que chaque jour nous sommes ensemble.

— D'accord, répliqua don Quichotte; mais raisonnons un peu. Comment peux-tu supposer que le bachelier Samson Carrasco vienne en équipage de chevalier errant, avec armes offensives et défensives, pour me combattre? Suis-je son ennemi, lui ai-je jamais donné le moindre sujet d'être le mien? Peut-il me regarder comme son rival? Enfin exerce-t-il la profession des armes, pour porter envie à la gloire que je m'y suis acquise?

Mais enfin, seigneur, repartit Sancho, que penser de la ressemblance de ce chevalier avec Samson Carrasco, et de celle de son écuyer avec mon compère Cécial? Si c'est enchantement, comme le dit Votre Grâce, n'y a-t-il pas dans le monde d'autres individus dont ils auraient pu prendre la figure?

Tout cela n'est qu'artifice et stratagème de mes ennemis les enchanteurs, dit don Quichotte. Prévoyant que je sortirais vainqueur de ce combat, ils ont, par prudence, changé le visage de mon adversaire en celui du bachelier Samson Carrasco, afin que l'amitié qu'ils savent que je lui porte, arrêtant ma juste fureur, me fît épargner la vie de celui qui attaquait si déloyalement la mienne. Te faut-il d'autre preuve de la malice et du pouvoir de ces mécréants, que celle que nous avons eue tout récemment dans la transformation de Dulcinée? Ne m'as-tu pas dit toi-même que tu la voyais dans toute sa beauté naturelle, avec tous les charmes que lui a si largement départis la nature, tandis que moi, objet de l'aversion de ces misérables, elle m'apparaissait sous la figure d'une paysanne laide et difforme, avec des yeux chassieux et une haleine empestée! Qu'y a-t-il donc d'étonnant à ce que l'enchanteur pervers, qui a osé faire une si détestable transformation, ait également opéré celle de Samson Carrasco et de ton compère, pour me priver de la gloire du triomphe? Cependant j'ai lieu de me consoler, puisque mon bras a été plus fort que toute sa magie, et qu'en dépit de la puissance d'un art détestable, mon courage m'a rendu vainqueur.

Dieu sait la vérité de toutes choses, reprit Sancho peu satisfait des raisonnements de son maître ; mais il ne voulut pas le contredire, dans la crainte de faire découvrir sa supercherie à propos de l'enchantement de Dulcinée.

Ils en étaient là de leur entretien, quand ils furent rejoints par un cavalier monté sur une belle jument gris pommelé. Ce cavalier portait un caban de drap vert, avec une bordure de velours fauve, et sur la tête une *montera* de même étoffe ; un cimeterre moresque, soutenu par un baudrier vert et or, pendait à sa ceinture ; ses bottines étaient du même travail que le baudrier, et ses éperons également vernis de vert d'un bruni si luisant, que par leur harmonie avec le reste du costume, ils faisaient meilleur effet que s'ils eussent été d'or pur. Le gentilhomme les salua poliment en passant près d'eux ; puis donnant de l'éperon à sa monture, il allait poursuivre sa route, quand don Quichotte lui dit : Seigneur, si Votre Grâce suit le même chemin que nous et si rien ne la presse, je serais flatté de cheminer avec elle.

Seigneur, j'avais même intention, répondit le voyageur; mais j'ai craint que votre cheval ne s'emportât à cause de ma jument.

Oh! pour cela ne craignez rien, repartit Sancho ; notre cheval est le plus honnête et le mieux appris qui soit au monde ; ce n'est pas un animal à faire des escapades, et pour une fois en toute sa vie qu'il s'est émancipé, nous l'avons payé cher, mon maître et moi. Ne craignez rien, je le répète; votre jument est en sûreté, car ils seraient dix ans tous deux côte à côte, qu'il ne prendrait pas à notre cheval la moindre envie de folâtrer.

Le gentilhomme ralentit sa monture et se mit à considérer, non sans étonnement, la figure de notre héros, qui marchait tête nue, Sancho portant le casque de son maître pendu à l'arçon du bât de son âne. Mais si le cavalier regardait attentivement don Quichotte, don Quichotte regardait le cavalier avec une curiosité plus grande encore, le jugeant homme d'importance. Son âge paraissait être d'environ cinquante ans, il avait les cheveux grisonnants, le nez aquilin, le regard grave et doux; enfin sa tenue et ses manières annonçaient beaucoup de distinction.

CHAPITRE XVI.

Quant à l'inconnu, le jugement qu'il porta de notre chevalier fut que c'était quelque personnage extraordinaire, et il ne se souvenait pas d'avoir jamais vu quelqu'un équipé de la sorte. Sa longue taille, la maigreur de son visage, ces armes dépareillées et cette singulière tournure sur ce cheval efflanqué, tout enfin lui paraissait si étrange, qu'il ne se lassait point de le regarder. Don Quichotte s'aperçut de la surprise qu'éprouvait le gentilhomme, et lisant dans ses yeux l'envie qu'il avait d'en savoir davantage, il voulut le prévenir par un effet de sa courtoisie habituelle.

Je comprends, seigneur, lui dit-il, que vous soyez surpris de voir en moi un air et des manières si différentes de celles des autres hommes; mais votre étonnement cessera, quand vous saurez que je suis chevalier errant, de ceux dont on dit communément qu'ils vont à la recherche des aventures. Oui, j'ai quitté mon pays, j'ai engagé mon bien, j'ai renoncé à tous les plaisirs, et je me suis jeté dans les bras de la fortune, pour qu'elle m'emmenât où bon lui semblerait. Mon dessein a été de ressusciter la défunte chevalerie errante, et depuis longtemps déjà, bronchant ici, tombant là, me relevant plus loin, j'ai en grande partie réalisé mon désir, car j'ai secouru les veuves, protégé les jeunes filles, défendu les droits des femmes mariées, des orphelins, et de tous les affligés, labeur ordinaire des chevaliers errants. Aussi, par bon nombre de vaillantes et chrétiennes prouesses, ai-je mérité de parcourir en lettres moulées presque tous les pays du globe. Trente mille volumes de mon histoire sont déjà imprimés, et elle pourra bientôt se répandre encore davantage, si Dieu n'y met ordre. Bref, pour tout dire en peu de mots, et même en un seul, je suis don Quichotte de la Manche, autrement dit, le chevalier de la Triste-Figure; et quoiqu'il soit peu convenable de publier ses propres louanges, je suis parfois obligé de le faire, quand personne ne se rencontre pour m'en épargner le soin et la peine. Ainsi donc, seigneur, ni cet écu, ni cette lance, ni cet écuyer, ni ce cheval, ni la couleur de mon visage, ni la maigreur de mon corps, ne doivent vous étonner, puisque vous savez qui je suis et la profession que j'exerce.

Don Quichotte se tut, et l'homme au caban vert, après avoir tardé quelque temps à lui répondre, dit enfin : Seigneur chevalier, au moment de notre rencontre, vous aviez lu ma curiosité sur mon visage; mais ce que vous venez de dire est loin de l'avoir fait cesser. Est-il possible qu'il existe aujourd'hui des chevaliers errants, et qu'on ait imprimé des histoires de véritable chevalerie? Par ma foi, seigneur, j'aurais eu peine à me persuader qu'il y eût encore de ces défenseurs des dames, de ces protecteurs des veuves et des orphelins, si mes yeux ne m'en faisaient voir en votre personne un témoignage assuré. Béni soit le ciel qui a permis que l'histoire de vos grands et véridiques exploits, que vous dites imprimée, soit venue faire oublier les innombrables prouesses de ces chevaliers errants imaginaires, dont le monde était plein, au grand détriment des histoires véritables.

Il y a beaucoup à dire sur la question de savoir si les histoires des chevaliers errants sont imaginaires ou ne le sont pas, répondit don Quichotte.

Comment! reprit le voyageur, se trouverait-il quelqu'un qui doutât de la fausseté de ces histoires?

Moi j'en doute, répliqua don Quichotte. Mais laissons cela ; j'espère, si nous voyageons quelque temps ensemble, vous tirer de l'erreur dans laquelle vous a entraîné le torrent de l'opinion.

Ces dernières paroles, le ton dont elles avaient été prononcées, firent penser au voyageur que notre héros devait être quelque cerveau fêlé, et il l'observait soigneusement pour saisir un nouvel indice qui vînt confirmer ses premiers soupçons.

Mais avant d'aborder un autre sujet d'entretien, don Quichotte le pria de lui dire à son tour qui il était.

Seigneur chevalier, répondit le voyageur, je m'appelle don Diego de Miranda; je suis un hidalgo, natif d'un bourg voisin, où nous irons souper ce soir, s'il plaît à Dieu. Possesseur d'une fortune raisonnable, je passe doucement ma vie entre ma femme et mon fils. Mes exercices ordinaires sont la chasse et la pêche ; mais je n'entretiens ni faucons ni lévriers; je me contente d'un chien courant ou d'un hardi furet. Ma bibliothèque se compose d'une soixantaine de volumes, tant latins qu'espagnols, quelques-uns d'histoire, d'autres de dévotion ; quant aux livres de chevalerie, jamais ils n'ont passé le seuil de ma maison. Je préfère à tous les autres les livres profanes, pourvu qu'ils aient du style et de l'invention ; et de ceux-là il y en a fort peu dans notre Espagne. Mes voisins et moi nous vivons en parfaite intelligence, et souvent nous mangeons les uns chez les autres ; nos repas sont abondants sans superfluité. Je ne glose jamais sur la conduite d'autrui, et ne souffre pas que la médisance se donne carrière devant moi. Je ne fouille la vie et n'épie les actions de personne. J'entends la messe chaque jour ; je donne aux pauvres une partie de mon bien, sans faire parade de bonnes œuvres, afin de ne pas ouvrir dans mon âme accès à l'hypocrisie ou à la vanité, ennemis qui, si l'on n'y prend garde, ne tardent pas à s'emparer du cœur le plus humble. Je m'efforce d'apaiser autour de moi les querelles ; je suis dévot à la mère de notre Sauveur, et j'ai confiance dans la miséricorde de Dieu.

Sancho avait écouté avec la plus grande attention cet exposé de la vie et des occupations du gentilhomme au caban vert ; aussi, persuadé qu'un homme qui vivait de la sorte devait être un saint et faire des miracles, il saute à bas de son âne, va saisir l'étrier du voyageur, puis d'un cœur dévot et les larmes aux yeux, il lui baise le pied à plusieurs reprises.

Que faites-vous là, mon ami ? s'écria le gentilhomme ; qu'avez-vous à me baiser ainsi les pieds ?

Laissez-moi faire, seigneur, répondit Sancho ; j'ai toujours honoré les saints, mais Votre Grâce est le premier saint à cheval que j'aie vu en toute ma vie.

Je ne suis pas un saint, répliqua le gentilhomme, mais un grand pécheur ; c'est plutôt vous, mon frère, qui méritez le titre de saint, par l'humilité que vous faites paraître.

Satisfait de ce qu'il venait de faire, Sancho, sans rien répondre, remonta sur son grison.

Don Quichotte, qui malgré sa mélancolie n'avait pu s'empêcher de rire de la naïveté de son écuyer, prit la parole, et demanda au seigneur don Diego s'il avait beaucoup d'enfants, ajoutant que la chose dans laquelle les anciens philosophes, qui pourtant manquèrent de la connaissance du vrai Dieu, avaient placé le souverain bien, c'était, outre les avantages de la nature et de la fortune, de posséder beaucoup d'amis et d'avoir des enfants bons et nombreux.

Seigneur, répondit don Diego, je n'ai qu'un fils, mais il est tel que peut-être sans lui je serais plus complétement heureux que je ne suis ; non que ses inclinations soient mauvaises, mais enfin parce qu'il n'a pas celles que j'aurais souhaité qu'il eût. Il a environ dix-huit ans ; les six dernières années il les a passées à Salamanque à apprendre les langues grecque et latine ; mais quand j'ai voulu l'appliquer à d'autres sciences, je l'ai trouvé si entêté de poésie (si toutefois la poésie peut s'appeler une science), qu'il m'a été impossible de le faire mordre à l'étude du droit, ni à la première de toutes les sciences, la théologie. J'aurais voulu qu'il étudiât pour devenir l'honneur de sa race, puisque nous avons le bonheur de vivre dans un temps où les rois savent si bien récompenser le mérite vertueux[1] ; mais il préfère passer ses journées à discuter sur un passage d'Homère, ou sur la

---

1. Ce passage, sous la plume de Cervantes, pauvre et oublié, est une bien innocente ironie.

manière d'interpréter tel ou tel vers de Virgile. Enfin il ne quitte pas un seul instant ces auteurs, non plus qu'Horace, Perse, Juvénal et Tibulle, car des poëtes modernes il fait fort peu de cas; et cependant malgré son dédain pour notre poésie espagnole, il est complétement, absorbé, à l'heure qu'il est, par la composition d'une glose sur quatre vers qu'on lui a envoyés de Salamanque, et qui sont, je crois, le sujet d'une joute littéraire.

Seigneur, répondit don Quichotte, nos enfants sont une portion de nos entrailles, et nous devons les aimer tels qu'ils sont, comme nous aimons ceux qui nous ont donné la vie. C'est aux parents à les diriger dès l'enfance dans le sentier de la vertu par une éducation sage et chrétienne, afin que, devenus hommes, ils soient l'appui de leur vieillesse et l'honneur de leur postérité. Quant à étudier telle ou telle science, je ne suis pas d'avis de les contraindre; il vaut mieux y employer la persuasion; après quoi, surtout s'ils n'ont pas besoin d'étudier de *pane lucrando,* on fera bien de laisser se développer leur inclination naturelle. Quoique la poésie offre plus d'agrément que d'utilité, c'est un art qui ne peut manquer d'honorer celui qui le cultive. La poésie, seigneur, est à mon sens comme une belle fille dont les autres sciences forment la couronne; elle doit se servir de toutes, et toutes doivent se rehausser par elle. Mais cette aimable vierge ne doit pas s'émanciper en honteuses satires ou en sonnets libertins; noble interprète, c'est à des poëmes héroïques, à des tragédies intéressantes, à des comédies ingénieuses qu'elle prêtera ses accents et sa voix. Celui donc qui s'occupe de poésie dans les conditions que je viens de poser, rendra son nom célèbre chez toutes les nations policées.

Quant à ce que vous dites, seigneur, que votre fils fait peu de cas de notre poésie espagnole, je trouve qu'il a tort; et voici ma raison : puisque le grand Homère, l'harmonieux et tendre Virgile, en un mot tous les poëtes anciens ont écrit dans leur langue maternelle, et n'ont point cherché des idiomes étrangers pour exprimer leurs hautes conceptions, pourquoi condamner le poëte allemand parce qu'il écrit dans sa langue, ou le castillan, et même le biscayen, parce qu'il écrit dans la sienne? La conclusion de tout ceci, seigneur, est que vous laissiez votre fils suivre la carrière où le porte son inclination; laborieux comme il doit l'être, puisqu'il a franchi heureusement le premier échelon des sciences, je veux dire la connaissance des langues anciennes, il parviendra de lui-même au faîte des lettres humaines, ce qui sied non moins à un gentilhomme que la mitre aux évêques, ou la toge aux jurisconsultes. Réprimandez votre fils s'il compose des satires qui puissent nuire à la réputation d'autrui; mais s'il s'occupe, à la manière d'Horace, de satires morales, où il gourmande le vice en général, surtout avec autant d'élégance que l'a fait son devancier, oh! alors, ne lui épargnez pas les éloges. On a vu certains poëtes, qui, pour le stérile plaisir de dire une méchanceté, n'ont pas craint de se faire exiler dans les îles du Pont[1]. Mais si le poëte est réservé dans ses mœurs, il le sera dans ses vers. La plume est l'interprète de l'âme; ce que l'une pense, l'autre l'exprime. Aussi quand les princes rencontrent, chez des hommes sages et vertueux, cette merveilleuse science de la poésie, ils s'empressent de l'honorer, de l'enrichir et de la couronner des feuilles de cet arbre que la foudre ne frappe jamais, pour montrer qu'on doit respecter ceux dont le front est paré de telles couronnes.

L'homme au caban vert ne savait que penser du langage de don Quichotte, et il commençait à revenir de l'opinion peu favorable qu'il avait d'abord conçue de son jugement. Vers le milieu de ce discours, qui n'était pas fort de son goût, Sancho s'était écarté du chemin pour demander un peu de lait à des bergers occupés près de là à traire des brebis. Le gentilhomme s'apprêtait à répondre, enchanté de l'esprit et du bon sens de notre héros, lorsque celui-ci, levant les yeux, vit venir sur le chemin qu'il suivait un char surmonté de bannières aux armes royales. S'imaginant que c'était quelque nouvelle aventure, il appela Sancho à grands cris pour qu'il lui apportât sa salade. Quittant aussitôt les bergers, et talonnant le grison de toutes ses forces, l'écuyer accourut auprès de son maître, auquel, en effet, va arriver la plus insensée et la plus épouvantable aventure.

CHAPITRE XVII

De la plus grande preuve de courage qu'ait jamais donnée don Quichotte, et de l'heureuse fin de l'aventure des lions.

L'histoire raconte que Sancho était en train d'acheter des petits fromages aux bergers lorsque don Quichotte l'appela. Pressé d'obéir et ne sachant comment emporter ces fromages qu'il ne pouvait se résoudre à perdre, après les avoir payés, notre écuyer imagina de les jeter dans le casque de son seigneur; puis il accourut en toute hâte pour savoir ce qu'il voulait.

1. Allusion à l'exil d'Ovide.

Donne, ami, donne-moi ma salade, lui dit don Quichotte; car où je suis peu expert en fait d'aventures, ou celle que j'aperçois m'oblige dès à présent à prendre les armes.

En entendant ces paroles, l'homme au caban vert jeta les yeux de tous côtés et ne découvrit rien autre chose qu'un chariot surmonté de deux ou trois petites banderoles, qui venait à leur rencontre; d'où il conclut que ce chariot portait l'argent du trésor royal. Il fit part de cette pensée à don Quichotte; mais notre héros, qui n'était pas homme à se détromper aisément, et croyait toujours voir arriver aventure sur aventure, lui répondit: Seigneur, un homme découvert est à demi vaincu; je ne risque rien en me tenant sur mes gardes, car je sais par expérience que je ne manque pas d'ennemis visibles et invisibles, toujours prêts à me surprendre. En parlant ainsi, il prit le casque et le mit sur sa tête, avant que son écuyer eût eu le temps d'en ôter les fromages; mais le petit-lait commença à dégouter de tous côtés sur ses yeux et sur sa barbe:

Qu'est-ce ceci, Sancho? s'écria don Quichotte; on dirait que mon crâne se ramollit, et que ma cervelle se fond; en effet, je sue des pieds à la tête; ce n'est pas de peur assurément. Oui, j'en ai le pressentiment, j'ai devant moi une terrible aventure; donne-moi de quoi m'essuyer, ajouta-t-il, je suis aveuglé par la sueur.

Sancho lui donna un mouchoir, sans dire mot, remerciant Dieu en son cœur de ce que son maître ne devinait point ce que c'était. Don Quichotte s'essuya le visage, et ayant ôté son casque pour s'essuyer aussi la tête, et savoir ce qui le rafraîchissait à contre-temps, il vit cette bouillie blanche, qu'il porta aussitôt à son nez: Par la vie de la sans pareille Dulcinée, s'écria-t-il, traître, malappris et impertinent écuyer, tu as mis des fromages dans mon casque.

Seigneur, répondit Sancho sans s'émouvoir et avec une dissimulation parfaite, si ce sont des fromages, donnez-les-moi, je les mangerai bien. Mais non: que le diable les mange, lui qui les a fourrés là. Me croyez-vous assez hardi pour salir l'armet de Votre Grâce? par ma foi, vous avez joliment trouvé le coupable. Tout ce que je vois, c'est qu'il y a des enchanteurs qui me persécutent aussi bien que vous; et pourquoi y échapperais-je, étant membre de Votre Grâce? Vous verrez que ce sont eux qui auront placé là ces immondices, pour exciter votre colère, et me faire, suivant l'usage, moudre les côtes; mais, cette fois, ils auront craché en l'air, car j'ai affaire à un bon maître, qui connaît toute leur malice, et qui sait que si ce sont là des fromages, j'aurais mieux aimé les mettre dans mon estomac.

Tout cela est possible, reprit don Quichotte, mais finissons.

L'homme au caban vert les regardait tout étonné; et son étonnement fut au comble lorsqu'il vit don Quichotte, après s'être essuyé le visage et la barbe, enfoncer de nouveau son casque sur sa tête, s'affermir sur ses étriers, dégaîner à demi son épée et empoigner sa lance en disant : Maintenant advienne que pourra, me voici prêt et résolu à en venir aux mains avec Satan lui-même.

Sur ces entrefaites, arriva le char aux banderoles, où il n'y avait d'autres gens que le gardien assis sur le devant, et le conducteur monté sur une des mules. Don Quichotte leur barra le passage : Où allez-vous, amis? leur dit-il, quel est ce chariot? qu'y a-t-il dedans, et que signifient ces banderoles?

Seigneur, répondit le gardien, ce chariot est à moi, et dans ces deux cages il y a deux lions, que le gouverneur d'Oran envoie au roi notre maître. Au reste, pour preuve de ce que j'avance, voilà les armoiries royales.

Les lions sont-ils grands? demanda don Quichotte.

Oui, vraiment, ils sont grands, répondit le gardien, et si grands qu'il n'en est point encore venu de semblables d'Afrique en Espagne; c'est moi qui en suis le gardien, ajouta-t-il, j'en ai conduit beaucoup en ma vie, mais jamais qui approchent de ceux-là. Dans cette première cage est le lion, et dans l'autre la lionne; à cette heure ils ont grand faim, car d'aujourd'hui ils n'ont encore pris aucune nourriture. Ainsi, seigneur, veuillez nous laisser continuer notre chemin jusqu'à l'endroit où nous pourrons leur donner à manger.

Le conducteur allait passer outre; mais don Quichotte lui dit en souriant : A moi des lions! des lions à moi! eh bien, je veux montrer à ceux qui me les envoient si je suis homme à m'épouvanter pour des lions. Ami, mets pied à terre, et puisque tu es leur gardien, ouvre ces cages et fais-les sortir. Je veux au milieu de cette campagne, en dépit et à la barbe des enchanteurs, leur faire connaître quel est don Quichotte de la Manche.

Oh! pour le coup, il n'en faut plus douter, dit en lui-même l'homme au caban vert, notre chevalier vient de se découvrir, ces fromages lui auront sans doute amolli la cervelle.

Seigneur, au nom de Dieu, lui dit Sancho en s'approchant tout tremblant, empêchez que mon maître n'ait querelle avec ces lions; car s'il les attaque, ils vont nous mettre en pièces.

Croyez-vous donc votre maître assez fou, pour vouloir en venir aux mains avec des bêtes féroces? répondit le gentilhomme.

Il n'est pas fou, dit Sancho ; mais c'est un homme qui ne craint rien.

Allez, allez, reprit le gentilhomme, je réponds de lui; et s'approchant de don Quichotte, qui pressait toujours le gardien d'ouvrir les cages : Seigneur, lui dit-il, les chevaliers errants ne doivent entreprendre que des aventures dont ils puissent venir à bout, mais non celles dont le succès est impossible; autrement leur courage n'est qu'une brutalité farouche qui tient plus de la folie que de la véritable vaillance. D'ailleurs, ces lions ne viennent pas contre vous, c'est un présent que l'on envoie au roi ; il serait malséant de les retenir et de retarder leur voyage.

A chacun son métier, mon gentilhomme, répondit brusquement don Quichotte ; mêlez-vous de vos perdrix et de vos filets : ceci me regarde, et c'est à moi de savoir si les lions viennent ou non contre moi; puis se tournant vivement vers le gardien : Maraud, lui dit-il, ouvre ces cages, ou je te cloue à l'instant même contre ton chariot avec ma lance.

Par charité, seigneur, s'écria le conducteur, permettez que je dételle mes mules, afin de m'enfuir avec elles avant qu'on ouvre aux lions ; car s'ils se jettent sur ces pauvres bêtes, me voilà ruiné pour le reste de mes jours, et, je le jure devant Dieu, je n'ai d'autre bien que ces mules et ce chariot.

Homme de peu de foi, répondit don Quichotte, descends, dételle, fais ce que tu voudras, mais tu vas voir que c'était une peine que tu aurais pu t'épargner.

Le muletier ne se le fit point répéter; il sauta par terre et détela ses mules en toute hâte pendant que le gardien criait : Je vous prends à témoin, vous tous ici présents, que c'est contre ma volonté et par force que j'ouvre les cages et que je lâche ces lions; je proteste contre ce seigneur de tout le mal qui peut en arriver, comme aussi de la perte de mon salaire. Hâtez-vous tous de vous mettre en sûreté; quant à moi, je suis bien sûr que les lions ne me feront aucun mal.

Le gentilhomme voulut encore une fois détourner don Quichotte d'un si étrange dessein, en lui représentant que c'était tenter Dieu que de s'exposer à un semblable danger; mais notre héros répondit qu'il n'avait pas besoin de conseils.

Prenez-y garde, reprit l'homme au caban vert; bien certainement vous vous trompez.

Seigneur, répliqua don Quichotte, si vous croyez qu'il y ait tant de danger, vous n'avez qu'à jouer de l'éperon.

CHAPITRE XVII.

Sancho, voyant que le gentilhomme n'y pouvait rien, voulut à son tour dissuader son maître, et, les larmes aux yeux, il le supplia de ne point entreprendre cette aventure, disant que celle des moulins à vent et celle des marteaux à foulon n'étaient en comparaison que jeux d'enfants. Seigneur, faites attention, lui disait-il, qu'il n'y a point ici d'enchantement : j'ai vu une des pattes du lion à travers les barreaux de sa cage, et, par ma foi, à en juger par les ongles, il doit être plus gros qu'un éléphant.

Bientôt la peur te le fera voir plus gros qu'une montagne, repartit don Quichotte; retire-toi, mon pauvre Sancho, et laisse-moi seul, tu perds ton temps, aussi bien que les autres. S'il m'arrive malheur, qu'il te souvienne de ce dont nous sommes convenus : tu iras trouver Dulcinée de ma part, et..... je ne t'en dis pas davantage. Il ajouta encore quelques paroles qui montraient que rien n'était capable de le faire reculer.

Le gentilhomme tenta un dernier effort ; mais voyant que tout était inutile, et se trouvant d'ailleurs hors d'état de mettre à la raison ce fou, qui n'entendait point raillerie, et qui était d'ailleurs bien armé, il prit le parti de s'éloigner avec Sancho et le muletier, qui pressèrent vigoureusement leurs montures, pendant que don Quichotte continuait à menacer le gardien des lions. Le pauvre Sancho était accablé de douleur, pleurant déjà la mort de son maître; il maudissait son étoile et l'heure où il s'était attaché à son service; mais tout en regrettant la perte de son temps et de ses récompenses, il talonnait le grison de toutes ses forces, pour s'enfuir au plus vite.

Quand le gardien vit nos gens assez éloignés, il pria de nouveau don Quichotte de ne point le contraindre d'ouvrir à des animaux si dangereux, et voulut encore une fois lui remontrer la grandeur du péril; mais notre chevalier ne fit que sourire, lui disant seulement de se hâter. Pendant que le gardien ouvrait avec lenteur une des cages, don Quichotte se demanda en lui-même s'il ne ferait pas mieux de combattre à pied; considérant, en effet, que Rossinante pourrait s'épouvanter à l'aspect du lion, il saute à bas de son cheval, jette sa lance, embrasse son écu, tire son épée, et va intrépidement se camper devant le chariot, se recommandant d'abord à Dieu, puis à sa dame Dulcinée.

Or, vous saurez qu'arrivé à cet endroit, l'auteur de cette véridique histoire s'écrie, transporté d'admiration : O vaillant! ô intrépide don Quichotte de la Manche! miroir où peuvent venir se contempler tous les vaillants du monde! O nouveau Ponce de Léon, honneur et gloire des chevaliers espagnols[1]! quelles paroles employer pour raconter cette prouesse surhumaine, afin de la rendre vraisemblable aux âges futurs! où trouver des louanges qui ne soient toujours au-dessous de la grandeur de ton courage! Toi seul, à pied, couvert d'une mauvaise rondache, armée d'une simple épée et non d'une de ces fines lames de Tolède marquées au petit chien[2], tu provoques et tu attends les deux plus formidables lions qu'aient produits les déserts africains. Que tes exploits parlent seuls à ta louange, héros incomparable, valeureux Manchois. Quant à moi, je m'arrête, car les expressions me manquent pour te louer dignement.

Après cette invocation, l'auteur continue son récit.

Quand le gardien des lions vit qu'il lui était impossible de résister sans s'attirer la colère de notre héros, il ouvrit à deux battants la première cage où se trouvait le lion mâle, lequel parut d'une grandeur démesurée et d'un épouvantable aspect. La première chose que fit l'animal fut de se retourner plusieurs fois, puis de s'étendre tout de son long, en allongeant ses pattes et faisant jouer ses griffes; il ouvrit ensuite une gueule immense, bâilla lentement, et tirant deux pieds de langue, il s'en frotta les yeux et s'en lava la face. Cela fait, il avança la tête hors de sa cage, et regarda de tous côtés avec deux yeux rouges comme du sang. Ce spectacle, capable d'effrayer la témérité en personne, don Quichotte se contentait de l'observer attentivement, impatient d'en venir aux mains avec son terrible adversaire, et comptant bien le mettre en pièces. Mais le lion, plus courtois qu'arrogant, tourna le dos sans faire attention à toutes ces bravades, se mit à regarder de tous côtés, puis alla se recoucher au fond de sa cage avec le plus grand sang-froid. En voyant cela, notre chevalier ordonna impérieusement au gardien de harceler le lion à coups de bâton, pour le faire sortir à quelque prix que ce fût.

Oh! pour cela je n'en ferai rien, dit le gardien; car si on l'excite, le premier qui sera mis en pièces, ce sera moi. Votre Grâce, seigneur chevalier, n'a-t-elle pas assez montré sa vaillance, sans vouloir tenter

---

1. On raconte que pendant la dernière guerre de Grenade, les Rois catholiques ayant reçu d'un émir africain un présent de plusieurs lions, des dames de la cour regardaient du haut d'un balcon ces animaux dans leur enceinte. L'une d'elles, que *servait* le célèbre don Manuel Poncé, laissa tomber son gant exprès ou par mégarde. Aussitôt don Manuel s'élança dans l'enceinte l'épée à la main, et releva le gant de sa maîtresse. C'est à cette occasion que la reine Isabelle l'appela don Manuel Ponce de *León*, nom que ses descendants ont conservé depuis; et c'est aussi pour cela que Cervantes appelle don Quichotte *nouveau Ponce de Léon*.

2. Célèbres épées qui se fabriquaient à Tolède et qui avaient pour marque un petit chien.

une seconde fois la fortune? Le lion a eu la porte ouverte; s'il n'est pas sorti, c'est qu'il ne sortira de tout le jour. Personne n'est tenu à plus qu'à défier son ennemi et à l'attendre en rase campagne. Si le provoqué ne vient pas, tant pis pour lui : le combattant exact au rendez-vous est, sans contredit, le victorieux.

Par ma foi, tu as raison, répondit don Quichotte; donne-moi une attestation en bonne forme de ce qui vient de se passer, c'est-à-dire que tu as ouvert au lion, que je l'ai attendu, et qu'il n'est point sorti; que je l'ai attendu une seconde fois, qu'il a de nouveau refusé de sortir, et qu'il est allé se coucher. Je ne dois rien de plus : arrière les enchanteurs et les enchantements, et vive la véritable chevalerie! Ferme la cage, pendant que je vais rappeler nos fuyards, afin qu'ils apprennent la vérité de ta propre bouche.

Le gardien ne se le fit pas dire deux fois, et don Quichotte, attachant au bout de sa lance le mouchoir avec lequel il avait essuyé les fromages, l'éleva dans l'air pour faire signe aux fuyards de revenir. Sancho courait toujours avec les autres; mais comme il tournait de temps en temps la tête, il aperçut le signal : Que je sois pendu, dit-il, si mon maître n'a pas vaincu ces bêtes féroces, car le voilà qui nous appelle!

Tous trois s'arrêtèrent, reconnaissant que c'était bien don Quichotte qui leur faisait signe; ils commencèrent à se rassurer, et se rapprochant peu à peu, ils entendirent bientôt la voix de notre héros, auprès duquel ils ne tardèrent pas à arriver.

Camarade, dit don Quichotte au muletier, attelle tes mules, et continue ton chemin; et toi, Sancho, donne deux écus d'or à cet homme, pour le temps que je lui ai fait perdre.

De bon cœur, répondit Sancho en les tirant de sa bourse; mais que sont devenus les lions? ajouta-t-il; sont-ils morts ou vivants?

Alors le gardien se mit à raconter longuement comment l'action s'était passée, exagérant à dessein l'intrépidité de notre héros, et attribuant la poltronnerie du lion à la frayeur qu'il lui avait causée.

Eh bien, que t'en semble, ami Sancho? dit don Quichotte, crois-tu qu'il y ait des enchantements au-dessus de la véritable vaillance? les enchanteurs pourraient peut-être me dérober la victoire, mais diminuer mon courage, je les en défie.

Sancho donna les deux écus, le muletier attela ses bêtes, le gardien baisa les mains du chevalier, en signe de reconnaissance, et promit de raconter ce merveilleux exploit au roi lui-même, quand il serait arrivé à la cour.

Si par hasard, ajouta don Quichotte, Sa Majesté désire connaître celui qui en est l'auteur, vous lui direz que c'est le chevalier des Lions, car désormais je veux porter ce nom au lieu de celui de chevalier de la Triste-Figure, et en cela je ne fais que suivre l'antique coutume des chevaliers errants, qui changeaient de nom à leur fantaisie.

Sur ce, le chariot se remit en marche, puis don Quichotte, Sancho et le gentilhomme au caban vert, continuèrent leur chemin.

Pendant tout ce temps, don Diégo n'avait pas dit une seule parole, occupé qu'il était à observer notre chevalier, qui lui paraissait tantôt le plus sage des fous, tantôt le plus fou des sages. N'ayant pas lu la première partie de son histoire, il ne pouvait comprendre quelle était cette folie d'une si étrange espèce. Quelle plus grande extravagance se disait-il en lui-même, que de mettre sur sa tête un casque plein de fromages, et d'aller s'imaginer que les enchanteurs vous ramollissent la cervelle ? Quelle témérité peut se comparer à celle d'un homme qui veut lutter seul contre des lions ?

Don Quichotte vint le tirer de ses réflexions en lui disant : Je gagerais, seigneur, que Votre Grâce me regarde comme un être privé de raison ; et à dire vrai, je ne serais point étonné qu'il en fût ainsi, car mes actions ne rendent pas d'autre témoignage ; toutefois je vous prie de suspendre votre jugement, et de croire que je ne suis pas aussi fou que je le parais. Tel chevalier se distingue sous les yeux de son roi, en donnant un beau coup de lance à un taureau farouche ; tel autre couvert d'une brillante armure paraît dans la lice aux yeux des dames ; et tous deux, à des titres divers, sont admirés, fêtés, applaudis. Mais combien est plus digne d'estime le chevalier errant qui parcourt les forêts et les montagnes, recherchant les aventures les plus périlleuses pour les mener à bonne fin, et cela dans la seule intention d'acquérir une renommée glorieuse et durable ? N'aurait-il qu'une fois le bonheur de protéger dans quelque lieu désert une pauvre veuve, combien il l'emporte sur le chevalier qui courtise la jeune fille au sein des cités !

Au surplus, chacun a sa fonction : que le chevalier de cour serve les dames, qu'il rehausse par le luxe de ses livrées l'éclat de la suite des princes, qu'il reçoive à sa table les gentilshommes pauvres, qu'il porte un défi dans une joute, qu'il soit tenant dans un tournoi ; s'il se montre libéral, magnifique, et surtout bon chrétien, il aura fait tout ce que son rang lui impose. Mais le chevalier errant, oh ! pour celui-là, c'est autre chose : son devoir est de sans cesse parcourir tous les coins du globe, de pénétrer dans les labyrinthes les plus inextricables, de tenter à chaque pas l'impossible, de braver les brûlants rayons du soleil d'été, aussi bien que les glaces hérissées de l'hiver, de regarder les lions sans effroi, les vampires sans épouvante, les andriagues sans terreur : car chercher les uns, attaquer les autres, les vaincre tous, voilà ses principaux et véritables exercices. Comme membre de la chevalerie errante, il m'est imposé d'entreprendre tout ce qui tient au devoir de ma profession; ainsi donc, j'ai dû aujourd'hui attaquer ces lions, quoique je susse à n'en pas douter que c'était une extrême témérité. Je n'ignore pas que la véritable vaillance est un juste milieu placé entre la couardise et la témérité; mais mieux vaut ce dernier excès, que d'être accusé de poltronnerie; et de même qu'il est plus facile au prodigue qu'à l'avare de se montrer libéral, de même il est plus aisé au téméraire de rester dans les bornes du vrai courage, qu'au lâche de s'y élever. Pour ce qui est de tenter les aventures, croyez-moi, seigneur, mieux vaut se perdre pour le plus que pour le moins, et cela résonne plus agréablement à l'oreille, quand on s'entend dire : Ce chevalier est audacieux et téméraire, que si l'on disait : Il est timide et poltron.

Je le reconnais, seigneur don Quichotte, répondit don Diégo; tout ce que dit et fait Votre Grâce est marqué au cachet de la droite raison, et je suis certain que si les lois de la chevalerie venaient à se perdre, elles se retrouveraient dans votre cœur, comme dans leur dernier asile. Cependant il se fait tard; doublons le pas, je vous prie, afin d'arriver d'assez bonne heure chez moi, où je serai heureux de profiter de tout le temps que vous voudrez bien y demeurer.

Je tiens l'invitation à grand honneur, répondit don Quichotte.

En même temps, ils pressèrent leurs chevaux, et sur les deux heures de l'après-midi ils arrivèrent à la maison de l'homme au caban vert.

CHAPITRE XVIII

De ce qui arriva à don Quichotte dans la maison de don Diégo.

En entrant dans la maison de don Diégo, qu'il trouva belle et surtout spacieuse, comme elles le sont toutes à la campagne, avec armes sculptées au-dessus la porte, don Quichotte aperçut plusieurs grandes cruches de terre propres à garder le vin, rangées en cercle dans la cour, près du cellier; ces cruches, qui se fabriquent au Toboso, lui rappelèrent sa dame enchantée. Aussitôt il se prit à soupirer, et sans faire attention à ceux qui l'entouraient, il s'écria : O chers trésors rencontrés pour mon malheur! chers et joyeux tant que Dieu l'a permis! cruches tobosines, qui me rappelez de si amers chagrins!

Ces exclamations furent entendues de l'étudiant-poëte, fils de don Diégo, qui était venu le recevoir accompagné de sa mère ; la mère et le fils restèrent interdits en voyant l'étrange figure de notre héros. Quant à celui-ci, il s'avança vers la dame en réclamant la faveur de lui baiser la main.

Madame, dit don Diégo à sa femme, je vous présente et vous prie de recevoir avec votre bonne grâce accoutumée le seigneur don Quichotte, le chevalier errant le plus discret, le plus spirituel et le plus vaillant qui soit au monde.

Dona Christina, c'était le nom de la dame, reçut son hôte avec de grandes démonstrations de politesse et d'estime auxquelles celui-ci répondit avec sa courtoisie accoutumée. Il en fut de même de l'étudiant qui, en l'entendant, le tint pour un homme d'un esprit fin et délicat.

Ici l'auteur décrit dans tous ses détails la maison de don Diégo, qui était celle d'un riche campagnard. Mais le traducteur laisse de côté ces minuties, comme inutiles à l'objet principal de l'histoire, qui n'a que faire de froides digressions.

Notre héros fut conduit dans une salle basse où, s'étant fait désarmer par Sancho, il resta en chausses à la wallonne et en pourpoint de chamois tout souillé de la crasse de ses vieilles armes. Il portait un collet de simple toile à la façon des étudiants. Ses bottines étaient jaunes et ses souliers enduits de cire. Il passa sur l'épaule sa bonne épée, qui pendait à un baudrier de peau de loup marin, et qu'il ne ceignait pas autour de son corps, parce que, dit-on, il avait souffert des reins pendant longues années. Puis il jeta sur son dos un petit manteau de drap brun. Mais avant toute chose, il s'était lavé la tête et le visage dans cinq ou six aiguiérées d'eau (on n'est pas d'accord sur le nombre); encore la dernière resta-t-elle couleur de petit-lait, grâce à la gourmandise de Sancho et à ces maudits fromages qui avaient si bien barbouillé son maître.

Le désordre de son costume ainsi réparé, don Quichotte, d'un air libre et dégagé, entra dans une autre pièce où l'étudiant l'attendait pour lui tenir compagnie jusqu'à ce que la table fût servie, car pour honorer un tel hôte dona Christina n'avait rien épargné.

Pendant que don Quichotte quittait son armure, don Lorenzo, ainsi s'appelait l'étudiant, avait eu le temps de dire à son père : Quel est

CHAPITRE XVIII.

cet hidalgo que nous amène Votre Grâce? Nous sommes étrangement surpris, ma mère et moi, de sa figure, de son nom, et surtout de ce titre de chevalier errant que vous lui avez donné.

En vérité, je ne sais qu'en penser, répondit don Diégo; tout ce que je puis dire, c'est qu'il parle comme un sage et qu'il agit comme un fou. Au reste, entretiens-le toi-même, et tu m'en diras ton avis.

Sur ce, don Lorenzo alla, comme il a été dit, tenir compagnie à don Quichotte, et dans la conversation qu'ils eurent ensemble, notre héros lui dit entre autres choses : Le seigneur don Diégo, votre père, m'a parlé de l'esprit ingénieux que possède Votre Grâce; il m'a entretenu particulièrement de votre talent pour la poésie, il a même ajouté que vous étiez un grand poëte.

Poëte, c'est possible, répondit le jeune homme; pour grand, je ne m'en flatte pas. La vérité est que j'ai du goût pour la poésie et que j'aime à lire les bons auteurs; mais pour être qualifié de grand poëte, comme l'a fait mon père, cela ne suffit pas.

Cette modestie est de bon augure, répliqua don Quichotte; car qui dit poëte, dit présomptueux, et le moindre se croit toujours le premier.

Il n'y a point de règle sans exception, répondit Lorenzo, et tel peut se rencontrer qui soit poëte sans s'en douter.

Peu sont dans ce cas, repartit don Quichotte; mais dites-moi, je vous prie, quels sont les vers que vous avez maintenant sur le métier et qui vous tiennent préoccupé et soucieux? Si c'est par hasard quelque glose, je m'entends assez dans ce genre de composition, et je serai charmé de connaître votre courage. S'il s'agit d'autre chose, d'une joute littéraire, par exemple, je souhaite à Votre Grâce d'obtenir plutôt le second prix que le premier, car le premier prix se donne toujours à la faveur ou à la qualité de la personne, tandis que le second ne s'accorde qu'au mérite, de manière que le troisième prix devient le second, et que le premier, à ce compte, n'est plus que le troisième, à la façon des licences qui s'obtiennent dans les universités. Malgré tout, cela n'empêche pas le premier prix d'être une très-honorable distinction.

Jusqu'à présent, dit à part lui Lorenzo, je ne puis le prendre pour un fou. Il me semble, continua-t-il, que Votre Grâce a fréquenté les universités : quelles sciences y a-t-elle principalement étudiées?

Celle de la chevalerie errante, répondit don Quichotte, qui est aussi élevée que celle de la poésie, et la dépasse même de deux doigts, à quelque point qu'on puisse y exceller.

7*

J'ignore quelle est cette science, répliqua Lorenzo, et jusqu'à présent je n'en avais pas entendu parler.

C'est une science qui renferme toutes les autres, reprit don Quichotte. En effet, celui qui la professe doit être jurisconsulte, et savoir les lois de la justice distributive et commutative, pour rendre à chacun ce qui lui appartient. Il doit être théologien, afin de pouvoir, en toute circonstance, donner les raisons de sa foi. Il doit être médecin et connaître les simples qui ont la vertu de guérir, car au milieu des montagnes et des déserts, le chevalier errant ne trouve guère de chirurgiens pour panser ses blessures. S'il n'est pas instruit de l'astronomie et qu'il ignore le cours des astres, comment pourra-t-il savoir la nuit quelle heure il est, sous quel climat, dans quelle partie du monde il se trouve? Il doit connaître les mathématiques, car à chaque pas le calcul lui est nécessaire ; et laissant de côté, comme chose convenue, qu'il doit être orné de toutes les vertus théologales et cardinales, je dirai, pour descendre à des bagatelles, qu'il lui faut savoir monter un cheval, le ferrer au besoin, raccommoder une selle et une bride, nager comme un poisson, danser, faire des armes, enfin tout ce qui constitue le cavalier accompli ; remontant ensuite aux choses d'en haut, je dirai qu'il doit être fidèle à Dieu et à sa dame, chaste dans ses pensées, discret dans ses discours, généreux, vaillant, charitable envers les malheureux; finalement, le constant et ferme champion de la vérité en tous temps et en tous lieux, aux dépens même de sa vie. Telles sont les qualités, grandes et petites, qui constituent le véritable chevalier errant; jugez maintenant, seigneur Lorenzo, quelle science est la chevalerie errante, et si parmi celles qu'on enseigne dans les gymnases et les écoles, aucune est capable d'en approcher.

S'il en est ainsi, répondit Lorenzo, cette science assurément l'emporte sur toutes les autres.

En doutez-vous? repartit don Quichotte.

Je veux dire, répliqua Lorenzo, que j'ai de la peine à croire qu'il y ait jamais eu, et encore moins qu'il y ait aujourd'hui dans le monde des chevaliers si accomplis.

Voilà justement, dit don Quichotte, comment parlent la plupart des hommes; je vois bien que si le ciel ne fait un miracle tout exprès pour leur prouver clair comme le jour qu'il a existé des chevaliers errants, et qu'il en existe encore à cette heure, c'est vouloir se casser la tête que de prétendre le leur démontrer. Seigneur, je ne chercherai point en ce moment à vous tirer d'une ignorance que Votre Grâce partage avec tant d'autres; tout ce que je puis faire, c'est de prier

Dieu qu'il vous éclaire, et vous fasse comprendre combien ces chevaliers furent nécessaires dans les siècles passés, et combien ils seraient utiles dans le siècle présent ; mais aujourd'hui triomphent, pour nos péchés, la paresse, l'oisiveté, la gourmandise et la mollesse.

Notre hôte vient de se trahir, dit tout bas Lorenzo, qui ne cessait de l'observer avec beaucoup d'attention ; malgré tout, c'est un fou remarquable, et j'aurais grand tort de ne pas être de son avis.

En ce moment on les appela pour dîner, et don Diégo, prenant son fils à part, lui demanda ce qu'il pensait de notre chevalier.

Je pense, seigneur, répondit le jeune homme, que tous les médecins du monde ne viendraient pas à bout de le guérir, car il est fou sans remède ; mais tel qu'il est, il a, sur ma foi, de fort bons moments.

On se mit à table, et l'on fit bonne chère. Ce qui enchanta le plus don Quichotte pendant le repas, ce fut le merveilleux silence qu'on observait dans toute la maison, qu'il comparait en lui-même à un couvent de chartreux.

Sitôt qu'on eut desservi, récité les grâces et jeté de l'eau sur les mains, don Quichotte pria instamment Lorenzo de lui montrer les vers dont il lui avait parlé.

Seigneur, répondit l'étudiant, pour ne point ressembler à ces poëtes qui refusent de communiquer leurs ouvrages quand on les en prie, et les jettent à la tête des gens quand on ne les leur demande pas, je vais vous lire ma glose dont je n'attends aucun prix, et que j'ai composée seulement dans le but de m'exercer l'imagination.

Un de mes amis, qui est homme de sens et d'esprit, reprit don Quichotte, me disait un jour qu'il n'était pas d'avis qu'on se fatiguât à composer une glose, parce que c'était, selon lui, un travail ingrat, et dont les règles sont fort étroites ; en effet, jamais glose ne peut égaler le thème ; la plupart du temps, elle s'éloigne du sujet qu'elle est destinée à développer, enfin elle présente une foule d'entraves qui gênent un auteur et qu'on ne rencontre que dans ce genre de poésie, comme doit le savoir Votre Grâce.

En vérité, seigneur, répondit Lorenzo, vous m'apprenez là bien des choses qu'on ignore généralement ; j'espérais trouver Votre Grâce en défaut, mais vous m'échappez toujours au moment où je crois le mieux vous tenir.

Je n'entends point ce que vous voulez dire, par ces mots, que je vous échappe, repartit don Quichotte.

Je m'expliquerai mieux plus tard, répliqua l'étudiant ; pour l'heure voyons ma glose. Voici le texte qu'on m'a envoyé :

… Si mon bonheur passé pouvait encor renaître,
Sans me faire espérer un douteux avenir,
Ou que dès aujourd'hui l'avenir pût paraître,
Et que je susse enfin si mon mal doit finir…..[1]

Et voici la glose que j'ai faite :

Tout change, hélas! et rien ici-bas n'est durable;
Dans les plus grands plaisirs il n'est rien d'arrêté;
Le sort à mes désirs autrefois favorable
Par un nouveau caprice enfin m'a tout ôté.
Fortune, eu ma faveur, poursuis ton inconstance;
Je n'ai que trop souffert, fais cesser ma souffrance,
Et laisse-toi fléchir à l'ardeur de mes vœux;
Je ne désire rien qu'un bien dont je fus maître;
Et malgré tant de maux je serais trop heureux
Si mon bonheur passé pouvait encor renaître.

Je ne demande point la pompe et l'ornement,
Ce superbe appareil, où la richesse éclate;
La gloire qui des rois fait tout l'empressement
N'est point ce qui me touche, et n'a rien qui me flatte;
Sans orgueil, sans envie, et sans ambition,
Mon cœur avait borné toute sa passion
A goûter mon bonheur dans une paix tranquille;
Mais que m'en reste-t-il, qu'un triste souvenir?
Rends-moi ce bien, fortune, à qui tout est facile,
Et sans me faire attendre un douteux avenir.

Mais il faut que mes maux me rendent bien sensible,
Pour nourrir si longtemps des désirs superflus;
Je souhaite, et je tente une chose impossible;
Hélas! le temps passé ne se rappelle plus.
Le temps, qui fuit sans cesse, incessamment s'efface;
Il ne laisse après lui qu'une invisible trace;
C'est en vain qu'on le cherche, en vain qu'on le poursuit;
Cessons donc d'espérer ce qui ne saurait être,
Ou qu'on pût retenir le passé qui nous fuit,
Ou que dès aujourd'hui l'avenir pût paraître.

Que le sort m'a réduit dans un état fâcheux!
A toute heure agité d'espérance et de crainte;
Et si quelque moment j'espère un bien douteux,
La crainte au même instant me donne quelque atteinte.
Ah! terminons enfin le cours de mes ennuis,
Mourons, c'est un bien sûr en l'état où je suis :
Mourons; mais perdre tout, renonçant à la vie,
Le dur remède, hélas! ne saurais-je obtenir,
Perdant l'espoir du bien, d'en perdre aussi l'envie,
Ou que je susse enfin si mon mal doit finir?

A peine Lorenzo eut achevé de lire, que don Quichotte se levant vivement, et lui saisissant les deux mains : Vive Dieu! s'écria-t-il

---

[1]. Ces vers et les suivants sont empruntés à la traduction de Filleau de St-Martin.

CHAPITRE XVIII.

avec transport, vous êtes bien le meilleur poëte que j'aie rencontré de ma vie : et certes, vous auriez mérité d'être couronné de lauriers par les académies d'Athènes, si elles existaient encore, comme vous méritez de l'être aujourd'hui par celles de Paris, de Bologne et de Salamanque. Qu'Apollon perce de ses flèches les juges assez ignorants pour vous refuser le premier prix, et que jamais les Muses ne franchissent le seuil de leurs demeures. Récitez-moi, je vous supplie, seigneur, quelques vers de grande mesure, car je désire connaître à fond votre admirable génie.

Est-il besoin de dire que Lorenzo fut enchanté de s'entendre louer par don Quichotte, bien qu'il le tînt pour fou! O puissance de la flatterie! que tu es grande, et combien loin s'étendent les limites de ton séduisant empire! Notre jeune étudiant confirma cette vérité, en s'empressant de réciter à don Quichotte un sonnet sur la mort de Pyrame et Thisbé, qui lui valut encore de la part de notre héros les plus hyperboliques compliments.

Enfin, après quatre jours passés dans la maison de Diégo, don Quichotte lui demanda la permission de prendre congé : Je suis très-reconnaissant de votre bon accueil, lui dit-il; mais il sied mal aux chevaliers errants de s'oublier au milieu de l'oisiveté; je dois poursuivre le devoir de ma profession, et chercher les aventures dont je sais que ce pays abonde; en attendant l'époque des joutes de Saragosse, qui sont le principal but de mon voyage. Mon intention est de commencer par la caverne de Montésinos, dont on raconte tant de merveilles, et de rechercher la source de ces lacs, au nombre de sept, vulgairement appelés les lagunes de Ruidera.

Don Diégo et son fils louèrent sa noble résolution, et se mirent à son service pour tout ce qui était en leur pouvoir et dont il pourrait avoir besoin.

Enfin arriva le jour du départ, aussi beau pour don Quichotte que triste pour Sancho qui, du sein de l'abondance où il nageait, se voyait forcé de retourner aux aventures et d'en revenir aux maigres provisions de son bissac. En attendant, il le remplit tout comble de ce qui lui parut le plus nécessaire.

En prenant congé de ses hôtes, don Quichotte s'adressa à Lorenzo : Seigneur, je ne sais si j'ai dit à Votre Grâce, mais en tout cas je le lui répète, que si elle veut arriver sûrement au temple de mémoire, il lui faut quitter le sentier déjà fort étroit de la poésie pour prendre le sentier plus étroit encore de la chevalerie errante; cela suffit pour devenir empereur en un tour de main.

Par ces propos, don Quichotte acheva de vider le procès de sa folie, et surtout quand il ajouta : Dieu sait si j'aurais eu plaisir à emmener avec moi le seigneur Lorenzo, pour lui enseigner les vertus inhérentes à la profession que j'exerce et lui montrer de quelle manière on épargne les humbles et on abat les superbes. Mais comme il est trop jeune pour cela, et qu'il a d'ailleurs d'autres occupations, je me bornerai à lui donner un conseil : c'est que pour devenir un poëte célèbre, il fera bien de se guider plutôt sur l'opinion d'autrui que sur la sienne propre ; car s'il n'y a pas d'enfants disgracieux aux yeux de leurs père et mère, pour les enfants de notre intelligence c'est bien une autre affaire.

Don Diégo et son fils ne cessaient de s'étonner des propos tantôt sensés, tantôt extravagants de notre chevalier, et surtout de son incurable manie de se lancer incessamment à la recherche des aventures. On réitéra de part et d'autre les politesses et les offres de service, après quoi, avec la gracieuse permission de la dame du château, don Quichotte et Sancho s'éloignèrent, l'un sur Rossinante et l'autre sur son grison.

CHAPITRE XIX

De l'aventure du berger amoureux, et de plusieurs autres choses.

Don Quichotte n'était qu'à peu de distance du village de don Diégo, quand il fut rejoint par quatre hommes, dont deux étaient des laboureurs et les deux autres paraissaient des étudiants, tous montés sur des ânes. L'un des étudiants portait en guise de porte-manteau un petit paquet composé de quelques hardes et de deux paires de bas en bure noire ; tout le bagage de son compagnon consistait en deux fleurets mouchetés ; quant aux laboureurs, leurs bêtes étaient chargées de différentes provisions qu'ils venaient sans doute d'acheter à quelque ville voisine.

Étudiants et laboureurs éprouvèrent la même surprise que causait don Quichotte à quiconque le voyait pour la première fois, et tous ils mouraient d'envie de savoir quel était cet homme dont le pareil ne s'était jamais présenté à leurs yeux. Notre héros les salua, et lorsqu'il eut appris qu'ils suivaient la même direction, il leur témoigna le désir de faire route ensemble, en les priant de ralentir le pas, parce que leurs bêtes marchaient plus vite que son cheval. Par courtoisie, il leur dit en peu de mots sa qualité et sa profession ; à savoir, qu'il était chevalier errant, et qu'il allait cherchant les aventures par toute la terre; il ajouta qu'il s'appelait don Quichotte de la Manche, surnommé le chevalier des Lions. Pour les laboureurs, c'était parler grec, mais il n'en fut pas de même des étudiants, qui comprirent aussitôt que cet inconnu avait des chambres vides dans la cervelle. Néanmoins ils le regardaient avec un étonnement mêlé de respect, et l'un d'eux lui dit : Seigneur chevalier, si, comme tous ceux qui cherchent les aventures, Votre Grâce n'a point de chemin arrêté, venez avec nous, et vous verrez assurément une des noces les plus belles et les plus magnifiques dont on ait eu, depuis longtemps, le spectacle dans toute la Manche.

De la façon dont vous en parlez, il faut que ce soient les noces de quelque prince, répondit don Quichotte.

Point du tout, répliqua l'étudiant, ce sont les noces d'un laboureur, mais le plus riche du pays, et d'une paysanne, la plus belle fille qu'on puisse voir. Ces noces doivent se faire dans un pré, voisin du village de la fiancée. Elle s'appelle Quitterie la belle; le fiancé se nomme Gamache le riche : c'est un garçon d'environ vingt-deux ans; la fiancée en compte à peine dix-huit; en un mot, ils sont faits l'un pour l'autre, quoique certains disent que la race de Quitterie est plus ancienne que celle de Gamache; mais il ne faut pas s'arrêter à cela, et dans la richesse il y a de quoi boucher bien des trous. Ce Gamache, qui est libéral, ne veut rien épargner pour rendre la fête célèbre; il a fait couvrir le pré avec des branches d'arbres, afin que le soleil ne puisse y pénétrer : là auront lieu toutes sortes de divertissements, jeu de paume, jeu de barre, luttes, danse avec les castagnettes et le tambour de basque, car son village est rempli de gens qui savent le faire résonner, sans compter la *Zapateta*[1], qu'on y exécute dans la perfection. Mais de toutes ces belles choses et de bien d'autres encore que je passe sous silence, aucune j'imagine, ne vaudra le spectacle que nous donnera le désespéré Basile.

Et quel est ce Basile? demanda don Quichotte.

Basile, répondit l'étudiant, est un berger du même village que Quitterie, et dont la maison touche presque à la sienne : tous deux ils se sont aimés dès l'enfance. Lorsqu'ils commencèrent à devenir grands, le père de Quitterie, qui ne trouvait pas Basile assez riche pour sa fille, commença par lui refuser l'entrée de sa maison; et pour lui ôter toute espérance, il résolut de la marier avec Gamache. Ce

---

1. *Zapateta*, danse aux souliers. Le danseur frappe par intervalle son soulier avec la paume de sa main.

Gamache a beaucoup plus de bien que Basile ; mais, à vrai dire, il ne l'égale pas dans le reste, car Basile est le garçon du pays le mieux fait et le plus adroit, toujours le premier à la course et à la lutte ; personne ne lance mieux une barre, et n'est si adroit à la paume ; il pince de la guitare au point de la faire parler ; il chante comme une alouette, saute comme un daim ; mais surtout il manie l'épée comme un maître d'escrime.

Pour ce seul talent, dit don Quichotte, ce garçon méritait d'épouser non-seulement la belle Quitterie, mais la reine Genièvre elle-même, si elle vivait encore, en dépit de Lancelot et de tous ceux qui voudraient s'y opposer.

Allez donc dire cela à ma femme, interrompit Sancho, qui n'avait fait jusque-là qu'écouter et se taire ; elle qui veut qu'on ne se marie qu'avec son égal, chaque brebis avec sa pareille. Ce que je demande, moi, c'est que ce brave Basile, car je commence à l'aimer, se marie avec cette dame Quitterie ; maudits soient dans ce monde et dans l'autre ceux qui empêchent les gens de se marier à leur goût!

Si tous ceux qui s'aiment pouvaient se marier ainsi, repartit don Quichotte, que deviendraient le pouvoir et l'autorité des pères ? Il serait beau vraiment que les enfants eussent la liberté de choisir suivant leur caprice ! Si le choix d'un mari était laissé à la volonté des filles, telle épouserait le valet de son père, ou le premier venu qu'elle trouverait à sa fantaisie, quand même ce serait un débauché et un spadassin ; car l'amour est aveugle, et quand il nous possède, on n'a plus assez de raison pour faire un bon choix. Ainsi tu vois, mon pauvre Sancho, qu'il n'y a point de circonstance dans la vie où l'on ait plus grand besoin de jugement que lorsqu'il s'agit de contracter mariage : une femme légitime n'est pas une marchandise dont on puisse se défaire à sa volonté ; c'est une compagne inséparable qu'on s'associe au lit, à la table, en tout et partout ; c'est un lien qu'on ne peut rompre, à moins qu'il ne soit tranché par le ciseau des Parques. Je pourrais en dire beaucoup plus sur ce sujet, mais j'ai hâte de savoir si le seigneur licencié n'a point autre chose à nous apprendre touchant ce Basile.

Il ne me reste qu'une chose à dire, répondit l'étudiant, c'est que du jour où Basile a su que la belle Quitterie épousait Gamache le riche, on ne l'a plus vu rire, on ne lui a plus entendu tenir un propos sensé. Il marche triste, la tête basse, se parlant à lui-même ; il mange peu et ne dort pas davantage ; s'il mange, ce sont des fruits, et s'il dort, c'est comme une brute, sur la terre nue. De temps en temps on lui voit lever les yeux au ciel, puis tout à coup les attacher fixement sur le sol, comme s'il était en extase, et de telle sorte qu'il semble métamorphosé en statue ; enfin, le pauvre garçon est dans un tel état, que ceux qui le connaissent ne doutent pas qu'à peine Quitterie aura prononcé le oui fatal, il ne rende le dernier soupir.

Dieu y mettra ordre, reprit Sancho : quand il envoie le mal, il envoie le remède ; personne ne sait ce qui doit arriver ! d'ici à demain il y a bien des heures, et dans un instant la maison peut tomber. Combien de fois ai-je vu pleuvoir et faire soleil tout ensemble ! tel se couche bien portant, qui s'éveille roide mort le lendemain ; quelqu'un pourrait-il se vanter d'avoir attaché un clou à la roue de fortune ? sans compter qu'entre le oui et le non d'une femme, je ne voudrais pas mettre la pointe d'une aiguille, elle n'y tiendrait pas. Faites seulement que Quitterie ait de la bonne volonté pour Basile, et je prédis qu'il lui reste encore de fameuses chances ; car, à ce que j'ai entendu dire, l'amour regarde avec des yeux qui font passer le cuivre pour de l'or et des noyaux pour des perles.

Où t'arrêteras-tu, maudit Sancho ? interrompit don Quichotte ; quand une fois tu commences à enfiler des proverbes, personne ne peut te suivre, si ce n'est le diable en personne, et puisse-t-il t'emporter ! Dis-moi, animal, sais-tu ce que c'est que la roue de fortune, pour te mêler d'en dire ton sentiment ?

Si l'on ne m'entend pas, répondit Sancho, il n'est pas étonnant que mes sentences passent pour des sottises ; mais qu'importe ! je m'entends moi-même, et je suis sûr de n'avoir pas dit trop de bêtises ; mais Votre Grâce prend toujours plaisir à pontrôler mes paroles.

Dis donc contrôler, prévaricateur du beau langage, reprit don Quichotte, ou que Dieu te rende muet pour le reste de tes jours.

Que votre Grâce ne se fâche pas contre moi, répondit Sancho ; vous savez bien que je n'ai pas été élevé à la cour, et que je n'ai pas étudié à Salamanque, pour savoir si je manque quand je parle. Vive Dieu ! le paysan de Sayago ne peut pas parler comme le citadin de Tolède : sans compter qu'il y a beaucoup de gens à Tolède qui parlent comme il plaît à Dieu.

C'est vrai, reprit un des étudiants ; ceux qui sont élevés dans les tanneries ou dans les boutiques du Zocodover ne parlent pas aussi bien que ceux qui passent tout le jour à se promener dans le cloître de la cathédrale : cependant ils sont tous de Tolède. L'élégance du langage ne se trouve guère que parmi les courtisans, et encore parmi les plus délicats. Quant à moi, seigneurs, j'ai, pour mes péchés, étudié quelque temps à Salamanque, et je me pique de m'exprimer en termes choisis.

Si vous ne vous piquiez pas de jouer encore mieux de ces fleurets que de la langue, dit l'autre étudiant, vous auriez tenu la tête du concours, au lieu d'en avoir la queue.

Bachelier, répliqua le licencié, vous vous trompez grandement quand vous croyez que savoir manier l'épée soit chose inutile.

Pour moi ce n'est pas une opinion, repartit Corchuelo (c'était le nom du bachelier), c'est une vérité démontrée; au reste, s'il vous plaît d'en faire l'expérience, l'occasion est belle : vous avez là deux épées, et je possède en force et en courage plus qu'il n'en faut pour vous prouver que j'ai raison. Descendez seulement de votre monture, mettez en usage toutes les ruses de la salle, et si, avec la seule adresse que m'a donnée la nature, je ne vous fais voir des étoiles en plein midi, je veux recevoir les étrivières : tel que je suis, voyez-vous, je défie qui que ce soit de me faire reculer d'un pas, et il n'est personne à qui je ne puisse faire perdre terre.

Pour ce qui est de ne point reculer, je le crois, répondit le licencié; mais il pourrait se faire que là où vous auriez cloué le pied on creusât votre sépulture : je veux dire que, faute d'avoir appris le métier, il pourrait vous en coûter la vie.

C'est ce que nous allons voir, repartit Corchuelo; et sautant à bas de son âne, il saisit avec furie un des fleurets que portait le licencié.

Ah! vraiment, cela ne peut se passer ainsi, dit don Quichotte; il faut procéder avec méthode, et je veux être le juge d'une question tant de fois débattue et qui n'est point encore décidée.

Aussitôt il descendit de cheval, et prenant sa lance, il se campa au milieu du chemin, pendant que le licencié, d'un air dégagé et en mesurant ses pas, s'avançait contre Corchuelo, qui courait sur lui plein de fureur, et, comme on dit, jetant le feu par les yeux. Les deux paysans et Sancho s'écartèrent un peu, sans descendre de leurs ânes, et furent ainsi spectateurs du combat qui commença à l'instant. Les bottes d'estoc et de taille que portait Corchuelo ne pouvaient se compter; il attaquait en lion, et un coup n'attendait pas l'autre; mais le licencié, sans s'émouvoir, parait toutes ses attaques, et lui faisait souvent baiser la pointe de son fleuret comme si c'eût été une relique, quoique avec moins de dévotion. Bref, le licencié lui coupa l'un après l'autre tous les boutons de sa soutanelle, et la mit en lambeaux, sans jamais être touché; il lui abattit deux fois son chapeau, et le fatigua de telle sorte, que de dépit et de rage Corchuelo jeta son fleuret, qui alla tomber à plus de cinquante pas, comme en témoigna par écrit un des laboureurs, greffier de son état, qui était allé le ramasser; ce qui fit voir par preuve authentique, comment la force est vaincue par l'adresse.

Corchuelo s'était assis tout essoufflé : Par ma foi, seigneur bachelier, lui dit Sancho, si vous m'en croyez, dorénavant vous ne défierez personne à l'escrime, mais plutôt à jeter la barre, ou à lutter, car vous avez la force nécessaire pour cela. Quant à ces bretteurs, croyez-moi, il ne faut pas s'y frotter : je me suis laissé dire qu'ils mettraient la pointe de leur épée dans le trou d'une aiguille.

J'en conviens, reprit Corchuelo, et ne regrette pas l'expérience qui m'a fait revenir de mon erreur.

En même temps il embrassa le licencié, et ils restèrent meilleurs amis que jamais.

Les voyageurs se remirent en marche, hâtant leurs montures pour arriver de bonne heure au village de Quitterie, d'où ils étaient tous. Chemin faisant, le licencié leur expliqua l'excellence de l'escrime, et il en prouva les avantages par tant de figures et de démonstrations mathématiques, que chacun resta persuadé de l'utilité de cet art; Corchuelo encore plus que les autres.

La nuit venue, et comme ils étaient sur le point d'arriver, ils crurent voir en avant du village un ciel resplendissant d'innombrables étoiles; bientôt après ils entendirent un bruit confus, mais agréable, de divers instruments, flûtes, hautbois, fifres et tambours de basque. En approchant, ils virent qu'on avait suspendu aux arbres une infinité de lampions, dont l'effet était d'autant plus agréable qu'il ne faisait pas le moindre vent. Les joueurs d'instruments qu'on rencontrait de tous côtés par bandes, les uns dansant, les autres jouant de leurs cornemuses ou de leurs flageolets, réjouissaient toute l'assemblée. Enfin, ce pré semblait le séjour de la joie et des plaisirs : en divers endroits il y avait des gens occupés à dresser des échafauds pour placer beaucoup de monde durant la fête qui devait avoir lieu le lendemain, jour fixé pour la solennité des noces du riche Gamache, et, suivant les apparences, pour les funérailles du pauvre Basile.

Don Quichotte ne voulut pas pénétrer dans le village, quelques instances que lui fissent ses compagnons de route, alléguant l'ancienne coutume des chevaliers errants, qui aimaient mieux dormir à la belle étoile que sous des lambris dorés. Il se détourna donc un peu du chemin, quoi que pût dire son écuyer, qui regrettait de tout son cœur la maison du seigneur don Diégo.

CHAPITRE XX

Des noces de Gamache, et de ce qu'y fit Basile.

A peine les rayons du brûlant Phébus achevaient de sécher les perles liquides des cheveux de la pâle Aurore, que don Quichotte, secouant ses membres engourdis, se leva et appela son écuyer qui dormait encore; mais en l'entendant ronfler de toutes ses forces, il s'arrêta pour lui adresser ces paroles :

O toi, bienheureux entre tous les mortels, puisque sans exciter ni ressentir l'envie, tu dors dans le repos de ton esprit, aussi libre des persécutions des enchanteurs que peu troublé des enchantements; dors, te dirai-je mille et mille fois, dors, toi qui ne connus jamais les cuisants soucis d'une flamme jalouse, les pénibles insomnies du débiteur qui ne peut s'acquitter, ni la sollicitude quotidienne de fournir à ta subsistance et à celle de ta pauvre famille; dors, toi dont le repos n'est pas troublé par l'ambition, et dont la vaine pompe du monde n'excite pas les désirs, lesquels se bornent au soin de ton âne, celui de ta personne étant remis à ma charge, compensation légitime qu'imposent au seigneur la nature et la coutume. Le valet dort, pendant que veille le seigneur, songeant aux moyens de le nourrir et de lui assurer un juste salaire : un ciel de bronze a beau refuser à la terre la rosée dont elle a besoin, ce soin ne regarde pas le serviteur, il revient tout entier au maître, qui doit, dans la stérilité, nourrir celui qui l'a servi dans l'abondance.

A tout cela Sancho ne répondait mot, car il dormait, et certes il ne se serait pas réveillé de longtemps si don Quichotte ne l'eût poussé deux ou trois fois avec le bois de sa lance. Enfin il ouvrit les yeux, et encore à moitié endormi, il promena ses regards à droite et à gauche. Du côté de cette ramée, dit-il, vient, si je ne me trompe, une odeur de jambon rôti qui vaut bien celle du thym et du serpolet. Sur mon âme, des noces qui s'annoncent par de tels parfums promettent d'être abondantes et libérales.

Paix ! glouton, dit don Quichotte; lève-toi, et allons voir ces noces qui te préoccupent si fort, pour savoir ce que fera le pauvre Basile.

Par ma foi, qu'il fasse ce qu'il voudra, répondit Sancho. Puisqu'il est pauvre, pourquoi veut-il épouser Quitterie? Quand on n'a pas le sou vaillant, pourquoi vouloir se marier dans les nuages? En vérité, seigneur, le pauvre, selon moi, devrait se contenter de ce qu'il trouve,

CHAPITRE XX.

sans chercher des perles dans les vignes. Je gagerais bien ma tête que Gamache pourrait enterrer Basile sous ses réaux : cela étant, pourquoi Quitterie irait-elle renoncer aux parures et aux joyaux que Gamache lui a donnés, et lui donnera encore, pour un tireur de barre ou de fleuret comme Basile. Ce n'est pas sur un coup de barre ou un coup d'épée qu'on trouve à la taverne un verre de vin. Foin des talents qui ne rapportent rien; quand ils se rencontrent avec les écus, oh! c'est différent. Sur un bon fondement on peut bâtir une bonne maison; et en fait de fondement, il n'y a rien de tel que l'argent.

Au nom de Dieu! Sancho, dit don Quichotte, mets fin à ta harangue! quand une fois tu as commencé à parler, je crois, si l'on ne t'arrêtait, que tu ne songerais plus à manger ni à dormir.

Si Votre Grâce avait bonne mémoire, répliqua Sancho, elle se souviendrait qu'avant notre dernière sortie, nous sommes convenus qu'il me serait permis de parler tant que je voudrais, pourvu que ce ne soit pas contre le prochain ou contre votre autorité. Jusqu'à présent, vous n'avez rien à me reprocher.

Je ne m'en souviens pas, répondit don Quichotte, et quand cela serait vrai, je veux que tu te taises et que tu me suives. J'entends déjà le son des instruments qui retentissent de toutes parts; sans doute que le mariage aura lieu de bon matin, pour éviter la chaleur du jour.

Sancho obéit et sella promptement Rossinante, puis, ayant mis le bât sur le grison, le maître et l'écuyer montèrent sur leurs bêtes et se dirigèrent au petit pas du côté de la ramée.

La première chose qui s'offrit aux regards de Sancho, ce fut un bœuf entier, auquel un ormeau servait de broche. Une montagne de gros bois composait le foyer où l'on allait le faire rôtir; alentour bouillaient six grandes marmites, ou plutôt six cuves capables d'engloutir plusieurs moutons tout entiers; une multitude de chapons, d'oisons et de poules, étaient déjà préparés pour être ensevelis dans les marmites, et toutes sortes d'oiseaux, de gibier de basse-cour et autres pendaient en foule à des arbres où on les avait mis la veille pour les mortifier. Sancho compta plus de soixante outres pleines de vin, qui contenaient chacune pour le moins cinquante pintes. On voyait là des monceaux de pain blanc, comme on voit les tas de moëllons près des carrières; les fromages empilés ressemblaient à un mur de briques. Tout auprès, deux chaudières pleines d'huile et plus grandes que celles des teinturiers, servaient à faire les beignets et la pâtisserie, pendant qu'on prenait le sucre à pleines mains dans une caisse qui en était remplie. Il y avait plus de cinquante cuisiniers ou cuisinières, tous la joie peinte sur le visage, et travaillant avec diligence. Dans le large ventre du bœuf on avait cousu une douzaine de cochons de lait pour l'attendrir et lui donner du goût. Quant aux épiceries de toutes sortes, elles n'étaient point là en cornets de papier, mais par quintaux et à plein coffre. Finalement, les préparatifs de la noce, quoique rustiques, étaient très-abondants, et il y avait de quoi nourrir une armée entière.

Sancho regardait chaque chose avec de grands yeux; il prenait tout en amitié, et était enchanté de ce spectacle. Les marmites le tentèrent les premières, et il eût de bon cœur pris le soin de les écumer. Plus loin, il se sentit attendri par la vue des outres de vin; puis les gâteaux et l'odeur des beignets le captivèrent tout à fait; enfin, n'y pouvant plus tenir, il aborda un des cuisiniers, et avec la politesse d'un estomac affamé, il le pria de permettre qu'il trempât une croûte de pain dans une de ces marmites.

Frère, répondit le cuisinier, ce jour-ci n'est pas un jour de jeûne, grâce à la libéralité du riche Gamache; mettez pied à terre, et cherchez s'il n'y a point là quelque cuiller à pot pour écumer une ou deux poules, et grand bien vous fasse! personne ne s'avisera de vous le reprocher.

Je ne vois point de cuiller, dit Sancho en soupirant.

Parbleu! répondit le cuisinier, vous voilà embarrassé pour bien peu de chose; et prenant une casserole, il la plongea dans une marmite d'où il tira d'un seul coup trois poules et deux oies : Tenez, ami, dit-il à Sancho, déjeunez de cette écume en attendant l'heure du dîner.

Grand merci, mais je ne sais où mettre cela, dit Sancho.

Emportez la casserole et ce qu'elle contient, repartit le cuisinier; Gamache est trop riche et trop heureux aujourd'hui pour y regarder de si près.

Pendant que Sancho mettait ainsi le temps à profit, don Quichotte regardait entrer douze jeunes garçons en habits de fête, et montés sur de belles juments couvertes de riches harnais avec quantité de grelots autour du poitrail. Ils s'élancèrent dans le pré, maniant leurs montures avec beaucoup d'adresse, et criant tous ensemble : Vive Quitterie et Gamache, lui aussi riche qu'elle est belle, et elle la plus belle du monde! On voit bien, dit don Quichotte en lui-même, que ces gens-là ne connaissent pas ma Dulcinée, car s'ils l'avaient vue, ils seraient un peu plus sobres de louanges pour leur Quitterie. Un moment après, on vit déboucher sur plusieurs points de la ramée une troupe de danseurs que précédaient vingt-quatre jeunes bergers de

CHAPITRE XX.

bonne mine, vêtus de toile blanche et fine, ayant sur la tête des mouchoirs de soie de différentes couleurs, avec des couronnes de laurier et de chêne, et tous l'épée à la main. Sitôt qu'ils parurent, un de ceux qui étaient à cheval demanda à celui qui les conduisait, jeune homme élégant et bien pris, si aucun des danseurs n'était blessé.

Aucun jusqu'à cette heure, répondit celui-ci; nous sommes, Dieu merci, tous bien portants et prêts à faire merveille; et aussitôt il se mêla avec ses compagnons, qui s'escrimèrent les uns contre les autres en cadence et avec tant d'adresse, que don Quichotte, tout habitué qu'il était à ces sortes de spectacles, avoua qu'il n'en avait jamais vu de comparables. Notre héros ne fut pas moins charmé de l'entrée d'une autre troupe : c'étaient de belles jeunes filles âgées de quinze à seize ans au plus, vêtues d'une étoffe verte; partie de leurs cheveux était attachée avec des rubans, et le reste épars et traînant presque jusqu'à terre; elles portaient sur la tête des guirlandes de jasmin, de roses et de chèvrefeuille. Cette troupe, sous la conduite d'un vénérable vieillard et d'une imposante matrone, tous deux plus dispos que ne l'annonçait leur grand âge, exécuta une danse moresque au son de la cornemuse et avec tant de légèreté et d'élégance, qu'elle enleva tous les suffrages.

Après cela on vit exécuter une autre danse fort ingénieusement composée, de celles qu'on appelle *parlantes*[1]. C'était une troupe de huit nymphes partagées en deux files, l'une conduite par l'Amour, avec ses ailes, son carquois, son arc et ses flèches; et l'autre par l'Intérêt, couvert d'une riche étoffe d'or et de soie. Les nymphes qui suivaient l'Amour avaient sur les épaules un morceau de taffetas blanc pour les distinguer : la Poésie était la première; la Sagesse, la seconde; la Noblesse, la troisième, et la Vaillance, la quatrième. Celles qui marchaient sous la conduite de l'Intérêt avaient des marques différentes : l'une s'appelait la Libéralité; l'autre, la Largesse; celle-ci, la Richesse, et celle-là, la Possession pacifique. Devant cette troupe, une espèce de château était traîné par quatre sauvages vêtus de toile verte, tous couverts de lierre, et porteurs de si horribles masques, que Sancho ne put les voir sans en être effrayé. Sur la façade du château et sur les trois autres côtés, on lisait : *Château de la Prudence*.

L'Amour ouvrit la danse au son de deux tambours et de deux flûtes; après avoir fait quelques pas, il leva les yeux, saisit une flèche et fit mine de vouloir tirer sur une jeune fille qui était venue se placer

---

1. Les danses parlantes, pantomimes mêlées de danses et de récitatifs.

entre les créneaux du château, mais à laquelle il adressa d'abord ces paroles :

> Je suis le souverain de la terre et de l'onde,
> Et tout cède à ma voix ;
> Je ne me borne pas à l'empire du monde,
> Le ciel et les enfers reconnaissent mes lois ;
> C'est en vain qu'on résiste, et jusqu'à l'impossible,
> J'en sais venir à bout;
> Et portant en tous lieux un pouvoir invincible,
> La gloire et les lauriers m'accompagnent partout.

En finissant, l'Amour décocha une flèche par-dessus le château, et regagna sa place. L'Intérêt s'avança à son tour, dansa aussi deux pas, puis regardant la jeune fille, il récita ces vers :

> J'ai plus de pouvoir que l'Amour,
> Quelque vanité qu'il en fasse;
> Rien n'est plus noble que ma race,
> Dont l'auteur est père du jour.
> C'est moi qui fais la paix, c'est moi qui fais la guerre;
> C'est moi qui meus tout ici-bas :
> Mais pendant que je règne en tyran sur la terre,
> Je veux suivre en captif et ton char et tes pas.

L'Intérêt se retira, et la Poésie ayant pris sa place, récita les vers suivants, les yeux élevés du côté du château, comme l'avaient fait les deux personnages précédents :

> C'est moi qui des vertus conserve la mémoire,
> Moi qui les sauve de l'oubli;
> Et le nom des héros serait enseveli,
> Si mes soins et mes vers ne consacraient leur gloire.
> Je viens, au bruit de ta beauté,
> Te rendre un légitime hommage,
> Et par un immortel ouvrage
> Apprendre à l'univers quelle est la vanité
> De t'en disputer l'avantage.

La Poésie étant retournée à sa place, la Libéralité quitta la troupe de l'Intérêt, et vint dire à son tour :

> C'est mon humeur et mon plaisir
> De donner avec abondance,
> Et sans attendre qu'on y pense
> Je préviens même le désir;
> Mais enfin je me lasse
> De donner au hasard, et donner tant de fois;
> Il est temps de faire un beau choix
> Qui relève l'éclat des trésors que j'amasse :
> Je vous les offre tous, et ne voudrais pour grâce
> Que recevoir vos lois [1].

---

1. Ces vers sont empruntés à la traduction de Filleau de Saint-Martin.

CHAPITRE XX.

De la même façon entrèrent et sortirent tous les personnages des deux troupes, chacun récitant des vers après avoir fait son entrée. Les uns étaient bons, les autres mauvais, et don Quichotte, qui avait une excellente mémoire, retint seulement ceux que je viens de citer. Ensuite tous les personnages se mêlèrent, formant tour à tour ou rompant la chaîne, et se séparant à la fin de chaque cadence avec beaucoup d'aisance et de grâce. Toutes les fois que l'Amour passait devant le château, il lançait ses flèches par-dessus, tandis que l'Intérêt brisait contre ses murs des boules dorées. Finalement, quand ils eurent longtemps dansé, l'Intérêt tira une grande bourse qui paraissait pleine d'argent, et l'ayant lancée contre le château, les planches qui le formaient tombèrent, laissant à découvert et sans défense cette belle fille qui avait paru entre les créneaux. L'Intérêt s'approcha aussitôt avec sa suite, et lui jeta au cou une chaîne d'or, comme pour la faire prisonnière; mais l'Amour accourut avec les siens pour la défendre.

Quand on eut bien disputé de part et d'autre, toujours au son des tambours, et avec des mouvements appropriés à la cadence et au sujet, les sauvages les séparèrent, et rajustèrent en un instant les planches du château, où la jeune fille s'enferma comme auparavant. C'est ainsi que le ballet finit aux applaudissements de tous les spectateurs.

Don Quichotte demanda qui avait composé cette petite fête; on lui répondit que c'était un bénéficier de village, qui avait beaucoup de talent pour ces sortes d'inventions.

Je gagerais, dit le chevalier, qu'il est plus ami de Gamache que de Basile, et qu'il s'entend mieux à cela qu'à réciter son bréviaire : sa pièce est fort bonne, et il y fait valoir adroitement la richesse de Gamache et les talents de Basile.

Ma foi, dit Sancho qui écoutait, le roi est mon coq, et je suis pour Gamache.

On voit bien, reprit don Quichotte, que tu es un vilain, et de ceux qui toujours disent : Vive le plus fort !

Je ne sais trop desquels je suis, répliqua Sancho, mais je sais que je ne tirerai jamais de la marmite de Basile l'écume que j'ai tirée de celle de Gamache. En même temps il montrait les poules et les oies dont il se remit à manger avec grand appétit, en disant : Nargue des talents de Basile! Autant tu as, autant tu vaux; autant tu vaux, autant tu as. Il n'y a que deux familles au monde, disait ma grand'mère : avoir ou n'avoir pas, et elle se sentait beaucoup de penchant pour

8*

avoir. Aujourd'hui, mon seigneur et maître, on aime mieux l'argent que la science, et un âne chargé d'or a meilleure mine qu'un cheval couvert de panaches. Encore une fois, je suis pour Gamache, dont la marmite est farcie d'oies et de poules, tandis que celle de Basile ne me donnerait, je le crains bien, que de l'eau claire.

Auras-tu bientôt fini? dit don Quichotte.

Voilà qui est fait, seigneur, répondit Sancho, car je vois que cela vous fâche : autrement, j'avais de la besogne taillée pour huit jours.

Que Dieu m'accorde la grâce de ne pas mourir avant de t'avoir vu devenir muet, dit don Quichotte.

Au train dont nous allons, repartit Sancho, j'ai peur de vous en donner le plaisir un de ces jours : il ne faut pour cela que tomber entre les mains des muletiers Yangois, ou marcher toute une semaine à travers les forêts, sans trouver quoi que ce soit à mettre sous la dent; alors vous me verrez si bien muet, que je ne dirai pas une seule parole d'ici au jugement dernier.

Et quand cela serait, reprit don Quichotte, jamais ton silence n'égalera ton bavardage. D'ailleurs, selon l'ordre de la nature, je dois mourir avant toi; aussi je désespère de jamais te voir muet, non pas même en buvant, ou en dormant, ce qui est tout ce que je peux dire de plus.

Par ma foi, seigneur, repartit Sancho, il n'y a point à se fier à cette maudite camarde, je veux dire à la Mort : car elle mange l'agneau tout comme le mouton; et j'ai entendu notre curé dire qu'elle frappait également les palais des rois et les cabanes des chevriers[1]. Elle a beaucoup de pouvoir, cette dame, mais pas un brin de courtoisie : car elle s'en prend à tout, mange de tout, et remplit sa besace de gens de tout âge et de toute condition. Oh! ce n'est point là un moissonneur qui fasse la sieste; elle a les yeux sans cesse ouverts, elle coupe l'herbe verte comme la sèche, aussi bien la nuit que le jour. Par ma foi, on peut dire non pas qu'elle mange, mais bien plutôt qu'elle dévore et engloutit tout ce qui se trouve sur son chemin, car elle a une faim qu'on ne peut rassasier; et quoiqu'elle n'ait point de ventre, on la dirait hydropique, tant elle a soif de boire la vie de tous les hommes, comme on boit une jarre d'eau fraîche.

Assez, assez, s'écria don Quichotte, tu ne t'en es pas mal tiré avec ton éloquence rustique : ne va pas plus loin, mon ami, dans la crainte de tomber; par ma foi, si tu avais autant de science et d'étude que tu

---

1. Pallida mors æquo, etc. (HORACE.)

as d'esprit naturel et de jugement, tu pourrais monter en chaire et devenir un excellent prédicateur.

Qui vit vit bien prêche bien, repartit Sancho, je n'en sais point davantage.

Tu n'as pas besoin d'en savoir davantage, dit don Quichotte ; cependant je ne puis comprendre que le commencement de la sagesse étant la crainte de Dieu, toi qui crains moins Dieu qu'un lézard, tu en saches si long !

Seigneur, reprit Sancho, que Votre Grâce soit juge de sa chevalerie, et non de la peur ou du courage des autres, puisque notre curé dit qu'il faut examiner ses actions et non celles d'autrui. Après tout, laissez-moi dire un mot à cette écume, car tous ces discours ne sont que paroles oiseuses, dont il nous faudra rendre compte au jour du jugement.

Sans plus discourir, il donna un nouvel assaut à la casserole, et avec tant de vigueur, qu'il réveilla l'appétit de son maître; lequel lui aurait tenu compagnie s'il n'en eût été empêché par ce qu'il faut remettre au chapitre suivant.

CHAPITRE XXI

Suite des noces de Gamache, et des choses étranges qui y arrivèrent.

Don Quichotte et Sancho achevaient la conversation que nous venons de rapporter, quand il se fit un grand bruit de voix ; ce bruit venait des cavaliers qui allaient au-devant des nouveaux époux. En effet, ceux-ci s'avançaient, au milieu de toutes sortes d'instruments, avec le curé, leurs familles, et suivis de la plus brillante compagnie des villages circonvoisins, tous en habit de fête.

Dès que la fiancée parut : Peste ! s'écria Sancho, ce n'est point là une paysanne ; par ma foi, on dirait plutôt une princesse : quelle belle guirlande de corail elle vous a autour du cou ! et cette robe d'un velours à trente poils, avec bordures de satin ! Mais voyez donc ses mains : que je meure si elles ne sont pas d'émail ; et ces belles bagues d'or avec des perles blanches comme du lait ; il n'y en a pas une qui ne vaille pour le moins un œil de la tête. Tudieu ! quels cheveux ! s'ils ne sont pas faux, je n'en ai vu de ma vie d'aussi longs ni d'aussi blonds. Que dites-vous de sa taille et de sa tournure? A la voir ainsi couverte de joyaux de la tête aux pieds, on la prendrait pour un palmier chargé de dattes. En vérité, voilà une maîtresse fille et qui pourrait passer sur les bancs de Flandre[1].

Don Quichotte souriait des éloges de Sancho, et il convenait en lui-même qu'après Dulcinée on n'avait jamais rien vu de si merveilleux. Quitterie paraissait un peu pâle, suite ordinaire de la mauvaise nuit que passent les jeunes filles en préparant pour le lendemain leurs parures de noces. Les fiancés se dirigeaient vers une espèce d'estrade, couverte de rameaux, de tapis et de branchages, sur laquelle devaient se faire les épousailles, et d'où ils pouvaient plus commodément voir les jeux et les danses.

Tout à coup, au moment d'atteindre leurs places, ils entendirent derrière eux un grand tumulte, et du milieu sortit une voix qui disait : « Attendez, attendez, gens inconsidérés, vous êtes trop pressés d'en finir. » A ces mots tous les assistants tournèrent la tête, et l'on vit s'avancer un homme vêtu d'une casaque noire, bordée de bandes cramoisies et parsemée de flammes ; il avait sur la tête une couronne de cyprès, et dans la main un long bâton. Quand il fut proche, chacun reconnut Basile, et, le voyant dans un pareil lieu, l'on commença à craindre quelque triste événement. Il arriva enfin essoufflé, hors d'haleine, et dès qu'il fut devant les deux époux, fichant en terre son bâton garni d'une pointe d'acier, le visage pâle et les yeux attachés sur Quitterie, il lui dit d'une voix sourde et tremblante :

As-tu donc oublié, ingrate Quitterie, que tu m'avais donné ta foi, et que tu ne pouvais prendre un autre époux tant que je serais vivant? M'as-tu jamais trouvé infidèle, et en attendant qu'il me fût donné de t'épouser, peux-tu me reprocher d'avoir manqué à l'amitié que je te dois, ou fait quelque chose qui pût t'offenser? Pourquoi donc fausser ta parole, pourquoi donner à un autre un bien qui m'appartient, sans qu'il ait sur moi d'autre avantage que celui que le hasard distribue suivant sa fantaisie? Eh bien, qu'il en jouisse, puisque c'est ta volonté; je vais faire disparaître l'obstacle qui pouvait s'y opposer, et le rendre heureux aux dépens de ma propre vie. Vivent, vivent le riche Gamache et l'ingrate Quitterie! et meure Basile, puisque la pauvreté a coupé les ailes à son bonheur et l'a précipité dans le tombeau.

En achevant ces paroles, Basile tira une courte épée qui était cachée dans son bâton, et, en ayant appuyé la poignée contre terre, il se jeta sur la pointe avec autant de célérité que de résolution, et tomba nageant dans son sang. A ce funeste spectacle, ses amis accoururent,

---

1. Passage dangereux qui borde la côte des Pays-Bas. On disait proverbialement pour faire l'éloge de quelqu'un, qu'il pouvait passer sur les bancs de Flandre.

CHAPITRE XXI.

poussant des cris et déplorant son malheur. Don Quichotte accourut aussi, et prenant l'infortuné entre ses bras, il trouva qu'il respirait encore. On voulait lui retirer l'épée de la poitrine, mais le curé s'y opposa, avant qu'il ne se fût confessé, disant qu'on ne pouvait arracher l'épée sans lui ôter en même temps la vie. Alors Basile, revenant un peu à lui, dit d'une voix affaiblie et presque éteinte : Cruelle Quitterie ! si à cette heure terrible et solennelle tu voulais m'accorder ta main comme époux, je regretterais moins ma témérité, puisqu'elle m'aurait procuré le bonheur d'être à toi.

Mon enfant, lui dit le curé, il n'est plus temps de penser aux choses de ce monde; songez à vous réconcilier avec Dieu, et à lui demander pardon d'une résolution si désespérée.

J'avoue que je suis désespéré, reprit Basile ; et il prononça encore quelques paroles qui montraient sa résolution de ne point se confesser sans obtenir de Quitterie ce qu'il demandait, ajoutant que cette satisfaction pouvait seule lui en donner le courage et la force.

Don Quichotte déclara la demande parfaitement juste et raisonnable, et d'autant plus aisée à accorder, qu'il y avait le même honneur pour Gamache à prendre Quitterie, veuve d'un si honnête homme, que s'il la recevait des mains de son père. D'ailleurs, ajouta-t-il, il n'y a qu'un oui à proférer, et ce oui ne doit pas lui coûter beaucoup, puisque le lit nuptial de Basile sera son tombeau.

En voyant et entendant tout cela, Gamache était plein d'incertitude; mais les amis de Basile le prièrent avec tant d'instances de consentir à ce que Quitterie donnât la main à leur ami mourant, au moins pour sauver son âme, qu'ils le décidèrent à déclarer que si elle y consentait il ne s'y opposait pas, puisque ce n'était que différer d'un instant l'accomplissement de ses propres désirs. Alors tous s'approchèrent de Quitterie, et les uns les larmes aux yeux, les autres avec des paroles obligeantes, ils tâchèrent de l'émouvoir en lui représentant qu'elle ne pouvait refuser cette dernière grâce à un homme qui n'en jouirait pas longtemps. Mais la belle Quitterie, immobile comme un marbre, ne savait ou ne voulait pas répondre, et l'on n'aurait peut-être pas tiré d'elle une parole, si le curé ne l'eût pressée de prendre un parti, disant que Basile ayant la mort sur les lèvres, il n'y avait pas un instant à perdre. Triste et troublée, Quitterie s'approcha de Basile, qui, les yeux déjà fermés et respirant à peine, murmurait entre ses dents le nom de Quitterie. Dès qu'elle fut près de lui, elle se mit à genoux et lui demanda sa main, mais seulement par signe, comme n'ayant pas la force de parler.

Basile ouvrit les yeux, et les attachant languissamment sur elle : O Quitterie ! lui dit-il, à quoi bon cette pitié, maintenant qu'il me reste si peu d'instants pour jouir du bonheur d'être ton époux, et que rien ne peut arrêter le coup qui va me mettre au tombeau ? Mais, au moins, je t'en conjure, ô ma fatale étoile ! c'est qu'en ce moment où tu me demandes la main et tu m'offres la tienne, ce ne soit pas par complaisance et pour m'abuser de nouveau : déclare donc que c'est sans contrainte que tu me prends pour époux, et aussi librement que lorsque nous nous donnâmes une foi mutuelle. Dans le triste état où tu m'as réduit, il serait affreux de feindre avec moi, après m'avoir trouvé toujours si fidèle et si sincère.

Pendant qu'il parlait, on le voyait défaillir de telle sorte que tous les assistants croyaient qu'il allait expirer à chaque parole. Quitterie, confuse et les yeux baissés, prit de sa main droite celle de son malheureux amant et lui dit : Rien n'est capable de forcer ma volonté, Basile ; d'un esprit aussi libre que je te donne ma main, je reçois la tienne, s'il est vrai qu'il te reste assez de présence d'esprit pour savoir ce que tu fais.

Je te la donne, répondit Basile, l'esprit aussi sain et aussi entier que je l'ai reçu du ciel ; et c'est de tout mon cœur que je te reçois pour épouse.

Et moi, ajouta Quitterie, je te reçois pour époux, soit que tu vives de longues années, soit qu'on te porte de mes bras dans le tombeau.

Pour être aussi grièvement blessé, dit Sancho, voilà un garçon qui jase beaucoup : il faudrait lui dire de laisser là toutes ces galanteries, et de songer à son âme, qu'il a, ce me semble, plutôt sur le bout de la langue qu'entre les dents.

Pendant que Basile tenait ainsi la main de Quitterie, le curé attendri, et les larmes aux yeux, leur donna la bénédiction nuptiale, priant Dieu de recevoir en paix l'âme du nouveau marié. Mais celui-ci n'eut pas plus tôt reçu la bénédiction, qu'il se releva prestement, et avec une célérité merveilleuse retira la dague à laquelle son corps servait de fourreau. Les assistants étaient frappés de surprise, et plusieurs dans leur simplicité se mirent à crier au miracle. Non, répliqua Basile, ce n'est pas miracle, c'est adresse qu'il faut dire. Le curé, stupéfait, hors de lui, accourut pour tâter la blessure avec sa main, et il trouva que la dague, au lieu de percer le corps de Basile, était entrée dans un fourreau de fer creux, adroitement rempli de sang. Bref, le curé, Gamache et ses amis, virent qu'on les avait joués. Quant à la fiancée, elle n'en témoigna pas le moindre déplaisir ; loin de là, entendant dire

CHAPITRE XXI.

que ce mariage entaché de fraude ne serait pas valable, elle déclara qu'elle le ratifiait de nouveau : ce qui fit penser à tout le monde que la ruse avait été concertée entre eux. Gamache et ses amis étaient si irrités, qu'ils voulurent en tirer vengeance sur l'heure, et ils attaquèrent Basile, pour lequel en un clin d'œil brillèrent cent épées nues.

Don Quichotte accourut à cheval un des premiers, la rondache au bras, la lance au poing, et se jeta entre les combattants, lesquels s'écartèrent aussitôt. Quant à Sancho, qui avait les querelles en horreur, il se réfugia au milieu des marmites, comme dans un asile sacré.

Arrêtez! seigneurs, arrêtez! criait don Quichotte; on ne doit jamais se venger des ruses que fait inventer l'amour, car l'amour et la guerre sont même chose; et comme dans la guerre il a été de tout temps permis d'employer des stratagèmes pour vaincre son ennemi, de même dans les rivalités d'amour il faut tenir pour légitimes les ruses qu'on emploie afin de réussir, pourvu toutefois que ce ne soit pas au détriment de l'objet aimé. Quitterie est à Basile, et Basile à Quitterie, ainsi l'a voulu le ciel. Gamache est riche, il trouvera assez d'autres femmes; Basile, au contraire, n'a que cette brebis, il serait injuste de vouloir la lui ravir. L'homme n'a pas le droit de séparer ce que Dieu a uni; celui qui osera l'entreprendre, aura d'abord affaire à la pointe de cette lance. En disant cela, il brandissait son arme avec tant de vigueur, qu'il terrifia tous ceux qui ne le connaissaient pas.

L'indifférence de Quitterie avait produit une telle impression sur l'esprit de Gamache, qu'en un instant elle s'effaça de sa mémoire. Aussi céda-t-il sans efforts aux exhortations du curé, homme sage et conciliant; et pour montrer leurs intentions pacifiques, lui et ses amis remirent leurs épées dans le fourreau, blâmant plutôt la facilité de Quitterie que la ruse de Basile. Bien plus, quand Gamache eut réfléchi que si Quitterie aimait Basile, étant jeune fille, elle l'eût encore aimé après son mariage, il rendit grâces au ciel de la lui avoir enlevée, et afin de prouver qu'il n'avait aucun ressentiment de ce qui venait de se passer, il voulut que la fête s'achevât comme s'il se fût marié réellement.

Basile et Quitterie, ainsi que tous ceux de leur parti, refusèrent d'y assister, et l'on se mit en chemin pour le village de Basile, qui malgré sa pauvreté eut tout sujet de se réjouir; car le pauvre vertueux trouve des amis pour le soutenir et l'honorer, comme le riche ne manque jamais de flatteurs pour lui faire cortége. Ils emmenèrent avec eux don Quichotte, le tenant pour homme de cœur et qui avait, comme on dit, du poil sur l'estomac. Le seul Sancho avait l'âme navrée d'être forcé de renoncer au splendide festin des noces de Gamache, qui se prolongèrent une grande partie de la nuit. Tournant donc le dos, bien qu'il les portât dans son cœur, aux marmites d'Égypte, dont l'écume presque achevée qu'il emportait dans la casserole lui représentait l'abondance perdue, il suivit son seigneur qui s'en allait avec le quadrille de Basile. Ainsi, tout chagrin, quoique largement repu, il remonta sur son grison et suivit Rossinante.

CHAPITRE XXII

De l'aventure inouïe de la caverne de Montesinos, dont le valeureux don Quichotte vint à bout.

Grands et nombreux furent les régals qui attendaient don Quichotte chez les nouveaux époux, empressés de reconnaître la protection qu'il leur avait apportée si à propos; aussi mettant son esprit au niveau de son courage, ils le qualifiaient tour à tour de Cicéron pour l'éloquence et de Cid pour la valeur. Le bon Sancho se récréa trois jours aux dépens des mariés, desquels on apprit que Quitterie n'avait eu aucune part à la supercherie de Basile, qui seul s'était concerté avec ses amis, afin que l'heure venue ils lui prêtassent appui.

On ne doit point appeler supercherie, disait don Quichotte, les moyens qui tendent à une fin louable et vertueuse; or pour les amants le mariage est la fin par excellence. Seulement, comme dans le mariage tout doit être contentement, joie et plaisir, le plus grand ennemi que puisse redouter l'amour c'est la pauvreté. Ce que j'en dis c'est afin que le seigneur Basile sache qu'il est temps de renoncer à tous ces exercices du corps où il excelle et qui ne lui feront qu'une réputation inutile, sans lui procurer aucun profit, et qu'ayant maintenant une épouse vertueuse autant que belle, qui a dédaigné pour lui de grandes richesses, il est désormais obligé de travailler à se faire une fortune digne de sa femme, afin d'être tous deux en état de passer leur vie en repos.

Je ne sais quel sage, ajoutait notre chevalier, a dit qu'il n'existait au monde qu'une seule femme véritablement bonne; mais qu'il conseillait à chaque mari de se persuader, pour être heureux, que cette femme était la sienne. Moi, qui ne suis pas marié et qui n'ai encore jamais pensé au mariage, j'oserais cependant donner à celui qui me les demanderait quelques conseils sur le choix d'une épouse. Je lui dirais : faites plus attention, chez une femme, à la réputation qu'à la fortune ; la femme vertueuse n'acquiert pas la bonne renommée seulement parce qu'elle est vertueuse, mais aussi parce qu'elle le paraît ; les légèretés et les imprudences nuisent plus aux femmes que les fautes secrètes. Si vous ouvrez votre maison à une épouse vertueuse, il vous sera facile de la maintenir dans cet état et même de l'y fortifier ; mais si pour compagne vous prenez une femme aux penchants vicieux, vous aurez bien de la peine à l'en corriger, car il est très-difficile de revenir du vice à la vertu. La chose n'est pas impossible, j'en conviens, mais je la regarde comme d'une excessive difficulté.

Sancho écoutait, se disant à lui-même : Ce mien maître-là, quand je viens à dire quelques bonnes choses, ne manque jamais de s'écrier que je pourrais monter en chaire et m'en aller prêcher par le monde ; eh bien, je soutiens, moi, que lorsqu'il se met à enfiler des sentences et à donner des conseils, non-seulement il pourrait monter en chaire, mais même sur le haut du clocher. Peste soit de l'homme qui, en sachant si long, s'est fait chevalier errant ! je m'étais figuré qu'il ne savait guère que ce qui a rapport à sa chevalerie, mais je vois qu'il n'y a point de sujet où il ne puisse placer son mot.

Que murmures-tu là, Sancho? demanda don Quichotte.

Je ne murmure rien, répondit Sancho ; je pensais seulement à part moi, qu'avant d'avoir pris femme, j'aurais bien voulu entendre ce que vient de dire Votre Grâce ; peut-être dirais-je à présent que le bœuf libre du joug se lèche plus à l'aise.

Comment ! ta Thérèse serait méchante à ce point ? reprit don Quichotte.

Elle n'est pas très-méchante, répliqua Sancho ; mais elle n'est pas non plus très-bonne ; du moins elle n'est pas aussi bonne que je voudrais.

Sancho, dit don Quichotte, tu as tort de mal parler de ta femme ; car c'est la mère de tes enfants.

Oh ! nous ne nous devons rien, répondit Sancho ; et quand la fantaisie lui en prend, elle ne me ménage guère, surtout si elle a un grain de jalousie. Aussi, dans ces moments-là, je la donnerais à tous les diables.

Nos aventuriers passèrent trois jours à faire bonne chère chez les nouveaux mariés ; mais don Quichotte, qui se lassait déjà d'une vie oisive et si contraire à sa profession, pria le licencié avec qui il était venu, et qui jouait si bien des fleurets, de lui donner un guide pour le conduire à la caverne de Montesinos, où il avait le plus vif désir de pénétrer, afin de voir par ses propres yeux les merveilles que l'on en racontait dans le pays. Le licencié lui dit qu'un de ses cousins, garçon fort instruit, et grand amateur de livres de chevalerie, le conduirait de bon cœur jusqu'à l'entrée de la caverne, et lui indiquerait les sources de Ruidera, si fameuses dans toute l'Espagne, ajoutant qu'il aurait grand plaisir dans la compagnie de ce jeune homme. En effet, le cousin arriva bientôt après, monté sur une bourrique pleine. Sancho sella Rossinante, bâta son grison, puis s'étant recommandée à Dieu, et le bissac bien fourni, la caravane se mit en route dans la direction de la fameuse caverne.

Chemin faisant, don Quichotte demanda à son guide quelles étaient ses études et sa profession.

Seigneur, répondit celui-ci, ma profession est celle d'humaniste, et je compose des livres pour le plaisir et l'utilité du public. J'en ai un prêt à paraître, qui a pour titre : *Recueil de livrées :* il contiendra plus de sept cents figures, chiffres et devises, dont le but est d'épargner aux chevaliers de la cour la peine de se creuser la cervelle pour en trouver de conformes à leur intention, lorsqu'ils ont à figurer dans un carrousel ou dans un tournoi. J'ai prévu tout ce qu'on peut souhaiter là-dessus : il y a des devises pour le jaloux, il y en a pour l'absent, pour le dédaigné, qui leur vont comme un gant. Je viens aussi d'achever un autre ouvrage que j'intitule les *Métamorphoses,* ou l'*Ovide espagnol.* Celui-ci est d'une invention rare et originale, car, imitant Ovide dans le genre burlesque, j'explique ce que furent la Giralda de Séville, l'ange de la Madeleine, l'égout de Vinceguerra à Cordoue, les taureaux de Guisando, les fontaines de Legatinos et de Lavapiès à Madrid, sans oublier celles du Pou, du Tuyau doré, et de la Prieure, le tout accompagné de métaphores et d'allégories, de façon que l'ouvrage soit à la fois instructif et amusant. J'en ai encore sur le chantier une autre que j'appelle : *Supplément à Polydore Virgile,* et qui traite de l'origine des choses : c'est un livre d'une grande érudition, car j'y explique toutes les questions importantes qu'avait oubliées Polydore. Par exemple, il n'a point dit quel est le premier homme au monde qui ait eu un catarrhe; quel recourut le premier aux frictions pour guérir le mal français; eh bien, moi, j'enseigne tout cela de point en point et appuyé de l'autorité de plus de vingt-cinq auteurs, la plupart contemporains. Jugez, seigneur, si mon travail est utile et curieux.

Seigneur, vous qui savez tout, demanda Sancho, pourriez-vous me dire quel est le premier homme qui s'est gratté la tête ; quant à moi, je pense que c'est Adam, notre premier père.

Très-probablement, répondit le guide, car Adam avait une tête et des cheveux, et il y a apparence qu'étant le premier homme, il y a le premier senti de la démangeaison.

C'est ce que je crois aussi, reprit Sancho ; dites-moi maintenant quel est l'homme qui a sauté ou voltigé le premier ?

En vérité, frère, répondit le guide, je ne saurais résoudre cela sur l'heure, et il faut avant tout que j'en fasse la recherche ; je feuilletterai mes livres aussitôt que je serai de retour, et je vous rendrai raison à la prochaine rencontre, car j'espère que celle-ci ne sera pas la dernière.

Ne prenez pas tant de peine, dit Sancho, je viens de trouver la chose : le premier sauteur du monde fut Lucifer, car, lorsqu'il fut chassé du ciel, il s'en alla voltigeant jusqu'au fond des enfers.

Vous avez raison, compère, répondit le guide.

Sancho, dit don Quichotte, la demande et la réponse ne sont pas de toi ; tu les as déjà entendu faire.

Seigneur, repartit Sancho, en fait de demandes et de réponses, j'en ai au moins pour deux jours ; et quant à débiter des sottises, je n'ai, Dieu merci, besoin de personne.

Tu en dis plus que tu ne penses, repartit don Quichotte : en effet, il y a nombre de gens qui se donnent beaucoup de peine pour apprendre et vérifier des choses oiseuses où la mémoire et l'esprit n'ont rien à gagner.

Nos voyageurs passèrent la journée dans ces agréables entretiens. Puis la nuit venue, ils allèrent loger dans un petit village, d'où, suivant le guide, il n'y avait pas plus de deux lieues jusqu'à la caverne de Montesinos. Notre chevalier fut averti de se pourvoir de cordes, s'il avait envie de descendre jusqu'au fond. Don Quichotte répondit qu'il y était résolu, dût-il pénétrer jusqu'aux abîmes. On acheta cent brasses de corde, et, le jour suivant, les trois voyageurs arrivèrent, sur les deux heures après midi, proche de la caverne, dont l'entrée quoique large et spacieuse, était tellement obstruée de ronces et de broussailles entrelacées, qu'elle semblait inaccessible.

Quand ils furent près du bord, don Quichotte, le guide et Sancho mirent pied à terre ; puis les deux compères s'occupèrent à attacher fortement notre chevalier avec des cordes. Pendant qu'on lui ceignait les reins, Sancho lui dit : Que Votre Grâce, mon bon seigneur, prenne garde à ce qu'elle va faire ; pourquoi vous enterrer tout vivant, comme une cruche qu'on met dans un puits pour la rafraîchir ? Quel intérêt vous force d'aller voir ce qui se passe au fond d'un trou qui doit être pire qu'une prison de Mores ?

Attache et tais-toi, répondit don Quichotte; à moi seul était réservée une entreprise telle que celle-ci.

Seigneur, lui dit le guide, observez bien, je vous prie, tout ce qu'il y a dans cette caverne : peut-être s'y rencontrera-t-il des choses dignes de trouver place dans mon livre des métamorphoses.

Soyez tranquille, reprit Sancho; mon maître tient la flûte, je vous assure qu'il en jouera bien.

Se voyant prêt à descendre : Pardieu! dit don Quichotte, nous avons été bien imprévoyants de ne pas nous munir d'une petite clochette qu'on aurait attachée à la corde même, et dont le bruit vous eût avertis que je descendais toujours et que j'étais encore vivant; mais puisqu'il n'en est plus temps, à la grâce de Dieu. Sur ce, notre chevalier se jeta à genoux, fit une courte prière à voix basse, pour demander le secours du ciel dans une si périlleuse aventure, après quoi il s'écria : O dame de mes pensées, maîtresse de mes actions, illustre et sans pareille Dulcinée du Toboso, si les prières de ton amant fortuné arrivent jusqu'à toi, daigne, je t'en conjure, par cette beauté incomparable qui m'a charmé, daigne les écouter favorablement; car elles n'ont d'autre objet que d'obtenir ta protection dont j'ai si grand besoin, au moment où je vais m'enfoncer dans cet abîme, poussé par le seul désir d'apprendre à tout l'univers que celui que tu favorises ne connaît rien d'impossible.

En disant ces paroles, il s'approcha de l'ouverture de la caverne, et voyant qu'il était impossible d'y pénétrer, à moins de s'ouvrir par force un passage, il tira son épée, et se mit à abattre les broussailles et les épines. Au bruit que faisaient ces coups, il s'en échappa une nuée si rapide et si épaisse d'énormes corbeaux, de corneilles et de chauves-souris, que notre héros en fut renversé. S'il eût été aussi superstitieux qu'il était bon catholique et franc chevalier, il aurait tenu cela à mauvais présage et renoncé à l'entreprise; mais se relevant avec un courage intrépide et voyant qu'il ne sortait plus d'oiseaux, il demanda de la corde au guide et à Sancho, qui commencèrent à le laisser couler doucement. Au moment où il disparut, Sancho lui envoya sa bénédiction, en faisant sur lui mille signes de croix : Que Dieu te conduise, lui dit-il, ainsi que Notre-Dame du Puy et la Sainte-Trinité de Gayette, crème, fleur, écume des chevaliers errants! Va en paix, champion du monde, cœur d'acier, bras d'airain; que Dieu te conduise et te ramène sain et sauf à la lumière de cette vie que tu abandonnes pour t'enterrer dans cette obscurité!

Le guide répéta à peu près les mêmes invocations.

CHAPITRE XXII.

Cependant don Quichotte criait toujours qu'on lui lâchât de la corde, et ils continuaient à lui en envoyer peu à peu. Quand ils reconnurent qu'ils en avaient coulé plus de cent brasses, et qu'aucun son n'arrivait jusqu'à eux, ils furent d'avis de remonter notre chevalier ; néanmoins ils attendirent près d'une demi-heure, après quoi ils commencèrent à retirer la corde. Comme elle remontait sans qu'ils éprouvassent aucune résistance, ils craignirent que don Quichotte ne fût resté au fond de la caverne. Sancho pleurait déjà amèrement, et tirait en toute hâte pour s'assurer de la vérité. Au bout de quatre-vingts brasses environ, ils sentirent un poids assez lourd, ce qui leur causa une joie extrême, puis enfin après dix autres brasses ils aperçurent distinctement don Quichotte, à qui Sancho cria tout joyeux : Soyez le bienvenu, mon bon seigneur ; nous pensions que vous étiez resté là-bas pour faire race. Don Quichotte ne répondait mot ; mais quand il fut au bord du trou, ils virent qu'il avait les yeux fermés, comme un homme endormi. Ils le délièrent et l'étendirent par terre, sans qu'il s'éveillât ; enfin quand ils l'eurent bien tourné et retourné, il revint à lui, se frotta les yeux, s'allongea comme si on l'eût tiré d'un profond sommeil, puis jetant de côté et d'autre des regards effarés : Dieu vous le pardonne, amis, s'écria-t-il ; mais vous venez de m'enlever au plus beau spectacle et à la plus délicieuse vie dont mortel ait jamais joui. C'est maintenant qu'il me faut reconnaître que toutes les joies de ce monde passent comme l'ombre et se flétrissent comme la fleur des champs. O malheureux Montesinos ! ô Durandart, lâchement assasssiné ! ô infortuné Belerme ! ô larmoyant Guadiana ! et vous, déplorables filles de Ruidera, qui par l'abondance de vos eaux faites voir combien vos beaux yeux ont versé de larmes !

Étonnés d'entendre ces paroles qu'il proférait comme s'il eût été pénétré d'une profonde douleur, le guide et Sancho le supplièrent de leur en apprendre le sens, et de leur raconter ce qu'il avait vu dans cet enfer.

Enfer ! s'écria don Quichotte ; ce nom, je vous l'assure, ne lui convient nullement. Il demanda quelque chose à manger, parce qu'il avait grand'faim ; on étendit sur l'herbe le tapis qui formait la selle du coursier, on vida les besaces, et tous trois, de bon appétit, dînèrent et soupèrent d'un même coup. Quand le tapis fut enlevé : Que personne ne bouge, enfants, dit don Quichotte, et prêtez-moi la plus grande attention.

CHAPITRE XXIII

Des admirables choses que l'incomparable don Quichotte prétendit avoir vues dans la profonde caverne de Montesinos, et dont l'invraisemblance et la grandeur font que l'on tient cette aventure pour apocryphe.

Il était environ quatre heures du soir, lorsque le soleil, caché par des nuages qui amortissaient l'éclat de sa lumière et tempéraient l'ardeur de ses rayons, permit à don Quichotte de raconter, sans fatigue, à ses deux illustres auditeurs, les choses merveilleuses qu'il avait vues dans la caverne de Montesinos. Il commença en ces termes :

A douze ou quatorze hauteurs d'homme du fond de cette caverne se trouve à main droite une cavité ou espace vide pouvant contenir un grand chariot attelé de ses mules. Une faible lueur y arrive par quelques fentes assez éloignées, puisqu'elles viennent de la surface du sol. J'aperçus cette cavité dans un moment où j'étais las et attristé de me sentir, suspendu à une corde, descendre dans cette région obscure sans avoir de route certaine; cela me détermina à y entrer pour prendre un peu de repos. Je vous criai en même temps de ne plus lâcher la corde, mais probablement vous ne m'entendîtes pas. Je ramassai alors celle que vous continuiez à m'envoyer, et j'en fis en la roulant, une sorte de siége sur lequel je m'assis tout pensif, réfléchissant sur ce que j'avais à faire pour gagner le fond. Pendant que j'étais plongé dans ces pensées et dans cette incertitude, je fus gagné par un sommeil des plus profonds : puis, quand j'y songeais le moins, je m'éveillai et alors je me trouvai, sans savoir ni pourquoi ni comment, au milieu de la plus belle, de la plus agréable, et de la plus délicieuse prairie que puisse former la nature ou rêver une riante imagination. Je me frottai les yeux, et reconnus que je ne dormais plus et que j'étais bien réellement éveillé. Je me tâtai la tête et la poitrine, pour m'assurer si c'était bien moi qui étais là, ou seulement quelque vain fantôme, quelque contrefaçon de ma personne ; mais le sentiment, le toucher, les raisonnements suivis que je faisais en moi-même, tout m'attesta que j'étais véritablement alors ce que je suis à présent.

Bientôt s'offrit à ma vue un royal et somptueux palais dont les murs semblaient être faits d'un cristal pur et diaphane. Deux grandes portes s'ouvrirent, et je vis s'avancer vers moi un vénérable vieillard,

CHAPITRE XXIII. 127

vêtu d'un manteau violet qui traînait jusqu'à terre. Sa poitrine et ses épaules étaient entourées d'un chaperon collégial en satin vert. Une toque milanaise en velours noir lui couvrait la tête, et sa barbe blanche se prolongeait plus bas que sa ceinture. Il ne portait aucune arme; seulement il tenait à la main un rosaire dont les grains étaient plus gros que des noix et les dizains comme des œufs d'autruche. Sa démarche, sa noble prestance et l'ampleur de sa personne, tout en lui, dans les détails comme dans l'ensemble, me frappa de surprise et d'admiration. Il s'approcha, et m'embrassant étroitement : « Vaillant chevalier don Quichotte de la Manche, me dit-il, nous tous qui depuis longues années sommes enchantés dans ces solitudes, nous attendions ta venue afin que tu puisses faire connaître au monde ce que recèle l'antre profond dans lequel tu viens de pénétrer, et qui s'appelle la caverne de Montesinos. Cette prouesse était réservée à ton grand cœur et à ton invincible courage. Viens avec moi, illustre seigneur, viens ; je veux te dévoiler les merveilles que renferme ce transparent Alcazar dont je suis à perpétuité le gouverneur et le gardien ; car tu vois Montesinos lui-même, de qui cette caverne a pris son nom. »

A ce nom de Montesinos, je lui demandai s'il était vrai, comme on le racontait dans le monde d'en haut, qu'il eût avec une petite dague tiré le cœur de Durandart du fond de sa poitrine, pour le porter à la señora Belerme, suivant le vœu de son ami mourant.

Cela est vrai de tout point, sauf la dague, me dit-il, car c'était un poignard fourbi et pointu comme une alêne.

En ce cas, interrompit Sancho, ce devait être un poignard du fameux Ramon de Hocès, l'armurier de Séville[1].

Je n'en sais rien, répondit don Quichotte ; mais cela ne se peut, puisque l'armurier que tu cites n'est que d'hier, tandis que l'événement dont je parle s'est passé à Roncevaux il y a plusieurs siècles. Au surplus, cette particularité est sans importance ; elle ne peut en rien altérer le fond de cette histoire.

Non, certes, ajouta le guide ; continuez, seigneur don Quichotte ; j'éprouve le plus grand plaisir à vous entendre.

Et moi non moins à vous faire ce récit, reprit notre héros. Je suivis donc le vénérable Montesinos au palais de cristal, où dans une salle toute en albâtre et d'une fraîcheur délicieuse, se trouvait un tombeau en marbre sculpté avec un art merveilleux. Sur ce tombeau je vis étendu tout de son long un chevalier, non de bronze, de marbre, ni

---

1. Célèbre armurier au seizième siècle.

de jaspe, tel qu'on en voit sur d'autres monuments, mais bien de chair et d'os. Il tenait sa main droite (qui me sembla nerveuse et très-velue, ce qui est un attribut de la force) posée sur son cœur. En me voyant contempler l'homme du tombeau : « Voilà, me dit Montesinos, voilà mon ami Durandart, miroir, fleur des vaillants et amoureux chevaliers de son temps ; il est retenu ici enchanté comme moi et tant d'autres, hommes et femmes, par Merlin, l'enchanteur français, qui passait pour être fils du diable. Quant à moi, je ne pense pas qu'il ait eu un tel père ; car il en savait plus long que le diable, et il lui aurait même rendu des points. Comment et pourquoi nous a-t-il enchantés? Tout le monde l'ignore ; mais le temps le révélera et ce temps-là n'est pas loin, j'imagine. Tout ce que je sais, et cela est aussi certain qu'il fait jour à présent, c'est que Durandart a cessé de vivre entre mes bras ; qu'après sa mort j'ai enlevé son cœur de sa poitrine, et cela de mes propres mains ; et en vérité il devait peser au moins deux livres, car suivant les naturalistes, l'homme qui a un grand cœur est doué de plus de vaillance que celui chez lequel il est petit. Eh bien, puisqu'il en est ainsi et que ce chevalier est bien mort, comment peut-il encore parfois pousser des soupirs et des plaintes comme s'il était vivant? » A ces mots, l'infortuné Durandart jeta un grand cri, et s'adressant à Montesinos :

« O mon cousin, la dernière prière que je vous adressai, ce fut, quand mon âme aurait quitté mon corps, de porter vous-même mon cœur à la señora Belerme, après l'avoir détaché de ma poitrine, soit avec un poignard, soit avec une dague. »

En entendant cela, Montesinos se jeta à genoux devant le déplorable chevalier, et lui dit les larmes aux yeux : « Seigneur Durandart, mon très-cher cousin, j'ai exécuté ponctuellement ce que vous m'aviez prescrit à l'heure fatale de notre défaite ; je vous ai détaché le cœur du mieux que j'ai pu, ayant bien soin de n'en pas laisser la moindre parcelle dans votre poitrine ; je l'ai essuyé avec un mouchoir de dentelle, et sans perdre un instant j'ai pris le chemin de France, après vous avoir préalablement déposé dans le sein de la terre, et avoir versé tant de larmes, qu'elles ont suffi à me laver les mains, et à effacer les traces de votre sang. Pour surcroît de preuves, cousin de mon âme, dans le premier village que je traversai à ma sortie de Roncevaux, je saupoudrai votre cœur d'un peu de sel, afin qu'il ne prît pas mauvaise odeur, et qu'il arrivât, sinon parfaitement frais, du moins bien conservé, en présence de la señora Balerme. Cette dame, comme vous, moi, Guadiana, votre écuyer, la duègne Ruidera, ses sept filles, ses deux nièces, et bon nombre de nos amis et connaissances, sommes depuis longtemps enchantés ici par le sage Merlin. Quoiqu'il y ait de cela maintenant plus de cinq cents ans révolus, personne n'est mort parmi nous; il ne nous manque que Ruidera, ses filles et ses nièces, lesquelles, à force de larmes, ont attendri Merlin et ont été changées par lui en autant de lagunes qui, dans le monde des vivants et dans la province de la Manche, s'appellent les lagunes de Ruidera. Quant à votre écuyer Guadiana, qui pleurait aussi votre disgrâce, il est devenu un fleuve [1], qu'on appelle du même nom, et qui, arrivé à la surface du sol, voyant un autre soleil que celui qu'il connaissait, fut pris d'un tel regret de nous quitter, qu'il se replongea dans les entrailles de la terre; mais comme il faut toujours obéir à sa pente naturelle, il reparaît de temps en temps, et se montre à la face du ciel et des hommes. Les lagunes dont j'ai parlé lui prêtent leurs eaux, et avec ce secours et celui de quelques autres rivières, il entre majestueusement dans le royaume de Portugal.

« Ce que je viens de vous dire, mon cher cousin, je vous l'ai bien souvent répété; mais comme vous ne répondez pas, j'en conclus que vous ne pouvez m'entendre, ou que vous ne m'en croyez pas sur parole; et Dieu sait à quel point cela me chagrine. Présentement, je viens vous faire part d'une nouvelle qui, si elle n'apporte pas un grand soulagement à votre douleur, ne peut du moins l'aggraver en aucune façon. Sachez que vous avez en votre présence (ouvrez les yeux et vous le verrez) ce noble chevalier duquel Merlin a prophétisé tant et de si grandes choses, ce fameux don Quichotte de la Manche, qui a ressuscité, avec un éclat plus vif encore que dans les siècles passés, la chevalerie errante oubliée de nos jours. Par lui et à cause de lui, il pourrait arriver que nous fussions désenchantés, car c'est aux grands hommes que sont réservées les grandes prouesses. Et quand cela ne serait pas, répondit d'une voix basse et étouffée l'affligé Durandart, je dirais : Patience, et battons les cartes. Puis, sans ajouter un seul mot, il se tourna sur le côté, et retomba dans son silence habituel.

En ce moment de grands cris se firent entendre ainsi que des pleurs accompagnés de profonds gémissements et de sanglots entrecoupés. Je tournai la tête, et à travers les murailles de cristal j'aperçus dans une autre salle du château une procession de belles damoiselles défilant sur deux rangs; elles étaient toutes vêtues de deuil, et

---

1. Le Guadiana tire sa source des lagunes de Ruidera, au pied de la Sierra de Alcaraz, dans la province de la Manche.

coiffées de turbans blancs, à la manière des Turcs. A leur suite venait une dame (ainsi le faisait supposer la gravité de sa prestance) également habillée de noir; elle portait un voile blanc si long qu'il balayait la terre. Son turban était deux fois plus gros que ceux des damoiselles; elle avait des sourcils qui se joignaient, le nez épaté, la bouche grande, les lèvres d'un rouge vif. Ses dents, que par intervalles elle laissait voir, semblaient rares et mal rangées, mais blanches comme des amandes dépouillées de leur pellicule. Elle tenait à la main un linge très-fin, dans lequel, autant que j'ai pu le remarquer, était un cœur momifié, tant il me parut sec et ratatiné. Montesinos m'apprit que toute cette procession était composée des serviteurs de Durandart et de Belerme, qui se trouvaient enchantés en ce lieu avec leurs seigneurs, et que celle qui portait le cœur enveloppé dans un linge, était la señora Belerme elle-même, laquelle, quatre fois par semaine, renouvelait avec ses damoiselles la même procession, en récitant d'une voix plaintive des chants funèbres sur le cœur de son infortuné cousin. « Si elle vous semble laide, ajouta-t-il, ou du moins inférieure à sa réputation de beauté, cela tient aux mauvaises nuits et aux tristes journées qu'elle a passés dans cet enchantement, comme on peut le voir à son teint pâle et à ses yeux fatigués : résultat inévitable du douloureux spectacle qui lui rappelle sans cesse la fin de son amant; car autrement sa beauté, sa grâce et ses charmes seraient à peine égalés par ceux de la grande Dulcinée du Toboso, si renommée, non-seulement dans tous les environs, mais même dans le monde entier.

« Halte-là, seigneur, dis-je à don Montesinos; que Votre Grâce conte son histoire simplement; vous savez que toute comparaison est odieuse, et il ne s'agit point ici d'établir de parallèle. La sans pareille Dulcinée du Toboso est ce qu'elle est, et la señora Belerme est aussi ce qu'elle est, et ce qu'elle a été; n'allons pas plus loin. Seigneur don Quichotte, me répondit Montesinos, que Votre Grâce veuille bien m'excuser; j'avoue que j'ai eu tort de dire que la beauté de la señora Belerme serait à peine égalée par celle de la grande Dulcinée du Toboso; car il me suffisait d'avoir soupçonné, sur je ne sais quels indices, que vous êtes son chevalier, pour me mordre la langue plutôt que de faire un rapprochement avec quoi que ce soit, si ce n'est avec le ciel lui-même. »

Grâce à cette satisfaction que me donna le seigneur Montesinos, je sentis mon cœur s'apaiser et se remettre de l'émotion que j'avais éprouvée en entendant comparer ma Dulcinée à la señora Belerme.

Par ma foi, seigneur, s'écria Sancho, je m'étonne que vous n'ayez pas grimpé sur le corps du bonhomme, que vous ne lui ayez pas moulu les os, et arraché la barbe jusqu'au dernier poil.

En cela j'eusse mal agi, reprit don Quichotte ; nous sommes tenus de respecter les vieillards, même lorsqu'ils ne sont pas chevaliers ; à plus forte raison quand ils le sont, et enchantés par-dessus le marché. Nous avons, du reste, Montesinos et moi, échangé bon nombre de questions pour lesquelles nous sommes quittes l'un envers l'autre.

Je ne sais vraiment, seigneur, dit le guide, comment dans le peu de temps qu'elle est restée là-bas, Votre Grâce a pu voir tant de choses, questionner et répondre sur tant de points.

Combien y a-t-il donc de temps que je suis descendu? demanda don Quichotte.

Un peu plus d'une heure, répondit Sancho.

Cela ne se peut, dit don Quichotte, puisque j'ai vu venir la nuit, ensuite le jour, et par trois fois ; de façon qu'à mon compte je ne suis pas resté moins de trois jours dans ces profondeurs cachées à votre vue.

Ce que dit là mon maître doit être vrai, repartit Sancho ; en effet, comme toutes choses lui arrivent par enchantement, ce qui nous semble une heure lui aura sans doute paru trois jours et autant de nuits.

Il faut croire qu'il en est ainsi, dit don Quichotte.

Mais, seigneur, Votre Grâce n'a-t-elle rien mangé pendant tout ce temps? demanda le guide.

Pas une seule bouchée, répondit don Quichotte ; je n'en ai pas éprouvé le besoin, et n'y ai même pas pensé.

Les enchantés mangent-ils? demanda le guide.

Non, ils ne mangent pas, reprit don Quichotte, et ils ne font pas non plus leurs nécessités majeures ; mais on croit que leurs ongles, leur barbe et leurs cheveux continuent à pousser.

Et dorment-ils, par hasard, les enchantés? demanda Sancho.

Pas davantage, répliqua don Quichotte ; du moins, pendant les trois jours que j'ai séjourné parmi eux, aucun n'a fermé l'œil, ni moi non plus.

Par ma foi, reprit Sancho, c'est bien ici que peut s'encadrer le proverbe : Dis-moi qui tu hantes, je te dirai qui tu es. Votre Grâce fréquente des enchantés qui jeûnent et veillent ; eh bien, qu'y a-t-il d'étonnant à ce qu'elle jeûne et veille comme eux? Mais pardonnez-moi, mon cher maître, d'avoir parlé comme je viens de le faire; car Dieu m'emporte, j'allais dire le diable, si j'en crois le premier mot.

Le seigneur don Quichotte est incapable de mentir, repartit le guide; et d'ailleurs, quand il l'eût voulu, jamais il n'aurait eu le temps d'inventer ce million de mensonges.

Je ne crois pas du tout que mon maître mente, reprit Sancho.

Eh! que crois-tu donc? demanda don Quichotte.

Je crois, répondit Sancho, que ce Merlin ou ces enchanteurs qui ont enchanté toute la bande que Votre Grâce dit avoir vue là-bas, vous ont fourré dans la cervelle les rêveries que vous venez de nous débiter et toutes celles qu'il vous reste à nous conter encore.

Cela pourrait être, Sancho, repartit don Quichotte, mais cela n'est pas : ce que j'ai conté, je l'ai vu de mes yeux et touché de mes mains. Mais que diras-tu quand, parmi les merveilles sans nombre que m'a montrées Montesinos (je te les conterai l'une après l'autre et en temps opportun dans le cours de notre voyage, car toutes ne sont pas de saison), que diras-tu quand je t'apprendrai qu'il m'a fait remarquer, dans ces délicieuses campagnes où nous nous promenions ensemble, trois villageoises sautant et gambadant comme des chèvres? A peine les eus-je aperçues, que je reconnus, à n'en pas douter, l'une d'elles pour la sans pareille Dulcinée, et les deux autres pour ces deux paysannes que nous accostâmes à la sortie du Toboso. Je demandai à Montesinos s'il les connaissait; il me répondit que non, mais que c'étaient sans doute quelques grandes dames enchantées, qui depuis peu de jours avaient fait leur apparition dans ces prairies; qu'au reste je ne devais pas m'en étonner, parce qu'il y en avait là beaucoup d'autres, des siècles passés et présents, enchantées sous des figures aussi diverses qu'étranges, entre autres la reine Genièvre et sa duègne Quintagnone, celle qui, suivant la *romance*, versa du vin à Lancelot quand il revint de Bretagne.

Lorsque Sancho entendit son maître tenir un pareil langage, il faillit en perdre l'esprit ou en crever de rire. Comme il savait le fin mot de l'enchantement de Dulcinée, dont il était l'inventeur et l'unique témoin, il acheva de se convaincre que son maître était fou de tout point; il lui dit donc : Maudits soient le jour et l'heure, mon cher patron, où vous vous êtes mis en tête de descendre dans l'autre monde; et maudit soit surtout l'instant où vous avez fait la rencontre du seigneur Montesinos, qui vous renvoie en pareil état. Nous vous connaissons bien ici en haut avec votre jugement sain et entier, tel que Dieu vous l'a donné, débitant des sentences et

CHAPITRE XXIII.

donnant des conseils à chaque pas; mais que devons-nous penser à cette heure où vous nous contez les plus énormes extravagances qui se puissent imaginer?

Sancho, répondit don Quichotte, je te connais assez pour ne tenir aucun compte de tes paroles.

Ni moi de celles de votre Grâce, répliqua Sancho, dussiez-vous me battre, dussiez-vous me tuer, pour ce que je vous ai déjà dit et pour ce que je compte vous répéter tous les jours, si vous ne songez à vous corriger et à vous amender dans vos propos. Mais, pendant que la paix règne entre nous, dites-moi, je vous prie, à quels signes avez-vous reconnu madame notre maîtresse? Si vous lui avez parlé, que lui avez-vous dit, et qu'a-t-elle répondu?

Je l'ai reconnue, répondit don Quichotte, à ce qu'elle portait les mêmes vêtements que lorsque tu me l'as montrée à la sortie du Toboso. Je lui parlai; mais, sans me répondre, elle tourna le dos et s'enfuit avec une telle vitesse, qu'une flèche n'aurait pu l'atteindre. Je voulus la suivre, et je l'aurais fait, si Montesinos ne m'eût conseillé de ne pas prendre une fatigue inutile, m'avertissant que l'heure approchait où je devais quitter la caverne. Il me dit aussi qu'il me ferait connaître, à une époque ultérieure, la manière dont ils devraient être désenchantés, lui, la señora Belerme, Durandart et leurs compagnons. Mais de tout ce que j'ai vu et observé là-bas, il est une chose qui, je dois te l'avouer, m'a causé un profond chagrin. Pendant que je causais avec Montesinos, une des compagnes de la malheureuse Dulcinée s'approcha de moi timidement, et me dit d'une voix émue, les yeux pleins de larmes : « Seigneur, ma maîtresse Dulcinée du Toboso baise les mains de Votre Grâce, et vous supplie de lui faire savoir des nouvelles de votre santé; et, comme elle se trouve en ce moment dans un pressant besoin, elle conjure Votre Grâce de vouloir bien lui prêter, sur ce cotillon neuf en cotonnade que voici, une demi-douzaine de réaux, ou ce que vous aurez sur vous : elle engage sa parole de les restituer à très-court terme. »

Un semblable message me surprit étrangement; je me tournai vers Montesinos, et lui dis : « Est-il possible, seigneur, que la pénurie se fasse sentir, même parmi les enchantés de haut rang? Seigneur don Quichotte de la Manche, me répondit Montesinos, croyez que ce qu'on nomme la misère se rencontre et s'étend partout, atteint tous les hommes, et n'épargne même pas les enchantés. Puisque madame Dulcinée vous envoie demander ces six réaux, et que d'ailleurs le gage paraît valable, vous ferez bien de les lui prêter; car, à coup sûr, elle doit être dans une grande disette d'argent. Je ne veux point de gage, répliquai-je, et quant à lui remettre ce qu'elle me demande, cela m'est impossible, puisque je ne possède en tout que quatre réaux » (ceux que tu me donnas l'autre jour, Sancho, pour faire l'aumône aux pauvres que je rencontrerais sur ma route). Je les remis à cette fille en lui disant : « Ma chère, assurez à votre maîtresse que ses peines retombent sur mon cœur, et que je voudrais être un *Fucar*[1] pour y porter remède; dites-lui bien qu'il ne peut, qu'il ne doit y avoir pour moi ni satisfaction, ni relâche, tant que je serai privé de son adorable vue et de sa charmante conversation, et que je la supplie humblement de consentir à se laisser voir et entretenir par son captif serviteur et désolé chevalier. Dites-lui aussi que, lorsqu'elle y pensera le moins, elle entendra parler d'un vœu et d'un serment faits par moi, vœu et serment en tout semblables à ceux que fit le marquis de Mantoue pour venger son neveu Baudoin, quand il le trouva près d'expirer dans la montagne; lesquels consistaient à ne point manger pain sur table, à ne point approcher femme, sans compter une kyrielle d'autres pénitences à accomplir, jusqu'à ce que son neveu fût vengé. Eh bien, moi, je fais de même le serment de ne prendre aucun repos, et de parcourir les quatre parties du monde, avec encore plus de ponctualité que l'infant don Pédro de Portugal, jusqu'à ce que je l'aie désenchantée. Tout cela, et plus encore, est bien dû par Votre Grâce à ma maîtresse, » me répondit la demoiselle; puis prenant les quatre réaux, au lieu de me tirer sa révérence, elle fit une cabriole et sauta en l'air à plus de six pieds de haut.

Sainte Vierge! s'écria Sancho, est-il possible de voir jamais rien de pareil! et que la puissance des enchanteurs ait été assez grande pour changer le sain et droit jugement de mon maître en une folie si bien conditionnée! Seigneur, seigneur, par le saint nom de Dieu, que Votre Grâce s'observe et prenne soin de son honneur; gardez-vous de donner créance à ces billevesées qui troublent et altèrent votre bon sens.

Comme je sais que tu me veux du bien, Sancho, je comprends que tu parles ainsi; et comme, d'un autre côté, tu n'as aucune expérience des choses de ce monde, tout ce qui présente quelques difficultés est jugé par toi impossible. Mais, je te l'ai déjà dit, le temps marche; plus tard je te raconterai quelques-unes des particularités de mon sé-

---

1. Famille suisse établie à Augsbourg, et qui rappelait par ses richesses les Médicis de Florence.

jour dans la caverne; elles te convaincront que celles que j'ai déjà rapportées sont d'une telle exactitude qu'elles ne souffrent ni objection ni réplique.

CHAPITRE XXIV

Où l'on verra mille babioles aussi ridicules qu'elles sont nécessaires pour l'intelligence de cette véridique histoire.

Le traducteur de cette grande histoire dit qu'en arrivant au chapitre qui suit l'aventure de la caverne de Montesinos, il trouva en marge du manuscrit original les paroles suivantes, écrites de la main de cid Hamet Ben-Engeli lui-même :

Je ne puis comprendre ni me persuader que les aventures rapportées dans le chapitre précédent soient arrivées au grand don Quichotte. La raison en est que jusqu'ici toutes ses autres prouesses sont possibles et vraisemblables; mais quant à cette aventure de la caverne, je ne vois aucun moyen d'y ajouter foi, tant elle sort des limites du sens commun. Supposer que don Quichotte ait menti, lui hidalgo le plus véridique et le plus noble chevalier de son temps, cela ne se peut; il eût mieux aimé se laisser cribler de flèches. Cependant il raconte cette aventure avec des circonstances tellement minutieuses, qu'on doit le croire sur parole, surtout si l'on réfléchit que le temps lui manquait pour fabriquer un pareil assemblage d'extravagances. Si donc cette aventure paraît apocryphe, ce n'est pas ma faute, je la raconte telle qu'elle est. Toi, lecteur, dans ta sagesse, juges-en comme il te plaira; quant à moi, je ne dois ni ne peux rien de plus. Cependant, on tient pour certain qu'au moment de sa mort, don Quichotte se rétracta, et confessa avoir inventé cette aventure parce qu'elle lui semblait cadrer à merveille avec toutes celles qu'il avait lues dans ses livres de chevalerie.

Le guide, déjà fort étonné de la liberté de l'écuyer, le fut encore plus de la patience du maître; mais il pensa que la joie d'avoir vu sa dame, tout enchantée qu'elle était, avait adouci son humeur et lui faisait supporter des insolences qui, en toute autre circonstance, auraient attiré à Sancho cent coups de bâton. Pour moi, seigneur don Quichotte, lui dit-il, je regarde cette journée comme bien employée, car j'y ai trouvé plusieurs avantages : le premier, d'avoir connu Votre Grâce, avantage que je tiens à grand honneur; le second, d'avoir appris les choses merveilleuses que renferme la caverne de Montesinos, telles que la transformation de Guadiana et des filles de Ruidera, ce qui certes ne sera pas un médiocre ornement pour l'*Ovide espagnol* que j'ai sur le métier ; le troisième, d'être renseigné positivement sur l'antiquité des cartes à jouer : en effet, l'on devait déjà s'en servir du temps de Charlemagne, comme le prouvent les dernières paroles proférées par le seigneur Durandart : *patience, et battons les cartes :* car enfin ce chevalier ne peut avoir connu cette expression depuis qu'il est enchanté, mais seulement pendant son séjour en France, sous le règne de cet empereur ; et cela vient fort à propos pour mon *Supplément à Polydore Virgile,* sur l'origine des choses. Je ne crois pas qu'il ait encore été parlé de l'invention des cartes, et comme il m'était important de la connaître, je suis bien aise d'avoir pour garant un témoignage aussi grave que celui du seigneur Durandart. Le dernier avantage, enfin, c'est de savoir avec certitude la source du fleuve Guadiana, ignorée jusqu'ici de tout le monde.

Votre Grâce a raison, dit don Quichotte ; je suis heureux d'avoir contribué à éclaircir des choses si importantes. Mais dites-moi, je vous prie, si tant est que vous obteniez le privilége d'imprimer vos ouvrages, à qui pensez-vous en faire la dédicace ?

Il ne manque pas de grands seigneurs en Espagne pour cela, répondit le guide.

Moins que vous ne pensez, repartit don Quichotte : la plupart refusent les dédicaces, pour n'être pas obligés de récompenser le travail des auteurs ; quant à moi, je sais un prince[1] qui seul peut remplacer tous les autres, un prince d'un mérite tel, que si j'osais dire ce que je pense, j'éveillerais une noble émulation dans plus d'un cœur généreux. Au reste, nous reparlerons de cela en temps opportun ; mais allons chercher un gîte pour la nuit.

Il y a tout près d'ici, reprit le guide, une petite habitation où demeure un ermite qui, dit-on, fut autrefois soldat ; c'est un homme si charitable, qu'il a fait bâtir à ses dépens cette maison près de l'ermitage, où il reçoit de bon cœur tous ceux qui s'y présentent.

A-t-il des poules, ce bon ermite ? demanda Sancho.

Peu d'ermites en manquent, répondit don Quichotte ; nos solitaires ne sont plus comme ceux de la Thébaïde, qui se couvraient de feuilles de palmier et ne vivaient que de racines : quoique je parle bien des uns, n'allez pas croire que je parle mal des autres ; je veux dire seulement que leur vie n'a plus la même austérité. A mon avis, cepen-

---

1. Cervantes fait ici allusion au comte de Lemos, son protecteur.

dant, ils ne sont pas moins dignes de nos respects; car, lorsque tout va de travers, l'homme qui feint la vertu est toujours plus utile que celui qui fait vanité de ses vices.

Ils en étaient là, quand ils virent venir à leur rencontre un paysan qui marchait en toute hâte, chassant devant lui un mulet chargé de lances et de hallebardes. Arrivé près d'eux, cet homme les salua, et passa outre : Arrêtez un peu, ami, lui cria don Quichotte; il me semble que votre mulet ne demande pas que vous le pressiez si fort.

Je ne puis m'arrêter, seigneur, répondit le paysan; ces armes que vous voyez doivent servir demain, et je n'ai pas de temps à perdre. Pour peu que vous ayez envie de savoir pourquoi je les porte, je coucherai cette nuit à l'hôtellerie située au-dessus de l'ermitage; si par hasard c'est votre chemin, vous m'y trouverez, et je vous conterai merveille. Adieu, seigneur, adieu, ainsi qu'à votre compagnie.

Sur ce, il pressa si bien son mulet, que notre héros n'eut pas le loisir de lui en demander davantage.

Curieux comme il l'était de tout ce qui avait la moindre apparence d'aventures, don Quichotte résolut aussitôt d'aller, sans s'arrêter, coucher à cette hôtellerie. Nos voyageurs reprirent leurs montures, et un peu avant la fin du jour ils arrivèrent à l'ermitage, où le guide proposa d'entrer pour boire un coup. Aussitôt Sancho poussa le grison de ce côté, et don Quichotte le suivit sans faire d'objection. Mais le sort voulut que l'ermite fût absent. Il ne s'y trouvait que son compagnon, à qui notre écuyer demanda s'il y avait moyen de s'humecter le gosier; on leur répondit que le père n'avait point de vin, mais que s'ils voulaient de l'eau on leur en offrirait de bon cœur, et qui ne leur coûterait rien.

Si j'avais soif d'eau, repartit Sancho, j'ai assez trouvé de sources en chemin. Ah! noces de Gamache, ajouta-t-il en soupirant, abondance de la maison de Diégo, qu'êtes-vous devenues?

Quittant donc l'ermitage, ils prirent le chemin de l'hôtellerie. A quelque distance, ils rejoignirent un jeune garçon qui marchait d'un pas délibéré; sur son épaule il portait, en guise de bâton, une épée, à laquelle pendait un paquet renfermant quelques hardes; il était vêtu d'un pourpoint de velours, dont l'usure en certains endroits laissait voir sa chemise; ses bas étaient en soie et ses souliers carrés à la mode de la cour; il paraissait avoir dix-huit à dix-neuf ans; il avait l'air jovial, la démarche agile, et s'en allait chantant des *seguidillas* pour charmer l'ennui de la route. En ce moment, il en finissait une dont voici le refrain :

> Je m'en vais à la guerre et c'est en enrageant ;
> Au diable le métier, si j'avais de l'argent !

Où allez-vous ainsi, mon brave? lui demanda don Quichotte; il me semble que vous cheminez bien à la légère?

C'est à cause de la chaleur et de la pauvreté, répondit le jeune homme; et je m'en vais à la guerre.

A cause de la chaleur, je le crois aisément, dit don Quichotte; mais pourquoi à cause de la pauvreté?

Seigneur, repartit le jeune garçon, j'ai là dans ce paquet des chausses de velours, qui accompagnent le pourpoint, mais je ne veux pas les user en voyageant; ils ne me feraient plus d'honneur une fois arrivé à la ville, et je n'ai pas d'argent pour les remplacer. Par cette raison, et aussi afin de n'avoir pas trop chaud, je marche comme vous voyez, jusqu'à ce que j'aie rejoint, à dix ou douze lieues d'ici, quelques compagnies d'infanterie dans lesquelles je compte m'enrôler; alors j'aurai tout ce qu'il me faut pour atteindre plus à l'aise le lieu de l'embarquement, qu'on dit être Carthagène, car j'aime mieux avoir le roi pour maître, et le servir dans les camps, que d'être aux gages de quelque ladre à la cour.

Mais n'avez-vous pas quelque haute paye? demanda le guide.

Si j'avais servi un grand d'Espagne, ou quelque autre personnage d'importance, répondit le jeune homme, certes elle ne me manquerait pas, car de la table des pages on sort enseigne et capitaine, et souvent avec quelque bonne pension; mais je n'ai jamais servi que des solliciteurs de places et des gens de rien, qui mettent leurs valets à la portion congrue et si maigre, que la moitié de mes gages suffisait à peine pour payer l'empois de mon collet. En vérité, ce serait miracle qu'un page d'aventure eût pu faire quelques économies.

Depuis le temps que vous êtes en service, demanda don Quichotte, comment se fait-il que vous n'ayez pas attrapé au moins quelque livrée?

J'ai eu deux maîtres, répondit le jeune garçon; mais de même qu'à celui qui quitte le couvent avant d'y faire profession on retire le capuchon et la robe, de même les maîtres que je servais, ayant achevé les affaires qui les amenaient à la cour, sont retournés chez eux après m'avoir repris les habits de livrée qu'ils ne m'avaient donnés que par ostentation.

Insigne vilenie! s'écria don Quichotte. Félicitez-vous, mon ami, d'avoir quitté de pareilles gens, surtout avec le dessein qui vous anime, car je ne connais rien de plus honorable après le service de Dieu, que de servir son roi dans le noble métier des armes. Si l'on n'y amasse pas de grandes richesses, au moins y acquiert-on plus de gloire et d'honneur que dans la profession des lettres, comme je crois l'avoir déjà démontré. Les lettres servent souvent de marchepied à la fortune, mais les armes ont je ne sais quoi de grand et de noble qui répand sur les familles un plus vif éclat. Maintenant écoutez bien ce que je vais vous dire, et gravez-le dans votre mémoire, vous y trouverez profit et soulagement dans les peines attachées au métier que vous allez embrasser. Affermissez-vous sans cesse contre les adversités, et soyez préparé à tous les événements, en songeant que le plus funeste c'est la mort, mais que pourvu qu'elle soit glorieuse, elle est préférable à la vie. On demandait un jour au grand Jules César quelle était la meilleure mort : La soudaine et l'imprévue, répondit-il; et il disait vrai, car la crainte de la mort est le plus fort instinct de notre nature. Qu'importe qu'on soit tué d'une décharge d'artillerie, ou des éclats d'une mine! c'est toujours mourir, et la besogne est faite. Térence l'a dit : mourir en combattant sied mieux au soldat que d'être libre dans la fuite. Croyez-moi, le soldat doit plutôt sentir la poudre que l'ambre, et si la vieillesse l'atteint dans ce noble métier, fût-il mutilé et couvert de blessures, au moins ne le surprendra-t-elle point sans honneur, et ces marques glorieuses le protégeront contre le mépris qui s'attache toujours à la pauvreté. Grâce au ciel, on s'occupe en ce moment à établir un fonds pour l'entretien des soldats vieux et estropiés; car il n'était pas juste de les traiter comme ces misérables Mores à qui on donne la liberté quand l'âge les a rendus inutiles, les faisant ainsi esclaves de la faim pour récompense de leurs services. Quant à présent, mon ami, je n'ai rien à vous dire de plus, si ce n'est de prendre la croupe de mon cheval jusqu'à l'hôtellerie, où je veux que vous soupiez avec moi, et demain vous continuerez votre voyage, que je vous souhaite aussi bon que le mérite votre louable résolution.

Le page s'excusa de monter derrière don Quichotte ; mais il accepta l'invitation à souper avec force remerciements. L'histoire rapporte que pendant le discours de son maître Sancho disait en lui-même : Comment se peut-il que l'homme qui dit tant et de si belles choses, comme celles qu'il vient de débiter, soutienne avoir vu toutes ces bêtises impossibles qu'il raconte de la caverne de Montesinos ? Par ma foi, j'en jette ma langue aux chiens.

Ils arrivèrent bientôt à l'hôtellerie, et outre la joie d'y arriver, Sancho eut encore celle de voir que son maître la prenait pour ce qu'elle, était, et non pour un château selon sa coutume. En entrant, don Quichotte s'informa d'un homme qui portait des lances et des hallebardes; et après qu'on lui eut répondu qu'il était à l'écurie où il arrangeait son mulet, tous trois s'y rendirent et y attachèrent leurs montures.

CHAPITRE XXV

De l'aventure du braiment de l'âne, de celle du joueur de marionnettes, et des divinations admirables du singe.

Don Quichotte grillait, comme on dit, d'impatience d'apprendre les merveilles que l'homme aux hallebardes avait promis de lui raconter; aussi en l'abordant le somma-t-il de tenir sa parole.

Seigneur, répondit celui-ci, ce n'est ni si vite, ni sur les pieds qu'on peut conter tout cela; que Votre Grâce me laisse achever de panser mon mulet, après quoi je vous donnerai satisfaction.

Qu'à cela ne tienne, répondit notre chevalier, et je vais vous y aider moi-même. Aussitôt il se mit à vanner l'orge, à nettoyer la mangeoire : courtoisie pleine de simplicité qui lui gagna si complétement les bonnes grâces de l'inconnu, que, sortant de l'écurie, celui-ci vint s'asseoir sur le bord d'un puits, et là, ayant pour auditoire don Quichotte, Sancho, le guide, le page et l'hôtelier, il commença de la sorte :

Vous saurez, seigneurs, que dans un village situé à quatre ou cinq lieues d'ici, il arriva qu'un régidor perdit, il y a quelque temps, un âne, par la faute ou plutôt, dit-on, par la malice de sa servante; et quelque diligence qu'il fît pour le retrouver, il n'en put jamais venir à bout. A quinze jours de là environ, comme il se promenait dans le marché, un autre régidor, son voisin, vint à lui : Que me donnerez-vous, compère, lui dit-il, si je vous apporte des nouvelles de votre âne?

Tout ce que vous voudrez, répondit le régidor; mais dites-moi, je vous prie, qu'en savez-vous?

Eh bien, votre âne, reprit l'autre, je l'ai rencontré ce matin, dans la montagne, sans bât, sans licou, et si maigre, que c'était pitié; j'ai voulu le chasser devant moi, pour vous l'amener, mais il était déjà devenu si farouche, que dès que je m'en suis approché, il s'est mis à ruer, puis s'est enfui dans le fourré le plus épais. Si vous voulez, nous l'irons chercher ensemble; laissez-moi seulement mettre cette bourrique à l'écurie, et dans un moment je suis à vous.

CHAPITRE XXV.

Vous me ferez grand plaisir, répondit le régidor, et en pareille occasion vous pouvez compter sur moi.

C'est de cette façon que ceux qui savent l'histoire la content mot pour mot. Bref, nos deux régidors se dirigèrent à pied dans la montagne, vers l'endroit ou ils espéraient trouver l'âne ; et après bien des allées et venues inutiles : Compère, dit celui qui l'avait vu, je viens d'imaginer un bon moyen pour découvrir votre baudet, fût-il caché dans les entrailles de la terre. Je sais braire à merveille, et pour peu que vous le sachiez aussi, l'affaire est faite.

Pour peu que je le sache ! répondit l'autre régidor : sans vanité je ne le cède à qui que ce soit, pas même aux ânes en chair et en os.

Tant mieux, repartit le premier régidor : nous n'avons donc qu'à marcher chacun de notre côté, en faisant le tour de la montagne ; vous brairez de temps en temps, moi après vous, et il faudra que le diable s'en mêle, si l'âne ne nous entend pas.

Par ma foi, compère, dit le second régidor, l'invention est admirable et digne de votre rare esprit.

Sur ce ils se séparèrent. Or, il arriva qu'en marchant ils se mirent à braire en même temps, et de telle sorte que chacun d'eux, trompé par les braiments de son compagnon, courut à sa voix, croyant que l'âne était retrouvé ; mais ils furent bien étonnés de se rencontrer.

Serait-il vrai, compère, s'écria le premier régidor, que ce n'est pas mon âne que j'ai entendu ?

Non vraiment, c'est moi, répondit le voisin.

Vous ? repartit le régidor, est-il possible ? Ah ! je dois l'avouer, il n'y a aucune différence entre vous et un âne, au moins en fait de braiments ; de ma vie je n'ai rien entendu de semblable.

Vous vous moquez, reprit l'autre ; ces louanges vous appartiennent plus qu'à moi, et sans flatterie, vous feriez la leçon aux meilleurs maîtres : vous avez la voix forte, l'haleine longue, et vous faites les roulements à merveille. En vérité, je me rends ; et je dirai partout que vous en savez plus que tous les ânes ensemble.

Trêve de louanges, compère, dit le régidor ; je ne me reconnais pas tant de mérite qu'il vous plaît de m'en accorder, mais après ce que vous venez de dire, je m'estimerai désormais davantage.

Il faut avouer, dit son compagnon, qu'il y a bien des talents perdus dans le monde, faute d'avoir l'occasion de s'en servir.

Je ne sais guère à quoi peut servir celui que nous avons montré tous deux, répondit le régidor, si ce n'est en pareille circonstance.

Après ces compliments il se séparèrent de nouveau, et se mirent à chercher en brayant de plus belle ; mais ils ne faisaient que se tromper à chaque pas et couraient l'un vers l'autre, croyant toujours que c'était l'âne, jusqu'à ce qu'enfin ils convinrent de braire deux fois de suite, pour indiquer que c'était eux. De cette manière ils firent le tour de la montagne, toujours brayant, mais toujours inutilement ; l'âne ne répondait rien. En effet, comment eût-elle répondu, la pauvre bête, puisqu'ils finirent par la trouver dans le fourré le plus épais, à demi mangée par les loups?

Je m'étonnais bien qu'il ne répondît pas, dit son maître en le voyant, car il n'eût pas manqué de le faire, s'il nous eût entendus braire, ou il n'aurait pas été un âne. Après tout, compère, je tiens pour bien employé le temps que j'ai mis à vous entendre, car ce plaisir compense pour moi la perte de ma bête.

A la bonne heure, répondit l'autre ; mais si le curé chante bien, son vicaire ne lui cède en rien.

Enfin ils s'en retournèrent au village, tristes et enroués, et ils contèrent à leurs amis ce qui venait de leur arriver, se donnant l'un à l'autre de grandes louanges sur leur habileté à braire.

Tout cela se sut et se répandit dans les villages voisins ; aussi le diable, qui ne dort jamais et qui ne demande que plaies et bosses, fit si bien, que les habitants de ces villages, quand il rencontraient quelqu'un du nôtre, lui allaient braire au nez, pour se moquer de nos régidors. Les enfants mêmes se sont mis de la partie, au point que les gens de notre village sont à cette heure connus comme les nègres parmi les blancs. Mais ce n'est pas tout : la raillerie a été si avant, que railleurs et raillés en sont souvent venus aux coups, sans s'inquiéter ni du roi, ni de la justice ; et je crois que demain ou après-demain, pas plus tard, nos gens iront combattre ceux d'un autre village qui est à deux lieues d'ici, parce que ce sont ceux qui les persécutent le plus ; et c'est pour ce combat que je viens d'acheter les lances et les hallebardes que vous avez vues. Voilà, seigneurs, les merveilles que j'avais à vous conter, je n'en sais point d'autres.

En cet instant parut à la porte de l'hôtellerie un homme habillé de peau de chamois, bas, chausses et pourpoint.

Seigneur hôtelier, dit-il en élevant la voix, y a-t-il place au logis ? voici venir le singe qui devine, et le tableau de la liberté de Mélisandre.

Comment! reprit l'hôtelier, c'est maître Pierre ! Mort de ma vie! nous nous divertirons joliment ce soir. Que maître Pierre soit le bienvenu ! Où donc sont le singe et le tableau ? je ne les vois point.

CHAPITRE XXV.

Ils ne sont pas loin, répondit maître Pierre; j'ai pris les devants, pour savoir s'il y avait de quoi loger.

Pour loger maître Pierre, je refuserais le duc d'Albe en personne, dit l'hôtelier; faites venir le singe et le tableau, il y a ici des gens qui en paieront la vue bien volontiers.

Et moi, repartit maître Pierre, j'en ferai meilleur marché, à cause de l'honorable compagnie; pourvu que je retire mes frais, je me trouverai content. Je m'en vais chercher la charrette, et dans un moment je suis à vous.

J'avais oublié de dire que ce maître Pierre avait l'œil gauche couvert d'un emplâtre de taffetas vert qui lui cachait la moitié du visage; ce qui faisait penser qu'il devait avoir ce côté-là endommagé.

Don Quichotte demanda à l'hôtelier qui était ce maître Pierre, et ce qu'étaient son singe et son tableau.

C'est, répondit l'hôtelier, un excellent joueur de marionnettes, qui depuis quelque temps parcourt la province, montrant un tableau de Mélisandre, délivré par don Galiferos, et c'est bien la plus merveilleuse peinture qu'on ait vue depuis longtemps dans tout le pays. Il mène avec lui un singe admirable, et qui n'a jamais eu son pareil. Lui fait-on une question, il commence par écouter, puis, avoir réfléchi quelque temps, il saute sur l'épaule de son maître, et lui dit la réponse à la question; réponse que maître Pierre répète tout haut sur-le-champ. Il connaît mieux les choses passées que celles de l'avenir, et quoiqu'il ne rencontre pas toujours juste, il se trompe rarement, si bien que cela fait croire à beaucoup de gens qu'il a un démon dans le corps. On donne deux réaux pour chaque question, si le singe répond, ou, pour mieux dire, si maître Pierre répond après que le singe lui a parlé à l'oreille : de sorte que ce maître Pierre passe pour être fort riche. C'est un bon compagnon; il parle plus que six et boit comme douze; en un mot, il mène la plus joyeuse vie du monde, et tout cela grâce à son industrie.

Là-dessus, maître Pierre arriva avec la charrette et le singe, qui était très-grand, sans queue, les fesses pelées, et fort plaisant à voir. A peine don Quichotte l'eut-il aperçu, que, poussé par l'impatience qu'il avait de tout connaître, il lui dit : Maître devin, *quel poisson prenons-nous*[1]? que doit-il nous arriver? tenez, voilà mes deux réaux. Et il fit signe à Sancho de les donner à maître Pierre; celui-ci prenant la parole pour son singe : Seigneur, cet animal ne sait rien de l'ave-

1. Expression italienne, prêtée par Cervantes à don Quichotte, qui équivaut à cette locution française . « Quelle anguille sous roche? »

nir, comme je vous l'ai déjà dit; il ne parle que du passé et un peu du présent.

Pardieu, reprit Sancho, du diable si je donnerais un maravédis pour apprendre ce qui m'est arrivé : qui est-ce qui le sait mieux que moi? il faudrait que je fusse bien fou que de bailler de l'argent pour cela. Mais puisque le seigneur singe connaît le présent, voilà mes deux réaux; qu'il me dise ce que fait Thérèse Panza ma femme, et à quoi elle s'occupe en ce moment.

Maître Pierre répondit qu'il ne recevait point d'argent par avance, qu'il fallait attendre la réponse du singe. Il frappa deux coups sur son épaule gauche, le singe s'élança, et s'approchant de l'oreille de son maître, il commença à remuer les mâchoires, comme s'il eût marmotté quelque chose, puis, au bout d'un *credo,* il sauta par terre. Aussitôt maître Pierre courut s'agenouiller devant don Quichotte, et lui embrassant les deux jambes :

J'embrasse ces jambes avec plus de joie que je n'embrasserais les colonnes d'Hercule, s'écria-t-il. O restaurateur insigne de l'oubliée chevalerie errante! ô illustre chevalier, jamais assez dignement loué, fameux don Quichotte de la Manche, appui des faibles, soutien de ceux qui chancellent, bras qui relève les abattus, en un mot, renfort de tous les nécessiteux.

Don Quichotte demeura très-surpris, Sancho plein de frayeur, le guide et le page en admiration; bref, les cheveux en dressèrent à tous ceux qui étaient présents. Maître Pierre, sans se troubler, continua ainsi : Et toi, ô bon Sancho Panza! le meilleur écuyer du meilleur chevalier du monde, réjouis-toi; ta Thérèse s'occupe à l'heure qu'il est de filer une livre d'étoupes; à telles enseignes qu'elle a près d'elle une jarre ébréchée par le haut, rempli de deux pintes de bon vin, qui lui sert à se délasser de son travail.

Oh! pour cela, je le crois aisément, repartit Sancho; c'est une vraie bienheureuse, et n'était sa jalousie, je ne la troquerais pas pour la géante Andandona, qui, suivant mon maître, fut une femme très-entendue et de grand mérite. Ma Thérèse est de celles qui ne se laissent manquer de rien, dussent en pâtir leurs héritiers.

C'est avec raison qu'il est dit : on s'instruit beaucoup en voyageant, reprit notre chevalier; qui se serait jamais douté qu'il y a des singes qui devinent! Par ma foi, je ne le croirais point si je ne l'avais vu de mes yeux. En effet, seigneurs, poursuivit-il, je suis ce même don Quichotte de la Manche, qu'a dit ce bon animal, au mérite près, sur lequel il s'est un peu trop étendu; mais, quoi qu'il en soit, je rends grâces au ciel de m'avoir donné un bon cœur, et le désir d'être utile à tout le monde.

Si j'avais de l'argent, dit le page, je demanderais au singe de m'apprendre ce qui doit m'arriver dans mon voyage.

Seigneurs, répondit maître Pierre, je vous ai déjà dit que mon singe ne savait rien de l'avenir; s'il en avait connaissance, vous n'auriez pas besoin d'argent pour cela, car il n'est rien que je ne fusse disposé à faire en considération du seigneur don Quichotte, dont j'estime l'amitié plus que tous les trésors du monde. Aussi, pour le lui témoigner, je vais préparer mon théâtre, et en donner gratis le divertissement à la compagnie.

L'hôtelier, tout joyeux, indiqua l'endroit où l'on pouvait dresser le théâtre; ce qui fut fait en un instant.

Don Quichotte avait peine à comprendre qu'un singe devinât et fît des réponses; il se retira avec Sancho dans un coin de l'écurie pendant que maître Pierre s'occupait de ses préparatifs, et voyant que personne ne pouvait les entendre : Sancho, lui dit-il, j'ai pensé et repensé à l'étonnante habileté de ce singe, et pour mon compte je suis très-porté à croire que son maître a fait quelque pacte ou convention tacite avec le démon.

Oh! je gagerais bien, répondit Sancho, qu'ils n'ont point dit leur *benedicite* avant de faire cette collation; mais, seigneur, à quoi sert à ce maître Pierre d'avoir fait un pacte avec le diable?

Tu ne m'as pas compris, reprit don Quichotte : je veux dire que, par un pacte, le diable, est convenu de donner ce talent au singe, pour enrichir le maître qui, plus tard en retour, devra livrer son âme au diable, but que poursuit sans cesse cet ennemi du genre humain. Ce qui me le fait penser, c'est que le singe ne parle que du passé et du présent, car là se borne toute la science du démon qui ne sait rien de l'avenir, si ce n'est par quelques conjectures, et encore se trompe-t-il souvent, Dieu seul s'étant réservé la connaissance de toutes choses. Cela étant, il est clair que le singe ne parle qu'avec le secours du diable, et je suis étonné qu'on n'ait point encore déféré ce maître Pierre au saint office, pour lui faire avouer en vertu de quoi son singe devine. Après tout, ni son maître ni lui ne sont prophètes, ils ne sont point non plus tireurs d'horoscopes, si ce n'est peut-être à la manière dont tout le monde s'en mêle aujourd'hui en Espagne, même les savetiers et les laquais, qui, par leurs mensonges et leur ignorance, sont parvenus à discréditer l'astrologie judiciaire, cette science merveilleuse et ineffable.

A propos d'astrologie, cela me rappelle cette femme de qualité qui demandait à un de ces tireurs d'horoscopes, si une petite chienne qu'elle avait deviendrait pleine, si elle mettrait bas, de quelle couleur seraient ses petits, et quel en serait le nombre. Notre homme, après avoir interrogé sa figure, répondit que la chienne aurait trois chiens, l'un vert, l'autre rouge et le troisième mêlé, pourvu toutefois qu'elle fût couverte le lundi ou le samedi entre onze et douze heures du jour ou de la nuit. Eh bien, la petite chienne mourut au bout de trois jours, et la prédiction ne laissa pas de mettre l'astrologue en grande réputation d'habileté.

Malgré tout, seigneur, reprit Sancho, je voudrais bien faire demander au singe si ce que vous avez raconté de la caverne de Montesinos est véritable; pour moi, je pense, soit dit sans vous offenser, que ce sont autant de rêveries, ou tout au moins des visions que vous aurez eues en dormant.

Tout est possible, répondit don Quichotte; je le demanderai pour te faire plaisir, bien que j'en éprouve quelque scrupule.

Ils en étaient là, quand maître Pierre vint chercher don Quichotte, disant que son théâtre était prêt et qu'on n'attendait que Sa Grâce pour commencer. Notre héros lui répondit qu'avant tout il voulait faire une question au singe, et savoir si certaines choses qui lui étaient arrivées dans un souterrain appelé la caverne de Montesinos étaient vision ou réalité, lui-même croyant qu'il y avait à la fois un peu de tout cela. Maître Pierre alla aussitôt chercher son singe : Savant singe, lui dit-il, l'illustre chevalier qui est devant vous, désire savoir si certaines choses qui lui sont arrivées dans la caverne de Montesinos sont fausses ou vraies. Au signal accoutumé, le singe sauta sur l'épaule gauche de son maître, puis après avoir quelque temps remué les mâchoires, comme s'il lui eût parlé à l'oreille, il s'élança à terre. Aussitôt maître Pierre dit à don Quichotte : Seigneur chevalier, le singe répond qu'une partie des merveilles que vous avez vues dans la caverne est vraisemblable, et l'autre douteuse : c'est tout ce qu'il peut en dire. Si vous voulez en savoir davantage, il satisfera vendredi prochain aux questions que vous lui adresserez; quant à présent, sa faculté divinatrice est suspendue.

Avais-je tort de dire, seigneur, repartit Sancho, que ces aventures n'étaient pas toutes véritables? Par ma foi, il s'en faut de plus de la moitié.

La suite nous l'apprendra, répondit don Quichotte; car le temps, grand découvreur de toutes choses, n'en laisse aucune sans la traîner à la lumière du soleil, fût-elle cachée dans les profondeurs de la terre. Mais, brisons là pour l'heure, et voyons le tableau de maître Pierre ; je suis persuadé qu'il nous présentera quelque chose de curieux.

Comment, quelque chose ! répliqua maître Pierre ; dites cent mille choses : seigneur chevalier, il n'y a rien aujourd'hui qui mérite plus votre attention. Au surplus, *operibus credite, non verbis*, c'est-à-dire mettons la main à l'œuvre, car il se fait tard, et nous avons beaucoup à faire voir et à expliquer.

Don Quichotte et Sancho le suivirent dans la chambre où était dressé le théâtre, éclairé d'une foule de petites bougies ; maître Pierre passa derrière le tableau, parce que c'était lui qui faisait jouer les figures ; en avant se tenait un petit garçon pour servir d'interprète, et annoncer avec une baguette les mystères de la représentation. Enfin, la compagnie s'étant placée, le spectacle commença.

CHAPITRE XXVI

De la représentation du tableau, avec d'autres choses qui ne sont pas en vérité mauvaises.

Tous se turent, Tyriens et Troyens[1] : je veux dire que les spectateurs, les yeux fixés sur le théâtre, étaient suspendus à la bouche de l'explicateur de ces merveilles, quand tout à coup on entendit un grand bruit de timbales et de trompettes ; puis, après deux ou trois décharges d'artillerie, le petit garçon qui servait d'interprète, éleva la voix en disant : Cette histoire véritable que nous allons représenter devant vous est tirée mot pour mot des chroniques de France et des romances espagnoles, que tout le monde sait et que les enfants chantent par les rues. Nous allons voir comment don Galiferos délivra la belle Mélisandre, son épouse, que les Mores tenaient captive dans la cité de Sansueña, appelée aujourd'hui Saragosse. Regardez bien, seigneurs ; voici don Galiferos qui s'amuse à jouer au trictrac, ne pensant déjà plus à sa femme, comme le dit la romance.

Cet autre personnage, le plus grand de tous, couronne en tête et sceptre à la main, est le grand empereur Charlemagne, père putatif de la belle Mélisandre. Fort mécontent de la nonchalance de son gendre, il vient lui en faire des reproches. Remarquez, je vous prie, comme il le gourmande ; ne dirait-on pas qu'il a envie de lui casser

---

1. Réminiscence du commencement du second chant de l'Énéide : *Conticuere omnes*, etc., etc.

la tête avec son sceptre? Certains auteurs prétendent même qu'il lui en donna cinq ou six horions bien appliqués, après lui avoir remontré le tort qu'il se faisait en ne portant point secours à sa femme. Considérez comment, après une bonne poignée d'avertissements, l'empereur lui tourne le dos; et comment don Galiferos, tout dépité, renverse la table et le trictrac, fait signe qu'on lui apporte ses armes, et prie son cousin Roland de lui prêter sa bonne épée Durandal. Roland ne veut pas la lui prêter, et offre à son cousin de l'accompagner; mais don Galiferos refuse en disant qu'il suffit seul pour tirer sa femme de captivité, fût-elle à cent cinquante lieues par delà les antipodes. Voyez comme il s'empresse de s'armer pour se mettre en route à l'instant même.

Maintenant, seigneurs, tournez les yeux vers cette tour qui est là-bas; c'est une des tours de l'alcazar de Saragosse, qu'on appelle aujourd'hui Aljaferia. Cette dame, que vous voyez sur ce balcon, vêtue à la moresque, est la sans pareille Mélisandre, qui venait souvent s'y placer pour regarder du côté de la France, et se consoler ainsi de sa captivité par le ressouvenir de son cher mari et de la bonne ville de Paris. Oh! c'est ici, seigneurs, qu'il faut considérer avec attention une chose nouvelle, et qu'on n'a peut-être jamais vue. N'apercevez-vous pas un More qui s'en vient tout doucement le doigt sur la bouche? Le voyez-vous se glisser derrière Mélisandre? Le voilà qui lui frappe sur l'épaule? Mélisandre tourne la tête, et le More lui donne un baiser. Voyez comme la belle s'essuie les lèvres avec la manche de sa chemise! comme elle se lamente! la voilà toute en pleurs, qui arrache ses beaux cheveux blonds, comme s'ils étaient coupables de l'affront que le More vient de lui faire. Voyez aussi ce grave personnage à turban qui se promène dans cette galerie : ce grave personnage, c'est Marsile, roi de Sansueña, qui, s'étant aperçu de l'insolence du More, et sans considérer que c'est son parent et l'un de ses favoris, le fait saisir par les archers de sa garde, et commande qu'on le promène dans toutes les rues et par toutes les places publiques de la ville, avec un écriteau devant et un autre derrière, et qu'on lui applique deux cents coups de fouet.

Voyez maintenant comment les archers sortent pour exécuter la sentence aussitôt qu'elle est prononcée, parce que chez les Mores il n'y a ni information, ni confrontation, ni appel.

Holà, l'ami, s'écria don Quichotte, suivez votre histoire en droite ligne, sans prendre de chemin de traverse; car pour tirer au clair une vérité, il faut bien des preuves et des surpreuves.

CHAPITRE XXVI.

Petit garçon, répliqua de derrière son tableau maître Pierre, fais ce que te dit ce bon seigneur, sans t'amuser à battre les buissons : poursuis ton chemin, et ne t'occupe pas du reste.

Le jeune garçon reprit : Celui qui se présente là à cheval, couvert d'une cape de Béarn, c'est don Galiferos en personne, à qui la belle Mélisandre, apaisée par le châtiment du More amoureux, parle du haut de la tour; croyant que c'est quelque voyageur étranger : Chevalier, lui dit-elle, si vous allez en France, informez-vous de don Galiferos. Je ne vous rapporte point tout leur entretien, parce que les longs discours sont ennuyeux; il suffit de savoir comment don Galiferos se fait reconnaître, et comment Mélisandre montre, par les transports auxquels elle se livre, qu'elle l'a reconnu, surtout maintenant qu'on la voit se glisser du balcon, pour se mettre en croupe sur le cheval de son époux bien-aimé. Mais le malheur poursuit toujours les gens de bien. Voilà Mélisandre arrêtée par sa jupe à un des fers du balcon ; elle reste suspendue en l'air sans pouvoir atteindre le sol. Hélas! comment fera-t-elle, et qui la secourra dans un si grand péril? Voyez, pourtant, seigneurs, que le ciel ne l'abandonne point dans un danger si pressant; car don Galiferos s'approche, et sans nul souci de gâter sa riche jupe, il tire sa femme en bas, et malgré tous ces empêchements il la débarrasse, et la met aussitôt en croupe, à califourchon, comme un homme, l'avertissant de l'embrasser fortement par le milieu du corps, crainte de tomber, car elle n'était pas habituée à chevaucher ainsi. N'est-ce pas merveille d'entendre ce cheval, qui témoigne par ses hennissements combien il a de joie d'emporter son maître et sa maîtresse? Voyez comme ils s'éloignent de la ville, et prennent gaiement le chemin de Paris. Allez en paix, ô couple de véritables amants! arrivez sains et saufs dans votre chère patrie; puisse la mauvaise fortune ne pas mettre obstacle à votre voyage, que vos parents et vos amis vous voient jouir d'une paix tranquille le reste de vos jours, et que ces mêmes jours puissent égaler ceux de Nestor.

En cet endroit, maître Pierre éleva de nouveau la voix : Doucement, petit garçon, lui cria-t-il; ne montez pas si haut, la chute en deviendrait plus lourde.

L'interprète continua sans répondre. Il ne manqua pas d'yeux oisifs, car il y en a pour tout voir, qui s'aperçurent de la fuite de Mélisandre, et qui en donnèrent incontinent avis au roi Marsile, qui fit aussitôt sonner l'alarme. Ne dirait-on pas que la ville est près de s'abîmer sous le bruit des cloches qui retentissent dans toutes les mosquées?

Oh! pour ce qui est des cloches, observa don Quichotte, maître

Pierre se trompe lourdement : les Mores n'en ont point ; ils ne se servent que de tambours et de timbales, et de certaines *dulzaïna*, qui ressemblent beaucoup à nos clairons ; faire sonner les cloches à Sansueña est un énorme anachronisme.

Ne vous inquiétez pas pour si peu, seigneur chevalier, reprit maître Pierre : ne savez-vous pas que tous les jours on représente en Espagne des comédies remplies de sottises et d'extravagances, et qui n'en sont pas moins applaudies avec enthousiasme ? Allez toujours, petit garçon, et laissez dire : pourvu que je garnisse mon gousset, je me moque du reste.

Pardieu, maître Pierre a raison, dit don Quichotte.

Or voyez, seigneurs, poursuivit l'interprète, la belle et nombreuse cavalerie qui sort de la ville à la poursuite de nos amants ; combien de trompettes résonnent, combien de timbales et de tambours retentissent de toutes parts ! Pour moi, je crains bien qu'on ne les rattrape, et que nous ne les voyions ramener attachés à la queue des chevaux ; ce qui serait un épouvantable spectacle.

Don Quichotte, comme réveillé par ces paroles, voyant ce grand nombre de Mores et entendant tout ce tapage, crut en effet qu'il était temps de secourir ces amants fugitifs ; il se leva brusquement, et s'écria tout hors de lui : Pour qui me prend-on donc ici ? sera-t-il dit que, moi vivant et présent, on aura fait violence à un si fameux chevalier que don Galiferos ? Arrêtez, canaille insolente, et ne soyez pas assez hardis pour oser passer outre, ou vous aurez affaire à don Quichotte de la Manche.

Ce disant, il tire son épée, d'un bond atteint le théâtre, et commence à tomber sur la foule des Mores avec une fureur inouïe, pourfendant tous ceux qui se trouvent sous sa main. En s'escrimant ainsi, il porta un si furieux coup de haut en bas, que si le joueur de marionnettes n'eût baissé la tête, il la lui aurait fait sauter de dessus les épaules.

Que faites-vous ! seigneur chevalier ? que faites-vous ? criait maître Pierre ; ce ne sont pas ici de véritables Mores : ne voyez-vous pas que ce sont des figures de carton, et que vous allez me ruiner ?

Les cris de maître Pierre n'arrêtèrent point notre héros. Tant qu'il croit voir des ennemis, ses coups tombaient serrés comme la pluie, si bien qu'en moins d'un *credo* il mit le tableau en pièces, laissant le roi Marsile dangereusement blessé, Charlemagne la tête fendue, sans distinguer entre Mores ni chrétiens. Toute l'assistance se troubla ; le singe s'enfuit et gagna le toit de la maison, le guide trembla, le page resta stupéfait; Sancho lui-même éprouva une grande frayeur, car, ainsi qu'il l'avoua après la tempête passée, il n'avait jamais vu son maître dans une pareille colère.

Enfin, après avoir tout bouleversé, don Quichotte se calma : Je voudrais bien, dit-il en s'essuyant le front, tenir à l'heure qu'il est ces gens qui ne veulent pas reconnaître de quel avantage sont dans le monde les chevaliers errants. Si je ne m'étais pas trouvé là, dites-moi, je vous prie, ce qui serait advenu de don Galiferos et de la belle Mélisandre ? A coup sûr ces mécréants les auraient déjà rattrapés et leur auraient fait un mauvais parti. Vive, vive la chevalerie errante, ajouta-t-il, en dépit de l'envie et malgré l'ignorance et la faiblesse de ceux qui n'ont pas le courage de se ranger sous ses lois ! Que celui qui oserait soutenir le contraire paraisse à l'instant.

Ah! qu'elle vive, j'y consens, repartit maître Pierre d'un ton lamentable ; mais que je meure, moi misérable, qui puis bien répéter ce que disait le roi don Rodrigue : Hier, j'étais seigneur de toutes les Espagnes, aujourd'hui il ne me reste pas un pouce de terre. Il n'y a pas un quart d'heure j'avais la plus belle cour du monde, je commandais à des rois et à des empereurs, j'avais une armée innombrable en hommes et en chevaux, mes coffres étaient pleins de parures magnifiques, et me voilà dépouillé, pauvre et mendiant! me voilà surtout sans mon singe, qui était mon unique ressource ; et cela par la fureur inconsidérée de ce chevalier, qu'on dit être le rempart des orphelins et des veuves, l'appui et le reconfort des affligés. Cette immense charité qu'on lui reconnaît envers les autres, il y renonce pour moi seul ! Cependant, béni soit Dieu mille fois jusqu'au trône de sa gloire, quoiqu'il ait permis que le chevalier de la Triste-Figure ait tellement défiguré les miennes, qu'elles méritent mieux que lui-même de porter ce nom !

Sancho se sentit tout attendri : Ne pleurez point, maître Pierre, lui dit-il, ne vous lamentez point ; vous me fendez le cœur. Sachez que mon maître est aussi bon chrétien que vaillant chevalier ; s'il vient à reconnaître qu'il vous a fait le moindre dommage, il vous le paiera au centuple.

Pourvu que le seigneur don Quichotte me paie une partie de ce que m'ont coûté mes figures, dit maître Pierre, je serai content et il mettra sa conscience en repos : car on ne saurait sauver son âme si l'on ne répare le tort fait au prochain, si l'on ne lui restitue le bien qu'on lui a pris.

Cela est vrai, reprit don Quichotte ; mais jusqu'à présent, maître Pierre, je ne sache pas avoir rien à vous.

Comment ! rien, seigneur ! repartit maître Pierre : et ces tristes débris que vous voyez gisants sur le sol, qui les a dispersés, anéantis, si ce n'est la force de votre bras invincible? et ces corps à qui appartenaient-ils, si ce n'est à moi? enfin qui me faisait subsister, si ce n'étaient eux?

Pour le coup, reprit don Quichotte, je doute moins que jamais de ce que j'ai répété si souvent : oui, les enchanteurs changent et bouleversent toutes choses à leur fantaisie pour m'abuser; car, je vous le jure, seigneurs qui m'entendez, ce que j'ai vu là m'a semblé réel et constant, comme au temps de Charlemagne ; j'ai pris cette Mélisandre pour Mélisandre, don Galiferos pour don Galiferos, et Marsile pour le vrai Marsile; en un mot les Mores pour les Mores, comme s'ils avaient été en chair et en os. Cela étant, je n'ai pu retenir ma colère ; et pour accomplir le devoir de ma profession, qui m'ordonne de secourir les opprimés, j'ai fait ce dont vous avez été témoins : si les effets ne répondent pas à mon intention, ce n'est pas ma faute, mais celle des enchanteurs qui me persécutent sans relâche. Cependant, tout innocent que je suis de leur malice, je me condamne à réparer le dommage : que maître Pierre dise ce qu'il lui faut pour la perte de ses figures, et je le lui ferai payer sur-le-champ.

Je n'attendais pas moins, dit maître Pierre en s'inclinant profondément, de la chrétienne probité du vaillant don Quichotte de la Manche, le véritable soutien de tous les vagabonds nécessiteux : voilà le seigneur hôtelier et le grand Sancho Panza qui seront, s'il plaît à Votre Seigneurie, médiateurs entre elle et moi, et qui apprécieront mes figures brisées.

J'y consens et de tout mon cœur, dit don Quichotte.

Aussitôt maître Pierre ramassa Marsile, et montrant qu'il était sans tête : Vous voyez bien, seigneurs, dit-il, qu'il m'est impossible de remettre le roi de Saragosse en son premier état; ainsi je crois, sauf meilleur avis, qu'on ne peut me donner pour sa personne moins de quatre réaux et demi.

D'accord, dit don Quichotte; passons à un autre.

Pour cette ouverture de haut en bas, continua maître Pierre en levant de terre l'empereur Charlemagne, serait-ce trop de cinq réaux et un quart?

Ce n'est pas peu, dit Sancho.

Ce n'est pas trop, repartit l'hôtelier; mais partageons le différend, et accordons-lui cinq réaux.

Qu'on lui donne cinq réaux et le quart avec, dit don Quichotte;

mais dépêchez-vous, maître Pierre, car il est temps de souper, et la faim commence à se faire sentir.

Pour cette figure sans nez, avec un œil de moins, qui est celle de la belle Mélisandre, il me semble, dit maître Pierre, que, demander deux réaux et douze maravédis, c'est être fort accommodant.

Ah! parbleu, s'écria don Quichotte, ce serait bien le diable si, à cette heure et d'après le galop qu'avait pris le cheval, don Galiferos et Mélisandre ne sont pas au moins sur la frontière de France. A d'autres, maître Pierre, ce n'est pas à moi qu'on vend un chat pour un lièvre; n'espérez pas me faire passer votre Mélisandre camuse pour la véritable Mélisandre, qui, en ce moment, doit être à la cour de Charlemagne, en train de se divertir avec son époux.

Maître Pierre voyant don Quichotte retourner à son premier thème, ne voulut pas le laisser échapper; il se mit à considérer la figure de plus près, et dit : Si ce n'est point là Mélisandre, il faut que ce soit quelqu'une de ses damoiselles, qui se servait de ses habits; qu'on me donne seulement soixante maravédis, je serai content.

Il examina ainsi toutes les autres figures, mettant le prix à chacune, prix que les juges réglèrent, à la satisfaction des parties, à la somme de quarante réaux et trois quarts payés sur-le-champ par Sancho. Maître Pierre demanda encore deux réaux pour la peine qu'il aurait à rattraper son singe.

Donne-les, Sancho, dit don Quichotte, et plus s'il le faut, pour le satisfaire; mais j'en donnerais volontiers deux cents autres, ajouta-t-il, à qui m'assurerait que don Galiferos et Mélisandre sont maintenant en France, dans le sein de leur famille.

Personne ne pourra le dire mieux que mon singe, repartit maître Pierre; mais le diable ne le rattraperait pas, effarouché comme il l'est; j'espère pourtant que la faim, jointe à l'attachement qu'il a pour moi, le feront revenir cette nuit. Au reste, demain il fera jour, et nous verrons.

Enfin, la tempête apaisée, toute la compagnie soupa aux dépens de don Quichotte. L'homme aux hallebardes partit de grand matin ; et dès qu'il fut jour, le cousin et le page allèrent prendre congé de notre héros, l'un pour s'en retourner dans son pays, l'autre pour continuer son voyage. Don Quichotte donna une douzaine de réaux au page, et, après quelques judicieux conseils touchant la carrière qu'il allait suivre, il l'embrassa et le laissa partir. Quant à maître Pierre, bien instruit de l'humeur du chevalier, il ne voulut rien avoir de plus à démêler avec lui; ayant donc rattrapé son singe et ramassé les débris de son théâtre, il partit avant le lever du soleil, sans dire adieu, et alla, de son côté, chercher les aventures. Don Quichotte fit payer largement l'hôtelier, et, le laissant non moins surpris de ses extravagances que de sa libéralité, il monta à cheval vers huit heures du matin, et se mit en route.

Nous le laisserons cheminer, afin de donner à loisir plusieurs explications nécessaires à l'intelligence de cette histoire.

CHAPITRE XXVII

Où l'on apprend ce qu'étaient maître Pierre et son singe, avec le fameux succès qu'eut don Quichotte dans l'aventure du braiment, qu'il ne termina pas comme il l'avait pensé.

Cid Hamet Ben-Engeli, l'auteur de cette grande histoire, commence le présent chapitre par ces paroles : *Je jure comme chrétien catholique*, etc., etc. Sur quoi le traducteur fait observer qu'en jurant comme chrétien catholique, tandis qu'il était More (et sans aucun doute il l'était), cid Hamet n'a voulu dire autre chose, sinon que comme le chrétien catholique promet, quand il jure, de dire la vérité, de même il promet de la dire en ce qui concerne don Quichotte, principalement en expliquant ce qu'étaient maître Pierre et son singe, dont les divinations faisaient l'admiration de toute la contrée. Il dit donc que ceux qui ont lu la première partie de cette histoire se rappelleront sans doute un certain Ginès de Passamont, auquel don Quichotte rendit la liberté ainsi qu'à d'autres forçats qu'on menait aux galères; bienfait dont ces gens de mauvaise vie le récompensèrent d'une si étrange manière. Ce Ginès de Passamont, que don Quichotte appelait don Ginesille de Parapilla, déroba, on se le rappelle, le grison de Sancho dans la Sierra-Morena; et parce qu'il n'a point été dit alors de quelle manière eut lieu ce larcin, l'imprimeur ayant supprimé cinq ou six lignes qui l'expliquent, on a généralement attribué à l'auteur ce qui n'était qu'une omission de l'imprimerie. Voici comment le fait arriva.

Pendant que Sancho dormait d'un profond sommeil sur son âne, Ginès employa le même artifice dont Brunel avait fait usage devant la forteresse d'Albraque, pour voler le cheval de Sacripant, et lui tira son grison d'entre les jambes après avoir placé sous la selle quatre pieux appuyés contre terre; depuis, Sancho retrouva son âne, ainsi que nous l'avons raconté. Ce Ginès, craignant d'être repris par la justice qui le recherchait pour ses prouesses (le nombre en était si grand qu'il en composa lui-même un gros volume), s'appliqua un emplâtre sur l'œil, et, ainsi déguisé, résolut de passer au royaume d'Aragon comme joueur de marionnettes, car en pareille matière et pour les tours de gobelets il était maître achevé. Chemin faisant, il acheta de quelques chrétiens qui revenaient de Barbarie le singe dont nous avons parlé, auquel il apprit, à certain signal, à lui sauter sur l'épaule et à paraître lui marmotter quelque chose à l'oreille. Son plan arrêté, notre homme, avant d'entrer dans un village, s'informait, avec soin aux environs, des particularités survenues dans cet endroit et des gens qu'elles concernaient. Cela logé dans sa mémoire, la première chose qu'il faisait en arrivant, c'était de dresser son théâtre, lequel représentait tantôt une histoire, tantôt une autre, mais toutes agréables et divertissantes. La représentation finie, il annonçait le talent de son singe, qui connaissait, disait-il, le passé et le présent, mais ne se mêlait point de l'avenir; pour chaque question il prenait deux réaux, et faisait meilleur marché à quelques-uns, après avoir tâté le pouls aux curieux. Souvent, quand il se trouvait avec des gens dont il savait bien l'histoire, encore qu'on ne lui adressât point de demande, il faisait à son singe le signal accoutumé, disait qu'il venait de lui révéler telle ou telle chose, et comme cela concordait presque toujours avec ce qui était arrivé, il s'était acquis un crédit incroyable parmi le peuple. S'il n'était pas bien informé, il y suppléait avec adresse, faisant une réponse ambiguë qui avait rapport à la demande; mais comme la plupart des gens n'y voyaient que du feu, il se moquait de tout le monde, et remplissait ainsi son escarcelle. En entrant dans l'hôtellerie, il reconnut de suite don Quichotte et Sancho, et il lui fut facile, on le pense bien, de les étonner, ainsi que tous ceux qui étaient présents. Cependant il lui en aurait coûté cher, si notre chevalier eût un peu plus baissé le bras quand il fit sauter la tête au roi Marsile et détruisit toute sa cavalerie, comme nous l'avons dit au chapitre précédent.

Mais revenons à don Quichotte. En quittant l'hôtellerie, le héros de la Manche résolut d'aller visiter les beaux rivages de l'Èbre et les lieux environnants, avant de gagner Saragosse, l'époque des joutes annoncée dans cette ville étant encore assez éloignée. Il marcha ainsi deux jours entiers, sans qu'il lui arrivât rien qui mérite d'être raconté. Le troisième jour, comme il gravissait une petite colline, il entendit un grand bruit de tambours et de trompettes. Il crut d'abord que c'était quelque troupe de soldats, et poussa Rossinante de ce côté; mais arrivé au sommet de la colline, il aperçut à l'autre extrémité de la plaine plus de deux cents hommes armés de lances, pertuisanes, arbalètes, piques, avec quelques arquebuses et un bon nombre de rondaches. Il descendit la côte et s'approcha assez du bataillon, pour pouvoir distinguer des bannières avec leurs couleurs et leurs devises, parmi lesquelles une entre autres en satin blanc représentait un âne peint au naturel, le cou tendu, le nez en l'air, la bouche béante, la langue allongée, comme s'il eût été prêt à braire; autour étaient écrits ces mots : « Ce n'est pas pour rien que nos alcades se sont mis à braire. »

Don Quichotte comprit par là que ces gens armés appartenaient au village du braiment, et il le dit à Sancho, tout en lui faisant remarquer que l'homme dont ils tenaient l'histoire s'était sans doute trompé, puisqu'il n'avait parlé que de régidors, tandis que la bannière mettait en scène des alcades.

Il ne faut pas y regarder de si près, seigneur, répondit Sancho; ces régidors sont peut-être devenus alcades par la suite des temps; et puis, que ce soient des régidors ou des alcades, qu'est-ce que cela fait, s'ils se sont mis de même à braire. Il n'est pas plus étonnant d'entendre braire un alcade qu'un régidor.

Bref, ils reconnurent et apprirent que les gens du village persiflé s'étaient mis en campagne pour combattre les habitants d'un autre village, qui les raillaient plus que de raison. Don Quichotte s'approcha, malgré les conseils de Sancho, qui avait peu de goût pour de semblables rencontres, et les gens du bataillon l'accueillirent, croyant que c'était quelqu'un de leur parti. Quant à lui, haussant sa visière, il poussa jusqu'à l'étendard, et là il fut entouré par les principaux de la troupe, lesquels demeurèrent plus qu'étonnés de son étrange figure.

Don Quichotte les voyant attentifs à le considérer sans lui adresser la parole, voulut profiter de leur silence et leur parla en ces termes : Braves seigneurs, je vous supplie de ne point interrompre le discours que je vais vous adresser, à moins que vous ne le trouviez ennuyeux, car, dans ce cas, au moindre signe, je mettrai un frein à ma langue et un bâillon à ma bouche. Tous répondirent qu'il pouvait parler, et qu'ils l'écouteraient de bon cœur; notre héros continua donc de la sorte : Mes chers amis, je suis chevalier errant; ma profession est celle des armes et me fait un devoir de protéger ceux qui en ont besoin. Depuis plusieurs jours je connais votre disgrâce et la cause qui vous rassemble pour tirer vengeance de vos ennemis. Après avoir bien

CHAPITRE XXVII. 157

réfléchi sur votre affaire, et consulté les lois sur le duel, j'ai conclu que vous avez tort de vous tenir pour offensés, et en voici la raison : un seul homme ne peut, selon moi, offenser une commune entière, si ce n'est pourtant en l'accusant de trahison en général, comme nous en avons un exemple dans don Diego Ordugnez de Lara, qui défia[1] tous les habitants de Zamora, ignorant que c'était le seul Vellidos Dolfos qui avait tué le roi son maître ; or, cette accusation et ce défi les offensant également, la vengeance en appartenait à tous en général et à chacun en particulier. Dans cette occasion, néanmoins, le seigneur don Diego s'emporta outre mesure, et dépassa de beaucoup les limites du défi, car il n'y avait aucun motif pour y comprendre avec les vivants, les morts, l'eau, le pain, les enfants à naître, et tant d'autres particularités dont son cartel contient l'énumération ; mais lorsque la colère a débordé et s'est emparée d'un homme, aucun frein n'est capable de le retenir.

Ainsi donc, puisqu'un seul homme ne peut offenser une république, un royaume, une province, une ville, une commune entière, il est manifeste que vous avez tort de vous mettre en campagne pour venger une offense qui n'existe pas. Que diriez-vous, je vous le demande, si les habitants de Valladolid, de Tolède ou de Madrid, se battaient à tout propos avec ceux qui les appellent *Cazalleros*[2], *Auberginois, Baleineaux*, et si ceux auxquels les enfants donnent de pareils surnoms s'escrimaient à tout bout de champ ? Il ferait beau voir que ces illustres cités fussent toujours prêtes à prendre les armes à la moindre provocation ! Non, non, que Dieu ne le veuille ni ne le permette jamais ! Il n'y a que quatre circonstances dans lesquelles les républiques bien gouvernées et les hommes sages doivent prendre les armes et tirer l'épée. Ces quatre circonstances, les voici : la première, c'est la défense de la foi catholique ; la seconde, la défense de leur vie, qui est de droit naturel et divin ; la troisième, la conservation de leur honneur, de leur famille et de leur fortune ; la quatrième, le service de leur roi dans une guerre juste ; et si nous voulions en ajouter une cinquième, qu'il faudrait placer en seconde ligne, c'est la défense de la patrie. Mais recourir aux armes pour des simples badinages, pour de

---

1. Voici ce défi : « Moi don Diego Ordunez de Lara, je vous défie, gens de Zamora, comme traîtres et félons ; je défie tous les morts et avec eux tous les vivants ; je défie les hommes et les femmes, ceux qui sont nés et ceux à naître ; je défie les grands et les petits, la viande, le poisson, les eaux des rivières.
« CANCIONERO. »

2. On appelait *Cazalleros* les habitants de Valladolid, par allusion à Augustin de Cazalla, qui y périt sur l'échafaud. On ignore l'origine des autres surnoms.

simples plaisanteries qui ne sont pas de véritables offenses, par ma foi ce serait manquer de raison. D'ailleurs, tirer une vengeance injuste (car juste, aucune ne peut l'être), c'est aller directement contre la sainte loi que nous professons, laquelle nous ordonne de faire du bien à nos ennemis, et d'aimer ceux qui nous haïssent. Ce commandement, je le sais, paraît quelque peu difficile à accomplir, mais il ne l'est que pour ceux qui sont moins à Dieu qu'au monde, et plus selon la chair que selon l'esprit; car Jésus-Christ, qui Dieu et homme tout ensemble, jamais n'a menti et jamais n'a pu mentir, a dit, en se faisant notre législateur, que son joug était doux et son fardeau léger; il n'a donc pu nous prescrire rien d'impossible. Ainsi, mes bons seigneurs, Vos Grâces sont obligées, par les lois divines et humaines, à calmer leurs ressentiments et à déposer leurs armes.

Que je meure à l'instant, dit tout bas Sancho, si ce mien maître-là n'est pas théologien; s'il ne l'est pas, par ma foi, il y ressemble comme un œuf ressemble à un autre œuf.

Don Quichotte se tut quelque temps pour reprendre haleine, et voyant que toute l'assistance l'écoutait favorablement, il allait continuer sa harangue, quand, voyant que son maître s'arrêtait, Sancho se jeta à la traverse, prit la parole et dit : Monseigneur don Quichotte de la Manche, naguère appelé le chevalier de la Triste-Figure, et à présent le chevalier des Lions, est un gentilhomme de beaucoup de sens, et qui connaît son latin comme un bachelier. Dans les conseils qu'il donne il y va toujours rondement, et il n'y a point de lois ni d'ordonnances pour la guerre, qu'il ne sache sur le bout de son doigt; ainsi donc, seigneurs, croyez tout ce qu'il dit, et qu'on s'en prenne à moi si l'on n'est pas content. Il est évident qu'on a tort de se mettre en colère pour cela seul qu'on entend braire, car moi, je m'en souviens fort bien, lorsque j'étais petit garçon, je brayais lorsqu'il m'en prenait envie, sans que personne y trouvât à redire; et sans vanité, c'était avec tant de naturel et de grâce, que tous les ânes du pays se mettaient à braire quand ils m'entendaient : je n'en étais pourtant pas moins fils de mon père, qui fut homme de bien. Ce talent excita la jalousie de quelques-uns des plus huppés du village, mais je m'en souciais comme d'un maravédis. Au reste, pour vous prouver ce que j'avance, écoutez seulement, et vous allez voir; car cette science est comme celle de nager, une fois apprise, on ne l'oublie plus.

Aussitôt se serrant le nez avec les doigts, Sancho se mit à braire si puissamment, que tous les lieux d'alentour en retentirent; et il allait recommencer de plus belle, lorsqu'un des auditeurs, croyant qu'il ne le faisait que pour se moquer d'eux, leva une longue gaule et lui en déchargea sur les reins un si rude coup, qu'il l'étendit à terre tout de son long.

Le voyant ainsi maltraité, don Quichotte courut la lance basse contre l'agresseur; mais tant de gens s'y opposèrent, qu'il lui fut impossible de venger son écuyer. Loin de là, lui-même se vit assailli d'une telle grêle de pierres, tellement menacé de toutes parts avec l'arbalète tendue et l'arquebuse en joue, qu'il tourna bride et s'échappa au grand galop de Rossinante, se recommandant à Dieu, et s'imaginant déjà être percé de mille balles. Mais ces gens se contentèrent de le voir fuir, sans tirer un seul coup. Quant à Sancho, ils le replacèrent sur son âne, et lui permirent de rejoindre son maître; ce que le grison fit de lui-même, accoutumé qu'il était à suivre Rossinante et n'en pouvant demeurer un seul moment séparé.

Lorsque don Quichotte fut hors de portée, il tourna la tête, et voyant que Sancho n'était pas poursuivi, il attendit. Quant aux gens du village persiflé, ils restèrent là jusqu'à la nuit; puis ils s'en retournèrent chez eux, triomphant de ce que l'ennemi n'avait point paru. Je crois même, s'ils avaient connu l'antique coutume des Grecs, qu'ils n'eussent pas manqué d'élever sur le terrain un trophée pour servir de monument à leur valeur.

CHAPITRE XXVIII

Des grandes choses que dit Ben-Engeli, et que saura celui qui les lira s'il les lit avec attention.

Quand le brave fuit, c'est que l'embuscade est découverte, et l'homme prudent doit se réserver pour une meilleure occasion. De ceci nous avons une preuve en don Quichotte, qui, sans songer au péril où il laissait le pauvre Sancho, aima mieux prendre la poudre d'escampette que de s'exposer à la fureur de cette troupe en courroux, et s'éloigna jusqu'à ce qu'il se crût en lieu de sûreté.

Plié en deux sur son âne, Sancho le suivait, comme nous avons dit; en arrivant près de son seigneur, déjà il avait repris ses sens, et il se laissa tomber haletant devant Rossinante. Don Quichotte mit pied à terre pour voir s'il était blessé, et ne lui trouvant aucune égratignure, il lui dit avec colère : Sancho, mon ami, vous avez mal choisi votre temps pour braire! où diable avez-vous trouvé qu'il fût sage de parler corde dans la maison d'un pendu? à musique comme la vôtre, quel accompagnement pouvait-on faire, si ce n'est de coups de bâton? Rendez grâces à Dieu, Sancho, de ce qu'au lieu de vous bâtonner ils ne vous aient point fait le *per signum crucis* avec une lame de cimeterre.

Je ne suis pas en état de répondre, dit Sancho, et il me semble que je parle par les épaules; montons sur nos bêtes et tirons-nous d'ici. Soyez certain que je ne brairai de ma vie, mais à ce que je vois, les chevaliers errants lâchent pied tout comme les autres, et se soucient fort peu de laisser leurs pauvres écuyers moulus comme plâtre au pouvoir des ennemis.

Se retirer n'est pas fuir, répondit don Quichotte. Apprenez-le, Sancho, la valeur qui n'est pas fondée sur la prudence s'appelle témérité, et les prouesses d'un homme téméraire s'attribuent moins à son courage qu'à sa bonne fortune; ainsi je confesse m'être retiré, mais non pas avoir fui, et en cela j'ai imité plusieurs vaillants guerriers, qui surent se réserver pour de meilleures occasions. Les histoires sont pleines de semblables événements, que je pourrais vous raconter; mais comme cela est inutile, je m'en abstiens pour l'heure.

En discourant de la sorte, don Quichotte avait remis Sancho sur son âne, puis, étant remonté à cheval, tous deux gagnèrent à petits pas un bois qu'on apercevait près de là. De temps en temps l'écuyer poussait de profonds hélas! et des gémissements douloureux; don Quichotte lui en demanda le sujet : C'est, répondit Sancho, que depuis l'extrémité de l'échine jusqu'à la nuque du cou, je ressens une douleur qui me fait perdre l'esprit.

Sans aucun doute, reprit don Quichotte, cela vient de ce que le bâton étant large et long, il aura porté sur toutes les parties qui te font mal; s'il eût touché en quelque autre endroit, tu souffrirais de même à cet endroit-là.

Pardieu, dit Sancho, Votre Grâce vient de me tirer d'un grand embarras, et de m'expliquer la chose en bons termes. Mort de ma vie! faut-il tant de paroles pour me prouver que je souffre à tous les endroits où le bâton a porté? Si je souffrais à la cheville du pied, passe encore; mais pour deviner que je souffre là où l'on m'a meurtri, il ne faut pas être sorcier. Je le vois, mon seigneur et maître, mal d'autrui n'est que songe, et chaque jour découvre ce que je dois attendre en compagnie de Votre Grâce. Aujourd'hui, vous m'avez laissé bâtonner; demain, vous me laisserez berner, comme l'autre fois; et si un jour il m'en coûte une côte, un autre jour il m'en coûtera les yeux de la tête. Que je ferais bien mieux... (mais je ne suis qu'une bête, et bête je resterai toute ma vie); que je ferais bien mieux de m'en aller retrouver ma femme et mes enfants, et prendre soin de ma maison avec le peu d'esprit que Dieu m'a donné, au lieu de m'amuser à vous suivre à travers champs, bien souvent sans boire ni manger. Car enfin, après avoir couru pendant tout le jour, si l'on a besoin de dormir, eh bien, frère écuyer, vous dit-on, mesurez six pieds de terre; en voulez-vous davantage? taillez, taillez en plein drap, vous êtes à même, étendez-vous de tout votre long. Ah! que je voudrais voir brûlé et réduit en cendres le premier qui s'avisa de la chevalerie errante, ou du moins celui qui a été assez sot pour servir d'écuyer à de pareils étourdis! Je parle des chevaliers errants du temps passé; de ceux d'aujourd'hui je ne dis rien, je leur porte trop de respect, Votre Grâce étant du nombre : aussi bien je commence à m'apercevoir qu'elle en revendrait au diable en personne.

Maintenant que vous parlez à votre aise, reprit don Quichotte, je gagerais que vous ne ressentez aucun mal; eh bien, parlez, mon ami, parlez tout votre soûl, et dites tout ce qui vous viendra sur le bout de la langue : pourvu que vous ne vous plaigniez point, je supporterai de bon cœur l'ennui de vos impertinences. Au reste, avez-vous si grande envie d'aller retrouver votre femme et vos enfants, à Dieu ne plaise que je vous en empêche : vous avez mon argent, comptez le nombre de jours qui se sont écoulés depuis notre troisième sortie, supputez ce que vous devez gagner par mois, et payez-vous de vos propres mains.

Quand je servais Thomas Carrasco, le père du bachelier Samson, que Votre Grâce connaît bien, je gagnais deux ducats par mois, sans compter ma nourriture, répondit Sancho : je ne sais pas ce que je dois gagner avec vous, mais j'affirme que l'écuyer d'un chevalier errant fatigue beaucoup plus que le valet d'un laboureur, car, après tout, quand nous servons ces derniers, quel que soit le travail de la journée, au moins, la nuit venue, mangeons-nous à la marmite et dormons-nous dans un lit. Tandis que, depuis que je vous sers, je jure n'avoir tâté ni de l'un, ni de l'autre, si ce n'est le peu de jours que nous avons passés chez le seigneur don Diégo, ou lorsque j'écumai la marmite de Gamache, et puis ce que j'ai mangé, bu et dormi chez Basile; le reste du temps, j'ai couché sur la dure et à ciel découvert, vivant à la grâce de Dieu, de pelures de fromage, de quelques noisettes, de croûtes de pain, et buvant l'eau qu'on trouve en ces déserts.

J'en demeure d'accord, dit don Quichotte : combien croyez-vous donc que je doive vous donner de plus que Thomas Carrasco ?

Avec deux réaux par mois qu'ajouterait Votre Grâce, il me semble, répondit Sancho, que je serai raisonnablement payé quant aux gages ; mais pour me dédommager de la perte de l'île que vous m'aviez promise, il serait juste d'ajouter encore six réaux, ce qui ferait trente réaux en tout.

C'est très-bien, répliqua don Quichotte ; voilà vingt-cinq jours que nous sommes partis de notre village, comptez ce qui vous est dû, et, je le répète, payez-vous de vos propres mains.

Nous sommes un peu loin de compte, repartit Sancho ; car, pour ce qui est de l'île, il faut compter à partir du jour que vous me l'avez promise jusqu'à cette heure.

Combien donc y a-t-il de jours que je vous l'ai promise? dit don Quichotte.

Si je m'en souviens bien, répondit Sancho, il y a aujourd'hui quelque vingt ans, trois ou quatre jours de plus ou de moins.

Par ma foi, voilà qui est plaisant, s'écria don Quichotte en partant d'un grand éclat de rire; à peine avons-nous employé deux mois dans toutes nos courses, et tu dis, Sancho, qu'il y a vingt ans que je t'ai promis cette île ? Mon ami, je commence à croire que tu veux garder tout l'argent que tu as à moi! Eh bien, soit, qu'à cela ne tienne, je te l'abandonne de bon cœur, pour me voir au plus tôt débarrassé d'un si pitoyable écuyer! Mais, réponds-moi, prévaricateur des ordonnances écuyéresques de la chevalerie errante, où as-tu vu ou lu que jamais écuyer ait marchandé avec son seigneur, et contesté sur le plus ou sur le moins? Entre, pénètre, félon, brigand, vampire, car tu mérites tous ces noms; pénètre, dis-je, dans ce *mare magnum* de leurs histoires, et si tu y trouves rien d'égal à ce que tu oses me proposer, je consens à passer pour le plus indigne chevalier qui ait jamais ceint l'épée. Aussi, et c'en est fait, tu peux prendre le chemin de ta maison, car je suis résolu à ne pas souffrir que tu me suives un seul instant de plus. O pain mal reconnu, ô promesses mal placées, ô misérable sans cœur, qui tiens plus de la brute que de l'homme! tu songes à me quitter, quand j'étais sur le point de t'élever à une condition telle, qu'en dépit de ta femme on allait t'appeler monseigneur! tu te retires, quand j'ai la meilleure île de la mer à te donner! On a bien raison de dire que le miel n'est pas fait pour la bouche de l'âne : car âne tu es, âne tu vivras, et âne tu mourras, sans t'apercevoir même que tu n'es qu'une bête.

Pendant que don Quichotte l'accablait de reproches, Sancho tout confus le regardait fixement; enfin, se sentant pénétré d'une vive douleur, le pauvre écuyer répondit d'une voix dolente et entrecoupée de sanglots : Monseigneur, mon bon maître, je confesse que je suis un âne, et que pour l'être tout à fait il ne me manque que la queue; si vous voulez me la mettre, je la tiendrai pour bien placée, et je vous servirai comme un âne le reste de mes jours. Que Votre Grâce me pardonne et prenne pitié de ma jeunesse; considérez que je ne sais pas grand'chose, et que si je parle beaucoup, c'est plutôt par infirmité que par malice; mais qui pèche et s'amende, à Dieu se recommande.

J'aurais été fort étonné, Sancho, reprit don Quichotte, que tu eusses prononcé vingt paroles sans citer quelque proverbe; eh bien, oui, je te pardonne à condition que tu te corrigeras et que tu ne seras plus désormais si attaché à ton intérêt; prends courage et repose-toi sur la foi de mes promesses qui, pour ne pas encore être réalisées, n'en sont pas moins certaines.

Sancho promit de s'amender et de faire de nécessité vertu. Sur ce ils entrèrent dans le bois, et se couchèrent chacun au pied d'un arbre. Sancho dormit mal, les coups de gaule se faisant mieux sentir par le serein; quant à don Quichotte, il s'abandonna à ses rêveries habituelles. Après avoir pris quelque repos, le jour venu, ils continuèrent leur chemin vers les célèbres rivages de l'Èbre, où il leur arriva ce que nous raconterons dans le chapitre suivant.

CHAPITRE XXIX

De la fameuse aventure de la barque enchantée.

Après avoir cheminé pendant deux jours entiers, nos aventuriers arrivèrent au bord de l'Èbre. Don Quichotte éprouva un vif plaisir à la vue de ce fleuve; il ne pouvait se lasser de considérer la beauté de ses rives, l'abondance et la tranquillité de ses eaux, et cet aspect réveilla dans sa mémoire mille amoureuses pensées. Il se rappela ce qu'il avait vu dans la caverne de Montesinos, car bien que le singe de maître Pierre lui eût dit que ces choses étaient en partie vraies, en partie fausses, il était disposé à les regarder comme des réalités, au rebours de Sancho qui les tenait pour autant de mensonges.

Tout à coup notre héros aperçut une petite barque, sans rames et sans voiles, attachée à un tronc d'arbre; il regarda de tous côtés, et ne voyant personne, il mit pied à terre, dit à son écuyer d'en faire autant et de lier leurs montures à un saule qui se trouvait là. Sancho lui demanda pourquoi il descendait si brusquement de cheval et quel était son dessein.

Apprends, répondit don Quichotte, que ce bateau est ici pour m'inviter à y entrer, afin que j'aille au secours soit d'un chevalier, soit de toute autre personne qui se trouve en pressant danger; car c'est ainsi que procèdent les enchanteurs. Lorsqu'un chevalier de leurs amis court quelque péril dont il ne peut être tiré que par le bras d'un autre chevalier, ils lui envoient un bateau comme celui-ci, ou bien ils l'enlèvent dans quelque nuage, et en un clin d'œil il est transporté à travers les airs ou sur les eaux, aux lieux où l'on a besoin de son aide. Sans nul doute, cette barque est placée ici pour le même objet, ou je ne m'y connais pas. Donc, avant que la nuit arrive, attache ensemble Rossinante et ton grison, et partons sans perdre de temps, car je suis résolu de tenter cette aventure, une troupe de carmes déchaussés vînt-elle me prier de n'en rien faire.

Puisqu'il en est ainsi, reprit Sancho, et que Votre Grâce veut à tout propos donner dans ce que j'appellerai des folies, il n'y a qu'à obéir et à baisser la tête, suivant le proverbe qui dit : Fais ce que ton maître ordonne, et assieds-toi à table à ses côtés. Toutefois, et pour l'acquit de ma conscience, je veux avertir Votre Grâce que ce bateau n'appartient pas à des enchanteurs, mais plutôt à quelque pêcheur de cette rivière où l'on prend, dit-on, les meilleures aloses du monde.

Tout en disant cela, Sancho attachait Rossinante et le grison, très-affligé de les laisser seuls, et appelant sur eux dans le fond de son âme la protection des enchanteurs.

Ne te mets point en peine de ces animaux, lui dit don Quichotte; celui qui va conduire les maîtres en prendra soin.

Or çà, reprit Sancho, les voilà attachés : que faut-il faire?

Nous recommander à Dieu et lever l'ancre, repartit don Quichotte; je veux dire nous embarquer et couper la corde qui retient ce bateau. Puis sans plus délibérer il saute dedans, suivi de son écuyer, coupe la corde, et le bateau s'éloigne de la rive.

A peine Sancho fut-il à vingt pas du bord, qu'il commença à trembler, se croyant perdu; mais ce fut bien pis quand il entendit le grison braire et vit Rossinante se débattre pour se détacher : Seigneur, dit-il, voilà Rossinante qui s'efforce de rompre son licou pour venir nous retrouver, et mon âne qui gémit de notre absence. Mes bons amis, continua-t-il en tournant vers eux ses regards, prenez patience : nous

CHAPITRE XXIX.

nous désabuserons, s'il plaît à Dieu, de la folie qui nous mène, et nous vous rejoindrons bientôt. Et il se mit à pleurer si amèrement, que don Quichotte impatienté, lui dit :

Que crains-tu, lâche créature? qui te poursuit, cœur de souris casanière, et qu'as-tu à gémir de la sorte? Ne dirait-on pas que tu marches pieds nus sur les rochers aigus et tranchants des monts Riphées, ou à travers les sables ardents des déserts de la Libye? N'es-tu pas assis comme un prince, t'abandonnant sans fatigue au cours de cet aimable fleuve? Va, va, console-toi, nous allons bientôt entrer dans le vaste Océan, si déjà nous n'y sommes, car nous avons fait pour le moins sept ou huit cents lieues. Si j'avais un astrolabe pour prendre la hauteur du pôle, je te dirais au juste combien de chemin nous avons fait; cependant, ou je n'y entends rien, ou nous avons passé, ou nous sommes sur le point de passer la ligne équinoxiale, située à égale distance des deux pôles.

Et quand nous aurons passé cette ligne, combien aurons-nous fait de chemin? demanda Sancho.

Beaucoup assurément, répondit don Quichotte : car alors nous aurons parcouru la moitié du globe terrestre, qui, selon le comput de Ptolémée, le plus célèbre des cosmographes, ne compte pas moins de trois cent soixante degrés, ce qui, à vingt-cinq lieues par degré, fait neuf mille lieues de tour.

Pardieu, Votre Grâce prend à témoin une gentille personne, l'homme qui pue comme quatre! dit Sancho.

Don Quichotte ne put s'empêcher de sourire de la manière dont son écuyer avait compris les mots comput et cosmographe : Tu sauras, lui dit-il, que ceux qui vont aux Indes regardent comme un signe positif que la ligne est passée, quand certains insectes meurent instantanément, et qu'on ne pourrait en trouver un sur tout le bâtiment, fût-ce au poids de l'or. Ainsi, promène ta main sous une de tes cuisses, et si tu y trouves quelque être vivant, nos doutes seront éclaircis; dans le cas contraire, nous aurons passé la ligne.

Je ferai ce que m'ordonne Votre Grâce, répliqua Sancho, quoique ces expériences me paraissent inutiles, puisque, selon moi, nous ne sommes pas à cinq toises du rivage, et que je vois de mes yeux Rossinante et le grison au même endroit où nous les avons laissés.

Fais ce que je t'ai dit, répliqua don Quichotte, et ne t'inquiète pas du reste. Tu ne sais pas, je pense, ce que c'est que zodiaque, lignes, parallèles, pôles, solstices, équinoxes, planètes, enfin tous les degrés et les mesures dont se composent la sphère céleste et la sphère terrestre;

car si tu connaissais toutes ces choses, même d'une manière imparfaite, tu saurais combien de parallèles nous avons coupés, combien de signes nous avons parcourus, et combien de constellations nous avons laissées derrière nous. Mais je te le répète, tâte-toi de la tête aux pieds ; je suis certain qu'à cette heure tu es plus net qu'une feuille de papier blanc.

Sancho obéit, et porta sa main sous le pli de son jarret gauche, après quoi il se mit à regarder son maître en souriant : Ou l'expérience est fausse, lui dit-il, ou nous ne sommes pas arrivés à l'endroit que pense Votre Grâce, il s'en faut de bien des lieues.

Comment! reprit don Quichotte, est-ce que tu as trouvé quelqu'un?

Et même quelques-uns, répondit Sancho. Puis, secouant ses doigts, il plongea sa main dans le fleuve, sur lequel glissait tranquillement la barque sans être poussée par aucun enchanteur, mais tout bonnement par le courant, qui était alors doux et paisible.

Tout à coup ils aperçurent un grand moulin établi au milieu du fleuve. A cette vue, don Quichotte s'écria d'une voix retentissante : Regarde, ami Sancho, tu as devant toi la forteresse ou le château dans lequel doivent se trouver le chevalier ou la princesse infortunés au secours de qui le ciel nous envoie.

De quel château ou forteresse parlez-vous? répondit Sancho; ne voyez-vous pas que c'est un moulin établi sur la rivière pour moudre le blé?

Tais-toi, repartit don Quichotte. Cela te semble un moulin, mais ce n'est qu'une illusion : ne t'ai-je pas répété plus de cent fois que les enchanteurs changent, dénaturent, transforment toutes choses à leur fantaisie? je ne dis pas qu'ils les transforment réellement, mais qu'ils paraissent les transformer, comme ils nous l'ont fait assez voir dans la métamorphose de Dulcinée.

Pendant ce dialogue, le bateau ayant gagné le milieu du fleuve, commença à marcher avec plus de rapidité. Les gens du moulin, voyant venir au fil de l'eau une barque prête à s'engouffrer sous les roues, sortirent avec de longues perches pour l'arrêter, en criant de toutes leurs forces : Où allez-vous, imprudents? quel désespoir vous pousse? voulez-vous donc vous faire mettre en pièces? Et comme ces hommes étaient couverts de farine de la tête aux pieds, ils ressemblaient beaucoup à une apparition fantastique.

Ne t'ai-je pas dit, Sancho, que j'allais avoir à montrer toute la force de mon bras? Regarde combien de monstres s'avancent contre moi, combien de fantômes hideux essaient de m'épouvanter!

CHAPITRE XXIX.

Se dressant debout dans la barque, il se met à menacer les meuniers. Canaille mal née, canaille malapprise, leur criait-il, hâtez-vous de mettre en liberté ceux que vous retenez injustement dans votre château; car je suis don Quichotte de la Manche, surnommé le chevalier des Lions, que l'ordre souverain des cieux envoie pour mettre à fin cette aventure.

En même temps, il tire son épée et s'escrime en l'air contre les meuniers, qui, sans rien comprendre à ces extravagances, tâchaient seulement d'empêcher avec leurs perches le bateau d'entrer dans le torrent formé par les roues du moulin. Le pauvre Sancho était à genoux, priant Dieu de le sauver d'un si grand péril. Enfin, les meuniers parvinrent à détourner le bateau, mais non pas si heureusement qu'il ne chavira au milieu de la rivière avec ceux qu'il portait. Bien prit à don Quichotte de savoir nager, car le poids de ses armes l'entraîna par deux fois au fond de l'eau; et si les meuniers ne s'y fussent jetés pour les en tirer, l'un par les pieds, l'autre par la tête, les aventures du maître et du valet en restaient là. Quand ils furent déposés à terre, plus trempés que morts de soif, Sancho s'agenouilla, et les mains jointes, les yeux levés au ciel, il se mit à demander à Dieu, dans une longue et fervente oraison, de le délivrer à jamais des folies de son seigneur.

Pendant ce temps, les pêcheurs étaient accourus; voyant leur barque brisée, ils se jetèrent sur Sancho, demandant à don Quichotte de leur payer le dommage.

Très-volontiers, reprit notre héros avec son sang-froid habituel, mais à une condition, c'est que sur-le-champ vous allez mettre en liberté ceux que vous retenez par violence dans ce château.

De quel château et de quels prisonniers parles-tu, tête à l'envers? repartit un des meuniers; veux-tu, par hasard, emmener ceux qui viennent moudre leur blé à ce moulin?

C'est folie, dit à part soi don Quichotte, c'est parler dans le désert que vouloir faire entendre raison à semblable canaille. Il faut qu'il se soit ici rencontré deux enchanteurs, dont l'un détruit ce que l'autre fait; car l'un m'envoie la barque, et l'autre la renverse. Que Dieu y porte remède, s'il lui plaît! Au reste, voilà le train du monde, on n'y rencontre qu'artifice et contrariété de toutes parts. Se tournant ensuite vers le moulin : Qui que vous soyez, amis, qui gémissez enfermés dans cette prison, pardonnez-moi si, pour mon malheur et pour le vôtre, je ne puis briser vos fers; c'est sans doute à un autre chevalier qu'est réservée cette aventure. Il finit par entrer en arrangement avec les pêcheurs, à qui Sancho compta cinquante réaux en poussant de profonds soupirs. Encore une seconde traversée comme celle-ci, disait-il, et tout notre avoir sera bientôt au fond de l'eau.

Meuniers et pêcheurs considéraient, pleins de surprise, ces deux hommes, et, les tenant pour fous, ils se retirèrent, les premiers dans leur moulin, les seconds dans leurs cabanes. Don Quichotte et Sancho retournèrent à leurs bêtes, et bêtes ils restèrent comme devant. Ainsi finit l'aventure de la barque enchantée.

CHAPITRE XXX

De ce qui arriva à don Quichotte avec une belle chasseresse.

Nos aventuriers rejoignirent Rossinante et le grison, l'oreille basse, principalement Sancho, à qui c'était percer l'âme que de toucher à son argent. Finalement ils enfourchèrent leurs montures sans mot dire, et s'éloignèrent du célèbre fleuve : don Quichotte enseveli dans ses pensées amoureuses, et Sancho dans celle de sa fortune à faire, qu'il voyait plus reculée que jamais, car, malgré sa simplicité, il s'apercevait bien que les espérances et les promesses de son maître étaient autant de chimères; aussi cherchait-il l'occasion de décamper et de prendre le chemin de son village. Mais le sort en ordonna autrement, comme nous le verrons bientôt.

Il arriva donc le jour suivant, qu'au coucher du soleil, en débouchant d'un bois, don Quichotte aperçut dans une vaste prairie quantité de gens qui chassaient à l'oiseau. En approchant, il distingua parmi les chasseurs une dame très-gracieuse, montée sur une haquenée ou palefroi portant selle en drap vert et à pommeau d'argent; cette dame était également habillée de vert et en équipage de chasse, mais d'un si bon goût et avec tant de richesse, qu'elle semblait l'élégance en personne. Sur son poing droit se voyait un faucon, ce qui fit penser à don Quichotte que ce devait être une grande dame et la maîtresse de ces chasseurs, comme elle l'était en effet; aussi dit-il à Sancho : Cours, mon fils, cours saluer de ma part la dame au palefroi et au faucon, et dis-lui que moi, le chevalier des Lions, je baise les mains à son insigne beauté, et que si elle le permet j'irai les lui baiser moi-même et la servir en tout ce qu'il plaira à Sa Grandeur de m'ordonner. Seulement, prends garde à tes paroles, et ne va pas enchâsser dans ton compliment quelques-uns de ces proverbes dont tu regorges à toute heure.

CHAPITRE XXX.

Vous avez bien trouvé l'enchâsseur, répondit Sancho; est-ce la première fois que je porte des messages à de grandes dames?

Hormis le message que tu as porté à Dulcinée, je n'en sais pas d'autres, dit don Quichotte, au moins depuis que tu es à mon service.

Il est vrai, reprit Sancho; mais un bon payeur ne craint point de donner des gages, et dans une maison bien fournie la nappe est bientôt mise; je veux dire qu'il n'est pas besoin de me faire la leçon, car Dieu merci, je sais un peu de tout.

Je le crois, dit don Quichotte; va donc, et que Dieu te conduise.

Sancho partit au grand trot de son âne. Quand il fut arrivé près de la belle chasseresse, il mit pied à terre, et s'agenouillant devant elle, il lui dit : Belle et noble dame, ce chevalier que vous voyez là-bas, et qu'on appelle le chevalier des Lions, est mon maître; moi je suis son écuyer, qui dans sa maison a nom Sancho Panza. Ce chevalier des Lions qui, naguère encore, s'appelait le chevalier de la Triste-Figure, m'envoie prier Votre Grandeur de lui octroyer la très-humble permission de vous offrir ses services afin de satisfaire son désir, lequel est, à ce qu'il dit, et comme je le crois, de servir éternellement votre haute fauconnerie et beauté. En octroyant cette permission, Votre Seigneurie fera une chose qui tournera à son profit, tandis que mon maître en recevra faveur insigne et signalé contentement.

Assurément bon écuyer, répondit la dame, vous vous êtes acquitté de votre commission avec toutes les formalités qu'exigent de pareils messages; levez-vous, je vous prie; l'écuyer d'un aussi fameux chevalier que le chevalier de la Triste-Figure, dont nous connaissons très-bien les aventures, ne doit pas rester sur ses genoux : levez-vous, mon ami, et allez dire à votre maître qu'il fera honneur et plaisir au duc mon époux, et à moi, s'il veut prendre la peine de se rendre à une maison de plaisance que nous avons près d'ici.

Sancho se leva, charmé de l'exquise courtoisie de la belle chasseresse, et surtout de lui avoir entendu dire qu'elle connaissait parfaitement le chevalier de la Triste-Figure, qu'elle n'avait pas appelé chevalier des Lions, parce que sans doute il portait ce nom depuis trop peu de temps.

Brave écuyer, ajouta la duchesse, votre maître n'est-il pas celui dont il circule une histoire imprimée sous le nom de l'ingénieux chevalier don Quichotte de la Manche, et qui a pour maîtresse une certaine Dulcinée du Toboso?

C'est lui-même, Madame, répondit Sancho, et cet écuyer dont il est parlé dans l'histoire, et qu'on appelle Sancho Panza, c'est moi si l'on ne m'a pas changé en nourrice ; je veux dire, si l'on ne m'a pas défiguré à l'imprimerie.

Je suis charmée, reprit la duchesse : allez, mon cher Panza, dites à votre maître qu'il sera le bienvenu sur nos terres, et que rien ne pouvait nous causer une plus grande satisfaction.

Avec une si agréable réponse, Sancho retourna plein de joie vers son maître, à qui il raconta tout ce qu'avait dit la dame, élevant jusqu'au ciel sa courtoisie, sa grâce et sa beauté. Aussitôt don Quichotte se met gaillardement en selle, s'affermit sur ses étriers, relève sa visière, et donnant de l'éperon à Rossinante, part pour aller baiser la main de la duchesse, qui, dès que Sancho l'eut quittée, avait fait prévenir le duc, son époux, de l'ambassade qui venait de se présenter. Tous deux se préparèrent donc à recevoir notre chevalier, et comme ils connaissaient la première partie de son histoire, ils l'attendaient avec impatience, se promettant de le traiter selon sa fantaisie, d'abonder dans son sens pendant le temps qu'il passerait près d'eux, sans le contredire en quoi que ce fût, et surtout en observant le cérémonial de la chevalerie errante, dont ils connaissaient parfaitement les histoires, car ils en étaient très-friands.

En ce moment parut don Quichotte, la visière haute ; et comme il se préparait à descendre de cheval, Sancho se hâta d'aller l'y aider. Mais le sort voulut qu'en sautant à bas du grison, notre écuyer s'embarrassa si bien le pied dans la corde qui lui servait d'étrier, qu'il lui fut impossible de se dégager, et qu'il tomba, la poitrine et le visage contre le sol. Notre héros, qui ne s'était aperçu de rien et croyait Sancho à son poste, leva la jambe pour mettre pied à terre ; mais entraînant la selle, mal sanglée sans doute, il roula entre les jambes de Rossinante, crevant de dépit et maudissant son écuyer, qui de son côté restait le pied pris dans l'entrave.

Sur l'ordre du duc, les chasseurs coururent au secours du maître et de l'écuyer ; ceux-ci relevèrent don Quichotte, qui, tout maltraité de sa chute, s'en alla cependant, clopin-clopant, s'agenouiller devant Leurs Seigneuries. Le duc ne voulut point le permettre, mais au contraire il descendit de cheval et fut embrasser don Quichotte :

C'est pour moi un bien grand déplaisir, seigneur chevalier de la Triste-Figure, lui dit-il, que le jour où pour la première fois Votre Grâce met le pied dans mes domaines, elle ait lieu de s'en repentir ; mais l'incurie des écuyers est souvent cause de pareils accidents.

Votre présence, prince, répondit don Quichotte, m'est un si grand bonheur, que peu importe le prix auquel j'en obtiens l'avantage ; et je me consolerais de ma disgrâce, eussé-je été précipité dans le fond des abîmes, car la gloire d'avoir approché de votre personne suffirait pour m'en tirer. Mon écuyer, que Dieu maudisse, sait mieux délier sa langue pour débiter des sottises que fixer solidement une selle. Mais dans quelque posture que je me trouve, tombé ou relevé, à pied ou à cheval, je n'en serai pas moins toujours à votre service, et à celui de madame la duchesse, votre digne compagne, reine de la beauté et princesse universelle de la courtoisie.

Trêve de flatterie, seigneur don Quichotte de la Manche, reprit le duc : là où règne la sans pareille Dulcinée du Toboso, on ne peut, on ne doit louer d'autre beauté que la sienne.

Sancho, qui achevait de se débarrasser de la corde qui lui servait d'étrier, prit la parole et dit : Certes, on ne saurait nier que madame Dulcinée du Toboso ne soit fort belle, et j'en conviens tout le premier; mais au moment où on y pense le moins saute le lièvre, et j'ai ouï dire que dame nature ressemble au potier qui a fait un beau vase; quand il en a fait un, il peut en faire deux, trois, voire même cent : aussi, sur mon âme, madame la duchesse ne le cède en rien à madame Dulcinée.

Madame, dit don Quichotte en se tournant vers la duchesse, Votre Grandeur saura que jamais chevalier errant n'a eu un écuyer plus bavard et plus facétieux que le mien; au reste, il prouvera surabondamment la vérité de ce que j'avance, si Votre Altesse daigne me garder quelques jours à son service.

Si le bon Sancho est plaisant, je l'en estime davantage, reprit la duchesse; vous le savez, seigneur chevalier, bien plaisanter n'est point le partage des esprits lourds et grossiers; et puisque Sancho est plaisant, je le tiens désormais pour homme d'esprit.

Et grand bavard, ajouta don Quichotte.

Tant mieux, repartit le duc; un homme qui parle bien ne saurait trop parler. Mais pour ne point perdre nous-mêmes le temps en vains discours, marchons, et que l'illustre chevalier de la Triste-Figure nous fasse l'honneur de nous accompagner.

Vos Altesses voudront bien dire chevalier des Lions, reprit Sancho; il n'y a plus de Triste-Figure.

Des Lions, soit, reprit le duc; eh bien que le seigneur chevalier des Lions vienne donc, s'il lui plaît, à un château que j'ai près d'ici, où madame la duchesse et moi lui ferons l'accueil que nous avons coutume d'accorder à tous les chevaliers errants qui nous honorent de leur visite.

Tous montèrent à cheval, et se mirent en marche, le duc et don Quichotte se tenant à côté de la duchesse, qui appela Sancho et voulut qu'il se tînt auprès d'elle, parce qu'elle prenait beaucoup de plaisir à l'entendre. Notre écuyer ne se fit pas prier, et se mit de quart dans la conversation, au grand plaisir des deux époux, pour qui c'était une bonne fortune d'héberger un tel chevalier errant et un tel écuyer parlant.

CHAPITRE XXXI.

Qui traite de plusieurs grandes choses.

On ne saurait exprimer la joie qu'avait Sancho de se voir en si grande faveur auprès de la duchesse, comptant bien trouver chez elle la même abondance qu'il avait rencontrée chez le seigneur don Diego et chez Basile; car toujours prêt à mener joyeuse vie, notre écuyer saisissait aux cheveux, dès qu'elle se présentait, l'occasion de faire bonne chère.

Avant d'arriver au château, le duc avait pris les devants, afin d'avertir ses gens de la manière dont il voulait qu'on traitât don Quichotte : si bien que lorsque le chevalier parut, deux laquais ou palefreniers, vêtus de longues vestes de satin cramoisi, l'aidèrent à descendre de cheval, le priant en même temps d'aider leur maîtresse à mettre pied à terre. Don Quichotte obéit; mais comme, après mille cérémonies, la duchesse s'opiniâtrait à ne point descendre, disant qu'elle ne pouvait consentir à charger un si fameux chevalier d'un si inutile fardeau, le duc vint donner la main à son épouse. On entra ensuite dans une cour d'honneur, où deux belles damoiselles s'approchèrent de don Quichotte, et lui jetèrent sur les épaules un riche manteau de fine écarlate, pendant que les galeries se remplissaient de serviteurs qui, après avoir crié : Bienvenues soient la crème et la fleur des chevaliers errants! répandirent des flacons d'eau de senteur sur toute la compagnie.

Une telle réception ravissait notre héros, et ce jour fut le premier où il se crut un véritable chevalier errant, parce qu'on le traitait de la même façon que, dans ses livres, il avait vu qu'on traitait les chevaliers des siècles passés.

Sancho, laissant son grison, s'était attaché aux jupons de la duchesse; il la suivit dans le château; mais bientôt sa conscience lui reprochant d'avoir abandonné son âne seul à la porte, il s'approcha d'une respectable duègne qui était venue avec d'autres femmes au-devant de leur maîtresse : Dame Gonzalès, lui dit-il à demi voix, comment s'appelle Votre Grâce ?

Je m'appelle Rodriguez de Grijalva, reprit la duègne; que souhaitez-vous, mon ami?

Je voudrais bien, dit Sancho, que Votre Grâce me fît celle d'aller à la porte du château; là vous trouverez un âne, qui m'appartient; ayez la bonté de le faire conduire à l'écurie, ou de l'y conduire vous-même, car le pauvre animal est timide, et ne saurait rester seul un instant.

Si le maître n'est pas mieux appris que le valet, nous voilà bien tombées, répondit la duègne; allez, mon ami, allez ailleurs chercher des dames qui prendront soin de votre âne; ici elles ne sont point faites pour semblables besognes.

Peste! vous voilà bien dégoûtée, répliqua Sancho; j'ai entendu dire à monseigneur don Quichotte, qui sait par cœur toutes les histoires, que lorsque Lancelot revint d'Angleterre, les princesses prenaient soin de lui, et les damoiselles de son cheval; et par ma foi, ma chère dame, pour ce qui est de mon âne, je ne le troquerais pas contre le cheval de Lancelot.

Ami, repartit la señora Rodriguez, si vous êtes bouffon de votre métier, gardez vos bons mots pour ceux qui les aiment et qui peuvent les payer, car de moi vous n'aurez qu'une figue.

Elle serait du moins bien mûre, pour peu qu'elle gagne un point sur Votre Grâce, reprit Sancho.

Si je suis vieille, repartit la duègne, c'est à Dieu que j'en rendrai compte, et non à toi, imbécile, rustre et malappris, qui empestes l'ail d'une lieue.

Cela fut dit d'un ton si haut, que la duchesse l'entendit, et demanda à la señora Rodriguez à qui elle en avait.

J'en ai, répondit-elle, à cet homme qui me charge de mener son âne à l'écurie, en me disant que de plus grandes dames que moi pansaient le cheval de je ne sais quel Lancelot; et par-dessus le marché ce sot m'a appelée vieille.

Cela m'offense encore plus que vous, repartit la duchesse; et se tournant vers Sancho : La señora Rodriguez, lui dit-elle, est encore toute jeune, et si elle porte ces longues coiffes, c'est plutôt parce que sa charge le veut ainsi, qu'à cause de ses années.

Qu'il ne m'en reste pas une à vivre, repartit Sancho, si j'ai dit cela pour la fâcher; mais j'ai tant d'amitié pour mon grison, qui ne m'a pas quitté depuis l'enfance, que j'ai cru ne pouvoir le recommander à une personne plus charitable que cette bonne dame.

Sancho, interrompit don Quichotte en le regardant de travers, est-ce dans une aussi honorable maison qu'il convient de parler de la sorte?

Chacun parle de ses affaires où il se trouve, répondit Sancho; je me suis souvenu ici du grison, et j'en parle ici; si je m'en étais souvenu dans l'écurie, j'en aurais parlé dans l'écurie.

Sancho a raison, dit le duc, et je ne vois pas qu'il y ait là de quoi le blâmer; mais qu'il ne se mette pas en peine de son âne, on en aura soin comme de lui-même.

Au milieu de ces propos qui divertissaient tout le monde, excepté don Quichotte, ils montèrent l'escalier du château, et l'on conduisit notre chevalier dans une salle richement tendue de brocart d'or et d'argent. Six jeunes filles instruites par le duc et la duchesse de la manière dont il fallait traiter notre héros, afin qu'il ne doutât point qu'on le traitait en chevalier errant, vinrent lui servir de pages et s'occupèrent à le désarmer.

Débarrassé de sa cuirasse, don Quichotte demeura avec ses étroits hauts-de-chausses et son pourpoint de chamois, long, sec, maigre, les mâchoires serrées et les joues si creuses qu'elles s'entre-baisaient, enfin sous un aspect si comique, que, les jeunes filles le voyant ainsi, eussent éclaté de rire si le duc ne leur eût expressément enjoint de s'observer. Elles prièrent notre héros de trouver bon qu'on le déshabillât, afin de lui passer une chemise; mais il ne voulut jamais y consentir, disant que les chevaliers errants ne se piquaient pas moins de chasteté que de vaillance. Il les pria donc de remettre la chemise à son écuyer; et pour exécuter lui-même ce qu'on lui proposait, il passa avec Sancho dans une chambre où se trouvait un lit magnifique.

Dès qu'il se vit seul avec son écuyer, il se mit à le gourmander en ces termes : Dis-moi un peu, bouffon récent et imbécile de vieille date, où as-tu jamais vu traiter comme tu viens de le faire une dame vénérable et aussi digne de respect qu'est la señora Rodriguez? Était-ce bien le moment de te ressouvenir de ton âne? Crois-tu donc que des personnes d'une telle importance, et qui reçoivent si bien les maîtres, puissent oublier leurs montures? Au nom de Dieu, Sancho, défais-toi de ces libertés, et ne laisse pas voir, à force de sottises, de quelle grossière étoffe tu es formé. Ignores-tu, pécheur endurci, qu'on a d'autant meilleure opinion des seigneurs que leurs gens sont bien élevés, et qu'un des principaux avantages qui font que les grands l'emportent sur les autres hommes, c'est d'avoir à leur service des gens qui valent autant qu'eux? Quand on verra que tu n'es qu'un rustre grossier et un mauvais bouffon, pour qui me prendra-t-on? N'aura-t-on pas sujet de penser que je ne suis moi-même qu'un hobereau de colombier ou quelque chevalier d'emprunt? Apprends, Sancho, qu'un parleur indiscret, et qui veut plaisanter sur tout et à toute heure, finit par devenir un bateleur fade et dégoûtant. Mets donc un frein à ta langue, pèse tes paroles, et, avant d'ouvrir la bouche, regarde à qui tu parles. Nous voilà, Dieu merci, arrivés en un lieu d'où, avec la faveur du ciel et la force de mon bras, nous devons sortir deux fois plus grands en réputation et en fortune.

Sancho promit à son maître de se coudre la bouche et de se mordre la langue, plutôt que de prononcer un seul mot qui ne fût à propos. Défaites-vous de tout souci à cet égard, ajouta-t-il; ce ne sera jamais par moi qu'on découvrira qui nous sommes.

Enfin, don Quichotte acheva de s'habiller; il prit son baudrier et son épée, jeta un manteau d'écarlate sur ses épaules, mit sur sa tête une *montera* de satin vert, et, paré de ce costume, rentra dans la salle où il trouva les mêmes damoiselles, rangées sur deux files et toutes tenant des flacons d'eau de senteur qu'elles lui versèrent sur les mains avec mille révérences et cérémonies. Bientôt après arrivèrent douze pages avec le maître d'hôtel, pour le conduire à table, où on l'attendait. Notre héros s'avança gravement au milieu d'eux, jusqu'à une autre salle où étaient dressés un buffet magnifique et une table somptueuse avec quatre couverts seulement. Le duc et la duchesse allèrent le recevoir à la porte, accompagnés d'un de ces ecclésiastiques qu'en Espagne on voit gouverner les maisons des grands seigneurs, mais qui eux-mêmes, n'étant pas nés grands seigneurs, ne sauraient apprendre à leurs maîtres comment ils doivent se conduire: de ceux, dis-je, qui veulent que la grandeur des grands se mesure à leur petitesse, et qui, sous prétexte de modérer leur libéralité, les rendent mesquins et misérables. Au nombre de ces gens-là devait être l'ecclésiastique qui vint avec le duc et la duchesse au-devant de don Quichotte. On échangea mille courtoisies, et finalement ayant placé notre héros au milieu d'eux, ils prirent place à table. Le duc offrit le haut bout à son hôte, lequel voulut décliner cet honneur; mais les instances furent telles, qu'il dut accepter; l'ecclésiastique s'assit en face du chevalier, le duc et la duchesse à ses côtés.

Sancho était si stupéfait de l'honneur qu'on faisait à son maître, qu'on eût dit qu'il tombait des nues; mais en voyant toutes les courtoisies échangées au sujet de la place d'honneur, il ne put retenir sa langue : Si Vos Seigneuries, dit-il, veulent bien m'en accorder la permission, je leur conterai ce qui arriva un jour dans notre village à propos de places à table. Sancho n'avait pas achevé de prononcer ces mots, que don Quichotte prit l'alarme, se doutant bien qu'il allait lâcher quelque sottise; ce que voyant l'écuyer : Rassurez-vous, mon seigneur, lui dit-il, je ne dirai rien qui ne soit à son point; je n'ai pas encore oublié la leçon que vous m'avez faite.

Je ne me souviens de rien, répondit don Quichotte; dis ce que tu voudras, pourvu que tu le dises vite.

Or, seigneurs, ce que j'ai à dire est vrai comme il fait jour, reprit Sancho; aussi bien, mon maître est là qui pourra me démentir.

Mens tant que tu voudras, répliqua don Quichotte; mais prends garde à tes paroles.

Oh! j'y ai pensé et repensé, dit Sancho; je suis certain qu'on ne me fera aucun reproche.

En vérité, reprit don Quichotte, Vos Altesses devraient faire chasser cet imbécile, qui va débiter mille stupidités.

Ah! pour cela non, dit la duchesse, Sancho ne s'éloignera pas de moi; je l'aime trop, et je me fie à sa discrétion.

Que Dieu accorde à Votre Grandeur, Madame, mille années de vie, en récompense de la bonne opinion que vous avez de moi, quoique je ne le mérite guère, reprit Sancho. Or, voici mon conte : Un gentilhomme de notre village, fort riche et de bonne famille, car il venait de ceux de Medina del Campo, convia un jour.... ah! j'oubliais de vous dire que ce gentilhomme avait épousé une certaine Mancia de Quignonez, fille de don Alonzo de Martagnon, chevalier de l'ordre de Saint-Jacques, lequel se noya dans l'île de la Herradura, et qui fut cause de cette grande querelle, dont se mêla monseigneur don Quichotte, querelle où fut blessé Tomasillo, le garnement, fils de Balbastro, le maréchal.... Tout cela n'est-il pas la vérité, mon cher maître? parlez hardiment, afin que ces seigneurs ne me prennent pas pour un menteur et un bavard.

Jusqu'à cette heure, mon ami, vous me paraissez plutôt bavard que menteur, dit l'ecclésiastique; j'ignore ce que, dans la suite, je penserai de vous.

Tu prends tant de gens à témoin, Sancho, et tu cites tant de circonstances, ajouta don Quichotte, qu'il faut assurément que tu dises vrai; mais abrége, car de la manière dont tu procèdes, tu ne finiras d'aujourd'hui.

Que Sancho n'abrége pas, s'il veut me faire plaisir, dit la duchesse; qu'il conte son histoire comme il l'entend; dût-elle durer six jours, il me trouvera toujours prête à l'écouter.

Je dis donc, mes seigneurs, continua Sancho, que ce gentilhomme dont je parle, et que je connais comme je connais mes deux mains, car de sa maison à la mienne il n'y a pas un trait d'arbalète, convia un jour un paysan pauvre, mais honnête...

Au fait, frère, au fait, interrompit l'ecclésiastique, ou votre histoire ne finira que dans l'autre monde.

J'arriverai bien à mi-chemin, s'il plaît à Dieu, répliqua Sancho. Je dis donc que ce paysan, étant arrivé à la maison de ce gentilhomme, qui l'avait convié, et qui avait épousé la fille de don Alonzo de Martagnon... hélas! ce pauvre gentilhomme, que Dieu veuille avoir son âme, car il est mort depuis ce temps-là, et à telles enseignes qu'on dit qu'il fit une mort d'ange; pour moi, je n'assistai pas à sa dernière heure, j'étais allé faire la moisson à Tembleque.

Allons, mon ami, dit l'ecclésiastique, sortez promptement de Tembleque, et poursuivez votre histoire sans vous occuper à faire les funérailles de ce gentilhomme, si vous ne voulez faire aussi les nôtres.

Il arriva donc, continua Sancho, que comme ils étaient prêts à se mettre à table, je veux dire le gentilhomme et le paysan... tenez, il me semble que je les vois, comme si c'était aujourd'hui.

Le duc et la duchesse s'amusaient fort du dépit que causaient à l'ecclésiastique les interruptions de Sancho et la longueur de son conte; quant à don Quichotte, il enrageait dans l'âme, mais ne soufflait mot.

Il fallait pourtant se mettre à table, poursuivit Sancho; or, le paysan attendait toujours que le gentilhomme prît le haut bout, mais celui-ci insistait pour le faire prendre au paysan, disant qu'il était maître chez lui; le paysan, qui se piquait de civilité et de savoir-vivre, ne voulait point y consentir; tant enfin que le gentilhomme, le prenant par les épaules, le fit asseoir par force, en lui disant : Asseyez-vous, lourdaud; quelque place que je prenne, je tiendrai toujours le haut bout. Voilà mon conte, mes seigneurs; et en vérité, je crois qu'il arrive assez à point.

Aux paroles de son écuyer, don Quichotte rougit, pâlit, se marbra de tant de couleurs, que son visage semblait moins de chair que de jaspe. Le duc et la duchesse, qui s'aperçurent du trouble où il était, se continrent, quoiqu'ils mourussent d'envie de rire; car ils avaient compris la malice de Sancho. Afin de changer l'entretien, la duchesse demanda à don Quichotte quelle nouvelle il avait de madame Dulcinée, et s'il lui avait envoyé depuis peu quelques malandrins ou quelques géants, car il ne pouvait manquer d'en avoir vaincu un grand nombre.

Madame, répondit don Quichotte, mes disgrâces ont eu un commencement, mais je ne crois pas qu'elles aient jamais de fin. Oui, j'ai vaincu des géants, défait des malandrins, et je les lui ai envoyés; mais, hélas! où auraient-ils pu la rencontrer, et à quelles marques la reconnaître, puisqu'elle est enchantée et changée en la plus horrible créature qu'il soit possible d'imaginer?

Je n'y comprends rien, dit Sancho, à moi elle m'a paru la plus belle personne du monde. Pour l'agilité, du moins, elle en revendrait à un danseur de corde : par ma foi, elle saute sur une bourrique comme le ferait un chat!

Et vous, Sancho, demanda le duc, l'avez-vous vue enchantée?

Comment! si je l'ai vue! s'écria Sancho; et qui diable a découvert cela, si ce n'est moi? Oui, oui, je l'ai vue, et elle est enchantée tout comme mon père.

L'ecclésiastique, entendant parler de géants et d'enchantements, commmença à croire, ce qu'il soupçonnait déjà, que le nouveau venu pourrait bien être ce don Quichotte de la Manche dont le duc feuilletait sans cesse l'histoire; se tournant donc vers ce dernier : Monseigneur, lui dit-il plein de colère, Votre Excellence un jour rendra compte à Dieu de la conduite de ce pauvre homme : ce don Quichotte, ou don extravagant, comme il vous plaira de l'appeler, n'est peut-être pas aussi fou que Votre Grandeur le croit, et lui donne sujet de le paraître en lâchant la bride à ses impertinences. Et vous, maître fou, continua-t-il en s'adressant à notre héros, qui vous a fourré dans la cervelle que vous êtes chevalier errant, et que vous défaites des malandrins et des géants? Croyez-moi, retournez dans votre maison afin de prendre soin de vos enfants et de vos affaires, au lieu de vous amuser à courir le monde, prêtant à rire à ceux qui vous voient! Où avez-vous trouvé qu'il y ait jamais eu des chevaliers errants, et encore moins qu'il y en ait à cette heure? en quel endroit de l'Espagne avez-vous rencontré des géants, des lutins, des Dulcinées enchantées, et toute cette foule d'extravagances qu'on vous attribue?

Don Quichotte écouta ce discours sans donner aucun signe d'impatience; mais à peine l'ecclésiastique eut-il achevé, que se levant de table, le visage enflammé de colère, il lui fit une réponse qui à elle seule mérite un nouveau chapitre.

CHAPITRE XXXII

De la réponse que fit don Quichotte aux invectives de l'ecclésiastique.

Se levant donc de toute sa hauteur et tremblant des pieds à la tête comme un épileptique, notre héros s'adressa au censeur imprudent qui l'avait si peu ménagé, et lui dit d'une voix émue et précipitée : Si le lieu où je suis, si la présence de mes illustres hôtes et la vénération que j'ai toujours eue pour votre caractère n'enchaînaient mon bras, je vous aurais déjà appris à refréner l'indiscrétion de votre langue : mais puisque les gens de votre robe n'ont d'autres armes que celles dont se servent les femmes, je ne vous menacerai point des miennes, et je consens à me servir des vôtres.

J'avais toujours pensé que d'un homme tel que vous il fallait n'attendre que de charitables conseils et des remontrances bienveillantes; loin de là, oubliant toute mesure, vous vous laissez emporter, sans provocation de ma part et sans me connaître, à m'accabler de propos outrageants. Quel droit, je vous prie, avez-vous d'en user ainsi? Sachez que les remontrances bien intentionnées demandent d'autres circonstances et exigent d'autres formes; mais me reprendre ainsi devant tout le monde, et avec tant d'aigreur, c'est dépasser les bornes de la correction fraternelle, correction que vous devriez exercer avec plus de charité que tout autre; oui, c'est mal, croyez-le bien, quand on n'a aucune connaissance du péché que l'on censure, de traiter, sans examen, le pécheur d'imbécile et de fou.

De quelles extravagances suis-je donc coupable pour que Votre Grâce ose ainsi me conseiller d'aller prendre soin de ma femme et de mes enfants, sans savoir si je suis marié ou non? Suffit-il d'avoir su se glisser dans une maison pour se croire appelé à en gouverner les maîtres? et parce qu'un homme aura été élevé dans l'étroite enceinte d'un collége, sans avoir jamais vu plus de monde que n'en contiennent quelques lieues de pays, s'arrogera-t-il de but en blanc le droit de donner des lois à la chevalerie, et de juger les chevaliers errants? Ah! c'est, selon vous, une occupation oiseuse et un temps perdu que le temps employé à courir le monde, non pour en rechercher les avantages, mais au contraire, pour en affronter ces périls qui, pour les gens de cœur, sont le chemin de l'immortalité! Si ce reproche m'était adressé par un véritable gentilhomme, ce serait un malheur dont je ne pourrais me consoler; mais qu'un pédant, étranger à la chevalerie, ose me traiter d'insensé, je m'en soucie comme d'un maravédis. Chevalier je suis, et chevalier je mourrai, s'il plaît à Dieu.

Les uns suivent ici-bas le chemin de l'orgueilleuse ambition, d'autres le chemin de l'adulation basse et servile; ceux-ci préfèrent les routes ténébreuses de l'hypocrisie; ceux-là, les voies de la piété sincère. Quant à moi, guidé par mon étoile, j'ai suivi l'étroit sentier de la chevalerie errante, qui m'apprend à mépriser les richesses et les vains amusements du monde, pour rechercher l'honneur et la véritable gloire. J'ai redressé des torts, j'ai vengé des injures, j'ai terrassé des géants et combattu des fantômes; je suis amoureux, il est vrai, mais en tant que ma profession de chevalier errant m'oblige à l'être, et non au delà; je ne suis donc pas un de ces amants qui n'ont que la volupté pour objet, mais un amant continent et platonique. Mes intentions sont irréprochables, Dieu merci; car je ne songe qu'à faire du bien à tout le monde, et à ne jamais donner lieu à personne de se plaindre de moi. Si un homme guidé par de tels sentiments, et qui s'efforce chaque jour de les mettre en pratique, mérite d'être traité de fou, c'est à vous de prononcer, noble duc et noble duchesse; je m'en rapporte à Vos Grandeurs.

Par ma foi, dit Sancho, il n'y a rien à ajouter : tenez-vous-en là, mon cher maître; et puisque ce seigneur n'est pas d'accord qu'il y ait eu des chevaliers errants, il ne faut pas s'étonner qu'il n'ait su ce qu'il disait.

Vous qui parlez, mon ami, dit l'ecclésiastique, ne seriez-vous point ce Sancho Panza à qui son maître a promis le gouvernement d'une île?

Oui, c'est moi, répondit Sancho, et qui le mérite autant qu'un autre, si huppé qu'il puisse être; oui, je suis de ceux dont on peut dire : Mets-toi avec les bons et tu seras bon; ou bien encore : Appuie-toi contre un bon arbre, et tu auras une bonne ombre. Je me suis attaché à un bon maître, et il y a déjà longtemps que je suis en sa compagnie; je dois donc être un autre lui-même; et si Dieu permet que tous deux nous vivions, il ne manquera pas de royaumes à donner, ni moi d'îles à gouverner.

Non assurément, Sancho, dit le duc, et en considération du seigneur don Quichotte, je vous donne le gouvernement d'une île que j'ai vacante en ce moment.

Sancho, dit don Quichotte, va te mettre à genoux devant Son Excellence, et baise-lui les pieds, pour la remercier de la faveur qu'elle te fait.

Sancho obéit. Aussitôt l'ecclésiastique, outré de voir l'insuccès de

CHAPITRE XXXII.

ses remontrances, se leva de table plein de dépit, et dit au duc : Par l'habit que je porte, Monseigneur, je vous crois, en vérité, aussi insensé que ces misérables : comment se pourrait-il qu'ils ne soient pas fous, lorsque les sages applaudissent à leurs folies? Que Votre Excellence reste avec eux, puisqu'elle s'en accommode si bien; quant à moi, je ne mettrai pas les pieds dans ce château, tant que ces honnêtes gens y demeureront : au moins ne serai-je pas témoin de leurs extravagances, et l'on n'aura point à me reprocher d'avoir souffert ce que je pouvais empêcher.

Là-dessus il sortit malgré toutes les prières qu'on fit pour le retenir. Il est vrai que le duc n'insista pas beaucoup, occupé qu'il était à rire de son impertinente colère.

Quand il eut repris son sérieux, le duc dit à don Quichotte : Votre Grâce, seigneur chevalier des Lions, vient de répondre à cet homme d'une manière si victorieuse et si complète, qu'il ne vous faut point d'autre satisfaction de son indigne emportement; et puis, après tout, vous le savez, ce qui vient des religieux ou des femmes ne peut passer pour un affront.

Vous dites vrai, Monseigneur, répliqua don Quichotte, et la raison en est que celui qui ne peut être outragé ne peut non plus outrager personne. Aussi, les enfants, les femmes et les gens d'église, étant considérés comme des personnes incapables de se défendre, ne peuvent faire d'affront ni en recevoir. D'ailleurs, Votre Excellence n'ignore pas qu'il y a une notable différence entre une offense et un affront : on appelle affront l'offense que soutient celui qui l'a faite ; tandis que l'offense peut venir du premier venu, sans que pour cela il y ait affront.

Par exemple, un homme passe dans la rue sans défiance, dix hommes armés l'attaquent et lui donnent des coups de bâton; il met l'épée à la main, afin de se venger, mais il en est empêché par le grand nombre de ses ennemis : on peut dire de cet homme-là qu'il a reçu une offense, mais non un affront. Autre exemple pour confirmer ce que j'avance : Quelqu'un a le dos tourné, un homme vient par derrière, le frappe avec un bâton et s'enfuit; le premier le poursuit et ne peut l'atteindre : dans ce cas, le frappé a reçu une offense et non pas un affront, qui pour être tel aurait dû être soutenu. Si celui qui l'a attaqué, même à la dérobée, eût mis l'épée à la main et fait face à son adversaire, le frappé aurait tout à la fois reçu une offense et un affront : une offense, parce qu'on l'aurait pris en trahison; un affront, parce que l'agresseur aurait soutenu ce qu'il avait fait. De tout ce que je viens de dire, il résulte que je puis avoir été offensé, mais je n'ai point reçu d'affront, aussi je ne me crois obligé à aucun ressentiment contre ce brave homme pour les paroles qu'il m'a adressées ; j'aurais voulu seulement qu'il prît patience, et m'eût laissé le temps de le désabuser de l'erreur où il est quant à l'existence des chevaliers errants. Par ma foi, si Amadis ou un de ses descendants l'avait entendu parler de la sorte, il aurait eu, je crois, sujet de s'en repentir.

Je jure, moi, ajouta Sancho, qu'ils lui auraient ouvert le ventre comme à un melon bien mûr : oh! qu'ils n'étaient pas gens à souffrir qu'on leur marchât sur le pied ! Mort de ma vie ! si Renaud de Montauban avait entendu les paroles de ce petit bonhomme, il lui aurait appliqué un tel horion sur la bouche, que le malheureux en serait resté plus de trois ans muet. Oui, oui, qu'il aille s'y frotter, et il verra comment il se tirera de leurs mains.

La duchesse mourait de rire en entendant les folies que débitait Sancho ; elle le trouvait encore plus plaisant et plus fou que son maître, et tous les témoins de cette scène étaient de son avis.

Enfin don Quichotte se calma, et l'on acheva de dîner. Comme on commençait à desservir, entrèrent quatre jeunes filles, dont l'une tenait un bassin d'argent, l'autre une aiguière, la troisième du linge parfumé et d'une blancheur éclatante ; la dernière, enfin, les bras nus jusqu'aux coudes, portait dans une boîte des savonnettes de senteur. La première s'approcha de don Quichotte, lui passa sous le menton une serviette, qu'elle lui attacha derrière le cou, puis, après une profonde révérence, celle qui tenait le bassin le plaça sous le menton de notre héros, qui, surpris d'abord d'une cérémonie si extraordinaire, mais croyant sans doute que c'était l'usage du pays de laver la barbe au lieu des mains, tendit le cou sans rien dire. Cela fait, la jeune fille versa de l'eau dans le bassin, et celle qui tenait la savonnette se mit à laver et à savonner, de toute sa force, non-seulement la barbe de don Quichotte, mais encore son visage et ses yeux, qu'il fut obligé de fermer. Le duc et la duchesse, qui n'étaient avertis de rien, se regardaient l'un l'autre, et attendaient la fin de cette étrange cérémonie. Quand la demoiselle barbière eut bien savonné notre chevalier, elle feignit de manquer d'eau et envoya sa compagne en chercher, le priant de patienter quelque peu. Don Quichotte resta donc dans le plus plaisant état qu'on puisse imaginer, le cou tendu, les yeux fermés et la barbe pleine de savon. Celles qui lui jouaient ce mauvais tour tenaient les yeux baissés, sans oser regarder le duc et la du-

CHAPITRE XXXII.

chesse, qui, de leur côté, bien qu'ils ne goûtassent guère une plaisanterie qu'ils n'avaient pas ordonnée, avaient toutes les peines du monde à s'empêcher de rire. Enfin la demoiselle à l'aiguière revint, et l'on acheva de laver notre héros, après quoi celle qui tenait le linge l'essuya le plus tranquillement du monde, et toutes quatre, ayant fait une grande révérence, s'apprêtèrent à se retirer. Mais le duc, craignant que don Quichotte ne s'aperçût qu'on se moquait de lui, appela la demoiselle qui portait le bassin : Une autre fois, lui dit-il, ayez soin que l'eau ne vienne pas à manquer. La jeune fille, qui était fort avisée, comprit l'intention, et après une nouvelle révérence, elle et ses compagnes sortirent de la salle.

Sancho, tout ébahi, regardait cette cérémonie : Pardieu ! se disait-il à lui-même, si c'est l'usage en ce pays de laver aussi la barbe aux écuyers, j'en aurais grand besoin, et je donnerais volontiers un demi-réal à qui m'y passerait le rasoir.

Que dites-vous là tout bas, Sancho? demanda la duchesse.

Je dis, Madame, que dans les cours des autres princes, j'ai entendu raconter qu'une fois la nappe enlevée, on versait de l'eau sur les mains, mais non du savon sur les barbes. Ainsi il fait bon vivre pour beaucoup voir; celui qui vit longtemps, dit-on, a de mauvais moments à passer; mais passer par un savonnage de cette espèce, ce doit être plutôt un plaisir qu'un ennui.

Eh bien, ne vous en mettez point en peine, Sancho, dit la duchesse; je vous ferai savonner par mes filles, et même mettre en lessive, si cela est nécessaire.

Quant à présent, je me contente de la barbe, reprit Sancho; pour l'avenir, Dieu sait ce qui arrivera.

Maître d'hôtel, dit la duchesse, occupez-vous de ce que demande le bon Sancho, et que ses ordres soient exécutés de point en point.

Le maître d'hôtel répondit que le seigneur Sancho serait servi à souhait, et il l'emmena dîner avec lui. Le duc, la duchesse et don Quichotte restèrent à table.

Après s'être entretenus quelque temps, et toujours de chevalerie, la duchesse pria notre héros de vouloir bien lui faire le portrait de madame Dulcinée; car d'après ce que la renommée publie de ses charmes, ajouta-t-elle, je dois croire qu'elle est la plus belle créature de l'univers, et même de toute la Manche.

A ces paroles, don Quichotte poussa un grand soupir : Madame, dit-il, si m'arrachant de la poitrine ce cœur où est empreint le portrait de ma Dulcinée, je pouvais le mettre ici sous les yeux de Votre

Grandeur, j'épargnerais à ma langue une tentative surhumaine; car comment puis-je venir à bout de tracer un fidèle portrait de celle qui eût mérité d'occuper le pinceau de Parrhasius, de Timanthe et d'Apelle, le burin de Lysippe, le ciseau de Phidias, l'éloquence de Cicéron et de Démosthène?

Tout vous est possible, seigneur don Quichotte, reprit le duc; ne fût-ce qu'une esquisse, un profil, un simple trait, cela suffira, j'en suis certain, pour exciter la jalousie des plus belles.

Je le ferais bien volontiers, repartit don Quichotte, si la disgrâce qui lui est arrivée tout récemment n'avait effacé son image de ma mémoire, et ne m'invitait plutôt à la pleurer qu'à en faire le portrait. Vos Grandeurs sauront donc qu'il y a quelque temps je voulus aller lui baiser les mains, recevoir sa bénédiction et prendre ses ordres pour ma troisième campagne. Mais, hélas! quelle douleur m'était réservée! Au lieu d'une princesse, je ne trouvai qu'une vulgaire paysanne: sa beauté était devenue une horrible laideur, la suave odeur qu'elle a coutume d'exhaler, une puanteur repoussante; je croyais trouver un ange, je rencontrai un démon; au lieu d'une personne sage et modeste, une baladine effrontée; des ténèbres au lieu de la lumière, et enfin, au lieu de la sans pareille Dulcinée du Toboso, une brute stupide et dégoûtante.

Sainte Vierge! s'écria le duc, quel monstre assez pervers a pu causer une pareille affliction à la terre, lui ravir la beauté qui la charmait et la pudeur qui faisait son plus bel ornement?

Eh qui pourrait-ce être, repartit don Quichotte, sinon un de ces maudits enchanteurs qui me persécutent, un de ces perfides nécromants vomis par l'enfer pour obscurcir la gloire et les exploits des gens de bien, exalter et glorifier les actions des méchants! Les enchanteurs m'ont persécuté et me persécuteront sans relâche, jusqu'à ce qu'ils aient enseveli moi et mes hauts faits dans les profonds abîmes de l'oubli. Les traîtres savaient bien qu'en faisant cela ils me blessaient dans l'endroit le plus sensible! En effet, priver un chevalier de sa dame, c'est le priver de la lumière du soleil, de l'aliment qui le sustente, de l'appui qui le soutient, de la source féconde où il puise et sa vigueur et sa force; car, je le répète et le répéterai sans cesse, un chevalier errant sans dame n'est plus qu'un arbre sans sève, un édifice bâti sur le sable, un corps privé de sa chaleur vivifiante.

Vous dites vrai, repartit la duchesse; mais s'il faut en croire l'histoire imprimée depuis quelque temps du seigneur don Quichotte, histoire qui a mérité l'approbation générale, Sa Seigneurie n'a jamais vu madame Dulcinée ; ce n'est qu'une dame imaginaire et chimérique, qui n'existe que dans son imagination, et à qui il attribue les perfections et les avantages qu'il lui plaît.

Il y a beaucoup à dire là-dessus, répondit don Quichotte : Dieu seul sait s'il y a, ou non, une Dulcinée dans ce monde, si elle est réelle ou chimérique ; ce sont des choses qu'il ne faut pas trop vouloir approfondir. Quoi qu'il en soit, je la tiens pour une personne qui réunit toutes les qualités capables de la distinguer des autres femmes : beauté accomplie, fierté sans orgueil, passion pleine de pudeur, modeste enjouement, parfaite courtoisie, enfin, illustre origine ; car la beauté resplendit avec encore plus d'éclat chez une personne issue d'un noble sang, que chez celle d'une humble naissance.

Cela est incontestable, dit le duc ; mais Votre Seigneurie me permettra de lui soumettre un doute qu'a fait naître en mon esprit l'histoire que j'ai lue de ses prouesses, et ce doute le voici : Tout en demeurant d'accord qu'il existe une Dulcinée au Toboso, ou hors du Toboso, et qu'elle est belle au degré de beauté que le prétend Votre Grâce, il me semble qu'en fait de noble origine elle ne saurait entrer en comparaison avec les Oriane, les Madasime, les Genièvre, enfin avec toutes ces grandes dames dont sont pleines les histoires que vous connaissez.

A cela, Monseigneur, je répondrai que Dulcinée est fille de ses œuvres, que le mérite rachète la naissance, enfin qu'il vaut mieux être distingué par sa vertu que par ses aïeux. D'ailleurs, Dulcinée possède des qualités suffisantes pour devenir un jour reine avec sceptre et couronne, puisqu'une femme belle et vertueuse peut prétendre à tout, puisqu'on ne doit point limiter l'espérance là où le mérite est sans bornes, et qu'il renferme en lui, sinon formellement, du moins virtuellement, les plus hautes destinées.

Il faut l'avouer, seigneur don Quichotte, reprit la duchesse, Votre Grâce possède le grand art de la persuasion ; aussi je me range à son avis, et désormais je soutiendrai partout qu'il y a une Dulcinée du Toboso, qu'elle est parfaitement belle, de race illustre, et digne, en un mot, des vœux et des soins du chevalier des Lions, du grand don Quichotte de la Manche. Toutefois, il me reste un scrupule, et je ne puis m'empêcher d'en vouloir un peu à votre écuyer : c'est qu'il est raconté dans l'histoire que lorsqu'il porta de votre part une lettre à madame Dulcinée, il la trouva criblant de l'avoine, ce qui, à vrai dire, pourrait faire douter quelque peu de sa noble origine.

Madame, répondit don Quichotte, Votre Grandeur saura que les aventures qui m'arrivent, au moins pour la plupart, sont extraordinaires et ne ressemblent en rien à celles des autres chevaliers errants, soit que cela provienne de la volonté du destin, soit plutôt de la malice et de la jalousie des enchanteurs. Or, il est incontestable que parmi les plus fameux chevaliers certains furent doués de vertus secrètes, celui-ci de ne pouvoir être enchanté, celui-là d'avoir la chair impénétrable, Roland, par exemple, l'un des douze pairs de France, qui, disait-on, ne pouvait être blessé que sous la plante du pied gauche, et seulement par une épingle; aussi à Roncevaux, quand Bernard de Carpio reconnut qu'il ne pouvait lui ôter la vie avec son épée, fût-il obligé de l'étouffer entre ses bras, comme Hercule avait fait d'Antée, ce féroce géant qu'on disait fils de la Terre. Eh bien, de tout ceci, je conclus qu'il serait fort possible que je possédasse une de ces vertus, non point celle de n'être jamais blessé, car l'expérience m'a prouvé bien des fois que je suis formé de chairs tendres et nullement impénétrables; mais, par exemple, celle de ne pouvoir être enchanté, puisque je me suis vu pieds et poings liés, enfermé dans une cage, où le monde entier n'aurait pas été capable de me retenir, si ce n'est à force d'enchantements; et comme peu de temps après je m'en tirai moi-même, je crois qu'il n'y a désormais rien au monde qui ait le pouvoir de m'arrêter. Aussi, mes ennemis, voyant qu'ils ne peuvent rien contre moi, s'en prennent à ce que j'aime le plus, et veulent me faire perdre la vie en attaquant celle de Dulcinée, par qui je vis et je respire.

Quand mon écuyer lui porta mon message, ils la lui montrèrent malicieusement sous la figure d'une paysanne, occupée à un exercice indigne d'elle, celui de cribler du froment; au reste, j'ai soutenu que ce froment n'était ni de l'orge ni du blé, mais des grains de perles orientales. Et pour preuve, je dirai à Vos Grandeurs qu'étant allé dernièrement au Toboso, il me fut impossible de trouver seulement le palais de Dulcinée. Quelques jours après, tandis que mon écuyer la voyait sous sa figure véritable, qui est la plus belle du monde, elle me sembla, à moi, une femme grossière, sotte en ses discours, bien qu'ordinairement elle soit l'esprit, la modestie et la discrétion mêmes. Or donc, puisque je ne suis point enchanté, ni ne puis l'être, ainsi que je viens de le prouver, c'est elle qui est enchantée, transformée, métamorphosée, c'est sur elle que mes ennemis se sont vengés de moi; et comme c'est parce qu'elle m'appartient qu'elle souffre tout cela, je veux renoncer à tous plaisirs, et me consumer en regrets et en larmes, jusqu'à ce que je l'aie rétablie en son premier état. Que Sancho ait vu Dulcinée criblant de l'avoine, cela ne prouve rien, car si les enchanteurs l'ont changée pour moi, ils ont bien pu la changer pour lui. Dulcinée est de bonne naissance, d'une des plus nobles races de tout le Toboso, où il en existe beaucoup et de très-anciennes, et je ne doute pas qu'un jour le lieu qui l'a vue naître ne devienne célèbre au même titre que Troie pour son Hélène, et l'Espagne à cause de sa Cava[1], mais avec bien plus de raison, et avec un nom incomparablement plus glorieux.

Je dirai aussi à Vos Excellences que Sancho Panza est le plus plaisant écuyer qui ait jamais servi chevalier errant. Il a souvent des naïvetés telles, qu'on se demande s'il est simple ou malin; quelquefois ses malices le font croire un rusé drôle, et, tout d'un coup, à ses simplicités on le prendrait pour un lourdaud. Il doute de tout, et il croit tout; puis au moment où l'on craint qu'il ne s'embarrasse et ne se perde dans ses raisonnements, il s'en tire avec une adresse qu'on était loin d'attendre de lui. Enfin, tel qu'il est, je ne le troquerais pas contre un autre écuyer, m'offrît-on en retour une ville entière. Je me demande s'il est bon de l'envoyer dans le gouvernement que lui a donné Votre Grandeur; pourtant il me semble doué d'une capacité suffisante pour être gouverneur, et je m'imagine qu'en lui aiguisant un peu l'esprit, il fera tout comme un autre, d'autant plus que nous voyons chaque jour qu'il ne faut pas tant d'habileté ni tant de science pour cela, car nous avons quantité de gouverneurs qui savent à peine lire, et qui gouvernent comme des aigles[2]. L'important est d'avoir l'intention droite; pour le reste on ne manque pas de conseillers qui conduisent les affaires. Le seul avis que je donnerai à Sancho, c'est de défendre ses droits, mais sans accabler ses sujets. Je tiens en réserve dans mon esprit d'autres recommandations, qui plus tard lui seront utiles dans le gouvernement de son île.

L'entretien en était là quand il se fit un grand bruit, et Sancho tout effaré se précipita dans la salle, un torchon au cou pour bavette, et suivi d'une bande de marmitons et autres vauriens de même espèce; l'un d'eux portait un chaudron plein d'une eau si sale, qu'il était aisé de reconnaître que c'était de l'eau de vaisselle. Il poursuivait Sancho, pour la lui mettre sous le menton, pendant qu'un autre faisait tous ses efforts pour lui laver le visage.

Qu'est-ce donc, mes amis? dit la duchesse; que voulez-vous à ce brave homme? eh quoi! oubliez-vous qu'il est gouverneur?

1. Nom donné par les Arabes à la fille du comte Julien.
2. Le texte porte *Girifaltes*, Gerfauts, oiseaux de proie.

Madame, ce seigneur ne veut point se laisser laver, comme c'est l'usage, et comme monseigneur le duc et son maître l'ont été, répondit le marmiton.

Si fait, si fait, je le veux bien, repartit Sancho étouffant de colère, mais je voudrais que ce fût avec du linge plus blanc, de l'eau plus claire, et par des mains moins crasseuses ; il n'y a pas si grande différence entre mon maître et moi, pour qu'on me donne cette lessive du diable, lorsque, lui, on l'a lavé avec de l'eau de rose : les usages valent d'autant mieux qu'ils ne fâchent personne, mais le lavage qu'on me propose serait tout au plus bon pour les pourceaux. J'ai la barbe propre, et je n'ai pas besoin d'être rafraîchi ; quiconque viendra m'en toucher un seul poil, recevra une si bonne taloche, que mon poing lui restera enfoncé dans la mâchoire ; ces cirimonies et ces savonnages ressemblent par trop à de méchantes farces.

En voyant la colère de Sancho, la duchesse étouffait de rire ; quant à don Quichotte, il n'était guère satisfait de voir son écuyer mystifié de la sorte et entouré de cette impertinente canaille. Après s'être profondément incliné comme pour demander à Leurs Excellences la permission de parler, il dit aux marmitons d'une voix grave : Holà, seigneurs, holà ; retirez-vous, et laissez-nous en paix ; mon écuyer est aussi propre que le premier venu, et ces écuelles ne sont pas faites pour son visage ; encore une fois, retirez-vous, car ni lui ni moi n'entendons raillerie.

Non, non, qu'ils s'approchent, ajouta Sancho, et nous verrons beau jeu! Maintenant, qu'on apporte un peigne si l'on veut, et qu'on me râcle la barbe ; si l'on y trouve quelque chose qui offense la propreté, je consens qu'on me l'arrache poil à poil.

Sancho a raison, dit la duchesse, et toujours il aura raison ; il est fort propre, et n'a pas besoin d'être lavé ; puisque nos usages lui déplaisent, il est le maître de s'en dispenser. Vous, ministres de la propreté, je vous trouve bien impertinents d'apporter pour la barbe d'un tel personnage, au lieu d'aiguières d'or et de serviettes de fin lin de Hollande, des écuelles de bois et des torchons de toile d'emballage. En vérité, ces drôles ne sauraient s'empêcher de montrer en toute occasion leur aversion pour les écuyers des chevaliers errants.

Les marmitons et le maître d'hôtel, qui était avec eux, crurent que la duchesse parlait sérieusement ; ils se hâtèrent d'ôter le torchon qu'ils avaient mis au cou du pauvre diable, et disparurent.

Dès qu'il se vit libre, Sancho alla s'agenouiller devant la duchesse, et lui dit : Des grandes dames on attend les grandes faveurs, et je ne saurais mieux reconnaître celle dont vient de me gratifier Votre Grandeur, qu'en me faisant armer chevalier errant pour demeurer toute ma vie à son très-humble service : je suis laboureur, je m'appelle Sancho Panza, j'ai une femme et des enfants, et je fais le métier d'écuyer; si dans quelqu'une de ces choses il m'est possible de vous servir, je mettrai moins de temps à vous obéir que Votre Seigneurie à commander.

On voit bien, Sancho, répondit la duchesse, que vous avez puisé à la source même de la courtoisie, et que vous avez été élevé dans le giron du seigneur don Quichotte, qui est la crème de la politesse et la fleur des cérémonies ou cirimonies, comme vous dites. Heureux siècle qui possède un tel chevalier et un tel écuyer : l'un l'honneur de la chevalerie errante, l'autre le type de la fidélité écuyéresque ! Levez-vous, ami Sancho, et reposez-vous-en sur moi ; pour reconnaître votre courtoisie, je ferai en sorte que mon seigneur le duc vous donne promptement le gouvernement qu'il vous a promis.

La conversation finie, don Quichotte alla faire la sieste, et la duchesse dit à Sancho que s'il n'avait pas besoin de repos, il pouvait venir passer l'après-dînée avec elle et ses femmes dans une salle bien fraîche. Sancho répondit que quoiqu'il eût l'habitude de dormir en été ses quatre ou cinq heures après le repas, il s'en priverait pour obéir à ses commandements.

De son côté, le duc sortit pour donner de nouveaux ordres aux gens de sa maison sur la manière de traiter don Quichotte sans s'éloigner en aucun point du cérémonial avec lequel étaient reçus les anciens chevaliers errants.

CHAPITRE XXXIII

De la conversation qui eut lieu entre la duchesse et Sancho Panza, conversation digne d'être lue avec attention.

L'histoire rapporte que Sancho ne dormit point cette sieste, et qu'au contraire, pour tenir sa parole, il alla trouver la duchesse, laquelle, dès qu'il fut entré, lui offrit un tabouret à ses côtés, ce que Sancho refusa en homme qui savait vivre ; mais la duchesse l'engagea à s'asseoir comme gouverneur, et à parler comme écuyer, puisqu'à ces deux titres il méritait le siége même du cid Ruy Dias le Campeador. Sancho s'inclina et s'assit. Aussitôt toutes les femmes de la duchesse l'environnèrent en silence, attentives à ce qu'il allait dire; mais ce fut leur maîtresse elle-même qui ouvrit l'entretien.

A présent que nous sommes seuls, dit la duchesse, je voudrais bien que le seigneur gouverneur éclaircît certains doutes que j'ai conçus en lisant l'histoire du grand don Quichotte de la Manche. Le premier de ces doutes est celui-ci : puisque Sancho n'a jamais vu Dulcinée, je veux dire madame Dulcinée du Toboso, et qu'il ne lui porta point la lettre que le seigneur don Quichotte lui écrivait de la Sierra Morena, ayant oublié de prendre le livre de poche qui la renfermait, comment a-t-il été assez hardi pour inventer une réponse, et prétendre qu'il avait trouvé cette dame criblant de l'avoine? ce qui est non-seulement un mensonge capable de porter atteinte à la considération de la sans pareille Dulcinée, mais de plus une imposture indigne d'un fidèle écuyer.

Avant de répondre, Sancho se leva, puis le corps penché, le doigt sur les lèvres, il s'en alla sur la pointe du pied soulever, l'une après l'autre, toutes les tapisseries, après quoi il vint se rasseoir près de la duchesse : A présent, dit-il, que je suis bien certain de n'être pas écouté, me voilà prêt, Madame, à répondre à tout ce qu'il vous plaira de me demander. Et d'abord je vous dirai que je tiens monseigneur don Quichotte pour un fou achevé, bien que parfois, à mon avis et à celui de tous ceux qui l'entendent, il ne laisse pas de dire des choses si bonnes, si bonnes, que le diable lui-même, avec toute sa science, n'en inventerait pas de meilleures. Cela pourtant n'empêche pas que je ne croie qu'il a le cerveau fêlé, aussi je lui en baille à garder de toutes les façons : telle entre autres la réponse à la lettre de la Sierra Morena, et cette affaire de l'autre jour, qui n'est pas encore écrite dans l'histoire, je veux dire l'enchantement de madame Dulcinée que je lui ai fait accroire, quoique cette dame ne soit pas plus enchantée que mon grison.

La duchesse pria Sancho de lui raconter cet enchantement, ce qu'il fit sans oublier la moindre circonstance, et au grand contentement de celles qui l'écoutaient. De ce que vient de conter le seigneur Sancho, reprit alors la duchesse, il se forme un terrible scrupule dans mon esprit, et il me semble entendre murmurer à mes oreilles une voix qui me dit : Mais s'il est vrai que don Quichotte de la Manche soit fou sans ressources, pourquoi Sancho Panza, son écuyer, qui le connaît pour tel, continue-t-il à le servir sur l'espoir de ses vaines promesses? il faut donc que l'écuyer soit encore plus fou que le maître. S'il en est ainsi, un jour tu rendras compte à Dieu, madame la duchesse, d'avoir donné à ce Sancho Panza une île à gouverner; car celui qui ne sait pas se gouverner lui-même saura encore moins gouverner les autres.

Pardieu, madame la duchesse, cette voix n'a point tort, repartit Sancho, et vous pouvez bien lui répondre de ma part que je reconnais qu'elle dit vrai. Si j'avais deux onces de bon sens, depuis longtemps j'aurais quitté mon maître; mais il n'y a pas moyen de s'en dédire : là où est attachée la chèvre, il faut qu'elle broute. Et puis, voyez-vous, nous sommes tous deux du même village; c'est un bon maître, je l'aime, j'ai mangé son pain, il m'a donné ses ânons, et pardessus tout je suis fidèle; il est donc impossible que rien puisse nous séparer, si ce n'est quand la pelle et la pioche nous feront à chacun notre lit. Maintenant si Votre Grandeur ne trouve pas bon qu'on me donne le gouvernement que monseigneur m'a promis, eh bien, ce sera un gouvernement de moins; je ne l'avais pas en sortant du ventre de ma mère, et s'il m'échappe, peut-être sera-ce tant mieux pour mon salut. Tout sot que je suis, croyez que j'ai bien compris le proverbe qui dit : Pour son malheur, des ailes sont venues à la fourmi. Il se pourrait donc que Sancho écuyer montât plus vite en paradis que Sancho gouverneur. Personne, d'ailleurs, n'a l'estomac deux fois plus grand que celui d'un autre, et tant grand qu'il soit, on peut le remplir de paille ou de foin. Les petits oiseaux dans les champs ont Dieu pour pourvoyeur, et quatre vares de gros drap de Cuença tiennent plus chaud que quatre vares de drap fin de Ségovie. Quand il nous faut déguerpir de ce monde, le chemin est le même pour le prince et pour le laboureur; et le corps du pape ne tient pas plus d'espace que celui du sacristain, car en entrant dans la fosse, nous nous pressons, nous nous serrons, ou plutôt l'on nous fait serrer et presser malgré nous; après quoi il n'y a plus qu'à tirer le rideau, la farce est jouée, et au revoir, bonsoir.

Je vous déclare donc, madame la duchesse, que si Votre Seigneurie ne veut pas me donner une île, parce qu'elle me croit un imbécile, je serai assez sage pour m'en passer. J'ai ouï dire, il y a longtemps, que derrière la croix se tient le diable, et que tout ce qui reluit n'est pas or; j'ai ouï dire aussi qu'on tira le laboureur Vamba[1] de sa chaumière pour le faire roi d'Espagne, et le roi Rodrigue[2] d'entre les fêtes et les divertissements, pour le faire manger aux couleuvres, si toutefois la romance ne ment point.

1. Vamba régna sur l'Espagne gothique au VIIe siècle.
2. Rodrigue, dernier roi des Goths, périt à la bataille du Guadalète en 712.

Et pourquoi mentirait-elle, dit la señora Rodriguez, en racontant que ce roi fut mis dans une fosse pleine de crapauds, de serpents et de lézards; et que deux jours après on l'entendait s'écrier d'une voix dolente : Ils me déchirent, ils me dévorent par où j'ai le plus péché; puisque cela est certain, ce seigneur a donc grande raison de dire qu'il vaut mieux être laboureur que roi, si l'on doit être mangé par ces affreuses bêtes.

La duchesse ne put s'empêcher de sourire de la simplicité de la señora Rodriguez, et elle dit à Sancho : Sancho, vous savez que lorsqu'un chevalier a donné sa parole, il la tient, dût-il lui en coûter la vie; or, quoique monseigneur le duc ne coure pas les aventures, il n'en est pas moins chevalier, et il tiendra sa promesse en dépit de la médisance et de l'envie. Prenez donc courage; vous vous verrez bientôt en possession de votre gouvernement, logé comme un prince, et couvert de velours et de brocart. Tout ce que je vous recommande, c'est de vous appliquer à bien gouverner vos sujets, qui tous sont loyaux et bien nés.

Pour ce qui est de bien gouverner, répondit Sancho, on peut s'en rapporter à moi, car je suis charitable de ma nature et j'ai compassion des pauvres. A qui pétrit le pain, ne vole pas le levain. Oh! par mon saint patron, on ne me trichera pas avec de faux dés! Je n'ai pas, Dieu merci, besoin qu'on me chasse les mouches de devant les yeux, je les chasse bien moi-même, et je sais fort bien où le soulier me blesse : je veux dire que les bons auront avec moi la main et la porte ouvertes, mais les méchants ni pied ni accès. Il me semble qu'en fait de gouvernement le tout est de commencer, et il se pourrait qu'au bout de quinze jours j'entende mieux le gouvernement que le labourage où j'ai été élevé depuis mon enfance.

Vous avez raison, Sancho, repartit la duchesse ; les hommes ne naissent pas tous avec la science infuse, et c'est avec des hommes qu'on fait des évêques, non avec des pierres. Mais pour en revenir à l'enchantement de madame Dulcinée, je pense, et je tiens même pour certain que l'intention qu'eut Sancho de mystifier son maître en lui faisant accroire que sa dame était enchantée, fut plutôt une malice des enchanteurs : car je sais de bonne part que la paysanne qui sauta sur l'âne était la véritable Dulcinée, et qu'ainsi le bon Sancho, en pensant être le trompeur, fut le premier trompé. Cela est positif et clair comme le jour; car sachez-le, seigneur Sancho, nous avons en ce pays des enchanteurs qui nous apprennent tout ce qui se passe dans le monde. Soyez donc certain que cette paysanne si leste était

Dulcinée elle-même, Dulcinée enchantée tout comme la mère qui l'a mise au monde, et que lorsque nous y penserons le moins, nous la verrons tout à coup reparaître sous sa propre figure : alors, je le pense, vous reviendrez de votre erreur.

Cela est très-possible, Madame, répondit Sancho, et je commence à croire vrai ce que mon maître raconte de cette caverne de Montesinos, dans laquelle il prétend avoir trouvé madame Dulcinée sous le même costume où je lui dis l'avoir vue, quand il me prit fantaisie de l'enchanter; oui, je reconnais bien maintenant que je fus le premier trompé, comme le dit Votre Grandeur. En effet, comment supposer que j'ai eu assez d'esprit pour fabriquer sur-le-champ tant de subtilités, et puis mon maître n'est pas encore assez fou pour se laisser tromper si aisément. N'allez pas croire pour cela, Madame, que j'ai de mauvaises intentions; un lourdaud comme moi n'est pas obligé de deviner la malice de ces scélérats d'enchanteurs : quand j'ai imaginé cela, c'était pour échapper aux reproches de mon maître, et non dans l'intention de l'offenser; si l'affaire a tourné autrement, Dieu sait à qui il faut s'en prendre, et il châtiera les coupables.

Très-bien, repartit la duchesse. Mais dites-moi, Sancho, qu'est-ce que cette aventure de la caverne de Montesinos? j'ai grande envie de la connaître.

Alors Sancho se mit à raconter ce que nous avons dit de cette aventure.

Quand il eut terminé : De tout ceci, dit la duchesse, on peut conclure que puisque le grand don Quichotte affirme avoir vu la même paysanne qui se montra à Sancho à la sortie du Toboso, il est clair que cette paysanne était Dulcinée; ainsi donc, vous le voyez, nos enchanteurs sont très-dignes de foi.

Après tout, reprit Sancho, si madame Dulcinée est enchantée, tant pis pour elle : Je ne me soucie guère de m'attirer pour cela des querelles avec les ennemis de mon maître, qui sont très-nombreux et très-méchants. La vérité est que celle que j'ai vue était une paysanne; si cette paysanne était Dulcinée ou non, cela ne me regarde pas, et l'on ne doit pas m'en rendre responsable. Autrement on viendrait dire à tout bout de champ : Sancho a dit ceci, Sancho a fait cela, Sancho par-ci, Sancho par-là, comme si Sancho était un je ne sais qui, et non ce même Sancho qu'on voit tout de son long dans une histoire, à ce que m'a dit Samson Carrasco, lequel n'est rien moins que bachelier; et, comme on le sait, ces gens-là ne mentent jamais, si ce n'est quand il leur en prend fantaisie, ou lorsqu'ils y trouvent leur profit. Qu'on ne s'en prenne donc pas à moi, je m'en lave les mains ; vienne seulement le gouvernement, et vous verrez merveilles ; car qui a été bon écuyer, sera encore meilleur gouverneur.

En vérité, Sancho, s'écria la duchesse, vous êtes un homme incomparable : tout ce que vous venez de dire équivaut à autant de sentences, et, comme dit notre proverbe espagnol : souvent mauvaise cape couvre un bon buveur.

Madame, répondit Sancho, je jure que de ma vie je n'ai bu par vice ; par soif, c'est possible ; car je n'ai pas la moindre hypocrisie. Je bois quand l'envie m'en prend, ou, si je ne l'ai pas, quand on m'offre à boire ; alors j'accepte pour ne pas paraître mal élevé ; à une santé portée par un ami, y a-t-il cœur de pierre qui ne soit prêt à faire raison ? mais quoique je mette mes chausses, je ne les salis pas, je veux dire que si je bois, je ne m'enivre pas. Au reste, c'est un reproche qu'on ne fera guère aux écuyers des chevaliers errants ; car les pauvres diables sont toujours par les forêts, par les déserts et par les montagnes, buvant de l'eau plus qu'ils ne veulent : et souvent ils donneraient un œil de la tête pour se procurer une seule goutte de vin.

Je vous crois, répondit la duchesse. Mais il se fait tard, allez reposer, mon ami ; une autre fois nous en dirons davantage. En attendant, je veillerai à ce qu'on vous donne ce gouvernement.

Sancho baisa les mains de la duchesse, et après l'avoir remerciée, il la supplia de commander qu'on eût soin de son grison, parce que c'était ce qu'il avait de plus cher au monde.

Qu'est-ce que ce grison? demanda la duchesse.

Madame, c'est mon âne, répondit Sancho ; pour ne pas l'appeler ainsi, j'ai coutume de l'appeler le grison. En entrant dans ce château, j'avais voulu le recommander à cette bonne dame que voilà, mais elle s'est fâchée tout rouge comme si je l'eusse appelée vieille ou laide, et pourtant l'affaire des duègnes devrait être plutôt, ce me semble, de panser les ânes, que de parader dans un salon. Dieu de Dieu, quelle dent avait contre elles un hidalgo de mon village !

C'était sans doute quelque manant comme vous, interrompit la señora Rodriguez, car s'il eût été un véritable gentilhomme, il les aurait honorées et respectées.

Assez, assez, señora Rodriguez, dit la duchesse ; et vous, Sancho, ne vous mettez point en peine de votre grison ; je m'en charge. Puisque c'est le bien-aimé de mon ami, je veux le porter dans mon cœur.

Il suffit qu'il soit à l'écurie, Madame, repartit Sancho; quant à être porté dans le cœur de Votre Excellence, ni lui ni moi ne sommes dignes de nous y voir un seul instant.

Eh bien, Sancho, dit la duchesse, emmenez le grison à votre gouvernement; vous l'y traiterez à votre fantaisie, et il n'aura plus qu'à s'engraisser.

Madame, répondit Sancho, j'ai vu plus d'un âne entrer dans un gouvernement : il n'y aurait donc rien d'étonnant que j'y emmenasse le mien.

Tous ces propos égayèrent la duchesse, et après avoir de nouveau dit à Sancho d'aller se reposer, elle fut raconter au duc la conversation qui venait d'avoir lieu. Ils concertèrent ensemble quelque bonne mystification dans le genre chevaleresque, afin que le chevalier et son écuyer ne s'aperçussent en aucune manière de la tromperie, et assurément ce sont là les plus mémorables aventures que contienne cette grande histoire.

CHAPITRE XXXIV

Des moyens qu'on trouva pour désenchanter Dulcinée.

Le duc et la duchesse prenaient un plaisir extrême à la conversation de leurs hôtes, et ne songeaient qu'à trouver de nouveaux moyens de s'en divertir : ce qui étonnait le plus la duchesse, c'était la simplicité de Sancho, qui en était venu à croire véritable l'enchantement de Dulcinée, dont lui seul était l'inventeur. L'aventure de la caverne de Montesinos, qu'avait racontée notre écuyer, leur parut excellente pour la mystification qu'ils se proposaient.

Six jours ayant été employés à se préparer et à instruire leurs gens, ils engagèrent le chevalier à une chasse au sanglier, qui devait avoir lieu avec un équipage complet de piqueurs et de chiens. Avant le départ, on présenta à notre héros et à son écuyer un habit de chasse en beau drap vert : don Quichotte refusa, disant qu'il aurait bientôt à reprendre le rude métier des armes et qu'il ne pouvait se charger d'un porte-manteau; tout au contraire, Sancho accepta, se promettant bien d'en faire argent à la plus prochaine occasion.

Les préparatifs achevés, don Quichotte s'arma de toutes pièces; Sancho endossa son nouvel habit, et monté sur son grison, de préférence à un bon cheval qu'on lui offrait, il se mêla à la troupe des chasseurs. La duchesse ne tarda pas à paraître élégamment parée, et don

Quichotte, avec courtoisie, prit la bride de son palefroi, malgré les efforts que faisait le duc pour s'y opposer. On se dirigea vers un bois planté entre deux grandes collines. Quand les postes furent pris, les sentiers occupés, on découpla les chiens, on partagea les chasseurs en plusieurs troupes, et la chasse commença avec de si grands cris qu'il devenait impossible de s'entendre. Bientôt la duchesse descendit de son palefroi, et, l'épieu à la main, vint s'embusquer dans un endroit par lequel le sanglier avait coutume de passer; le duc et don Quichotte mirent aussi pied à terre, et se placèrent à ses côtés; Sancho, lui, sans descendre du grison, se tint coi derrière tout le monde, de crainte de quelque mésaventure.

A peine étaient-ils rangés en haie avec une partie de leurs gens, qu'ils virent accourir un énorme sanglier, harcelé par les chiens et poursuivi par les chasseurs. Don Quichotte, embrassant fortement son écu, marche à la rencontre de la bête l'épée à la main; le duc y court aussi avec son épieu, et la duchesse les aurait devancés si son époux ne l'en eût empêchée. Quant à Sancho, dès qu'il aperçut le terrible animal, avec ses longues défenses, sa gueule blanchie d'écume et ses yeux étincelants, il lâcha son grison et courut à toutes jambes vers un chêne, pour y grimper; mais au moment où il atteignait le milieu, prêt à saisir une branche pour gagner la cime, cette branche se rompit, et en tombant il resta accroché à un tronçon. Lorsque, suspendu de la sorte, il sentit son habit se déchirer, l'idée lui vint que le sanglier pourrait fort bien le déchirer lui-même, et il se mit à pousser de tels cris, que tous ceux qui l'entendaient le crurent sous la dent de quelque bête sauvage. Finalement le sanglier resta sur la place, percé de mille coups d'épieux, et don Quichotte, accourant aux cris de Sancho, le trouva suspendu, la tête en bas, le fidèle grison auprès de lui. Il dégagea son écuyer. Devenu libre, Sancho examina la déchirure faite à son habit de chasse, accident dont il eut un déplaisir mortel, car dans cet habit il s'imaginait posséder une métairie.

Enfin l'énorme sanglier, couvert de branches de romarin et de myrte, fut placé par les chasseurs sur le dos d'un mulet et conduit en triomphe vers une tente dressée au milieu du bois, où l'on trouva la table chargée d'un abondant repas, tout à fait digne de la munificence du personnage qui l'offrait à ses convives.

Montrant à la duchesse les plaies de son habit tout déchiré : Si cette chasse, dit Sancho, eût été aux lièvres ou aux petits oiseaux, mon pourpoint ne serait pas en cet état. Je ne sais vraiment quel plaisir on peut trouver à poursuivre un animal qui, s'il vous attrape avec ses crochets, peut envoyer son homme dans l'autre monde. Cela me rappelle cette vieille romance dont le refrain était : Sois-tu mangé des ours comme fut Favila!

Ce Favila était un roi goth qui, dans une chasse aux bêtes sauvages, fut dévoré par un ours, dit don Quichotte[1].

Justement, repartit Sancho : aussi comment les princes et les rois s'exposent-ils à se faire dévorer, pour le seul plaisir de tuer un pauvre animal qui ne leur a fait aucun tort?

Vous vous trompez, Sancho, dit le duc : la chasse aux bêtes sauvages est le divertissement favori des rois et des princes; cette chasse est une image de la guerre : on y emploie des ruses et des stratagèmes pour vaincre l'ennemi; on s'y accoutume à endurer le froid et le chaud; on y oublie le sommeil et l'oisiveté; en un mot, c'est un exercice qu'on prend sans nuire à personne, et un plaisir qu'on partage avec beaucoup de gens. Cette chasse, d'ailleurs, n'est pas permise à tout le monde, non plus que celle du haut vol, car toutes deux n'appartiennent qu'aux princes et aux grands seigneurs. Ainsi donc, Sancho, quand vous serez gouverneur, adonnez-vous à la chasse, et vous verrez que vous vous en trouverez bien.

Oh! pour cela, non, répondit Sancho; à bon gouverneur, comme à bonne ménagère, jambe rompue et à la maison; il ferait beau voir des gens pressés, bien fatigués du chemin, venir demander le gouverneur, et qu'il fût au bois à se divertir! les affaires marcheraient d'une singulière façon! Par ma foi, seigneur, m'est avis que la chasse est plutôt le fait des fainéants que des gouverneurs; moi, je me contente de jouer à *la triomphe* les quatre jours de Pâques[2], et aux boules les dimanches et fêtes. Toutes ces chasses ne vont guère à mon humeur et ne s'accordent pas avec ma conscience.

Qu'il en soit ce qu'il plaira à Dieu, Sancho, repartit le duc : mais entre le dire et le faire il y a bien du chemin.

Qu'il y ait le chemin qu'on voudra, repartit Sancho, au bon payeur il ne coûte rien de donner des gages; et mieux vaut celui que Dieu assiste, que celui qui se lève de grand matin; c'est le ventre qui fait mouvoir les pieds, et non les pieds le ventre : je veux dire que si Dieu m'assiste, et si je vais droit mon chemin, avec bonne intention, je gouvernerai mieux qu'un aigle royal. Si l'on ne m'en croit pas, qu'on me mette le doigt dans la bouche, et on verra si je serre bien.

Maudit sois-tu de Dieu et des saints, détestable Sancho, s'écria don

1. Ce Favila n'était pas un roi goth; il succéda à Pélage dans les Asturies.
2. Noël, l'Épiphanie, Pâques et la Pentecôte.

Quichotte : quand donc t'entendrai-je parler un quart d'heure sans cette avalanche de proverbes? Que Vos Grâces laissent là cet imbécile, mes seigneurs, si vous ne voulez être accablés de ses ridicules impertinences.

Pour être nombreux, dit la duchesse, les proverbes de Sancho n'en sont pas moins agréables; quant à moi, ils me divertissent extrêmement, qu'ils viennent à propos ou non; d'ailleurs, entre amis on ne doit pas y regarder de si près.

Au milieu de ces agréables entretiens, on sortit des tentes pour rentrer dans le bois, où le reste du jour se passa à préparer des affûts. La nuit vint surprendre les chasseurs, non pas la nuit sereine, comme elle l'est presque toujours en été, mais un peu obscure, et d'autant plus favorable aux projets du duc et de la duchesse.

Soudain le bois parut en feu, et de toutes parts on entendit un grand bruit de trompettes et autres instruments de guerre, ainsi que le pas de nombreuses troupes de cavaliers qui traversaient le bois en tous sens. Cette lumière subite, ce bruit inattendu surprirent l'assemblée; les sons discordants d'une infinité de ces instruments dont les Mores se servent dans les batailles, ceux des trompettes et des clairons, enfin les fifres, les hautbois et les tambours mêlés confusément, faisaient un tel vacarme, qu'il eût fallu être privé de sens pour n'en être pas ému. Le duc pâlit, la duchesse frissonna, et don Quichotte lui-même ressentit quelque émotion; quant à Sancho, il tremblait de tous ses membres, et il n'y eut pas jusqu'à ceux qui étaient dans le secret qui n'éprouvassent de l'effroi.

Tout à coup ce vacarme cesse; et un courrier, qu'à son costume on eût pris pour un démon, passe brusquement, sonnant avec un bruit épouvantable dans une corne démesurée.

Holà, dit le duc, qui êtes-vous? à qui en voulez-vous? et que signifie cette troupe de gens de guerre qui traverse ce bois?

Je suis le diable! répondit le courrier d'une voix rauque; je vais à la recherche de don Quichotte de la Manche, et les gens que vous entendez sont six troupes de magiciens, qui amènent la sans pareille Dulcinée du Toboso enchantée sur un char de triomphe; elle est accompagnée du vaillant Montesinos, qui vient révéler au seigneur don Quichotte les moyens de désenchanter la pauvre dame.

Si vous étiez le diable, comme vous le dites, repartit le duc, vous auriez déjà reconnu le chevalier don Quichotte de la Manche; car il est devant vous.

En mon âme et conscience, je n'y prenais pas garde, répondit le

CHAPITRE XXXIV.

diable : j'ai tant de choses dans la tête, que j'oubliais la principale, celle pour laquelle je suis venu.

Ce démon, dit Sancho, doit être honnête homme et bon catholique : autrement il ne jurerait pas sur son âme et sur sa conscience ; il y a partout des gens de bien, à ce que je vois, même en enfer.

Aussitôt le démon, sans mettre pied à terre, tourna les yeux vers don Quichotte : C'est vers toi, lui dit-il, chevalier des Lions (puissé-je bientôt te voir entre leurs griffes!), c'est vers toi que m'envoie l'infortuné mais vaillant Montesinos, pour te dire de l'attendre à l'endroit même où je te rencontrerai, parce qu'il amène avec lui la sans pareille Dulcinée du Toboso ; il veut t'apprendre le moyen de la désenchanter. Ma venue n'étant à autre fin, je ne m'arrêterai pas plus longtemps ; que les démons de mon espèce restent dans ta compagnie, et les bons anges avec ces seigneurs. Puis, sonnant dans sa corne, il tourna bride et disparut.

La surprise s'accrut pour tout le monde, mais surtout pour don Quichotte et Sancho : pour l'écuyer, parce qu'on voulait à toute force que Dulcinée fût enchantée ; pour le chevalier, parce qu'il ne savait plus à quoi s'en tenir sur les visions qu'il avait eues dans la caverne de Montesinos. Pendant que notre héros s'abîmait dans ses pensées, le duc lui dit : Est-ce que Votre Grâce veut attendre cette visite, seigneur don Quichotte ?

Certainement, répondit-il ; je l'attendrai ici de pied ferme, dût l'enfer entier m'assaillir.

Eh bien, moi, dit Sancho, s'il vient encore un diable me corner aux oreilles, je resterai ici tout comme je suis en Flandre.

La nuit achevait de se fermer, et l'on commençait à distinguer à travers le bois un nombre infini de lumières courant de tous côtés ; telles dans un temps serein on voit voltiger les exhalaisons de la terre. Bientôt se fit entendre un bruit semblable à celui que produiraient les roues massives d'une charrette à bœufs, bruit strident qui fait fuir les loups et les ours. A ce tintamarre vint s'en joindre un autre qui le rendit plus horrible encore : il semblait qu'en divers endroits de la forêt on livrât plusieurs batailles ; d'un côté retentissait le bruit de l'artillerie, d'un autre, celui d'un grand nombre de mousquetades : à la voix des combattants, on les aurait jugés tout proche, tandis que plus loin, une multitude d'instruments ne cessaient de jouer à la manière des Mores, comme pour animer au combat. En un mot, le bruit confus de ces instruments, les cris des guerriers, le sourd retentissement des chariots, inspiraient de la frayeur aux plus hardis ; et don Quichotte lui-même eut besoin de tout son courage pour n'être pas épouvanté. Quant à Sancho, le sien fut bientôt abattu, et il tomba évanoui aux pieds de la duchesse, qui s'empressa de lui faire jeter de l'eau au visage. Il fut assez longtemps à revenir, et il commençait à ouvrir les yeux lorsqu'un de ces chariots qui faisaient tant de bruit arriva, tiré par quatre bœufs entièrement couverts de drap noir et ayant à chaque corne une torche allumée. Au sommet du char, sur une espèce de trône, se tenait assis un vieillard vénérable, dont la longue barbe, plus blanche que la neige, lui descendait jusqu'à la ceinture; pour tout vêtement, il avait une ample robe de boucassin noir. Comme ce chariot portait une infinité de lumières, on pouvait aisément distinguer les objets. Il était conduit par deux démons habillés de la même étoffe, et dont les effroyables visages auraient fait retomber Sancho en défaillance, s'il n'eût fermé les yeux pour ne pas les voir.

Ce noir équipage étant arrivé devant le duc, le vieillard se leva, et dit d'une voix grave : Je suis le sage Lirgande ; et le char passa outre. Il fut suivi d'un autre, tout à fait semblable, sur lequel était un vieillard vêtu comme le premier, qui, ayant fait arrêter le chariot, dit d'une voix non moins grave : Je suis le sage Alquif, le grand ami d'Urgande la déconvenue; et il passa comme le précédent. Un troisième char avec un pareil attelage et de semblables conducteurs, s'avança de même; mais celui qu'on voyait assis sur le trône était un homme robuste et à mine rébarbative, qui, se redressant, cria d'une voix rauque et satanique : Je suis l'enchanteur Arcalaüs, ennemi mortel d'Amadis de Gaule et de toute sa race.

A quelques pas plus loin les trois chars s'arrêtèrent, et le bruit criard des roues ayant cessé, on entendit une agréable musique, dont Sancho tout réjoui tira bon augure.

Madame, dit-il à la duchesse, dont il ne s'éloignait jamais d'un pas, là où est la musique, il ne peut y avoir rien de mauvais.

Non plus que là où est la lumière, ajouta la duchesse.

Madame, répliqua Sancho, la lumière vient de la flamme et la flamme peut tout embraser. Ces lumières que nous voyons là sont capables de mettre le feu à la forêt, tandis que la musique est toujours signe de réjouissance et de fêtes.

C'est ce que nous apprendra l'avenir, dit don Quichotte.

Et notre héros avait raison, comme le prouve le chapitre suivant.

CHAPITRE XXXV

Suite des moyens qu'on prit pour désenchanter Dulcinée, etc.

Au son de cette agréable musique s'avançait un char traîné par six mules caparaçonnées de toiles blanches; sur chacune des mules était monté un pénitent, à la manière de ceux qui font amende honorable, tous également vêtus de blanc, avec une grosse torche de cire à la main. Ce char était deux fois et même trois fois plus grand que les précédents; de chaque côte marchaient douze autres pénitents, tenant une torche allumée. Sur un trône élevé, au centre du char, était assise une jeune fille habillée d'une étoffe de gaze d'argent, si brillante de paillettes d'or que les yeux n'en pouvaient soutenir l'éclat; un voile de soie, assez transparent pour laisser voir sa beauté, lui couvrait le visage, et les nombreuses lumières permettaient de distinguer ses attraits et son âge, qui semblait être de dix-sept à vingt ans. Auprès d'elle se tenait un personnage enveloppé jusqu'aux pieds d'une robe de velours à longue queue, et la tête couverte d'un voile noir.

Quand le char fut arrivé en face du duc, la musique cessa, et le personnage que nous venons de dépeindre, s'étant levé, écarta sa robe, rejeta son voile, et fit voir la figure de la Mort hideuse et décharnée. Don Quichotte en pâlit, Sancho pensa mourir de peur, le duc et la duchesse firent un mouvement d'effroi. Cette Mort vivante s'étant levée sur ses pieds, prononça ces paroles d'une voix lente :

> O toi dont les nobles travaux
> Méritaient en amour un destin plus prospère,
> Reconnais ce Merlin, des enchanteurs le père,
> Le fléau des méchants et l'ami des héros.
> Sur les bords du Léthé j'appris que Dulcinée
> Avait en un moment perdu tous ses attraits;
> Je viens finir les maux de cette infortunée.
> Du sort écoute les arrêts :
> Par la main de Sancho, sur son large derrière,
> Trois mille et trois cents coups appliqués fortement
> Avec une longue étrivière
> Rendront à cet objet charmant
> Son éclat, sa beauté première[1].

Oui-da, je t'en pondrai, s'écria Sancho; je ne me donnerai pas seulement trois coups de fouet. Au diable soit ta manière de désenchanter! et qu'est-ce que mes fesses ont à voir avec les enchantements? Je jure

---

1. Ces vers sont empruntés à Florian

que si le seigneur Merlin n'a pas d'autre moyen de désenchanter madame Dulcinée, elle pourra s'en aller avec son enchantement dans la sépulture.

Et bien moi, je vous saisirai, don manant farci d'ail, reprit don Quichotte, et je vous attacherai à un arbre, nu comme quand votre mère vous a mis au monde; après quoi je vous donnerai non pas trois mille trois cents coups de fouet, mais cinquante mille, et si bien appliqués qu'il vous en cuira toute votre vie. Pas de réplique, ou je vous étrangle sur l'heure.

Tout beau, tout beau! interrompit Merlin, cela ne peut se passer ainsi : les coups de fouet que recevra Sancho doivent être volontaires, et le moment à son choix, car il n'y a point d'époque limitée pour cela; il dépend même de lui d'en être quitte pour la moitié, pourvu qu'il trouve bon que ces coups lui soient appliqués par une autre main que la sienne, si rude qu'elle puisse être.

Ni ma main, ni celle d'un autre, ni pesante, ni à peser, ni dure, ni douce, ne me touchera, repartit Sancho. Est-ce que j'ai engendré madame Dulcinée du Toboso, pour que mes fesses paient le mal qu'ont fait ses beaux yeux? que monseigneur don Quichotte ne se fouette-t-il? c'est son affaire. Lui qui l'appelle sans cesse sa joie, sa vie, son âme, c'est à lui de chercher les moyens de la désenchanter : mais, me fouetter, moi? *abernuncio*[1] *!*

Sancho eut à peine achevé de parler, que la nymphe qui se tenait près de Merlin se leva, écarta le voile qui lui couvrait le visage, et fit briller aux yeux de tous une beauté incomparable; puis, avec un geste assez masculin, et d'une voix fort peu féminine, elle apostropha Sancho en ces termes :

O malencontreux écuyer, cœur de poule, âme de bronze, entrailles de pierres et de cailloux ! si l'on te demandait, larron, meurtrier, de te jeter du haut d'une tour; si l'on voulait, tigre sans pitié, te faire avaler des crapauds et des lézards; si l'on t'ordonnait, serpent venimeux, d'étrangler ta femme et tes enfants, il ne serait pas étonnant de te voir faire tant de façons : mais regarder à trois mille et trois cents coups de fouet, quand il n'est si chétif écolier de la doctrine chrétienne qui n'en attrape autant chaque mois, en vérité tu devrais en mourir de honte, et il y a là de quoi surprendre, étourdir, stupéfier, non-seulement ceux qui t'écoutent, mais quiconque un jour l'apprendra. Lève, ô misérable et endurci animal, lève tes yeux de mulet ombra-

---

1. *Abrenuncio*, locution familière pour exprimer la répugnance.

geux sur la prunelle des miens, et tu verras mes larmes tracer goutte à goutte des sillons et des sentiers à travers les campagnes fleuries de mes belles joues. N'es-tu pas ému, monstre sournois et malintentionné, en voyant une princesse de mon âge se flétrir et se consumer sous l'écorce d'une grossière paysanne! quoique je ne paraisse pas telle à présent, grâce à la faveur particulière du seigneur Merlin, qui a pensé que les pleurs d'une belle affligée seraient plus capables de t'attendrir. Résous-toi donc, brute indomptée, à frapper tes chairs épaisses; triomphe une fois en ta vie de cette inclination gloutonne qui te fait ne songer qu'à te farcir la panse; et remets dans son premier état la délicatesse de ma peau, l'aimable douceur de mon caractère, l'incomparable beauté de mon visage; et si je ne suis pas capable d'adoucir ton humeur farouche, si tu ne me trouves pas encore assez à plaindre pour exciter ta pitié, aie au moins compassion de ce pauvre chevalier qui est à tes côtés, de ce bon maître qui t'aime si tendrement, et dont l'âme, je le vois, est à deux doigts de ses lèvres et n'attend plus que ta réponse, ou compatissante ou impitoyable, pour lui sortir par la bouche ou lui rentrer dans le gosier.

En entendant ces mots, don Quichotte se tâta le gosier. Parbleu, dit-il en se tournant vers le duc, Dulcinée dit vrai; voici que j'ai l'âme arrêtée là, comme une noix d'arbalète.

Eh bien, Sancho, que dites-vous de tout ceci? demanda la duchesse.

Madame, ce que j'ai dit, je le répète, répondit Sancho; quant aux coups de fouet, *abernuncio*.

C'est *abrenuncio* qu'il faut dire, observa le duc.

Pour l'amour de Dieu, Monseigneur, répliqua Sancho, que Votre Grandeur me laisse parler à ma guise; est-ce que je suis en état de m'amuser à ces subtilités? Vraiment, il m'importe bien d'une lettre de plus ou de moins quand il s'agit de quatre à cinq mille coups de fouet!

Vous vous trompez, Sancho, reprit le duc, il ne s'agit que de trois mille trois cents.

Voilà le compte bien diminué! dit Sancho; qui trouve le marché bon n'a qu'à le prendre. Par ma foi, je voudrais bien savoir où notre maîtresse Dulcinée du Toboso a trouvé cette manière de prier les gens! Comment, venir du même coup me demander de me mettre le corps en lambeaux pour l'amour d'elle et m'appeler cœur de poule, bête farouche, tigre abominable, avec une kyrielle d'injures à faire fuir le diable! Est-ce que par hasard mes chairs sont de bronze? est-ce que je gagnerai quelque chose à la désenchanter? Encore, si elle venait avec une belle corbeille de linge blanc, quelques coiffes de nuit ou seulement des escarpins (bien que je n'en mette pas), peut-être me laisserais-je faire : mais pour m'attendrir elle me débite un boisseau d'injures, et l'on dirait qu'elle va me dévisager. Ne sait-elle point qu'un mulet chargé d'or n'en gravit que mieux la montagne, que les présents ramollissent les pierres, et qu'un tiens vaut mieux que deux tu auras? Mais ce n'est pas tout : voilà qu'au lieu de m'encourager, mon seigneur et maître me menace de m'attacher à un arbre, et de doubler la dose prescrite par le seigneur Merlin. On devrait bien considérer que ce n'est pas un simple écuyer qu'on prie de se fouetter, mais un gouverneur; car enfin faut-il regarder à qui l'on parle, et comment on prie. Il conviendrait, ce me semble, de choisir un autre temps; on me voit navré de la déchirure de mon habit vert, et l'on vient me demander de me déchirer moi-même, quoique je n'en aie pas plus envie que de me faire cacique !

En vérité, ami Sancho, reprit le duc, vous faites trop de façons : mais je vous le dis en un mot comme en mille, si vous ne devenez plus souple qu'un gant, il faudra renoncer au gouvernement : il serait beau vraiment que je donne à mes sujets un gouverneur aux entrailles de pierre, qui ne fût touché ni des larmes des dames affligées, ni des prières et des conseils des plus sages enchanteurs! Encore une fois, Sancho, vous vous fouetterez ou l'on vous fouettera, ou vous ne serez point gouverneur.

Monseigneur, répondit Sancho, ne m'accorderait-on pas au moins deux jours pour y penser?

Cela ne se peut, repartit Merlin, cette affaire là doit être conclue à l'heure même, sinon Dulcinée retourne à la caverne de Montesinos, changée en paysanne ; ou bien, dans l'état où elle est, elle sera conduite aux champs Élyséens, pour y attendre que le nombre des coups de fouet soit complet.

Allons, Sancho, ajouta la duchesse, prenez courage; songez que vous avez mangé le pain du seigneur don Quichotte, que nous devons tous servir et aimer à cause de sa loyauté et de ses grands exploits de chevalerie : consentez à ces coups de fouet, mon enfant; la crainte est pour le poltron, et un noble cœur ne trouve rien de difficile.

Au lieu de répondre, Sancho, tout hors de lui, se tourna vers Merlin : Seigneur Merlin, lui dit-il, ce diable, qui est venu ici en poste, a ordonné à mon maître d'attendre le seigneur Montesinos, qui allait venir lui parler du désenchantement de madame Dulcinée; cependant, nous n'avons point encore vu Montesinos, ni rien qui lui ressemble.

Ami Sancho, répondit Merlin, ce diable est un étourdi et un grandissime vaurien : c'est moi qui l'envoyais vers votre maître, et non Montesinos, lequel n'a pas quitté sa caverne, où longtemps encore il attendra la fin de son enchantement. Si Montesinos est votre débiteur, ou si vous avez quelque affaire à traiter avec lui, je l'amènerai où il vous plaira : pour l'heure, résignez-vous à cette petite pénitence que nous vous avons ordonnée, et, croyez-moi, elle vous sera d'un grand profit pour l'âme et pour le corps : pour l'âme, parce que vous ferez une bonne action; pour le corps, parce qu'étant d'une complexion sanguine, il n'y a pas de mal de vous tirer un peu de sang.

Par ma foi, celui-là est bon, répliqua Sancho : il n'y a pas déjà assez de médecins sur la terre, il faut encore que les enchanteurs s'en mêlent! Mais enfin, puisque tout le monde ici, excepté moi, le trouve utile, je consens à m'appliquer les trois mille trois cents coups de fouet, à la condition que je me les donnerai quand il me plaira, sans qu'on me fixe le temps ni le jour; de mon côté, je tâcherai de terminer cette affaire le plus tôt possible, afin que le monde puisse jouir de la beauté de madame Dulcinée, beauté, à ce qu'il paraîtrait, beaucoup plus grande que je n'avais pensé. J'y mets encore une condition, c'est que je ne serai point obligé de me fouetter jusqu'au sang, et si quelques coups ne font que chasser les mouches, ils compteront de même; de plus, si je viens à me tromper sur la quantité, le seigneur Merlin, qui sait tout, aura soin de les compter, et il me dira si je m'en suis donné trop ou trop peu.

Du trop il ne faut pas s'inquiéter, répondit Merlin, car sitôt que le nombre sera complet, soudain madame Dulcinée se trouvera désenchantée, et elle viendra remercier le bon Sancho et lui témoigner sa reconnaissance par des présents considérables; n'ayez donc aucun souci du trop ou du trop peu, je le prends sur ma conscience; le ciel me préserve de tromper personne, ne fût-ce que d'un cheveu de la tête.

Allons, dit Sancho, je consens à mon supplice, c'est-à-dire j'accepte la pénitence; aux conditions que j'ai dites, s'entend.

Sancho n'eut pas plus tôt prononcé ces dernières paroles, que la musique recommença avec accompagnement de deux ou trois décharges d'artillerie, et don Quichotte alla se jeter au cou de son écuyer, qu'il baisa cent fois sur le front et sur les joues. Le duc, la duchesse, tous les chasseurs, lui témoignèrent la joie qu'ils éprouvaient de le voir se rendre à la raison; puis, le char se remit en marche, la belle Dulcinée salua Leurs Excellences et fit une profonde révérence à son futur libérateur.

Cependant l'aube riante et vermeille commençait à poindre : la terre joyeuse, le ciel serein, la lumière pure, tout annonçait le jour qui déjà posant le pied sur le pan de la robe de la fraîche Aurore promettait d'être magnifique. Le duc et la duchesse, très-satisfaits de leur chasse, et surtout d'avoir si bien réussi dans leur projet, retournèrent au château, décidés à continuer ces plaisanteries qui les divertissaient de plus en plus.

CHAPITRE XXXVI.

De l'étrange et inouïe aventure de la duègne Doloride, appelée la comtesse Trifaldi; et d'une lettre que Sancho écrivit à sa femme.

Le duc avait un majordome d'un esprit jovial et plein de ressources; c'était lui qui avait composé les vers, disposé tout l'appareil de la scène, représenté le personnage de Merlin, et fait remplir par un jeune page celui de Dulcinée. A la demande de ses maîtres, il composa une autre comédie aussi originale que la première, et non moins bien imaginée.

Le jour suivant, la duchesse demanda à Sancho s'il avait commencé sa pénitence; il répondit que la nuit précédente il s'était donné cinq coups de fouet.

Avec quoi? reprit la duchesse.

Avec ma main, répliqua Sancho.

Mais c'est plutôt se caresser que se fouetter, dit la duchesse, et je ne sais si Merlin sera satisfait. Je pense donc qu'il conviendrait que Sancho fît une discipline composée de chardons ou de quelques cordelettes de cuir, capable de se faire bien sentir, ce qui est une condition expresse imposée par Merlin; car la liberté d'une aussi grande dame que Dulcinée ne saurait être achetée à vil prix.

Madame, répondit Sancho, que Votre excellence me donne une discipline à sa fantaisie, et je m'en servirai pourvu qu'elle ne me fasse pas trop de mal, car je l'avouerai à Votre Grandeur, tout paysan que je suis, j'ai la peau fort délicate; et il ne serait pas juste que je me misse en lambeaux pour le service d'autrui.

Eh bien, dit la duchesse, demain je vous donnerai une discipline faite exprès pour vous, et qui s'accommodera à la délicatesse de vos chairs comme si elles étaient ses propres sœurs.

CHAPITRE XXXVI.

A propos, dit Sancho, Votre Altesse saura que j'ai écrit une lettre à Thérèse Panza, ma femme, où je lui donne avis de tout ce qui m'est arrivé depuis que je suis parti d'auprès d'elle ; j'ai la lettre sur moi, et il n'y a plus qu'à mettre l'adresse ; je voudrais bien que Votre Grâce eût la bonté de la lire, elle me semble tournée de la façon dont doivent écrire les gouverneurs.

Et qui l'a dictée ? demanda la duchesse.

Sainte Vierge ! répondit Sancho, et qui l'aurait dictée, si ce n'est moi ?

C'est donc vous qui l'avez écrite ? dit la duchesse.

Oh ! pour ça, non, Madame, répondit Sancho, car je ne sais ni lire ni écrire, encore que je sache signer.

Voyons-la, dit la duchesse, votre esprit et votre excellent jugement doivent s'y montrer à chaque ligne.

Sancho mit la main dans son sein, et en tira la lettre. Elle était ainsi conçue :

LETTRE DE SANCHO PANZA A THÉRÈSE PANZA, SA FEMME.

« Bien m'a pris, femme, d'avoir bon dos, car j'ai été bien étrillé ; et si j'ai un riche gouvernement, il m'en coûte de bons coups de fouet ; mais tu sauras cela plus tard ; aujourd'hui, tu n'y comprendrais rien. Apprends donc, ma chère Thérèse, que j'ai résolu de te faire monter en carrosse ; voilà l'essentiel, car aller autrement, autant vaut marcher à quatre pattes. Finalement, tu es femme de gouverneur ; dis-moi si à cette heure quelqu'un te va à la cheville. Je t'envoie ci-joint un habit de chasse vert, que m'a donné madame la duchesse ; arrange-le de manière qu'il fasse un corsage et une jupe à notre fille Sanchette.

« Don Quichotte, mon maître, à ce que j'ai ouï dire en ce pays-ci, est un fou sensé, un cerveau brûlé divertissant, et, sans vanité, on dit que je ne lui cède en rien. Nous avons été visiter ensemble la caverne de Montesinos, et le sage Merlin a jeté les yeux sur moi pour désenchanter Dulcinée du Toboso, qui est celle qu'on appelle là-bas Aldonça Lorenço. Avec trois mille trois cents coups de fouet que je dois me donner, moins cinq, que j'ai déjà reçus, elle sera désenchantée, comme la mère qui l'a mise au monde. Bouche close sur cela, femme, car les uns diraient que c'est du blanc, les autres que c'est du noir.

« D'ici à quelques jours je partirai pour mon gouvernement, où je grille de me voir installé, afin d'amasser de l'argent, car on m'a dit que les nouveaux gouverneurs n'ont point d'autre souci ; je sonderai le terrain, et je te manderai s'il faut que tu viennes me rejoindre. Le grison se porte à merveille, et il se recommande à toi et à nos enfants. Je veux l'emmener avec moi, et je ne le quitterais pas quand même on me ferait Grand Turc. Son Excellence madame la Duchesse te baise mille fois les mains ; baise-les-lui en retour deux mille fois, car il n'y a rien de si bon marché que les compliments, à ce que j'ai entendu dire à mon maître.

« Dieu n'a pas voulu que je trouvasse encore une bourse de cent doublons, comme celle de la fois passée ; ce n'a pas été faute de la chercher ; mais que cela ne te chagrine pas, ma chère Thérèse : celui qui sonne les cloches est en sûreté, et tout se trouvera dans la lessive du gouvernement. Une chose pourtant me met en peine, c'est qu'on me dit que si j'en tâte une fois, je me lécherai les doigts jusqu'à me manger les mains. Mais, baste ! qu'y faire ? pour les estropiés les aumônes valent autant qu'un canonicat. Tu vois bien, femme, que de façon ou autre, tu ne peux manquer d'être riche et heureuse. Dieu te soit en aide comme il le peut, et qu'il me conserve pour te servir. De ce château, le 20 juillet 1614.

« Ton mari, le gouverneur SANCHO PANZA. »

Il me semble, dit la duchesse après avoir lu, que notre bon gouverneur se fourvoie ici de deux façons : la première, en disant, ou, pour le moins, en donnant à penser, qu'il n'a obtenu son gouvernement que pour les coups de fouet qu'il doit se donner, quoiqu'il sache bien cependant que lorsque monseigneur le duc, mon époux, le lui promit, on ne songeait pas plus aux coups de fouet que s'il n'y en avait jamais eu au monde ; la seconde, c'est qu'il me paraît trop attaché à son intérêt, penchant qui donne mauvaise opinion d'un homme, car, on dit que convoitise rompt le sac, et qu'un gouverneur avare est bien près de vendre la justice.

Ce n'est pas ce que j'ai voulu dire, Madame, répondit Sancho ; et si ma lettre ne plaît pas à Votre Grâce, il n'y a qu'à la déchirer et en écrire une autre ; mais il se pourrait faire que la seconde fût pire, si je m'en mêle encore une fois.

Sur ce, on se rendit au jardin où l'on devait dîner ce jour-là.

La duchesse montra la lettre de Sancho au duc, qui s'en amusa beaucoup pendant le repas, et quand la table fut desservie, ils s'entretinrent quelque temps avec lui, car sa conversation les divertissait merveilleusement. Tout à coup et lorsqu'on y pensait le moins, on entendit le son aigu d'un fifre, mêlé à celui d'un tambour discordant. A cette harmonie triste et confuse, chacun parut se troubler. Don Quichotte devint tout pensif, et Sancho courut se blottir auprès de la duchesse, son refuge ordinaire. Au milieu de la stupéfaction générale, on vit entrer dans le jardin deux hommes portant des robes de deuil si longues, qu'elles balayaient la terre : ils frappaient deux grands tambours couverts de drap noir; à leurs côtés marchait le joueur de fifre, vêtu de noir comme les autres. Derrière ces trois hommes venait un personnage à taille gigantesque, enveloppé d'une grande robe noire; par-dessus la robe il portait un large baudrier d'où pendait un énorme cimeterre à poignée noire ainsi que le fourreau. Son visage était couvert d'un long voile, au travers duquel on apercevait une barbe blanche comme la neige. D'un pas lent et solennel qu'il semblait régler sur le son du tambour, ce grave personnage vint se mettre à genoux devant le duc, qui l'attendait debout; mais le duc ne voulut point l'écouter qu'il ne se fût relevé. Le fantôme obéit, et en se redressant il écarta son voile, et mit à découvert la plus longue, la plus blanche et la plus épaisse barbe qu'eussent jamais vue des yeux humains; puis, les regards fixés sur le duc et d'une voix pleine et sonore qu'il paraissait tirer du fond de sa poitrine, il lui dit :

Très-haut et très-puissant seigneur, je m'appelle Trifaldin de la barbe blanche. Écuyer de la comtesse Trifaldi, autrement appelée la duègne Doloride, je suis envoyé par elle vers Votre Altesse, pour supplier Votre Magnificence de lui permettre de venir vous exposer son infortune, qui est assurément la plus surprenante, aussi bien que la plus inouïe. Mais, avant tout, j'ai ordre de m'informer si par hasard le grand, le valeureux et invaincu chevalier don Quichotte de la Manche se trouve en ces lieux, car c'est lui que cherche ma maîtresse, et c'est pour lui qu'elle est venue à pied et à jeun, depuis le royaume de Candaya jusque dans vos États, miracle qu'on ne peut attribuer qu'à la force des enchantements. Elle attend, devant ce palais, que je lui porte de votre part la permission d'y entrer.

Il finit en toussant, puis promenant la main sur sa longue barbe, du haut jusqu'en bas, il attendit gravement la réponse du duc, qui lui dit :

Noble écuyer Trifaldin de la barbe blanche, depuis longtemps nous connaissons la disgrâce de madame la comtesse Trifaldi, à qui les enchanteurs ont fait prendre la figure et le nom de la duègne Doloride : allez, merveilleux écuyer, lui porter l'assurance qu'elle sera la bienvenue, et que nous possédons ici l'incomparable chevalier don

Quichotte de la Manche, dont le caractère généreux lui promet secours et protection. Ajoutez de ma part que mon appui ne lui fera pas défaut non plus, s'il lui est nécessaire, mon devoir étant de le lui offrir comme chevalier, titre qui m'impose l'obligation de protéger toutes les femmes, et principalement les pauvres veuves affligées, comme l'est sa Seigneurie.

A cette réponse, Trifaldin mit un genou en terre, puis, au triste son des tambours et du fifre, il quitta le jardin du même pas qu'il y était entré, laissant toute la compagnie étonnée de sa haute taille et de son air tout à la fois vénérable et modeste.

Vous le voyez, vaillant chevalier, dit le duc se tournant vers don Quichotte, les ténèbres de l'ignorance et de l'envie ne sauraient obscurcir l'éclat de la valeur et de la vertu : depuis six jours à peine vous êtes dans ce château, et déjà l'on vient vous y chercher des pays les plus lointains, non pas en carrosse, ni à cheval, mais à pied et à jeun, tant les malheureux ont d'empressement de vous voir, tant ils ont de confiance en la force de votre bras et en la grandeur de votre courage, grâce à la réputation que vos exploits vous ont acquise, grâce au bruit qui en est répandu par tout l'univers.

Je regrette fort, seigneur duc, répondit don Quichotte, que ce bon ecclésiastique qui l'autre jour montrait tant d'aversion pour les chevaliers errants, ne soit pas témoin de ce qui se passe : il verrait par lui-même si ces chevaliers sont ou non nécessaires au monde ; il pourrait du moins se convaincre que dans leur détresse les malheureux ne vont pas chercher du secours auprès des hommes de robe, ni chez les sacristains de village, ni chez le gentilhomme qui n'a jamais franchi les limites de sa paroisse ; en pareil cas, la véritable panacée à l'affliction, c'est l'épée du chevalier errant. Qu'elle vienne donc cette duègne, qu'elle demande ce qu'elle voudra ; le remède à son mal lui sera bientôt expédié par la force de mon bras et par l'intrépidité du cœur qui le fait agir.

CHAPITRE XXXVII

Suite de la fameuse aventure de la duègne Doloride.

Le duc et la duchesse étaient charmés de voir don Quichotte donner si complétement dans leurs vues, lorsque Sancho se mit de la partie. Je voudrais bien, dit-il, que cette bonne duègne ne vînt pas jeter quelque bâton dans les roues de mon gouvernement ! car, je tiens d'un apothicaire de Tolède, qui parlait comme un chardonneret, que partout où se fourrent les duègnes, tout va de mal en pis. Dieu de Dieu! comme il les détestait! et par ma foi, puisque toutes les duègnes sont fâcheuses et impertinentes, que faut-il attendre d'une affligée comme l'est, dit-on, cette comtesse Trifaldi?

Silence, Sancho, reprit don Quichotte : puisque cette dame vient de si loin me trouver, elle ne peut être de celles dont parlait ton apothicaire; de plus, elle est comtesse, et quand les comtesses servent en qualité de duègnes, c'est auprès des reines et des impératrices : car dans leurs maisons, elles sont dames et maîtresses et se font servir par d'autres duègnes.

Madame la duchesse a pour suivantes des duègnes qui seraient comtesses, si le sort l'eût voulu, repartit la señora Rodriguez qui était présente; mais là vont les lois, où il plaît aux rois. Cependant, qu'on ne dise pas de mal des duègnes, surtout de celles qui sont vieilles filles : car bien que je ne compte pas parmi ces dernières, je sens l'avantage qu'une duègne fille a sur une duègne veuve. A quiconque voudra nous tondre, les ciseaux resteront dans la main.

Ce ne sera pas faute de trouver à tondre sur les duègnes, toujours suivant mon apothicaire, repartit Sancho; mais ne remuons pas le riz, dût-il prendre au fond du pot.

Les écuyers ont toujours été nos ennemis, répliqua la señora Rodriguez; véritables piliers d'antichambre, ces fainéants, au lieu de prier Dieu, emploient leur temps à médire de nous, vont fouillant dans notre généalogie, et font de rudes accrocs à notre réputation. Eh bien, moi, je déclare ici qu'en dépit d'eux nous continuerons à vivre dans les grandes maisons, quoiqu'on nous y laisse mourir de faim et qu'on nous y donne à peine une chétive robe noire pour couvrir nos chairs délicates. Oui, si j'en avais le talent et le loisir, je voudrais prouver, non-seulement aux personnes ici présentes, mais encore au monde entier, qu'il n'est point de vertu qui ne se rencontre chez une duègne.

Je suis de l'avis de ma chère Rodriguez, dit la duchesse; mais elle voudra bien remettre à une autre fois à défendre sa cause et celle des duègnes, à réfuter les propos de ce méchant apothicaire, et à faire revenir le grand Sancho de sa mauvaise opinion.

Par ma foi, Madame, repartit Sancho, depuis que le gouvernement m'est monté à la tête, je ne me souviens plus d'avoir été écuyer, et je me moque de toutes les duègnes du monde comme d'un fétu.

Ici la conversation fut interrompue par les deux tambours et le fifre annonçant l'approche de la Doloride. La duchesse demanda à son époux si elle ne devait pas aller au-devant de cette dame, puisque c'était une comtesse et une femme de qualité.

Comme comtesse, ce serait chose juste, dit Sancho; comme duègne, je ne conseille pas à Vos Excellences de faire un pas.

Eh! de quoi te mêles-tu, Sancho? reprit don Quichotte.

De quoi je me mêle, seigneur? répondit Sancho : je me mêle de ce dont je puis me mêler, étant un écuyer nourri à l'école de Votre Grâce, vous, le chevalier le plus courtois de toute la courtoisie. En ces choses-là, je vous ai entendu dire qu'on risque autant de perdre pour un point de plus que pour un point de moins; et à bon entendeur salut.

Sancho a raison, ajouta le duc : il nous faut voir un peu quelle mine a cette comtesse; d'après cela, nous mesurerons la politesse qui lui est due.

En ce moment rentrèrent dans le jardin les tambours et le fifre jouant leur marche ordinaire, toujours sur un ton lugubre, et l'auteur termine ici ce court chapitre pour commencer le suivant, où se continue la même aventure, une des plus remarquables de toute l'histoire.

CHAPITRE XXXVIII

Où la duègne Doloride raconte son aventure.

A la suite des musiciens parurent d'abord douze duègnes rangées sur deux files, toutes vêtues de larges robes de mousseline blanche, avec des voiles d'une telle longueur, qu'on n'apercevait que le bas de leur vêtement; après elles venait la comtesse Trifaldi, donnant la main à Trifaldin, son écuyer : elle était vêtue d'une robe de frise noire, à longue queue, terminée par trois pointes à angles aigus, que portaient trois pages habillés de deuil. Cette partie de son ajustement fit penser à tout le monde que la noble dame tirait son nom de cette invention nouvelle. En effet, Trifaldi, c'est comme qui dirait la comtesse à trois queues. Ben-Engeli en tombe d'accord, mais en faisant remarquer que son nom propre était la comtesse Loupine, à cause de la grande quantité de loups qui peuplaient ses terres, tandis que si, au lieu de loups, c'eût été des renards, on l'aurait appelée la comtesse Renardine. Quoi qu'il en soit, la comtesse et ses douze duègnes s'avançaient lentement, le visage couvert de voiles noirs si épais qu'il eût été impossible de rien distinguer au travers. Si tôt qu'elles se furent arrêtées pour former la haie, le duc, la duchesse et don Quichotte se levèrent ; alors, passant au milieu des duègnes, la Doloride, sans quitter la main de son écuyer, se dirigea vers le duc, qui, avec toute la compagnie, s'avança pour la recevoir.

Que Vos Grandeurs veuillent bien ne pas faire tant de courtoisies à leur humble serviteur, je me trompe, à leur humble servante, car mon affliction est telle que je ne pourrai jamais y répondre, tant ma disgrâce étrange, inouïe, m'a emporté l'esprit je ne sais où, et ce doit être fort loin, puisque plus je le cherche, moins je le trouve.

Il faudrait que nous l'eussions perdu tout à fait, madame la comtesse, répondit le duc, pour ne pas reconnaître votre mérite, et l'on ne saurait vous rendre trop d'honneurs.

En parlant ainsi il la releva, et la fit asseoir auprès de la duchesse, qui l'accueillit avec beaucoup d'empressement. Don Quichotte regardait sans prononcer un seul mot, tandis que de son côté Sancho mourait d'envie de voir le visage de la comtesse Trifaldi, ou de quelqu'une de ses duègnes ; mais il lui fallut y renoncer jusqu'à ce qu'elles voulussent bien se découvrir elles-mêmes.

Chacun gardait le silence ; ce fut enfin la Doloride qui le rompit pour s'exprimer en ces termes : J'ai la confiance, très-haut et puissantissime seigneur, très-belle et excellentissime dame, et très-sages et illustrissimes auditeurs, que ma peine grandissime trouvera un accueil favorable dans la générosité de vos sentiments, car mon infortune est telle qu'elle est capable de faire pleurer le marbre, d'attendrir le diamant et d'amollir l'acier des cœurs les plus endurcis. Mais avant de porter jusqu'à vos courtoises oreilles le récit de mes tristes aventures, je voudrais savoir si l'illustrissime chevalier don Quichotte de la Manche et son fameusissime écuyer Panza sont dans votre noble et brillante compagnie.

Panza est ici en personnissime, répliqua Sancho, et monseigneur don Quichotte aussi ; vous pouvez donc, très-honnêtissime dame, dire tout ce qu'il vous plaira à votre agréabilissime fantaisie, et vous nous trouverez diligentissimes à servir votre dolentissime beauté.

Madame, ajouta don Quichotte en s'adressant à la Doloride, si vous croyez trouver un remède à vos malheurs dans le bras de quelque chevalier errant, voici le mien ; si faible qu'il soit, je le mets tout à votre service. Je suis don Quichotte de la Manche, dont la profession et le devoir sont de protéger et défendre les affligés. Il n'est pas besoin de détours ni de paroles éloquentes pour s'assurer de ma bienveillance, vous n'avez qu'à raconter simplement vos disgrâces; ceux qui vous écoutent, s'ils ne peuvent remédier à vos maux, sauront du moins y compatir.

A ces paroles, la Doloride fit mine de se jeter aux genoux de don Quichotte, et elle s'y jeta réellement, cherchant à les embrasser : Je me prosterne devant ces pieds, devant ces jambes, s'écria-t-elle, ô invincible chevalier ! comme devant les bases et les colonnes de la chevalerie errante; laissez-moi baiser ces pieds que je ne saurais trop révérer, puisque leurs pas doivent atteindre au terme de mes maux, que Votre Grâce est seule capable de guérir, ô valeureux errant, dont les merveilleux exploits font pâlir les fabuleuses histoires des Amadis, réduisent en fumée les hauts faits des Bélianis, et anéantissent les actions imaginaires des Esplandians ! Puis se tournant vers Sancho, et le prenant par la main : Et toi, ajouta-t-elle, ô le plus loyal écuyer qui ait jamais servi chevalier errant, dans les siècles passés, présents et à venir ; écuyer dont la bonté est encore plus grande et plus longue que la barbe de mon écuyer Trifaldin, tu peux t'enorgueillir à juste titre ; puisqu'en servant le grand don Quichotte, tu sers toute la valeur errante concentrée dans un seul chevalier. Je te conjure, nobilissime écuyer, je te conjure par la fidélité exorbitante de tes services, d'être un intercesseur bénévole, auprès de ton maître, afin qu'il favorise une infélicissime comtesse, et ta très-humilissime servante.

Madame la comtesse, répondit Sancho, que ma bonté soit aussi grande que la barbe de votre écuyer, ce n'est pas là ce dont il s'agit. Au surplus, sans toutes ces câlineries et ces supplications, je prierai mon maître (qui m'aime bien, je le sais, et surtout en ce moment qu'il a besoin de moi pour certaine affaire) de vous favoriser et de vous aider en tout ce qu'il pourra. Ainsi donc ne vous gênez pas, contez-nous votre peine, et vous verrez ce que nous savons faire.

Le duc et la duchesse étaient ravis de voir leur dessein si bien réussir, car la Doloride faisait merveilles. La comtesse s'assit à la prière du duc, et après que tout le monde eut fait silence, elle commença de la sorte :

Sur le fameux royaume de Candaya, situé entre la grande Taprobane et la mer du Sud, deux lieues par delà le cap Comorin, régnait la reine Magonce, veuve du roi Archipiel, son époux. De leur mariage était issue l'infante Antonomasie, qu'ensemble ils avaient procréée. L'héritière du royaume me fut confiée en naissant et grandit sous ma tutelle, parce que j'étais la plus ancienne et la plus noble duègne de

CHAPITRE XXXVIII.

sa mère. Après bien des soleils (c'est ainsi que l'on compte les jours en notre pays), la petite Antonomasie se trouva avoir quatorze ans, et plus de beauté que la nature en a jamais départi à celles qu'elle a le mieux favorisées; son esprit n'était pas en retard, car elle montrait déjà un très-bon jugement; enfin elle était aussi discrète que belle, ou pour mieux dire elle est encore la plus belle personne du monde, si le destin jaloux et les Parques au cœur de bronze n'ont point tranché le fil délié de sa délicate vie; et ils ne l'auront pas osé sans doute, car le ciel ne saurait permettre qu'on fasse à la terre ce tort insigne, de couper toutes vertes les grappes de la plus belle vigne qui en aucun temps se soit vue dans le contour de sa vaste étendue.

De cette beauté sans pareille, et dont ma langue inculte ne saurait assez dignement célébrer les louanges, devinrent amoureux un nombre infini de princes, tant nationaux qu'étrangers. Mais parmi tous ces soupirants, un simple chevalier, porté sur les ailes rapides de son ambition démesurée, confiant dans sa jeunesse, sa bonne mine, et la vivacité de l'esprit le plus heureux, osa lever les yeux jusqu'au neuvième ciel de cette miraculeuse beauté. Je dois dire à Vos Grandeurs qu'il jouait de la guitare à ravir; que de plus il était poëte et grand danseur, et si adroit à fabriquer des cages d'oiseaux, qu'il aurait pu gagner sa vie rien qu'à ce métier, s'il y eût été forcé par le besoin. Avec tous ces mérites, de quoi ne viendrait-on pas à bout? à plus forte raison du cœur d'une jeune fille; et cependant toutes ces qualités n'auraient pas suffi à faire capituler la forteresse dont j'étais gouvernante, si l'effronté scélérat n'eût habilement commencé par me faire capituler moi-même. A force de cajoleries et de présents, il flatta mon cœur et s'empara de ma volonté; mais ce qui acheva ma défaite, ce fut certain couplet que j'entendis chanter une nuit sous mes fenêtres; le voici, si je m'en souviens bien :

> De l'éclat des beaux yeux de la cruelle Aminte
> Il sort des traits ardents qui consument mon cœur;
> Et parmi tous mes maux elle a tant de rigueurs,
> Que même il ne faut pas qu'il m'échappe une plainte.

La strophe me sembla d'or, et la voix de miel; aussi depuis lors, chaque fois que j'ai réfléchi sur ma faute, j'ai conclu en moi-même que Platon avait eu raison de vouloir bannir les poëtes de toute république bien ordonnée, au moins les poëtes érotiques, parce qu'ils font des vers, non pas comme ceux du marquis de Mantoue, bons tout au plus à divertir les petits enfants et à faire pleurer les femmes, mais des vers qui sont autant d'épines qui percent le cœur, et qui, de même que la foudre fond une épée sans attaquer le fourreau, consument et brûlent le corps sans endommager les habits. Une autre fois il me chanta ceux-ci :

> O Mort! viens promptement contenter mon envie;
> Mais viens sans te faire sentir,
> De peur que le plaisir que j'aurais à mourir
> Ne me rendît encor la vie.

Il m'en débita encore beaucoup d'autres, qui transportent quand on les chante et qui ravissent quand on les lit. Mais, qu'est-ce, bon Dieu ! quand ces séducteurs s'avisent de composer certains morceaux de poésie fort à la mode dans le royaume de Candaya, et qu'on appelle *seguidillas?* Aussi, je le répète, on devrait les reléguer dans quelque île par delà les antipodes. Après tout cependant, il ne faut point s'en prendre à eux, mais aux ignorants qui les louent et aux sots qui les croient. Si j'avais été sur mes gardes, comme doit le faire toute bonne gouvernante, je n'aurais pas prêté l'oreille à leurs cajoleries, ni pris au sérieux leurs dangereux propos; tels que ceux-ci : *je vis en mourant, je brûle dans la glace, j'espère sans espoir, je pars et je reste*, et tant d'autres du même genre, dont ils farcissent leurs écrits, et qu'on trouve d'autant plus beaux, qu'on les comprend moins. N'ont-ils pas le front de nous promettre le phénix, la toison d'or, la couronne d'Ariadne, l'anneau de Gigès, les pommes du jardin des Hespérides, des montagnes d'or et des monceaux de diamants! et pourtant on s'y laisse prendre comme s'ils en montraient des échantillons. Mais à quoi me laissé-je entraîner, et quelle folie me pousse à parler des faiblesses d'autrui, quand j'ai tant à dire sur les miennes? Hélas ! infortunée, ce ne sont pas ces vers, ces discours, qui t'ont abusée, ni ces sérénades qui t'ont perdue ; c'est ton imprudente simplicité, c'est ta faiblesse, c'est ton peu de prévoyance, qui ont ouvert les sentiers et aplani le chemin aux séductions de don Clavijo. Tel est le nom du chevalier. Sous mon patronage, il entra non pas une fois, mais cent fois, dans la chambre d'Antonomasie, abusée plutôt par moi que par lui, et cela sous le titre de légitime époux, car autrement, toute pécheresse que je suis, je n'aurais jamais consenti qu'il eût seulement baisé le pan de sa robe; oh! non, non, le mariage sera toujours en première ligne quand je me mêlerai de semblables affaires. Dans celle-ci, il n'y avait qu'un inconvénient, la différence des conditions, don Clavijo n'étant qu'un simple chevalier, et l'infante Antonomasie étant princesse, et de plus, comme je vous l'ai dit, l'héritière d'un grand royaume. Par mes soins, l'intrigue demeura longtemps ignorée, jusqu'à ce qu'enfin certaine enflure au-dessous de l'estomac de la jeune fille me fit juger que le secret ne tarderait guère à être divulgué. Dans cette appréhension, tous trois nous tînmes conseil, et l'avis unanime fut, avant que le pot aux roses vînt à se découvrir, que par-devant le grand vicaire, don Clavijo demandât pour femme Antonomasie en vertu d'une promesse qu'il avait d'elle, promesse que j'avais moi-même formulée, mais formulée avec tant de force qu'elle aurait défié celle de Samson ; bref, le grand vicaire vit la cédule, reçut la confession de l'infante qui avoua tout, après quoi il la mit sous la garde d'un honnête alguazil.

Comment! s'écria Sancho! il y a à Candaya des alguazils, des poëtes et des seguidillas? Par ma foi, le monde est partout semblable, à ce que je vois. Mais que Votre Grâce se dépêche, dame Trifaldi : il est tard, et je meurs d'envie de savoir la fin de cette histoire, qui, sans reproche, est un peu longue.

Vous allez l'apprendre, répondit la comtesse.

CHAPITRE XXXIX

Suite de l'étonnante et mémorable histoire de la comtesse Trifaldi.

Chaque mot de Sancho enchantait la duchesse et désolait don Quichotte, qui lui ordonna de se taire. La Doloride poursuivit :

Enfin, après bien des questions, comme l'infante ne variait point en ses réponses et persistait dans ses dires, le grand vicaire prononça en faveur de don Clavijo, et lui adjugea Antonomasie pour légitime épouse, ce dont la reine Magonce eut tant de déplaisir, que trois jours après on l'enterra.

Elle était donc morte? dit Sancho.

Assurément, répondit Trifaldin ; car en Candaya nous n'enterrons personne qu'il ne soit bien convaincu d'être mort.

Seigneur écuyer, repartit Sancho, ce ne serait pas la première fois qu'on aurait enterré des gens évanouis, les croyant morts; et par ma foi, vous en conviendrez, on n'a jamais vu mourir si vite que votre reine Magonce : il me semble que c'eût été assez de s'évanouir, car enfin on remédie à bien des choses avec la vie, et la folie de cette infante n'avait pas été si grande, qu'il fallût se laisser mourir. Si cette demoiselle eût épousé un de ses pages, ou quelque autre domestique de sa maison, comme cela est arrivé à tant d'autres, le mal eût été sans remède ; mais épouser un chevalier aussi noble et distingué que vous le dites, en vérité ce n'est pas là un bien grand malheur, et c'est aussi, je pense, l'avis de monseigneur don Quichotte, qui est là pour me démentir : les chevaliers, surtout s'ils sont errants, sont du bois dont on fait les rois et les empereurs, de même qu'avec des clercs on fait des évêques.

Tu as raison, Sancho, reprit don Quichotte ; oui, et pour peu qu'un chevalier errant ait de chance, il est toujours au moment de se voir le plus grand seigneur du monde. Mais continuez, Madame, s'il vous plaît ; il me semble que le plus désagréable de cette histoire reste à raconter, car ce que nous avons entendu jusqu'ci ne mérite pas qu'on s'en afflige si fort.

En effet, répondit la comtesse, c'est le plus pénible qui reste à dire, et même si pénible, que l'absinthe et les fruits sauvages n'ont ni autant d'aigreur ni autant d'amertume. Dès que la reine fut morte, nous l'enterrâmes, mais à peine, hélas ! *quis talia fando temperet à lacrymis*[1], à peine lui eûmes-nous dit le dernier adieu, que nous vîmes subitement paraître au-dessus de sa tombe le géant Malambrun, cousin germain de la défunte, monté sur un cheval de bois et lançant sur les assistants des regards farouches. Ce géant, aussi versé dans l'art du nécromant qu'il est vindicatif et cruel, était là pour tirer vengeance de la mort de feu sa cousine, et pour châtier l'audace de don Clavijo et la légèreté d'Antonomasie. Il les enchanta tous deux sur la tombe de la reine : Antonomasie devint une guenon de bronze, don Clavijo un effroyable crocodile d'un métal inconnu ; et entre eux fut placée une colonne également de métal, portant un écriteau en langue syriaque : « Ces téméraires amants ne reprendront leur forme première que lorsque le valeureux Manchois se sera rencontré avec moi en combat singulier ; c'est à sa valeur incomparable que les immuables destins réservent une aventure si extraordinaire. » Puis, il tira d'un large fourreau un démesuré cimeterre, et m'ayant saisie par les cheveux, il fit mine de vouloir me couper la tête ; j'étais si troublée que je n'osais ni ne pouvais crier, tant la frayeur me rendait immobile. Néanmoins, me rassurant de mon mieux, je lui dis d'une voix tremblante de telles choses, qu'il suspendit l'exécution de ce châtiment rigoureux. Bref, il fit amener devant lui toutes les duègnes du

---

1. Qui pourrait, sans pleurer, conter pareille histoire! (Réminiscence de l'Énéide de Virgile.)

palais, celles qui sont ici présentes ; et après nous avoir reproché notre défaut de surveillance, tempêté contre les duègnes, en les chargeant toutes de la faute que j'avais seule commise, il déclara ne pas vouloir nous infliger la perte de la vie, mais un long supplice, qui fût pour nous comme une espèce de mort civile. A l'instant où il achevait ces paroles, nous sentîmes les pores de notre visage se dilater, avec une vive démangeaison, semblable à celle que causeraient des pointes d'aiguilles ; et en y portant les mains, nous nous trouvâmes dans l'état que vous allez voir.

Sur ce, la Doloride et ses compagnes ôtèrent leurs voiles, et découvrirent des visages chargés d'épaisses barbes, les unes noires, les autres blanches, d'autres rousses, et d'autres grisonnantes. A cette vue, le duc, la duchesse et don Quichotte parurent frappés de stupeur, et Sancho fut épouvanté. Voilà, dit la Trifaldi en continuant, voilà dans quel état nous a mis ce scélérat de Malambrun, couvrant la blancheur et la beauté de nos visages de ces rudes soies ; trop heureuses si par le fil acéré de son épouvantable cimeterre il nous eût fait voler la tête de dessus les épaules plutôt que de nous rendre ainsi difformes et velues comme des chèvres ! Car en fin de compte, seigneurs (et ce que je vais ajouter, je voudrais le faire avec des yeux convertis en torrents, mais les mers de pleurs que j'ai versés en pensant à notre disgrâce sont taries, aussi parlerai-je sans répandre de nouvelles larmes) ; car en fin de compte, je vous le demande, où osera se présenter une duègne barbue ? qu'en diront les mauvaises langues ? quel père ou quelle mère voudront la reconnaître ? et puisqu'une duègne qui a le teint frais et poli, qui se martyrise le visage à force de fards et de pommades, a tant de peine à plaire, que sera-ce de celles qui sont velues comme des ours ? Ô duègnes, mes compagnes, que nous sommes nées sous une funeste étoile, et qu'elle fut néfaste l'heure où nos mères nous ont mises au monde !

En prononçant ces paroles, la Doloride fit semblant de tomber évanouie.

CHAPITRE XL

Suite de cette aventure, avec d'autres choses de même importance.

Ceux qui aiment les histoires comme celle-ci doivent savoir gré à son premier auteur, cid Hamet Ben-Engeli, pour l'attention qu'il met à en raconter les plus minutieux détails. En effet, il découvre les secrètes pensées, éclaircit les doutes, résout les objections, et, en un mot, donne satisfaction sur tous les points à la curiosité la plus exigeante. O incomparable auteur! ô fortuné don Quichotte! ô sans pareille Dulcinée! ô réjouissant Sancho Panza! vivez de longs siècles, ensemble ou séparément, pour le plaisir et l'amusement des générations présentes et à venir.

L'histoire dit donc qu'en voyant la Doloride évanouie, Sancho s'écria : Foi d'homme de bien, et par l'âme de tous les Panza mes ancêtres, jamais, je le jure, je n'ai vu, ni entendu, ni rêvé, et jamais non plus mon maître ne m'a raconté pareille aventure. Que mille satans t'entraînent jusqu'au fond des abîmes, si cela n'est déjà fait, maudit enchanteur de Malambrun! Ne pouvais-tu imaginer quelque autre manière de punir ces créatures, sans les rendre barbues comme des chèvres? Eh! ne valait-il pas mieux leur fendre les naseaux, dussent-elles nasiller un peu, que de les gratifier de ces barbes-là? Je gagerais mon âne qu'elles n'ont pas seulement de quoi payer un barbier.

C'est la vérité pure, seigneur, répondit une des duègnes; entre toutes, nous ne possédons pas un maravédis; aussi sommes-nous forcées, par économie, d'user d'emplâtres de poix : nous nous les appliquons sur le visage, et en les tirant tout d'un coup, nos mentons demeurent lisses comme la paume de la main. Il y a bien à Candaya des femmes qui vont de maison en maison épiler les dames, leur polir les sourcils, et préparer certains ingrédients servant à la toilette féminine[1]; mais nous autres, duègnes de madame, nous n'avons jamais voulu les recevoir, parce que la plupart font le métier d'entremetteuses. Vous voyez donc que si le seigneur don Quichotte ne vient à notre secours, nous emporterons nos barbes au tombeau.

Je me laisserais plutôt arracher la mienne poil à poil par les Mores, que de manquer à vous soulager, repartit notre héros.

En cet endroit, la comtesse Trifaldi reprit ses esprits, et s'adressant à don Quichotte : L'agréable son de vos promesses, valeureux chevalier, a frappé mes oreilles et suffit pour me rappeler à la vie; je vous supplie de nouveau, errant, glorieux et indomptable seigneur, de convertir promptement vos paroles en œuvres efficaces.

Il ne tiendra pas à moi, répondit don Quichotte; dites ce qu'il faut que je fasse, et vous me trouverez prêt à vous servir.

Votre magnanimité saura donc, invincible chevalier, repartit la

---

1. Les épileuses étaient fort à la mode du temps de Cervantes.

CHAPITRE XL.

Doloride, que d'ici au royaume de Candaya, si l'on y va par terre, il y a cinq mille lieues, peut-être une ou deux de plus ou de moins; mais si l'on va par les airs et en ligne droite, il n'y en a que trois mille deux cent vingt-sept. Vous saurez encore que le géant Malambrun m'a dit qu'aussitôt que ma bonne fortune m'aurait fait rencontrer le chevalier notre libérateur, il lui enverrait une monture incomparablement meilleure et moins mutine que les mules de louage, car c'est le même cheval de bois sur lequel Pierre de Provence enleva la belle Maguelonne; animal paisible et qu'on gouverne au moyen d'une cheville plantée dans le front, mais qui parcourt l'espace avec tant de légèreté et de vitesse, qu'on le dirait emporté par le diable en personne. Ce cheval, disent les anciennes traditions, est un ouvrage du sage Merlin, qui le prêta à son ami, Pierre de Provence, lequel fit sur cette monture de très-longs voyages par les airs, laissant ébahis ceux qui d'en bas le regardaient passer. Merlin ne le prêtait qu'aux gens qu'il aimait, ou qui lui payaient un bon prix : aussi n'avons-nous pas ouï dire que depuis le fameux Pierre de Provence jusqu'à présent, personne l'ait monté. Malambrun, par la force de ses enchantements, est parvenu à s'en emparer; il s'en sert dans tous ses voyages : aujourd'hui il est ici, demain en France, et le jour suivant au Potose ou en Chine. Le plus merveilleux, c'est que ce cheval ne boit pas, ne mange pas, ne dort pas et n'use point de fers; et il marche si bien l'amble, que celui qui est dessus peut porter à la main une tasse pleine d'eau sans en renverser une seule goutte : voilà pourquoi la belle Maguelonne aimait tant à s'y trouver en croupe.

Pour avoir une douce allure, s'écria Sancho, vive mon grison! à cela près qu'il ne marche point dans l'air; mais sur la terre, il défierait, par ma foi, tous les ambles du monde.

Chacun se mit à rire, et la Doloride continua : eh bien, si Malambrun veut mettre fin à nos disgrâces, ce cheval sera ici après la tombée de la nuit; car, il me l'a dit, l'indice certain que j'aurai trouvé le chevalier qui doit nous délivrer consiste à voir arriver promptement le cheval partout où il en sera besoin.

Combien tient-on sur ce cheval? demanda Sancho.

Deux, répondit Doloride, un sur la selle et un autre en croupe; et d'ordinaire ces deux personnes sont le chevalier et l'écuyer lorsqu'il n'y a pas de dame enlevée.

Madame, continua Sancho, comment appelle-t-on ce cheval?

La Doloride répondit : Il ne s'appelle pas Pégase, comme le cheval de Bellérophon, ni Bucéphale comme le cheval du grand Alexandre, ni Bride-d'Or comme celui de Roland, ni Bayard comme celui de Renaud de Montauban, ni Frontin comme celui de Roger, encore moins Bootès, ou Pirithoüs, comme se nommaient, dit-on, les chevaux du Soleil ; ni même Orélie, comme le coursier que montait le malheureux Rodrigue, le dernier roi des Goths, dans la bataille où il perdit le trône et la vie.

Puisqu'on ne lui a donné aucun des noms de ces chevaux fameux, je gagerais bien, dit Sancho, qu'on ne lui a pas donné non plus le nom du cheval de mon maître, Rossinante, celui de tous qui me semble le mieux approprié à la bête.

Assurément, dit la comtesse ; néanmoins, il a un nom convenable et significatif, car il s'appelle Chevillard le Léger, parce qu'il est de bois et qu'il a une cheville au front, mais surtout à cause de sa légèreté merveilleuse. Ainsi, quant au nom, il peut le disputer même au fameux Rossinante.

Le nom me revient assez, reprit Sancho. Mais avec quoi le gouverne-t-on ? est-ce avec une bride, ou avec un licou ?

Je vous ai déjà dit, répondit la Trifaldi, que c'est avec la cheville : en la tournant à droite ou à gauche, le cavalier le fait marcher comme il l'entend, tantôt au plus haut des airs et tantôt rasant la terre jusqu'à l'effleurer, tantôt dans ce juste milieu que l'on doit chercher en toutes choses.

Je serais curieux de le voir, repartit Sancho, non pas pour monter dessus, car de penser que jamais je m'y mette en selle ou en croupe, votre serviteur : il serait bon, ma foi, qu'un homme qui a déjà bien de la peine à se tenir sur son âne, assis sur un bât douillet comme du coton, allât monter en croupe sur un chevron sans coussin ni tapis ! Oh ! que nenni ; je n'ai pas envie de me faire écorcher le derrière pour ôter la barbe aux gens : qui a de la barbe de trop se rase. Pour mon compte, je n'entends pas accompagner mon maître dans un pareil voyage ; d'ailleurs, je ne dois pas être nécessaire dans ce rasement de barbes, comme je le suis dans le désenchantement de madame Dulcinée.

Pardon, vous êtes nécessaire, repartit la Trifaldi, et même tellement nécessaire, qu'on ne peut rien sans vous.

A d'autres, à d'autres, s'écria Sancho : qu'est-ce que les écuyers ont à voir avec les aventures de leurs maîtres ? Ceux-ci auraient toute la gloire, et nous toute la peine. Encore, si les faiseurs d'histoires disaient : Un tel chevalier a achevé une grande aventure, avec l'aide d'un tel son écuyer, sans quoi il lui aurait été impossible d'en venir à bout; à la bonne heure. Mais au lieu de cela, ils vous écrivent tout sec : Don Paralipomenon des trois Étoiles a mis fin à l'aventure des six vampires; sans plus faire mention de l'écuyer que s'il n'eût point été au monde, quoiqu'il fût présent, qu'il suât à grosses gouttes, et qu'il y eût attrapé de bons horions. Encore une fois, mon maître peut partir tout seul si cela lui convient, et Dieu l'assiste! Quant à moi, je ne lui porte point envie, je resterai ici en compagnie de madame la duchesse; et quand il sera de retour, peut-être trouvera-t-il l'affaire de madame Dulcinée en bon chemin, car, à mes moments perdus, je prétends m'étriller d'importance.

Mon ami, dit la duchesse, il faut pourtant accompagner votre maître si cela est nécessaire, nous vous en conjurons tous; pour de vaines frayeurs, il serait fort mal de laisser le visage de ces dames en l'état où il est.

A d'autres encore une fois, répliqua Sancho; passe encore, si c'était pour de jeunes recluses, ou pour des petites filles de la doctrine chrétienne, on pourrait risquer quelques fatigues; mais hasarder de se casser bras et jambes pour tondre des duègnes, au diable qui en fera rien! qu'elles cherchent d'autres tondeux; dans tous les cas, ce ne sera pas Sancho Panza. J'aime, pardieu! mieux les voir toutes barbues comme des boucs, depuis la plus grande jusqu'à la plus petite, depuis la plus mijaurée jusqu'à la plus pimpante.

Vous en voulez bien aux duègnes, ami Sancho, dit la duchesse, et vous les épargnez encore moins que ne faisait votre apothicaire de Tolède! En vérité, vous avez tort : il y a telle duègne qui peut servir de modèle à toutes les femmes, et quand ce ne serait que ma bonne señora Rodriguez ici présente... je n'en veux pas dire davantage.

Votre Excellence peut dire ce qui lui plaira, répondit la duègne; Dieu sait la vérité de tout; et bonnes ou méchantes, barbues ou non barbues, nous sommes, tout comme les autres femmes, filles de nos mères; et puisque Dieu nous a mises au monde, il sait pourquoi. Aussi je compte sur sa miséricorde, et non sur la charité d'autrui.

La señora Rodriguez a raison, dit don Quichotte. Quant à vous, comtesse Trifaldi et compagnie, espérez du ciel la fin de vos malheurs; et croyez que Sancho fera ce que je lui ordonnerai. Je voudrais que Chevillard fût ici, et déjà me voir aux prises avec Malambrun; je lui apprendrai à persécuter les duègnes et à défier des chevaliers errants. Dieu tolère les méchants, mais ce n'est jamais que pour un temps limité.

Valeureux chevalier, s'écria la Doloride, puissent les étoiles du ciel regarder avec des yeux bénins Votre Grandeur, et verser sur votre cœur magnanime toute la force et toute la prospérité qu'elles enserrent, afin que vous deveniez le bouclier et le rempart des malheureuses duègnes détestées des apothicaires, calomniées par les écuyers, et tourmentées par les pages. Maudit soit l'insensée qui, à la fleur de son âge, ne se fait pas religieuse plutôt que duègne! O géant Malambrun qui, tout enchanteur que tu es, ne laisses pas d'être fidèle en tes promesses, envoie-nous promptement le sans pareil Chevillard, afin que nous voyions dans peu la fin de nos disgrâces! Si les chaleurs viennent nous surprendre avec de telles barbes, nous sommes perdues!

La Trifaldi laissa tomber ces mots d'un ton si affligé, avec une expression si touchante, que chacun en fut attendri. Sancho pleura tout de bon, et résolut en son cœur d'accompagner son maître, dût-il le conduire jusqu'aux antipodes, s'il ne fallait que cela pour faire tomber la laine de ces vénérables visages.

CHAPITRE XLI

De l'arrivée de Chevillard, et de la fin de cette longue et terrible aventure.

Sur ce vint la nuit, et avec elle l'heure indiquée pour l'arrivée du fameux Chevillard, dont le retardement commençait à inquiéter don Quichotte. Puisque, se disait-il, Malambrun diffère de l'envoyer, je ne suis pas le chevalier à qui cette aventure est réservée; peut-être aussi le géant craint-il de se mesurer avec moi. Mais, voilà que tout à coup quatre sauvages, couverts de lierre, entrent dans le jardin, portant sur leurs épaules un grand cheval de bois; ils le posent à terre, et l'un d'entre eux prononce ces paroles: Que le chevalier qui en aura le courage monte sur cette machine.

Pour moi, je n'y monte pas, dit Sancho, je n'en ai pas le courage, et d'ailleurs je ne suis point chevalier.

Que son écuyer, s'il en a un, monte en croupe, continua le sauvage; il peut prendre confiance dans le valeureux Malambrun, et être sûr de n'avoir à redouter de lui que son épée. Il suffira de tourner cette cheville pour que le chevalier et l'écuyer s'en aillent à travers les airs, là où Malambrun les attend. Mais afin de prévenir les vertiges que pourrait leur causer l'élévation extraordinaire de la route, ils devront tous deux avoir les yeux bandés, jusqu'à ce que le cheval hennisse; à ce signe ils reconnaîtront que leur voyage est achevé.

Cela dit, les sauvages se retirèrent d'un pas dégagé, comme ils étaient venus.

Quand la Doloride aperçut le cheval, elle dit à don Quichotte d'une voix presque larmoyante : Vaillant chevalier, les promesses de Malambrun sont accomplies ; voici le cheval, et pourtant nos barbes ne cessent de croître : nous te supplions donc, chacune en particulier, de nous débarrasser de cette bourre importune, qui nous défigure, puisqu'il te suffit de monter, toi et ton écuyer, sur Chevillard et d'entreprendre ce voyage d'un nouveau genre.

Je le ferai de bien bon cœur, comtesse Trifaldi, répondit don Quichotte, sans prendre coussins ni éperons, tant j'ai hâte de soulager votre infortune.

Et moi, ajouta Sancho, je ne le ferai pas. Si ce voyage ne peut avoir lieu sans que je monte en croupe, mon maître n'a qu'à prendre un autre écuyer, et ces dames chercher quelque autre moyen de se polir le menton. Suis-je sorcier pour m'en aller courir ainsi par les airs ? Et que penseraient les habitants de mon île, quand on leur dirait que leur gouverneur s'expose ainsi à tous les vents ? Il y a, dit-on, trois ou quatre mille lieues d'ici à Candaya ; et si le cheval vient à se fatiguer ou si le géant se fâche, nous mettrons donc une douzaine d'années à revenir, et alors quelle île et quels vassaux voudront me reconnaître. Puisqu'on dit que c'est dans le retardement qu'est le péril, j'en demande pardon aux barbes de ces dames ; mais saint Pierre est bien à Rome : je veux dire que je me trouve au mieux dans cette maison où l'on me traite avec tant de bonté, et du maître de laquelle j'attends le bonheur insigne de me voir gouverneur.

Ami Sancho, dit le duc, l'île que je vous ai promise n'est ni mobile ni fugitive, elle tient à la terre par de profondes racines ; et puis, vous le savez aussi bien que moi, les dignités de ce monde ne s'obtiennent pas sans une sorte de pot-de-vin. Celui que je demande pour prix du gouvernement que je vous ai donné, c'est d'accompagner le seigneur don Quichotte dans cette mémorable aventure ; et soit que vous reveniez aussi promptement que le promet la célérité de Chevillard, soit que la fortune contraire vous ramène à pied comme un pèlerin, mendiant de porte en porte, en tout temps et à toute heure vous retrouverez votre île où vous l'aurez laissée, et vos vassaux aussi disposés à vous prendre pour gouverneur, qu'ils l'aient jamais été. Quant à moi, supposer que je puisse changer à votre égard, ce serait faire injure à mes sentiments pour vous.

Assez, monseigneur, assez, dit Sancho : je ne suis qu'un pauvre écuyer, et je n'ai pas la force de résister à tant de courtoisies. Allons ! que mon maître monte, qu'on me bande les yeux, et qu'on me recommande à Dieu. Mais quand nous serons là-haut, dites-moi, je vous prie, pourrai-je moi-même implorer Notre-Seigneur, et invoquer les saints anges ?

Vous le pourrez en toute sûreté, dit la Trifaldi ; car, quoique Malambrun soit enchanteur, il est bon catholique ; et il a soin de faire ses enchantements avec beaucoup de tact et de prudence, afin de ne s'attirer aucun reproche.

Allons, reprit Sancho, que Dieu m'assiste et la sainte Trinité de Gaëte !

Depuis la mémorable aventure des moulins à foulon, dit don Quichotte, je n'ai jamais vu Sancho aussi effrayé qu'il l'est à cette heure ; et si, comme tant d'autres, je croyais aux présages, cela ferait quelque peu fléchir mon courage. Approche, mon ami, que je te dise deux mots en particulier, avec la permission de Leurs Excellences.

Il emmena son écuyer au fond du jardin, sous de grands arbres, et là lui prenant les mains : Tu vois, lui dit-il, le long voyage que nous allons faire. Dieu seul sait quand nous en reviendrons, et les aventures qui nous attendent ; je voudrais donc, mon enfant, que sous le prétexte d'aller prendre quelque chose dont tu aurais besoin, tu te retirasses dans ta chambre, et que là tu te donnasses quatre ou cinq cents coups de fouet à compte sur les trois mille trois cents auxquels tu t'es engagé ; ce sera toujours autant de fait : chose bien commencée est à moitié finie.

Pardieu, s'écria Sancho, il faut que Votre Grâce ait perdu l'esprit ; c'est comme qui dirait : Tu me vois un procès sur les bras et tu me demandes ma fille en mariage ! Au moment de monter sur une croupe fort dure, vous voulez que je aille m'écorcher le derrière ; en vérité, cela n'est pas raisonnable. Allons d'abord barbifier ces dames, et au retour je vous promets, foi d'homme de bien, que j'aviserai au reste ; pour le moment n'en parlons pas.

Je m'en fie à ta parole, dit don Quichotte, car, quoique simple, tu es sincère et véridique.

Bon ! bon ! reprit Sancho, soyez tranquille ; mais n'entreprenons pas tant de besogne à la fois.

Sans plus discourir ils se rapprochèrent de Chevillard ; et, sur le point de l'enfourcher, don Quichotte dit à Sancho : Bande-toi les yeux, et monte hardiment ; il n'y a pas d'apparence que celui qui nous a envoyé chercher de si loin ait dessein de nous tromper : quel avantage aurait-il à se jouer de gens qui se fient à lui? Mais quand tout irait au rebours de ce que j'imagine, la gloire d'avoir entrepris cette aventure est assez grande pour ne pas craindre de la voir obscurcie par les ténèbres de l'envie!

Allons, seigneur, dit Sancho, il me semble que j'ai la conscience chargée de toute la bourre de ces pauvres duègnes, et je ne mangerai morceau qui me profite avant d'avoir vu leur menton en meilleur état. Montez, seigneur, continua-t-il, car si je dois aller en croupe, il faut commencer par vous mettre en selle.

Tu as raison, repartit don Quichotte. Et tirant un mouchoir de sa poche, il pria la Doloride de lui bander les yeux; mais tout aussitôt d'un mouvement brusque il l'ôta lui-même, en disant : Je me souviens, si j'ai bonne mémoire, d'avoir lu dans Virgile que le palladium de Troie était un cheval de bois que les Grecs présentèrent à la déesse Pallas, et qui avait dans ses flancs des combattants armés, par lesquels la ruine d'Ilion fut consommée; il serait donc à propos d'examiner ce que Chevillard a dans l'estomac.

C'est inutile, reprit la Doloride, je me rends caution de tout; Malambrun n'est pas un traître : montez, sur ma parole, et s'il vous arrive du mal je le prends sur moi.

Don Quichotte, pensant que plus d'insistance ferait suspecter son courage, monta sans autre objection; et comme, faute d'étriers, il tenait les jambes allongées et pendantes, on eût dit une de ces figures de tapisserie qui représentent un triomphateur romain.

Sancho vint monter à son tour, mais lentement et à contre-cœur. Sitôt qu'il fut sur le cheval, dont il trouva la croupe fort dure, il commença à se remuer en tout sens pour s'asseoir plus à son aise; enfin ne pouvant en venir à bout, il pria le duc de lui faire donner un coussin, fût-ce même un de ceux de l'estrade de madame la duchesse, parce que, ajouta-t-il, ce cheval me paraît avoir le trot dur.

La Trifaldi répondit que Chevillard ne souffrirait sur son dos aucune espèce de harnais; que Sancho pouvait, pour être moins durement, monter à la manière des femmes. Sancho le fit; ensuite on lui banda les yeux, et il dit adieu à la compagnie. Mais à peine le bandeau fut-il placé, qu'il le releva, et regardant tristement ceux qui étaient dans le jardin, il les conjura les larmes aux yeux de dire force *Pater* et *Ave* à son intention, afin qu'en semblable passe Dieu leur envoyât à eux-mêmes de bonnes âmes pour les assister de leurs prières.

Larron! s'écria don Quichotte, es-tu donc attaché au gibet pour user de pareilles supplications? n'es-tu pas assis, lâche créature, au même endroit qu'occupa jadis la belle Maguelonne, et d'où elle descendit pour devenir reine de France? et moi qui te parle, ne suis-je point à tes côtés, puisqu'on m'a choisi pour remplir la même place qu'occupa le fameux Pierre de Provence? Couvre tes yeux, être sans courage, et qu'il ne t'arrive plus de laisser paraître de semblables frayeurs, du moins en ma présence.

Qu'on me bande donc les yeux, répondit Sancho; et puisqu'on ne veut pas que je me recommande à Dieu, ni que je lui sois recommandé, est-il étonnant si j'ai peur qu'il se trouve par ici quelque légion de diables pour nous emporter à Peralvillo [1].

Enfin on leur banda les yeux, après quoi don Quichotte, assuré que tout était en bon état, commença à tourner la cheville. A peine y eut-il porté la main que tous les assistants élevèrent la voix en criant: Dieu te conduise, valeureux chevalier! Dieu te soit en aide, écuyer intrépide! puissions-nous bientôt vous revoir! ce qui ne saurait tarder, à la vitesse dont vous fendez l'air, car déjà nous vous perdons presque de vue. Tiens-toi bien, valeureux Sancho, ne te dandine pas; prends garde de tomber, car ta chute serait encore plus lourde que celle de ce jeune étourdi qui voulut conduire les chevaux du soleil.

A ces paroles, Sancho se serrait contre son maître, et l'embrassant par la ceinture, il lui dit: Seigneur, pourquoi ces gens disent-ils que nous sommes déjà très-haut, puisque nous les entendons si clairement qu'on dirait qu'ils nous parlent aux oreilles!

Ne t'arrête pas à cela, répondit don Quichotte: comme ces manières de voyager sont extraordinaires, tout le reste est à l'avenant; ainsi la voix ne trouvant aucun obstacle, vient aisément jusqu'à nous, l'air lui servant de véhicule. Ne me serre donc pas si fort, tu m'étouffes. En vérité, je ne comprends pas de quoi tu peux t'épouvanter: car de ma vie je n'ai monté cheval d'une plus douce allure! on dirait que nous ne bougeons pas de place. Allons, ami, rassure-toi, les choses vont comme elles doivent aller, et nous pouvons dire que nous avons le vent en poupe.

Par ma foi, repartit Sancho, je sens déjà de ce côté une bise qui me siffle aux oreilles.

Il ne se trompait pas: quatre ou cinq hommes l'éventaient par derrière avec de grands soufflets, tant le duc et son intendant avaient bien pris leurs dispositions pour qu'il ne manquât rien à l'affaire.

Don Quichotte ayant senti le vent: Sans aucun doute, dit-il, San-

---

1. Village près de Tolède, où la Sainte-Hermandad faisait exécuter les malfaiteurs.

cho, nous devons être arrivés à la moyenne région de l'air, où se forment la grêle, les vents et la foudre ; et si nous montons toujours avec la même vitesse, nous atteindrons bientôt la région du feu. Vraiment, je ne sais comment tourner cette cheville, afin de ne pas être bientôt embrasés.

En effet, on leur chauffait le visage avec des étoupes enflammées, qu'on promenait devant eux au bout d'un long roseau.

Nous devons être où vous dites, ou du moins bien près, s'écria Sancho, car j'ai la barbe à demi grillée ; seigneur, je vais me découvrir les yeux, pour voir où nous sommes.

Garde-toi d'en rien faire, reprit don Quichotte : ne connais-tu pas l'histoire du licencié Torralva, que le diable enleva dans les airs, à cheval sur un bâton et les yeux bandés ? En douze heures, il arriva à Rome, assista à l'assaut de la ville, vit la mort du connétable de Bourbon, et le lendemain, à la pointe du jour, il était de retour à Madrid, où il rendit compte de ce dont il avait été témoin. Entre autres choses, ce Torralva raconta que pendant qu'il traversait les airs, le diable lui ayant dit d'ouvrir les yeux, il les ouvrit, et se vit tellement proche du corps de la lune, qu'il pouvait y toucher avec la main ; mais il n'osa regarder en bas, de crainte que la tête ne lui tournât. D'après cela, Sancho, juge si ta curiosité serait dangereuse. Celui qui a pris l'engagement de nous conduire répondra de nous ; et bien qu'en apparence il n'y ait pas une demi-heure que nous sommes partis, crois-moi, nous devons avoir fait bien du chemin.

Je n'ai rien à répondre, répliqua Sancho ; mais tout ce que je puis dire, c'est que si la dame Maguelonne s'arrangeait de cette chienne de croupe, il fallait qu'elle eût la peau bien dure.

Le duc, la duchesse et leur compagnie ne perdaient rien de ce plaisant dialogue, et riaient comme des fous, sans éclater toutefois, de peur de découvrir la mystification. Enfin, pour donner une digne issue à une aventure si adroitement fabriquée, ils firent mettre le feu à un paquet d'étoupes placé sous la queue de Chevillard, dont l'intérieur était rempli de fusées et de pétards. Le cheval sauta en l'air avec un bruit épouvantable, renversant sur l'herbe don Quichotte et Sancho, tous deux à demi roussis.

Un peu auparavant, la Doloride et sa suite étaient sorties du jardin ; ceux qui restaient s'étendirent par terre comme évanouis. Don Quichotte et Sancho se relevèrent un peu maltraités de leur chute, et ayant regardé de tous côtés, ils furent stupéfaits de se revoir dans le même lieu, et d'y trouver tant de gens couchés sans mouvement ;

mais leur surprise s'accrut encore lorsqu'ils aperçurent une lance fichée en terre, d'où pendait, à deux cordons de soie verte, un parchemin portant ces mots tracés en lettres d'or :

> L'illustre et valeureux chevalier don Quichotte de la Manche a mis fin à l'aventure de la comtesse Trifaldi, autrement dite la duègne Doloride et compagnie, rien qu'en l'entreprenant. Malambrun est satisfait. Les mentons des duègnes sont nets et rasés, le roi don Clavijo et la reine Antonomasie ont repris leur première forme. Aussitôt que le gracieux écuyer aura accompli sa pénitence, la blanche colombe Tobosine se verra hors des griffes des vautours qui la persécutent et dans les bras de son bien-aimé tourtereau. Ainsi l'ordonne le sage Merlin, proto-enchanteur des enchanteurs.

Ces dernières paroles firent comprendre aisément à don Quichotte qu'il s'agissait du désenchantement de Dulcinée. Rendant grâces au ciel d'avoir accompli avec si peu de risques un tel exploit, et rendu leur poli aux visages des vénérables duègnes, il s'approcha de la duchesse et du duc, en apparence toujours évanouis. Allons, seigneur, lui dit-il, bon courage, tout ceci n'est rien; l'aventure est achevée, ainsi que vous pouvez le voir par l'écriteau que voici.

Le duc, comme s'il sortait d'un profond sommeil, parut reprendre peu à peu ses sens; la duchesse fit de même, et tous ceux qui étaient dans le jardin simulèrent si bien la surprise qu'on aurait cru effectivement qu'il leur était arrivé quelque chose d'étrange. Le duc lut l'écriteau, les yeux encore à demi fermés, et se les frottant à chaque mot; mais aussitôt qu'il eut achevé de lire, il se jeta les bras ouverts au cou de don Quichotte, lui disant qu'il était plus grand que tous les chevaliers des siècles passés. Sancho cherchait des yeux la Doloride, pour voir quelle figure elle avait sans barbe, et si elle était aussi belle, le menton rasé, que le promettait sa bonne mine; mais on lui dit qu'en même temps que Chevillard tombait tout en feu du haut des airs, la Trifaldi avait disparu avec sa troupe, n'ayant plus au menton le moindre poil de barbe ni l'apparence d'en avoir jamais eu.

La duchesse demanda à Sancho comment il se trouvait d'un si long voyage, et ce qui lui était arrivé.

Dieu merci, Madame, répondit-il, je me trouve assez bien, si ce n'est que je me suis un peu meurtri l'épaule en tombant, mais cela n'est rien. Je vous dirai seulement que comme nous allions atteindre la région du feu, je demandai à mon maître la permission de me découvrir les yeux, mais il ne voulut jamais y consentir. Alors, moi, qui suis un peu curieux de mon naturel, et qui ai toujours la demangeaison d'apprendre ce qu'on veut me cacher, je relevai tout doucement mon bandeau, et me mis à regarder la terre du coin de l'œil. Nous étions

CHAPITRE XLI.

en ce moment si haut, si haut, qu'elle ne me parut pas plus grosse qu'un grain de moutarde, et les hommes qui marchaient dessus, guère plus gros que des noisettes.

Prenez garde, ami Sancho, reprit la duchesse : d'après vos propres paroles, vous ne pouviez voir la terre, mais seulement les hommes qui marchaient dessus. Et cela se conçoit : si la terre ne paraissait pas plus grosse qu'un grain de moutarde, et chaque homme gros comme une noisette, un seul homme devait la couvrir tout à fait.

Il devrait en être ainsi, répondit Sancho ; malgré cela, je la découvris par un petit coin, et je l'ai vue en son entier.

Mais, repartit la duchesse, on ne saurait voir en son entier ce qu'on ne regarde que par un petit coin.

Je n'entends rien à ces finesses-là, répliqua Sancho ; qu'il suffise à Votre Seigneurie de savoir que nous volions par enchantement, et que par enchantement aussi j'ai pu voir la terre et les hommes, de quelque façon que je les eusse regardés. Si Votre Grâce ne croit pas cela, elle croira encore moins que me découvrant les yeux pour regarder en haut, je me vis si près du ciel, qu'il ne s'en fallait pas d'un demi-pied que j'y touchasse ; et ce dont je puis faire serment, Madame, c'est qu'il est furieusement grand. Nous étions en ce moment vers l'endroit où sont les sept chèvres ; et comme, étant enfant, j'ai été chevrier dans mon pays, il me prit une si grande envie de causer quelques instants avec ces chèvres, que si je ne l'eusse fait, je crois que j'en serais mort. J'arrive donc près d'elles, sans rien dire à personne, ni même à mon maître ; je descends tout bonnement de Chevillard, et me mets à causer environ trois ou quatre heures avec ces chèvres, qui en vérité sont gentilles comme des giroflées et douces comme des fleurs ; et pendant tout ce temps, Chevillard ne bougea pas.

Pendant que Sancho s'entretenait avec les chèvres, que faisait le seigneur don Quichotte ? demanda le duc.

Comme toutes les choses qui m'arrivent ont lieu par des voies extraordinaires, répondit don Quichotte, il ne faut pas s'étonner de ce que raconte Sancho. Moi, je ne me découvris point les yeux, et ne vis ni ciel, ni terre, ni mer, ni montagnes ; je m'aperçus seulement, lorsque nous eûmes traversé la moyenne région de l'air, que nous approchions fort de la région du feu ; mais que nous ayons été plus avant, je ne le crois pas. En effet, la région du feu étant placée entre la lune et la dernière région de l'air, nous ne pouvions arriver jusqu'où sont les sept chèvres dont parle Sancho sans être consumés ; et puisque nous voilà ici, Sancho ment, ou il rêve.

Je ne mens ni ne rêve, repartit Sancho : qu'on me demande le signalement des chèvres, et on verra si je dis, ou non, la vérité.

Eh bien, comment sont-elles? demanda la duchesse.

Il y en avait deux vertes, deux incarnates, deux bleues, et la dernière bariolée, répondit Sancho.

Voilà une nouvelle espèce de chèvres, reprit le duc; sur terre nous n'en avons point de semblables.

Est-il donc si étonnant qu'il y ait de la différence entre les chèvres de la terre et les chèvres du ciel? repartit Sancho.

Dites-moi un peu, mon ami, n'y avait-il aucun bouc parmi ces chèvres? demanda le duc.

Non, monseigneur, répondit Sancho; j'ai toujours entendu dire qu'aucun animal à cornes ne passait les cornes de la lune.

Le duc et la duchesse cessèrent de questionner notre écuyer, qu'ils voyaient en train de se promener à travers les sept cieux et de leur en donner des nouvelles sans avoir bougé du jardin.

Telle fut la fin de l'aventure de Doloride.

Don Quichotte s'approchant de son écuyer, lui dit à l'oreille : Sancho, puisque vous voulez qu'on ajoute foi à ce que vous racontez avoir vu dans le ciel, je veux à mon tour que vous teniez pour véritable ce que j'ai vu dans la caverne de Montesinos : je ne vous en dis pas davantage.

CHAPITRE XLII

Des conseils que don Quichotte donna à Sancho Panza touchant le gouvernement de l'île, etc.

Le duc et la duchesse furent si satisfaits de l'heureux et plaisant dénouement de l'aventure de la Doloride, qu'ils ne pensèrent plus qu'à inventer de nouveaux sujets de se divertir, et toujours aux dépens de leurs hôtes. Ayant donc préparé leur plan et instruit leurs gens de la manière dont ils devaient agir avec Sancho, le duc lui dit de se préparer à partir afin d'aller prendre possession de son gouvernement, où ses vassaux l'attendaient avec non moins d'impatience que la terre desséchée attend la rosée du matin.

Sancho s'inclina jusqu'à terre, et répondit : Monseigneur, depuis que je suis descendu du ciel, depuis que, du plus haut de sa voûte, j'ai considéré la terre, je l'ai trouvée si petite, si petite, que l'envie m'a presque passé d'être gouverneur. Le bel honneur, en effet, de

CHAPITRE XLII.

commander sur un grain de moutarde, à une douzaine d'hommes, gros chacun comme une noisette! car il me semblait qu'il n'y en avait pas davantage sur toute la terre. Si Votre Seigneurie voulait me donner à gouverner une petite partie du ciel, ne fût-elle que d'une demi-lieue, je la préférerais à la plus grande île du monde.

Ami Sancho, répondit le duc, je ne puis donner à personne aucune partie du ciel, ne fût-elle pas plus grande que l'ongle : Dieu seul a le pouvoir d'accorder semblables faveurs. Je vous donne ce que je puis vous donner, une île faite et parfaite, ronde, bien proportionnée, fertile et abondante, où, si vous en prenez la peine, vous pourrez ajouter aux richesses de la terre celles du ciel.

Monseigneur, répliqua Sancho, que l'île vienne, et je m'efforcerai de la gouverner si bien, qu'en dépit de tous les méchants j'irai droit au ciel. Ce n'est point par ambition, croyez-le bien, que je songe à quitter ma chaumière, mais seulement pour tâter de ces gouvernements, dont tout le monde est si affamé.

Ami Sancho, dit le duc, quand vous en aurez une fois goûté, vous vous en lécherez les doigts jusqu'aux coudes, tant est grand le plaisir de commander et de se faire obéir.

Monseigneur, répondit Sancho, je m'imagine qu'il est fort agréable de commander, ne fût-ce qu'à un troupeau de moutons.

Par ma foi, vous possédez toute science, Sancho, repartit le duc, et je crois que vous serez un fort bon gouverneur. Mais trêve de discours, et sachez que dès demain vous irez prendre possession de votre île. Ce soir on prépare l'équipage qui vous convient et toutes les choses nécessaires à votre installation.

Qu'on m'habille comme on voudra, répondit Sancho; sous quelque habit que ce soit, je n'en serai pas moins Sancho Panza.

Cela est vrai, dit le duc; cependant le costume doit être conforme à l'état qu'on professe et à la dignité dont on est revêtu : il serait ridicule qu'un jurisconsulte fût vêtu comme un homme d'épée, et un soldat comme un prêtre. Quant à vous, Sancho, votre costume doit tenir du lettré et de l'homme de guerre, parce que dans l'île que je vous donne, les armes sont aussi nécessaires que les lettres, et les lettres que les armes.

Pour la science, repartit Sancho, je n'en suis guère pourvu, car je ne sais pas même l'A B C; mais je sais mon *Pater noster,* et c'est assez pour être bon gouverneur; quant aux armes, je me servirai de celles qu'on me donnera, jusqu'à ce qu'elles me tombent des mains, et à la grâce de Dieu.

Avec de pareils sentiments, dit le duc, Sancho ne pourra faillir en rien.

Sur ces entrefaites arriva don Quichotte. Ayant appris que Sancho devait partir le jour suivant, il le prit par la main, et avec la permission du duc l'emmena dans sa chambre, pour lui donner, avant son départ, quelques leçons sur la manière dont il devait remplir son nouvel emploi. Sitôt qu'ils furent entrés, le chevalier ferma la porte, et ayant fait asseoir Sancho presque malgré lui, d'une voix lente et posée il lui parla en ces termes :

Je rends grâces au ciel, ami Sancho, de ce que la fortune, qui n'a encore eu pour moi que des rigueurs, soit venue, pour ainsi dire, te prendre par la main. Moi, qui pensais trouver dans les faveurs du sort de quoi récompenser la fidélité de tes services, je suis encore au début de mes espérances, tandis que toi, avant le temps et contre tout calcul raisonnable, tu vas voir combler tous tes désirs. L'un se donne mille soucis et travaille sans relâche pour atteindre son but, quand l'autre sans y songer, sans savoir pourquoi ni comment, se trouve en possession de l'emploi sollicité par une foule de prétendants. C'est bien le cas de dire que dans la poursuite des places il n'y a qu'heur et malheur. Ainsi, quoique tu ne sois qu'un lourdaud, te voilà, sans faire un pas, sans perdre une minute de ton sommeil, mais par cela seulement que la chevalerie errante t'a touché de son souffle, te voilà appelé au gouvernement d'une île.

Je te dis cela, Sancho, pour que tu n'attribues pas ta bonne fortune à ton mérite, mais afin que tu apprennes à remercier incessamment le ciel, et après lui la chevalerie errante dont la grandeur renferme en elle tant de biens. Maintenant que ton cœur est disposé à suivre mes conseils, écoute avec l'attention d'un disciple qui veut profiter des enseignements de son maître, écoute les préceptes qui devront te servir d'étoile et de guide pour éviter les écueils de cette mer orageuse où tu vas te lancer ; car les hauts emplois et les charges d'importance ne sont qu'un profond abîme couvert d'obscurités et rempli d'écueils.

Premièrement, mon fils, garde la crainte de Dieu, parce que cette crainte est le commencement de la sagesse, et que celui qui est sage ne tombe jamais dans l'erreur.

Secondement, souviens-toi toujours de ta première condition, et ne cesse de t'examiner pour arriver à te connaître toi-même ; c'est la chose à laquelle on doit le plus s'appliquer, et à laquelle d'ordinaire on réussit le moins. Cette connaissance t'apprendra à ne pas t'enfler comme la grenouille qui voulut un jour s'égaler au bœuf; et si la vanité, cette sotte enflure du cœur, venait à s'emparer de ton âme, rappelle-toi que tu as gardé les cochons.

C'est vrai, répondit Sancho, mais j'étais petit garçon; plus tard, en grandissant, ce sont les oies que j'ai gardées et non pas les cochons. Au reste, qu'est-ce que cela fait à l'affaire? tous les gouverneurs ne sont pas fils de princes.

J'en demeure d'accord, dit don Quichotte; c'est pourquoi ceux dont la naissance ne répond pas à la gravité de leur emploi doivent être affables, afin d'échapper à la médisance et à l'envie, qui toujours s'attachent aux dépositaires de l'autorité.

Fais gloire, Sancho, de l'humilité de ta naissance, et n'aie point honte d'avouer que tu es fils de laboureur; car, tant que tu ne t'élèveras point, personne ne songera à t'humilier. Pique-toi plutôt d'être humble vertueux, que pécheur superbe. On ne saurait dire le nombre de ceux que la fortune a tirés de la poussière pour les élever jusqu'à la dignité de la couronne et de la tiare, et je pourrais t'en citer des exemples jusqu'à te fatiguer.

Que la vertu soit la règle constante de tes actions, et tu n'auras rien à envier à ceux qui sont princes et grands seigneurs; car on hérite de la noblesse, mais la vertu s'acquiert, et par elle seule la vertu vaut ce que le sang ne peut valoir.

Cela étant, si un de tes parents va te voir dans ton gouvernement, ne le rebute point; au contraire, fais-lui bon accueil; ainsi, tu obéiras à Dieu, qui défend de mépriser son ouvrage, et tu te conformeras aux saintes lois de la nature, qui veulent que tous les hommes se traitent en frères.

Si tu emmènes ta femme avec toi (et il n'est pas convenable qu'un gouverneur soit longtemps sans sa femme), tâche de la dégrossir et de la former, car ce que peut gagner un gouverneur sage et discret, une femme sotte et grossière le lui fait perdre.

Si par hasard tu deviens veuf, ce qui peut arriver, et si l'emploi te faisait trouver une femme de plus haute condition, ne la prends pas telle qu'elle serve d'amorce et prenne à toutes mains; car je te le dis, ce que reçoit la femme du juge, le mari en rendra compte au jour du jugement; et alors il paiera au centuple ce dont il fut innocent pendant sa vie.

Ne te laisse point aller à l'interprétation arbitraire de la loi, comme font les ignorants qui se piquent d'habileté et de pénétration.

Que les larmes du pauvre trouvent accès auprès de toi, mais sans te faire oublier la justice qui est due au riche. Fais en sorte de découvrir la vérité à travers les promesses et les présents du riche, comme à travers les sanglots et les importunités du pauvre.

Ne frappe pas le coupable avec toute la rigueur de la loi : la réputation de juge impitoyable ne vaut pas mieux que celle de juge trop compatissant.

Si tu laisses quelquefois pencher la balance de la justice, que ce ne soit pas sous le poids des présents, mais sous celui de la miséricorde.

Quand tu auras à juger un de tes ennemis, abjure tout ressentiment, et n'examine que son procès ; autrement, si la passion dictait ta sentence, tu te verrais un jour obligé de réparer ton injustice aux dépens de ton honneur et de ta bourse.

Si une femme belle vient te solliciter, ferme tes yeux et bouche tes oreilles ; car la beauté est dangereuse, et il n'y a point de poison plus fait pour corrompre l'intégrité d'un juge.

Ne maltraite point en paroles celui que tu châtieras en actions ; la peine suffit aux malheureux, sans y ajouter de cruels propos.

Pense toujours à la misérable condition des hommes, sujets aux infirmités de leur nature dépravée ; et autant que tu le pourras, montre-toi miséricordieux, sans blesser l'équité ; car, parmi les attributs de Dieu, bien qu'ils soient tous égaux, la miséricorde resplendit avec encore plus d'éclat que la justice.

En suivant ces préceptes, Sancho, tu auras de longs jours, ta renommée sera éternelle, tes désirs seront comblés, ta félicité sera ineffable, et après avoir vécu dans la paix de ton cœur, entouré des bénédictions des gens de bien, la mort t'atteindra dans une douce vieillesse, et tes yeux se fermeront sous les doigts tendres et délicats de tes petits-enfants.

Voilà, mon ami, les conseils que j'avais à te donner, en ce qui concerne l'ornement de ton âme ; écoute maintenant ceux qui doivent servir à la parure de ton corps.

CHAPITRE XLIII

Suite des conseils que don Quichotte donna à Sancho.

Qui aurait pu entendre ce discours sans tenir don Quichotte pour un homme plein de sagesse et de bonnes intentions? Mais, comme nous l'avons vu plus d'une fois dans le cours de cette grande histoire,

CHAPITRE XLII.

l'esprit de notre pauvre gentilhomme, raisonnable sur tout le reste, déménageait quand il était question de chevalerie; de sorte qu'à toute heure ses œuvres discréditaient son jugement, et son jugement démentait ses œuvres. Dans les secondes instructions qu'il donna à Sancho, il fit preuve d'une grâce parfaite, et montra dans tout leur jour sa sagesse et sa folie. Sancho l'écoutait avec une extrême attention, et tâchait d'imprimer ses conseils dans sa mémoire, bien résolu à les suivre, afin de se tirer au mieux de la grande affaire de son gouvernement. Don Quichotte continua ainsi :

En ce qui touche, Sancho, la manière dont tu dois gouverner ta maison et ta personne, la première chose que je te recommande, c'est d'être propre et de te couper les ongles, au lieu de les laisser pousser à l'exemple de certaines gens assez sots pour croire que de grands ongles embellissent les mains; comme si cet appendice pouvait s'appeler des ongles, quand ce sont plutôt des griffes d'épervier.

Ne te montre jamais avec des vêtements débraillés et en désordre, c'est le signe d'un esprit faible et lâche; à moins que cette négligence ne couvre une grande dissimulation, comme on l'a pensé de Jules César.

Sonde discrètement ce que peut te rapporter ton office : s'il te permet de donner une livrée à tes gens, donne-leur-en une qui soit propre et commode, plutôt que brillante et magnifique, et emploie l'épargne que tu feras là-dessus à habiller autant de pauvres. Si donc tu as de quoi entretenir six pages, habilles-en trois seulement, et distribue le reste à autant de pauvres : tu auras ainsi trois pages pour le ciel et trois pour la terre, manière de donner des livrées que ne connaissent point les glorieux.

Ne mange point d'ail ni d'oignon, de crainte que ce parfum ne vienne à trahir ta condition première. Marche posément, parle avec lenteur, mais non pas à ce point que tu paraisses t'écouter toi-même, car toute affectation est mauvaise.

Dîne peu, soupe moins encore; la santé de tout le corps s'élabore dans l'officine de l'estomac.

Sois tempérant dans le boire; celui qui s'enivre est incapable de garder un secret ni de tenir un serment.

Fais attention, en mangeant, à ne point mâcher des deux côtés à la fois, et à n'éructer devant personne.

Qu'entendez-vous par éructer? demanda Sancho.

Éructer, répondit don Quichotte, signifie roter, ce qui est un des plus vilains mots de notre langue, quoique fort expressif: aussi les gens bien élevés ont eu recours au latin, et au lieu de roter, ils disent éructer; au lieu de rots, éructations. Si quelques personnes n'entendent point cela, peu importe; l'usage et le temps feront adopter le mot; ainsi s'enrichissent les langues, sur lesquelles le vulgaire et l'usage ont tant de pouvoir.

En vérité, seigneur, reprit Sancho, un des conseils que je veux surtout retenir, c'est de ne pas roter; car cela m'arrive à tout bout de champ.

Éructer, reprit don Quichotte, et non pas roter.

A l'avenir, je dirai toujours éructer, repartit Sancho, et je vous promets de ne pas l'oublier.

Veille aussi à ne pas mêler à tes discours cette foule de proverbes dont tu abuses à chaque instant; les proverbes, il est vrai, sont de courtes sentences; mais tu les tires tellement par les cheveux, qu'ils ont plutôt l'air de balourdises que de maximes.

Dieu seul peut y remédier, dit Sancho, car j'ai en moi plus de proverbes qu'un livre; et sitôt que je desserre les dents, il m'en vient sur le bout de la langue un si grand nombre, qu'ils se disputent à qui sortira le premier : mais j'aurai soin dorénavant de ne dire que ceux qui conviendront à la gravité de mon emploi; car en bonne maison la nappe est bientôt mise, qui convient du prix n'a pas de dispute, celui-là ne craint rien qui sonne le tocsin, et entre donner et prendre gare de se méprendre.

Allons, mon ami, lâche, lâche tes proverbes! c'est bien le cas de dire ma mère me châtie, et je fouette la toupie : je suis à te corriger de ta manie des proverbes, et tu en débites une kyrielle qui viennent aussi à propos que s'ils tombaient des nues. Je ne blâme pas un proverbe bien placé; mais les enfiler sans rime ni raison, cela rend la conversation lourde et fastidieuse.

Quand tu monteras à cheval, aie soin de tenir la jambe tendue et le corps droit; autrement tu aurais l'air d'être encore sur ton grison.

Sois modéré quant au sommeil : celui qui n'est pas levé avec le soleil ne jouit pas du jour. Je t'avertis, Sancho, que la diligence est mère de la bonne fortune, et que la paresse, son ennemie, n'atteignit jamais un but honorable.

J'ai à te donner un dernier conseil, et quoiqu'il ne regarde pas comme les précédents la parure de ton corps, je crois que son observation te sera très-profitable. Le voici : Ne dispute jamais sur la noblesse des familles; quand on les compare, l'une finit toujours par l'emporter; et tu te ferais une ennemie de celle que tu mettrais au second rang, sans que l'autre te sût le moindre gré de ta préférence.

Ton habillement devra se composer de chausses entières, d'un pourpoint et d'un manteau. Jamais de grègues, elles ne conviennent ni aux gentilshommes, ni aux gouverneurs.

Voilà, Sancho, les conseils qui, pour le moment, se sont présentés à mon esprit; je t'en enverrai d'autres à l'occasion, pourvu que tu aies soin de m'informer de l'état de tes affaires.

Seigneur, répondit Sancho, toutes les choses que vous venez de me dire sont saintes et profitables; mais à quoi cela me servira-t-il, si je ne m'en souviens pas? Pour ce qui est de me rogner les ongles, et de me remarier, si le cas se présente, cela ne me sortira point de la tête; quant à toutes ces autres minuties que vous m'avez recommandées, par ma foi, je ne m'en souviens pas plus que des nuages de l'an passé. Veuillez me les coucher par écrit, et je les remettrai à mon confesseur, afin qu'au besoin il me les fourre dans la cervelle.

Qu'il sied mal à un gouverneur de ne savoir ni lire ni écrire! reprit don Quichotte. Sais-tu, Sancho, ce qu'on pense d'un homme qui ne sait pas lire? de deux choses l'une, ou qu'il a eu pour parents des gens de la dernière condition, ou qu'il a été lui-même un si mauvais sujet, qu'on ne l'a pas trouvé susceptible de correction. C'est un grand défaut que tu as là, mon ami, et je voudrais au moins que tu apprisses à signer ton nom.

Je sais signer mon nom, repartit Sancho : lorsque j'étais bedeau, dans notre village, j'ai appris à tracer des lettres comme celles qu'on met sur les ballots de marchandises, et on disait que cela figurait mon nom. Après tout, je ferai semblant d'avoir la main droite estropiée, et un autre signera pour moi; car il y a remède à tout, fors à la mort; et comme je serai le maître et tiendrai la baguette, je ferai ce que je voudrai, d'autant plus que celui dont le père est alcade... et comme je serai gouverneur, ce qui est encore plus que d'être alcade... Oui-da, qu'on s'y frotte, et on sera bien reçu : tel vient chercher de la laine, qui s'en retourne tondu. D'ailleurs, les sottises du riche passent dans le monde pour sentences, et quand je serai riche, puisque je serai gouverneur, qui est-ce qui me trouvera un défaut? Oui, oui, faites-vous miel, et les mouches vous mangeront; autant tu possèdes, autant tu vaux, disait ma grand'mère; et, d'un homme qui a pignon sur rue on n'a jamais raison.

Maudit sois-tu de Dieu et des saints! interrompit don Quichotte; mille satans puissent-ils emporter toi et tes proverbes! il y a plus d'une heure que tu me tiens à la torture. Si tes proverbes ne te conduisent un jour au gibet, dis que je suis un faux prophète : ils exciteront quelque sédition parmi tes vassaux, et finiront par te faire perdre ton gouvernement. Et où diable vas-tu les trouver, imbécile, lorsque moi, pour en citer un à propos, je sue comme si je piochais la terre.

Par ma foi, Votre Grâce se fâche pour peu de chose, repartit Sancho ; qui diable peut trouver mauvais que je me serve de mon bien, puisque je n'en possède pas d'autre ? Je n'ai que des proverbes, eh bien, je lâche des proverbes ; tenez, j'en ai quatre en ce moment sur le bout de la langue, qui venaient à point nommé, mais je ne les dirai pas ; car, comme dit le vieux dicton, pour se taire à propos, il n'est tel que Sancho.

Tu n'es pas ce Sancho-là, reprit don Quichotte, mais Sancho le bavard et l'opiniâtre. Néanmoins je serais curieux de connaître les quatre proverbes que tu prétends venir si à propos : j'ai beau y songer, et quoique j'aie la mémoire assez bonne, il ne s'en présente aucun.

Eh ! quels meilleurs proverbes peut-il y avoir que ceux-ci, répondit Sancho : Entre deux dents mâchelières ne mets jamais le doigt; Videz la maison et Que voulez-vous à ma femme ? et cet autre, Si la pierre donne contre la cruche, ou la cruche contre la pierre, tant pis pour la cruche. Ce qui veut dire : que personne ne se prenne de querelle avec son gouverneur, autrement, il lui en cuira ; lorsque le gouverneur commande, il n'y a pas à répliquer, non plus qu'à Videz la maison, et Que voulez-vous à ma femme ? Pour celui de la cruche et de la pierre, un aveugle le verrait. Du reste, Votre Seigneurie n'ignore pas qu'un sot en sait plus long dans sa maison qu'un sage dans celle d'autrui.

Sancho, repartit don Quichotte, ni dans sa maison ni ailleurs, un sot ne sait rien ; il est impossible de rien asseoir de raisonnable sur le fondement de la sottise. Mais restons-en là mon ami : si tu gouvernes mal, à toi la faute, à moi la honte ; cependant j'aurai la consolation de n'avoir rien négligé, et de t'avoir donné mes conseils en homme d'honneur et de conscience. Dieu te conduise, Sancho, qu'il te gouverne dans ton gouvernement, et me délivre, moi, de l'inquiétude où je vais rester que tu ne mettes tout sens dessus dessous dans ton île. Il ne tiendrait qu'à moi de m'ôter cette crainte ; je n'aurais qu'à découvrir au duc qui tu es, et que ton épaisse personne n'est qu'un magasin de proverbes et un sac plein de malice.

Seigneur, répondit Sancho, si Votre Grâce ne me croit pas capable de remplir le devoir d'un bon gouverneur, eh bien, n'en parlons plus, je renonce au gouvernement; la plus petite portion de mon âme m'est plus chère que mon corps tout entier; je vivrai aussi bien Sancho avec un morceau de pain et un oignon, que Sancho gouverneur avec des chapons et des perdrix. D'ailleurs, si Votre Seigneurie veut bien se le rappeler, c'est elle qui m'a mis le gouvernement en tête, car moi, je ne sais ce que c'est qu'île et gouvernement. Après tout, enfin, si vous croyez que le diable doive emporter le gouverneur, j'aime mieux aller simple Sancho en paradis que gouverneur en enfer.

En vérité, Sancho, dit don Quichotte, les dernières paroles que tu viens de prononcer méritent à elles seules le gouvernement de cent îles : tu as un bon naturel, sans quoi il n'y a science qui vaille. Va, recommande-toi à Dieu; et surtout cherche le bien en toutes choses; le ciel ne manque jamais de favoriser les bonnes intentions.

Maintenant allons dîner : Leurs Seigneuries, je crois, nous attendent.

CHAPITRE XLIV

Comment Sancho alla prendre possession du gouvernement de l'île, et de l'étrange aventure qui arriva à don Quichotte dans le château.

Dans l'original de cette histoire, on trouve au présent chapitre un exorde dont voici le sens : Cid Hamet se plaint à lui-même et regrette d'avoir entrepris une tâche aussi aride et aussi uniforme que celle-ci, forcé qu'il est de parler toujours de don Quichotte et de Sancho. Il dit qu'avoir l'esprit et la plume sans cesse occupés d'un seul personnage, ne parler que par la bouche de peu de gens, c'est un travail par trop ingrat. Pour éviter cet inconvénient, j'avais, ajoute-t-il, usé d'un artifice dans la première partie, en y intercalant quelques nouvelles, comme celles du *Curieux malavisé* et du *Captif*, qui sont en dehors de l'histoire; mais ayant fait réflexion que les lecteurs, absorbés par le récit des prouesses de don Quichotte, n'accorderaient aucune attention aux *nouvelles* et les parcourraient à la hâte, je me suis abstenu d'en insérer dans cette seconde partie, me bornant à quelques épisodes semés çà et là, et encore d'une manière fort restreinte et en aussi peu de mots qu'en exige l'exposition. Son exorde terminé, il continue son récit :

Au sortir de table, don Quichotte coucha par écrit les conseils que dans la journée il avait donnés à Sancho, et les lui remit en disant qu'il n'avait qu'à se les faire lire quand il lui plairait; mais le papier fut aussitôt perdu que donné, et un valet dans les mains duquel il tomba, s'empressa de le porter au duc et à la duchesse, qui admirèrent de nouveau la folie et le grand sens de notre héros. Pour continuer une plaisanterie dont ils s'amusaient tous deux de plus en plus, dès le même soir ils envoyèrent Sancho avec un grand cortége au bourg qui devait passer pour son île. Ils le firent accompagner d'un majordome, homme plein d'esprit et d'enjouement (il n'y a pas d'enjouement sans esprit), lequel avait fait le personnage de la comtesse Trifaldi, et inventé la mystification que nous avons rapportée. Grâce à ses talents et aux instructions qu'il avait reçues, il ne réussit pas moins agréablement dans celle qui va suivre.

Or il arriva que Sancho, ayant regardé avec attention ce majordome, reconnut la figure de la Trifaldi : Seigneur, dit-il en se tournant vers son maître, le diable m'emporte si le majordome de monseigneur ne ressemble pas comme deux gouttes d'eau à la duègne Doloride.

Don Quichotte, après avoir bien considéré cet homme, répondit : Je ne vois pas, Sancho, qu'il y ait là de quoi te donner au diable : il existe, j'en conviens, de la ressemblance entre le visage de la Doloride et celui du majordome; mais il ne s'ensuit pas que le majordome soit la Doloride. Au reste, ce n'est pas le moment de faire de pareilles investigations, elles nous jetteraient dans un labyrinthe inextricable; crois-moi, mon ami, nous n'avons tous deux qu'un besoin, c'est de prier instamment Notre-Seigneur qu'il nous délivre des maudits sorciers et des méchants enchanteurs.

Ce n'est pas une plaisanterie, seigneur, répliqua Sancho; je viens à l'instant même d'entendre parler le majordome, et, sur ma foi, il me semblait que la voix de la Doloride me cornait aux oreilles. Pour l'heure je n'en dis pas davantage, mais je me tiendrai sur mes gardes, et nous verrons si je ne découvrirai rien qui nous éclaircisse mieux sur ce point.

Tu feras bien, Sancho, dit don Quichotte, de me donner avis de ce que tu auras pu découvrir, comme aussi de tout ce qui t'arrivera dans ton gouvernement.

Enfin l'heure du départ étant venue, Sancho sortit accompagné d'une suite nombreuse. Il était vêtu en magistrat, avec un long manteau de camelot fauve, une toque de même couleur, et montait un mulet avec selle à la genette; son âne, magnifiquement caparaçonné et couvert d'une housse de cheval d'une étoffe incarnate, marchait derrière lui. De temps en temps, Sancho tournait la tête pour considérer son grison, ravi de l'état où il le voyait, non moins que de celui où il était lui-même, et il n'aurait pas changé sa fortune contre celle d'un empereur d'Allemagne. J'oubliais de dire qu'en prenant congé du duc et de la duchesse, il leur baisa les mains, puis alla demander la bénédiction de son maître. Don Quichotte la lui donna les larmes aux yeux, ce dont Sancho éprouva un attendrissement qui se traduisit en une fort laide grimace.

Maintenant, ami lecteur, laissons aller en paix notre gouverneur; prends patience, et sois assuré de la pinte de bon sang que tu vas faire quand tu verras comment il se comporte dans son nouvel emploi. A présent occupons-nous de don Quichotte.

A peine Sancho fut-il en chemin, que notre chevalier éprouva un tel regret de son départ et de l'isolement où il se trouvait réduit, que s'il eût pu révoquer la mission de son écuyer, il l'eût rappelé sur l'heure, sans s'inquiéter s'il le privait d'un gouvernement, juste récompense de ses services. La duchesse, qui s'aperçut de sa mélancolie, lui en demanda le sujet, ajoutant que si l'absence de Sancho en était la cause, il y avait dans sa maison cent duègnes ou demoiselles qui mettraient le plus grand empressement à le servir.

Madame, répondit don Quichotte, j'avoue que Sancho me fait faute, mais ce n'est là la principale cause de ma tristesse. Quant aux offres que Votre Excellence a la bonté de me faire, j'accepte seulement la courtoisie qui les dicte, et je supplie très-humblement Votre Grandeur de vouloir bien permettre que je n'aie d'autre serviteur que moi-même.

Oh! par ma foi, il n'en sera pas ainsi, seigneur don Quichotte, dit la duchesse, et je veux vous faire servir par quatre de mes filles, qui sont toutes fraîches comme des roses.

Elles ne seraient pas pour moi des roses, mais des épines, reprit notre héros; aussi, Madame, suis-je bien résolu, sauf le respect que je dois à Votre Grâce, à ne point les laisser pénétrer dans ma chambre. Laissez-moi, je vous prie, me servir seul, à huis clos; il m'importe de mettre une muraille entre mes désirs et ma chasteté; je dormirais plutôt tout habillé, que de me laisser déshabiller par personne.

Eh bien, seigneur don Quichotte, répliqua la duchesse, puisque vous l'exigez, non-seulement aucune de mes filles, mais pas même une mouche, n'entrera dans votre appartement. Je sais que parmi les nombreuses vertus de Votre Seigneurie, celle qui tient le premier rang, c'est la chasteté, et je ne suis pas femme à permettre qu'on y porte la moindre atteinte : que Votre Grâce s'habille et se déshabille comme il lui plaira; seulement on aura soin de mettre dans votre appartement les meubles nécessaires à qui dort porte close, afin de vous épargner la peine de les demander. Vive à jamais la grande Dulcinée du Toboso! que son nom soit célébré par toute la terre, puisqu'elle a mérité d'avoir pour serviteur un chevalier si chaste et si vaillant! veuille le ciel mettre au cœur de notre gouverneur Sancho Panza la résolution d'accomplir sans retard l'heureuse pénitence qui doit faire jouir l'univers des attraits d'une si grande dame.

Votre Grandeur, répondit notre héros, imprime le dernier sceau au mérite de ma Dulcinée; c'est votre bouche qui relève l'éclat de sa beauté et la met dans tout son lustre. Après l'éloge que vous venez d'en faire, le nom de Dulcinée sera encore plus glorieux et plus révéré dans le monde, que si les orateurs les plus éloquents avaient pris soin de célébrer ses louanges.

Trêve de compliments, seigneur don Quichotte, repartit la duchesse; voici l'heure du souper, et le duc doit nous attendre. Votre Grâce veut-elle bien m'accompagner? Au sortir de table nous vous laisserons jouir du repos dont vous avez sans doute grand besoin, car le voyage de Candaya a dû vous causer quelque fatigue.

Je n'en sens aucune, répondit le chevalier, et j'oserais jurer à Votre Excellence, que de ma vie je n'ai rencontré monture plus agréable que Chevillard; aussi ne puis-je comprendre comment Malambrun a pu se défaire d'un cheval d'une si douce allure, et le brûler sans plus de façon.

Je pense, repartit la duchesse, que le repentir du mal qu'il avait fait à la Trifaldi et à ses compagnes, ainsi qu'à bien d'autres, l'a porté à détruire tous les instruments de ses maléfices, surtout Chevillard, qui en était le principal, et qui le tenait dans une extrême agitation, en le faisant courir sans cesse de pays en pays : sans nul doute, il aura pensé que cette machine ne devait plus servir à personne, après avoir porté le grand don Quichotte de la Manche.

Notre chevalier fit de nouveaux remerciements à la duchesse, et dès qu'il eut soupé, il se retira dans sa chambre, sans vouloir souffrir que personne y pénétrât, tant il craignait de porter atteinte à la fidélité promise à Dulcinée. Il ferma donc la porte sur lui, et, à la lueur de deux bougies, il commença à se déshabiller. Mais en se déchaussant, ô disgrâce indigne d'un tel personnage! il fit partir, non des soupirs, ni rien autre chose qui fût contraire à ses habitudes de propreté et d'extrême courtoisie, mais environ deux douzaines de mailles à un de ses bas; lequel demeura percé à claire-voie comme une jalousie. Le bon seigneur en fut contristé jusqu'au fond de l'âme, et il aurait volontiers donné une once d'argent pour quelques fils de soie verte ; je dis de soie verte, car ses bas étaient de cette couleur.

En cet endroit, Ben-Engeli interrompt son récit pour s'écrier : O pauvreté ! pauvreté ! je ne sais quel motif a pu pousser le grand poëte de Cordoue[1] à t'appeler *saint présent, dont on ne connaît pas le prix*. Pour moi, quoique More, je sais, par mes rapports avec les chrétiens, que la sainteté consiste dans la charité, l'humilité, la foi, l'obéissance et la pauvreté. Malgré tout, celui-là doit être élu de Dieu, qui se félicite d'être pauvre, à moins que ce ne soit de cette pauvreté dont saint Paul a dit : *Possédez toutes choses, comme si vous ne les possédiez pas*. Par là, il entendait l'absolu détachement des biens de ce monde. Mais toi, seconde pauvreté, qui es celle dont je parle ici, pourquoi t'attaquer de préférence aux hidalgos ? pourquoi les forces-tu à rapiécer leurs chausses, et à porter à leurs pourpoints des boutons, les uns de soie, les autres de crin ou de verre ? Pourquoi es-tu cause que leurs collets, presque toujours sales et chiffonnés, sont ouverts autrement qu'au moule (ce qui prouve combien est ancien l'usage de l'amidon et des collets ouverts) ? Malheureux, continue Ben-Engeli, malheureux l'hidalgo qui met son honneur au régime, fait maigre chère à huis clos, puis sort de chez lui armé d'un cure-dent hypocrite, sans avoir rien mangé qui l'oblige à se nettoyer la bouche. Oui, malheureux celui dont l'honneur ombrageux s'imagine qu'on aperçoit d'une lieue le rapiéçage de son soulier, la crasse de son chapeau, la corde du drap de son manteau et le vide de son estomac.

Toutes ces réflexions vinrent à l'esprit de don Quichotte, à propos de la rupture de ses mailles ; mais il se consola en voyant que Sancho lui avait laissé des bottes de voyage qu'il résolut de mettre le lendemain. Finalement, il se coucha pensif et chagrin. Puis ayant éteint la lumière, il voulut s'endormir, mais il n'en put venir à bout : l'absence de Sancho et l'extrême chaleur l'en empêchaient. Il se leva donc et se promena quelque temps dans sa chambre ; ne trouvant pas encore assez de fraîcheur, il ouvrit une fenêtre grillée qui donnait sur un jardin. Tout aussitôt il entendit des voix de femmes, dont l'une disait à l'autre, en poussant un grand soupir : N'exige pas que je chante, ô Émerancie ! Tu le sais, depuis que cet étranger est entré dans ce château, depuis que mes regards se sont attachés sur lui, j'ai moins envie de chanter que de verser des larmes. D'ailleurs, ma-

---

[1]. Juan de Mena, natif de Cordoue, auteur du *Labyrinthe*, ouvrage dans lequel il avait entrepris de réunir toute la science humaine.

dame a le sommeil léger, et, pour tous les trésors du monde, je ne voudrais pas qu'elle nous surprît; mais quand elle dormirait, à quoi servirait mon chant, si ce nouvel Énée, auteur de ma souffrance, dort d'un paisible sommeil, et ignore le sujet de mes plaintes?

Bannis cette inquiétude, chère Altisidore, répondit une autre voix : tout dort dans le château, excepté l'objet de tes désirs, car, si je ne me trompe, je viens d'entendre ouvrir sa fenêtre. Ne crains donc point de chanter, pauvre blessée, chante à voix basse; et si la duchesse nous entend, la chaleur qu'il fait nous servira d'excuse.

Ce n'est pas là ce qui me retient, repartit Altisidore : je ne voudrais pas que mon chant découvrît l'état de mon âme, et que ceux qui ignorent la puissance irrésistible de l'amour me prissent pour une créature volage et sans pudeur. Mais advienne que pourra, mieux vaut honte sur le visage que souffrance au cœur. Et, prenant son luth, elle se mit à préluder.

En entendant ces paroles et cette musique, notre héros éprouva un ravissement inexprimable, car se rappelant aussitôt ce qu'il avait lu dans ses livres, il s'imagina que c'était quelque femme de la duchesse éprise d'amour pour lui, que la pudeur forçait à cacher sa passion. Après s'être recommandé avec dévotion à sa Dulcinée et avoir fait en son cœur un ferme propos de ne pas se laisser vaincre, il se décida à écouter; bien plus, afin d'indiquer qu'il était là, il feignit d'éternuer, ce qui réjouit fort les deux donzelles, qui n'avaient qu'un désir, celui d'être entendues de don Quichotte.

Altisidore ayant accordé son luth, chanta cette romance :

> Toi qui du soir jusqu'au matin,
> Dans ton lit à jambe étendue,
> Dors, quand pleine de chagrin
> Je fais ici le pied de grue !

> Écoute le chant ennuyeux
> D'une triste et dolente dame
> A qui le feu de tes beaux yeux
> A consumé le corps et l'âme.

> Sais-tu que par monts et par vaux
> Courant après les aventures,
> Tu viens nous causer tous les maux
> Sans jamais guérir nos blessures ?

> Dis-moi, courage de lion,
> Quel monstre t'a donné la vie ?
> Es-tu né sous le Scorpion
> Ou dans les sables de Libye ?

CHAPITRE XLIV.

Un serpent t'a-t-il enfanté ?
Quelque dragon fut-il ton père ?
Une ourse t'a-t-elle allaité,
Ou le sein de quelque panthère ?

Dulcinée, comment donc fis-tu
Pour vaincre ce tigre sauvage ?
Si j'avais pareille vertu,
Je n'en voudrais pas davantage.

Mon cœur, tu fais bien du chemin !
Arrête un désir téméraire :
Crois-tu que ce héros divin
Ait été formé pour te plaire ?

Si tu voulais, mon Adonis,
Avoir pitié de ta captive,
J'ai mille choses de grand prix,
Que je t'offrirais morte ou vive.

Je suis aussi droite qu'un jonc.
Et plus vermeille que l'Aurore;
Mes cheveux, d'une aune de long,
Sont d'argent, et plus beaux encore.

Mes yeux ressemblent au corail,
Aussi bien qu'à l'azur ma bouche,
Et mes dents sont d'un pur émail
Où l'on a mis d'ambre une couche.

Le ciel m'a fait mille autres dons,
Que je tais; mais à ma requête
Prête l'oreille, et je réponds
Qu'Altisidore est ta conquête [1].

Ici s'arrêta le chant de l'amoureuse Altisidore et commença l'effroi du trop courtisé chevalier, qui, poussant un grand soupir, se dit à lui-même : Faut-il que je sois si malheureux qu'il n'y ait pas un cœur de femme que je n'embrase à la première vue ? Qu'as-tu donc fait au ciel, sans pareille Dulcinée, pour te voir sans cesse troublée dans la possession de ma constance et de ma foi ? Que lui voulez-vous, reines ? qu'avez-vous à lui reprocher, impératrices ? et vous, jeunes filles, pourquoi la poursuivre ainsi ? Laissez-la, laissez-la s'enorgueillir et triompher du destin que lui a fait l'amour, en soumettant mon âme à ses lois. Songez-y bien, troupe amoureuse, je suis de cire molle pour la seule Dulcinée, de marbre et de bronze pour toutes les autres. Dulcinée est la seule belle, la seule chaste, la seule discrète, la seule noble, la seule digne d'être aimée; chez les autres je ne vois que lai-

---

1. Ces vers sont empruntés à la traduction de Filleau de Saint-Martin.

deur, sottise, dévergondage et basse origine. C'est pour elle seule que le ciel m'a fait naître. Qu'Altisidore chante ou pleure, qu'elle nourrisse de vains désirs ou meure de désespoir, c'est à Dulcinée que je dois appartenir, en dépit de tous les enchantements du monde.

Là-dessus, don Quichotte ferma brusquement sa fenêtre et alla se jeter sur son lit. Nous l'y laisserons reposer, car ailleurs nous appelle le grand Sancho, qui va débuter dans le gouvernement de son île.

CHAPITRE XLV

Comment le grand Sancho prit possession de son île, et de la manière dont il gouverna.

O toi qui parcours incessamment l'un et l'autre hémisphère, flambeau du monde, œil du ciel, aimable auteur du balancement des cruches à rafraîchir[1]; Phébus par ici, Tymbrius par là, archer d'un côté, médecin de l'autre, père de la poésie, inventeur de la musique; toi qui tous les jours te lèves et ne te couches jamais, c'est à toi que je m'adresse, ô Soleil! avec l'aide de qui l'homme engendre l'homme, afin que tu illumines l'obscurité de mon esprit, et que tu me donnes la force de raconter de point en point le gouvernement du grand Sancho Panza; car sans toi je me sens troublé, faible, abattu.

Or donc, notre gouverneur, avec tout son cortége, arriva bientôt dans un bourg d'environ mille habitants, qui était un des meilleurs de la dépendance du duc. On lui dit que c'était l'île Barataria; soit que le bourg s'appelât Baratorio, soit, pour exprimer combien peu lui en coûtait le gouvernement, *barato*, signifiant bon marché. Sitôt qu'il fut arrivé aux portes du bourg, qui était entouré de bonnes murailles, les notables sortirent à sa rencontre, on sonna les cloches, et au milieu de l'allégresse générale on le conduisit en grande pompe à la cathédrale; puis, après avoir rendu grâces à Dieu, on lui présenta les clefs, et on l'installa comme gouverneur perpétuel de l'île Barataria. Le costume, la barbe, la taille épaisse et raccourcie du nouveau gouverneur surprirent tout le monde, ceux qui n'étaient pas dans la confidence, comme ceux qui avaient le mot de l'énigme. Bref, au sortir de l'église, on le mena dans la salle d'audience, et quand il se fut assis comme juge souverain, le majordome du duc lui dit : Seigneur,

---

1. En Espagne, pour rafraîchir l'eau pendant l'été, on place dans un courant d'air des cruches nommées *alcarazas*.

CHAPITRE XLV.

gouverneur, c'est une ancienne coutume dans cette île que celui qui vient en prendre possession soit tenu, pour mettre en lumière la solidité de son jugement, de résoudre une question difficile, afin que, par sa réponse, le peuple sache s'il a lieu de se réjouir ou de s'attrister de sa venue.

Pendant que le majordome parlait, Sancho regardait avec attention quelques grandes lettres tracées sur le mur; mais comme il ne savait pas lire, il demanda ce que signifiaient ces peintures.

On lui répondit : Seigneur, elles marquent le jour où vous êtes entré en fonction, et voici en quels termes : Aujourd'hui, tel jour et tel an, le seigneur don Sancho Panza a pris possession de cette île; puisse-t-il en jouir longues années!

Et qui appelle-t-on don Sancho Panza? demanda le gouverneur.

Votre Seigneurie, répondit le majordome; jamais aucun Panza n'a occupé la place où vous êtes.

Eh bien, sachez, mon ami, reprit Sancho, que je ne porte point le DON; que jamais personne de ma famille ne l'a porté; je m'appelle Sancho Panza tout court; Panza s'appelait mon aïeul, et tous mes aïeux se sont appelés Panza sans don ni seigneurie. Au reste, Dieu m'entend; et si ce gouvernement dure seulement quatre jours, je prétends dissiper tous ces DON comme autant de moustiques importuns. Maintenant, qu'on me fasse telle question qu'on voudra, et je répondrai du mieux que je pourrai, sans m'inquiéter que le peuple s'afflige ou qu'il se réjouisse.

Au même instant, on vit entrer dans la salle deux hommes, l'un vêtu en paysan, et l'autre qu'aux ciseaux qu'il tenait à la main on reconnut pour un tailleur : Seigneur gouverneur, dit le dernier, ce paysan et moi nous sommes devant Votre Grâce pour le fait que voici : cet homme est venu il y a peu de jours à ma boutique (car, sauf votre respect et celui de la compagnie, je suis maître tailleur juré), et, me mettant un coupon de drap entre les mains, il me dit : Seigneur, y a-t-il là assez d'étoffe pour faire un chaperon? Je mesurai l'étoffe, et lui répondis qu'elle suffisait amplement. Fondé sur sa propre malice, et sur la mauvaise opinion qu'en général on a des tailleurs, il s'imagina sans doute que j'avais envie de lui voler une partie de son drap, et il me dit de bien regarder s'il n'y avait pas de quoi faire deux chaperons. Je devinai sa pensée, et je lui répondis que oui; mais lui, toujours poursuivant sa méchante intention, me demanda si l'on ne pourrait pas en faire davantage; je répondis affirmativement, et il fut convenu entre nous que je lui en livrerais cinq; maintenant que la besogne est achevée, il me refuse mon salaire et veut me faire payer son drap, ou que je le lui rende.

Tout cela est-il vrai? demanda Sancho au paysan.

Oui, seigneur, répondit celui-ci; mais ordonnez, je vous prie, qu'il montre les chaperons qu'il m'a faits.

Les voici, repartit le tailleur, qui tirant la main de dessous son manteau, montra au bout de ses cinq doigts cinq petits chaperons, en disant : Voici les chaperons que cet homme m'a demandés, et sur mon Dieu et ma conscience, si je n'y ai employé toute l'étoffe, je m'en rapporte à l'examen des experts!

Tout le monde se mit à rire en voyant ce nombre de chaperons. Quant à Sancho, il resta quelque temps à rêver : Ce procès-là, dit-il, ne me semble pas demander un long examen, voici donc ma sentence : Le paysan perdra son drap, et le tailleur sa façon; que les chaperons soient livrés aux prisonniers, et qu'il ne soit plus question de cette affaire.

On fit ce que venait d'ordonner le gouverneur, devant lequel parurent ensuite deux vieillards, dont l'un avait pour canne une tige de roseau; celui qui était sans canne dit à Sancho : Seigneur, il y a quelque temps je prêtai à cet homme dix écus d'or pour lui faire plaisir et lui rendre service, à condition qu'il me les remettrait dès que je lui en ferais la demande. Depuis lors bien des jours se sont passés sans que je lui aie rien réclamé, mais quand j'ai vu qu'il ne songeait point à s'acquitter, je lui ai redemandé plusieurs fois mon argent; et maintenant non-seulement il ne veut pas me payer, mais il nie la dette, disant que je ne lui ai rien prêté, ou que si je lui ai fait un prêt, il me l'a rendu. Comme je n'ai point de témoins de mon côté, ni lui du sien, je prie Votre Grâce de lui déférer le serment; alors s'il jure qu'il m'a rendu mon argent, je le tiens quitte.

Qu'avez-vous à répondre à cela, bonhomme? dit Sancho.

Seigneur, répondit le vieillard au bâton, je confesse qu'il m'a prêté dix écus; et puisqu'il s'en rapporte à mon serment, je suis prêt à jurer que je les lui ai bien et loyalement restitués.

Le gouverneur lui ordonna de lever la main; alors le vieillard passant son bâton à son adversaire, comme s'il en eût été embarrassé, étendit la main sur la croix, suivant la coutume d'Espagne, et dit : J'avoue avoir reçu des mains de cet homme les dix écus d'or, mais je jure que je les lui ai remis, et c'est faute d'y avoir pris garde qu'il me les réclame une seconde fois.

Là-dessus, le créancier répliqua que puisque son débiteur jurait, il

CHAPITRE XLV.

fallait qu'il dît la vérité, le sachant homme de bien et bon chrétien, et que dorénavant il ne lui réclamerait plus rien. Le débiteur s'inclina, reprit son bâton, et sortit de l'audience.

Sancho, considérant la résignation du demandeur, tandis que l'autre s'en allait sans plus de façon, pencha la tête sur sa poitrine, puis tout d'un coup, se mordant le bout du doigt, il fit rappeler le vieillard qui déjà avait disparu. Au bout de quelque temps on le ramena.

Donnez-moi votre bâton, brave homme, lui dit Sancho.

Le voilà, seigneur, répondit le vieillard.

Sancho le prit, et le tendant à l'autre vieillard : Allez avec Dieu, lui dit-il, vous êtes payé maintenant.

Qui! moi! seigneur, répondit celui-ci; est-ce que ce roseau vaut dix écus d'or?

Oui, oui, répliqua le gouverneur, il les vaut, ou je suis le plus grand sot du monde, et on verra tout à l'heure si je m'entends en fait de gouvernement. Qu'on rompe le bâton, ajouta-t-il.

Le bâton fut rompu, et dans l'intérieur on trouva dix écus d'or. Tous les assistants demeurèrent émerveillés et il n'y en eut pas un seul qui ne regardât le seigneur gouverneur comme un nouveau Salomon. On lui demanda d'où il avait conjecturé que les écus d'or étaient dans la canne : C'est, répondit-il, parce que j'ai vu que celui qui la portait l'avait mise sans nécessité entre les mains de sa partie adverse, pendant qu'il jurait, et qu'il l'avait reprise aussitôt après, ce qui m'a donné à penser qu'il n'aurait pas juré si affirmativement sans être sûr de son fait. De là, ajouta-t-il, on peut tirer cette conclusion : que ceux qui sont appelés à gouverner encore qu'ils soient simples, Dieu quelquefois leur fait la grâce de les diriger dans leurs jugements.

Finalement les vieillards se retirèrent, l'un remboursé, l'autre confus, et les spectateurs restèrent dans l'admiration. Celui qui avait charge d'enregistrer les faits et gestes de Sancho ne savait plus, après cela, s'il devait le tenir pour fou ou pour sage.

Cette affaire terminée, une femme entra dans l'audience, traînant à deux mains un homme vêtu en riche éleveur de bétail. Justice! s'écriait-elle, justice, seigneur gouverneur; si on ne me la fait sur la terre, j'irai la chercher dans le ciel. Ce manant m'a surprise seule au milieu des champs, et s'est servi de mon corps comme d'une guenille; ah! malheureuse que je suis! il m'a dérobé ce que j'avais défendu pendant vingt-cinq ans contre Mores et chrétiens, nationaux et étrangers. C'était bien la peine de me conserver jusqu'à ce jour intacte comme la salamandre dans le feu, pour que ce malotru vînt mettre sur moi ses sales mains.

Reste à vérifier, dit Sancho, si ce galant a les mains sales ou non ; puis se tournant vers le paysan, il lui demanda ce qu'il avait à répondre à la plainte de cette femme.

Seigneur, répondit l'homme tout ému, je suis un pauvre berger, éleveur de bêtes à soies. Ce matin comme je sortais de ce bourg où j'étais venu, sauf votre respect, vendre quatre cochons, que j'ai même donnés à bon marché, afin de pouvoir payer la taille, j'ai rencontré cette duègne sur mon chemin. Le diable, qui se fourre partout, nous a fait folâtrer ensemble ; je n'ai point fait le difficile, ni elle la renchérie ; mais du reste, seigneur, je lui ai bien payé ce qui lui était dû. Cependant cette enragée m'a traîné jusqu'ici, prétendant que je lui ai fait violence ; mais elle ment par le serment que j'en fais et que je suis prêt à faire. Voilà toute la vérité, sans qu'il y manque un fil.

Avez-vous de l'argent sur vous, mon ami ? demanda le gouverneur.

Seigneur, j'ai environ vingt ducats dans le fond d'une bourse en cuir, répondit le paysan.

Donnez telle qu'elle est votre bourse à la plaignante, répliqua le gouverneur.

Le pauvre diable obéit tout tremblant, la femme prit la bourse, après s'être bien assurée toutefois que c'était de la monnaie d'argent qu'elle contenait ; et priant Dieu pour la vie et la santé du seigneur gouverneur, qui prenait ainsi la défense des pauvres orphelines, elle sortit toute joyeuse de l'audience.

Elle était à peine dehors que Sancho dit au berger, dont le cœur et les yeux s'en allaient après la bourse : Mon ami, courez après cette femme, reprenez-lui votre bourse de gré ou de force, et revenez tous deux ici.

Notre homme n'était ni sot ni sourd ; il partit comme un éclair pour exécuter les ordres du gouverneur, et pendant que les spectateurs étaient en suspens, attendant la fin de l'affaire, le berger et la femme revinrent cramponnés l'un à l'autre, elle sa jupe retroussée tenant la bourse entre ses jambes, lui faisant tous ses efforts pour la reprendre ; mais il n'y avait pas moyen, tant cette femme la défendait bien. Justice, criait-elle de toute sa force, justice ! Voyez, seigneur, voyez l'effronterie de ce vaurien, qui, au milieu de la rue et devant tout le monde, veut me reprendre la bourse que Votre Grâce m'a fait donner.

Et vous l'a-t-il ôtée ? demanda Sancho.

Otée! répliqua-t-elle, oh! il m'arracherait plutôt la vie ; je ne suis pas si sotte, il faudrait me jeter d'autres chats à la gorge, que ce nigaud répugnant. Ni marteau, ni tenaille, ni ciseau, ni maillet, ne me feraient lâcher prise ; on m'arracherait plutôt l'âme du milieu des chairs.

Je confesse que je suis rendu, dit le paysan, et qu'elle est plus forte que moi ; et il la laissa aller.

Donnez cette bourse, chaste et vaillante héroïne, dit le gouverneur. La femme la donna aussitôt, et Sancho l'ayant prise la rendit au laboureur, en disant à la plaignante : Ma sœur, si vous vous étiez défendue ce matin avec autant de force et de courage que vous venez de défendre cette bourse, dix hommes réunis n'auraient jamais été capables de vous violenter. Allons, tirez au large, dévergondée, enjôleuse, et de vos jours n'approchez de cette île ni de six lieues à la ronde, sous peine de deux cents coups de fouet.

La femme s'en fut tête baissée et maugréant. Mon ami, dit le gouverneur au paysan, allez-vous-en avec votre argent ; et si vous ne voulez le perdre, abstenez-vous à l'avenir de folâtrer avec personne.

Le bonhomme remercia comme il put et sortit, laissant chacun stupéfait de la sagesse du nouveau gouverneur. Tous ces détails, recueillis par son historiographe, furent aussitôt envoyés au duc, qui les attendait avec impatience.

Mais laissons ici le bon Sancho, et retournons à son maître, encore tout agité des plaintes d'Altisidore.

CHAPITRE XLVI

De l'épouvantable charivari que reçut don Quichotte, pendant qu'il rêvait à l'amour d'Altisidore.

Nous avons laissé le grand don Quichotte livré aux préoccupations qu'avait fait naître dans son âme la sérénade de l'amoureuse Altisidore ; ces préoccupations le suivirent au lit comme autant de puces, et la déconfiture de ses bas se joignant aux pensées tumultueuses qui l'agitaient, il lui fut impossible de prendre un seul instant de repos. Mais le temps est léger, rien ne l'arrête dans sa course, et comme il court à cheval sur les heures, bientôt arriva celle du matin. A la pointe du jour, notre vigilant chevalier sauta à bas du lit, revêtit son pourpoint de chamois et chaussa ses bottes de voyage ; il jeta sur son épaule son manteau d'écarlate, mit sur sa tête une toque de velours vert, garnie de passements d'argent, sans oublier sa bonne épée et son large baudrier de buffle; puis tenant à la main son rosaire, qu'il portait toujours avec lui, il s'avança gravement vers la salle, où le duc et la duchesse, déjà levés, semblaient s'être rendus pour l'attendre.

Dans une galerie qu'il devait traverser, Altisidore et sa compagne s'étaient postées pour le saisir au passage. Dès qu'Altisidore aperçut le chevalier, elle feignit de s'évanouir, et se laissa tomber entre les bras de son amie, qui la délaça promptement pour lui donner de l'air.

Don Quichotte s'approcha, et sans beaucoup s'émouvoir : Nous savons, dit-il, d'où procèdent de semblables accidents.

Et moi je n'en sais rien, repartit l'amie; car Altisidore est la fille du monde qui se portait le mieux il y a quelques jours, et depuis que je la connais, je ne l'ai jamais entendue se plaindre de quoi que ce soit : que maudits soient jusqu'au dernier les chevaliers errants, si tous sont ingrats! Retirez-vous, seigneur don Quichotte; car tant que vous resterez là, cette pauvre fille ne reprendra point ses sens.

Mademoiselle, faites, je vous prie, porter un luth dans ma chambre, dit don Quichotte; je tâcherai, cette nuit de consoler la pauvre blessée. Quand l'amour commence à se manifester, le meilleur remède est un prompt désabusement. Là-dessus il s'éloigna.

A peine avait-il tourné les talons, que se relevant, Altisidore dit à sa compagne : Il ne faut pas manquer de procurer à don Quichotte le luth qu'il demande : sans doute il veut nous faire de la musique, et Dieu sait si elle sera bonne.

Elles allèrent conter à la duchesse ce qui venait d'arriver, laquelle, ravie de l'occasion, concerta sur-le-champ avec le duc une nouvelle mystification. En attendant, ils s'entretinrent avec leur hôte, dont la conversation les divertissait de plus en plus.

Dans la journée, la duchesse expédia à Thérèse Panza un page porteur de la lettre de son mari et du paquet de hardes, auquel Sancho avait donné la même destination. Ce page devait, au retour, rendre un compte exact de son message.

La nuit venue, don Quichotte se retira dans sa chambre et y trouva un luth; après l'avoir accordé, il ouvrit la fenêtre, et s'apercevant qu'il y avait du monde au jardin, il chanta d'une voix enrouée, mais juste, la romance qui suit, romance qu'il avait composée le jour même :

> Oh! que l'amour est dangereux
> Pour une créature oisive!

> Il s'empare toujours d'un esprit paresseux,
> Et c'est là qu'il allume une flamme plus vive.
>
> Mais quand on est dès le matin
> Durant le jour bien occupée,
> Il rôde vainement, et se retire enfin,
> Trouvant de tous côtés la place sans entrée.
>
> Jamais les chevaliers errants
> N'ont fait cas des filles coquettes,
> Et non plus qu'eux les sages courtisans
> Ne veulent épouser que des filles discrètes.
>
> L'amour que le hasard produit
> Aussi légèrement s'efface ;
> Un instant le fait naître, un autre le détruit,
> Et le cœur en conserve à peine quelque trace.
>
> Mais Dulciné dans mon esprit
> Est si profondément gravée,
> Et mon cœur à tel point l'estime et la chérit,
> Qu'on ne saurait jamais en arracher l'idée [1].

Don Quichotte en était là de son chant, quand tout à coup du balcon placé au-dessus de sa tête on entendit retentir le bruit de plus de cent clochettes ; un instant après, un grand sac rempli de chats, qui avaient autant de petites sonnettes attachées à la queue, fut secoué sur sa fenêtre. Les miaulements de ces animaux, joints au bruit des sonnettes, produisirent un si grand tintamarre, que les auteurs du tour en furent stupéfaits, et que don Quichotte lui-même sentit ses cheveux se dresser sur sa tête. Trois ou quatre de ces animaux entrèrent dans sa chambre, et comme ils couraient çà et là tout effarés, on eût dit une légion de diables qui prenaient leurs ébats. En cherchant à s'échapper, ils éteignirent les bougies et renversèrent tout ce qui se trouvait sur leur passage. Pendant ce temps, les sonnettes faisaient un tel carillon, que ceux qui n'étaient pas dans le secret de la plaisanterie ne savaient plus que penser.

Debout près de la fenêtre et l'épée à la main, le chevalier se mit à porter à droite et à gauche de grandes estocades, en criant : Arrière, arrière, malins enchanteurs ! fuyez, canailles maudites ! Je suis don Quichotte de la Manche, contre qui tous vos enchantements sont inutiles. Puis attaquant les chats qui couraient de tous côtés, et qu'il distinguait à l'éclat de leurs yeux, il les poursuivit si vivement, qu'il les contraignit à se précipiter par la fenêtre. Mais l'un d'entre eux, serré de trop près, sauta au visage de notre héros et s'y attacha de

---

1. Ces vers et les suivants sont empruntés à la traduction de Filleau de St-Martin.

telle sorte avec les ongles et les dents, qu'il lui fit jeter des cris aigus. Le duc, devinant ce qui se passait, accourut avec de la lumière, suivi de ses gens; et lorsqu'ils eurent ouvert la porte de la chambre, ils virent le pauvre chevalier s'escrimant de toutes ses forces pour faire lâcher prise au chat, sans pouvoir en venir à bout. Aussitôt chacun s'empressa de le secourir.

Mais lui de s'écrier : Que personne ne s'en mêle; qu'on me laisse faire; je suis ravi de le tenir entre mes mains, ce démon, ce sorcier, cet enchanteur, et je veux aujourd'hui lui apprendre à connaître don Quichotte de la Manche.

De son côté, le chat ne serrait que plus fort, et ne cessait de gronder, comme pour défendre sa proie; enfin le duc parvint à le saisir et le jeta par la fenêtre.

Le pauvre chevalier resta le visage percé comme un crible, et le nez en fort mauvais état, mais encore plus dépité de ce qu'en arrachant de ses mains ce malandrin d'enchanteur, on lui avait enlevé le plaisir d'en triompher. On apporta une espèce d'onguent; et de ses mains blanches, Altisidore appliqua des emplâtres sur toutes les parties blessées. Pendant l'opération, elle disait à voix basse : Cette mésaventure, impitoyable chevalier, est le châtiment de ton indifférence et de ta cruauté; plaise à Dieu que ton écuyer Sancho oublie de se fustiger, afin que tu restes à jamais privé des embrassements de ta Dulcinée, au moins tant que je verrai le jour, moi qui t'adore.

A ce discours don Quichotte ne répondit que par un profond soupir, puis il alla se mettre au lit, non sans avoir adressé à ses nobles hôtes des excuses pour le dérangement que leur avaient causé ces maudits enchanteurs, et des remerciements pour l'empressement qu'on lui avait témoigné en venant à son secours. Le duc et la duchesse le laissèrent reposer, et se retirèrent assez mécontents du mauvais succès de la plaisanterie, car notre héros fut obligé de garder la chambre plus d'une semaine.

Peu de temps après, il lui arriva une aventure encore plus plaisante, dont il faut ajourner le récit. Pour le moment, retournons à Sancho, que nous trouverons assez embarrassé dans son gouvernement, mais plus étonnant que jamais.

CHAPITRE XLVII

Suite du gouvernement du grand Sancho Panza.

Cid Hamet raconte qu'après l'audience Sancho fut conduit à un magnifique palais, où dans la grande salle était dressée une table élégamment servie. Dès qu'il parut, les clairons sonnèrent, et quatre pages s'avancèrent pour lui verser de l'eau sur les mains, cérémonie qu'il laissa s'accomplir avec la plus parfaite gravité. La musique ayant cessé, Sancho se mit seul à table, car il n'y avait d'autre siége ni d'autre couvert que le sien. Près de lui, mais debout, vint se placer un personnage qu'on reconnut bientôt pour un médecin : il tenait à la main une petite baguette. Au signal qu'il donna on enleva une fine et blanche nappe qui couvrait les mets dont la table était chargée ; puis, un ecclésiastique ayant donné la bénédiction, un page passa sous le menton de Sancho une bavette à franges, et un maître d'hôtel lui présenta un plat de fruits. Le gouverneur y porta aussitôt la main, le médecin toucha le plat de sa baguette, et on l'enleva avec une merveilleuse célérité. Le maître d'hôtel approcha un autre plat ; mais cette fois avant même que le gouverneur eût allongé le bras, la baguette fit son office, et le plat disparut. Sancho, fort étonné de cette cérémonie, et promenant son regard sur tout le monde, demanda ce que cela signifiait, et si dans l'île on ne dînait qu'avec les yeux.

Seigneur, répondit l'homme à la baguette, on mange ici selon la coutume de toutes les îles où il y a des gouverneurs. Je suis médecin, et gagé pour être celui des gouverneurs de cette île. Je m'occupe plus de leur santé que de la mienne, et j'étudie jour et nuit le tempérament du gouverneur, afin de bien savoir comment je dois le traiter quand il tombe malade : pour cela j'assiste à tous ses repas, afin qu'il ne mange pas ce qui peut être nuisible à son estomac. J'ai fait enlever le plat de fruits, parce que c'est une chose trop humide, et l'autre mets parce que c'est une substance chaude, épicée et faite pour exciter la soif ; or, celui qui boit beaucoup, consume et détruit l'humide radical, principe de la vie.

En ce cas, répliqua Sancho, ce plat de perdrix rôties, et qui me semblent cuites fort à point, ne peut me faire aucun mal ?

Le seigneur gouverneur ne mangera pas de ce plat tant que j'aurai un souffle de vie, repartit le médecin.

Et pourquoi ? demanda Sancho.

17*

Pourquoi? répondit le médecin; parce que notre maître Hippocrate, cette grande lumière de la médecine, a dit dans ses aphorismes: *Omnis saturatio mala, perdicis autem pessima*, c'est-à-dire, « toute « indigestion est mauvaise, et celle que produit la perdrix est la pire « de toutes. »

Puisqu'il en est ainsi, dit Sancho, que le seigneur docteur voie donc de tous ces mets celui qui m'est bon ou mauvais, et qu'ensuite il me laisse satisfaire mon appétit, sans jouer de sa baguette, car je meurs de faim, et, n'en déplaise à la médecine, c'est vouloir me faire mourir que m'empêcher de manger.

Votre Grâce a raison, répondit le médecin; aussi suis-je d'avis qu'on enlève ce civet de lapin comme viande trop commune; quant à cette pièce de veau, si elle n'était ni rôtie ni marinée, on pourrait en goûter, mais telle qu'elle est il n'y faut pas songer.

Et ce grand plat qui fume, et qui, si je ne me trompe, est une olla podrida, dit Sancho; il ne présente sans doute aucun danger, car ces ollas podridas étant composées de toutes sortes de viandes, il doit s'en trouver au moins une qui soit bonne pour mon estomac.

Absit, s'écria le médecin, il n'y a rien de pire au monde qu'une *olla podrida*; il faut laisser cela aux chanoines, aux recteurs de colléges et aux noces de village; quant aux gouverneurs, on ne doit leur servir que des viandes délicates et sans assaisonnement. La raison en est claire: les médecines simples sont toujours préférables aux médecines composées; dans les premières on ne peut errer; c'est tout le contraire dans les secondes, à cause de la grande quantité de substances qui y entrent, et qui en altèrent la qualité. Mais ce que peut manger Son Excellence pour entretenir et même corroborer sa santé, c'est un cent de ces fines oublies avec trois ou quatre tranches de coing: elles sont admirables pour la digestion.

Quand Sancho entendit cet arrêt, il se renversa sur le dossier de sa chaise, et regardant fixement le médecin, il lui demanda comment il s'appelait, et où il avait étudié?

Moi, seigneur, répondit-il, je m'appelle Pedro Rezio de Aguero; je suis natif d'un village nommé Tirteafuera, situé entre Caraquel et Almodovar del Campo, en tirant sur la droite, et j'ai pris mes licences dans l'université d'Ossuna.

Eh bien, docteur Pedro Rezio de mal Aguero, natif de Tirteafuera, entre Caraquel et Almodovar, gradué par l'université d'Ossuna, lui dit Sancho avec des yeux pleins de colère, décampez à l'instant; sinon je prends un gourdin, et je jure qu'à coups de trique, en commençant par vous, je ne laisserai pas un médecin vivant dans l'île entière, au moins de ceux que je reconnaîtrai pour ignorants; car les médecins savants et discrets, je les honore et les estime. Mais je le répète, si Pedro Rezio ne décampe au plus vite, j'empoigne cette chaise et je l'envoie exercer son métier dans l'autre monde : s'en plaigne après qui voudra, j'aurai du moins rendu service à Dieu, en assommant un méchant médecin, un bourreau de la république. Maintenant, qu'on me donne à manger, ou qu'on me reprenne le gouvernement; car un métier qui ne nourrit pas son maître, ne vaut pas un maravédis.

Épouvanté de la colère et des menaces du gouverneur, le médecin voulait gagner la porte, quand le cornet d'un postillon se fit entendre; et le maître d'hôtel ayant regardé par la fenêtre : Voici venir, dit-il, un exprès de monseigneur le duc; c'est sans doute quelque affaire d'importance. Le courrier entra tout hors d'haleine, et tirant un paquet de son sein, il le présenta au gouverneur, qui le mit entre les mains du majordome en lui disant de voir la suscription; elle était ainsi conçue : *A don Sancho Panza, gouverneur de l'île Barataria, en mains propres, ou en celles de son secrétaire.*

Qui est ici mon secrétaire? demanda Sancho.

Moi, seigneur, répondit un jeune homme; car je sais lire et écrire, et je suis Biscayen [1], pour vous servir.

A ce titre, répliqua Sancho, vous pourriez être secrétaire de l'empereur lui-même : ouvrez ce paquet, et voyez ce dont il s'agit.

Le secrétaire obéit, et après avoir lu, il dit au gouverneur qu'il s'agissait d'une affaire dont il devait l'informer en secret. Sancho fit signe que tout le monde se retirât, excepté le majordome et le maître d'hôtel; l'ordre exécuté, le secrétaire lut tout haut ce qui suit :

« Seigneur don Sancho Panza, j'ai eu avis que vos ennemis et les miens ont résolu de vous attaquer une de ces nuits : il faut donc veiller et vous tenir sur vos gardes pour n'être pas pris au dépourvu. J'ai encore appris par des espions sûrs, que quatre hommes déguisés sont entrés dans votre île pour vous ôter la vie, car on redoute singulièrement la pénétration de votre esprit : ainsi ouvrez l'œil; observez avec soin ceux qui vous approchent, et surtout ne mangez rien de ce qui vous sera présenté; j'aurai soin de vous porter secours, si vous êtes en danger. Adieu; je m'en remets à votre prudence ordinaire. Ce 16 d'août, sur les quatre heures du matin.

« Votre ami, LE DUC. »

---

1. A l'époque de Cervantes, les Biscayens étaient depuis longtemps en possession des places de secrétaire du conseil.

Sancho resta frappé de stupeur, ainsi que les assistants. Se tournant vers le majordome : Ce qu'il faut faire et sans perdre de temps, lui dit-il, c'est de mettre au fond d'un cachot le docteur Rezio; car si quelqu'un doit me tuer, c'est lui, et de la mort la plus lente et la plus horrible, celle de la faim.

Il me semble pourtant, dit le maître d'hôtel, que Votre Grâce fera bien de ne rien manger de tout ce qui est là, car ce sont des friandises faites par des religieuses, et, comme on dit, derrière la croix se tient le diable.

Vous avez raison, reprit Sancho; qu'on me donne seulement un morceau de pain et quelques livres de raisin : personne ne se sera avisé, je pense, de les empoisonner; car, après tout, je ne puis me passer de manger; et puisqu'il faut se préparer à combattre, il est bon de se nourrir, car c'est l'estomac qui soutient le cœur, et non le cœur qui soutient l'estomac. Vous, secrétaire, faites réponse à monseigneur le duc, et mandez-lui qu'on exécutera ce qu'il ordonne, sans oublier un seul point. Vous donnerez de ma part un baise-main à madame la duchesse, et vous ajouterez que je la prie de se souvenir d'envoyer, par un exprès, ma lettre et le paquet de hardes à Thérèse Panza, ma femme; dites-lui qu'elle me fera grand plaisir, et que je m'efforcerai toujours de la servir de mon mieux. Chemin faisant, vous enchâsserez dans la lettre quelques baise-mains pour monseigneur don Quichotte, afin qu'il voie que je ne suis pas un ingrat; puis, comme bon secrétaire et bon Biscayen, vous ajouterez tout ce qu'il vous plaira. Maintenant, reprit-il, qu'on enlève cette nappe, et qu'on me donne à manger; on verra ensuite si je crains les espions, les enchanteurs ou les assassins qui viendront fondre sur nous.

Comme il achevait de parler, entra un page : Monseigneur, lui dit-il, un paysan demande à entretenir Votre Seigneurie d'une affaire importante.

Au diable soit l'importun, s'écria Sancho : ignore-t-il que ce n'est pas l'heure de venir parler d'affaires? est-ce que, par hasard, les gouverneurs ne sont pas de chair et d'os comme les autres hommes? nous croit-on de bronze ou de marbre? Si ce gouvernement me dure entre les mains, ce que je ne crois guère, je mettrai à la raison plus d'un solliciteur. Cependant qu'on fasse entrer cet homme, mais après s'être assuré d'abord si ce n'est point un des espions dont je suis menacé.

Non, seigneur, repartit le page : celui-là, si je ne me trompe, est bon comme le bon pain.

CHAPITRE XLVII.

Ne craignez rien, seigneur, ajouta le majordome, nous ne nous éloignerons pas.

N'y a-t-il pas moyen, maître d'hôtel, demanda Sancho, qu'en l'absence du docteur Rezio, je mange quelque chose, ne fût-ce qu'un morceau de pain et un oignon?

Ce soir vous serez satisfait, seigneur, répondit le maître d'hôtel, au souper on compensera le défaut du dîner.

Dieu le veuille, repartit Sancho.

Sur ce entra le paysan : Qui de vous tous est le gouverneur? demanda cet homme, dont la mine annonçait la simplicité.

Et quel autre serait-ce, répondit le secrétaire, sinon la personne assise dans le fauteuil?

Pardon, dit le paysan; et se jetant à genoux devant Sancho, il lui demanda sa main à baiser. Sancho s'y refusa, lui enjoignit de se lever, et d'exposer promptement sa requête. Le paysan obéit. Seigneur, reprit-il, je suis laboureur, natif de Miguel-Turra, village qui est à deux lieues de Ciudad-Real.

Voici un autre Tirteafuera, grommela Sancho. Continuez, bonhomme, je connais Miguel-Turra, je n'en suis pas fort éloigné.

Le cas est donc, seigneur, poursuivit le paysan, que par la miséricorde de Dieu je me suis marié en face de la sainte Église catholique, apostolique et romaine; j'ai deux fils qui étudient, le cadet pour être bachelier, et l'aîné pour être licencié; je suis veuf, parce que ma femme est morte, ou plutôt parce qu'un mauvais médecin l'a tuée en lui donnant une médecine pendant qu'elle était enceinte, et si Dieu eût voulu qu'elle eût accouché d'un troisième garçon, j'avais dessein de le faire étudier pour être docteur, afin qu'il n'eût rien à envier à ses frères le bachelier et le licencié.

De façon, interrompit Sancho, que si votre femme ne s'était pas laissée mourir, ou qu'on ne l'eût point tuée, vous ne seriez point veuf?

Non, seigneur, répondit le paysan.

Nous voilà bien avancés, reprit Sancho. Achevez, mon ami, car il est plutôt l'heure de dormir que de parler d'affaires.

Je dis donc, continua le laboureur, qu'un de mes enfants, celui qui sera bachelier, s'est amouraché dans notre village d'une jeune fille qu'on appelle Claire Perlerina. Le père, André Perlerino, est un riche cultivateur. Ce nom de Perlerino ne vient d'aucune terre, il leur a été donné parce qu'ils sont tous culs-de-jatte dans cette famille, et pourtant, s'il faut dire la vérité, la jeune fille est une vraie perle d'Orient.

Quand on la regarde du côté droit, elle est belle comme un astre, mais ce n'est pas de même du côté gauche, parce que la petite vérole lui a fait perdre un œil, et lui a laissé en revanche de grands trous sur le visage; mais on dit que cela n'est rien, et que ce sont autant de fossettes où viennent s'ensevelir les cœurs de ses amants. Elle n'a point le nez trop long, au contraire, il est un peu retroussé, avec trois bons doigts de distance jusqu'à la bouche, qu'elle a fort bien fendue, et les lèvres aussi minces qu'on en puisse voir; et s'il ne lui manquait point une douzaine de dents, ce serait une perfection. J'oubliais d'ajouter, et par ma foi je lui faisais grand tort, que ses lèvres sont de la plus belle couleur qu'on ait jamais vue, et peut-être la moins commune : elle ne les a point rouges comme les autres femmes, mais jaspées de bleu et de vert, et d'un violet qui tire sur celui des figues quand elles sont trop mûres. Je vous demande pardon, seigneur gouverneur, si je prends tant de plaisir à peindre et à vous expliquer toutes les beautés de cette jeune fille, mais c'est que je l'aime déjà comme mon propre enfant.

Peignez tout ce que vous voudrez, dit Sancho; la peinture me divertit, et si j'avais dîné, je ne trouverais pas de meilleur dessert que le portrait que vous faites là.

Il est au service de Votre Grâce et moi aussi, repartit le laboureur; mais un temps viendra qui n'est pas venu. Je dis donc, seigneur, que si je pouvais peindre la bonne mine et la taille de cette fille, vous en seriez ravi. Mais cela m'embarrasse un peu, parce qu'elle est si courbée, que ses genoux touchent son menton; cependant il est aisé de voir que si elle pouvait se tenir droite, elle toucherait le toit avec sa tête. Elle aurait depuis longtemps déjà donné la main à mon fils le bachelier, si ce n'est qu'elle ne peut l'étendre, parce qu'elle a les nerfs tout retirés; et malgré tout, on voit bien à ses ongles croches que sa main a une belle forme.

Bien, bien, dit Sancho; supposez que vous l'avez peinte de la tête aux pieds : que voulez-vous maintenant? venez au fait sans tourner autour du pot et sans nous faire tant de peintures.

Je voudrais donc, si c'est un effet de votre bonté, seigneur gouverneur, que Votre Grâce me donnât pour le père de ma bru une lettre de recommandation, dans laquelle vous le supplieriez de permettre ce mariage au plus vite; d'ailleurs, puisque nous sommes égaux en fortune lui et moi, nos enfants n'ont rien à se reprocher. En effet, pour ne vous rien cacher, je vous dirai que mon fils est possédé du diable, et qu'il n'y a pas de jour que le malin esprit ne le tourmente

CHAPITRE XLVII.

trois ou quatre fois; que de plus, pour être un jour tombé dans le feu, il a le visage si retiré, qu'il ressemble à un morceau de parchemin, et que ses yeux coulent et pleurent comme s'il avait une source dans la tête. Mais à cela près, il a un très-bon naturel; et n'était qu'il se gourme et se déchire souvent lui-même, ce serait un ange du ciel.

Eh bien, voulez-vous encore autre chose, bonhomme? dit Sancho.

Seigneur, je voudrais bien encore quelque chose, répliqua le paysan; seulement je n'ose le dire; mais vaille que vaille, et puisque je l'ai sur le cœur, il faut que je m'en débarrasse. Je dis donc, seigneur, que je voudrais que Votre Grâce eût l'obligeance de me donner cinq ou six cents ducats pour grossir la dot de mon bachelier, afin de lui aider à se mettre en ménage; car il faut que ces enfants vivent chez eux et qu'ils ne dépendent ni l'un ni l'autre d'un beau-père.

Voyez si vous voulez encore autre chose, ajouta Sancho; continuez, et que la honte ne vous arrête pas.

Seigneur, je n'ai plus rien à demander, répondit le laboureur.

Il n'eut pas plus tôt achevé, que le gouverneur se levant brusquement, et saisissant le fauteuil sur lequel il était assis : Je jure, s'écria-t-il, pataud, rustre et malappris, je jure que si tu ne sors à l'instant de ma présence, je te casse la tête! Voyez un peu ce maroufle, ce peintre de Belzébuth, qui vient me demander effrontément six cents ducats, comme il demanderait six maravédis! D'où veux-tu que je les aie, puant que tu es? et quand je les aurais, pourquoi te les donnerais-je, sournois, imbécile? Que me font à moi, toi et tous tes Perlerino? Hors d'ici! et ne sois jamais assez hardi pour t'y présenter, ou je fais serment par la vie du duc, mon seigneur, de te casser bras et jambes. Il n'y a pas vingt-quatre heures que je suis gouverneur, et tu veux que j'aie six cents ducats à te donner! Mort de ma vie, il me prend fantaisie de te sauter sur le ventre, et de t'arracher les entrailles.

Le maître d'hôtel fit signe au laboureur de se retirer; ce que celui-ci s'empressa de faire, ayant l'air d'avoir grand'peur que le gouverneur n'exécutât ses menaces, car le fripon jouait admirablement son rôle.

Enfin Sancho eut bien de la peine à s'apaiser. Laissons-le ronger son frein, et retournons à don Quichotte, que nous avons laissé couvert d'emplâtres et en si mauvais état, qu'il mit à guérir plus de huit jours, pendant lesquels il lui arriva ce que nous allons voir dans le chapitre suivant.

CHAPITRE XLVIII

De ce qui arriva à don Quichotte avec la senora Rodriguez,
et d'autres choses aussi admirables.

Triste, mélancolique, et le visage couvert de compresses, languissait le pauvre chevalier. Il resta plus de six jours sans oser se montrer en public; une nuit enfin, comme il réfléchissait à ses disgrâces et aux persécutions d'Altisidore, il crut entendre une clef qui cherchait à ouvrir la porte de sa chambre. S'imaginant que l'amoureuse demoiselle venait livrer un dernier assaut à sa pudeur, et tâcher d'ébranler la foi qu'il avait jurée à sa dame Dulcinée du Toboso : Non, s'écria-t-il assez haut pour être entendu, non, la plus grande beauté de la terre ne saurait effacer de mon cœur celle que l'amour y a gravée si profondément; que tu sois, ô ma dame, transformée en ignoble paysanne occupée à manger des oignons, ou bien en nymphe du Tage tissant des étoffes d'or et de soie; que Merlin ou Montesinos te retiennent où il leur plaira, libre ou enchantée, absente ou présente, tu es toujours ma souveraine, et je serai toujours ton esclave.

Il achevait ces mots quand la porte s'ouvrit. Aussitôt, s'enveloppant d'une courte-pointe de satin jaune, une barrette sur la tête, le visage parsemé d'emplâtres, et les moustaches en papillotes, don Quichotte se dressa debout sur son lit. Dans ce costume, il avait l'air du plus épouvantable fantôme qui se puisse imaginer. Mais lorsque, les yeux cloués sur la porte, il espérait voir paraître la dolente Altisidore, il vit entrer une vénérable duègne avec des voiles blancs à sa coiffe, si plissés et si longs, qu'ils la cachaient de la tête aux pieds. De sa main gauche elle tenait une petite bougie allumée, et portait l'autre main au devant, afin que la lumière ne lui donnât pas dans les yeux, qu'elle avait de plus protégés par de grandes lunettes. Elle marchait à pas de loup et sur la pointe du pied. Du lieu où il était comme en sentinelle, don Quichotte l'observait attentivement, et à la lenteur de sa démarche, à son accoutrement étrange, il la prit pour une sorcière qui venait exercer sur lui ses maléfices.

Cependant la duègne continuait d'avancer. Quand elle fut au milieu de l'appartement, elle leva les yeux, et alors elle vit le chevalier qui faisait des signes de croix de toute la vitesse de son bras. S'il fut intimidé en apercevant une telle figure, la duègne fut encore plus épouvantée en voyant la sienne ; Jésus, qu'aperçois-je ! s'écria-t-elle.

Dans son effroi, la bougie lui échappa des mains et s'éteignit; plon-

CHAPITRE XLVIII.

gée dans les ténèbres, elle voulut fuir, mais elle s'embarrassa dans les plis de son voile, et tomba tout de son long sur le plancher.

Plus effrayé que jamais : Je t'adjure, ô fantôme, ou qui que tu sois, se mit à dire don Quichotte, je t'adjure de me dire qui tu es, et ce que tu exiges de moi. Si tu es une âme en peine, parle, je ferai pour te soulager tout ce qu'on doit attendre d'un bon catholique, car je le suis, et me complais à être utile à tout le monde ; c'est pour cela que j'ai embrassé l'ordre de la chevalerie errante, dont la profession s'étend jusqu'à rendre service aux âmes du purgatoire.

S'entendant adjurer de la sorte, la pauvre duègne jugea par sa propre frayeur de celle de notre héros, et répondit d'une voix basse et dolente : Seigneur don Quichotte, si toutefois c'est bien vous, je ne suis ni vision ni fantôme, ni âme du purgatoire, comme Votre Grâce se l'imagine ; je suis la señora Rodriguez, cette dame d'honneur de madame la duchesse, et je viens ici vous demander aide et secours pour une affliction à laquelle Votre Grâce peut seule remédier.

Parlez franchement, señora Rodriguez, repartit don Quichotte, êtes-vous ici pour quelque entremise d'amour? Dans ce cas, vous perdez votre temps : la beauté de Dulcinée du Toboso s'est tellement emparée de mon cœur, qu'elle me rend sourd et insensible à toutes prières de cette nature. Mais s'il n'est point question de message amoureux, allez rallumer votre bougie et revenez ici ; nous aviserons ensuite, sauf toutefois les réserves que je viens de faire.

Moi, messagère d'amour! mon bon seigneur, reprit la duègne ; Votre Grâce me connaît mal. Dieu merci, je ne suis point encore assez vieille pour faire ce métier-là ; je suis bien saine, et j'ai toutes mes dents, hormis quelques-unes qui me sont tombées par suite de catarrhes fort ordinaires dans ce pays d'Aragon. Mais que Votre Grâce m'accorde un instant, je vais rallumer ma bougie, et je reviens vous conter mes ennuis, comme à celui qui sait remédier à tous les déplaisirs du monde ; et elle sortit sans attendre de réponse.

Une pareille visite à une pareille heure fit à l'instant naître de si étranges pensées dans l'imagination de don Quichotte, qu'il ne se crut point en sûreté malgré toutes ses résolutions : Qui sait, se disait-il, si le diable, toujours artificieux et subtil, ne me tend pas ici quelque nouveau piége? Qui sait s'il n'essaiera pas, au moyen d'une duègne, de me faire tomber dans les précipices que j'ai si souvent évités? J'ai ouï dire bien des fois que, quand il le peut, il nous envoie la tentatrice plutôt à nez camard qu'à nez aquilin. Quelle honte pour moi, et quel affront pour Dulcinée, si cette vieille femme allait triompher d'une constance que reines, impératrices, duchesses et marquises ont cherché vainement à ébranler! En pareil cas, mieux vaut fuir qu'accepter le combat. Mais, en vérité, ajouta notre chevalier, je dois avoir perdu la tête, pour que de telles extravagances me viennent à l'esprit et sur les lèvres? est-il possible qu'une duègne avec ces coiffes blanches, son visage ridé et ses lunettes, éveille une pensée lascive, même dans le cœur le plus dépravé? Y a-t-il par hasard dans l'univers entier une duègne qui ait la chair ferme et rebondie? toutes ne sont-elles pas grimacières et mijaurées? Arrière donc, troupe embéguinée, ennemie de toute humaine récréation. Oh! combien eut raison cette dame qui avait fait placer aux deux bouts de son estrade deux duègnes en cire, avec lunettes et coussinets, assises comme si elles eussent travaillé à l'aiguille! Car, sur ma foi, ces deux statues lui rendaient tout autant de services que deux véritables duègnes.

En disant cela, il se jeta à bas du lit, dans l'intention d'aller fermer sa porte; mais au moment où il touchait la serrure, la señora Rodriguez rentra. Quant elle vit notre chevalier dans l'état où nous l'avons dépeint, elle fit trois pas en arrière : Sommes-nous en sûreté, seigneur don Quichotte? lui dit-elle; je ne sais vraiment que penser en voyant que Votre Grâce a quitté son lit.

Je vous adresserai la même question, señora, reprit notre héros, et je voudrais être assuré qu'il ne me sera fait aucune violence.

Contre qui, et à qui demandez-vous cela, seigneur chevalier? repartit la duègne.

C'est à vous et contre vous-même, répondit don Quichotte; car enfin ni vous ni moi ne sommes de bronze; et puis, l'heure est suspecte, surtout dans une chambre plus close et aussi sourde que la caverne où le perfide Énée abusa de la faiblesse de la malheureuse Didon. Néanmoins, donnez-moi la main, car, après tout, ma continence et ma retenue me suffiront, je l'espère, surtout avec le secours de vos vénérables coiffes. Et lui ayant baisé la main droite, il lui offrit la sienne, que la señora accepta de bonne grâce.

Ben-Engeli s'arrête en cet endroit pour faire une parenthèse et s'écrier : Par Mahomet! pour voir ces deux personnages dans un semblable costume, se dirigeant de la porte de la chambre vers le lit, j'aurais donné la meilleure pelisse des deux que je possède.

Enfin don Quichotte se remit dans ses draps, tandis que la señora Rodriguez prenait place sur une chaise assez écartée du lit, sans quitter ni sa bougie ni ses lunettes. Puis, quand ils furent tous deux bien installés, le premier qui rompit le silence fut don Quichotte. Madame, dit-il, vous pouvez maintenant découdre vos lèvres, et m'apprendre le sujet de vos déplaisirs : vous serez écoutée par de chastes oreilles et secourue par de charitables œuvres.

Je n'en fais aucun doute, répondit la señora Rodriguez, car du gentil et tout aimable aspect de Votre Grâce, on ne pouvait espérer qu'une réponse si chrétienne. Apprenez donc, seigneur chevalier, quoique vous me voyiez ici assise sur cette chaise en costume de misérable duègne, au beau milieu du royaume d'Aragon, que je n'en suis pas moins native des Asturies d'Oviedo, et d'une des meilleures races de cette province. La mauvaise étoile de mon père et de ma mère qui s'appauvrirent de bonne heure, sans savoir pourquoi ni comment, m'amena à Madrid, où, pour me faire un sort, mes parents me placèrent chez une grande dame, en qualité de femme de chambre; car il faut que vous le sachiez, seigneur don Quichotte, pour toutes sortes d'ouvrages, surtout ceux à l'aiguille, je ne le cède à personne. Mon père et ma mère s'en retournèrent dans leur province, me laissant en condition, et peu de temps après ils quittèrent ce monde pour aller en paradis, car ils étaient bons catholiques. Je restai donc orpheline, sans autre ressource que les misérables gages qu'on nous donne dans les palais des grands. Un écuyer de la maison où j'étais devint amoureux de moi, sans que j'y songeasse : c'était un homme déjà avancé en âge, à grande barbe, à vénérable aspect, et noble comme le roi, car il était montagnard. Nos amours ne furent pas toutefois si secrètes que ma maîtresse n'en eût connaissance, et pour empêcher les caquets elle nous maria en face de notre mère la sainte Église catholique. De notre union naquit une fille, pour combler ma disgrâce, non pas que je sois morte en couche, car l'enfant vint bien et à terme, mais parce que mon pauvre mari, Dieu veuille avoir son âme, mourut peu de temps après d'une frayeur qu'il eut, et dont vous serez étonné vous-même, si j'ai le temps de vous la raconter.

Ici, la pauvre duègne se mit à pleurer amèrement, après quoi elle reprit : Pardonnez-moi, seigneur chevalier, si je verse des larmes, mais je ne puis me rappeler le pauvre défunt sans pleurer; Dieu! qu'il avait bonne mine, quand il menait ma maîtresse en croupe sur une belle mule noire comme jais! car dans ce temps-là on n'avait point de carrosse comme aujourd'hui, et les dames allaient en croupe derrière leurs écuyers. Ce que je dis, c'est afin de vous faire connaître la politesse et la ponctualité de cet excellent homme. Un jour, à Madrid, comme il allait entrer dans la rue Santiago, rue fort étroite, un alcade de cour en sortait suivi de deux alguazils; mon mari aussitôt tourna bride pour accompagner l'alcade; mais ma maîtresse, qui était en croupe, lui dit à voix basse : Que faites-vous, malheureux? ne songez-vous plus que je suis ici? L'alcade, en homme courtois, retint la bride de son cheval, et dit à mon mari : Seigneur, suivez votre chemin ; c'est à moi d'accompagner la señora Cassilda. C'était le nom de ma maîtresse. Malgré cela, mon mari, la toque à la main, s'opiniâtrait à suivre l'alcade. Ce que voyant, ma maîtresse tira de son étui une grosse aiguille, peut-être bien même un poinçon, et, pleine de dépit et de fureur, elle l'enfonça dans le corps de mon pauvre mari qui, jetant un grand cri, roula à terre avec elle. Les laquais de la dame accoururent, avec l'alcade et les alguazils, pour les relever. Cela mit en confusion toute la porte de Guadalajara, je veux dire les oisifs qui s'y trouvaient. Ma maîtresse s'en retourna à pied, et mon époux se réfugia dans la boutique d'un barbier, disant qu'il avait les entrailles traversées de part en part. On ne parla plus dans Madrid que de sa courtoisie, et quand il fut guéri, les petits garçons le suivaient par les rues. Pour ce motif, et aussi parce qu'il avait la vue un peu basse, ma maîtresse lui donna son congé, ce dont il eut tant de chagrin, que telle fut, sans nul doute, la cause de sa mort. Je restai veuve, pauvre, et chargée d'une fille qui chaque jour allait croissant en beauté. Comme j'avais la réputation de travailler admirablement à l'aiguille, madame la duchesse, qui était récemment mariée avec monseigneur le duc, m'emmena en Aragon et ma fille aussi. Bref, les jours se succédant, ma fille a grandi ornée de toutes les grâces du monde ; aujourd'hui elle chante comme un rossignol, danse comme une sylphide, lit et écrit comme un maître d'école, et compte comme un usurier. Je ne dis rien des soins qu'elle prend de sa personne : l'eau courante n'est pas plus nette ; et à cette heure, elle a, si je ne me trompe, seize ans cinq mois et trois jours, pas un de plus, pas un de moins.

De cette mienne enfant est devenu amoureux le fils d'un riche laboureur, qui tient ici près une ferme de monseigneur le duc. Le jeune homme a si bien fait, que, sous promesse de l'épouser, il a abusé de la pauvre créature, et aujourd'hui il refuse de tenir sa parole, quoique monseigneur sache toute l'affaire, car je me suis plainte à lui, non pas une fois, mais mille, le suppliant de forcer ce garçon à épouser ma fille; mais notre maître fait la sourde oreille et veut à peine m'entendre. La raison en est que le père du séducteur, qui est fort riche, lui prête de l'argent et chaque jour lui sert de caution pour ses sottises; c'est pourquoi il ne veut le désobliger en rien.

Je viens donc vous demander, seigneur chevalier, puisqu'au dire de

CHAPITRE XLVIII.

tout le monde Votre Grâce est venue ici-bas pour redresser les torts et prêter assistance aux malheureux, de prendre fait et cause pour ma fille, afin que, soit par la persuasion, soit par les armes, vous obteniez réparation du tort qu'on lui a fait. Jetez les yeux, je vous en supplie, sur l'abandon de cette pauvre enfant, sur sa jeunesse, sa gentillesse et toutes ses bonnes qualités ; car, sur mon honneur, de toutes les femmes de madame la duchesse, il n'y en a pas une qui la vaille ; et une certaine Altisidore, qui passe pour la plus huppée et la plus égrillarde, n'en approche pas de cent lieues. Votre Grâce, seigneur don Quichotte, doit savoir que tout ce qui reluit n'est pas or : aussi cette Altisidore a-t-elle plus de présomption que de beauté, et plus d'effronterie que de retenue, sans compter qu'elle n'est pas fort saine, car elle a l'haleine si forte qu'on ne saurait rester longtemps auprès d'elle. Madame la duchesse elle-même... mais il faut se taire, parce que, vous le savez, les murs ont des oreilles.

Qu'a donc madame la duchesse, señora Rodriguez ? demanda don Quichotte ; sur ma vie, expliquez-vous.

Je n'ai rien à vous refuser, répondit la duègne : eh bien, voyez-vous, seigneur chevalier, la beauté de madame la duchesse, ce teint si brillant qu'on dirait que c'est une lame d'épée fourbie, ces joues qui semblent pétries de lait et de vermillon, et cet air dont elle marche, dédaignant presque de toucher la terre ; eh bien, tout cela, c'est grâce à deux fontaines qu'elle a aux jambes, par où vont s'écoulant toutes les mauvaises humeurs dont les médecins assurent qu'elle est remplie.

Bon Dieu ! que m'apprenez-vous là, señora ? s'écria don Quichotte ; est-il possible que madame la duchesse ait de semblables exutoires ? En vérité, je ne l'aurais jamais cru, quand tous les carmes déchaussés me l'auraient affirmé ; mais puisque vous me le dites, je n'en doute plus. D'ailleurs, j'en suis persuadé, de pareilles fontaines doivent répandre plutôt de l'ambre liquide qu'aucune autre humeur, et tout de bon je commence à croire que ces sortes de fontaines sont admirables pour la santé.

Don Quichotte achevait de parler, lorsque la porte de la chambre s'ouvrit avec fracas ; le saisissement fit tomber la bougie des mains de la señora Rodriguez, et l'appartement resta, comme on dit, aussi noir qu'un four. En même temps la pauvre duègne se sentit prendre à la gorge par deux mains qui la serrèrent si vigoureusement qu'elle ne pouvait respirer ; et une troisième main lui ayant relevé sa jupe, une quatrième, avec quelque chose qui ressemblait à une pantoufle, commença à la fustiger si vertement, que c'était pitié. Don Quichotte, tout charitable qu'il était, ne bougea pas de son lit, ignorant ce que ce pouvait être, et redoutant pour lui-même l'orage qu'il entendait éclater à ses côtés. Le bon chevalier ne craignait pas sans raison : car après que les invisibles bourreaux eurent bien corrigé la malheureuse duègne, qui n'osait souffler mot, ils se jetèrent sur lui, et ayant enlevé sa couverture, ils le pincèrent si fort et si dru, qu'il fut forcé de se défendre à grands coups de pieds, et tout cela dans un admirable silence. La bataille dura plus d'une demi-heure, après quoi les fantômes disparurent. La señora Rodriguez se releva, rajusta sa jupe, et sortit sans proférer une parole. Quant à don Quichotte, il resta dans son lit, triste et pensif, pincé et meurtri, mais mourant d'envie de savoir quel était l'enchanteur qui l'avait mis en cet état.

Nous verrons cela une autre fois, car il nous faut retourner à Sancho, comme le veut l'ordre de cette histoire.

CHAPITRE XLIX

De ce qui arriva à Sancho Panza, en faisant la ronde dans son île.

Nous avons laissé notre gouverneur fort courroucé contre ce narquois de paysan qui, instruit par le majordome d'après les ordres du duc, s'était moqué de lui; mais, tout simple qu'il était, Sancho Panza leur tenait tête à tous, sans reculer d'un pas. Maintenant, dit-il à ceux qui l'entouraient, parmi lesquels était le docteur Pedro Rezio, je comprends qu'il faut que les gouverneurs et les juges soient de bronze, afin de pouvoir résister à ces importuns qui à toute heure viennent demander qu'on les écoute et qu'on expédie leur affaire, quoiqu'il arrive ; et si un pauvre juge refuse de les entendre, parce que c'est le moment de prendre son repas, ou parce qu'il n'a pas le loisir de donner audience, ils en disent pis que pendre. A ce plaideur malavisé, je dirai : Choisis mieux ton temps, mon ami, et ne viens pas aux heures où l'on mange, ni à celles où l'on dort, car nous autres juges et gouverneurs, nous sommes de chair et d'os comme les autres hommes : il faut que nous accordions à la nature ce qu'elle exige, si ce n'est moi pourtant qui ne donne rien à manger à la mienne, grâce au docteur Pedro Rezio de Tirteafuera ici présent, qui veut que je meure de faim, et affirme que c'est pour ma santé. Dieu lui donne santé pareille; ainsi qu'à tous les médecins de son espèce !

CHAPITRE XLIX.

En entendant Sancho chacun s'étonnait, et se disait qu'il n'est rien de tel que les charges d'importance soit pour aviver, soit pour engourdir l'esprit. Finalement, le docteur Pedro Rezio lui promit de le laisser souper ce soir-là, dût-il violer tous les aphorismes d'Hippocrate. Cette promesse remplit de joie notre gouverneur, qui attendit avec une extrême impatience que la nuit vînt, et avec elle l'heure du souper.

Enfin arriva le moment tant désiré, et on servit à Sancho un hachis de bœuf à l'oignon, avec les pieds d'un veau quelque peu avancé en âge. Notre bon gouverneur se jeta sur ces ragoûts avec plus d'appétit que si on lui eût présenté des faisans d'Étrurie, du veau de Sorrente, des perdrix de Moron ou des oies de Lavajos. Aussi, pendant le repas, se tourna-t-il vers le médecin et lui dit : Seigneur docteur, ne vous mettez point en peine à l'avenir de me donner des mets recherchés, mon estomac n'y est pas fait, et il s'accommode fort bien de bœuf, de lard, de navets et d'oignons ; lorsque par aventure on lui donne des ragoûts de roi, il ne les reçoit qu'en rechignant, et souvent avec dégoût. Ce que le maître d'hôtel pourra faire de mieux, c'est de me donner ce qu'on appelle pots pourris ; plus ils sont pourris, meilleurs ils sont ; qu'il y fourre tout ce qu'il voudra : pourvu que ce soient choses bonnes à manger, je serai satisfait, et m'en souviendrai dans l'occasion ; et que personne ne s'avise d'en plaisanter, car enfin je suis gouverneur ou je ne le suis pas. Vivons et mangeons en paix, puisque quand Dieu fait luire le soleil c'est pour tout le monde. Je gouvernerai cette île sans rien prendre ni laisser prendre ; mais que chacun ait l'œil au guet, et se tienne sur le qui-vive, autrement je lui fais savoir que le diable s'est mis de la danse ; et si on me fâche, on trouvera à qui parler.

Assurément, seigneur gouverneur, dit le maître d'hôtel, Votre Grâce a raison en tout et partout, et je me rends caution, au nom de tous les habitants de cette île, que vous serez servi et obéi avec ponctualité, amour et respect : votre aimable façon de gouverner ne saurait leur inspirer d'autre désir que celui d'être tout à votre service.

Je le crois bien, repartit Sancho, et ils seraient des imbéciles s'ils pensaient autrement : je recommande seulement qu'on ait soin de pourvoir à ma subsistance et à celle de mon âne ; de cette façon nous serons tous contents. Maintenant, quand il sera temps de faire la ronde, qu'on m'avertisse, mon intention est de purger cette île des gens désœuvrés, des vagabonds ; car je vous l'apprendrai, mes amis, les gens oisifs et les batteurs de pavé sont aux États ce que les frelons sont aux abeilles, ils mangent et dissipent ce qu'elles amassent avec beaucoup de travail. Moi, je prétends protéger les laboureurs, assurer les priviléges de la noblesse, récompenser les hommes vertueux, et surtout faire respecter la religion et ceux qui la pratiquent. Eh bien, que vous en semble? ai-je raison, ou me casserai-je la tête inutilement?

Vous parlez si bien, seigneur gouverneur, répondit le majordome, que je suis encore à comprendre qu'un homme aussi peu lettré que l'est Votre Grâce, je crois même que vous ne l'êtes pas du tout, dise de telles choses, et prononce autant de sentences que de paroles. Certes, ceux qui vous ont envoyé ici et ceux que vous y trouvez ne s'y attendaient guère : ainsi chaque jour on voit des choses nouvelles, et les moqueurs, comme on dit, se trouvent moqués.

Après avoir assez amplement soupé, avec la permission du docteur Pedro Rezio, le gouverneur, accompagné du majordome, du secrétaire, du maître d'hôtel, de l'historien chargé de recueillir par écrit ses faits et gestes, et suivi d'une foule d'alguazils et de gens de justice, sortit pour faire sa ronde. Sancho marchait gravement au milieu d'eux, sa verge à la main. Ils avaient à peine traversé plusieurs rues, qu'un cliquetis d'épées vint à leurs oreilles; ils y coururent, et trouvèrent deux hommes qui étaient aux prises. Ces hommes voyant venir la justice s'arrêtèrent, et l'un d'eux s'écria : Est-il possible qu'on vole ici comme sur un grand chemin, et qu'on assassine en pleine rue?

Calmez-vous, homme de bien, dit Sancho, et contez-moi le sujet de votre plainte; je suis le gouverneur.

Seigneur gouverneur, répondit un des combattants, je vais vous l'exposer en deux mots. Votre Excellence saura que ce gentilhomme vient de gagner plus de mille réaux dans une maison de jeu qui est près d'ici; je suis son compère, et Dieu sait combien de fois j'ai prononcé en sa faveur, souvent même contre ma conscience! Eh bien, quand j'espérais qu'il me donnerait quelques écus, comme c'est la coutume avec les gens de qualité tels que moi, qui viennent là pour juger les coups et empêcher les querelles, il a ramassé son argent et est sorti sans daigner me regarder. J'ai couru après lui, le priant avec politesse de me donner au moins huit réaux, car il n'ignore pas que je suis homme d'honneur, et que je n'ai ni métier ni rentes, parce que mes parents ne m'ont laissé ni l'un ni l'autre; mais ce ladre n'a consenti à m'accorder que quatre réaux. Voyez un peu quelle dérision! Par ma foi, sans l'arrivée de Votre Grâce, je lui aurais fait rendre gorge, et appris à me donner bonne mesure.

CHAPITRE XLIX.

Que répondez-vous à cela ? demanda Sancho à l'autre partie.

Celui-ci répondit que ce que son adversaire venait de dire était exact, et qu'il n'avait pas voulu lui donner plus de quatre réaux, parce qu'il les lui donnait très-souvent. Ceux qui attendent la gratification des joueurs, ajouta-t-il, doivent être polis et prendre gaiement ce qu'on leur donne, sans marchander avec les gagnants, à moins de savoir avec certitude que ce sont des escrocs et que ce qu'ils gagnent est mal gagné. Au reste, la meilleure preuve que je suis un homme d'honneur, c'est que je n'ai voulu donner rien de plus, car les fripons sont toujours tributaires de ceux qui les connaissent.

Cela est vrai ; que plaît-il à Votre Seigneurie qu'on fasse de ces deux hommes ? dit le majordome.

Ce qu'il y a à faire, le voici, répondit Sancho : vous, homme de bonne ou de mauvaise foi, donnez sur-le-champ à votre compère cent réaux, et trente autres pour les pauvres ; vous qui n'avez ni métier ni rente, et qui vivez les bras croisés, prenez ces cent réaux, puis demain de grand matin décampez au plus vite de cette île, et n'y rentrez de dix années, sous peine, si vous y manquez, de les achever dans l'autre monde : car je vous fais accrocher par la main du bourreau à la première potence venue. Et qu'aucun des deux ne réplique, ou gare à lui.

La sentence fut exécutée sur-le-champ, et le gouverneur ajouta : Ou je serai sans pouvoir, ou je fermerai ces maisons de jeu ; tant je suis persuadé qu'elles causent de dommage.

Pas celle-ci du moins, répondit le greffier, car elle est tenue par un grand personnage, qui assurément y perd beaucoup plus d'argent chaque année qu'il n'en gagne ; mais Votre Grâce pourra montrer son pouvoir contre les tripots de bas étage, qui donnent à jouer à tous venants, et dans lesquels il se commet mille friponneries, les filous n'étant pas assez hardis pour exercer leur industrie chez les personnes de distinction ; et puisque enfin la passion du jeu est devenue générale, il vaut mieux que l'on joue chez les gens de qualité que dans ces repaires où l'on retient un malheureux toute la nuit pour l'écorcher tout vif.

Il y a beaucoup à dire à cela, greffier, répliqua Sancho ; mais nous en reparlerons.

Sur ce arriva un alguazil qui tenait un homme au collet : Seigneur gouverneur, dit-il, ce jeune compagnon venait de notre côté, mais aussitôt qu'il a aperçu la justice, le drôle a tourné les talons, et s'est mis à courir de toute sa force : signe certain qu'il a quelque chose à se reprocher. J'ai couru après lui, et s'il n'eût trébuché il ne serait pas maintenant devant vous.

Pourquoi donc fuyais-tu, jeune homme? demanda Sancho.

Seigneur, répondit le garçon, je fuyais pour éviter toutes ces questions que font les gens de justice.

Fort bien; quel est ton métier?

Tisserand, avec la permission de Votre Grâce.

Et qu'est-ce que tu tisses?

Des fers de lance.

Ah! ah! repartit Sancho, tu fais le plaisant, j'en suis bien aise. Et où allais-tu, à l'heure qu'il est?

Prendre l'air, répondit-il.

Et où prend-on l'air dans cette île? demanda Sancho.

Là où il souffle, seigneur, répliqua le jeune homme.

C'est très-bien répondre, dit le gouverneur, et je vois que tu en sais long. Eh bien, mon ami, imaginez-toi que c'est moi qui suis l'air, que je te souffle en poupe, et que je te pousse à la prison : holà, qu'on l'y mène à l'instant! Je saurai bien empêcher que tu dormes cette nuit en plein air.

Pardieu, seigneur, reprit-il, vous me ferez dormir en prison, tout comme je serai roi.

Et pourquoi donc ne te ferais-je pas dormir en prison, insolent? repartit Sancho; est-ce que je n'ai pas le pouvoir de t'y faire conduire, et de t'en tirer quand il me plaira?

Ma foi, vous auriez cent fois plus de pouvoir, que vous ne m'y feriez point dormir, répondit le jeune homme.

Comment, non! répliqua Sancho; qu'on le mène en prison sur-le-champ, afin qu'il apprenne à ses dépens si je suis le maître ou non; et si le geôlier le laisse échapper, je le condamne d'avance à deux mille ducats d'amende.

Plaisanterie que tout cela! Je défie tous les habitants de la terre de me faire dormir cette nuit en prison.

Es-tu le diable en personne, ou possèdes-tu quelque esprit familier pour t'ôter les menottes qu'on va te mettre? demanda Sancho avec colère.

Un instant, seigneur gouverneur, répondit le jeune homme d'un air dégagé; soyons raisonnable, et venons au fait. Je suppose que Votre Seigneurie m'envoie en prison, qu'on me mette au fond d'un cachot, les fers aux pieds et aux mains, et qu'on me garde à vue : eh bien, si je ne veux pas dormir, et si je veux passer la nuit les yeux ouverts, tout votre pouvoir serait-il capable de me contraindre à fermer les yeux?

Il a raison, observa le secrétaire.

De sorte, dit Sancho, que tu ne dormiras pas, uniquement pour suivre ta fantaisie, et non pour contrevenir à ma volonté?

Assurément, seigneur, répondit le jeune homme; je n'en ai pas même la pensée.

A la bonne heure, va dormir chez toi, je ne prétends pas l'empêcher; mais, à l'avenir, je te conseille de ne pas plaisanter avec la justice, car tu pourrais tomber entre les mains d'un juge qui n'entendrait pas raillerie et te donnerait sur les doigts.

Le jeune homme s'en fut, et le gouverneur continua la ronde.

A quelque pas de là, deux archers survinrent avec un nouveau prisonnier : Seigneur, dit l'un d'eux, celui que nous vous amenons n'est point un homme, c'est une femme, et même fort aimable, qui a pris ce travestissement.

On approcha deux lanternes, à la lumière desquelles on reconnut que c'était une fille d'environ quinze à seize ans. Ses cheveux étaient ramassés dans une résille de fils d'or et de soie verte; elle portait un vêtement de brocart d'or à fond vert; ses bas de soie étaient incarnats, ses jarretières de taffetas blanc, bordées de franges d'or avec des perles, ses souliers étaient blancs comme ceux des hommes; elle n'avait point d'épée, mais seulement un riche poignard, et aux doigts plusieurs bagues d'un grand prix. En un mot, sa beauté surprit tout le monde, mais aucun des assistants ne put la reconnaître; ceux même qui étaient dans le secret des tours qu'on voulait jouer à Sancho, non moins étonnés que les autres, attendaient la fin de l'aventure.

Émerveillé de la beauté de cette jeune fille, Sancho lui demanda qui elle était, où elle allait, et pourquoi on la rencontrait sous ce déguisement.

Seigneur, répondit-elle en rougissant, je ne saurais dire devant tant de monde une chose qu'il m'importe de cacher; je puis seulement vous assurer que je ne suis point un malfaiteur, mais une infortunée à qui la violence d'un sentiment jaloux a fait oublier les règles de la bienséance.

Le majordome, qui l'avait entendue, dit à Sancho : Seigneur gouverneur, ordonnez à vos gens de s'éloigner, afin que cette dame puisse parler en toute liberté.

Lorsqu'ils se furent retirés sur l'ordre du gouverneur, avec qui il ne demeura que le majordome, le maître d'hôtel et le secrétaire, la jeune fille parla ainsi : Seigneur, je suis la fille de Pedro Perez Mazorca, fermier des laines de ce pays, lequel a l'habitude de venir souvent chez mon père.

Cela n'a pas de sens, Madame! interrompit le majordome; je connais fort bien Pedro Perez, et je sais qu'il n'a pas d'enfants; d'ailleurs, après avoir dit que vous êtes sa fille, vous ajoutez qu'il va souvent chez votre père : cela ne se comprend pas.

J'en avais déjà fait la remarque, dit Sancho.

Seigneurs, je vous demande pardon, continua la jeune fille, je suis si troublée que je ne sais ce que je dis; la vérité est que je suis la fille de don Diégo de la Lana.

Je connais très-bien don Diégo de la Lana, dit le majordome. Don Diégo est un gentilhomme fort riche, qui a un fils et une fille; mais depuis qu'il est veuf, personne ne peut se vanter d'avoir vu le visage de sa fille; il la tient si resserrée qu'il la cache au soleil lui-même, mais malgré toutes ses précautions on sait qu'elle est d'une remarquable beauté.

Vous dites vrai, seigneur, répliqua-t-elle, et cette fille c'est moi. Quant à cette beauté dont vous parlez, vous pouvez en juger maintenant que vous m'avez vue.

A ces mots, elle se mit à sangloter, et le secrétaire dit à l'oreille du majordome : Il faut qu'il soit arrivé quelque chose d'extraordinaire à cette jeune fille, puisque bien née comme elle est, on la rencontre à pareille heure hors de sa maison.

Il n'en faut pas douter, répondit celui-ci, et ses larmes en font foi.

Sancho la consola du mieux qu'il put, la conjurant d'avouer, sans nulle crainte, ce qui lui était arrivé, et lui promettant de faire tout ce qui serait en son pouvoir pour lui rendre service.

Seigneurs, répondit-elle, depuis dix ans que ma mère est morte, mon père m'a tenu renfermée, et pendant tout ce temps je n'ai vu d'homme que mon père, un frère que j'ai, et Pedro Perez, le fermier que tout à l'heure j'ai dit être mon père afin de ne pas nommer le mien. Cette solitude si resserrée, la défense de sortir de la maison, même pour aller à l'église, car chez nous on dit la messe dans un riche oratoire, me donnaient beaucoup de chagrin, et je mourais d'envie de voir le monde, ou pour le moins le lieu où je suis née, ne croyant pas qu'il y eût rien de coupable à cela. Quand j'entendais parler de courses de taureaux, de jeux de bagues, de comédies, je demandais à mon frère, qui est d'un an plus jeune que moi, ce que c'était, et il me l'expliquait de son mieux, ce qui redoubla l'envie que j'avais de les voir ; enfin, pour abréger le récit de ma faute, je suppliai mon frère, et plût à Dieu que je ne lui eusse jamais demandé rien de semblable !... Ici, la pauvre enfant se mettant à pleurer de plus belle, excita une grande compassion chez tous ceux qui l'écoutaient.

Jusqu'ici il n'y a point lieu de s'affliger, dit le majordome ; rassurez-vous, Madame, et continuez ; vos paroles et vos larmes nous tiennent en suspens.

Je n'ai rien à dire de plus, répondit-elle ; mais j'ai beaucoup à pleurer mon imprudence et ma curiosité.

Les charmes de la jeune fille avaient impressionné le maître d'hôtel ; il approcha de nouveau sa lanterne pour la regarder, et il lui sembla que ce n'étaient point des larmes qui coulaient de ses yeux, mais plutôt des gouttes de rosée ; il en vint même à les élever au rang de perles orientales. Aussi désirait-il avec ardeur que le malheur de cette belle enfant ne fût pas aussi grand que le témoignaient ses soupirs et ses pleurs. Quant au gouverneur, il se désespérait de ces retards et de ces interruptions, et il la pria d'achever son récit, disant qu'il se faisait tard et qu'il avait encore une grande partie de la ville à parcourir pour terminer sa ronde.

Alors, d'une voix entrecoupée par de nouveaux sanglots, la jeune fille poursuivit : Ma disgrâce vient d'avoir, pendant que mon père dormait, demandé à mon frère de me prêter un de ses habillements, afin d'aller ensemble nous promener par la ville. Importuné de mes prières, il m'a donné ses vêtements, et il a pris le mien, qui lui sied à ravir, car sous ce costume il ressemble à une jolie fille. Il y a environ une heure que nous sommes sortis de la maison, poussés par notre imprudente curiosité ; nous avions fait le tour du pays, quand tout à coup, en revenant, nous avons vu s'avancer vers nous une nombreuse troupe de gens. Mon frère me dit : Voici sans doute les archers ; tâche de me suivre, et fuyons au plus vite ; si on nous reconnaît, nous sommes perdus. Aussitôt il s'est mis à courir, mais avec tant de vitesse qu'on eût dit qu'il volait ; pour moi, je suis bientôt tombée de peur ; alors survint cet homme qui m'a amenée ici, où j'ai honte de paraître une fille fantasque et dévergondée aux yeux de tant de monde.

Ne vous est-il arrivé que cela ? demanda Sancho ; ce n'est donc point la jalousie, comme vous le disiez d'abord, qui vous a fait quitter votre maison ?

Il ne m'est rien arrivé que cela, Dieu merci, et en sortant mon seul dessein était de voir la ville, ou tout au moins les rues de ce pays que je ne connaissais pas encore.

Ce qu'avait dit la jeune fille fut confirmé par son frère, qu'un des archers ramenait après l'avoir rattrapé à grand'peine. Il portait une jupe de femme, avec un mantelet de damas bleu bordé d'une riche dentelle ; sa tête était nue et sans autre ornement que ses propres cheveux, qui semblaient autant d'anneaux d'or, tant ils étaient blonds et bouclés. Le gouverneur, le majordome et le maître d'hôtel s'écartèrent un peu du reste de la troupe, et ayant demandé au jeune garçon, sans que sa sœur l'entendît, pourquoi il était en cet équipage, il répéta tout ce qu'avait déjà raconté celle-ci, et avec la même naïveté et le même embarras : ce dont eut beaucoup de joie le maître d'hôtel, que tout cela intéressait vivement.

Voilà, il faut l'avouer, un terrible enfantillage ! dit le gouverneur ; et il ne fallait pas tant de soupirs et tant de larmes pour en faire le récit : était-il si difficile de dire : Nous sommes un tel et une telle, sortis de chez nos parents pour nous promener, sans autre dessein que la curiosité ? Le conte eût été fini, et vous vous seriez épargné toutes ces pleurnicheries.

Vous avez raison, seigneur, répondit la jeune fille, mais mon trouble a été si grand que je n'ai pas eu la force de retenir mes larmes.

Il n'y a rien de perdu, dit Sancho ; allons, venez avec nous : nous allons vous reconduire chez votre père, qui peut-être ne s'est pas aperçu de votre absence. Mais une autre fois n'ayez pas tant d'envie de voir le monde ; à fille de renom, dit le proverbe, la jambe cassée et la maison ; poule et femme se perdent pour trop vouloir trotter ; car celle qui a envie de voir a aussi envie d'être vue.

Nos deux étourdis remercièrent le gouverneur de sa bonté ; et l'on prit le chemin de la maison de don Diego de la Lana, qui n'était pas éloignée. En arrivant, le jeune homme jeta un petit caillou contre la fenêtre, aussitôt une servante vint ouvrir la porte ; le frère et la sœur entrèrent. Le seigneur gouverneur et sa troupe continuèrent la ronde, s'entretenant de la gentillesse de ces pauvres enfants, et de l'envie qu'ils avaient eue de courir le monde de nuit, sans sortir de leur village.

Pendant le peu de temps qu'il avait vu cette jeune fille, le maître d'hôtel en était devenu si amoureux, qu'il résolut de la demander à son père dès le lendemain, ne doutant point qu'on ne la lui accordât, puisqu'il était attaché à la personne du duc. De son côté, Sancho eut aussi quelque désir de marier le jeune homme à sa petite Sanchette, se réservant d'effectuer son dessein quand le temps serait venu, et persuadé qu'il n'y avait point de parti au-dessus de la fille d'un gouverneur. Ainsi finit cette ronde de nuit, et, deux jours après, le gouvernement, avec la chute duquel s'écroulèrent tous les projets de Sancho, comme on le verra plus loin.

CHAPITRE L

Des enchanteurs qui fouettèrent la señora Rodriguez et qui égratignèrent don Quichotte.

Cid Hamet, le ponctuel chroniqueur des moindres faits de cette véridique histoire, dit qu'au moment où la señora Rodriguez se leva pour aller trouver don Quichotte, une autre duègne, qui était couchée près d'elle s'en aperçut; et comme toutes les duègnes sont curieuses, celle-ci suivit sa compagne à pas de loup. L'ayant vue entrer dans la chambre de notre chevalier, elle ne manqua pas, suivant la louable coutume qu'ont aussi les duègnes d'être bavardes et rapporteuses, de courir en instruire la duchesse. Aussitôt, afin d'approfondir ce mystère, la duchesse prit avec elle Altisidore, et toutes deux allèrent se poster près de la porte pour écouter. Comme la señora Rodriguez parlait haut, elles ne perdirent pas un seul mot de la conversation; aussi, quand la duchesse entendit dévoiler le secret de ses fontaines, elle ne put se contenir; Altisidore encore moins. Elles enfoncèrent la porte, criblèrent de coups d'ongles notre héros et fustigèrent la señora comme nous l'avons déjà dit; tant les outrages qui s'adressent à la beauté des femmes allument dans leur cœur le désir de la vengeance. La duchesse alla raconter le tout au duc, qui s'en amusa beaucoup; puis, pour continuer à se divertir de leur hôte, la duchesse dépêcha un jeune page (celui-là même qui avait fait le personnage de Dulcinée dans la cérémonie du désenchantement) chargé de remettre à Thérèse Panza une lettre de son mari et une autre lettre de sa propre main, avec un grand collier de corail.

Or, dit l'histoire, ce page était fort égrillard; aussi, charmé de complaire à ses maîtres, il partit de grand matin pour le village de Sancho. Un peu avant d'y arriver, il trouva quantité de femmes qui lavaient dans un ruisseau. Il les aborda en les priant de lui indiquer une personne du village qui avait nom Thérèse Panza, et qui était femme d'un certain Sancho Panza, écuyer d'un chevalier qu'on appelait don Quichotte de la Manche.

A cette question, une jeune fille qui lavait avec les autres se leva, en disant : Cette Thérèse Panza, c'est ma mère; ce Sancho, c'est mon seigneur père, et ce chevalier c'est notre maître.

Eh bien, Mademoiselle, reprit le page, venez avec moi, et conduisez-moi vers votre mère, car je lui apporte une lettre et un présent de ce seigneur votre père.

Volontiers, répondit la jeune fille, qui paraissait avoir quinze ans; puis laissant son linge, et sans prendre le temps de se chausser, tant elle avait hâte, elle se mit à courir en gambadant devant le page : Venez, seigneur, venez, disait-elle, notre maison n'est pas loin d'ici, et ma mère y est en ce moment bien en peine, car il y a longtemps qu'elle n'a reçu des nouvelles de mon seigneur père.

Eh bien, repartit le page, je lui en apporte de si bonnes qu'elle aura sujet d'en rendre grâces à Dieu.

Enfin, la petite Sanchette, courant, sautant et gambadant, arriva à la maison; et de si loin qu'elle crut pouvoir être entendue : Venez! ma mère, s'écria-t-elle, venez vite! voici un seigneur qui apporte une lettre de mon père, et d'autres choses qui vous réjouiront.

Aux cris de sa fille, parut Thérèse Panza, sa quenouille à la main, vêtue d'un jupon de serge brune, mais si court qu'il ne descendait pas à la moitié des jambes; elle n'était pas très-vieille, bien qu'elle eût passé la quarantaine, mais forte, droite, nerveuse et hâlée. Qu'est-ce donc, Sanchette? dit-elle à sa fille; quel est ce seigneur?

C'est le très-humble serviteur de madame doña Thérésa Panza, répondit le page. En même temps il mit pied à terre, et fléchissant le genou devant elle, il ajouta : Que Votre Grâce veuille bien me permettre de baiser sa main, très-honorée dame, en qualité de propre et légitime épouse du seigneur Sancho Panza, gouverneur souverain de l'île Barataria.

Levez-vous, seigneur, reprit Thérèse; je ne suis point une dame, mais une pauvre paysanne, fille de bûcheron, femme d'un écuyer errant, et non d'un gouverneur.

Votre Seigneurie, repartit le page, est la très-digne épouse d'un archiduquissime gouverneur; et pour preuve, lisez cette lettre et recevez ce présent.

Il lui remit la lettre, et lui passa au cou la chaîne de corail, dont les agrafes étaient d'or : Cette lettre, ajouta-t-il, est du seigneur gouverneur, et cette autre, ainsi que la chaîne, est de madame la duchesse qui m'envoie auprès de Votre Grâce.

Thérèse et sa fille restèrent pétrifiées. Que je meure, dit la petite, si

CHAPITRE L.

notre seigneur et maître don Quichotte n'est pas là dedans; il aura donné à mon père le comté qu'il lui avait promis.

Justement, répondit le page, c'est en considération du seigneur don Quichotte que le seigneur Sancho est devenu gouverneur de l'île Barataria, comme vous le verrez par cette lettre.

Lisez-la donc, seigneur, dit Thérèse; je sais filer, mais je ne sais pas lire.

Ni moi non plus, ajouta Sanchette; attendez, j'irai chercher quelqu'un qui la lira, soit le curé, soit le bachelier Samson Carrasco; ils viendront de bon cœur pour apprendre des nouvelles de mon seigneur père.

Il n'est besoin d'aller chercher personne, dit le page; je ne sais point filer, mais je sais lire, et je la lirai bien tout seul.

Comme cette lettre est rapportée plus haut, on ne la répète point ici. Le page ensuite en prit une autre, celle de la duchesse, qui était conçue en ces termes :

« Amie Thérèse, les excellentes qualités de cœur et d'esprit de votre époux Sancho m'ont décidée à prier monseigneur le duc de lui donner le gouvernement d'une île parmi celles qu'il possède. J'apprends qu'il gouverne comme un aigle, ce dont je me réjouis fort, ainsi que le duc monseigneur, qui s'applaudit chaque jour du choix qu'il a fait; car, vous le savez, ma chère dame, il n'y a rien de si difficile au monde que de trouver un homme capable, et Dieu veuille faire de moi une femme aussi bonne que Sancho est bon gouverneur. Mon page vous remettra une chaîne de corail dont les agrafes sont en or. Je voudrais, ma bonne amie, que ce fût autant de perles orientales; mais enfin, qui te donne un os ne veut pas ta mort. Un temps viendra, j'espère, où nous pourrons nous connaître et nous visiter; en attendant, faites mes compliments à la petite Sanchette; dites-lui de ma part qu'elle se tienne prête, et qu'au moment où elle y pensera le moins, je veux la marier à un grand seigneur. On dit ici que vous avez dans votre village une très-belle espèce de gland; envoyez-m'en, je vous prie, deux douzaines; le présent me sera considérable venant de vous. Écrivez-moi longuement de votre santé, de vos occupations, enfin de tout ce qui vous regarde; et si vous avez besoin de quelque chose, faites-moi-le savoir, vous serez servie à bouche que veux-tu. Dieu vous tienne en sa sainte garde !

« Votre bonne amie, qui vous aime bien.

« La Duchesse.

« De cet endroit tel jour. »

Sainte Vierge! s'écria Thérèse, la bonne dame que voilà, et qu'elle est simple et modeste! Dieu fasse qu'on m'enterre avec de pareilles dames, et non avec ces femmes d'hidalgos de notre village, qui, parce qu'elles sont nobles, ne voudraient pas que le vent les touche, vont à l'église avec autant de morgue que si elles étaient des reines, et croiraient se déshonorer si elles regardaient une paysanne en face; tandis que voilà une duchesse qui m'appelle sa bonne amie, et me traite comme si j'étais son égale. Plaise à Dieu que je la voie un jour aussi élevée que le plus haut clocher de la Manche! Quant aux glands doux qu'elle me demande, je lui en enverrai un boisseau, mais de si gros que je veux qu'on vienne les voir d'une lieue. Sanchette, aie soin de ce seigneur, et qu'on traite son cheval comme lui-même : va chercher des œufs dans l'étable, coupe une large tranche de lard, enfin traite-le comme un prince : les nouvelles qu'il nous apporte méritent bien qu'on lui fasse faire bonne chère. En attendant, je m'en vais raconter l'heureuse nouvelle à nos voisines, au seigneur curé et à maître Nicolas, qui étaient et qui sont encore si bons amis de ton père.

Soyez tranquille, ma mère, répondit la petite, je me charge de tout. Mais, dites-moi, n'oubliez pas de me donner la moitié de votre collier, car je ne pense pas que madame la duchesse soit si mal apprise que de l'envoyer pour vous seule.

Il sera pour toi tout entier, ma fille, reprit Thérèse; laisse-le-moi porter seulement quelques jours, cela me réjouira le cœur.

Votre cœur se réjouira bien davantage, dit le page, quand je vous ferai voir ce que j'ai dans cette valise : c'est un habillement de drap fin, que le gouverneur n'a porté qu'une seule fois à la chasse, et il l'envoie tout complet à mademoiselle Sanchette.

Qu'il vive mille années, mon bon père! s'écria Sanchette, ainsi que celui qui nous apporte d'aussi bonnes nouvelles, et même deux mille, au besoin.

Thérèse s'en fut aussitôt, le collier au cou et les lettres à la main; et ayant rencontré le curé et Samson Carrasco, elle se mit à sauter en disant : Par ma foi, c'est aujourd'hui qu'il n'y a plus de parents pauvres, nous tenons un gouvernement. Que la plus huppée de ces dames vienne se frotter à moi, elles trouveront à qui parler.

Que voulez-vous dire, Thérèse? demanda le curé; d'où vient cette folie, et quel papier tenez-vous là?

Toute la folie est que voici des lettres de duchesse et de gouverneur, que le collier que je porte a les *Ave* de fin corail, les *Pater noster* d'or pur, et que je suis gouverneuse.

Que Dieu vous entende, Thérèse, dit Carrasco ; car nous ne vous entendons pas, et nous ne savons ce que vous voulez dire.

Vous l'allez voir à l'instant, repartit Thérèse ; lisez seulement.

Le curé lut les lettres tout haut, et lui et le bachelier restèrent encore plus étonnés qu'auparavant, car ils n'y pouvaient rien comprendre. Carrasco demanda qui les avait apportées.

Venez à la maison, répondit Thérèse, et vous verrez le messager : c'est un jeune garçon beau comme le jour, et il m'apporte en présent bien d'autres choses.

Le curé prit le collier, le considéra trois ou quatre fois, et reconnaissant qu'il était de prix, il ne pouvait revenir de sa surprise. Par l'habit que je porte, s'écria-t-il, je m'y perds : le cadeau n'est pas de médiocre valeur ; et voici une duchesse qui envoie demander des glands, comme si c'était chose rare et qu'elle n'en eût jamais vu.

Tout cela est bizarre, dit Carrasco : mais allons trouver le messager, nous apprendrons peut-être ce que cela signifie.

Ils suivirent Thérèse, que la joie avait rendue folle, et en entrant ils virent le page qui criblait de l'avoine pour son cheval, et la petite Sanchette qui coupait du jambon pour faire une omelette. Le messager leur parut de bonne mine et en galant équipage. S'étant salués de part et d'autre, Carrasco lui demanda des nouvelles de don Quichotte et de son écuyer, disant que les lettres qu'ils venaient de lire ne faisaient que les embarrasser, qu'ils ne comprenaient rien au gouvernement de Sancho, et surtout à cette île qu'on lui avait donnée, puisque celles de la Méditerranée appartenaient au roi d'Espagne.

Seigneur, répondit le page, il n'y a cependant rien de plus vrai ; le seigneur Sancho est gouverneur, que ce soit d'une île ou d'autre chose, je n'en sais rien : quoi qu'il en soit, c'est d'une ville de plus de mille habitants. Pour ce qui est des glands que madame la duchesse envoie demander à une paysanne, il ne faut point s'en étonner : elle n'est pas fière, et je l'ai vue plus d'une fois envoyer prier une de ses voisines de lui prêter un peigne. Nos dames d'Aragon ne sont pas si fières ni si pointilleuses que celles de Castille, et elles traitent les gens avec moins de hauteur.

Pendant cet entretien, la petite Sanchette accourut avec des œufs dans le pan de sa robe, et s'adressant au page : Dites-moi, seigneur, est-ce que mon seigneur père attache ses chausses avec des aiguillettes, depuis qu'il est gouverneur ?

Je n'y ai pas fait attention, répondit le page, mais il en doit être ainsi.

Eh bon Dieu, continua Sanchette, que je serais aise de voir mon seigneur père en hauts-de-chausses! je l'ai toujours demandé à Dieu, depuis que je suis au monde.

Si le gouvernement dure seulement deux mois, répondit le page, vous le verrez voyager avec un masque sur le visage.

Le curé et le bachelier s'apercevaient bien qu'on se moquait de la mère et de la fille; mais ils ne savaient que penser du riche collier et et de l'habit de chasse que Thérèse leur avait montrés. Cependant ils riaient de bon cœur de la simplicité de Sanchette; et ce fut bien mieux encore lorsque Thérèse vint à dire : Or çà, seigneur licencié, connaissez-vous ici quelqu'un qui aille à Madrid ou à Tolède ? Je voudrais faire acheter pour moi un vertugadin à la mode, car, en vérité, je veux honorer le gouvernement de mon mari en tout ce que je pourrai, et si on me fâche, je m'en irai à la cour, et j'aurai un carrosse comme les autres : une femme dont le mari est gouverneur a bien le droit d'en avoir un.

Plût à Dieu, ma mère, que ce fût aujourd'hui plutôt que demain, ajouta Sanchette, quand même ceux qui me verraient dedans devraient dire : Regardez donc cette péronnelle, cette fille de mangeur d'ail, la voyez-vous se prélasser dans ce carrosse, à côté de madame sa mère! ne dirait-on pas que c'est la papesse Jeanne! Mais qu'ils enragent, je m'en moque, et qu'ils pataugent dans la boue, pourvu que j'aille dans un bon carrosse les pieds chauds. N'ai-je pas raison, ma mère?

Oui, ma fille, répondit Thérèse, et mon bon Sancho me l'a toujours dit, qu'il me ferait un jour comtesse. Le tout est de commencer; et, comme je l'ai ouï dire bien des fois à ton père, qui est autant le père des proverbes que le tien : Si on te donne la vache, mets-lui la corde au cou; si on te donne un gouvernement, empoigne-le; si on te donne un comté, saute dessus; ce qui est bon à prendre, est bon à garder; sinon, fermez l'oreille et ne répondez pas au bonheur qui vient frapper à votre porte.

Je me moque bien, moi, reprit Sanchette, qu'on dise en me voyant prendre des grands airs : Le lévrier s'est joliment refait, depuis qu'il a un collier d'or, il ne connaît plus son compagnon.

En vérité, dit le curé, je crois que toute cette race des Panza est venue au monde avec un sac de proverbes dans le corps; je n'en ai pas vu un seul qui n'en lâche une douzaine à tout propos.

Il est vrai, repartit le page, qu'ils ne coûtent guère au seigneur gouverneur; il en débite à chaque instant, et quoique bon nombre ne viennent pas fort à point, cela ne laisse pas de divertir madame la duchesse, ainsi que son époux.

Seigneur, dit Carrasco, parlons sérieusement, je vous prie. Quel est ce gouvernement de Sancho, et quelle est cette duchesse qui écrit à sa femme et lui envoie des présents? Quoique nous voyions les présents et les lettres, nous ne savons qu'en penser, sinon que c'est une de ces choses extraordinaires qui arrivent constamment au seigneur don Quichotte, et qu'il s'imagine toujours avoir lieu par enchantement. Nous sommes même tentés de vous prendre pour un ambassadeur fantastique.

Quant à moi, répondit le page, tout ce que je puis vous dire, c'est que je suis un véritable ambassadeur, qu'on m'a envoyé ici avec ces lettres et ces présents; que le seigneur Sancho Panza est bien effectivement gouverneur, et que le duc, mon maître, lui a donné ce gouvernement où il fait merveilles. Si dans tout cela il y a enchantement, je laisse Vos Grâces en discuter entre elles; pour moi, je ne sais rien autre chose, et j'en jure par la vie de mes père et mère, qui sont en bonne santé et que je chéris tendrement.

Cela peut être ainsi, repartit Carrasco; mais vous me permettrez d'en douter.

Doutez tout à votre aise, dit le page; je vous ai dit la vérité : sinon, venez avec moi, et vous la verrez de vos propres yeux.

Moi, moi, j'irai, cria Sanchette; prenez-moi sur la croupe de votre bidet, je serai fort aise d'aller voir mon seigneur père.

Les filles des gouverneurs ne doivent point aller ainsi, mais en carrosse ou en litière, et avec un grand nombre de serviteurs, repartit le page.

J'irai sur une bourrique aussi bien assise que dans un coche, reprit Sanchette; vraiment, vous l'avez bien trouvée votre mijaurée.

Tais-toi, petite, dit Thérèse à sa fille, tu ne sais ce que tu dis, et ce seigneur a raison; il y a temps et temps; quand c'était Sancho, c'était la petite Sanchette, et quand c'est le gouverneur, c'est mademoiselle; tâche de ne point l'oublier.

Madame Thérèse a raison, ajouta le page; mais qu'on me donne, je vous prie, un morceau à manger, afin que je m'en aille, car je dois être ce soir de retour.

Seigneur, dit le curé, vous viendrez, s'il vous plaît, faire pénitence avec moi : madame Thérèse a plus de bonne volonté que de moyens pour traiter un homme de votre qualité.

Le page le remercia d'abord; mais finit par se rendre, et le curé fut charmé de pouvoir le questionner à son aise sur don Quichotte et sur Sancho. Le bachelier Carrasco offrit à Thérèse d'écrire ses réponses, mais elle ne voulut point qu'il se mêlât de ses affaires, le sachant très-goguenard; elle s'adressa à un enfant de chœur, qui écrivit deux lettres, l'une pour la duchesse, l'autre pour Sancho, toutes deux sorties de sa propre cervelle, et qui ne sont pas les plus mauvais morceaux de cette histoire.

CHAPITRE LI

Suite du gouvernement de Sancho Panza.

L'esprit préoccupé des attraits de la jeune fille deguisée, le maître d'hôtel avait passé la nuit sans dormir, tandis que le majordome l'employait, de son côté, à écrire à ses maîtres tout ce que disait et faisait Sancho Panza. Le jour venu, le seigneur gouverneur se leva, et, par ordre du docteur Pedro Rezio, on le fit déjeuner avec un peu de conserves et quelques gorgées d'eau fraîche, mets que Sancho eût troqués de bon cœur contre un quartier de pain bis. Enfin, voyant qu'il fallait en passer par là, il s'y résigna à la grande douleur de son âme et à la grande fatigue de son estomac, le médecin lui affirmant que manger peu avive l'esprit; chose nécessaire aux personnes constituées en dignité et chargées de graves emplois, où l'on a bien moins besoin des forces du corps que de celles de l'intelligence. Avec ces beaux raisonnements, Sancho souffrait la faim, maudissant tout bas le gouvernement et celui qui le lui avait donné.

Cependant il ne laissa pas de tenir audience ce jour-là, et la première affaire qui s'offrit, ce fut une question que lui fit un étranger en présence du majordome et des autres gens de sa suite.

Monseigneur, lui dit cet homme, que Votre Grâce veuille bien m'écouter avec attention, car le cas est grave et passablement difficile. Une large et profonde rivière sépare en deux les terres d'un même seigneur; sur cette rivière il y a un pont, et au bout de ce pont une potence, ainsi qu'une salle d'audience, où d'ordinaire sont quatre juges chargés d'appliquer la loi établie par le propriétaire de la seigneurie. Cette loi est ainsi conçue : « Quiconque voudra traverser ce pont doit d'abord affirmer par serment d'où il vient et où il va : s'il dit la vérité, qu'on le laisse passer; s'il ment, qu'on le pende sans rémission à ce gibet. » Cette loi étant connue de tout le monde on a l'habitude d'interroger ceux qui se présentent pour passer; on les fait jurer et s'ils disent vrai, ils passent librement. Or, un jour il arriva qu'un homme, après avoir fait le serment d'usage, dit : Par le serment que je viens de prêter, je jure que je mourrai à cette potence, et non d'autre manière. Les juges se regardèrent en disant : Si nous laissons passer cet homme, il aura fait un faux serment, et suivant la loi il doit mourir; mais si nous le faisons pendre, il aura dit vrai, et suivant la même loi, ayant dit vrai, on doit le laisser passer. Or, on demande à Votre Grâce ce que les juges doivent faire de cet homme, car ils sont encore en suspens et ne savent quel parti adopter. Ayant appris par le bruit public combien vous êtes clairvoyant dans les matières les plus difficiles, ils m'ont envoyé vers vous, Monseigneur, pour supplier Votre Grâce de donner son avis dans un cas si douteux et si embrouillé.

En vérité, répondit Sancho, ceux qui vous envoient ici auraient bien pu s'en épargner la peine; car je ne suis pas aussi subtil qu'ils le pensent, et j'ai plus d'épaisseur de chair que de finesse d'esprit. Néanmoins, répétez-moi votre question; je tâcherai de bien la comprendre, et peut-être qu'à force de chercher, je toucherai le but.

Le questionneur répéta une ou deux fois ce qu'il avait d'abord exposé. Il me semble, continua Sancho, qu'on peut bâcler cela en un tour de main, et voici comment : cet homme jure qu'il va mourir à cette potence, et s'il y meurt, il a dit vrai : or, s'il dit vrai, la loi veut qu'on le laisse passer; si on ne le pend point, il a menti, et il doit être pendu : n'est-ce pas cela?

C'est cela même, seigneur gouverneur, répondit l'étranger.

Eh bien, mon avis, ajouta Sancho, est qu'on laisse passer de cet homme la partie qui a dit vrai, et qu'on pende la partie qui a dit faux; de cette façon, la loi sera exécutée au pied de la lettre.

Mais, seigneur, repartit l'étranger, il faudra donc couper cet homme en deux? et cela ne pouvant se faire sans qu'il meure, la question reste indécise.

Écoutez, répliqua Sancho : ou je suis un sot, ou il y a autant de raisons pour laisser vivre cet homme que pour le faire mourir, car si le mensonge le condamne, la vérité le sauve : ainsi donc, vous direz à ceux qui vous envoient que, puisqu'il est, à mon avis, aussi raisonnable de l'absoudre que de le condamner, ils doivent le laisser aller. Il vaut toujours mieux qu'un juge soit doux que rigoureux, et cela je le signerais de ma main si je savais signer. D'ailleurs, je vous apprendrai que ce que je viens de dire n'est pas de mon cru. Je me rappelle que monseigneur don Quichotte m'a dit, entre autres choses, la veille même de mon départ pour venir gouverner cette île, que quand je trouverais un cas douteux, je fisse miséricorde ; et Dieu a voulu que je m'en sois ressouvenu ici fort à propos.

Seigneur, dit le majordome, ce jugement est si équitable que Lycurgue, qui donna des lois à Lacédémone, n'en aurait pu rendre un meilleur. Mais en voilà assez pour l'audience de ce matin, et je vais donner des ordres pour que Votre Grâce dîne tout à son aise.

C'est cela, dit Sancho, qu'on me nourrisse bien, et qu'on me fasse question sur question ; si je ne vous les éclaircis comme un crible, dites que je suis une bête.

Le majordome tint parole, se faisant conscience de laisser mourir de faim un si grand gouverneur et un juge si éclairé ; outre qu'il avait envie de jouer à Sancho, la nuit suivante, le dernier tour qu'on lui réservait.

Or, il arriva que notre gouverneur ayant fort bien dîné ce jour-là, en dépit des aphorismes du docteur Tirteafuera, un courrier entra dans la salle et lui remit une lettre de la part de don Quichotte. Sancho ordonna au secrétaire de la parcourir des yeux, pour voir s'il n'y avait rien de secret. Après l'avoir achevée, le secrétaire s'écria que non-seulement on pouvait en donner lecture devant tout le monde, mais qu'elle devrait être gravée en lettres d'or, et il lut ce qui suit :

LETTRE DE DON QUICHOTTE DE LA MANCHE A SANCHO PANZA, GOUVERNEUR DE L'ÎLE DE BARATARIA.

« Quand je m'attendais à recevoir des nouvelles de ta négligence et de tes sottises, ami Sancho, je n'entends parler que de ta sage administration et de ta prudence, ce dont je rends grâces au ciel, qui sait tirer le pauvre du fumier et de sots faire des gens d'esprit.

« On me dit que tu gouvernes ton île avec la dignité d'un homme, mais qu'on te prendrait pour une brute, tant est grande la simplicité de ta vie. Je dois t'avertir, Sancho, que pour conserver l'autorité de sa place, il faut savoir résister à l'humilité de son cœur ; la bienséance exige que ceux qui sont chargés de hautes fonctions se conforment à la dignité de ces fonctions, et oublient le rôle chétif qu'ils remplissaient auparavant. Sois toujours bien vêtu, car un bâton paré n'est plus un bâton ; je ne dis pas cela pour que tu te couvres de dentelles et de broderies, et qu'étant magistrat, tu aies l'air d'un courtisan ; mais afin que l'habit que requiert ta profession soit propre et décent.

« Pour gagner l'affection de ceux que tu gouvernes, observe deux choses : la première, c'est d'être affable avec tout le monde, ainsi que je te l'ai déjà dit; la seconde, d'entretenir l'abondance dans ton île, car il n'y a rien qui fasse autant murmurer le peuple que la disette et la faim.

« Fais le moins possible de lois et d'ordonnances; mais quand tu en feras, qu'elles soient bonnes et qu'on les suive exactement; les lois qu'on n'observe pas, font dire que celui qui a eu la sagesse de les concevoir n'a pas eu la force de les faire exécuter. Or, la loi qui reste impuissante est comme cette poutre qu'on donna pour reine aux grenouilles, après avoir commencé par la craindre, elles finirent par la mépriser jusqu'à sauter dessus.

« Sois une mère pour les vertus et une marâtre pour les vices. Ne te montre ni toujours rigoureux, ni toujours débonnaire, et tiens le milieu entre ces deux extrêmes : c'est là qu'est la sagesse.

« Visite les prisons, les boucheries, les marchés; tous les endroits, en un mot, où la présence du gouverneur est indispensable.

« Console les prisonniers qui attendent la prompte expédition de leur affaire.

« Sois un épouvantail pour les bouchers et les revendeurs, afin qu'ils donnent le juste poids.

« Garde-toi de te montrer, quand tu le serais, ce que je ne crois pas, avide, gourmand, débauché; car dès qu'on aura découvert en toi de mauvaises inclinations, il ne manquera pas de gens pour te tendre des piéges, et dès lors ta passion causerait ta perte.

« Lis et relis sans cesse les instructions que je t'ai données quand tu partis pour ton gouvernement; si tu les suis, tu verras de quelle utilité elles te seront dans une charge si épineuse.

« Écris à tes seigneurs, et montre-toi reconnaissant à leur égard : l'ingratitude est fille de l'orgueil et l'un des plus grands péchés que l'on connaisse; tandis qu'être reconnaissant du bien qu'on a reçu, est une preuve qu'on le sera également envers Dieu, qui nous accorde chaque jour tant de faveurs.

« Madame la Duchesse a dépêché un exprès à ta femme pour lui porter ton habit de chasse, et un autre présent qu'elle lui envoie par la même occasion; nous attendons d'heure en heure la réponse.

« J'ai été quelque peu indisposé par suite de certaines égratignures de chats, dont mon nez ne s'est pas fort bien trouvé, mais cela n'a rien été, car s'il y a des enchanteurs qui me maltraitent, il n'en manque pas pour me protéger.

« Le majordome qui t'accompagnait a-t-il quelque chose de commun avec la Trifaldi, comme tu l'avais cru d'abord? Donne-moi avis de tout ce qui t'arrivera, puisque la distance est si courte.

« Entre nous, je te dirai que je songe à quitter la vie oisive où je languis ; elle n'est pas faite pour moi. Une circonstance s'est présentée qui, je le crains bien, a dû me faire perdre les bonnes grâces de monseigneur le Duc et de madame la Duchesse : mais enfin, malgré le regret que j'en ai, quoi que je puisse leur devoir, je me dois encore plus à ma profession; suivant cet adage : *Amicus Plato, sed magis amica veritas*[1]. Je te dis ces quelques mots de latin, parce que je pense que depuis que tu es gouverneur tu n'auras pas manqué de l'apprendre.

« Sur ce, Dieu te garde longues années, et qu'il te préserve de la compassion d'autrui.

« Ton ami, DON QUICHOTTE DE LA MANCHE. »

Cette lettre fut trouvée admirable et pleine de bon sens; aussi dès que Sancho en eut entendu la lecture, il se leva de table, appela son secrétaire, et alla s'enfermer avec lui pour y faire réponse sur-le-champ. Après avoir ordonné au secrétaire d'écrire, sans ajouter ni retrancher un seul mot, voici ce qu'il lui dicta :

LETTRE DE SANCHO PANZA A DON QUICHOTTE DE LA MANCHE.

« L'occupation que me donnent mes affaires est si grande, que je n'ai pas le temps de me gratter la tête, ni même de me couper les ongles; aussi les ai-je si longs, que Dieu seul peut y remédier. Je dis cela, mon cher maître, afin que Votre Grâce ne soit pas surprise si jusqu'à présent je ne l'ai pas informée comment je me trouve dans ce gouvernement, où je souffre encore plus de la faim que quand nous errions tous les deux par les forêts et les déserts.

« Monseigneur le Duc m'a écrit l'autre jour, pour me donner avis qu'il est entré dans cette île des assassins avec le dessein de me tuer. Mais jusqu'à présent je n'ai pu en découvrir d'autre qu'un certain docteur, qui est gagé dans ce pays pour tuer autant de gouverneurs qu'il y en vient. Il s'appelle le docteur Pedro Rezio, et est natif de Tirteafuera. Voyez quel nom, et si j'ai raison de craindre de mourir par ses mains. Ce docteur avoue qu'il ne guérit point la maladie qu'on a ; mais qu'il la prévient pour qu'elle ne vienne pas. Or, ses

---

1. J'aime Platon, mais j'aime encore plus la vérité.

remèdes sont diète sur diète, jusqu'à rendre un homme plus sec que du bois, comme si la maigreur n'était pas un plus grand mal que la fièvre. Finalement il me fait mourir de faim, et en attendant je crève de dépit : car lorsque je vins dans le gouvernement, je comptais manger chaud, boire frais, et me reposer sur la plume entre des draps de fine toile de Hollande, tandis que j'y suis réduit à faire pénitence comme un ermite : mais comme je ne la fais qu'en enrageant, j'ai bien peur qu'à la fin le diable n'en profite, et ne m'emporte un beau jour décharné comme un squelette.

« Jusqu'à présent je n'ai perçu aucuns droits, ni reçu aucuns cadeaux; j'ignore pourquoi, car on m'avait dit que les habitants de ce pays donnent ou prêtent de grandes sommes aux gouverneurs à leur entrée dans l'île, comme c'est aussi la coutume dans les autres gouvernements.

« Hier soir, en faisant ma ronde, j'ai rencontré une jeune demoiselle, belle à ravir, en habit de garçon, et son frère en habit de femme. Mon maître d'hôtel est devenu en un instant amoureux de la fille, et il veut en faire sa femme, à ce qu'il nous a dit; quant à moi, j'ai choisi le jeune homme pour mon gendre. Aujourd'hui nous en causerons avec le père, qui est un certain don Diego de la Lana, vieux chrétien, et gentilhomme si jamais il en fut.

« Je visite souvent les marchés et les places publiques, comme Votre Grâce me le conseille. Hier, je vis une marchande qui vendait des noisettes fraîches, parmi lesquelles s'en trouvaient bon nombre de vieilles et pourries : je confisquai le tout au profit des enfants de la doctrine chrétienne, qui sauront bien distinguer les bonnes des mauvaises, et j'ai condamné en outre la marchande à ne point reparaître de quinze jours dans le marché. Et on m'a dit que j'avais fort bien fait. Ce que je puis assurer à Votre Grâce, c'est que le bruit court en ce pays qu'il n'y a pas de plus mauvaise engeance que ces revendeuses, qu'elles sont toutes effrontées, menteuses, sans foi ni loi ; et je le crois bien, car partout je les ai vues de même.

« Que madame la Duchesse ait écrit à Thérèse, et lui ait envoyé le présent que dit Votre Grâce, j'en suis très-satisfait; et je tâcherai, en temps et lieu, de montrer que je ne suis pas ingrat. En attendant, baisez-lui les mains de ma part, et dites-lui que le bien qu'elle m'a fait n'est point tombé dans un sac percé.

« Je ne voudrais pas que Votre Seigneurie eût des démêlés et des fâcheries avec monseigneur le Duc et madame la Duchesse; car si Votre Grâce se brouille avec eux, il est clair que ce sera à mon détriment, et puis ce serait mal à vous, qui me conseillez d'être reconnaissant, de ne pas l'être envers des personnes qui vous ont si bien accueilli et régalé dans leur château.

« Quant aux égratignures de chats, j'ignore ce que cela signifie ; je m'imagine que ce doit être quelque méchant tour de vos ennemis les enchanteurs ; vous me direz au juste ce qui en est quand nous nous reverrons.

« J'aurais voulu envoyer quelque chose en présent à Votre Grâce, mais je n'ai rien trouvé dans ce pays, si ce n'est des canules de seringue ajustées à des vessies, instruments qu'on y travaille à merveille ; au reste, si l'office me demeure, je saurai bien sous peu vous envoyer quelque chose de mieux.

« Dans le cas où Thérèse Panza, ma femme, viendrait à m'écrire, payez le port, et envoyez-moi la lettre sans retard, car je meurs d'envie de savoir comment on se porte chez nous. Je prie Dieu qu'il vous délivre des enchanteurs, et moi, qu'il me tire sain et sauf de ce gouvernement, chose dont je doute fort à la manière dont me traite le docteur Pedro Rezio.

« Le très-humble serviteur de Votre Grâce,

« Sancho Panza, le gouverneur.

« De mon île, le même jour que je vous écris. »

Le secrétaire ferma la lettre, et fit partir le courrier ; puis les mystificateurs de Sancho arrêtèrent entre eux de mettre fin à son gouvernement. Quant à lui, il passa l'après-dînée à dresser quelques ordonnances touchant la bonne administration de ce qu'il croyait être une île. Il défendit les revendeurs de comestibles, mais il permit de faire venir du vin d'où l'on voudrait, pourvu qu'on déclarât l'endroit d'où il était, afin d'en fixer le prix selon la qualité et selon l'estime qu'on faisait du cru ; déclarant que celui qui y mettrait de l'eau ou le dirait d'un autre endroit que celui d'où il provenait, serait puni de mort. Il abaissa le prix de toute espèce de chaussures, et principalement celui des souliers, qui lui semblait exorbitant. Il taxa les gages des valets. Il établit des peines rigoureuses contre ceux qui chanteraient des chansons obscènes, soit de jour, soit de nuit. Il défendit qu'aucun aveugle chantât des complaintes faites sur des miracles, à moins de fournir des preuves de leur authenticité ; car il lui semblait que la plupart étant controuvés, ils faisaient tort aux véritables. Il créa un alguazil des pauvres, non pas pour les poursuivre, mais pour s'assurer s'ils l'étaient véritablement, parce que, disait-ils, ces prétendus manchots, avec leurs plaies factices, ne sont souvent que des coupeurs de bourse et des ivrognes. En un mot, il rendit des ordonnances si équitables et si utiles, qu'on les observe encore aujourd'hui dans le pays, où on les appelle les *Constitutions du grand gouverneur Sancho Panza*.

CHAPITRE LII

Aventure de la seconde Doloride, autrement la senora Rodriguez.

Cid Hamet raconte que don Quichotte, une fois guéri de ses égratignures, trouvant la vie qu'il menait indigne d'un véritable chevalier errant, résolut de prendre congé de ses hôtes et de s'en aller à Saragosse, afin de se trouver au tournoi annoncé, où il prétendait conquérir l'armure, prix ordinaire de ces joutes. Un jour qu'il était à table avec le duc, bien résolu à lui déclarer son intention, on vit tout à coup entrer dans la salle deux femmes couvertes de deuil de la tête aux pieds. L'une d'elles, s'approchant de notre héros, se jeta à ses pieds et les embrassa avec des gémissements si prolongés, qu'on crut qu'elle allait expirer de douleur. Quoique le duc et la duchesse s'imaginassent que c'était quelque nouveau tour qu'on voulait jouer à don Quichotte, l'affliction de cette femme paraissait tellement naturelle, qu'ils ne savaient qu'en penser.

Touché de compassion, don Quichotte fit relever la suppliante, puis, l'ayant priée d'écarter son voile, on reconnut la vénérable señora Rodriguez, et dans la personne qui l'accompagnait, cette jeune fille qu'avait séduite le fils du riche laboureur. Ce fut une grande surprise, surtout pour le duc et la duchesse, car quoiqu'ils connussent la duègne pour une créature assez simple, ils ne pensaient pas qu'elle fût capable d'une si grande crédulité. Enfin la señora Rodriguez se tourna du côté de ses maîtres, et après avoir fait une profonde révérence, elle leur dit humblement :

Que Vos Excellences veuillent bien me permettre d'entretenir un instant ce chevalier ; j'ai besoin de lui pour sortir à mon honneur d'un embarras où m'a plongée l'audace d'un vilain malintentionné.

Je vous l'accorde, lui répondit le duc, et vous pouvez dire au seigneur don Quichotte tout ce qu'il vous plaira.

Valeureux chevalier, dit la señora Rodriguez en se tournant vers don Quichotte, il y a quelques jours, je vous ai raconté la perfidie dont un rustre s'est rendu coupable envers ma chère fille, l'infortunée ici présente. Vous me promîtes alors de prendre sa défense, et de redresser le tort qu'on lui a fait; mais j'apprends que votre intention est de quitter ce château pour retourner aux aventures qu'il plaira à Dieu de vous envoyer; je voudrais donc qu'avant de vous mettre en chemin, il plût à Votre Grâce de défier ce rustre indompté, pour le contraindre à épouser ma fille, selon sa promesse; car de penser que monseigneur le duc me fasse rendre justice, c'est demander des poires à l'ormeau, pour la raison que je vous ai déjà confiée. Sur cela, que Notre-Seigneur Jésus-Christ donne à Votre Grâce une excellente santé, et qu'il ne nous abandonne point, ma fille et moi.

Ma chère dame, répondit don Quichotte avec gravité, séchez vos larmes, et arrêtez vos soupirs : je prends à ma charge la réparation due à votre fille; elle n'aurait pas dû sans doute croire si facilement aux promesses des amoureux, promesses très-légères à contracter et très-lourdes à tenir; mais enfin, puisque le mal est fait, il faut penser au remède; ainsi donc je vous promets, avec la permission de monseigneur le duc, de me mettre sur-le-champ à la recherche de ce dénaturé garçon, et quand je l'aurai trouvé, de le défier et de le tuer s'il refuse d'accomplir sa promesse; car le premier devoir de ma profession est de châtier les insolents et de pardonner aux humbles, de secourir les affligés et d'abattre les persécuteurs.

Seigneur chevalier, répondit le duc, ne vous mettez point en peine de chercher le paysan dont se plaint cette dame, et dispensez-vous de me demander la permission de le défier; je le donne et le tiens pour défié; je me charge de lui transmettre votre cartel, et de le lui faire accepter; il viendra répondre lui-même, et je vous donnerai à tous deux le champ libre et sûr, observant les conditions en usage dans de semblables rencontres, et faisant à chacun une égale justice, comme y sont obligés tous princes qui accordent le champ clos aux combattants.

Avec l'assurance que me donne Votre Grandeur, repartit don Quichotte, je renonce pour cette fois aux priviléges de ma noblesse, je m'abaisse jusqu'à la condition de l'offenseur et me rends son égal, afin qu'il puisse mesurer sa lance avec la mienne. Ainsi donc, quoique absent, je l'appelle et le défie comme traître, pour avoir abusé de cette demoiselle et lui avoir ravi l'honneur. Il deviendra son époux, ou il paiera de la vie son manque de foi.

Aussitôt tirant le gant de sa main gauche, notre héros le jeta au mi-

CHAPITRE LII.

lieu de la salle. Le duc le releva, en répétant qu'il acceptait le défi au nom de son vassal, qu'il fixait au sixième jour l'époque du combat, et assignait la cour du château pour champ de bataille, avec les armes ordinaires des chevaliers, la lance et l'écu, le harnais à cotte de mailles et les autres pièces de l'armure, sans fraude ni supercherie, le tout dûment examiné par les juges du camp. Mais, d'abord, reprit-il, il faut savoir si cette bonne duègne et son imprudente fille remettent formellement leur droit entre les mains du seigneur don Quichotte; autrement le défi serait non avenu.

Je les y remets, dit la duègne.

Et moi aussi, ajouta la jeune fille en baissant les yeux.

Ces dispositions arrêtées, les deux plaignantes se retirèrent. La duchesse ordonna qu'on ne les traitât plus dorénavant comme ses suivantes, mais en dames aventurières qui venaient demander justice : on leur donna un appartement dans le château, où elles furent servies à titre d'étrangères, au grand ébahissement de ceux qui ne savaient ce que tout cela signifiait.

On était à la fin du repas, quand, pour compléter la fête, entra le page qui avait porté le présent à Thérèse Panza, femme de notre illustre gouverneur. Le duc le questionna avec empressement sur son voyage; il répondit qu'il avait beaucoup de choses à dire, mais que, comme plusieurs étaient de haute importance, il suppliait Leurs Excellences de lui accorder un entretien particulier. Le duc ayant fait sortir la plupart de ses gens, le page tira deux lettres de son sein, et les mit entre les mains de la duchesse; il y en avait une pour elle, et l'autre pour Sancho avec cette suscription : *A mon mari Sancho Panza, gouverneur de l'île Barataria, à qui Dieu donne heureuse et longue vie.*

Impatiente de savoir ce que contenait sa lettre, la duchesse l'ouvrit et en prit lecture.

LETTRE DE THÉRÈSE PANZA A LA DUCHESSE.

« Ma bonne dame, j'ai eu bien de la joie de la lettre que Votre Grandeur m'a écrite; car, en vérité, il y a longtemps que je la désirais. Le collier de corail est très-beau, et l'habit de chasse de mon mari ne lui cède en rien. Tout notre village s'est fort réjoui de ce que Votre Seigneurie a fait mon mari gouverneur, quoique personne ne veuille le croire, principalement notre curé, maître Nicolas le barbier, et le bachelier Carrasco; mais ça m'est égal, et je ne me soucie guère qu'ils le croient, ou qu'ils ne le croient pas, pourvu que cela soit comme je sais que cela est. Pourtant, s'il faut dire la vérité, je ne l'aurais pas cru non plus, sans le collier de corail et l'habit de chasse, car tous les gens du pays disent que mon mari n'est qu'un imbécile, qui n'a jamais gouverné que des chèvres et qui ne saurait gouverner autre chose ; mais celui que Dieu aide est bien aidé.

« Il faut que je vous dise, ma chère dame, qu'un de ces jours, j'ai résolu d'aller à la cour, en carrosse, pour faire crever de dépit mille envieux que j'ai déjà. Je prie donc Votre Seigneurie de recommander à mon mari de m'envoyer un peu d'argent, et même en assez grande quantité, parce que la dépense est grande à la cour, où le pain vaut, dit-on, un réal, et la viande trois maravédis la livre ; mais s'il ne veut pas que j'y aille, qu'il me le mande bien vite, car déjà les pieds me démangent de me mettre en route. Mes voisines me disent que si ma fille et moi nous allons bien parées à la cour, mon mari sera bientôt plus connu par moi que moi par lui : parce que tout le monde demandera quelles sont les dames de ce carrosse, et que mon valet répondra : La femme et la fille de Sancho Panza, gouverneur de l'île Barataria ; de cette façon, mon mari sera connu, moi je serai prônée, et à la grâce de Dieu.

« Je suis bien fâchée que dans notre pays les glands n'aient pas donné cette année ; j'en envoie pourtant à Votre Seigneurie un demi-boisseau que j'ai cueilli moi-même un à un dans la montagne. Ce n'est pas ma faute s'ils ne sont pas aussi gros que des œufs d'autruche, comme je l'aurais voulu.

« Que Votre Grandeur ne manque pas de m'écrire ; j'aurai soin de lui faire réponse aussitôt, et de lui donner avis de ma santé et de tout ce qui se passe dans notre village, où je reste priant Dieu qu'il vous garde longues années et qu'il ne m'oublie pas. Sanchette ma fille et mon fils baisent les mains de Votre Grâce.

« Celle qui a plus envie de vous voir que de vous écrire.

« Votre servante, THÉRÈSE PANZA. »

La lettre fut trouvée fort divertissante, et la duchesse ayant demandé à don Quichotte s'il pensait qu'on pût décacheter celle que Thérèse écrivait à son mari, le chevalier répondit qu'il l'ouvrirait pour leur faire plaisir. Elle disait ce qui suit :

« J'ai reçu ta lettre, Sancho de mon âme, et je te jure, foi de chrétienne catholique, qu'il ne s'en est pas fallu de deux doigts que je ne devienne folle de joie. Quand j'ai su, mon ami, que tu étais gouverneur, j'ai failli tomber morte du coup, tant j'étais transportée ; car tu le sais, on meurt de joie aussi bien que de tristesse. Notre petite Sanchette a mouillé son jupon sans s'en apercevoir, et cela de pur contentement. J'avais sous les yeux l'habit que tu m'as envoyé, et à mon cou le collier de corail de madame la Duchesse ; je tenais les lettres à la main, le messager était devant moi ; eh bien, malgré tout, je croyais que ce que je voyais et touchais n'était que songe ; car qui aurait jamais pu penser qu'un gardeur de chèvres deviendrait gouverneur d'île ? Tu te rappelles ce que disait ma défunte mère, et elle avait raison : Qui vit beaucoup, voit beaucoup ; je te dis cela parce que j'espère voir encore davantage si je vis plus longtemps, et je ne serai point contente que je ne te voie fermier de la gabelle ; car bien qu'on prétende que ce sont des offices du diable, toujours font-ils venir l'eau au moulin.

« Madame la Duchesse te dira l'envie que j'ai d'aller à la cour : vois si c'est à propos, et me mande ta volonté ; j'irai en carrosse pour te faire honneur.

« Le curé, le barbier, le bachelier et même le sacristain, ne peuvent encore croire que tu sois gouverneur, et disent que tout cela est folie ou enchantement, comme tout ce qui arrive à ton maître. Samson Carrasco dit qu'il t'ira chercher, afin de t'ôter le gouvernement de la tête, et à monseigneur don Quichotte la folie de sa cervelle ; quant à moi, je ne fais qu'en rire, en considérant mon collier de corail, et je songe toujours à l'habit que je vais faire à notre fille avec celui que tu m'as envoyé. J'envoie des glands à madame la Duchesse, et je voudrais qu'ils fussent d'or ; toi, envoie-moi quelque collier de perles, si l'on en porte dans ton île.

« Maintenant voici les nouvelles de notre village : la Berruca a marié sa fille avec un mauvais barbouilleur, qui était venu ici pour peindre tout ce qu'il rencontrerait. L'*ayuntamiento*[1] l'a chargé de peindre les armoiries du roi sur la porte de la maison commune ; il a demandé deux ducats par avance ; il a travaillé huit jours, et comme il n'a pu en venir à bout, il a dit pour raison qu'il n'était pas fait pour peindre de semblables bagatelles. Il a donc rendu l'argent, et malgré tout il s'est marié à titre de bon ouvrier : il est vrai que depuis il a quitté le pinceau pour la pioche, et qu'il va aux champs comme un gentilhomme. Le fils de Pedro Lobo veut se faire prêtre ; il a déjà

---

1. *Ayuntamiento*, corps municipal.

reçu la tonsure; la petite-fille de Mingo Silvato, Minguilla l'a su, et elle va lui faire un procès, parce qu'il lui avait promis de l'épouser : les mauvaises langues disent qu'elle est enceinte de son fait, mais lui s'en défend comme un beau diable.

« Il n'y a point chez nous d'olives cette année, et l'on ne saurait trouver une goutte de vinaigre dans tout le pays. Une compagnie de soldats est passée par ici, et ils ont emmené chemin faisant trois filles du village; je ne veux pas te les nommer parce qu'elles reviendront peut-être, et alors il ne manquera pas de gens pour les épouser, avec leurs taches bonnes ou mauvaises. Notre petite travaille à faire du réseau, et elle gagne par jour huit maravédis, qu'elle met dans une bourse, pour amasser son trousseau : mais à cette heure que tu es gouverneur, tu lui donneras une dot sans qu'elle ait besoin de travailler pour cela. La fontaine de la place s'est tarie, et le tonnerre est tombé sur la potence; plaise à Dieu qu'il en arrive autant à toutes les autres. J'attendrai ta réponse et ta décision pour mon voyage à la cour. Dieu te donne bonne et longue vie, je veux dire autant qu'à moi, car je ne voudrais pas te laisser seul dans ce monde.

« Ta femme, THÉRÈSE PANZA. »

Les deux lettres furent trouvées admirables et dignes d'éloges; pour mettre le sceau à la bonne humeur de l'assemblée, on vit entrer le courrier qui apportait à don Quichotte la lettre de Sancho. On la lut de même devant ceux qui étaient là; mais elle fit quelque peu douter de la simplicité du gouverneur. La duchesse alla se renfermer avec le page qui revenait du village de Thérèse Panza, et lui fit tout conter, jusqu'à la moindre circonstance. Le page lui présenta les glands, et de plus un fromage que la bonne dame lui envoyait comme chose d'une délicatesse exquise.

Mais il est temps de retourner à Sancho, fleur et miroir de tous les gouverneurs insulaires.

CHAPITRE LIII

De la fin du gouvernement de Sancho Panza.

S'imaginer que dans cette vie les choses doivent rester toujours en même état, c'est se tromper étrangement. Au printemps succède l'été, à l'été l'automne, à l'automne l'hiver; et le temps, revenant chaque jour sur lui-même, ne cesse de tourner ainsi sur cette roue perpé-

CHAPITRE LIII.

tuelle. L'homme seul court à sa fin sans espoir de se renouveler, si ce n'est dans l'autre vie, qui n'a point de bornes. Ainsi parle cid Hamet, philosophe mahométan, car cette question de la rapidité et de l'instabilité de la vie présente et de l'éternelle durée de la vie future, bien des gens, quoique privés de la lumière de la foi, l'ont comprise par la seule lumière naturelle. Mais ici notre auteur n'a voulu que faire allusion à la rapidité avec laquelle le gouvernement de Sancho s'éclipsa, s'anéantit et s'en alla en fumée.

La septième nuit de son gouvernement, Sancho était dans son lit, plus rassasié de procès que de bonne chère, plus fatigué de rendre des jugements et de donner des avis, que de toute autre chose; il cherchait dans le sommeil à se refaire de tant de fatigues, et commençait à fermer les yeux, quand tout à coup il entendit un bruit épouvantable de cris et de cloches, qui lui fit croire que l'île entière s'écroulait. Il se leva en sursaut sur son séant, et prêta l'oreille pour démêler la cause d'un si grand vacarme; non-seulement il n'y comprit rien, mais un grand bruit de trompettes et de tambours vint encore se joindre aux cris et au son des cloches. Plein d'épouvante et de trouble, il saute à terre, et court pieds nus et en chemise à la porte de sa chambre. Au même instant, il voit se précipiter par les corridors un grand nombre de gens armés d'épées et portant des torches enflammées : Aux armes! aux armes! criaient-ils; seigneur gouverneur, les ennemis sont dans l'île, et nous périssons si votre valeur et votre prudence nous font défaut. Puis, arrivés près de Sancho, qui était plus mort que vif : Que Votre Grâce s'arme à l'instant, lui dirent-ils tous ensemble, ou nous sommes perdus.

A quoi bon m'armer? répondit Sancho; est-ce que je connais quelque chose en fait d'attaque et de défense? Il faut laisser cela à mon maître don Quichotte, qui dépêchera vos ennemis en un tour de main; quant à moi, pauvre pêcheur, je n'y entends rien.

Quelle froideur est-ce là? Armez-vous, seigneur, repartit un d'entre eux; voici des armes offensives et défensives : guidez-nous, comme notre chef et notre gouverneur.

Eh bien, que l'on m'arme; et à la grâce de Dieu, répondit Sancho.

Aussitôt on apporta deux grands boucliers, dont on lui attacha l'un par devant, l'autre par derrière, en les liant étroitement avec des courroies, les bras seuls étant laissés libres, de façon que le pauvre homme, une fois enchâssé, ne pouvait ni remuer, ni seulement plier les genoux. Cela fait, on lui mit dans la main une lance sur laquelle il fut obligé de s'appuyer pour se tenir debout. Quand il fut équipé de la sorte, on lui dit de marcher le premier, afin d'animer tout le monde au combat, ajoutant que tant qu'on l'aurait pour guide, on était assuré de la victoire.

Et comment diable marcherais-je? répondit Sancho : entre ces planches où vous m'avez emboîté, je ne puis seulement pas plier le jarret. Ce qu'il faut faire, c'est de m'emporter à bras et de me placer en travers ou debout à quelque poterne que je défendrai ou avec ma lance ou avec mon corps.

Allons donc, seigneur gouverneur, dit un de ces gens, ce ne sont pas vos armes, c'est bien plutôt la peur qui vous empêche de marcher : hâtez-vous; le bruit augmente et le danger redouble.

A ces exhortations et à ces reproches, le pauvre Sancho essaya de se remuer; mais dès les premiers pas il tomba si lourdement qu'il crut s'être mis en pièces. Il demeura par terre étendu tout de son long, assez semblable à une tortue sous son écaille, ou à quelque barque échouée sur le sable. Mais ces impitoyables railleurs n'en eurent pas plus de compassion : au contraire, ils éteignirent leurs torches, et simulant le bruit de gens qui combattent, ils passèrent et repassèrent plus de cent fois sur le corps du gouverneur, donnant de grands coups d'épée sur le bouclier qui le couvrait, pendant que se ramassant de son mieux dans cette étroite prison, le pauvre diable suait à grosses gouttes, et priait Dieu de tout son cœur de le tirer d'un si grand péril. Les uns trébuchaient, d'autres tombaient sur lui, il y en eut même un qui, après lui avoir monté sur le dos, se mit à crier comme du haut d'une éminence, et simulant l'office de général : Courez par ici, l'ennemi vient de ce côté; qu'on garde cette brèche, qu'on ferme cette porte; rompez les échelles ; vite, vite, de la poix et de la résine; qu'on apporte des chaudrons pleins d'huile bouillante, qu'on couvre les maisons avec des matelas; puis il continuait à nommer l'un après l'autre tous les instruments et machines de guerre dont on se sert dans une ville assiégée.

Quant au malheureux Sancho, étendu par terre, foulé aux pieds et demi-mort de peur, il murmurait entre ses dents : Plût à Dieu que l'île fût déjà prise, et que je me visse mort ou délivré de cette horrible angoisse! Enfin, le ciel eut pitié de lui, et lorsqu'il s'y attendait le moins, il entendit crier : Victoire! victoire! les ennemis sont en fuite. Allons, seigneur, levez-vous, venez jouir de votre triomphe et prendre votre part des dépouilles conquises par votre bras invincible.

Qu'on me lève, dit Sancho tristement. Quand on l'eut aidé à se remettre sur ses pieds : L'ennemi que j'ai tué, ajouta-t-il, je consens

CHAPITRE LIII.

qu'on me le cloue sur le front; quand aux dépouilles, vous pouvez vous les partager, je n'y prétends rien. S'il me reste ici un ami, qu'il me donne un peu de vin; le cœur me manque, et, pour l'amour de Dieu, qu'on m'essuie le visage, je suis tout en eau.

On l'essuya, on lui donna du vin, on le débarrassa des boucliers; enfin, se voyant libre, il voulut s'asseoir sur son lit, mais il tomba évanoui de fatigue et d'émotion.

Les mystificateurs commençaient à se repentir d'avoir poussé si loin la plaisanterie, lorsque Sancho, en revenant à lui, calma la crainte que leur avait causée sa pâmoison. Il demanda quelle heure il était; on lui répondit que le jour venait de poindre. Aussitôt, sans ajouter un mot, il acheva de s'habiller, laissant tous les assistants surpris de l'empressement qu'il y mettait. Quand il eut terminé, quoique avec bien de la peine, tant il était brisé de fatigue, il se dirigea vers l'écurie, suivi de tous ceux qui étaient là, puis s'approchant du grison, il le prit tendrement entre ses bras, lui donna un baiser sur le front, et lui dit les yeux pleins de larmes : Viens çà, mon fidèle ami, viens, cher compagnon de mes aventures et de mes travaux; quand je cheminais avec toi, sans autre souci que d'avoir à raccommoder ton harnais et soigner ta gentille personne, heureux étaient mes heures, mes jours, mes années. Mais depuis que je t'ai quitté pour me laisser emporter sur les tours de l'ambition et de l'orgueil, tout a été pour moi souffrances, inquiétudes et misères. En parlant ainsi, Sancho passait le licou à son âne, et lui ajustait le bât; le grison bâté, il monta dessus avec beaucoup d'efforts, et s'adressant au majordome, au maître d'hôtel et au docteur Pedro Rezio : Place, place, mes seigneurs, leur dit-il, laissez-moi retourner à mon ancienne liberté; laissez-moi retourner à ma vie passée, pour me ressusciter de cette mort présente. Je ne suis point né pour être gouverneur; mon lot est de conduire la charrue, de manier la pioche et de tailler la vigne, et non de donner des lois ou de défendre des îles contre ceux qui viennent les attaquer. Saint-Pierre est bien à Rome, je veux dire que chacun doit rester chez lui et faire son métier. Faucille me sied mieux en main que bâton de commandement; je préfère me rassasier de soupe à l'oignon, que d'être à la merci d'un méchant médecin, qui me fait mourir de faim. Je dors mieux en été, à l'ombre d'un chêne, que l'hiver entre deux draps de fine toile de Hollande et enveloppé de riches fourrures. Adieu, adieu encore une fois. Dites à monseigneur le duc que nu je suis né, nu je me trouve; je veux dire qu'entré ici sans un maravédis, j'en sors les mains vides, tout au rebours des autres gouverneurs. Allons, gare ! vous dis-je ; laissez-moi passer, que j'aille me graisser les côtes, car il me semble que je les ai rompues, grâce aux ennemis qui se sont promenés cette nuit sur mon estomac.

Arrêtez, seigneur gouverneur, lui dit le docteur Pedro Rezio ; arrêtez, je vais vous faire donner un breuvage qui vous remettra dans un instant ; quant à votre table, je promets à Votre Grâce de m'amender, et de lui laisser à l'avenir manger tout ce qu'il lui plaira.

Grand merci, reprit Sancho, il est trop tard ; j'ai envie de rester comme de me faire Turc. Ce n'est pas moi qu'on attrape deux fois de la même façon, et si jamais il me prend envie d'avoir un gouvernement, que je meure avant que d'y mettre le pied. Je suis de la famille des Panza ; ils sont tous entêtés comme des mulets, et quand une fois ils ont dit non, ils n'en démordraient pas pour tout l'or du monde. Je laisse ici les ailes de la vanité qui ne m'ont enlevé dans les airs qu'afin de me faire manger aux hirondelles et aux oiseaux de proie ; je redescends sur terre pour y marcher comme auparavant, et si je n'ai pas de chaussures de maroquin piqué, au moins ne manquerais-je jamais de sandales de cordes. Adieu, encore une fois, qu'on me laisse passer, car il se fait tard.

Seigneur gouverneur, dit le majordome, nous laissons partir Votre Grâce, puisqu'elle le veut, quoique ce ne soit pas sans regret que nous consentions à perdre un homme de votre mérite, et dont la conduite a été si chrétienne ; mais tout gouverneur qui se démet de sa charge est obligé de rendre compte de son administration : rendez la vôtre, s'il vous plaît, après quoi nous ne vous retenons plus.

Personne n'a le droit de me demander des comptes, repartit Sancho, s'il n'en a reçu le pouvoir de monseigneur le duc ; je m'en vais le trouver, et c'est à lui que je les rendrai. D'ailleurs, je sors d'ici nu, et cela me dispense d'autre preuve.

Le seigneur Sancho a raison, dit Pedro Rezio, il faut le laisser aller ; d'autant plus que monseigneur sera enchanté de le revoir.

Tout le monde fut du même sentiment, et on le laissa partir en lui offrant de l'accompagner et de lui fournir ce qui serait nécessaire pour faire commodément son voyage. Sancho répondit qu'il ne voulait qu'un peu d'orge pour son âne, et pour lui un morceau de pain et du fromage ; que le chemin étant si court, il n'avait pas besoin d'autre chose. Tous l'embrassèrent ; lui les embrassa aussi en pleurant, les laissant non moins étonnés de son bon sens que de la prompte et énergique résolution qu'il avait prise.

CHAPITRE LIV

Qui traite de choses relatives à cette histoire et non à d'autres.

Le duc et la duchesse résolurent de donner suite au défi qu'avait porté don Quichotte à leur vassal, pour le motif dont nous avons parlé plus haut; mais comme le jeune homme était en Flandre, où il s'était enfui afin de ne pas épouser la fille de la señora Rodriguez, ils imaginèrent de lui substituer un laquais gascon, appelé Tosilos. Après avoir donné à cet homme les instructions nécessaires pour bien jouer son personnage, le duc déclara à don Quichotte que dans un délai de quatre jours son adversaire viendrait, armé de toutes pièces, se présenter en champ clos et soutenir par la moitié de sa barbe, et même par sa barbe entière, que la jeune fille mentait en affirmant qu'il lui avait promis de l'épouser. Grande fut la joie de notre héros d'avoir rencontré une si belle occasion de montrer à ses illustres hôtes sa valeur et la force de son bras formidable; aussi dans son impatience, ces quatre jours lui semblèrent-ils autant de siècles. Pendant qu'il se repose bien malgré lui, allons tenir compagnie à Sancho qui, moitié triste, moitié joyeux, venait retrouver son maître, plus content toutefois de se sentir sur son fidèle grison qu'affligé de la perte de son gouvernement.

Il n'était pas encore bien loin de son île, de sa ville ou de son village, car on n'a jamais su précisément ce que c'était, quand il vit venir six pèlerins étrangers. Arrivés près de lui, ces pèlerins se rangèrent sur deux files et se mirent à chanter à tue-tête dans une langue dont Sancho ne put rien démêler, sinon le mot *aumône*. Il en conclut que toute la chanson n'avait pas d'autre but, et comme il était naturellement charitable, il leur offrit le pain et le fromage qu'il portait dans son bissac, leur faisant entendre par signes qu'il n'avait rien de plus. Les pèlerins acceptèrent l'aumône en criant : *Geld! geld*[1] *!*

Je ne vous comprends pas, frères, dit Sancho; que voulez-vous?

L'un d'eux alors tira une bourse de son sein, pour faire entendre à Sancho qu'ils demandaient de l'argent; mais lui, ouvrant la main et écartant les doigts, afin de leur montrer qu'il ne possédait pas une obole, piqua son grison et voulut passer au milieu d'eux. Mais un de ces étrangers, qui l'avait reconnu, l'arrêta, et l'embrassant, lui dit en castillan : Sainte Vierge! qu'est-ce que je vois? n'est-ce pas mon ami,

---

1. Mot allemand qui veut dire *argent*.

mon bon voisin Sancho Panza? Oui! par ma foi, c'est bien lui, car je ne suis ni ivre ni endormi.

Tout surpris d'entendre prononcer son nom et de se sentir embrasser, Sancho regarda longtemps cet homme sans rien dire; mais il avait beau le considérer, il ne pouvait se rappeler ses traits. Comment se peut-il, lui dit alors le pèlerin, que tu ne reconnaisses pas ton voisin Ricote le Morisque, le mercier de notre village?

Et qui diable t'aurait reconnu sous ce costume? reprit Sancho en l'examinant de plus près; mais comment oses-tu revenir en Espagne? Malheur à toi, mon pauvre ami, si tu venais à être découvert; tu n'aurais pas à te louer de l'aventure.

Si tu te tais, répondit le pèlerin, je suis bien sûr que personne ne me reconnaîtra sous cet habit. Mais quittons le grand chemin, et allons dans ce bois où mes camarades veulent dîner et faire la sieste : ce sont de braves gens, tu dîneras avec eux, et là je pourrai te conter ce qui m'est arrivé depuis cet édit que le roi a fait publier contre les débris de notre malheureuse nation.

Sancho y consentit, et Ricote ayant parlé à ses compagnons, tous s'enfoncèrent dans le bois qui était en vue, s'éloignant ainsi de la grand'route. Arrivés là, ils se débarrassèrent de leurs bourdons, de leurs mantelets, et restèrent en justaucorps. Ils étaient jeunes, enjoués et de bonne mine, hormis Ricotte qui était déjà avancé en âge; chacun d'eux portait une besace bien pourvue, au moins de ces viandes qui appellent la soif de deux lieues. Ils s'assirent sur l'herbe, qui leur servit de nappe, et tous alors fournissant ce qu'ils portaient dans leur bissac, la place se trouva en un clin d'œil couverte de pain, de noix, de fromage et de quelques os où il restait encore à ronger, sans compter une espèce de saucisson appelé *cavial*, composé de ces œufs d'esturgeon, grands provocateurs de l'appétit. Il s'y trouva aussi des olives en quantité, lesquelles, quoiqu'un peu sèches, ne laissaient pas d'être de bon goût. Mais ce qui fit ouvrir les yeux à Sancho, c'étaient six grandes outres de vin, chacun ayant fourni la sienne, sans compter celle de Ricote qui seule valait toutes les autres ensemble. Enfin nos gens se mirent à manger, mais lentement et en savourant chaque morceau. Puis tout à coup, levant les bras et les outres en l'air, le goulot sur la bouche et les yeux fixés au ciel, comme s'ils y avaient pris leurs points de mire, ils restèrent tous un bon quart d'heure à transvaser le vin dans leur estomac. Sancho admirait cette harmonie muette, et ne pensait déjà plus au gouvernement qu'il venait de quitter. Afin de se mettre à l'unisson, il pria Ricote de lui prêter son

CHAPITRE LIV.

outre, et l'ayant embouchée, il fit voir qu'il ne manquait pour cet exercice ni de méthode ni d'haleine.

De temps en temps, un des pèlerins prenant la main de Sancho, lui disait : *Espagnoli y Tudesqui, tuto uno bon compagno ;* et Sancho répondait : *Bon compagno jura di ;* puis il éclatait de rire, mettant en oubli sa mésaventure ; en effet, sur le temps où l'on est occupé à manger ou à boire, les soucis n'ont guère de prise. Quatre fois nos gens recommencèrent à jouer de leurs musettes, mais à la cinquième fois elles se désenflèrent si bien, qu'il n'y eut plus moyen d'en rien tirer : toutefois, si le vin fit défaut, le sommeil ne leur manqua pas, car ils s'endormirent sur la place. Ricote et Sancho, se trouvant plus éveillés, pour avoir moins bu, laissèrent dormir leurs compagnons, et allèrent s'asseoir au pied d'un hêtre, où le pèlerin, quittant sa langue maternelle pour s'exprimer en bon castillan, parla de la sorte :

Tu n'as pas oublié, ami Sancho, quelle terreur s'empara des nôtres quand le roi fit publier son édit contre les Mores ; je fus si alarmé moi-même, que craignant de ne pouvoir quitter l'Espagne assez tôt, je me voyais déjà traîner au supplice avec mes enfants. Toutefois, ne trouvant pas que nous fissions sagement de fuir avec tant de hâte, je résolus de laisser ma famille dans notre village, et d'aller seul chercher quelque endroit où je pusse la mettre en sûreté. Je m'étais bien aperçu, ainsi que les plus habiles de notre nation, que cet édit n'était pas une vaine menace, mais une résolution arrêtée. En effet, connaissant les mauvaises intentions de beaucoup d'entre nous, intentions qu'ils ne cachaient pas, je restai convaincu que Dieu seul avait pu mettre dans l'esprit du roi une résolution si soudaine et si rigoureuse. Non pas que nous fussions tous coupables : car parmi nous, il se trouvait des chrétiens sincères, mais en si petit nombre, qu'à parler franchement, souffrir tant d'ennemis dans le royaume, c'était nourrir un serpent dans son sein. Quoi qu'il en soit, le bannissement, trop doux pour quelques-uns, fut trop sévère pour ceux qui, non plus que moi, n'avaient pas de mauvais desseins. Depuis cette époque, dans quelque endroit que nous portions nos pas, nous regrettons toujours l'Espagne, notre berceau, ne trouvant point ailleurs le repos que nous espérions. Nous avions cru qu'en Barbarie et en Afrique on nous recevrait à bras ouverts, mais c'est là qu'on nous méprise et qu'on nous maltraite le plus. Hélas ! nous n'avons connu notre bonheur qu'après l'avoir perdu ; aussi notre désir de rentrer en Espagne est si grand, que la plupart d'entre nous, qui en savent fort bien la langue, n'ont pas craint d'abandonner femme et enfants pour y revenir.

20*

Je quittai donc notre village, et je partis pour la France avec quelques-uns des nôtres; quoique nous y fussions bien reçus, le désir me prit d'aller plus loin. Je passai en Italie, et de là en Allemagne, où il me sembla qu'on vivait avec encore plus de sécurité, car presque partout il y a une grande liberté de conscience. Je m'assurai d'une maison proche d'Augsbourg, et m'associai à ces pèlerins qui ont coutume de venir en Espagne visiter les saints lieux, visite qui pour eux vaut les mines du Pérou. Chaque année, ils la parcourent tout entière, et il n'y a point de village qu'ils ne quittent repus jusqu'à la gorge, et emportant un bon sac d'argent. Cet argent ils ont soin de l'échanger contre de l'or, dont ils remplissent le creux de leurs bourdons, ou bien ils le cousent dans les plis de leurs mantelets; puis, à force d'industrie, ils parviennent à sortir d'Espagne avec leur butin, malgré la rigoureuse surveillance des gardiens des passages. Aujourd'hui, ami Sancho, mon intention est de reprendre l'argent que j'ai enfoui avant de partir; et comme c'est hors de notre village, je pourrai le faire sans péril, après quoi j'irai de Valence à Alger rejoindre ma femme et ma fille. De là, nous repasserons en France, d'où je les emmènerai en Allemagne, en attendant ce que Dieu voudra faire de nous; car enfin je suis certain que ma femme et ma fille sont bonnes catholiques; quant à moi, quoique je ne le sois pas autant, je suis plus chrétien que More, et tous les jours je prie Dieu de m'ouvrir les yeux davantage, et de m'apprendre comment il veut que je le serve. Mais ce qui m'étonne le plus, Sancho, c'est que ma femme ait mieux aimé aller vivre en Barbarie qu'en France, où elle et sa fille pourraient librement pratiquer leur religion.

Oh, cela n'a pas dépendu d'elles, dit Sancho; c'est Jean Tiopevo, ton beau-frère, qui les a emmenées : et comme c'est un vrai More, il n'a songé qu'à ce qui l'accommodait le mieux. Mais veux-tu que je te dise, Ricote : je suis certain que tu irais en vain chercher ton trésor, tu ne le trouveras plus, car nous avons su qu'on avait pris à ton beau-frère et à ta femme des perles et beaucoup d'argent qu'ils allaient faire enregistrer.

Cela peut être, répliqua Ricote, mais je suis bien certain qu'ils n'ont point touché à mon trésor, n'ayant confié le secret à personne, de crainte de malheur. Si tu veux venir avec moi et m'aider à l'emporter, je te promets deux cents écus : cet argent pourra te mettre à l'aise, car je sais, mon ami, que tu n'es pas fort riche.

Je le ferais volontiers, repartit Sancho, mais je ne suis point aussi intéressé que tu pourrais le croire. Si j'aimais la richesse, je n'aurais

CHAPITRE LIV.

pas quitté ce matin un office où je pouvais faire d'or les murs de ma maison, et avant qu'il fût six mois manger dans des plats d'argent. Et pour cette raison, comme aussi parce que ce serait trahir le roi notre maître, que d'aider ses ennemis, je n'irais pas avec toi, quand au lieu de deux cents écus tu m'en offrirais le double.

Quel office as-tu donc quitté? demanda Ricote

J'ai quitté le gouvernement d'une île, mais d'une île, vois-tu, qui n'a pas sa pareille à un quart de lieue à la ronde, répondit Sancho.

Et où est-elle située cette île? continua Ricote.

Où elle est? A deux lieues d'ici, répliqua Sancho, et elle s'appelle l'île de Barataria.

Que dis-tu là? repartit Ricote : est-ce qu'il y a des îles en terre ferme?

Pourquoi non? reprit Sancho. Je te dis, mon ami, que j'en suis parti ce matin, et qu'hier encore je la gouvernais à ma fantaisie; malgré tout, je l'ai quittée, parce qu'il m'est avis que l'office de gouverneur est dangereux.

Et qu'as-tu gagné dans ton gouvernement? demanda Ricote.

Ce que j'y ai gagné? répondit Sancho; par ma foi, j'y ai gagné d'apprendre que je ne suis pas bon à être gouverneur, si ce n'est d'un troupeau de chèvres, et que les richesses amassées dans les gouvernements coûtent le repos et le sommeil, voire même le boire et le manger. Dans les îles, il faut que les gouverneurs ne mangent presque rien, surtout s'ils ont des médecins qui prennent soin de leur santé.

Je ne sais ce que tu veux dire, répliqua Ricote. Hé! qui diable pouvait s'aviser de te donner une île à gouverner? manque-t-il d'habiles gens au monde, qu'il faille prendre des paysans pour en faire des gouverneurs? Tu rêves, mon pauvre ami. Vois seulement si tu veux venir avec moi pour m'aider à emporter mon trésor. Je t'assure qu'il en mérite bien le nom, et je te donnerai ce que je t'ai promis.

Je t'ai déjà dit que je ne le veux pas, répondit Sancho; mais sois sûr de n'être pas dénoncé par moi. Adieu; continue ton chemin; et laisse-m'en faire autant : si le bien gagné honnêtement se perd quelquefois, à plus forte raison le bien mal acquis doit-il se perdre avec son maître.

Je n'insiste pas, reprit Ricote, mais tu ne sais pas ce que tu refuses. Dis-moi, étais-tu dans le village quand mon beau-frère emmena ma femme et ma fille?

Vraiment oui, j'y étais, répondit Sancho, et tout le monde trouvait ta fille si belle, qu'on sortait en foule pour la voir : chacun la suivait des yeux, disant que c'était la plus jolie fille d'Espagne. La pauvre créature pleurait en embrassant ses amies, les priant de la recommander à Dieu et à sa sainte mère. Elle nous faisait pitié, tant elle était triste, et je ne pus m'empêcher de pleurer, moi qui ne suis pas un grand pleurard. Les uns avaient envie de la cacher; d'autres, s'ils n'eussent pas craint l'édit de Sa Majesté, de l'enlever par les chemins. Don Pedro Gregorio, ce jeune homme que tu connais, et qui est si riche, se démenait fort pour elle : il l'aimait beaucoup à ce qu'on dit; aussi ne l'a-t-on plus revu depuis qu'elle est partie, et nous crûmes tous qu'il avait couru après elle pour l'enlever, mais on n'en a pas entendu parler jusqu'à cette heure.

Par ma foi, dit Ricote, j'avais toujours cru ce jeune homme amoureux de ma fille; mais comme je me fiais à elle, je m'en inquiétais peu. Tu sais bien, Sancho, que les Morisques ne se marient guère par amour avec les vieux chrétiens; et ma fille, ce me semble, songeait moins à se marier qu'à devenir bonne chrétienne ; aussi je pense qu'elle se souciait fort peu des poursuites de ce gentilhomme.

Dieu le veuille, repartit Sancho, car cela ne convient ni à l'un ni à l'autre. Adieu, mon ami; laisse-moi partir; je veux aller ce soir retrouver mon maître, le seigneur don Quichotte.

Que Dieu t'accompagne, frère Sancho, dit Ricote. Aussi bien, voilà mes compagnons qui s'éveillent, et il est temps de continuer notre chemin.

Après s'être embrassés, Sancho monta sur son âne, Ricote prit son bourdon, et ils se séparèrent.

CHAPITRE LV

De ce qui arriva à Sancho en chemin.

Pour avoir passé trop de temps à s'entretenir avec Ricote, Sancho ne put arriver de jour au château du duc, et il en était encore à une demi-lieue quand la nuit le surprit. Comme on était au printemps, il ne s'en mit pas en peine; seulement il s'écarta de la route dans l'intention de se procurer un gîte. Mais sa mauvaise étoile voulut qu'en cherchant un endroit pour passer la nuit, lui et son grison tombèrent dans un sombre et profond souterrain qui se trouvait au milieu de bâtiments en ruine. Lorsque Sancho sentit la terre lui manquer, il se recommanda à Dieu avec ferveur, se croyant déjà au fond des abîmes; pourtant il en fut quitte à meilleur marché, car à quatre toises il se trouva sur la terre ferme et assis sur sa monture sans s'être fait aucun mal. Il commença par se tâter par tout le corps, et retint son haleine pour s'assurer s'il n'avait aucune blessure; quand il se sentit bien portant, il rendit grâces au ciel de l'avoir préservé d'un danger où il avait failli se mettre en pièces. Le pauvre diable porta aussitôt ses mains de tous côtés pour voir s'il n'y avait pas moyen de se tirer de là; mais les murs étaient si droits et si escarpés, qu'il lui était impossible d'y grimper. Désolé de cette découverte, il le fut bien davantage quand il entendit son grison se plaindre douloureusement, et certes avec sujet, car il était en assez piteux état.

Hélas! hélas! s'écria Sancho, que d'accidents imprévus dans ce misérable monde! Qui aurait dit que l'homme qui était hier gouverneur d'une île, commandant à ses serviteurs et à ses vassaux, se verrait aujourd'hui seul, sans serviteurs ni vassaux pour le secourir! Faudra-t-il donc, mon pauvre grison que tous les deux nous mourions de faim ici, ou toi de tes blessures, et moi de chagrin! Encore si j'étais aussi chanceux que le fut monseigneur don Quichotte dans la caverne de Montesinos, où il trouva la nappe mise et son lit tout prêt! mais que trouverai-je dans ce maudit trou, sinon des couleuvres et des crapauds? Malheureux que je suis! où ont abouti mes folies et mes caprices? Si du moins nous étions morts dans notre pays et parmi les gens de notre connaissance, nous n'eussions pas manqué d'âmes charitables pour nous pleurer et nous fermer les yeux à notre dernière heure! O mon fidèle ami, mon cher compagnon, quelle récompense je donne à tes bons services! mais pardonne-moi, et prie la fortune qu'elle nous tire de ce mauvais pas, après quoi tu verras que je ne suis pas ingrat, et je te promets double ration.

Pendant que le maître se lamentait de la sorte, l'âne restait immobile, tant grande était l'angoisse que le pauvre animal endurait. Le jour revint, et aux premières clartés de l'aurore, Sancho, voyant qu'il était absolument impossible, sans être aidé, de sortir de cette espèce de puits, recommença à se lamenter et à jeter de grands cris pour appeler du secours. Mais personne ne l'entendait, et il se tint pour mort, surtout en voyant son âne couché à terre, les oreilles basses et faisant fort triste mine. Enfin il l'aida à se remettre sur ses pieds, non sans beaucoup de peine; puis ayant tiré un morceau de pain de son bissac, il le lui donna en disant: *Tiens, mon enfant, quand on a du pain, les maux se sentent moins.*

L'infortuné Sancho était dans cette cruelle anxiété, cherchant de tous côtés remède à son malheur, quand il découvrit à l'un des bouts du souterrain une ouverture assez grande pour qu'un homme pût y passer. Il s'y glissa à quatre pattes, et il vit qu'à l'autre bout le trou allait toujours s'élargissant. Revenant sur ses pas, il prit une pierre avec laquelle il pratiqua une brèche capable de livrer passage à son âne, et le tirant par le licou, il commença à cheminer le long du souterrain. Tantôt il marchait à tâtons, tantôt il entrevoyait la lumière, mais toujours avec une égale frayeur. Dieu puissant, se disait-il, mon maître trouverait ceci une excellente aventure ; tandis que moi, malheureux, privé de conseil et dénué de courage, il me semble à tous moments que la terre va me manquer sous les pieds. Tout en se lamentant, et après avoir fait, à ce qu'il crut, près de demi-lieue, il commença à découvrir un faible jour qui se glissait par une étroite fissure, et il espéra revoir la lumière encore une fois. Mais Ben-Engeli le laisse là pour retourner à don Quichotte, lequel attendait avec autant d'impatience que de joie le jour fixé pour le combat qu'il devait livrer au séducteur de la fille de la señora Rodriguez.

Or, comme ce matin-là notre héros était sorti pour tenir son cheval en haleine et le disposer au combat du lendemain, il arriva qu'à la suite d'une attaque simulée à toute bride, Rossinante vint mettre les pieds de devant sur le bord d'un trou dans lequel, sans la vigueur du cavalier qui arrêta sa monture sur les jarrets de derrière, tous deux seraient tombés infailliblement. La curiosité de don Quichotte l'engagea à voir de plus près ce que c'était : il s'approcha sans mettre pied à terre. Pendant qu'il considérait cette large ouverture, de grands cris, partis du fond, vinrent frapper son oreille : Hélas! disait une voix, n'y a-t-il point là-haut quelque chrétien qui m'entende, quelque chevalier charitable qui ait pitié d'un malheureux pêcheur enterré tout vivant, d'un pauvre gouverneur qui n'a pas su se gouverner lui-même?

Surpris au dernier point, don Quichotte crut reconnaître la voix de Sancho, et pour s'en assurer, il cria de toute sa force : Qui es-tu là-bas, toi qui te plains ainsi?

Et qui peut se plaindre, répondit la voix, si ce n'est le malheureux Sancho Panza, ci-devant écuyer du fameux chevalier don Quichotte de la Manche, et pour ses péchés, gouverneur de l'île Barataria?

Ces paroles redoublèrent la surprise du chevalier. S'imaginant que Sancho était mort, et que son âme faisait là son purgatoire, il répondit à son tour : En ma qualité de chrétien catholique, je t'engage à me déclarer qui tu es. Si tu es une âme en peine, dis-moi ce que tu veux que je fasse pour te soulager, car ma profession étant de secourir tous les affligés, je puis aussi porter secours à ceux de l'autre monde, qui ne sauraient s'aider eux-mêmes.

Vous qui me parlez, reprit la voix, vous êtes donc monseigneur don Quichotte de la Manche; car à l'accent et à la parole ce ne peut être que lui.

Oui, oui, répliqua notre héros, je suis ce don Quichotte qui a fait profession de secourir et d'assister en leurs nécessités les vivants et les morts; apprends-moi donc qui tu es toi-même, car tu me tiens en grand souci. Si tu es Sancho mon écuyer, et si tu as cessé de vivre, pourvu que les diables ne t'aient point emporté, et que par la miséricorde de Dieu tu sois seulement en purgatoire, notre mère la sainte Église catholique a des prières efficaces pour abréger tes peines; de ma part j'y emploierai tous mes efforts : achève donc de t'expliquer et dis-moi qui tu es.

Je jure Dieu, seigneur don Quichotte, répondit la voix, et je fais serment que je suis Sancho Panza, votre écuyer, et que je ne suis jamais mort depuis que je suis dans ce monde; mais qu'après avoir quitté mon gouvernement pour des raisons qu'il serait trop long de raconter, je tombai hier soir dans ce trou où je suis encore avec le grison qui ne me laissera pas mentir à telles enseignes, qu'il est à mes côtés.

En ce moment, comme s'il eût compris son maître et voulu lui rendre témoignage, l'âne se mit à braire si puissamment, que toute la caverne en retentit.

Voilà un témoin irrécusable, dit don Quichotte; au bruit je reconnais l'âne, et le maître à sa parole. Attends un peu, mon pauvre ami, je m'en vais au château, qui est tout proche, et j'amènerai des gens pour te tirer d'ici.

Dépêchez-vous, je vous prie, seigneur, car je suis au désespoir de me voir enterré tout vivant, et je me sens mourir de peur.

Don Quichotte alla conter l'aventure au duc et à la duchesse, qui savaient que ce souterrain existait depuis un temps immémorial; mais ce qui surtout les surprit, ce fut d'apprendre que Sancho avait quitté son gouvernement sans qu'on leur eût donné avis de son départ. On courut avec des cordes et des échelles, et à force de bras on ramena Sancho et le grison à la lumière du soleil. Un étudiant qui se trouvait là par hasard ne put s'empêcher de dire en voyant notre écuyer : Il serait bon que tous les mauvais gouverneurs sortissent de leurs gouvernements comme celui-ci sort de cet abîme, pâle et mourant de faim, et, si je ne me trompe, la bourse très-peu garnie.

Frère, repartit Sancho, il y a huit jours que je suis entré dans l'île qu'on m'avait donné à gouverner; pendant ces huit jours, je n'ai pas mangé mon soûl une seule fois : j'ai été persécuté par les médecins, les ennemis m'ont rompu les os, et je n'ai pas même eu le temps de toucher mes gages. Vous voyez bien que je ne méritais point d'en sortir ainsi; mais l'homme propose et Dieu dispose, et où l'on croit trouver du lard, il n'y a souvent pas de crochet pour le pendre. Au reste, Dieu m'entend, et cela me suffit.

Sancho, laisse parler les gens, lui dit son maître; repose-toi sur ta bonne conscience, et qu'on dise ce qu'on voudra. Qui prétendrait attacher toutes les langues, n'aurait jamais fini; on mettrait plutôt des portes aux champs. Si un gouverneur est riche, on dit qu'il a volé; s'il est pauvre, on dit que c'est un niais et un imbécile.

Permis de m'appeler un imbécile, répliqua Sancho, mais non de dire que je suis un voleur.

Tout en discourant, ils arrivèrent au château, entourés d'une foule de gens, et ils trouvèrent le duc et la duchesse qui les attendaient dans une galerie. Sancho ne voulut point monter rendre visite au duc, qu'il n'eût mis son grison à l'écurie, car la pauvre bête avait, disait-il, passé une très-mauvaise nuit. Enfin il alla saluer Leurs Excellences : Messeigneurs, dit-il en mettant un genou en terre, je suis allé gouverner votre île de Barataria, parce que Vos Grandeurs l'ont voulu, et non parce que je l'avais mérité : j'y suis entré nu, et nu j'en sors; je n'y ai perdu ni gagné, et si j'ai bien ou mal gouverné, il y a des témoins qui pourront dire ce qui en est. J'ai éclairci des difficultés, jugé des procès, toujours mourant de faim, grâce au docteur Pedro Rezio, naturel de Tirteafuera, médecin de l'île et assassin des gouverneurs. Les ennemis nous ont attaqués nuitamment et mis en grand péril; mais ceux de l'île ont assuré que nous étions victorieux par la force de mon bras; Dieu les récompense dans ce monde et dans l'autre s'ils ne mentent point. Après avoir pesé les charges et les fatigues qu'on rencontre dans les gouvernements, j'ai trouvé le fardeau trop pesant pour mes épaules, et en fin de compte j'ai reconnu que je ne suis pas du bois dont on fait les gouverneurs; aussi, avant que le gouvernement me quittât, j'ai quitté le gouvernement, et hier, de bon matin, j'ai laissé l'île à l'endroit où je l'avais trouvée, avec les mêmes maisons et les mêmes rues, sans y avoir rien changé. Je n'ai rien emprunté à personne, je n'ai fait de profit sur quoi que ce soit, et si, comme cela est, j'ai songé à faire des ordonnances utiles et profitables, j'y ai renoncé bien vite, de peur qu'on ne les observât pas; parce qu'alors les faire ou ne pas les faire, c'est absolument la même chose. Je suis parti sans autre compagnie que mon grison. Pendant la nuit, je suis tombé dans un souterrain, je l'ai parcouru tout du long; puis j'ai tant fait que, le jour venu, j'ai découvert une issue, mais non si facile toutefois que je n'y fusse demeuré jusqu'au jugement dernier sans le secours de mon maître. Voici donc, monseigneur le duc et madame la duchesse, votre gouverneur Sancho Panza, qui, en dix jours qu'il a gouverné, a appris à mépriser le gouvernement, non-seulement d'une île, mais encore du monde entier. Sur quoi je baise très-humblement les pieds de Vos Excellences; et avec leur permission, je retourne au service de monseigneur don Quichotte, avec qui je mange au moins du pain tout mon soûl. Encore bien, je l'avoue, que cela ne m'arrive que par saccades, je m'en rassasie du moins; et pourvu que je m'emplisse le ventre, peu m'importe que ce soit de fèves ou de perdrix.

L'écuyer finit là sa harangue, au grand contentement de son maître, qui mourait de peur qu'il ne lui échappât mille impertinences. Le duc embrassa Sancho, lui disant qu'il regrettait de le voir quitter son gouvernement, mais qu'il lui donnerait dans ses États quelque autre emploi où il aurait moins de peine et plus de profit. La duchesse l'embrassa aussi, recommanda qu'on lui fît faire grande chère et qu'on lui dressât un bon lit, car il paraissait tout moulu et à moitié disloqué.

CHAPITRE LVI

De l'étrange combat de don Quichotte et du laquais Tosilos,
au sujet de la fille de la senora Rodriguez.

Le majordome qui avait accompagné Sancho à Barataria revint le même jour raconter au duc et à la duchesse les faits et gestes de notre gouverneur, et jusqu'à ses moindres paroles; mais ce qui les amusa le plus, ce fut l'assaut simulé de l'île, les frayeurs de Sancho et enfin son départ précipité.

Cependant arriva le jour fixé pour le combat. Dans l'intervalle, le duc avait avait eu le temps d'instruire son laquais Tosilos des précautions qu'il fallait prendre pour vaincre don Quichotte sans le tuer ni le blesser. Il décida qu'on ôterait le fer des lances, alléguant que les sentiments chrétiens dont il se piquait ne permettaient pas que ce combat pût entraîner la mort, et que les combattants devaient se contenter d'avoir le champ libre sur ses terres, malgré les décrets des conciles qui défendent ce genre de duel, sans le vouloir encore à outrance. Notre héros répondit que le duc pouvait régler les choses comme il l'entendrait; qu'il se conformerait en tout à ses volontés.

Sur l'esplanade du château, le duc avait fait dresser un spacieux échafaud, où devaient se tenir les juges du camp et les dames qui demandaient justice. Le grand jour arrivé, une foule immense de curieux accourut de tous les villages environnants. Jamais dans le pays vivants ou morts n'avaient entendu raconter pareille chose.

Le premier qui parut dans la lice fut le maître des cérémonies; il la parcourut d'un bout à l'autre pour s'assurer qu'il n'y avait aucun piége ou obstacle qui pût faire trébucher les combattants. La duègne et sa fille, dans une contenance affligée et avec leurs voiles tombant jusqu'à terre, vinrent ensuite prendre place. Notre héros était déjà dans la lice, quand par un des angles de la place et au son des trompettes on vit entrer le grand laquais Tosilos, couvert d'armes resplendissantes, le casque en tête et la visière baissée. Il montait un puissant cheval de Frise qui faisait trembler la terre sous ses pas. Tosilos n'avait point oublié les instructions du duc son seigneur, c'est-à-dire d'éviter le premier choc, pour éviter la mort si don Quichotte l'atteignait. Il parcourut la place, et s'approchant des dames, il regarda quelque temps avec beaucoup d'attention, celle qui le réclamait pour époux. Enfin, le juge du camp appela notre chevalier, et, suivi de Tosilos, il alla demander aux plaignantes si elles consentaient à prendre pour champion le seigneur don Quichotte de la Manche. Toutes deux s'inclinèrent en répondant qu'elles tenaient pour bon et valable ce qu'il ferait en cette circonstance.

Le duc et la duchesse étaient assis dans une galerie construite au-dessus de l'enceinte et remplie de gens qui attendaient l'issue d'un combat si extraordinaire. Les conditions du champ clos furent que si don Quichotte était vainqueur, le vaincu épouserait la fille de la señora Rodriguez; qu'au contraire, s'il succombait, son adversaire se trouverait relevé de sa promesse. Le maître des cérémonies partagea le soleil aux combattants, et assigna à chacun le lieu où il devait se placer. Puis dès qu'il fut retourné à sa place, les clairons retentirent.

Tout en attendant le dernier signal, don Quichotte s'était recommandé à Dieu et à sa dame Dulcinée; quant à Tosilos, il avait bien d'autres pensées en tête. S'étant mis à considérer son aimable ennemie, elle lui avait semblé la plus charmante créature du monde : aussi

CHAPITRE LVI.

le petit Dieu qu'on appelle Amour ne voulut-il pas perdre l'occasion de triompher d'un cœur de laquais; il s'approcha du drôle, sans être vu de personne, et il lui mit au cœur une flèche qui le perça de part en part (car l'amour est invisible, il va et vient, entre et sort à sa fantaisie), si bien que lorsque les clairons sonnèrent, Tosilos n'entendit rien, ne songeant déjà plus qu'à la beauté dont il était devenu tout à coup l'esclave.

Don Quichotte, au contraire, n'avait pas plutôt entendu le signal de l'attaque qu'il s'était élancé sur son adversaire de toute la vitesse de Rossinante, pendant que Sancho criait de toutes ses forces : Que Dieu te conduise, fleur et crème de la chevalerie errante! que Dieu te donne la victoire comme tu la mérites!

Bien que Tosilos vît fondre sur lui don Quichotte, il ne bougea pas; au contraire, appelant à haute voix le juge du camp : Seigneur, lui dit-il, ce combat n'a-t-il lieu que pour m'obliger à épouser cette dame?

Précisément, lui répondit celui-ci.

En ce cas, repartit Tosilos, ma conscience me défend de passer outre : je me tiens pour vaincu, et je suis prêt à épouser cette dame à l'instant même.

A ces paroles, le juge du camp, qui était un des confidents de cette facétie, demeura fort étonné, et ne sut que répondre.

Quant à don Quichotte, voyant que son ennemi ne venait point à sa rencontre, il s'était arrêté au milieu de la carrière. Le duc cherchait à deviner ce qui suspendait le combat; mais lorsqu'il sut ce qu'il en était, il entra dans une grande colère contre son domestique, sans toutefois oser le laisser paraître.

Tosilos s'approchant de l'estrade où était la señora Rodriguez, Madame, lui dit-il, je suis prêt à épouser votre fille, et je ne veux point obtenir par les armes ce que je puis posséder sans débat.

S'il en est ainsi, je suis libre et délié de mon serment, ajouta don Quichotte; qu'ils se marient, et puisque Dieu la lui donne, que saint Pierre les bénisse!

Le duc descendit dans la lice : Est-il vrai, chevalier, dit-il en s'adressant à Tosilos, que vous vous teniez pour vaincu, et que pressé des remords de votre conscience, vous consentiez à épouser cette jeune fille?

Oui, seigneur, répondit celui-ci.

Par ma foi, il fait bien, dit alors Sancho, car ce que tu voulais donner au rat, donne-le au chat, et de peine il te sortira.

Cependant Tosilos s'était mis à délacer son casque, et priait qu'on l'aidât, parce qu'il ne pouvait plus respirer, tant il était serré dans cette étroite prison. On s'empressa de le satisfaire. Alors se montra à découvert le visage du laquais Tosilos. Quand la señora Rodriguez et sa fille virent ce qu'il en était, elles se mirent à crier en disant : C'est une tromperie, c'est une infâme tromperie. On a mis Tosilos, le laquais de monseigneur, à la place de mon véritable époux. Justice, justice! nous ne souffrirons pas cette trahison.

Ne vous affligez point, Mesdames, dit don Quichotte, il n'y a ici ni malice ni tromperie ; du reste, s'il y en a, elle n'est point de la part de monseigneur le duc, mais de la part des enchanteurs, mes ennemis, qui, jaloux de la gloire que j'allais acquérir dans ce combat, ont changé le visage de votre époux en celui de ce laquais. N'en doutez pas, Mademoiselle, ajouta-t-il, et en dépit de la malice de nos ennemis, mariez-vous avec ce cavalier ; car c'est bien celui que vous désiriez. Là-dessus vous pouvez vous en fier à moi.

En entendant notre héros, le duc sentit s'évanouir sa colère : En vérité, dit-il, tout ce qui arrive au grand chevalier de la Manche est tellement extraordinaire, que je suis disposé à croire que l'homme ici présent n'est point mon laquais ; mais pour en être plus certains, remettons le mariage à quinzaine, et gardons sous clef ce personnage qui nous tient en suspens ; peut-être alors aura-t-il repris sa première forme. La malice des enchanteurs contre le seigneur don Quichotte ne peut pas toujours durer, surtout quand ils verront que toutes leurs ruses et leurs transformations sont inutiles.

Oh! vraiment, dit Sancho, ces diables d'enchanteurs sont plus opiniâtres qu'on ne pense, et ils ne tiennent pas mon maître quitte à si bon marché : dans ce qui lui arrive, ce n'est que transformation de celui-ci en celui-là, et de celui-là en un autre. Il y a peu de jours il vainquit un chevalier qui s'appelait le chevalier des Miroirs ; eh bien, les enchanteurs donnèrent au vaincu la figure du bachelier Samson Carrasco, qui est un de ses meilleurs amis ; madame Dulcinée, ils l'ont changée en une grossière paysanne ; mais je serais bien trompé si ce laquais ne reste pas laquais jusqu'à la fin de ses jours.

Il en sera ce qui pourra, reprit la fille de la señora Rodriguez ; et puisqu'il consent à m'épouser, je l'accepte de bon cœur : j'aime mieux être la femme d'un laquais que la maîtresse d'un gentilhomme, d'autant plus que mon séducteur ne l'est pas.

Malgré tout on renferma Tosilos, sous prétexte de voir ce qui adviendrait de sa métamorphose, et don Quichotte fut proclamé vainqueur. Quant aux spectateurs qui avaient espéré voir les combattants se mettre en pièces, ils se retirèrent aussi désappointés que le sont les petits garçons lorsqu'on fait grâce au condamné qu'ils étaient venus pour voir pendre. Le duc, la duchesse et le glorieux don Quichotte rentrèrent au château; la señora Rodriguez et sa fille étaient charmées de voir que, de façon ou d'autre, cette aventure finissait par un mariage; quant à Tosilos, il ne demandait pas mieux.

CHAPITRE LVII

Comment don Quichotte prit congé du duc, et de ce qui lui arriva avec la belle Altisidore, demoiselle de la duchesse.

Craignant enfin d'avoir un jour à rendre compte à Dieu de la vie oisive qu'il menait dans ce château, vie qu'il trouvait si contraire à sa profession de chevalier errant, don Quichotte se résolut enfin à partir, et demanda congé à Leurs Excellences. Ce ne fut pas sans montrer un grand déplaisir que le duc y consentit; mais enfin il se rendit aux raisons du chevalier.

La duchesse remit à Sancho la lettre de sa femme. Après en avoir entendu la lecture : Qui eût pensé, se disait-il en pleurant, que toutes mes espérances s'en iraient en fumée, et qu'il me faudrait encore une fois me mettre en quête d'aventures à la suite de mon maître? Au moins je suis bien aise d'apprendre que Thérèse a fait son devoir en envoyant des glands à madame la duchesse : si elle y eût manqué, je l'aurais regardée comme une ingrate. Ce qui me console, c'est qu'on ne peut appeler ce cadeau un pot-de-vin, puisque j'occupais déjà le gouvernement quand elle l'a envoyé; si petit qu'il soit, il montre que nous sommes reconnaissants. Nu je suis entré dans le gouvernement, et nu j'en sors. Ainsi, on n'a rien à me reprocher, et me voilà tel que ma mère m'a mis au monde.

Don Quichotte, qui la veille au soir avait pris congé du duc et de la duchesse, voulut se mettre en route de grand matin. Au lever du soleil, il apparut tout armé dans la cour du château, dont les galeries étaient remplies de gens curieux d'assister à son départ. Sancho était sur son grison avec sa valise et son bissac, le cœur plus joyeux qu'on ne pensait, car à l'insu de don Quichotte, le majordome du duc lui avait remis deux cents écus d'or pour continuer leur voyage.

Tout le monde avait les yeux attachés sur notre chevalier, quand tout à coup l'effrontée et spirituelle Altisidore éleva la voix du milieu des filles de la duchesse et dit d'un ton amoureux et plaintif :

Arrête, ô le plus dur des chevaliers errants !
  Retiens le mors, quitte la selle ;
  Sans fatiguer en vain les flancs
  De ta vieille et maigre haridelle ;
  Apprends donc que tu ne fuis pas
  Une vipère venimeuse,
Mais un petit agneau qui recherche tes bras,
  Et qui n'est point brebis galeuse.

  Monstre, tu réduis aux abois
  La plus aimable créature
  Que Diane ait vue dans ses bois,
  Ou Vénus dans sa grotte obscure.
  Cruel Énée, amant trop fugitif,
Que le diable t'emporte et t'étrangle tout vif !

Tu m'as ravi, cruel, oui, oui, tu m'as ravi
  Un cœur plein d'amoureuse rage ;
  Et tu t'en es si mal servi,
  Qu'il ne peut servir davantage :
  Mais voler trois coiffes de nuit,
  Et dérober ma jarretière !
Va, va te promener, et tout ce qui s'ensuit :
  Ce ne sont point là tours à faire.

  Tu m'as volé mille soupirs,
  Et des soupirs chauds comme braise,
  Non pas de languissants zéphyrs,
  Mais de vrais soufflets à fournaise.
  Cruel Énée, amant trop fugitif,
Que le diable t'emporte et t'étrangle tout vif.

Que toujours le nigaud qui te sert d'écuyer,
  Laisse ton âme désolée,
  Sans mettre en son état premier
  Ta ridicule Dulcinée ;
  Qu'elle se ressente à jamais,
  L'impertinente créature,
De toutes tes rigueurs, des maux que tu m'as faits,
  De tous les tourments que j'endure.

  Puisses-tu dans tes plus hauts faits,
  N'avoir que mauvaise aventure,
  Et qu'avec toi tous tes souhaits
  Soient bientôt dans ta sépulture !
  Cruel Énée, amant trop fugitif,
Que le diable t'emporte et t'étrangle tout vif[1] !

Tandis qu'Altisidore se lamentait de la sorte, don Quichotte la regardait avec de grands yeux ; tout à coup, se tournant vers Sancho : Par le salut de tes aïeux, lui dit-il, je te prie, je t'adjure de déclarer la vérité : emportes-tu, par hasard, les trois mouchoirs et les jarretières dont parle cette amoureuse damoiselle ?

---

1. Ces vers sont empruntés à la traduction de Filleau de Saint-Martin.

CHAPITRE LVII.

Les mouchoirs, j'en conviens, répondit Sancho; mais de jarretières, pas plus que sur ma main.

Quoiqu'elle la connût pour une personne très-hardie et très-facétieuse, la duchesse ne revenait pas de l'effronterie de sa suivante; mais le duc, à qui le jeu plaisait, ne fut pas fâché de le prolonger. Seigneur chevalier, dit-il à don Quichotte, votre conduite est inexcusable, surtout après le bon accueil que Votre Grâce a reçu dans ce château : votre action est d'un mauvais cœur, et trahit un genre de faiblesse qui s'accorde mal avec ce que la renommée publie de vous. Rendez les jarretières à cette demoiselle, sinon je vous défie en combat à outrance sans craindre que les enchanteurs changent mes traits, comme cela est arrivé à mon laquais Tosilos.

Dieu me préserve, seigneur, répondit notre héros, de tirer l'épée contre votre illustre personne de qui j'ai reçu tant de faveurs. Les mouchoirs, je les ferai rendre, puisque Sancho dit qu'il les a; quant aux jarretières, ni lui ni moi ne les avons vues : que cette belle demoiselle veuille bien les chercher dans sa toilette, sans aucun doute elle les y trouvera. Jamais je n'ai rien dérobé, seigneur duc, et j'espère ne jamais donner sujet qu'on m'accuse de pareilles bassesses, à moins que Dieu ne m'abandonne. Cette jeune fille, on le voit bien, parle avec le dépit d'un cœur amoureux, que je n'ai nullement pensé à enflammer; aussi n'ai-je point d'excuses à lui faire, non plus qu'à Votre Excellence, que je supplie très-humblement d'avoir de moi meilleure opinion, et de me permettre de continuer mon voyage.

Partez, seigneur don Quichotte, dit la duchesse, et puisse la fortune vous être toujours fidèle, afin que nous puissions entendre parler de vos nouveaux exploits; partez, car votre présence est un mauvais remède aux blessures que l'amour a faites à mes femmes. Quant à celle-ci, je la châtierai si bien, qu'elle sera plus réservée à l'avenir.

O valeureux chevalier! s'écria Altisidore, encore deux mots, je t'en conjure : pardon de t'avoir accusé du vol de mes jarretières; je te fais réparation d'honneur, car je les ai sur moi en ce moment; mais je suis si troublée que je ressemble à celui qui cherchait son âne pendant qu'il était monté dessus.

Ne l'avais-je pas dit? s'écria Sancho : ah! vraiment, c'est bien moi qu'il faut accuser de larcin! si j'avais voulu voler, n'en avais-je pas une belle occasion dans mon gouvernement?

Don Quichotte se baissa avec grâce sur ses arçons, pour saluer le duc, la duchesse et tous les assistants, puis, tournant bride, il sortit du château et prit le chemin de Saragosse.

CHAPITRE LVIII

Comment don Quichotte rencontra aventures sur aventures, et en si grand nombre, qu'il ne savait de quel côté se tourner.

Lorsque don Quichotte se vit en rase campagne, libre et à l'abri des importunités d'Altisidore, il se sentit renaître, et il lui sembla qu'une nouvelle force venait de se manifester en lui pour pratiquer mieux que jamais sa profession de chevalier errant. Ami, dit-il en se tournant vers son écuyer, de tous les biens dont le ciel a comblé les mortels, le plus précieux est la liberté; les trésors que la terre cache dans ses entrailles, ceux que la mer recèle dans ses vastes profondeurs, n'ont rien qui lui soit comparable : pour la liberté aussi bien que pour l'honneur, on peut et on doit aventurer sa vie. Tu as été témoin, Sancho, des délices et de l'abondance dont nous avons joui dans ce château; eh bien, te l'avouerai-je? au milieu de ces banquets somptueux, de ces breuvages exquis, il me semblait toujours souffrir le tourment de la soif et de la faim. Non, je ne jouissais point de ces choses avec la même liberté que si elles m'eussent appartenu : car l'obligation de reconnaître les bienfaits et les services qu'on a reçus est un lien serré de mille nœuds qui tient une âme constamment captive. Heureux celui à qui le ciel a donné un morceau de pain, et qui n'est tenu d'en remercier que le ciel lui-même !

Malgré tout ce que vient de dire Votre Grâce, répondit Sancho, nous ne saurions nous empêcher d'être reconnaissants de la bourse de deux cents écus d'or que m'a donnée le majordome de monseigneur le duc; aussi je la porte sur mon cœur, comme une relique contre la nécessité, et comme un bouclier contre les accidents qu'on rencontre à toute heure : car pour un château où l'on fait bonne chère, il y a cent hôtelleries où l'on est roué de coups.

Déjà depuis quelque temps le chevalier et l'écuyer errants marchaient s'entretenant de la sorte, quand ils aperçurent une douzaine d'hommes en costume de paysans, qui dînaient assis sur l'herbe, leurs manteaux leur servant de nappe. Près d'eux, d'espace en espace, étaient étendus de grands draps blancs, qui recouvraient quelque chose. Don Quichotte s'approcha, et ayant salué poliment, il demanda ce que cachaient ces toiles.

Seigneur, répondit un de ces hommes, sous ces toiles sont des figures sculptées destinées à un reposoir qu'on est en train de faire

CHAPITRE LVIII.

dans notre village. Nous les portons sur nos épaules, de peur qu'elles ne se brisent, et nous les couvrons, afin qu'elles ne se gâtent point à l'air et par les chemins.

Vous me feriez plaisir si vous vouliez me permettre de les voir, dit don Quichotte, car je m'imagine que des figures dont on prend un tel soin doivent être fort belles.

Oui, certes, elles le sont, répondit l'interlocuteur; mais aussi il faut savoir ce qu'elles coûtent! il n'y en a pas une seule qui ne revienne à plus de cinquante ducats. Vous allez en juger, ajouta-t-il. Et il découvrit une superbe figure représentant un saint George à cheval vainqueur d'un dragon auquel il tenait la lance contre la poitrine. L'image entière ressemblait à une châsse d'or.

Don Quichotte ayant quelque temps considéré la figure : Ce chevalier, dit-il, fut un des plus illustres chevaliers errants de la milice céleste; il s'appelait saint George, et fut un grand protecteur de l'honneur des dames. Passons au suivant. L'homme la découvrit, et l'on reconnut l'image de saint Martin également à cheval, et partageant son manteau avec le pauvre. Ce chevalier, poursuivit notre héros, était aussi un grand aventurier chrétien; mais il se montra plus charitable encore que vaillant, comme tu peux le voir, Sancho, puisqu'il coupe son manteau pour en donner la moitié à un pauvre; et ce fut probablement en hiver; autrement, charitable comme il était, il lui aurait donné le manteau tout entier.

Vous n'y êtes pas, repartit Sancho; c'est parce qu'il savait le proverbe : Pour donner et pour avoir, compter il faut savoir.

Tu as raison, Sancho, reprit don Quichotte, et il demanda qu'on lui fît voir une autre figure.

Cette fois on découvrit l'image du patron des Espagnes, l'épée sanglante à la main, culbutant les Mores et les foulant sous les pieds de son coursier. Oh! pour celui-ci, s'écria notre héros, c'était un des plus fameux aventuriers qui aient jamais suivi l'étendard de la croix : c'est le grand saint Jacques, surnommé le tueur de Mores, un des plus vaillants chevaliers qu'ait possédés le monde, et que possède maintenant le ciel.

On lui fit voir ensuite un saint Paul précipité à bas de son cheval, avec toutes les circonstances qui d'habitude accompagnent le récit de sa conversion. Ce saint-là, dit don Quichotte, fut d'abord un très-grand ennemi de l'Église de Dieu, mais il a fini par en être le plus zélé défenseur. Chevalier errant pendant sa vie, saint inébranlable dans la foi jusqu'à la mort, ouvrier infatigable de la vigne du Seigneur, docteur des nations, il puisa sa doctrine dans le ciel, et eut Jésus-Christ lui-même pour instituteur et pour maître. Enfants, couvrez vos images. Mes frères, reprit-il, je tiens à bon présage ce que viens de voir; car ces chevaliers exercèrent la profession que j'ai embrassée, celle des armes; avec cette différence toutefois qu'ils furent saints, et qu'ils combattirent avec des armes célestes; tandis que moi, pécheur, je combats à la manière des hommes. Ils ont conquis le ciel par la violence, car le royaume des cieux veut qu'on l'obtienne par la violence; mais moi, jusqu'à cette heure, je ne sais trop ce que j'ai conquis, quelles que soient les fatigues que j'aie endurées. Oh! si ma chère Dulcinée pouvait être délivrée des peines qu'elle endure, mon sort s'améliorant et mon esprit se trouvant plus en repos, peut-être m'engagerais-je dans une meilleure route que celle où j'ai marché jusqu'à présent.

Que Dieu t'entende! dit tout bas Sancho.

Ces hommes n'étaient pas moins surpris de la figure de notre héros que de son langage, auquel ils ne comprenaient rien ou peu s'en faut. Leur repas achevé, ils chargèrent les figures sur leurs épaules, prirent congé de don Quichotte, et continuèrent leur chemin.

Comme s'il n'eût jamais entendu parler son maître, Sancho était resté tout ébahi, voyant bien qu'il n'y avait point d'histoire au monde dont il n'eût une parfaite connaissance. En vérité, monseigneur, lui dit-il, si ce qui vient de nous arriver peut s'appeler une aventure, c'est assurément la plus douce et la plus agréable que nous ayons rencontrée jusqu'ici : nous en sommes sortis sans coups de bâton; nous n'avons point mis l'épée à la main; nous n'avons pas mesuré la terre de nos corps, enfin nous voilà sains et saufs, sans avoir souffert ni la soif ni la faim. Dieu soit béni de la grâce qu'il m'a faite de voir tout cela de mes propres yeux.

C'est vrai, Sancho, répondit don Quichotte; mais tu dois savoir que les temps ne se ressemblent pas, et qu'on n'a pas toujours mauvaise chance. Là où le vulgaire ne voit qu'un fâcheux présage, celui qui a le sens droit voit une heureuse rencontre. Un homme superstitieux sort de chez lui de bon matin, et il se trouve face à face avec un moine de l'ordre de Saint-François, aussitôt il tourne les talons comme s'il eût rencontré le diable; on renverse du sel sur la table, et le voilà tout mélancolique, comme si la nature devait employer des moyens aussi futiles pour nous avertir des malheurs qui nous menacent. L'homme sage et chrétien n'attache aucune importance à de semblables vétilles. Scipion arrive en Afrique, trébuche en sautant à terre, et voit que ses soldats tiennent sa chute à mauvais présage ; aussitôt, embrassant le sol : Afrique, je te tiens, dit-il, tu ne m'échapperas pas. Ainsi, moi, ami Sancho, je considère comme un bonheur d'avoir rencontré ces images.

Je le crois, dit Sancho ; je voudrais seulement que Votre Grâce daignât m'expliquer pourquoi, en invoquant, avant de livrer bataille, ce saint Jacques, le tueur de Mores, les Espagnols ont coutume de s'écrier : *Saint Jacques, et ferme, Espagne*[1] *!* L'Espagne est-elle ouverte, qu'il soit besoin de la fermer? Quelle cérémonie est-ce là ?

Que tu es simple, mon pauvre ami! répondit don Quichotte : apprends que Dieu a donné aux Espagnols pour protecteur ce grand chevalier à la Croix-Vermeillle, et surtout dans les luttes terribles qu'ils ont autrefois soutenues contre les Mores! C'est pour cela qu'ils l'invoquent dans les combats, car on l'a vu souvent en personne, foulant aux pieds, détruisant les escadrons ennemis, comme je pourrais t'en fournir cent exemples tirés des histoires les plus dignes de foi.

Changeant d'entretien, Sancho dit à son maître : En vérité, seigneur, je ne reviens pas de l'effronterie de cette Altisidore : il faut que la pauvrette en ait dans l'aile, et que ce petit scélérat qu'on appelle Amour l'ait diantrement blessée! Le drôle n'y voit goutte, dit-on; mais cela n'y fait rien : lorsqu'il prend un cœur pour but, il vous le perce de part en part avec ses flèches. J'avais entendu dire que les flèches de l'amour s'émoussaient contre la sagesse des filles; eh bien, c'est tout le contraire chez cette Altisidore, car on dirait qu'elles ne s'en aiguisent que mieux.

Ami Sancho, reprit don Quichotte, l'amour ne connaît ni ménagements, ni considérations : il est comme la mort, qui n'épargne pas plus les rois que les bergers. Lorsqu'il s'empare d'un cœur, la première chose qu'il fait, c'est d'en chasser la honte et la crainte. Ainsi, comme tu l'as vu, c'est sans pudeur qu'Altisidore m'a montré des désirs qui ont excité chez moi moins de pitié que de confusion.

O cruauté notoire, ingratitude inouïe! s'écria Sancho; que ne s'adressait-elle à moi, je me serais rendu au premier petit mot d'amour! Mort de ma vie! quel cœur de rocher! quelles entrailles de bronze a Votre Grâce! Mais qu'a donc pu découvrir en vous la pauvre fille pour prendre ainsi feu comme une étoupe? Où donc est la beauté qui l'a si fort charmée dans votre personne? Je vous ai bien des fois regardé des pieds à la tête, et jamais, je dois l'avouer, je n'ai vu chez vous

---

[1] Santiago, y cierra, Espana. Le mot *cerrar* qui primitivement signifiait attaquer veut dire aujourd'hui : fermer. C'est comme, en France, *Montjoie, Saint-Denis !*

que des choses plutôt faites pour épouvanter les gens que pour les séduire. S'il est vrai, comme on le prétend, que pour éveiller l'amour l'essentiel soit la beauté, Votre Grâce n'en ayant pas du tout, je ne sais de quoi s'est amourachée cette Altisidore.

Apprends, Sancho, reprit don Quichotte, qu'il y a deux sortes de beauté, celle de l'âme et celle du corps. Celle de l'âme se manifeste par l'esprit, la libéralité, la courtoisie, et tout cela peut se rencontrer chez un homme laid ; quand on possède cette beauté, et non celle du corps, l'amour qu'on inspire n'est que plus ardent et plus durable. Moi, Sancho, je sais fort bien que je ne suis pas beau, mais enfin je ne suis pas difforme ; et il suffit à un honnête homme de n'être pas un monstre, pour être capable d'inspirer une passion aussi vive que profonde.

En devisant ainsi, ils étaient entrés dans une forêt qui se trouvait sur leur chemin, lorsque, sans y penser, don Quichotte se trouva pris dans de grands filets de soie verte, tendus parmi les arbres : Sancho, dit-il, voici, si je ne me trompe, une des aventures les plus étranges qu'on puisse imaginer : qu'on me pende si les enchanteurs qui me persécutent n'ont pas résolu de m'empêtrer dans ces filets et d'interrompre mon voyage pour venger Altisidore de l'indifférence que je lui ai montrée. Eh bien, je leur déclare que quand même ces filets, au lieu d'être tissus de soie verte, seraient de durs diamants, et mille fois plus forts que ceux dans lesquels le jaloux Vulcain emprisonna jadis Mars et Vénus, je les romprais avec la même facilité que s'ils n'étaient composés que de joncs marins, ou d'effilures de coton.

Il s'apprêtait à passer outre, au risque de tout briser, quand il vit sortir de l'épaisseur du bois deux femmes vêtues en bergères ; mais avec cette différence que leurs corsets étaient de fin brocart et leurs jupes de riche taffetas doré ! Leurs cheveux, si blonds qu'ils pouvaient le disputer à ceux d'Apollon lui-même, tombaient en longues boucles sur leurs épaules ; leurs têtes étaient couronnées de guirlandes, où se mêlaient le laurier vert et la rouge amarante, leur âge était au-dessus de quinze années, mais sans atteindre encore la dix-huitième. A cette vue, Sancho ouvre de grands yeux, et don Quichotte reste interdit ; le Soleil arrête sa course, et tous étaient dans un merveilleux silence. Enfin une des bergères, s'adressant à notre héros :

Arrêtez, seigneur chevalier, arrêtez, lui dit-elle, ne rompez pas ces filets, ils ne cachent aucun piége ; nous ne les avons fait tendre que pour nous divertir ; comme je pense que vous désirez savoir qui nous sommes et quel est notre dessein, je vais vous l'expliquer en peu de mots. A deux lieues d'ici, dans un village qu'habitent des gens de qualité, plusieurs personnes de la même famille sont convenues de venir s'amuser en cet endroit, qui est un des plus agréables des environs, afin de former entre elles une nouvelle Arcadie pastorale. Les jeunes gens sont vêtus en bergers, les jeunes filles en bergères. Nous avons étudié deux églogues, l'une est de Garcilasso, l'autre du fameux Camoëns, poëte portugais. Nous ne sommes ici que d'hier, et nous avons fait dresser des tentes sous ces arbres, au bord de ce ruisseau qui arrose les prés d'alentour. La nuit dernière, on a tendu ces filets pour y prendre les petits oiseaux qui, chassés par le bruit, viendraient s'y jeter sans méfiance. Si vous consentez, seigneur, à devenir notre hôte, soyez le bienvenu; nous en aurons tous une grande joie, car nous ne connaissons pas la mélancolie.

En vérité, belle et noble dame, répondit don Quichotte, Actéon fut moins agréablement surpris quand il aperçut au bain la chaste Diane, que je le suis en vous voyant. Je loue l'objet de vos divertissements, et je vous rends grâces de vos offres obligeantes. Si je puis vous servir, parlez, vous êtes sûre d'être promptement obéie, car ma profession est de me montrer affable et empressé, surtout envers les personnes de votre qualité et de votre mérite. Si ces filets, qui n'occupent qu'un faible espace, s'étendaient sur toute la surface de la terre, j'irais, plutôt que de les rompre, chercher un passage dans de nouveaux continents; et afin que vous n'en doutiez pas, apprenez que celui qui vous parle est don Quichotte de la Manche, si toutefois ce nom est arrivé jusqu'à vos oreilles.

Quel bonheur est le nôtre! chère amie de mon âme, s'écria l'autre bergère; regarde ce seigneur! eh bien, c'est le plus vaillant et le plus courtois chevalier qu'il y ait au monde, si l'histoire qui court imprimée de ses hauts faits ne ment point : je l'ai lue, et je gage que ce brave homme qui l'accompagne est Sancho Panza, son écuyer, dont personne n'égale les aimables saillies.

Vous ne vous trompez pas, Madame, répondit Sancho, c'est moi-même qui suis ce plaisant écuyer que vous dites, et ce seigneur est mon maître, le même don Quichotte de la Manche dont parle cette histoire.

Est-il possible, chère amie? dit l'autre bergère; en ce cas, il faut prier ces étrangers de rester avec nous; nos parents et nos frères en auront une joie infinie. J'avais déjà entendu parler de ce que tu viens de me dire; on ajoute même que ce chevalier est l'amant le plus constant et le plus amoureux que l'on connaisse, et que sa dame est une certaine Dulcinée du Toboso à qui l'Espagne entière décerne la palme de la beauté.

Rien de plus vrai, repartit don Quichotte ; votre beauté, madame, pourrait seule remettre la chose en question. Mais cessez de vouloir me retenir : les devoirs impérieux de ma profession m'interdisent de me reposer jamais.

Sur ces entrefaites arriva le frère d'une des bergères, vêtu aussi en berger, et avec non moins de richesse et d'élégance. Sa sœur lui ayant appris que celui à qui elles parlaient était le valeureux don Quichotte de la Manche, et l'autre son écuyer Sancho, le jeune homme, qui avait lu leur histoire, adressa un gracieux compliment au chevalier, et le pria avec tant d'instance de les accompagner, que notre héros y consentit. On continua la chasse aux huées, et une multitude d'oiseaux, trompés par la couleur des filets, tombèrent dans le péril qu'ils croyaient éviter. Cela fit rassembler les chasseurs, qui bientôt réunis au nombre de plus de cinquante, vêtus en bergers et en bergères, et ravis d'apprendre que c'était là don Quichotte et son écuyer, les emmenèrent vers les tentes où la table était dressée. On fit asseoir le chevalier à la place d'honneur ; et pendant le repas, tous le regardaient avec étonnement, tous étaient ravis de le voir. Mais lorsqu'on fut près de lever la nappe, don Quichotte, promenant ses yeux sur les convives, prit la parole en ces termes :

De tous les péchés des hommes, bien qu'on ait souvent prétendu que le plus grand c'est l'orgueil, je soutiens, moi, que c'est l'ingratitude, et je me fonde sur ce qu'on dit communément que l'enfer est peuplé d'ingrats. Ce péché, je me suis toute ma vie efforcé de l'éviter ; et lorsque je ne puis payer par d'autres services les services qu'on me rend, mon impuissance est du moins compensée par l'intention ; mais comme cela ne saurait suffire, je les publie, je les proclame, afin qu'on sache bien que si un jour il m'arrive de pouvoir les reconnaître, je n'y faillirai pas. Trop souvent, hélas ! je me suis vu réduit au stérile désir de m'acquitter, celui qui reçoit étant toujours au-dessous de celui qui donne. Ainsi, envers Dieu qui nous accorde à toute heure tant de faveurs, qu'est-il possible à l'homme de faire pour s'acquitter ? Rien, car la distance qui les sépare est infinie. A cette impuissance, à cette misère, supplée jusqu'à un certain point la gratitude et la reconnaissance. C'est pourquoi, reconnaissant du gracieux accueil qu'on m'a fait ici, mais ne pouvant y répondre dans la même mesure, je suis contraint de me renfermer dans les étroites limites de mon pouvoir, et de n'offrir bien à regret que les modestes prémices de ma

CHAPITRE LVIII.

moisson. Je déclare donc que pendant deux jours entiers, armé de toutes pièces, et au milieu de cette grande route qui conduit à Saragosse, je soutiendrai contre tout venant que les dames ici présentes sont les plus courtoises et les plus belles qu'il y ait au monde, à l'exception toutefois de la sans pareille Dulcinée du Toboso, unique maîtresse de mes pensées, soit dit sans offenser aucune des dames qui m'entendent.

A ces dernières paroles, Sancho, qui écoutait de toutes ses oreilles, ne put se contenir et s'écria : Est-il possible qu'il y ait sous le ciel des gens assez osés pour dire et jurer même que mon maître est fou? Répondez, seigneurs bergers, quel est le curé de village, si sensé et si savant qu'il soit, qui serait capable de mieux parler que ne vient de le faire monseigneur don Quichotte, quel chevalier errant avec toutes ses rodomontades oserait proposer chose pareille?

Don Quichotte se tourna brusquement vers son écuyer, et lui dit le visage enflammé de colère : Est-il possible, ô Sancho! qu'il se trouve dans l'univers entier un homme qui ose dire que tu n'es pas un sot doublé de malice et de friponnerie? Qui te prie de te mêler de mes affaires, et de rechercher si je suis fou ou si je ne le suis pas? Tais-toi, va seller Rossinante, afin que je réalise ma promesse, car avec la raison que j'ai de mon côté, tu peux tenir pour vaincus tous ceux qui oseraient me contredire.

Sur ce, il se leva avec des gestes d'indignation, laissant les spectateurs douter de sa sagesse aussi bien que de sa folie. Tous le prièrent de ne point pousser le défi plus avant, disant qu'ils connaissaient assez la délicatesse de ses sentiments, sans qu'il en donnât de nouvelles preuves; et qu'il n'avait pas non plus besoin de signaler davantage sa valeur, puisqu'ils connaissaient son histoire.

Don Quichotte n'en persista pas moins dans sa résolution. Enfourchant Rossinante, il embrasse sa rondache, et, la lance au poing, va se camper au milieu du grand chemin, suivi de Sancho et de toute la troupe des bergers et des bergères curieux de voir quelle serait l'issue d'un défi si sigulier et si arrogant. Campé, comme on vient de le dire, au beau milieu du chemin, notre héros fit retentir l'air de ces superbes paroles :

O vous, chevaliers, écuyers, voyageurs à pied et à cheval, qui passez ou devez passer sur cette route pendant les deux jours entiers qui vont suivre, apprenez que don Quichotte de la Manche, chevalier errant, est ici pour soutenir que toutes les beautés et courtoisies de la terre sont surpassées par celles que l'on rencontre chez les nymphes de ces prés et de ces bois, à l'exception toutefois de la reine de mon âme, la sans pareille Dulcinée du Toboso. Que celui qui oserait soutenir le contraire, sache que je l'attends ici !

Par deux fois il répéta le même défi, et deux fois ses paroles ne furent entendues d'aucun chevalier errant.

Mais le sort, qui conduisait de mieux en mieux ses affaires, voulut que peu de temps après on vît venir sur la route un grand nombre de cavaliers, armés de lances et s'avançant en toute hâte. Ceux qui étaient avec notre chevalier ne les eurent pas plus tôt aperçus, qu'ils s'empressèrent de s'éloigner du chemin, jugeant qu'il y avait danger à barrer le passage. Don Quichotte, d'un cœur intrépide, resta seul sur la place, tandis que Sancho se faisait un bouclier de la croupe de Rossinante. Cependant la troupe confuse des cavaliers approchait, et l'un d'eux, qui marchait en avant, se mit à crier à don Quichotte : Gare, homme du diable, gare du chemin ! ne vois-tu pas que ces taureaux vont te mettre en pièces ?

Canailles, répondit don Quichotte, vous avez bien rencontré votre homme ! Pour moi, il n'y a taureaux qui vaillent, fussent-ils les plus formidables de la vallée de Jarama. Confessez tous, malandrins, confessez la vérité de ce que je viens de proclamer, sinon préparez-vous au combat.

Le guide n'eut pas le temps de répliquer, ni don Quichotte de se détourner, quand même il l'aurait voulu : aussi la bande entière des redoutables taureaux, avec les bœufs paisibles qui servaient à les conduire, et la foule de gens qui les accompagnaient à la ville où une course devait se faire le lendemain, tout cela passa par-dessus don Quichotte, pardessus Sancho, Rossinante et le grison, les roulant à terre et les foulant aux pieds. De l'aventure, Sancho resta moulu, don Quichotte exaspéré, Rossinante et le grison dans un état fort peu orthodoxe. A la fin, pourtant, ils se relevèrent, et don Quichotte, encore étourdi de sa chute, trébuchant ici, bronchant là, se mit à courir après le troupeau de bêtes à cornes, en criant : Arrêtez, malandrins, arrêtez ; c'est un seul chevalier qui vous défie, lequel n'est ni de l'humeur ni de l'avis de ceux qui disent : « A l'ennemi qui fuit fais un pont d'or. »

Mais le vent emportait ses menaces, et, le troupeau s'éloignant toujours, notre chevalier, plus enflammé de colère que rassasié de vengeance, s'assit sur le bord du chemin, attendant Sancho, Rossinante et le grison. Ils arrivèrent enfin ; maître et valet remontèrent sur leurs bêtes, et sans dire adieu aux nymphes de la nouvelle Arcadie continuèrent tout honteux leur chemin.

CHAPITRE LIX

De ce qui arriva à don Quichotte, et que l'on peut véritablement appeler une aventure.

Une claire fontaine, qui serpentait au milieu d'un épais bouquet d'arbres, fut un utile secours pour rafraîchir nos aventuriers et nettoyer la poussière qu'ils devaient à l'incivilité des taureaux. Ils s'assirent auprès de cette fontaine, et après avoir débridé Rossinante et le grison, ils secouèrent leurs habits. Don Quichotte se rinça la bouche, se lava le visage, et par cette ablution rendit quelque énergie à ses esprits abattus ; quant à Sancho, il se mit à visiter le bissac, et en tira ce qu'il avait coutume d'appeler sa victuaille.

Don Quichotte était si triste, si fatigué, qu'il ne songeait point à manger, et Sancho, par déférence, n'osait toucher à ce qui était devant lui. Mais voyant qu'enseveli dans ses pensées son maître oubliait de prendre aucune nourriture, il mit de côté toute retenue et commença à enfourner dans son estomac le pain et le fromage qu'il avait sous la main. Mange, ami Sancho, mange, lui dit don Quichotte ; jouis du plaisir de vivre, plaisir que tu sais goûter bien mieux que moi, et laisse-moi mourir sous le poids de mes disgrâces. Je suis né pour vivre en mourant, comme toi, Sancho, pour mourir en mangeant ; et afin de te prouver combien j'ai raison de parler ainsi, vois-moi, je te prie, imprimé dans les histoires, fameux par mes exploits, loyal dans mes actions, honoré des princes, sollicité des jeunes filles ; et malgré tout cela, au moment où j'avais le droit d'attendre les palmes et les lauriers mérités par mes hauts faits, je me suis vu ce matin terrassé, foulé aux pieds par des animaux immondes, au point d'être pris en pitié par ceux qui apprendront notre aventure ! Crois-tu, mon ami, que l'amertume d'une telle pensée ne soit pas faite pour émousser les dents, engourdir les mains et ôter l'appétit ? Aussi, mon enfant, suis-je résolu à me laisser mourir de faim, ce qui de toutes les morts est la mort la plus cruelle.

Ainsi, répondit Sancho, qui ne cessait de jouer des mâchoires, Votre Grâce n'est pas de l'avis du proverbe qui dit : Meure la poule, pourvu qu'elle meure soûle. Quant à moi, je ne suis pas si sot que de me laisser mourir de faim : et je prétends imiter le cordonnier, qui tire le cuir avec ses dents jusqu'à ce qu'il le fasse arriver où il veut. Sachez, seigneur, qu'il n'y a pire folie que celle de se désespérer comme le fait Votre Grâce ; croyez-moi, mangez, et après avoir mangé, dormez deux heures, le ventre au soleil, sur l'herbe de cette prairie : et si vous n'êtes pas mieux en vous réveillant, dites que je suis une bête.

Don Quichotte lui promit de suivre son conseil, sachant par expérience combien la philosophie naturelle l'emporte sur tous les raisonnements. Si, en attendant, mon fils, ajouta-t-il, tu voulais faire ce que je vais te dire, mon soulagement serait plus assuré et mes peines plus légères : ce serait tandis que je vais sommeiller, uniquement pour te complaire, de t'écarter un peu, et, mettant ta peau à l'air, de t'administrer avec la bride de Rossinante trois ou quatre cents coups de fouet, à valoir sur les trois mille trois cents que tu dois te donner pour le désenchantement de Dulcinée ; car, je te le demande, n'est-ce pas pitié que cette pauvre dame reste dans l'état où elle est, et cela par ta négligence ?

L'affaire mérite réflexion, répondit Sancho ; dormons d'abord, nous verrons ensuite ; car enfin, croyez-vous que ce soit chose bien raisonnable, qu'un homme se fouette ainsi de sang-froid, et surtout quand les coups doivent tomber sur un corps mal nourri ? Que madame Dulcinée prenne patience ; un de ces jours, quand elle y pensera le moins, elle me verra percé comme un crible. Jusqu'à la mort tout est vie : je veux dire que je suis encore de ce monde, et que j'aurai tout le temps de tenir ma promesse.

Don Quichotte se tint pour satisfait de la parole de son écuyer, et après avoir mangé, l'un beaucoup, l'autre peu, tous deux s'étendirent sur l'herbe, laissant paître en liberté Rossinante et le grison.

Le jour était avancé quand nos aventuriers se réveillèrent ; aussitôt ils reprirent leurs montures pour atteindre une hôtellerie que l'on découvrait à environ une lieue de là : je dis hôtellerie, parce que don Quichotte la nomma ainsi de lui-même, contre sa coutume d'appeler toutes les hôtelleries des châteaux. En entrant, ils demandèrent s'il y avait place pour loger ; il leur fut répondu que oui, et avec toutes les commodités qu'ils pourraient trouver même à Saragosse. Ils mirent donc pied à terre ; puis Sancho ayant déposé les bagages dans une chambre dont l'hôtelier lui remit la clef, il alla mettre Rossinante et le grison à l'écurie, et leur donna la ration en rendant grâces à Dieu de ce que son maître avait pris cette maison pour ce qu'elle était en réalité. Quand il revint auprès de lui, il le trouva assis sur un banc.

L'heure du souper venue, don Quichotte se retira dans sa chambre, et Sancho demanda à l'hôtelier ce qu'il avait à leur donner.

Parlez, répondit celui-ci : en animaux de la terre, en oiseaux de l'air, en poissons de la mer, vous serez servis à bouche que veux-tu.

Il ne nous en faut pas tant, repartit Sancho : deux bons poulets feront notre affaire, car mon maître est délicat et mange peu, et moi, je ne suis pas glouton à l'excès.

L'hôtelier répondit qu'il n'y avait pas de poulets, parce que les milans les détruisaient tous.

Eh bien, faites-nous donner une poule grasse et tendre, dit Sancho.

Une poule? reprit l'hôtelier en frappant du pied, par ma foi, j'en envoyai vendre hier plus de cinquante à la ville. Mais, excepté cela, dites ce que vous désirez.

Aurez-vous du moins quelque tranche de veau ou de chevreau? demanda Sancho.

Pour l'heure, il n'y en a point céans, répondit l'hôtelier ; ce matin on a mangé le dernier morceau; mais je vous assure que la semaine prochaine il y en aura de reste.

Courage, dit Sancho, nous y voilà : je gage que toutes ces grandes provisions vont aboutir à une tranche de lard et à des œufs.

Parbleu, reprit l'hôtelier, mon hôte a bonne mémoire! je viens de lui dire que je n'ai ni poules ni poulets, et il veut qu'il y ait des œufs! Cherchez, s'il vous plaît, quelque autre chose, et laissons là toutes ces délicatesses.

Eh, morbleu! finissons-en, dit Sancho, et dites-nous vite ce que vous avez pour souper, sans nous faire tant languir.

Eh bien, répondit l'hôtelier, j'ai tout prêts deux pieds de bœuf à l'oignon avec de la moutarde : c'est un manger de prince.

Des pieds de bœuf! s'écria Sancho; que personne n'y touche, je les retiens pour moi : rien n'est plus de mon goût.

Je vous les garderai, répondit l'hôtelier, parce que les autres voyageurs que j'ai ici sont gens d'assez haute volée pour mener avec eux cuisinier, sommelier et provisions de bouche.

Pour la qualité, dit Sancho, mon maître ne le cède à personne ; mais sa profession ne permet ni sommelier, ni maître d'hôtel; le plus souvent nous nous étendons au beau milieu d'un pré, et nous mangeons à notre soûl des nèfles et des glands.

La discussion finit là ; et quoique l'hôtelier eût demandé à Sancho quelle était la profession de son maître, Sancho s'en alla sans lui donner satisfaction. L'heure du souper venue, l'hôtelier apporta le ragoût, qu'il avait annoncé, dans la chambre de don Quichotte, et le chevalier se mit à table.

A peine commençait-il à manger que, dans une chambre séparée de la sienne par une simple cloison, il entendit quelqu'un qui disait : Par la vie de Votre Grâce, seigneur don Geronimo, lisons en attendant qu'on apporte le souper un autre chapitre de la seconde partie de l'histoire de don Quichotte de la Manche.

Notre chevalier n'eut pas plutôt entendu son nom qu'il était debout, et, prêtant l'oreille, il écouta ce qu'on disait de lui. Il saisit cette réponse de don Geronimo : Pourquoi voulez-vous, seigneur don Juan, que nous lisions ces sottises? Quand on connaît la première partie, quel plaisir peut-on trouver à la seconde?

D'accord, répliqua don Juan ; mais il n'y a si mauvais livre qui n'ait quelque bon côté : ce qui me déplaît toutefois dans cette seconde partie, c'est qu'on y dit que don Quichotte est guéri de son amour pour Dulcinée du Toboso.

A ces mots, notre héros s'écria plein de dépit et de fureur : Quiconque prétend que don Quichotte de la Manche a oublié, ou est capable d'oublier Dulcinée du Toboso, ment par sa gorge, et je le lui prouverai à armes égales. La sans pareille Dulcinée du Toboso ne saurait être oubliée, et un tel oubli est indigne de don Quichotte de la Manche : la constance est sa devise, et son devoir de la garder incorruptible jusqu'à la mort.

Qui est-ce qui parle là? demanda-t-on de l'autre chambre.

Et qui ce peut-il être, répondit Sancho, sinon don Quichotte de la Manche lui-même, qui soutiendra tout ce qu'il vient de dire; car un bon payeur ne craint pas de donner des gages.

Sancho n'avait pas achevé de parler, que deux gentilshommes entrèrent dans la chambre, et l'un d'eux se jetant dans les bras de notre héros : Votre aspect, lui dit-il, ne dément point votre nom, ni votre nom votre aspect, seigneur chevalier ; et sans aucun doute vous êtes le véritable don Quichotte de la Manche, l'étoile polaire de la chevalerie errante, en dépit de l'imposteur qui a usurpé votre nom, et qui tâche d'effacer l'éclat de vos prouesses, comme le prouve ce livre que je remets entre vos mains.

Don Quichotte prit le livre, et après l'avoir quelque temps feuilleté en silence, il le rendit. Dans le peu que je viens de lire, dit-il, je trouve trois choses fort blâmables : la première, ce sont quelques passages de la préface ; la seconde, c'est que le dialecte est aragonais, car l'auteur supprime souvent les articles ; et enfin la troisième, qui prouve son ignorance, c'est qu'il se fourvoie sur un point capital de l'histoire en disant que la femme de Sancho Panza, mon écuyer, s'appelle Marie Guttierez, tandis qu'elle s'appelle Thérèse Panza. Celui qui fait une erreur de cette importance, doit être inexact dans tout le reste.

Par ma foi, s'écria Sancho, voilà qui est beau pour un historien, et il est joliment au courant de nos affaires, puisqu'il appelle Thérèse Panza, ma femme, Marie Guttierez : seigneur, reprenez ce livre, je vous prie, voyez un peu s'il y est parlé de moi, et si l'on n'a point aussi changé mon nom.

A ce que je vois, mon ami, repartit don Geronimo, vous êtes Sancho Panza, l'écuyer du seigneur don Quichotte ?

Oui, seigneur, c'est moi, et je serais très-fâché que ce fût un autre.

En vérité, dit le cavalier, l'auteur ne vous traite guère comme vous me paraissez le mériter : il vous fait glouton et niais, et nullement plaisant, bien différent en cela du Sancho de la première partie de l'histoire de votre maître.

Dieu lui pardonne, repartit Sancho ; mieux eût valu qu'il m'oubliât tout à fait ; quand on ne sait pas jouer de la flûte, on ne devrait pas s'en servir, et saint Pierre n'est bien qu'à Rome.

Les deux cavaliers invitèrent notre héros à passer dans leur chambre et à partager leur repas, disant qu'ils savaient que dans cette hôtellerie il n'y avait rien qui fût digne de lui. Don Quichotte, qui était la courtoisie même, ne se fit pas prier davantage, et alla souper avec eux. Resté en pleine possession du ragoût, Sancho prit le haut bout de la table, l'hôtelier s'assit à ses côtés, et ils mangèrent avec appétit leurs pieds de bœuf, buvant et riant comme s'ils eussent fait la plus grande chère du monde.

Pendant le repas, don Juan demanda à notre héros quelles nouvelles il avait de madame Dulcinée du Toboso ; si elle était mariée, si elle était accouchée ou enceinte, ou si, restée chaste et fidèle, elle pensait à couronner la constance du seigneur don Quichotte.

Dulcinée est aussi pure, aussi intacte qu'au sortir du ventre de sa mère, répondit notre chevalier ; mon cœur est plus fidèle que jamais, notre correspondance est toujours nulle, et sa beauté changée en la laideur d'une grossière paysanne. Puis il leur conta l'enchantement de sa maîtresse, ses aventures personnelles dans la caverne de Montesinos, et la recette que lui avait enseignée Merlin pour désenchanter sa dame : recette qui était la flagellation de Sancho.

Les deux voyageurs furent ravis d'entendre de la bouche de don Quichotte le récit de ses étranges aventures. Étonnés de tant d'extravagances et de la manière dont il les racontait, tantôt ils le prenaient pour un fou, tantôt pour un homme de bon sens, et en définitive ils ne savaient que penser.

Ayant achevé de souper, Sancho laissa l'hôtelier bien repu, et passa dans la chambre des cavaliers : Qu'on me pende, seigneurs, dit-il en entrant, si celui qui a fait ce livre a envie que nous restions longtemps bons amis ; je voudrais bien, puisqu'il m'appelle glouton, comme vous le dites, qu'il se dispensât de m'appeler ivrogne.

En effet, c'est ainsi qu'il vous qualifie, répondit don Geronimo ; je ne me rappelle point le passage, mais je soutiens qu'il a mille fois tort : la physionomie seule du seigneur Sancho, ici présent, fait assez voir que celui qui en parle de la sorte est un imposteur.

Vos Grâces peuvent m'en croire, reprit Sancho ; le Sancho et le don Quichotte de cette histoire doivent être d'autres gens que ceux de l'histoire de cid Hamet, qui fait mon maître sage, vaillant et amoureux, et moi, simple et plaisant, mais non ivrogne et glouton.

Je n'en doute pas, répondit don Juan ; et il aurait fallu faire défense à tout autre qu'à cid Hamet de se mêler d'écrire les prouesses du grand don Quichotte, de même qu'Alexandre défendit à tout autre peintre qu'Apelle de faire son portrait.

Fasse mon portrait qui voudra, dit don Quichotte ; mais qu'on y prenne garde, il y a un terme à la patience.

Hé ! répliqua don Juan, quelle injure ferait-on au seigneur don Quichotte dont il ne puisse aisément tirer vengeance, à moins qu'il ne préfère la parer avec le bouclier de cette patience qui, on le sait, n'est pas la moindre des vertus qu'il possède ?

Une partie de la nuit se passa en de semblables entretiens, et toutes les instances de don Juan pour engager notre héros à s'assurer si le livre ne contenait pas d'autres impertinences, furent inutiles, don Quichotte disant qu'il tenait l'ouvrage pour lu et relu, qu'il le déclarait en tout et partout impertinent et menteur ; que de plus si l'auteur venait à savoir qu'il lui fût tombé entre les mains, il ne voulait pas donner à un pareil imposteur le plaisir de croire qu'il se fût arrêté à le lire, parce que si un honnête homme doit détourner sa pensée des objets ridicules ou obscènes, à plus forte raison doit-il en détourner les yeux.

Don Juan ayant demandé à notre héros quels étaient ses projets et le but de son voyage, il répondit qu'il se rendait à Saragosse, afin d'assister aux joutes qui avaient lieu tous les ans. Mais lorsque don Juan lui eut appris que dans l'ouvrage il était question d'une course de bagues à Saragosse, où l'auteur faisait figurer don Quichotte, récit dénué d'invention, pauvre de style, plus pauvre encore en descriptions de livrées, mais fort riche en niaiseries; en ce cas, repartit notre chevalier, il en aura le démenti, je ne mettrai pas le pied à Saragosse; et alors tout le monde reconnaîtra, je l'espère, que je ne suis pas le don Quichotte dont il parle.

Ce sera fort bien fait, dit don Geronimo : d'ailleurs il y a d'autres joutes à Barcelone où Votre Seigneurie pourra signaler sa valeur.

Tel est mon dessein, repartit don Quichotte. Mais il est temps que Vos Grâces me permettent de leur souhaiter le bonsoir et d'aller prendre quelque repos. Qu'elles me comptent désormais au nombre de leur meilleurs amis et de leurs plus fidèles serviteurs.

Et moi aussi, ajouta Sancho ; peut-être leur serai-je bon à quelque chose.

Le maître et le valet se retirèrent dans leur chambre, laissant nos cavaliers émerveillés de ce mélange de sagesse et de folie, et bien convaincus que c'étaient là le véritable don Quichotte et le vrai Sancho, et non ceux qu'avait dépeints l'auteur aragonais. Don Quichotte se leva de grand matin, et, frappant à la cloison, il dit adieu à ses hôtes de la veille; puis Sancho paya magnifiquement l'hôtelier, tout en lui conseillant de moins vanter à l'avenir son auberge, et de la tenir un peu mieux approvisionnée.

CHAPITRE LX

De ce qui arriva à don Quichotte en allant à Barcelone.

La matinée était fraîche et promettait une belle journée, quand don Quichotte partit de l'hôtellerie après s'être informé de la route la plus courte pour se rendre à Barcelone, résolu qu'il était, en n'allant pas à Saragosse, de faire mentir l'auteur aragonais qui le traitait si mal dans son histoire. Il chemina six jours entiers, sans qu'il lui arrivât rien qui mérite d'être rapporté.

Le septième jour, vers le soir, s'étant écarté du chemin, la nuit le surprit dans un épais bouquet de chênes et de liéges. Maître et valet mirent pied à terre, et Sancho, qui avait fait ses quatre repas, ne tarda pas à franchir la porte du sommeil. Don Quichotte, au contraire, que ses pensées tenaient constamment éveillé, ne put fermer les yeux : porté par son imagination en cent lieux divers, tantôt il se croyait dans la caverne de Montesinos, tantôt il voyait Dulcinée transformée en paysanne, cabrioler et sauter sur son âne; tantôt résonnaient à ses oreilles les paroles du sage Merlin, qui venait lui révéler l'infaillible moyen de désenchanter la pauvre dame. A ce souvenir il se désespérait en voyant la lenteur et le peu de charité de Sancho, qui, de son propre aveu, s'était donné cinq coups de fouet seulement, nombre bien minime en comparaison de ceux qu'il lui restait à s'appliquer. Notre amoureux chevalier en conçut un tel dépit, qu'il voulut y mettre ordre sur-le-champ. Si Alexandre le Grand, se disait-il, trancha le nœud gordien, en soutenant qu'*autant vaut couper que délier*, et n'en devint pas moins le maître de l'Asie, pourquoi donc ne viendrais-je pas à bout de désenchanter Dulcinée en fouettant moi-même Sancho? Si la vertu du remède consiste en ce que Sancho reçoive les trois mille et tant de coups de fouet, qu'importe de quelle main ils lui soient appliqués? l'essentiel est qu'il les reçoive. Là-dessus, muni des rênes de Rossinante, il s'approche avec précaution de son écuyer, et se met en devoir de lui détacher l'aiguillette; mais à peine avait-il commencé, que Sancho s'éveillant en sursaut se mit à crier : Qui va là? qui est-ce qui détache mes chausses?

C'est moi, répondit don Quichotte, qui viens réparer ta négligence et remédier à mes peines : je viens te fouetter, et acquitter en partie la dette que tu as contractée. Dulcinée périt, malheureux! et pendant que je me consume dans le désespoir, tu vis sans te soucier de rien. Défais tes chausses de bonne volonté, car mon intention est de t'appliquer dans cette solitude au moins deux mille coups de fouet.

Non pas, non pas, dit Sancho; laissez-moi, ou je vais pousser de tels cris, que les sourds nous entendront : les coups de fouet auxquels je me suis engagé, doivent être volontaires; et pour l'heure, je n'ai nulle envie d'être fouetté. Qu'il vous suffise de la parole que je vous donne de me fustiger aussitôt que la fantaisie m'en prendra, mais encore faut-il la laisser venir.

Je ne puis m'en fier à toi, mon ami, répondit don Quichotte, car tu es dur de cœur, et, quoique vilain, tendre de chair.

En parlant ainsi, il s'efforçait de lui dénouer l'aiguillette; mais Sancho, se dressant sur ses pieds, sauta sur notre héros, lui donna un croc en jambe, l'étendit par terre tout de son long, puis il lui mit le genou sur la poitrine et lui saisit les deux mains de façon qu'il ne pouvait remuer.

Comment! traître, s'écria don Quichotte, tu te révoltes contre ton maître, contre ton seigneur naturel! tu t'attaques à celui qui te donne du pain!

Je ne trahis point mon roi, répondit Sancho, je ne fais que me secourir moi-même, qui suis mon propre maître et mon véritable seigneur; que Votre Grâce me promette de me laisser tranquille et de ne point parler de me fouetter pour le moment, aussitôt je vous lâche; sinon, *tu mourras ici, traître, ennemi de dona Sancha*[1].

Notre héros lui promit ce qu'il exigeait, jurant par la vie de Dulcinée qu'il ne toucherait pas un poil de son pourpoint, et que désormais il s'en remettait à sa volonté.

Sancho, s'étant relevé, alla chercher pour dormir un endroit plus éloigné. Comme il s'appuyait contre un arbre, il sentit quelque chose lui toucher la tête; il y porta les mains, et rencontra deux jambes d'hommes. Saisi de frayeur, il courut se réfugier sous un autre arbre, où il fit même rencontre. Alors il se mit à pousser de grands cris; don Quichotte accourut, et lui en demanda la cause.

Ces arbres sont pleins de pieds et de jambes d'hommes, répondit Sancho.

Don Quichotte toucha à tâtons, et devina sur-le-champ ce qu'il en était : Ne crains rien, lui dit-il; ces pieds et ces jambes appartiennent sans doute à des bandits qu'on a pendus à ces arbres. C'est le lieu où l'on a coutume d'en faire justice quand on les prend; on les attache par vingt et trente à la fois, et cela m'indique que nous ne sommes pas loin de Barcelone.

Le chevalier avait raison; car dès qu'il fut jour ils reconnurent que la plupart des arbres étaient chargés de cadavres. Déjà épouvantés par les morts, ce fut bien pis encore quand nos aventuriers virent tout à coup fondre sur eux une cinquantaine de bandits vivants, qui sortant d'entre les arbres leur crièrent en catalan de ne pas bouger jusqu'à la venue de leur capitaine. Se trouvant à pied, son cheval débridé, sa lance loin de lui, don Quichotte ne pouvait songer à se défendre. Il croisa les mains et baissa la tête, réservant son courage pour une meilleure occasion. Les bandits débarrassèrent le grison de tout ce qu'il portait, ne laissant rien ni dans le bissac ni dans la valise; et bien prit à Sancho d'avoir sur lui les écus d'or que lui avait donnés le majordome, ainsi que l'argent de son maître, qu'il portait dans une ceinture sous sa chemise, car ces honnêtes gens n'auraient pas manqué de le trouver, l'eût-il caché dans la moelle de ses os, si par bonheur leur capitaine n'était survenu.

1. Aqui moriras, traydor
Enemigo de dona Sancha.
(*Ancien romancero.*)

C'était un homme robuste, d'environ trente-cinq ans, d'une taille haute, au teint brun, au regard sévère ; il portait une cotte de mailles, à sa ceinture quatre de ces pistolets qu'en Catalogne on appelle *pedreñales*, et il montait un cheval de forte encolure. Voyant que ses écuyers (c'est le nom que se donnent entre eux les gens de cette profession) allaient dépouiller Sancho, il leur commanda de n'en rien faire : ainsi fut sauvée la ceinture. Étonné de voir une lance appuyée contre un arbre, une rondache par terre, et de plus un personnage armé de pied en cap, avec la mine la plus triste et la plus mélancolique qu'il soit possible d'imaginer, il s'approcha en lui disant : Rassurez-vous, bonhomme, vous n'êtes pas tombé entre les mains de quelque cruel Osiris, mais dans celles de Roque Guinart, qui jamais ne maltraite les gens dont il n'a pas à se plaindre.

Ma tristesse, répondit don Quichotte, ne provient pas de ce que je suis tombé en ton pouvoir, ô vaillant Roque, toi dont la renommée n'a point de bornes sur la terre, mais de ce que tes soldats m'ont surpris sans bride à mon cheval ; car les règles de la chevalerie errante, dont je fais profession, me prescrivent d'être constamment en alerte et de me servir de sentinelle à moi-même. Apprends, ô grand Roque Guinart, que s'ils m'avaient trouvé en selle, la rondache au bras et la lance au poing, ils ne seraient pas venus à bout de moi si aisément, car je suis ce don Quichotte de la Manche qui a rempli l'univers du bruit de ses exploits.

Il n'en fallut pas davantage pour faire connaître à Roque Guinart quelle était la maladie de notre héros ; il avait souvent entendu parler de lui, mais il avait peine à se persuader que semblable fantaisie fût parvenue à se loger dans une cervelle humaine. Ravi d'avoir rencontré don Quichotte, afin de pouvoir juger par lui-même si l'original répondait aux copies : Vaillant chevalier, lui dit-il, consolez-vous et n'interprétez point à mauvaise fortune l'état où vous vous trouvez ; il se pourrait, au contraire, que votre sort fourvoyé retrouvât sa droite ligne. C'est souvent par des chemins étranges, en dehors de toute prévoyance humaine, que le ciel se plaît à relever les abattus et à enrichir les pauvres.

Don Quichotte s'apprêtait à lui rendre grâces quand ils entendirent derrière eux comme le bruit d'une troupe de gens à cheval : il n'y avait pourtant qu'un cavalier, mais il était monté sur un puissant coursier, et s'approchait à toute bride. En tournant la tête, ils aperçurent un jeune homme de fort bonne mine, d'environ vingt ans, vêtu d'une étoffe de damas vert ornée de dentelle d'or, le chapeau retroussé à la wallonne, les bottes étroites et luisantes, l'épée, le poignard et les éperons dorés ; il tenait un mousquet à la main et avait deux pistolets à sa ceinture.

O vaillant Roque ! je te cherchais, pour trouver auprès de toi sinon le remède, du moins quelque soulagement à mon malheur, dit le cavalier en les abordant ; et pour ne pas te tenir davantage en suspens, car je vois que tu ne me reconnais pas, sache que je suis Claudia Géronima, fille de Simon Forte, ton meilleur ami et l'ennemi juré de Clauquel Torellas, qui est dans le parti de tes ennemis. Ce Torellas a un fils nommé don Vincent. Don Vincent me vit et devint amoureux de moi ; je l'écoutai favorablement à l'insu de mon père ; enfin il me promit de m'épouser, me donna sa parole, et reçut la mienne. Eh bien, j'ai appris hier qu'oubliant sa promesse, l'ingrat allait en épouser une autre. Cette nouvelle a produit sur moi l'effet que tu peux imaginer, aussi, profitant de l'absence de mon père, je me suis mise à la recherche du perfide en l'équipage où tu me vois. Je l'ai rejoint à une lieue d'ici ; et sans perdre de temps à lui faire des reproches, ni à recevoir ses excuses, je lui ai tiré un coup de carabine et deux coups de pistolet, lavant ainsi mon affront dans son sang. Il est resté sur la place, entre les mains de ses gens, qui n'ont osé ni pu prendre sa défense. Je viens te prier de me faire passer en France, où j'ai des parents, et de protéger mon père contre la vengeance de la famille et des amis de don Vincent.

Surpris de la bonne mine de la belle Claudia, aussi bien que de sa résolution, Roque lui promit de l'accompagner partout où elle voudrait. Mais avant tout, ajouta-t-il, allons voir si votre ennemi est mort ; nous aviserons ensuite à ce qu'il faudra faire.

Notre héros, qui avait écouté attentivement la belle Claudia et la réponse de Roque Guinart : Que personne, dit-il, ne se mette en peine de défendre cette dame ; je la prends sous ma protection ; qu'on me donne mon cheval et mes armes, et qu'on m'attende ici : j'irai chercher ce chevalier, et, mort ou vif, je saurai bien le forcer à ne pas devenir parjure.

Oh ! cela est certain, s'écria Sancho, car mon maître a la main heureuse en fait de mariages : il y a peu de jours, il fit tenir à un certain drôle la parole qu'il avait de même donnée à une demoiselle ; et si les enchanteurs qui le poursuivent n'avaient transformé cet homme en laquais, à cette heure la pauvre fille serait pourvue.

Plus occupé de la belle Claudia que des discours du maître et du valet, Roque fit rendre à Sancho tout ce que lui avaient pris ses compagnons; et après leur avoir ordonné de l'attendre, il s'éloigna avec elle au grand galop. Arrivés à l'endroit où Claudia avait rencontré son amant, ils n'y trouvèrent que des taches de sang fraîchement répandu; mais en promenant la vue de toutes parts, ils aperçurent un groupe d'hommes au sommet d'une colline. Jugeant que ce devait être le blessé que ses gens emportaient, ils piquèrent de ce côté et ne tardèrent pas à les rejoindre. En effet, ils trouvèrent entre leurs bras don Vincent, qui, d'une voix éteinte, les priait de le laisser mourir sur la place, le sang qu'il perdait et la douleur causée par ses blessures ne lui permettant pas d'aller plus loin.

Roque et Claudia sautèrent à bas de leurs chevaux, et celle-ci, le cœur partagé entre l'amour et la vengeance, s'approcha de son amant : Si tu ne m'avais pas trahie, don Vincent, dit-elle en lui prenant la main, tu ne serais pas en cette cruelle extrémité.

Le malheureux ouvrit les yeux, et reconnaissant les traits de la jeune fille : Belle et abusée Claudia, répondit-il, je vois que c'est toi qui m'as donné la mort; mais ni mes actions ni mes sentiments ne méritaient ce cruel châtiment.

Grand Dieu! repartit Claudia, tu ne devais donc pas, ce matin même, épouser Léonore, la fille du riche Ballastro?

Non certainement! répondit don Vincent; c'est ma mauvaise fortune qui t'a porté cette fausse nouvelle, afin qu'elle me coûtât la vie. Mais puisque je la quitte entre tes bras, je ne meurs pas sans consolation, et je me trouve trop heureux de pouvoir encore te donner des marques sincères de mon amour et de ma constance. Serre ma main, chère Claudia, et reçois-moi pour époux : la seule joie que je puisse avoir en mourant, c'est de te donner satisfaction de l'injure que tu croyais avoir reçue de moi.

Pénétrée d'une vive douleur, Claudia tomba évanouie sur le corps de son amant, qui rendit le dernier soupir. Les gens de don Vincent coururent chercher de l'eau pour la jeter au visage de leur maître, mais ce fut inutilement.

Lorsque, revenue à elle, Claudia s'aperçut que don Vincent avait cessé de vivre, elle remplit l'air de ses cris, s'arracha les cheveux et se déchira le visage. Malheureuse! disait-elle, avec quelle facilité t'es-tu laissée emporter à cet horrible dessein! Ta jalousie a mis au tombeau celui qui ne vivait que pour toi; eh bien, meurs à ton tour, meurs de douleur, puisque tu survis à un époux si fidèle! meurs de honte et de désespoir, car après ton crime, te voilà devenue l'objet de la vengeance de Dieu et des hommes! Hélas! cher amant, ajouta-

CHAPITRE LX.

t-elle en jetant ses bras autour de ce corps inanimé, faut-il que je te perde, faut-il que nous ne soyons réunis que pour être séparés à jamais!

Il y avait dans ces plaintes une douleur si déchirante et si vraie, que, pour la première fois peut-être, Roque lui-même se sentit attendri; les domestiques fondaient en larmes, et les lieux d'alentour semblaient devenus un champ de tristesse et de deuil.

Roque commanda aux gens de don Vincent de porter le corps de leur maître à la maison de son père, qui était située non loin de là. En les regardant s'éloigner, Claudia exprima le désir de se retirer dans un monastère dont l'abbesse était sa tante. Là, dit-elle, je finirai mes jours dans la compagnie d'un époux préférable à tout autre, et qui ne m'abandonnera jamais. Roque approuva sa résolution, et proposa de l'accompagner, l'assurant qu'il défendrait sa famille contre celle de don Vincent, et même contre le monde entier; Claudia le remercia de ses offres, et prit congé de lui en pleurant.

Étant venu rejoindre ses hommes, Roque trouva au milieu d'eux don Quichotte à cheval. Notre héros, par un sage discours, tâchait de leur faire quitter un genre de vie qui présente tant de dangers pour l'âme et pour le corps; mais comme la plupart étaient des Gascons, gens grossiers et farouches, ils goûtaient médiocrement le prédicateur et le sermon. Le chef demanda à Sancho si on lui avait rendu tout ce qui lui appartenait; Sancho répondit que oui, hormis trois mouchoirs de tête qui valaient trois bonnes villes.

Eh! l'ami, que dis-tu là? reprit un des bandits, c'est moi qui les ai, et ils ne valent pas trois réaux.

Cela est vrai, repartit don Quichotte; mais mon écuyer les estime beaucoup à cause de la personne qui les lui a donnés.

Roque les fit rendre sur-le-champ; il fit ensuite ranger sa troupe et apporter devant lui les pierreries, l'argent, enfin le butin fait depuis le dernier partage; et après en avoir examiné la valeur, supputé en argent ce qui ne pouvait être divisé, il répartit le tout avec tant d'équité, que chacun se montra satisfait. Seigneur, dit-il ensuite à don Quichotte, si avec ces gens-là on n'observait pas une exacte justice, il n'y aurait pas moyen d'être obéi.

Par ma foi, il faut que la justice soit une bonne chose, puisqu'elle se pratique même parmi des voleurs! répliqua Sancho.

A ces paroles, un des bandits qui les avait entendues le coucha en joue avec son arquebuse, et il lui aurait cassé la tête, si Roque n'eût crié à cet homme de s'arrêter. Sancho frissonna de tout son corps et éprouva un tel saisissement, qu'il se promit bien de ne plus ouvrir la bouche au milieu de gens qui entendaient si peu raillerie.

Sur ces entrefaites, un des écuyers postés sur le grand chemin accourut dire au capitaine : Seigneur, j'aperçois non loin d'ici une troupe de voyageurs qui se dirigent vers Barcelone.

Sont-ils de ceux qui nous cherchent ou de ceux que nous cherchons? demanda Roque.

De ceux que nous cherchons, répondit-il.

En ce cas, à cheval, enfants! cria le capitaine, et qu'on les amène ici, sans qu'il en manque un seul.

Les bandits obéirent. Pendant ce temps, Roque, don Quichotte et Sancho se trouvant seuls, le premier dit à notre héros : Seigneur, ce genre de vie vous paraît étrange, et je ne m'en étonne pas, car ce sont tous les jours aventures nouvelles, nouveaux événements, et tous également périlleux. Il n'y a pas, je dois l'avouer, une vie plus inquiète, plus agitée que la nôtre. Malheureusement, je m'y trouve engagé par des sentiments de vengeance dont je n'ai pu triompher, car je suis par nature d'une humeur douce et compatissante ; le besoin de me venger a si bien imposé silence à mes honnêtes inclinations, qu'il me retient dans ce périlleux métier, en dépit de moi-même ; et comme toujours l'abîme attire un autre abîme, comme les vengeances sont toutes enchaînées, non-seulement je poursuis les miennes, mais encore je me charge de poursuivre celles des autres. Malgré tout, j'espère de la miséricorde de Dieu, plein de pitié pour la faiblesse humaine, qu'il me tirera de cet affreux labyrinthe dont je n'ai pas la force de me tirer moi-même.

En entendant un tel discours, don Quichotte se demandait comment, parmi des voleurs et des assassins, il pouvait se trouver un homme qui montrât des sentiments si sensés et si édifiants. Seigneur Roque, lui dit-il, pour le malade, le commencement de la santé c'est de connaître son mal et de se montrer disposé à prendre les remèdes que prescrit le médecin. Votre Grâce est malade, elle connaît son mal, eh bien, ayez recours à Dieu, c'est un médecin infaillible : il vous donnera les remèdes dont vous avez besoin, remèdes qui agissent d'autant plus sûrement qu'ils rencontrent un bonne nature et une heureuse disposition. Un pécheur éclairé est bien plus près de s'amender qu'un sot, car discernant mieux entre le bien et le mal, il rougit de ses propres vices ; tandis que le sot, aveuglé par son ignorance, n'écoute que son instinct et s'abandonne à ses passions, dont il ne connaît pas le danger. Courage donc, seigneur Roque, courage, et puisque vous

CHAPITRE LX.

avez de l'esprit et du bon sens, servez-vous de ces lumières, et ne désespérez pas de l'entière guérison de votre âme. Mais si Votre Grâce veut abréger le chemin et entrer dans celui de son salut, venez avec moi ; je vous apprendrai la profession de chevalier errant. A la vérité, c'est une source inépuisable de travaux et de fâcheuses aventures, mais en les offrant à Dieu comme expiation de vos fautes, vous vous ouvrirez les portes du ciel.

Roque sourit du conseil de notre héros, et pour changer d'entretien il lui raconta la triste fin de l'aventure de Claudia, dont Sancho se trouva très-contristé, car il avait trouvé fort de son goût la pétulance et la beauté de la jeune personne.

En cet instant les bandits arrivèrent avec leurs prisonniers, c'est-à-dire avec deux cavaliers assez bien montés, deux pèlerins à pied, puis un carrosse dans lequel il y avait des dames accompagnées de sept ou huit valets tant à pied qu'à cheval. Ces hommes farouches les environnèrent en silence, attendant que leur chef prît la parole. Roque demanda aux cavaliers qui ils étaient et où ils allaient.

Seigneurs, répondit l'un d'eux, nous sommes capitaines d'infanterie ; nos compagnies sont à Naples, et nous allons nous embarquer à Barcelone, d'où quatre galères ont reçu l'ordre de passer en Sicile. Nous possédons environ deux ou trois cents écus, avec lesquels nous nous croyons assez riches, car, vous le savez, le métier ne permet guère de thésauriser.

Et vous ? demanda Roque aux pèlerins.

Monseigneur, répondirent-ils, nous allons à Rome ; et à nous deux nous n'avons qu'une soixantaine de réaux.

Roque demanda ensuite quels étaient les gens du carrosse ; un des hommes à cheval répondit : Ma maîtresse est la señora Guyamor de Quinonez, femme du régent de l'intendance de Naples, elle est avec sa fille, une femme de chambre et une duègne ; nous sommes trois valets à cheval et trois valets à pied qui les accompagnons, et leur argent monte à six cents écus.

De façon, dit Roque, que nous avons ici neuf cents écus et soixante réaux. Moi, j'ai soixante soldats ; voyez, seigneurs, ce qui peut revenir à chacun d'eux, car je ne sais guère calculer.

A ces mots, les bandits s'écrièrent : Vive le grand Roque Guinart, en dépit de ceux qui ont juré sa perte !

Les capitaines, la tête baissée, faisaient bien voir à leur contenance qu'ils regrettaient leur argent ; la régente et sa suite n'étaient guère plus gaies, et les pauvres pèlerins ne montraient nulle envie de rire.

Roque les tint un moment en suspens, mais ne voulant pas prolonger leur anxiété : Seigneurs capitaines, leur dit-il en se tournant vers eux, prêtez-moi, je vous prie, soixante écus; madame la régente m'en donnera quatre-vingts : pour contenter mes soldats, car le prêtre vit de ce qu'il chante. Cela fait, vous pourrez continuer votre route, munis d'un sauf-conduit de ma main, afin que ceux de mes hommes qui parcourent les environs ne vous fassent aucune insulte; car je ne veux pas qu'on maltraite les gens de guerre ni les femmes, et surtout les dames de qualité.

Les capitaines se confondirent en remerciements sur la courtoisie et la libéralité de Roque, car, à leurs yeux, c'en était une de leur laisser leur propre argent; la señora voulait descendre de son carrosse pour embrasser ses genoux, mais il s'y opposa, lui demandant pardon de la violence que son méchant état le forçait à lui faire.

La régente et les capitaines avaient donné ce qu'on leur demandait, et voyant qu'on ne parlait point de diminuer leur contribution, les pauvres pèlerins s'apprêtaient à remettre tout leur argent; mais Roque leur fit signe d'attendre : De ces cent quarante écus, dit-il à ses gens, il vous en revient deux à chacun; des vingt formant l'excédant, donnez-en dix à ces pèlerins, et les autres à ce bon écuyer, afin qu'il ait sujet de se réjouir de cette aventure. Puis se faisant apporter de l'encre et du papier, il écrivit un sauf-conduit par lequel il était enjoint à ses lieutenants de laisser passer librement toute la caravane, qui s'en alla exaltant la façon d'agir du grand Roque, sa courtoisie, sa bonne mine, et le traitant plutôt de galant homme que de corsaire.

Un des bandits qui ne partageait pas l'humeur généreuse de son chef, ne put s'empêcher de donner son avis : Parbleu, dit-il dans son jargon mi-gascon, mi-catalan, notre capitaine serait meilleur moine que chef de bons garçons; mais à l'avenir s'il a de pareils accès de libéralité, qu'il les satisfasse avec son argent et non avec le nôtre. Le malheureux ne parla bas si bas qu'il ne fût entendu de Roque, qui tirant son épée lui fendit presque la tête, en disant : C'est ainsi que je châtie les insolents et les téméraires. Aucun n'osa souffler mot, tant le chef savait se faire craindre et obéir.

Roque se retira à l'écart et écrivit à un de ses amis de Barcelone, pour lui donner avis qu'il avait fait rencontre du fameux don Quichotte de la Manche, cet illustre chevalier errant dont on parlait par toute l'Espagne, l'assurant que c'était l'homme le plus divertissant qu'on pût trouver; il ajouta que sous quatre jours, à la fête de St-Jean, il l'amènerait lui-même à Barcelone, sur la grande place, armé de pied en cap et montant le superbe Rossinante, suivi de l'écuyer Sancho sur son âne. Il le priait d'en donner avis aux Niaros, ses amis, à qui il voulait procurer ce plaisir; il eût bien désiré que leurs ennemis les Cadeils n'y eussent point part, mais il en reconnaissait l'impossibilité, les extravagances du maître et les bouffonneries du valet étant trop éclatantes pour ne pas attirer tout le monde.

La lettre, portée par un des bandits déguisé en paysan, fut remise à son adresse.

CHAPITRE LXI

De ce qui arriva à don Quichotte à son entrée dans Barcelone avec d'autres choses qui semblent plus vraies que raisonnables.

Don Quichotte demeura trois jours et trois nuits avec les bandits, et fût-il resté trois siècles, il aurait toujours trouvé de quoi s'étonner. C'était sans cesse nouvelle aventure : on s'éveillait ici, on mangeait là-bas; quelquefois on fuyait sans savoir pourquoi, et l'on s'arrêtait de même. En alerte continuelle, ces hommes dormaient à cheval, interrompaient à toute heure leur sommeil pour changer d'asile; leur temps se passait à poser des sentinelles, à écouter le cri d'alarme, à souffler des mèches d'arquebuse, quoiqu'ils eussent peu de ces armes, presque tous portant des mousquets à pierre. Roque passait la nuit loin des siens; car le vice-roi de Barcelone ayant mis sa tête à prix, il craignait d'être livré par eux à la justice : existence assurément fort triste et fort misérable.

Enfin, par des chemins détournés et des sentiers couverts, Roque, don Quichotte et Sancho se dirigèrent vers Barcelone. Ils arrivèrent sur la plage la veille de la Saint-Jean, pendant la nuit. Après avoir donné à Sancho les dix écus qu'il lui avait promis, le capitaine l'embrassa ainsi que son maître, puis on se sépara, échangeant mille offres de service.

Don Quichotte attendit en selle la venue du jour, et il ne tarda pas à voir paraître la face pâle de la blanche aurore, qui s'avançant en silence sur les balcons de l'orient, venait humecter les plantes et les fleurs. Presque au même instant, le son d'une agréable musique se fit entendre : c'étaient des hautbois, des fifres et des tambours auxquels succédaient des cris joyeux qui paraissaient venir de la ville. L'aurore fit bientôt place au soleil, dont le visage plus large qu'une rondache s'élevait sur l'horizon. Don Quichotte et Sancho, jetant les yeux de toutes parts, aperçurent pour la première fois la mer, qui leur parut spacieuse, immense et beaucoup plus étendue que les lagunes de Ruidera, situées dans leur province. Ils virent aussi des galères amarrées à la plage, lesquelles, abattant leurs voiles, se montrèrent couvertes de mille banderoles qui tantôt flottaient au vent, tantôt balayaient la surface des eaux, pendant qu'échappé de leurs flancs le bruit des clairons et des trompettes faisait retentir les lieux d'alentour d'une harmonie suave et belliqueuse. Bientôt ces galères commencèrent à s'ébranler, simulant une escarmouche navale, tandis qu'un nombre infini de cavaliers, sortant de la ville avec de brillantes livrées, maniaient adroitement leurs chevaux, et suivaient les mouvements de la flotte, dont l'artillerie faisait un bruit épouvantable. La mer était calme, le jour pur et serein, quoique voilé de temps en temps par la fumée du canon. Tout semblait d'accord pour enivrer de joie la population entière. Quant à Sancho, il ne parvenait pas à comprendre comment ces énormes masses qui se mouvaient sur l'eau pouvaient avoir tant de pieds.

Bientôt une troupe de cavaliers, portant de magnifiques livrées, accourt avec des cris de joie vers don Quichotte, qui était resté tout stupéfait d'un si beau spectacle; et l'un d'entre eux, celui que Roque avait fait prévenir, dit à haute voix :

Qu'il soit le bienvenu, le miroir, le fanal, l'étoile polaire de la chevalerie errante; qu'il soit le bienvenu, le grand, le valeureux don Quichotte, le vrai chevalier de la Manche, dont la fleur des historiens, cid Hamet Ben-Engeli, nous a raconté les exploits, et non pas le controuvé, le faux historien, dont on vient de publier le livre mensonger.

Don Quichotte n'eut pas le temps de répondre, parce que les cavaliers et les gens de leur suite faisant caracoler leurs chevaux, l'entourèrent aussitôt en décrivant mille cercles autour de lui : Ces seigneurs, dit-il à Sancho, nous ont sans doute reconnus; je parierais qu'ils ont lu notre histoire, et même celle que l'Aragonais a publiée récemment.

Le cavalier qui avait parlé à don Quichotte s'approcha de nouveau, et lui dit : Que Votre Grâce, seigneur, veuille bien venir avec nous : tous nous sommes ses serviteurs et les amis de Roque Guinart.

Si les courtoisies engendrent les courtoisies, répondit don Quichotte, la vôtre, seigneur chevalier, doit être fille ou proche parente de celle du grand Roque. Conduisez-moi où il vous plaira, je vous suivrai avec plaisir, surtout si vous me faites l'honneur d'accepter mes services.

Le cavalier répondit avec non moins de civilité ; puis, lui et ses amis ayant placé notre héros au milieu d'eux, on prit le chemin de Barcelone, au son des fifres et des tambours. Mais, à l'entrée de la ville, deux petits drôles, plus malins que la malice elle-même, s'avisèrent d'un méchant tour : se faufilant au milieu de la foule, ils s'approchèrent de nos aventuriers, et levant la queue, l'un à Rossinante, l'autre au grison, ils leur plantèrent à chacun dans cet endroit un paquet de chardons. Les pauvres bêtes ne sentirent pas plus tôt ces éperons d'un nouveau genre, qu'elles se mirent à serrer la queue ; ce qui, augmentant leur souffrance, les poussa à ruer de telle sorte qu'elles jetèrent leurs cavaliers dans la poussière. Honteux et mortifié, don Quichotte, se hâta d'enlever le panache à Rossinante, et Sancho en fit autant à son âne. Leurs nouveaux amis s'apprêtaient à châtier cette insolente canaille, mais il leur fallut y renoncer, car les deux espiègles s'étaient perdus dans la foule. Bref, don Quichotte et Sancho remontèrent sur leurs bêtes, et toujours suivis de la musique et accompagnés des mêmes cris de joie, ils gagnèrent la maison de leur hôte, une des plus belles de Barcelone. Suivons-y notre chevalier, ainsi le veut cid Hamet Ben-Engeli.

CHAPITRE LXII

Aventure de la tête enchantée, ainsi que d'autres enfantillages qu'on ne peut s'empêcher de raconter.

L'hôte de don Quichotte s'appelait don Antonio Moreno ; c'était un gentilhomme riche et plein d'esprit, qui aimait à se divertir avec décence et bon goût. Quand il vit notre héros en sa maison, il songea à lui faire faire quelques bonnes folies, sans lui causer de déplaisir, car la plaisanterie a des bornes, et un passe-temps ne saurait être agréable, s'il a lieu aux dépens d'autrui. La première chose dont il s'avisa, ce fut, quand on eut désarmé le chevalier, de le conduire, couvert seulement de cet étroit pourpoint déjà décrit tant de fois, à un balcon donnant sur une des principales rues de la ville, où on l'exposa à la vue des passants comme une bête curieuse. Les cavaliers aux livrées firent de nouvelles passes sous ses yeux, de même que si c'eût été pour lui seul, et non à cause de la fête, qu'ils se fussent mis en frais. Sancho était tout radieux, s'imaginant avoir trouvé de nouvelles noces de Gamache, ou une maison semblable à celle de don Diego, ou bien un château comme celui du duc.

Plusieurs amis de don Antonio vinrent dîner avec lui ; tous firent de grands honneurs à don Quichotte, et le traitèrent en véritable chevalier errant, ce qui le rendit si fier et si rengorgé, qu'il ne se sentait pas d'aise. De son côté, Sancho lâcha tant de plaisantes reparties, que les gens de la maison et tous ceux qui étaient là n'avaient d'oreilles que pour lui et riaient à gorge déployée.

Seigneur écuyer, lui dit don Antonio, il nous a été conté que vous êtes extrêmement friand de blanc-manger et de petites andouilles ; et que lorsque vous en avez de reste, vous les mettez dans votre poche pour le lendemain [1].

C'est une insigne fausseté, seigneur, répondit Sancho ; je suis plus propre que goulu, et monseigneur don Quichotte, ici présent, pourra vous dire que nous nous contentions bien souvent, lui et moi, pendant des jours entiers, d'une poignée de noisettes, ou d'une demi-douzaine d'oignons. Il est vrai que si parfois on me donne la génisse, je cours lui mettre la corde au cou ; c'est-à-dire que je mange ce qu'on me présente, et prends le temps comme il vient. Mais quiconque ose avancer que je suis un mangeur vorace et malpropre, peut se tenir pour dit qu'il se trompe du tout au tout, et je le lui apprendrais d'une autre façon, n'était le respect que je dois aux vénérables barbes ici présentes.

Oui, certes, dit don Quichotte, la modération et la propreté de Sancho quand il mange, mériteraient d'être écrites et gravées sur le bronze pour servir d'exemple aux races futures : tout ce qu'on peut lui reprocher, c'est lorsqu'il a faim d'être un peu glouton ; alors il mâche des deux côtés à la fois, et un morceau n'attend pas l'autre. Mais pour ce qui est de la propreté, on ne le trouvera jamais en défaut, et il l'a prouvé de reste pendant qu'il était gouverneur, car il mangeait avec tant de délicatesse, qu'il prenait les grains de raisin avec sa fourchette.

Comment ! s'écria don Antonio, le seigneur Sancho a été gouverneur ?

Oui, seigneur, répondit Sancho, j'ai été gouverneur, et d'une île qu'on appelle Barataria ; je l'ai gouvernée pendant dix jours, à bouche que veux-tu ; j'y ai perdu le repos, l'esprit et l'embonpoint,

---

1. Allusion au don Quichotte d'Avellaneda.

CHAPITRE LXII.

et j'y ai appris à mépriser tous les gouvernements du monde. J'ai quitté l'île en courant, et je suis tombé dans un grand trou, où je me suis cru mort, mais dont par miracle je suis sorti vivant.

Alors don Quichotte se mit à conter l'histoire du gouvernement de Sancho, ce qui divertit fort la compagnie.

Le repas achevé, don Antonio prit notre héros par la main, et le conduisit dans une pièce où pour tout meuble se trouvait une table de jaspe, soutenue par un pied de même matière; sur cette table était un buste qui paraissait de bronze et représentait un empereur romain. Ils se promenèrent pendant quelque temps de long en large, firent le tour de la table, puis, don Antonio s'arrêtant dit à don Quichotte : Maintenant que je suis certain de n'être écouté par personne, je vais apprendre à Votre Grâce une des plus étonnantes aventures dont on ait jamais entendu parler, à condition toutefois que ce secret restera entre elle et moi.

Je le jure, seigneur, répondit notre héros : celui à qui vous parlez a des yeux et des oreilles, mais point de langue. Votre Grâce peut en toute assurance verser dans mon cœur ce qu'elle a dans le sien, et rester persuadée qu'elle l'a jeté dans les abîmes du silence.

Sur la foi de cette promesse, repartit don Antonio, je vais vous confier des choses qui vous raviront d'admiration, et je me soulagerai moi-même d'un fardeau qui me pèse, car je n'ai encore révélé à personne le secret que je vais vous dire. Cette tête que vous voyez, seigneur don Quichotte, ajouta-t-il en la lui faisant toucher avec la main, a été fabriquée par un des plus grands enchanteurs qui aient jamais existé. C'était, je crois, un Polonais, disciple du fameux Scot dont on raconte tant de merveilles. Je reçus chez moi cet enchanteur; et pour la somme de mille écus il me fabriqua cette tête, qui a la propriété de répondre à toutes les questions qu'on lui adresse. Après avoir tracé des cercles, observé les astres, écrit des caractères cabalistiques, épié les conjonctions voulues, l'auteur mit la dernière main à son ouvrage avec une perfection dont vous aurez la preuve demain, car le vendredi cette tête est muette, et il serait inutile de lui rien demander aujourd'hui. D'ici là, Votre Grâce peut songer aux questions qu'il vous conviendra de lui faire, et l'expérience vous prouvera si je dis vrai.

Étonné de ce qu'il entendait, don Quichotte avait peine à croire que cette tête fût douée d'une telle vertu; mais comme il devait bientôt savoir à quoi s'en tenir, il se contenta de faire de grands remerciements à son hôte pour lui avoir confié un secret de cette importance. Ils sortirent de la chambre, que don Antonio ferma à clef, et ils retournèrent dans le salon, où Sancho avait eu le temps de conter à la compagnie une partie des aventures de son maître.

Le soir venu, ils allèrent tous ensemble se promener par la ville, don Quichotte sans armes, mais couvert d'une houppelande de drap fauve, capable, à cette époque de l'année, de mettre en sueur l'hiver lui-même. Sancho resta au logis avec les valets, qui avaient ordre de l'entretenir et de l'amuser si bien qu'il ne pensât point à sortir. Notre héros ne montait pas Rossinante, mais un grand mulet de bât harnaché avec beaucoup de richesse et d'élégance ; sans qu'il s'en doutât, on lui avait attaché au dos, et par-dessus la houppelande, un parchemin sur lequel était écrit en grosses lettres : *Je suis don Quichotte de la Manche*. Cet écriteau arrêtait tous les passants, et comme chacun répétait : *Je suis don Quichotte de la Manche*, le chevalier fut surpris que tant de gens prononçassent son nom comme s'ils le connaissaient :

Seigneur, dit-il à don Antonio qui marchait à côté de lui, la chevalerie errante a de bien grands avantages, puisqu'elle répand sur toute la terre le nom de ceux qui l'exercent. Entendez-vous comme on parle de moi ; jusqu'aux petits enfants, tous me connaissent sans m'avoir jamais vu !

Quoi d'étonnant à cela, seigneur don Quichotte ? répondit don Antonio. De même que le feu jette une lumière qui le trahit, de même la vertu a un éclat qui ne manque jamais de la faire reconnaître, surtout celle qui s'acquiert dans la profession des armes, car elle resplendit par-dessus toutes les autres.

Or, pendant que don Quichotte marchait ainsi, tout fier de lui-même, il arriva qu'à la vue de l'écriteau, un passant s'arrêta, et lui jeta ces mots à la face en bon castillan : Au diable soit don Quichotte de la Manche ! comment peux-tu être encore de ce monde, après les coups de bâton que tu as reçus ? Il faut, en vérité, que tu sois fou. Si encore tu l'étais seul, il n'y aurait pas grand dommage ; mais ta folie est si contagieuse, qu'elle se communique à tous ceux qui t'approchent : ceux qui t'accompagnent en ce moment n'en sont-ils pas la preuve ? Va, va, nigaud, retourne chez toi prendre soin de ton bien, de ta femme et de tes enfants, sans creuser davantage ta pauvre cervelle, qui n'est déjà que trop endommagée.

Mon ami, dit Antonio à cet homme, passez votre chemin sans vous mêler de donner des conseils à qui ne vous en demande pas : le seigneur don Quichotte est très-sain d'esprit, et nous qui l'accompa-

CHAPITRE LXII.

gnons, nous ne sommes pas des imbéciles : la vertu a droit à nos hommages, en quelque lieu qu'elle se rencontre. Passez votre chemin, et mêlez-vous de vos affaires.

Par ma foi, seigneur, vous avez raison, répondit le Castillan ; aussi bien, donner des conseils à ce pauvre fou, ce serait frapper du poing contre l'aiguillon. Mais il est vraiment dommage de voir le bon sens qu'il montre, dit-on, sur tant de matières, s'en aller en eau claire quand il s'agit de chevalerie. Que je meure à l'instant, moi et tous mes descendants, si je m'avise jamais de donner des conseils à personne, dût-on m'en prier à genoux.

Le Castillan disparut, et la promenade continua ; mais une telle foule se pressait pour lire l'écriteau, que don Antonio jugea à propos de l'enlever comme s'il eût ôté tout autre chose.

La nuit venue, on retourna chez don Antonio, où sa femme, personne aussi aimable que belle, avait invité plusieurs de ses amies pour faire honneur à leur hôte et s'amuser de ses étranges folies. Il vint donc quantité de dames ; il y eut un souper magnifique, et sur les dix heures le bal commença. Parmi ces dames, il s'en trouvait surtout deux pleines d'esprit et d'humeur moqueuse, qui, pour divertir la compagnie, invitèrent don Quichotte à danser ; et, chacune tour à tour s'emparant de lui dès que l'autre l'avait quitté, elles exténuèrent si bien le pauvre chevalier qu'il suait à grosses gouttes et ne pouvait presque plus se remuer. Qu'on se représente ce grand corps maigre, sec, efflanqué, au teint jaune, aux yeux creux, aux moustaches longues et tombantes, serré dans ses habits, fort maussade enfin et d'une légèreté plus que problématique, agacé par deux belles personnes qui lui lançaient à la dérobée des propos d'amour auxquels il ne répondait qu'avec dédain. A bout de patience : Arrière, démons ! s'écria-t-il, arrière ; laissez-moi en paix, importunes pensées. Tâchez, Mesdames, de maîtriser vos sentiments ; la sans pareille Dulcinée du Toboso est l'unique souveraine de mon âme, et elle ne souffre point que d'autres en triomphent. Puis il se laissa tomber au beau milieu du salon, brisé et rompu d'un si violent exercice.

Don Antonio le fit emporter à bras dans sa chambre. Sancho, qui s'était empressé de le suivre : Peste, Monseigneur, lui dit-il, comme vous vous êtes trémoussé ! Pensiez-vous, par hasard, que tous les braves sont tenus d'être des danseurs, et tous les chevaliers errants des faiseurs d'entrechats ? Par ma foi, mon cher maître, vous étiez dans une grande erreur, car tel aura moins de mal à tuer un géant qu'à faire une cabriole. Sauter en se donnant du talon dans le derrière, c'est mon fort, à moi ; mais danser comme vous venez de le faire, je ne m'en pique point.

Chacun riait aux éclats des propos de notre écuyer, qui, ayant mis son maître au lit, eut grand soin de le bien couvrir, dans la crainte qu'il n'éprouvât quelque refroidissement.

Le lendemain, don Antonio jugea à propos de faire l'expérience de la tête enchantée. Suivi de don Quichotte, de Sancho, de deux de ses amis et des dames qui avaient fait danser notre chevalier, il se dirigea vers la chambre où elle se trouvait. Quand tout le monde fut entré, il ferma soigneusement la porte, énuméra à la compagnie les vertus de cette tête, disant que c'était la première fois qu'on en faisait l'épreuve et qu'il demandait le secret. Personne, à l'exception des deux gentilshommes, ne savait ce qui allait se passer.

Don Antonio s'approcha le premier, et demanda à voix basse, de manière pourtant à être entendu : Tête, par la vertu que tu renfermes, dis-moi ce que je pense en ce moment. Sans remuer les lèvres, mais d'une voix claire et distincte, la tête répliqua vivement : « Je ne juge point des pensées. »

Chacun resta stupéfait, surtout les dames, car ni autour de la table ni dans la salle il ne se trouvait personne qui pût faire cette réponse, et on voyait bien qu'elle venait directement de la tête.

Combien sommes-nous ici? continua don Antonio.

« Toi et ta femme, répondit la tête, deux de ses amies et deux des tiens, ainsi qu'un fameux chevalier appelé don Quichotte de la Manche, et son écuyer, qui se nomme Sancho Panza. »

La surprise augmenta, et plus d'un assistant sentit ses cheveux se dresser.

Bien, dit don Antonio en se retirant ; ceci fait voir que je n'ai point été trompé par celui qui t'a fabriquée, tête sage, tête parlante, tête merveilleuse et incomparable. Qu'un autre me remplace, ajouta-t-il, et t'adresse telle question qu'il voudra.

Comme les femmes sont d'ordinaire assez curieuses, une des dames s'approcha : Dis-moi, tête, demanda-t-elle, que faut-il que je fasse pour être très-belle?

« Sois très-honnête. »

Cela suffit, dit la dame en faisant place à sa compagne.

Savante tête, demanda celle-ci, je désirerais bien savoir si mon mari m'aime ou non?

« Remarque sa conduite envers toi, et tu le sauras. »

Je n'en veux pas davantage, dit la dame : en effet, la conduite des hommes nous donne la mesure de l'affection qu'ils nous portent.

Un des amis de don Antonio demanda : Qui suis-je ?

« Tu le sais », lui fut-il répondu.

Ce n'est pas là ce que je demande, repartit le cavalier; je veux savoir si tu me connais.

« Je te connais, tu es don Pedro Noriz. »

O tête admirable! c'en est assez pour me convaincre que tu n'ignores rien, ajouta le cavalier.

L'autre ami s'approcha et fit cette question : Quel est le plus vif désir de mon fils aîné?

« Je t'ai déjà dit que je ne juge point des pensées; cependant je puis ajouter : Ton fils ne souhaite que de t'enterrer. »

Je le savais déjà, repartit le gentilhomme, et je n'en doutais nullement.

La femme de don Antonio s'approcha comme les autres, et dit : En vérité, tête, je ne sais que te demander; je voudrais seulement savoir si je conserverai longtemps mon cher mari.

« Oui, car sa bonne santé et sa manière de vivre lui promettent de longs jours, que la plupart des hommes abrègent par la débauche et l'intempérance. »

A son tour, don Quichotte s'approcha : Dis-moi, tête, toi qui réponds si bien, est-ce une réalité ou un songe ce que j'ai vu dans la caverne de Montesinos? Sancho, mon écuyer, se donnera-t-il les coups de fouet auxquels il s'est engagé? et verrai-je enfin le désenchantement de Dulcinée?

« Quant à l'histoire de la caverne, il y a beaucoup à dire, l'aventure tient de la réalité et du songe; les coups de fouet de Sancho se feront un peu attendre, mais l'enchantement de Dulcinée finira. »

Cela me suffit, répliqua don Quichotte; que Dulcinée soit désenchantée, et mes vœux seront accomplis.

Le dernier qui interrogea la tête, ce fut Sancho. Il le fit en ces termes: Dis-moi, tête, aurai-je encore un gouvernement? quitterai-je le misérable métier d'écuyer errant, et reverrai-je enfin ma femme et mes enfants?

Il lui fut répondu : « Tu gouverneras en ta maison, si tu y retournes; tu pourras y revoir ta femme et tes enfants, s'ils y sont; et quand tu ne voudras plus servir, tu ne seras plus écuyer. »

Par ma foi, voilà qui est plaisant, repartit Sancho; il ne faut pas être sorcier pour deviner cela, je le savais de reste.

Et que veux-tu donc qu'on te dise, imbécile? repartit don Quichotte:

n'est-ce pas assez que les réponses de la tête s'accordent avec tes questions?

Cela suffit, puisque vous le voulez, répondit Sancho; mais je voudrais qu'elle se fût un peu mieux expliquée et qu'elle m'en eût dit davantage.

Là s'arrêtèrent les questions et les réponses, mais non l'étonnement de la compagnie, car tous étaient en admiration, excepté les deux amis de don Antonio, qui savaient à quoi s'en tenir. Cid Hamet Ben-Engeli, pour ne pas laisser le lecteur en suspens, de crainte qu'il ne soupçonne de la magie dans une chose si surprenante, s'empresse de révéler le secret: Don Antonio, dit-il, afin de se divertir aux dépens des niais, fit faire cette tête à l'imitation d'une autre qu'il avait vue à Madrid. La table avec son pied, d'où sortaient quatre griffes d'aigle, était de bois peint en jaspe; la tête, semblable à un buste d'empereur romain et couleur de bronze, était creuse comme la table, sur laquelle on l'avait si bien enchâssée que tout paraissait d'une seule pièce. Le pied de la table était creux aussi et communiquait par deux tuyaux à la bouche et à l'oreille de la tête; ces tuyaux descendaient dans une chambre au-dessous, où se tenait cachée la personne qui faisait les réponses. La voix, partie de haut en bas ou de bas en haut, passait si bien par ces tuyaux, qu'on ne perdait pas une parole; de sorte qu'à moins de le savoir, il était impossible de pénétrer l'artifice. Un étudiant, neveu de don Antonio, jeune homme plein d'esprit, fut chargé des réponses; et comme il connaissait les personnes entrées dans la chambre où était la tête, il lui fut facile de répondre sans hésiter, tantôt directement, tantôt par conjecture, et toujours avec un extrême à-propos.

Cid Hamet ajoute que cette merveille dura une douzaine de jours. Le bruit s'étant répandu par la ville que don Antonio avait chez lui une tête enchantée, la crainte que la chose ne parvînt aux oreilles des seigneurs inquisiteurs le décida à aller lui-même leur apprendre ce qui en était: ils lui dirent de briser la machine et qu'il n'en fût plus question. La tête n'en passa pas moins pour enchantée dans l'opinion de don Quichotte et de Sancho : le chevalier resta très-satisfait de la réponse qu'il avait obtenue, et l'écuyer assez peu content de la sienne.

Pour complaire à don Antonio, pour profiter de la présence de notre héros et se divertir de ses folies, plusieurs gentilshommes de la ville avaient résolu de faire, à six jours de là, une course de bagues : cette course n'eut point lieu, pour les raisons que nous dirons

CHAPITRE LXII.

par la suite. Dans l'intervalle il prit envie à don Quichotte de parcourir Barcelone, mais à pied et comme *incognito*, pour ne plus se voir poursuivi par les petits garçons : il sortit accompagné de Sancho, et de deux valets que lui donna don Antonio. Or, pendant qu'il se promenait, il lut par hasard sur une porte ces mots écrits en grandes lettres : IMPRIMERIE. Poussé par la curiosité, car il n'en avait jamais vu, il y entra avec tout son cortége. Il vit d'abord des gens qui tiraient des feuilles de papier de dessous la presse, d'autres qui corrigeaient des épreuves, d'autres qui composaient ; en un mot, tout ce qui se pratique dans une imprimerie. Notre chevalier s'approchait de chaque ouvrier, s'informant de ce qu'il faisait, admirait et passait outre. Enfin il s'arrêta près d'un compositeur, et lui demanda quel était son emploi.

Seigneur, répondit l'ouvrier, ce gentilhomme qui est assis là (en lui montrant un homme de bonne mine et qui avait l'air fort sérieux) a traduit un livre de l'italien en langue castillane, et je suis en train de le composer pour le mettre sous presse.

Quel est le titre de ce livre ? demanda don Quichotte.

Seigneur, lui répondit l'auteur en s'approchant, ce livre se nomme *le Bagatele* en italien.

Comment rendez-vous ce mot en castillan ? continua don Quichotte.

Le *Bagatele*, reprit l'auteur, signifie *les Bagatelles* ; et bien qu'un pareil titre n'en donne pas une grande idée, ce livre ne laisse pas de renfermer des choses utiles et de bon goût.

Je sais quelque peu la langue italienne, repartit don Quichotte, et je connais passablement mon Arioste. Dites-moi, seigneur, et je ne vous adresse cette question que par simple curiosité et non pour faire subir un examen à Votre Grâce, avez-vous rencontré quelquefois dans la langue italienne le mot *pignata* ?

Fort souvent, répondit l'auteur.

Comment le traduisez-vous en castillan ? demanda don Quichotte.

Et comment le traduire autrement que par le mot *marmite* ? répliqua celui-ci.

Mort de ma vie ! dit don Quichotte, je vois que vous connaissez à fond l'idiome toscan. Ainsi, quand il y a dans l'italien *piace*, vous le traduisez par plaît, *più* par plus, *sù* par en haut, et *giù* par en bas !

En effet, répondit l'auteur, ce sont là de véritables équivalents.

Eh bien, malgré votre savoir, je gagerais, repartit don Quichotte, que vous n'en êtes pas mieux apprécié du public, toujours enclin à dédaigner les louables travaux. Oh ! que de talents enfouis, que de génies oubliés! Toutefois il faut convenir que les traductions d'une langue dans une autre, à moins qu'il ne s'agisse du grec et du latin, veritables reines des langues, ressemblent beaucoup à ces tapisseries de Flandre qui, vues à l'envers, n'ont ni le poli ni le brillant de l'endroit. Je n'entends pas dire par là que le métier de traducteur ne soit pas estimable; car on peut s'occuper à de pires choses et qui donnent moins de profit. Dans tous les cas, il faut faire une exception en faveur de deux célèbres traducteurs, Christoval de Figueroa, pour le *Pastor Fido,* et don Juan de Jauregui, pour l'*Aminta,* où l'un et l'autre ont su faire douter quelle est la traduction, et quel est l'original. Mais, dites-moi, je vous prie, votre livre s'imprime-t-il pour votre compte, ou bien en avez-vous vendu le privilége à quelque libraire?

Je le fais imprimer à mes frais, répondit l'auteur, et je prétends gagner mille ducats au moins avec la première édition, que l'on tire en ce moment à deux mille exemplaires : ils seront bientôt, je l'espère, débités aux prix de six réaux chacun.

Je crains que vous n'ayez mauvaise chance, repartit don Quichotte; on voit bien que vous ne connaissez pas encore les libraires : allez, seigneur, vous êtes loin de compte; quand vous aurez sur les bras ces deux mille exemplaires, vos épaules en seront moulues à crier merci, surtout si l'ouvrage n'a rien de piquant.

Eh! que voulez-vous que je fasse? répondit l'auteur; faut-il que j'aille donner mon livre à un libraire qui m'en offrirait le dixième de ce qu'il vaut, et croirait me faire encore trop d'honneur? Tenez, je dois vous dire la vérité: eh bien, je ne travaille pas pour me faire une réputation, car je suis assez connu; c'est du profit que je cherche, et sans le profit je ne donnerais pas un maravédis de la bonne renommée pour mes ouvrages.

Dieu veuille que vous réussissiez! dit don Quichotte.

Il passa à une autre casse, où l'ouvrier corrigeait une feuille d'un livre intitulé : *la Lumière de l'âme.* Voilà, dit-il, les livres qu'on a raison d'imprimer, quoiqu'il y en ait déjà beaucoup; mais le nombre des pécheurs est plus grand encore, et il ne saurait y avoir trop de lumières pour tant d'aveugles.

Plus loin on travaillait à un autre ouvrage; notre héros en ayant demandé le titre, on lui répondit que c'était *la seconde partie de l'ingénieux don Quichotte de la Manche,* composée par un bourgeois de Tordesillas.

Je connais ce livre, dit-il, et je croyais qu'on l'avait fait brûler comme n'étant qu'un tissu d'impostures; mais patience, son heure viendra. Il est impossible que l'on ne finisse pas par se désabuser de tant de sottises, surtout dépourvues qu'elles sont d'agrément et de vraisemblance.

En disant cela, il sortit de l'imprimerie, mais non sans laisser percer quelques marques de dépit.

Le même jour, don Antonio voulut faire visiter à don Quichotte les galères ancrées dans le port, à la grande joie de Sancho, qui n'en avait vu de sa vie; il envoya dire à l'amiral, lequel avait déjà entendu parler de notre chevalier, qu'il le lui mènerait après le dîner. Ce qui leur arriva dans cette visite se verra dans le chapitre suivant.

CHAPITRE LXIII

Du plaisant résultat qu'eut pour Sancho sa visite aux galères, et de l'aventure de la belle Morisque.

Don Quichotte ne cessait de réfléchir aux réponses de la tête enchantée, dont il cherchait vainement à pénétrer le secret; toutefois il se réjouissait en lui-même de la promesse qu'elle lui avait faite touchant le désenchantement de Dulcinée, qu'il tenait pour certain désormais. Quant à Sancho, quoiqu'il eût pris en haine les fonctions de gouverneur, il souhaitait toujours de commander et de se voir obéi encore une fois, tant on trouve de plaisir à se sentir au-dessus des autres, même quand ce n'est qu'un simple jeu.

Enfin, après dîner, don Antonio, ses deux amis, don Quichotte et Sancho, allèrent visiter les galères. Ils ne furent pas plus tôt au bord de la mer, que l'amiral, prévenu de leur arrivée, se prépara à les recevoir dignement. On abattit la tente, les clairons retentirent; on mit à l'eau l'esquif couvert de riches tapis et garni de coussins de velours cramoisi. Au moment où don Quichotte y posait le pied, la galère capitane fit une salve de son artillerie, à laquelle répondit toute la flotte. Puis, quand il s'apprêtait à monter à l'échelle, la chiourme le salua, comme c'est l'usage lorsqu'une personne de qualité entre dans un bâtiment, par ce cri trois fois répété : *hou, hou, hou.* L'amiral, qui était un gentilhomme valencien, lui tendit la main, et lui dit en l'embrassant : Je marquerai ce jour avec une pierre blanche, comme un des plus heureux de ma vie, puisque j'ai eu le bonheur de voir le seigneur don Quichotte de la Manche, en qui brille et se résume tout l'éclat de la chevalerie errante. Notre héros répondit à ce compliment avec sa courtoisie habituelle, heureux qu'il était de se voir traité avec tant de distinction. Toute la compagnie entra dans la cabine de poupe, qui était meublée avec élégance, et s'assit sur les bancs des plats-bords. Aussitôt le *comite* passa dans l'entre-pont, et d'un coup de sifflet fit mettre casaque bas à la chiourme, ce qui fut exécuté en un clin d'œil.

A l'aspect de tant de gens nus, Sancho resta bouche béante; mais ce fut bien autre chose quand il les vit hisser la tente avec une si grande promptitude, qu'il crut que c'était un enchantement. Notre écuyer était assis sur le pilier de poupe, près du premier rameur du banc de droite; celui-ci, qui avait reçu le mot d'ordre, le saisit vivement, et, l'enlevant à bras tendus, le passa à la chiourme. Voilà donc Sancho voltigeant de banc en banc, de main en main, et avec une telle vitesse qu'il se croyait emporté par tous les diables; enfin, les forçats ne le lâchèrent qu'après l'avoir déposé à la place qu'il occupait d'abord, mais suant à grosses gouttes, et si haletant qu'il ne pouvait plus respirer. Étonné de voir ainsi voltiger son écuyer, don Quichotte demanda à l'amral si c'était là une cérémonie dont on honorait les nouveaux venus sur les galères. Quant à moi, ajouta-t-il, je n'ai nulle envie d'y faire profession, et si quelqu'un est assez osé pour me toucher du doigt, je lui tirerai l'âme du corps à grands coups de pieds dans les côtes. En prononçant ces paroles, il se leva, et mit la main sur la garde de son épée.

Tout à coup on abattit la tente, et l'on fit tomber la grande vergue avec un bruit épouvantable; si bien que Sancho, croyant que le ciel lui croulait sur les épaules, se cacha la tête entre les jambes. Don Quichotte lui-même tressaillit et changea de couleur. La chiourme hissa la vergue avec la même promptitude et dans le même silence. Le *comite* ayant donné le signal de lever l'ancre sauta au milieu de l'entre-pont, le nerf de bœuf à la main, se mit à cingler les épaules des forçats, et la galère prit le large.

Quand Sancho vit se mouvoir à la fois tous ces pieds rouges, car il prenait les rames pour des pieds : Pour le coup, dit-il en lui-même, voilà des choses vraiment enchantées, et non pas celles que raconte mon maître. Mais qu'ont fait ces malheureux pour qu'on les traite de la sorte? Comment cet homme, qui se promène en sifflant, a-t-il l'audace de fouetter à lui seul tant de gens? Par ma foi, si ce n'est pas ici l'enfer, je jurerais que nous n'en sommes pas loin.

Don Quichotte, voyant avec quelle attention Sancho regardait tout ce qui se passait, s'approcha et lui dit : Sancho, mon ami, avec quelle facilité tu pourrais, à peu de frais, te mettre nu jusqu'à la ceinture seulement, et te glisser pendant quelques instants parmi ces gentilshommes, pour en finir une bonne fois avec le désenchantement de Dulcinée! Au milieu des souffrances de tant de gens, tu ne sentirais pas les tiennes. Je suis même certain que le sage Merlin compterait chaque coup pour dix, en les voyant si bien appliqués.

L'amiral allait demander quels étaient ces coups de fouet et ce désenchantement de Dulcinée, quand on signala un bâtiment près de la côte, au couchant. Aussitôt s'élançant sur le tillac, l'amiral cria : Allons, enfants, qu'il ne nous échappe pas; c'est sans doute quelque corsaire algérien. Les autres galères s'approchèrent de la galère capitane pour prendre l'ordre de l'amiral, qui en fit partir deux vers la haute mer, tandis qu'avec la troisième il se proposait de serrer la terre de si près que le corsaire ne pût s'échapper. La chiourme travaillait avec une telle ardeur que les galères semblaient voler sur les eaux. Celles qui avaient gagné le large ne tardèrent pas à découvrir le brigantin, qui, de son côté, ne les eut pas plus tôt aperçues qu'il prit chasse, espérant échapper par sa légèreté; mais ce fut en vain; aussi le patron était-il d'avis qu'on cessât de ramer et qu'on se rendît à discrétion, afin de ne pas irriter notre amiral. Malheureusement le sort voulut qu'au moment d'amener, deux Turcs pris de vin, qui étaient à bord du brigantin, tirèrent chacun un coup d'arquebuse, et tuèrent deux de nos gens montés dans la grande hune. A ce spectacle, notre amiral fit serment de mettre à mort tous ceux qui étaient sur ce navire. Il poussa avec fureur sur le brigantin, qui esquiva par-dessous les rames; mais la galère lui coupa le chemin et le devança d'un demi-mille environ. Se voyant perdu, l'équipage déploya ses voiles pendant que la capitane revirait, et se mit à fuir de toute sa vitesse. Mais cela ne servit qu'à retarder de quelques instants sa perte; il fut contraint de se rendre. Les autres galères étant arrivées au même instant, toutes quatre, avec leur capture, retournèrent à la côte, où une foule nombreuse et impatiente les attendait. L'amiral jeta l'ancre près de terre, et sachant que le vice-roi était sur le rivage, il fit mettre l'esquif à la mer pour l'aller chercher; il commanda ensuite de descendre la vergue, décidé qu'il était à faire pendre sur-le-champ le patron du corsaire, et les Turcs, au nombre de trente-six, tous beaux hommes et bons tireurs.

L'amiral ayant demandé quel était leur capitaine; un des captifs, qu'on sut depuis être un renégat espagnol, répondit en castillan, en désignant de la main un jeune garçon d'environ vingt ans, d'une admirable beauté : Ce jeune homme que tu vois là est notre commandant.

Dis-moi, chien, demanda l'amiral à ce dernier, qui t'a poussé à faire tuer mes soldats, voyant qu'il t'était impossible d'échapper? Ne sais-tu pas que témérité n'est pas vaillance, et qu'on doit plus de respect aux galères capitanes?

Le patron allait répondre, quand l'amiral le quitta pour s'avancer à la rencontre du vice-roi, qui entrait dans la galère avec quelques gens de sa suite et des personnes de la ville.

La chasse a-t-elle été bonne? demanda le vice-roi.

Si bonne, répondit l'amiral, que Votre Excellence va la voir pendue tout à l'heure au haut de cette vergue.

Eh, pourquoi? répliqua le vice-roi.

Parce que sans motif et contre tous les usages de la guerre, ils ont tué deux de mes meilleurs soldats; aussi ai-je juré de faire pendre tous ceux qui se trouveraient à bord du corsaire, principalement ce jeune garçon, qui en est le patron.

En même temps il le lui montrait, les mains déjà liées et n'attendant plus que la mort. Le vice-roi jeta les yeux sur le prisonnier, et en eut compassion. Sa beauté, sa jeunesse, un certain air de modestie, semblaient demander grâce, et il résolut de le sauver.

De quelle nation es-tu? lui demanda-t-il, Turc, More ou renégat?

Je ne suis rien de tout cela, répondit-il en castillan.

Qu'es-tu donc?

Je suis femme et chrétienne.

Femme et chrétienne! sous ce costume et en tel lieu! répliqua le vice-roi : en vérité, voilà qui est étrange et difficile à croire!

Seigneurs, dit-elle, suspendez mon supplice, et je vous raconterai mon histoire; cela ne retardera guère votre vengeance.

Tout le monde était touché des paroles de cette femme et de l'air dont elle les prononçait; mais l'amiral, toujours irrité, lui dit avec rudesse : Raconte ce que tu voudras, mais n'espère pas que je te pardonne la mort de mes soldats.

Seigneurs, dit-elle, je suis née de parents mores, parmi cette nation plus imprudente que sage sur laquelle sont tombées depuis peu tant d'infortunes. A l'époque de nos malheurs, deux de mes oncles m'emmenèrent malgré moi en Barbarie. J'eus beau protester et dire que j'étais chrétienne, comme je le suis en effet et du fond du cœur, je ne fus pas écoutée; ni ceux qui étaient chargés de nous déporter, ni mes oncles, ne voulurent me croire; ils m'entraînèrent malgré moi.

CHAPITRE LXIII.   361

Cependant mes parents étaient chrétiens ; et j'ai si bien sucé avec le lait la foi catholique, que je ne crois pas avoir jamais témoigné, par mes paroles ou mes actions, aucune inclination contraire. Quoique tenue fort à l'étroit dans la maison de mon père, on savait que j'étais belle, et le bruit de ma beauté m'attira les soins d'un jeune gentilhomme appelé don Gaspar Gregorio, fils aîné d'un chevalier qui avait une habitation près de notre village. Vous dire comment il me vit, les ruses qu'il employa pour me parler, les marques qu'il me donna de sa passion, aussi bien que vous peindre sa joie quand il lui fut permis de croire que je l'aimais, cela serait trop long à raconter, surtout en présence de la corde fatale qui me menace. Je dirai seulement que don Gaspar voulut m'accompagner dans notre exil. Il se mêla parmi les Mores chassés d'autres provinces, et comme il connaissait parfaitement leur langue, il se lia d'amitié pendant le voyage avec les deux oncles qui m'emmenaient ; car en homme prudent, mon père, dès le premier édit qui exilait notre nation, avait été nous préparer un asile en pays étranger. Avant son départ il avait eu aussi la précaution d'enfouir dans un endroit dont j'avais seule connaissance, beaucoup de pierres précieuses et de perles d'un grand prix, m'ordonnant de n'y point toucher, si même on nous déportait avant son retour. Je lui obéis, et je passai en Barbarie avec mes oncles et d'autres parents. Nous nous réfugiâmes d'abord à Alger, mais mieux eût valu nous réfugier dans l'enfer même, car le dey ayant su que j'étais belle autant que riche, me fit comparaître devant lui. Il me demanda quel était mon pays, quels bijoux et quel argent j'apportais. Je lui déclarai le lieu de ma naissance, ajoutant que mon argent et mes bijoux y étaient enfouis, mais qu'on pourrait les recouvrer, si j'allais les chercher moi-même. Je parlais ainsi afin que son avarice lui fît oublier ce que j'avais de beauté.

Pendant qu'il me questionnait de la sorte, on vint lui dire que j'étais accompagnée d'un des plus beaux jeunes hommes qu'on pût imaginer : je compris aussitôt qu'il s'agissait de don Gaspar, qui, en effet, est d'une beauté peu commune. Je me troublai à la pensée du péril que don Gaspar allait courir chez cette nation barbare, où l'on fait encore plus de cas de la beauté des hommes que de celle des femmes. Le dey ordonna de le lui amener, pour savoir si ce qu'on en disait était vrai. Alors, par une subite inspiration du ciel, je lui affirmai que c'était une femme, et le suppliai de me permettre d'aller lui faire prendre les habillements de son sexe, afin que sa beauté se fît voir dans tout son jour, et qu'elle parût avec moins d'embarras devant lui. Il y consentit, en ajoutant que le lendemain on aviserait à nous faire passer en Espagne pour y aller chercher le trésor enfoui. Je courus révéler à don Gaspar le péril qu'il courait, et l'ayant habillé en femme, je le menai dès le soir même devant le dey, qui, ravi d'admiration, résolut de le garder pour en faire présent au Grand Seigneur. Mais en attendant, de crainte d'être tenté lui-même, il le mit sous la garde d'une dame more, des premières de la ville. Je laisse aux amants et à ceux qui connaissent les tourments de l'absence à juger des mortelles angoisses que nous dûmes éprouver, ainsi éloignés l'un de l'autre.

Par l'ordre du dey je partis le lendemain sur ce brigantin, accompagnée de deux Turcs, ceux-là même qui ont tué vos soldats, et de ce renégat espagnol (montrant celui qui l'avait fait connaître pour le patron), qui est chrétien au fond de l'âme, et qui a plus d'envie de rester en Espagne que de retourner en Barbarie; le reste de la chiourme se compose de Mores. Contrairement à l'ordre qu'ils avaient reçu de nous débarquer, le renégat et moi, au premier endroit où on pourrait aborder, ces deux Turcs ont voulu d'abord courir la côte pour faire quelque prise, craignant, s'ils nous mettaient à terre auparavant, que leur dessein ne fût dévoilé, et, s'il y avait des galères dans ces parages qu'on ne vînt nous attaquer. Bref, nous avons été découverts, et nous voilà maintenant entre vos mains. Mais, hélas! don Gaspar est resté parmi ces barbares, en habit de femme, et exposé à toutes sortes de périls. Pour moi, je ne sais si je dois me plaindre de mon sort; car, après tant de traverses, la vie m'est devenue insupportable, et je la perdrai sans regret : la seule chose que je vous demande, seigneurs, c'est de m'accorder la grâce de mourir en chrétienne, puisque je suis innocente des fautes que l'on reproche à ceux de ma nation.

En achevant de parler, la belle Morisque versa des larmes, et la pitié en arracha à tous les assistants. Non moins attendri, le vice-roi s'approcha d'elle sans rien dire et lui délia les mains.

Pendant qu'elle racontait son histoire, un vieux pèlerin, qui était entré avec les gens du vice-roi, avait tenu les yeux cloués sur la jeune fille; dès qu'elle eut cessé de parler, il se précipita à ses genoux, et les embrassant avec tendresse : O Anna Félix, ma chère enfant, s'écriat-il, ne reconnais-tu point Ricote, ton père, qui revenait pour te chercher, car il ne peut vivre sans toi?

A ce nom de Ricote, Sancho, encore tout pensif du mauvais tour que lui avaient joué les rameurs, leva la tête, fixa le pèlerin et recon-

CHAPITRE LXIII.

nut ce Ricote dont il avait fait la rencontre le jour où il quitta son gouvernement; aussitôt, regardant par deux ou trois fois la jeune Morisque, il affirma que c'était bien la fille de son ami qui, depuis qu'elle avait les mains libres, s'était jetée au cou de son père, et y restait attachée, mêlant ses larmes aux siennes.

Oui, seigneurs, dit Ricote en s'adressant à l'amiral et au vice-roi, c'est là ma fille, à qui son nom semblait promettre un meilleur sort, car elle s'appelle Anna Félix, et elle n'est pas moins célèbre par sa beauté que par mes richesses. J'ai quitté mon pays, afin d'aller à l'étranger chercher un asile; et après en avoir découvert un en Allemagne, je suis revenu sous ce costume, pour emmener mon enfant et déterrer les richesses que j'avais enfouies avant mon départ. Mais je ne trouvai que mon trésor que je rapporte avec moi. Aujourd'hui enfin, après bien des traverses, je rencontre, par un hasard merveilleux, cette chère enfant, mon véritable trésor, que je préfère à tous les biens du monde. Si son innocence, ses larmes et les miennes peuvent vous toucher, ayez pitié de deux malheureux qui ne vous ont pas offensés et qui n'ont jamais pris part aux mauvais desseins de leurs compatriotes justement exilés.

Oh! je reconnais bien Ricote, reprit Sancho, et je vous réponds qu'il dit vrai quand il assure qu'Anna Félix est sa fille : quant à toutes ces allées et venues, à ses bons ou à ses mauvais desseins, je ne m'en mêle pas.

Tous les assistants étaient émerveillés d'une si étrange aventure. Vos larmes, dit l'amiral, m'empêchent d'accomplir mon serment; vivez, belle Anna Félix, vivez autant d'années que vous en réserve le ciel, et que ceux-là qui ont eu l'insolence de commettre un meurtre inutile en portent seuls la peine.

En même temps, il ordonna de pendre les deux Turcs; mais le vice-roi demanda leur grâce avec de si vives instances, remontrant qu'il y avait eu dans leur action moins de bravade que de folie, que l'amiral y consentit, car il est difficile de se venger de sang-froid.

On s'occupa aussitôt des moyens de tirer don Gaspar du péril où il était; Ricote offrit pour sa délivrance deux mille ducats, qu'il possédait en perles et en bijoux. De tous les expédients proposés, aucun ne fut jugé meilleur que celui du renégat espagnol, qui s'offrit de retourner à Alger, dans une petite barque montée par des rameurs chrétiens, parce qu'il savait où il pourrait débarquer et qu'il connaissait aussi la maison où était don Gaspar. L'amiral et le vice-roi avaient quelque scrupule de se fier à un renégat; mais Anna Félix répondit de lui, et Ricote offrit de payer la rançon de l'équipage, si par hasard il venait à être capturé. Ce parti adopté, le vice-roi prit congé de l'amiral, et don Antonio Moreno emmena avec lui Anna Félix et son père, le vice-roi lui ayant recommandé d'en avoir le plus grand soin, tant il était touché de la beauté de la jeune Morisque!

CHAPITRE LXIV

De l'aventure qui causa le plus de chagrin à don Quichotte parmi toutes celles qui lui fussent jamais arrivées.

La femme de don Antonio accueillit Anna Félix dans sa maison avec une joie extrême et eut pour elle toutes sortes de prévenances, charmée qu'elle était de sa beauté autant que de sa sagesse. Toute la ville venait, comme à son de cloche, la voir et l'admirer.

Don Quichotte assurait que le parti auquel on s'était arrêté pour délivrer don Gaspar n'était pas le meilleur et qu'on aurait beaucoup mieux fait de le passer lui-même, avec son cheval et ses armes, en Barbarie, d'où il aurait tiré le jeune homme en dépit de tous les Mores, comme avait fait don Galiferos pour son épouse Mélisandre.

D'accord, seigneur, repartit Sancho; mais songez que lorsque don Galiferos enleva sa femme, c'était en terre ferme, et qu'il la ramena en France par la terre ferme; ici c'est tout autre chose : si vous parveniez à délivrer ce don Gaspar, par où le ramèneriez-vous en Espagne, puisque la mer est au milieu ?

Il y a remède à tout, excepté à la mort, répondit don Quichotte; pourvu que le bâtiment puisse approcher de la côte, je me fais fort de débarquer, quand bien même l'univers entier tenterait d'y mettre obstacle.

Cela ne coûte guère à dire, seigneur, repartit Sancho; mais du dit au fait il y a grand trajet; pour ma part, je me fie au renégat, qui me paraît habile et homme de bien.

Au surplus, dit don Antonio, si le renégat ne réussit pas, on aura recours à la valeur du grand don Quichotte, et on le passera en Barbarie.

Deux jours après, le renégat partit dans une barque légère, montée de vigoureux rameurs. De son côté, l'amiral, après avoir prié le vice-roi de lui donner des nouvelles d'Anna Félix, ainsi que de tout ce qui serait fait pour la délivrance de don Gaspar, prit congé de lui, et fit voile pour le Levant. Le vice-roi le lui promit.

Un matin que don Quichotte, armé de toutes pièces, car, ainsi qu'on l'a dit maintes fois, *ses armes étaient sa parure, et ses délassements les combats*, était sorti pour se promener sur la plage, il vit venir vers lui un cavalier également armé de pied en cap, et portant un écu sur lequel était peinte une lune resplendissante. Quand l'inconnu se fut assez approché pour être entendu de notre héros, il lui dit d'une voix haute et sonore :

Insigne chevalier et jamais suffisamment loué, don Quichotte de la Manche ! je suis le chevalier de la Blanche-Lune, dont les prouesses inouïes t'auront sans doute appris le nom. Je viens pour me mesurer avec toi, et mettre à l'épreuve la force ton bras, dans l'unique but de te faire reconnaître et confesser que ma dame, quelle qu'elle soit, est incomparablement plus belle que ta Dulcinée du Toboso. Si tu confesses cette vérité, tu éviteras, à toi la mort, et à moi la peine de te la donner. Dans le cas où nous en viendrions aux mains, la seule chose que j'exige de toi, si je suis vainqueur, c'est que déposant les armes, et t'abstenant de chercher les aventures, tu te retires pendant une année entière dans ton village, afin d'y vivre dans un repos non moins utile au salut de ton âme qu'aux soins de ta fortune. Si, au contraire, je suis vaincu, ma vie sera à ta discrétion; je t'abandonne mon cheval et mes armes, et la renommée de mes hauts faits viendra s'ajouter à la tienne. Choisis et réponds sur-le-champ, car je n'ai qu'un jour pour expédier cette affaire.

Don Quichotte resta étonné de l'arrogance du chevalier de la Blanche-Lune et du sujet de son défi. Il répondit avec calme, mais d'un ton sévère : Chevalier de la Blanche-Lune, vous dont les prouesses ne sont point encore parvenues jusqu'à mon oreille, je fais serment que jamais vous n'avez vu la sans pareille Dulcinée du Toboso ; autrement, vous n'eussiez point recherché ce combat, et vous eussiez avoué de vous-même et sans contrainte qu'il n'existe pas dans l'univers de beauté comparable à la sienne. Sans donc prétendre que vous en avez menti, mais me bornant à dire que vous vous abusez étrangement, j'accepte le défi aux conditions que vous y avez mises, et je l'accepte sur-le-champ, afin que ce jour décide entre vous et moi; n'exceptant de vos conditions qu'une seule, celle d'accroître ma renommée du renom de vos prouesses. Car ces prouesses, je les ignore, et quelles qu'elles soient, je me contente des miennes. Prenez donc du champ ce que vous en voudrez prendre, je ferai de même, et que la volonté du ciel s'accomplisse.

De la ville, on avait aperçu le chevalier de la Blanche-Lune, et déjà le vice-roi était averti qu'on l'avait vu s'entretenir avec don Quichotte. Aussitôt il prit le chemin de la plage, accompagné de don Antonio et de plusieurs autres, et ils arrivèrent au moment où notre héros tournait bride pour prendre du champ. Voyant les deux champions prêts à fondre l'un sur l'autre, le vice-roi vint se placer au milieu de la lice, s'informant du motif qui les portait à en venir si brusquement aux mains. Le chevalier de la Blanche-Lune répondit qu'il s'agissait d'une prééminence de beauté, répétant en peu de mots ce qui venait de se passer. Sur ce, le vice-roi s'approcha de don Antonio, et lui demanda à l'oreille s'il connaissait le chevalier de la Blanche-Lune, et si ce n'était pas là quelque mauvais tour qu'on voulût jouer à don Quichotte. Don Antonio ayant répondu qu'il l'ignorait, le vice-roi resta quelque temps indécis s'il permettrait aux combattants de passer outre. Toutefois, pensant bien que c'était une plaisanterie, il s'écarta en disant : Seigneurs chevaliers, s'il n'y a point ici de milieu entre confesser ou mourir, si le seigneur don Quichotte est intraitable, et si Votre Grâce, seigneur de la Blanche-Lune, n'en veut pas démordre, en avant, et à la garde de Dieu !

Le chevalier de la Blanche-Lune remercia le vice-roi en termes pleins de courtoisie. Don Quichotte fit de même, se recommandant de tout son cœur à Dieu et à sa dame Dulcinée, suivant sa coutume en pareilles rencontres ; il prit un peu plus de champ, voyant que son adversaire faisait de même ; puis, sans qu'aucune trompette en donnât le signal, ils fondirent tout à coup l'un sur l'autre. Le chevalier de la Blanche-Lune montait un coursier plus vif et plus vigoureux que Rossinante, si bien qu'arrivé aux deux tiers de la carrière, il heurta don Quichotte avec tant de force, sans se servir de la lance, dont il leva la pointe à dessein, qu'il fit rouler homme et monture sur le sable. Aussitôt, se précipitant vers le chevalier, et lui mettant le fer de sa lance à la gorge : Vous êtes vaincu, seigneur chevalier, lui dit-il, et vous êtes mort si vous ne confessez les conditions de notre combat.

Étourdi et brisé de sa chute, don Quichotte répondit d'une voix creuse et dolente comme si elle fût sortie du tombeau : Dulcinée du Toboso est la plus belle personne du monde, et moi le plus malheureux des chevaliers ; mais il ne faut pas que mon malheur démente une vérité si manifeste. Pousse ta lance, chevalier, et m'ôte la vie, puisque déjà tu m'as ôté l'honneur.

Non, non, répliqua le chevalier de la Blanche-Lune, vive, vive dans tout son éclat la réputation de beauté de madame Dulcinée du Toboso. Je n'exige qu'une chose, c'est que le grand don Quichotte se retire pendant toute une année dans son village, ainsi que nous en sommes convenus avant d'en venir aux mains.

Le vice-roi, don Antonio et ceux qui étaient présents entendirent ces paroles, et la réponse faite par notre héros, que pourvu qu'on ne lui demandât rien de contraire à la gloire de Dulcinée, il accomplirait tout le reste en véritable chevalier. De quoi le vainqueur déclara se contenter, puis tournant bride et saluant les spectateurs, il se dirigea au petit galop vers la ville. Le vice-roi donna ordre à Antonio de le suivre, et de s'informer qui il était.

On releva don Quichotte, et on lui découvrit le visage qu'on trouva pâle, inanimé, inondé d'une sueur froide. Rossinante était dans un tel état qu'il fut impossible de le remettre sur ses jambes. Sancho, triste et accablé, ne savait que dire ni que faire ; tout cela lui paraissait un songe, un véritable enchantement. Il voyait son seigneur vaincu, rendu à merci, et obligé de ne porter les armes d'un an entier, en même temps que la gloire de ses exploits était à jamais ensevelie. De son côté à lui, toutes ses espérances s'en allaient en fumée ; enfin, il craignait que Rossinante ne restât estropié pour le reste de ses jours, et son maître disloqué, sinon pis encore.

Finalement, avec une chaise à porteur, que le vice-roi fit venir, on ramena notre héros à la ville, et lui-même regagna son palais, très-impatient de savoir qui était le chevalier de la Blanche-Lune.

CHAPITRE LXV

Où l'on fait connaître qui était chevalier de la Blanche-Lune, et où l'on raconte la délivrance de don Gregorio, ainsi que d'autres événements.

Don Antonio Moreno suivit le chevalier de la Blanche-Lune, qu'une foule d'enfants escortèrent jusqu'à la porte d'une hôtellerie située au centre de la ville. Ainsi mis sur ses traces, il y entra presque aussitôt que lui, et le trouva dans une salle basse en train de se faire désarmer par son écuyer. Don Antonio le salua sans dire mot, attendant l'occasion d'ouvrir l'entretien ; mais le chevalier, voyant qu'il ne se disposait pas à se retirer, lui dit : Seigneur, je vois ce qui vous amène, vous voulez savoir qui je suis ; et comme je n'ai nulle raison de le cacher, je vais vous satisfaire pendant que mon écuyer achèvera de m'ôter mon armure. Je m'appelle le bachelier Samson Carrasco, et j'habite le même village que don Quichotte de la Manche. La folie de ce pauvre hidalgo, qui fait compassion à tous ceux qui le connaissent, m'a ému de pitié encore plus que tout autre. Persuadé que sa guérison dépend de son repos, je me suis mis en tête de le ramener dans sa maison. Il y a environ trois mois, j'endossai le harnais dans ce dessein, et, sous le nom de chevalier des Miroirs, je me mis à la recherche de don Quichotte, afin de le combattre et de le vaincre, sans toutefois le blesser, ayant mis préalablement dans les conditions du combat que le vaincu resterait à la merci du vainqueur. Mon intention était de lui imposer de ne pas sortir de sa maison d'un an entier, persuadé que pendant ce temps on parviendrait à le guérir. Mais la fortune en ordonna autrement : ce fut lui qui me fit rudement vider les arçons. Don Quichotte continua sa route, et je m'en retournai brisé de ma chute, qui avait été fort dangereuse. Cependant je n'avais pas renoncé à mon entreprise, ainsi que vous venez de le voir, et cette fois, c'est moi qui suis vainqueur. Voilà, seigneur, sans aucune réticence, ce que vous désiriez savoir. Je ne demande à Votre Grâce qu'une seule chose, c'est que don Quichotte n'ait aucune connaissance de ce que je viens de vous dire, afin que mes bonnes intentions ne soient pas perdues, et que le pauvre homme arrive à recouvrer l'esprit, qu'il a d'ailleurs excellent lorsqu'il n'est point troublé par les rêveries de son extravagante chevalerie.

Ah! seigneur, repartit don Antonio, que Dieu vous pardonne le tort que vous faites au monde entier en le privant du plus agréable fou qu'il possède. Tout le profit qu'on peut tirer du bon sens de don Quichotte compensera-t-il jamais le plaisir que nous procurent ses folies? Mais je crains que votre peine soit inutile, car il est presque impossible de rendre la raison à un homme qui l'a si complétement perdue. Quant à moi, si ce n'était pécher contre la charité, je demanderais que don Quichotte ne guérît point, puisque par là nous serons privés non-seulement de ses aimables extravagances, mais encore de celles de son écuyer Sancho, dont la moindre est capable de dérider la mélancolie même. Je me tairai toutefois, afin de voir, ce dont je doute, si vos soins aboutiront à quelque chose.

Seigneur, repartit Carrasco, l'affaire est en bon train, et j'espère un heureux succès.

Après quelques compliments échangés de part et d'autre, don Antonio quitta le chevalier de la Blanche-Lune, qui, ayant fait lier ses armes, les plaça sur un mulet, et, monté sur son cheval de bataille, prit le chemin de son village. De son côté, don Antonio alla rendre compte de sa mission au vice-roi, qui ne put s'empêcher de partager ses regrets, prévoyant bien que la réclusion de notre héros allait priver le monde de ses nouvelles folies.

Don Quichotte resta six jours au lit, sombre, rêveur, et beaucoup plus affligé de sa défaite que du mal qu'il ressentait. Sancho ne le quittait pas d'un instant, et s'efforçait de le consoler : Allons, mon bon maître, lui disait-il, relevez la tête, et tâchez de reprendre votre gaieté ; mieux vaut se réjouir que s'affliger ; n'êtes-vous pas assez heureux de ne point vous être brisé les côtes en tombant si lourdement ? ignorez-vous que là où se donnent les coups ils se reçoivent, et qu'il n'y a pas toujours du lard où se trouvent des crochets pour le pendre ? Moquez-vous du médecin, puisque vous n'avez pas besoin de lui pour guérir ; retournons chez nous, sans chercher désormais les aventures à travers des pays qui nous sont inconnus. Après tout, si vous êtes le plus maltraité, c'est moi qui suis le plus perdant. Quoique j'aie laissé avec le gouvernement l'envie d'être gouverneur, je n'ai pas renoncé à devenir comte ; cependant il faudra bien que je m'en passe, si vous n'arrivez pas à devenir roi, comme cela est probable en quittant vos chevaleries, et alors toutes mes espérances s'en iront en fumée.

Mon ami, répondit don Quichotte, il n'y a rien de désespéré. Ma retraite ne doit durer qu'une année ; au bout de ce temps je reprendrai l'exercice des armes, et alors je ne manquerai pas de royaumes à conquérir, ni de comtés à te donner.

Dieu le veuille, répliqua Sancho : bonne espérance vaut toujours mieux que mauvaise possession.

Comme ils en étaient là, don Antonio entra avec toutes les marques d'une grande allégresse : Bonne nouvelle, dit-il, seigneur don Quichotte, bonne nouvelle ! don Gaspar et le renégat sont au palais du vice-roi, et ils vont venir ici dans un instant.

Le visage de don Quichotte parut se dérider un peu.

En vérité, seigneur, reprit-il, j'aurais préféré que le contraire arrivât, afin de passer moi-même en Barbarie et d'avoir le plaisir de délivrer, avec don Gaspar, tous les chrétiens esclaves de ces infidèles. Mais, hélas ! ajouta-t-il en soupirant : ne suis-je pas ce vaincu, ce désarçonné, qui d'une année entière n'a le droit de porter les armes ? De quoi puis-je me vanter, moi qui suis plus propre à filer une quenouille qu'à manier une épée ?

Laissons tout cela, seigneur, répliqua Sancho ; vous me faites mourir avec vos discours : voulez-vous donc vous enterrer tout vivant ? vive la poule, même avec sa pépie : on ne peut pas toujours vaincre ; il faut que chacun ait son tour ! Ainsi va le monde. Tenez, il n'y a rien de sûr avec toutes ces batailles; mais celui qui tombe aujourd'hui peut se relever demain, à moins qu'il n'aime mieux garder le lit : je veux dire, s'il laisse abattre son courage à ce point qu'il ne lui en reste plus pour de nouveaux combats. Levez-vous, mon cher maître, et allons recevoir don Gaspar : au bruit que j'entends, il faut qu'il soit déjà dans la maison.

En effet, don Gaspar, après avoir salué le vice-roi, s'était rendu avec le renégat chez don Antonio, impatient de revoir Anna-Félix, et sans prendre le temps de quitter l'habit d'esclave qu'il avait en partant d'Alger; ce qui n'empêchait pas qu'il n'attirât les yeux de tout le monde par sa bonne mine, car il était d'une beauté surprenante, et pouvait avoir dix-sept à dix-huit ans. Ricote et Anna-Félix allèrent le recevoir, le père avec des larmes de joie, et la fille avec une pudeur charmante. Les deux amants ne s'embrassèrent point, car beaucoup d'amour et peu de hardiesse vont de compagnie, et leurs yeux furent les seuls interprètes de leurs chastes pensées. Le renégat raconta de quelle manière il avait délivré don Gaspar; il raconta aussi tous les périls qu'il avait courus parmi les femmes qui le gardaient, montrant dans son récit une discrétion si charmante et si fort au-dessus de son âge, qu'on ne lui trouva pas moins d'esprit que de grâce. Ricote récompensa généreusement le renégat et ses rameurs. Le renégat rentra dans le giron de l'Église, et de membre gangrené il redevint sain et pur par la pénitence.

Deux jours après, le vice-roi et don Antonio s'occupèrent des moyens d'empêcher qu'on n'inquiétât Ricote et Anna-Félix, qu'ils désiraient voir rester en Espagne, la fille étant si véritablement chrétienne et le père si bien intentionné. Don Antonio s'offrit pour aller solliciter à la cour, où d'autres affaires l'appelaient, disant qu'à force de présents et avec le secours de ses amis, il espérait y réussir. Mais Ricote répondit qu'il ne fallait rien espérer, parce que le comte de Salazar, chargé par le roi d'achever l'expulsion des Mores, était, quoique compatissant, un homme auprès de qui prières et présents étaient inutiles; de sorte que, malgré toutes leurs ruses, il en avait déjà purgé l'Espagne entière.

Quoi qu'il en soit, répliqua don Antonio, quand je serai sur les lieux, je n'épargnerai ni soins ni peine, et il en arrivera ce qu'il plaira à Dieu. Don Gaspar viendra avec moi pour consoler ses parents qui sont inquiets de son absence, et Anna-Félix restera ici auprès de ma femme, ou se retirera dans un couvent. Quant à Ricote, je suis assuré que monseigneur le vice-roi ne lui refusera pas sa protection, jusqu'au résultat de mes démarches.

Le vice-roi approuva tout. Don Gaspar refusa d'abord de s'éloigner d'Anna-Félix; mais comme il désirait beaucoup revoir ses parents, et qu'il était certain de retrouver sa maîtresse, il finit par consentir à l'arrangement proposé. Le jour du départ arriva, et de la part des deux amants, il y eut bien des larmes et des soupirs. Enfin, il fallut se séparer; Ricote offrit à don Gaspar mille écus, que le jeune homme refusa malgré toutes ses instances, se bornant à accepter de don Antonio l'argent dont il crut avoir besoin.

Deux jours après, don Quichotte, se sentant un peu rétabli, se mit aussi en chemin, sans cuirasse et sans armes, vêtu d'un simple habit de voyage, et suivi de Sancho à pied, qui conduisait le grison chargé de la panoplie de son maître.

CHAPITRE LXVI

Qui traite de ce que verra celui qui voudra le lire.

Au sortir de Barcelone, don Quichotte voulut revoir le lieu où il avait été vaincu : C'est ici que fut Troie[1], dit-il tristement; c'est ici que ma mauvaise étoile, et non ma lâcheté, m'a enlevé toute ma gloire; c'est ici que la fortune m'a fait sentir son inconstance, éprouver ses caprices; ici se sont obscurcies mes prouesses; ici tomba ma renommée pour ne plus se relever.

Seigneur, lui dit Sancho, il est d'un cœur généreux d'avoir autant de résignation dans le malheur que de ressentir de joie dans la prospérité. Voyez, moi, j'étais assurément fort joyeux d'être gouverneur; eh bien, maintenant que je suis à pied, suis-je plus triste pour cela? J'ai entendu dire que cette femelle qu'on appelle la Fortune est une créature fantasque, toujours ivre, et aveugle par-dessus le marché, aussi ne voit-elle point ce qu'elle fait, et ne sait-elle ni qui elle abat, ni qui elle élève.

Tu es bien philosophe, Sancho, repartit don Quichotte, et tu parles comme un docteur : je ne sais vraiment où tu as appris tout cela. Mais ce que je puis te dire, c'est qu'il n'y a point de Fortune en ce monde, et que toutes les choses qui s'y passent, soit en bien, soit en mal, n'arrivent jamais par hasard, mais sont l'effet d'une providence

---

1. Campos ubi Troja fuit.... (Réminiscence de Virgile.)

particulière du ciel. De là vient qu'on a coutume de dire que chacun est l'artisan de sa fortune. Moi, je l'avais été de la mienne, et c'est parce que je n'y ai pas travaillé avec assez de prudence que je me vois châtié de ma présomption. J'aurais dû penser que la débilité de Rossinante le rendait incapable de soutenir le choc du puissant coursier du chevalier de la Blanche-Lune; cependant j'acceptai le combat, et quoique j'aie fait de mon mieux, j'eus la honte de me voir renversé dans la poussière. Mais si j'ai perdu l'honneur, je dois avoir le courage d'accomplir ma promesse. Quand j'étais chevalier errant, hardi, valeureux, mon bras et mes œuvres étaient celles d'un homme de cœur; aujourd'hui, descendu à la condition d'écuyer démonté, mon entière soumission et ma loyauté feront voir que je suis homme de parole. Allons faire chez nous notre année de noviciat, ami Sancho, et dans cette réclusion forcée, nous puiserons une nouvelle vigueur pour reprendre avec plus d'éclat l'exercice des armes.

Seigneur, répondit Sancho, ce n'est point chose si agréable de cheminer à pied, qu'elle donne envie de faire de longues étapes : attachons ces armes à quelque arbre, et lorsque je serai sur le dos du grison, nous marcherons aussi vite que vous voudrez. Mais, tant que mes jambes devront me porter, ne me pressez pas, s'il vous plaît.

Tu as raison, Sancho, reprit don Quichotte; attachons ici mes armes en trophée, puis au-dessous et à l'entour nous graverons sur l'écorce des arbres ce qu'il y avait au bas du trophée des armes de Roland :

> Que nul de les toucher ne soit si téméraire,
> S'il ne veut de Roland affronter la colère.

A merveille, seigneur, répondit Sancho; et n'était le besoin que nous pourrions avoir de Rossinante, je serais d'avis qu'on le pendît également.

Non, repartit don Quichotte, il ne faut pendre ni les armes, ni Rossinante, afin qu'on ne puisse pas dire : A bon serviteur mauvaise récompense.

Sans doute aussi, répliqua Sancho, à cause du proverbe qui dit qu'il ne faut pas faire tomber sur le bât la faute de l'âne. Eh bien, puisque c'est à Votre Grâce que revient le tort de cette aventure, châtiez-vous vous-même, et ne vous en prenez point à vos armes, qui sont déjà toutes brisées, ni au malheureux Rossinante, qui n'en peut mais, et encore moins à mes pauvres pieds, en les faisant cheminer plus que de raison.

CHAPITRE LXVI.

Cette journée et trois autres encore se passèrent en semblables discours, sans que rien vînt entraver leur voyage. Le cinquième jour, à l'entrée d'une bourgade, ils trouvèrent tous les habitants sur la place, assemblés pour se divertir, car c'était la fête du pays. Comme don Quichotte s'approchait d'eux, un laboureur éleva la voix et dit : Bon! voilà justement notre affaire : ces seigneurs qui ne connaissent point les parieurs jugeront notre différend.

Très-volontiers, mes amis, répondit notre héros, pourvu que je parvienne à le bien comprendre.

Mon bon seigneur, voici le cas, repartit le laboureur : un habitant de ce village, si gros qu'il pèse près de deux cent quatre-vingts livres, a défié à la course un de ses voisins, qui ne pèse pas la moitié autant que lui, et ils doivent courir cent pas, à condition qu'ils porteront chacun le même poids. Quand on demande à l'auteur du défi comment il veut qu'on s'y prenne, il répond que son adversaire doit se charger de cent cinquante livres de fer, et que par ce moyen ils peseront autant l'un que l'autre.

Vous n'y êtes pas, dit Sancho devançant la réponse de son maître, et c'est à moi, qui viens tout fraîchement d'être gouverneur, comme chacun sait, à juger cette affaire.

Juge, ami Sancho, reprit don Quichotte; aussi bien ne suis-je pas en état de distinguer le blanc du noir, tant mon jugement est troublé et obscurci.

Eh bien, frères, continua Sancho, je vous dis donc, avec la permission de mon maître, que ce que demande le défieur n'est pas juste. C'est toujours au défié à choisir les armes; ici c'est le défieur qui les choisit, et il en donne à son adversaire de si embarrassantes, que celui-ci non-seulement ne saurait remporter la victoire, mais même se remuer. Or, s'il est trop gros, qu'il se coupe cent cinquante livres de chair par-ci par-là, à son choix : de cette manière les parties devenant égales, personne n'aura lieu de se plaindre.

Par ma foi, reprit un paysan, ce seigneur a parlé comme un bienheureux et jugé comme un chanoine : mais le gros ne voudra jamais s'ôter une once de chair, à plus forte raison cent cinquante livres.

Le mieux est qu'ils ne courent point, dit un autre, afin que le maigre n'ait pas à crever sous le faix, ni le gros à se déchiqueter le corps. Convertissons en vin la moitié de la gageure, et emmenons ces seigneurs à la taverne : s'il en arrive mal, je le prends sur moi.

Je vous suis fort obligé, seigneurs, répondit don Quichotte; mais je ne puis m'arrêter un seul instant. De sombres pensées et de tristes pressentiments me forcent d'être impoli et me font cheminer plus vite que je ne voudrais.

En parlant ainsi, il piqua Rossinante et passa outre, laissant les villageois non moins étonnés de son étrange figure que de la sagacité de son écuyer.

Lorsqu'il les vit s'éloigner, un des laboureurs dit aux autres : Si le valet a tant d'esprit, que doit être le maître! S'ils vont étudier à Salamanque, je gage qu'ils deviendront en un tour de main alcades de cour; car il n'est rien comme d'étudier et d'avoir un peu de chance, pour, au moment où l'on y songe le moins, se voir verge à la main ou mitre sur la tête.

Cette nuit-là, le maître et le valet la passèrent à la belle étoile au milieu des champs. Le matin, comme ils poursuivaient leur route, ils virent venir à eux un messager à pied qui avait un bissac sur l'épaule, et une espèce de bâton ferré à la main. Cet homme doubla le pas en approchant de don Quichotte, et lui embrassant la cuisse : Seigneur, lui dit-il, que monseigneur le duc aura de joie quand il apprendra que vous retournez au château! Il y est encore avec madame la duchesse.

Mon ami, je ne sais qui vous êtes; veuillez me le dire, reprit notre chevalier.

Moi, seigneur, répondit l'homme, je suis ce Tosilos, laquais de monseigneur le duc, qui refusa de se mesurer avec Votre Grâce, au sujet de la fille de la señora Rodriguez.

Sainte Vierge! s'écria don Quichotte, quoi, c'est vous que les enchanteurs, mes ennemis, ont transformé en laquais, pour m'ôter la gloire de ce combat!

Je vous demande pardon, répliqua Tosilos, il n'y eut ni transformation ni enchantement : j'étais laquais quand j'entrai dans la lice, et laquais quand j'en sortis. Comme la fille me semblait jolie, j'ai préféré l'épouser plutôt que de combattre. Mais il y eut bien à déchanter après votre départ : monseigneur le duc m'a fait donner cent coups de bâton, pour n'avoir pas exécuté ses ordres; la pauvre fille a été mise en religion, et la señora Rodriguez s'en est retournée en Castille. Pour l'instant, je vais à Barcelone porter un paquet de lettres à monseigneur le vice-roi, de la part de mon maître. J'ai ici une gou de pleine de vieux vin, ajouta-t-il; Votre Seigneurie veut-elle boire un coup? quoique chaud, quelques bribes d'un fromage que j'ai encore là vous le feront trouver bon.

Je vous prends au mot, dit Sancho, car, moi, je ne fais point de façon avec mes amis. Que Tosilos mette la nappe, et nous verrons si les enchanteurs m'empêchent de lever le coude.

En vérité, Sancho, répondit don Quichotte, tu es bien le plus grand glouton et le plus ignorant personnage qui soit dans le monde. Ne vois-tu pas que ce courrier est enchanté, et que ce n'est là qu'un faux Tosilos. Reste avec lui ; farcis-toi la panse, je m'en irai au petit pas en t'attendant.

Tosilos sourit en regardant partir le chevalier, et ayant tiré de son bissac la gourde et le fromage, il s'assit sur l'herbe avec Sancho. Tous deux y restèrent jusqu'à ce que la gourde fût entièrement vide ; l'histoire dit même qu'ils finirent par lécher le paquet de lettres, seulement parce qu'il sentait le fromage.

Ton maître doit être un grand fou ! dit Tosilos à Sancho.

Comment ! il doit ? répondit Sancho : parbleu ! il ne doit rien, il n'y a point d'homme qui paie mieux ses dettes, surtout quand c'est en monnaie de folies. Je m'en aperçois bien, et je le lui ai souvent dit à lui-même ; mais qu'y faire ? maintenant qu'il est fou à lier, depuis le jour où il a été vaincu par le chevalier de la Blanche-Lune !

Tosilos le pria de lui conter cette aventure ; Sancho répondit qu'il lui donnerait contentement à la première rencontre et qu'il ne voulait pas faire attendre son maître plus longtemps. Il se leva, secoua son pourpoint et les miettes qui étaient tombées sur sa barbe ; puis ayant souhaité un bon voyage à Tosilos, il poussa le grison devant lui et rejoignit don Quichotte, qui l'attendait à l'ombre, sous un arbre.

CHAPITRE LXVII

De la résolution que prit don Quichotte de se faire berger tout le temps qu'il était obligé de ne point porter les armes.

Si don Quichotte, avant sa rencontre avec le chevalier de la Blanche-Lune, avait été en proie à de tristes pensées, c'était bien pis depuis sa défaite.

Il attendait, comme je l'ai dit, couché à l'ombre d'un arbre, et là mille pénibles souvenirs, comme autant de moustiques, venaient l'assaillir et le harceler : les uns avaient trait au désenchantement de Dulcinée, les autres au genre de vie qu'il allait mener pendant son repos forcé.

Sancho s'étant mis à lui vanter la générosité du laquais Tosilos :

Est-il possible, lui dit-il, que tu croies encore que ce soit là un véritable laquais? Tu as donc oublié la malice de mes ennemis les enchanteurs? Dulcinée transformée en paysanne, et le chevalier des Miroirs devenu le bachelier Carrasco? Mais, dis-moi, as-tu demandé à ce prétendu Tosilos des nouvelles d'Altisidore? A-t-elle pleuré mon absence, ou a-t-elle banni loin d'elle les amoureuses pensées qui la tourmentaient avec tant de violence moi présent?

Par ma foi, seigneur, répondit Sancho, je ne songeais guère à ces niaiseries : mais, pourquoi, je vous prie, vous occuper des pensées d'autrui, et surtout des pensées amoureuses?

Mon ami, dit don Quichotte, il y a une grande différence entre la conduite qu'inspire l'amour, et celle qui est dictée par la reconnaissance : un chevalier peut se montrer froid et insensible, mais il ne doit jamais être ingrat. Altisidore m'aimait sans doute, puisqu'elle m'a donné les mouchoirs de tête que tu sais; elle a pleuré mon départ, m'a adressé des reproches et maudit devant tout le monde, en dépit de toute pudeur; preuves certaines qu'elle m'adorait, car toujours les dépits des amants éclatent en malédictions. Moi, je n'avais ni trésors à lui offrir, ni espérance à lui donner : tout cela appartient à Dulcinée, la souveraine de mon âme, Dulcinée, que tu outrages par tes retardements à châtier ces chairs épaisses que je voudrais voir mangées des loups, puisqu'elles aiment mieux se réserver pour les vers du tombeau que de s'employer à la délivrance de cette pauvre dame.

En vérité, seigneur, répondit Sancho, je ne puis me persuader que ces coups de fouet dont vous parlez sans cesse aient rien de commun avec le désenchantement de personne; c'est comme si on disait : La tête te fait mal; eh bien, graisse-toi la cheville. Je jurerais bien que dans vos livres de chevalerie vous n'avez jamais vu délivrer un enchanté à coups de fouet. Mais enfin, pour vous faire plaisir, je me les donnerai aussitôt que l'envie m'en prendra et que j'en trouverai l'occasion.

Que Dieu t'entende, dit don Quichotte, et qu'il te fasse la grâce de reconnaître bientôt l'obligation où tu es de soulager ma dame et maîtresse, qui est aussi la tienne puisque tu es à moi.

En discourant ainsi, ils arrivèrent à l'endroit où ils avaient été culbutés et foulés sous les pieds des taureaux. Don Quichotte reconnut la place et dit à son écuyer : Voici la prairie où nous rencontrâmes naguère ces aimables bergers et ces charmantes bergères qui voulaient renouveler l'Arcadie pastorale. Leur idée me semble aussi louable qu'ingénieuse; et si tu veux m'en croire, ami Sancho, nous

nous ferons bergers à leur imitation, ne fût-ce que pendant le temps que j'ai promis de ne pas porter les armes. J'achèterai quelques brebis et toutes les choses nécessaires à la vie pastorale ; puis, me faisant appeler le berger Quichottin, et toi le berger Pancinot, nous nous mettrons à errer à travers les bois et les prés, chantant par ici, soupirant par là, tantôt nous désaltérant au pur cristal des fontaines, tantôt aux eaux limpides des ruisseaux. Les chênes nous donneront libéralement leurs fruits savoureux ; le tronc des liéges, un abri rustique ; les saules, leur ombre hospitalière ; la rose, ses parfums ; les prairies, leurs tapis émaillés de mille couleurs ; l'air, sa pure haleine ; les étoiles, leur douce lumière ; le chant, du plaisir : l'Amour nous inspirera de tendres pensées, et Apollon nous dictera des vers, qui nous rendront fameux, non-seulement dans l'âge présent, mais aussi dans les siècles à venir.

Pardieu, seigneur, voilà une manière de vivre qui m'enchante, répondit Sancho ; il faut que le bachelier Samson Carrasco et maître Nicolas le barbier n'y aient jamais pensé : je parie qu'ils seront ravis de se faire bergers. Et que diriez-vous si le seigneur licencié faisait de même, lui qui est bon compagnon et qui aime tant la joie ?

Ce que tu dis là est parfait, reprit don Quichotte ; et si le bachelier Samson veut être de la partie, comme il n'aura garde d'y manquer, il pourra s'appeler le berger Sansonio ou le berger Carrascon ; maître Nicolas s'appellera Nicoloso, à l'imitation de l'ancien Boscan, qui s'appelait Nemoroso ; quant au seigneur curé, je ne sais trop quel nom lui donner, si ce n'est un nom qui dérive du sien, le berger Curiambro, par exemple. Nous pourrons donner à nos bergères les noms que bon nous semblera, et comme celui de Dulcinée convient aussi bien à une bergère qu'à une princesse, je n'ai que faire de me creuser la tête pour lui en chercher un autre ; toi, Sancho, tu feras porter à ta bergère tel nom que tu voudras.

Je n'ai pas envie, répondit Sancho, de lui en donner un autre que celui de Thérésona ; il ira bien avec sa taille ronde et avec le nom qu'elle porte, puisqu'elle s'appelle Thérèse, outre qu'en la nommant dans mes vers, on verra que je lui suis fidèle, et que je ne vais point moudre au moulin d'autrui. Pour ce qui est du curé, il ne convient pas qu'il ait de bergère, afin de donner le bon exemple ; mais si le bachelier veut en avoir une, à lui permis.

Bone Deus ! s'écria don Quichotte, quelle vie nous allons mener, ami Sancho ! que de cornemuses vont résonner à nos oreilles ! que de tambourins, de violes et de guimbardes ! et si avec cela nous pouvons nous procurer des albogues [1], il ne nous manquera aucun des instruments qui entrent dans la musique pastorale.

Qu'est-ce que cela, des albogues, seigneur? demanda Sancho; je n'en ai jamais vu, ni même entendu parler de ma vie.

Des albogues, répondit don Quichotte, sont des plaques de métal assez semblables à des pieds de chandeliers, et qui, frappées l'une contre l'autre, rendent un son peu agréable peut-être, mais qui se marie fort bien avec la cornemuse et le tambourin. Ce nom d'albogue est arabe, comme tous ceux de notre langue qui commencent par *al*; par exemple, *almoaça, almorzar, alhombra, alguazil, almaçen*, et autres semblables. Notre langue n'a que trois mots qui finissent en *i, borcegui, zaquizami* et *maravedi;* car *alheli* et *alfaqui*, autant pour l'*al*, qui est au commencement, que pour l'*i* de la fin, sont reconnus pour être d'origine arabe. Je dis ceci en passant, parce que le nom d'albogue vient de me le rappeler. Au reste, ce qui nous aidera surtout à pratiquer dans la perfection notre état de berger, c'est que je me mêle un peu de poésie, comme tu sais, et que le bachelier Carrasco est un poëte excellent : du curé je n'ai rien à dire, mais je crois qu'il en tient un peu. Quant à maître Nicolas, il n'en faut pas douter, car tous les barbiers sont joueurs de guitare et faiseurs de couplets. Moi, je gémirai de l'absence; toi, tu chanteras la fidélité; le berger Carrascon fera l'amoureux dédaigné; le berger Curiambro, ce qui lui plaira; et de la sorte tout ira à merveille.

Seigneur, dit Sancho, j'ai tant de guignon, que je ne verrai jamais arriver l'heure de commencer une si belle vie. Oh! que de jolies cuillers de bois je vais faire, quand je serai berger! que de fromages à la crème, que de houlettes, que de guirlandes je ferai pour moi et ma bergère! et si l'on ne dit pas que je suis savant, au moins dira-t-on que je ne suis pas maladroit. Sanchette, ma fille, viendra nous apporter notre dîner à la bergerie. Mais, j'y songe! elle n'est pas trop déchirée, la petite, et il y a des bergers qui sont plus malins qu'on ne croit. Diable, je ne voudrais pas qu'elle vînt chercher de la laine et s'en retournât tondue; les amourettes et les méchants désirs se fourrent partout, aussi bien aux champs qu'à la ville, aussi bien dans les chaumières que dans les châteaux. Ainsi je ne veux pas que ma fille vienne à la bergerie, elle restera à la maison ; car en ôtant l'occasion, on ôte le péché, et, comme on dit, si les yeux ne voient pas, le cœur ne saute pas.

1. Espèces de cymbales.

Trêve, trêve de proverbes, Sancho, s'écria don Quichotte; en voilà plus qu'il n'en faut pour exprimer ta pensée; et je t'ai souvent répété de n'en pas être si prodigue. Mais, avec toi, c'est prêcher dans le désert; ma mère me châtie, je fouette la toupie.

Par ma foi, seigneur, repartit Sancho, Votre Grâce est avec moi comme la pelle avec le fourgon : vous dites que je lâche trop de proverbes, et vous les enfilez deux à deux.

Écoute, Sancho, reprit don Quichotte, ceux que je place ont leur à-propos; mais les tiens, tu les tires si fort par les cheveux, qu'on dirait que tu les traînes. Je te l'ai répété souvent, les proverbes sont autant de sentences tirées de l'expérience et des observations de nos anciens sages; mais le proverbe qui vient à tort et à travers est plutôt une sottise qu'une sentence. Au surplus, laissons cela : la nuit arrive, éloignons-nous du chemin, et cherchons quelque gîte; nous verrons demain ce que Dieu nous réserve.

Ils gagnèrent un endroit écarté et soupèrent tard et mal, au grand déplaisir de Sancho, à qui les jeûnes de la chevalerie errante faisaient incessamment regretter l'abondance de la maison de don Diego, les noces de Gamache et le logis de don Antonio. Mais enfin, considérant que la nuit devait succéder au jour, et le jour à la nuit, il s'endormit pour passer celle-là de son mieux.

CHAPITRE LXVIII

Aventure de nuit, qui fut plus sensible à Sancho qu'à don Quichotte.

La nuit était obscure, quoique la lune fût au ciel, mais elle ne se montrait pas dans un endroit d'où on pût l'apercevoir; car Diane va quelquefois se promener aux antipodes, et laisse dans l'ombre nos montagnes et nos vallées. Don Quichotte paya tribut à la nature en dormant le premier sommeil; mais il ne se permit pas le second, tout au rebours de Sancho, qui avait coutume de dormir d'une seule traite, depuis le soir jusqu'au matin, preuve d'une bonne constitution et de fort peu de soucis.

Ceux de don Quichotte, au contraire, le réveillèrent de bonne heure; aussi, après avoir appelé plusieurs fois son écuyer, il lui dit : En vérité, Sancho, je t'admire : tu parais aussi insensible que le marbre ou le bronze; tu dors quand je veille, tu chantes quand je pleure; je tombe d'inanition, faute de donner à la nature les aliments nécessaires, pendant que tu es alourdi et haletant pour avoir trop mangé. Il est pourtant d'un serviteur fidèle de prendre part aux déplaisirs de son maître ou d'en paraître touché, ne fût-ce que par bienfaisance. Vois comme la nuit est sereine, et quelle solitude règne autour de nous ; tout cela mérite bien qu'on se prive d'un peu de sommeil pour en profiter : lève-toi donc, je t'en conjure ; éloigne-toi un peu, et par pitié pour Dulcinée donne-toi quatre ou cinq cents coups de fouet sur ceux que tu es convenu de t'appliquer pour le désenchantement de cette pauvre dame ; agis de bonne grâce, je t'en supplie ; je ne veux pas en venir aux mains avec toi, comme l'autre jour ; car, je le sais, tu as la poigne un peu rude. Puis, quand l'affaire sera faite, nous passerons le reste de la nuit à chanter, moi les maux de l'absence, et toi les douceurs de la fidélité, commençant tous deux dès à présent cette vie que nous devons mener dans notre village.

Seigneur, répondit Sancho, je ne suis pas chartreux pour me lever ainsi au milieu de mon sommeil et me donner la discipline. Par ma foi, voilà qui est plaisant de croire qu'après cela nous chanterons toute la nuit : pensez-vous qu'un homme qui a été bien étrillé ait grande envie de chanter ? Laissez-moi dormir, je vous prie, et ne me pressez point davantage de me fouetter, autrement je fais serment de ne jamais battre mon pourpoint, encore moins ma propre chair.

O cœur endurci ! s'écria don Quichotte, ô homme sans entrailles, ô faveurs mal placées ! est-ce là ma récompense de t'avoir fait gouverneur, et de t'avoir mis en position de devenir au premier jour comte ou marquis ; ce qui ne peut manquer d'arriver aussitôt que j'aurai accompli le temps de mon exil, car enfin, *post tenebras spero lucem* [1].

Je ne comprends pas cela, repartit Sancho ; mais ce que je comprends fort bien, c'est que quand je dors je n'ai ni crainte ni espérance, ni peine ni plaisir. Par ma foi, béni soit celui qui a inventé le sommeil ! manteau qui couvre les soucis, mets qui chasse la faim, eau qui calme la soif, feu qui garantit du froid, froid qui tempère la chaleur ; en un mot, monnaie universelle pour acheter tous les plaisirs du monde, balance dans laquelle rois et bergers, savants et ignorants, ont tous le même poids ! C'est une bonne chose que le sommeil, seigneur, si ce n'est qu'il ressemble à la mort ; car d'un trépassé à un homme endormi, il n'y a pas grande différence, excepté pourtant que l'un ronfle quelquefois, tandis que l'autre ne souffle jamais mot.

De ma vie je ne t'ai entendu parler avec autant d'élégance, dit don

---

1. Après les ténèbres, j'attends la lumière.

CHAPITRE LXVIII.

Quichotte ; et le proverbe a raison quand il dit : *Regarde non avec qui tu nais, mais avec qui tu pais.*

Eh bien, seigneur, repartit Sancho, est-ce moi maintenant qui enfile des proverbes ? Par ma foi, mon cher maître, ils sortent de votre bouche deux par deux, avec cette différence, il est vrai, que ceux de Votre Grâce viennent à propos, et les miens sans rime ni raison ; mais, en fin de compte, ce sont toujours des proverbes.

Ils en étaient là quand ils entendirent un bruit sourd qui remplissait toute la vallée. Don Quichotte se leva brusquement, et mit l'épée à la main, mais Sancho se coula aussitôt sous son grison, se faisant un rempart à droite et à gauche des armes de son maître et du bât de l'âne : encore tremblait-il de tout son corps, quoiqu'il fût bien retranché. De moment en moment le bruit augmentait ; et plus il approchait de nos aventuriers, plus il leur causait de frayeur, à l'un du moins, car pour l'autre on connaît sa vaillance. Ce bruit venait de plus de six cents pourceaux que des marchands conduisaient à la foire. Ils marchaient la nuit afin de n'être point incommodés par la chaleur, et le grognement de ces animaux était si fort, que don Quichotte et Sancho en avaient les oreilles assourdies sans pouvoir deviner ce que ce pouvait être. Peu soucieux de savoir si don Quichotte et Sancho se trouvaient sur leur chemin et sans respect pour la chevalerie errante, les pourceaux leur passèrent sur le corps, emportant les retranchements de Sancho, confondant pêle-mêle le chevalier et l'écuyer, Rossinante et le grison, le bât et les armes.

Sancho se releva du mieux qu'il put, et demanda l'épée de son maître pour apprendre à vivre à messieurs les pourceaux, car il avait enfin reconnu ce que c'était.

Laisse-les passer, ami, répondit tristement don Quichotte ; cet affront est la peine de mon péché, et il est juste qu'un chevalier vaincu soit piqué par les moustiques, mangé par les renards, et foulé aux pieds par les pourceaux,

Je n'ai rien à répliquer à cela, seigneur, dit Sancho ; mais est-il juste que les écuyers des chevaliers vaincus soient tourmentés des moustiques, mangés des poux, dévorés par la faim ? Si nous étions, nous autres écuyers, les enfants des chevaliers que nous servons, ou leurs proches parents, je ne m'étonnerais pas que nous fussions châtiés pour leurs fautes, même jusqu'à la quatrième génération. Mais qu'ont à démêler les Panza avec les don Quichotte ? Enfin, prenons courage, tâchons de dormir le reste de la nuit : il fera jour demain, et nous verrons ce qui nous attend.

Dors, Sancho, dors, toi qui es né pour dormir, répondit notre héros : moi, qui suis fait pour veiller, je vais songer à mes malheurs, et tâcher de les soulager en chantant une romance que j'ai composée la nuit dernière, et dont je ne t'ai rien dit.

Par ma foi, reprit Sancho, les malheurs qui n'empêchent pas de faire des chansons, ne doivent pas être bien grands. Au reste, seigneur, chantez tant qu'il vous plaira; moi, je vais dormir de toutes mes forces.

Là-dessus, prenant sur la terre autant d'espace qu'il voulut, il s'endormit d'un profond sommeil. Don Quichotte, appuyé contre un hêtre, ou peut-être contre un liége, car cid Hamet ne dit point quel arbre c'était, chanta ces vers en soupirant :

> Amour! amour! lorsque je pense
> Au terrible tourment que tu me fais souffrir,
> Je ne songe plus qu'à mourir
> Pour finir enfin ma souffrance.
>
> Mais au point de franchir le pas
> Qui me doit délivrer des peines de la vie,
> Un excès de plaisir dont mon âme est ravie
> Me dérobe encore au trépas.
>
> Ainsi ne pouvant vivre et ne sachant mourir,
> J'éprouve à tous moments des angoisses mortelles,
> Et le sort n'a rien à m'offrir
> Qu'une vie, une mort également cruelles [1].

Il accompagnait chaque vers de soupirs et de larmes, comme un homme ulcéré du sentiment de sa défaite.

Cependant le jour parut, et les rayons du soleil donnant dans les yeux de Sancho, il commença à s'allonger, à se tourner d'un côté, puis d'un autre, et parvint à s'éveiller tout à fait. En voyant le désordre qu'avaient causé les pourceaux dans son équipage, il se mit à maudire le troupeau et ceux qui le conduisaient. Bref, nos aventuriers reprirent leurs montures, et continuèrent leur chemin. A la nuit tombante, ils virent venir à leur rencontre huit ou dix hommes à cheval, suivis de cinq ou six autres à pied. Don Quichotte sentit son cœur battre, et Sancho le sien défaillir, car ces gens portaient des lances et des boucliers, et semblaient en équipage de guerre. Sancho, dit notre héros en se tournant vers son écuyer, s'il m'était permis de faire usage de mes armes, et que ma parole ne me liât point les mains, cet esca-

---

[1]. Ces vers sont empruntés à la traduction de Filleau de Saint-Martin.

dron entier ne me ferait pas peur. Il se pourrait cependant que ce fût tout autre chose que ce que nous pensons.

Il parlait encore lorsqu'ils furent rejoints par les cavaliers qui, environnant don Quichotte sans dire mot, lui mirent la pointe de leur lance, les uns sur la poitrine, les autres contre les reins, comme pour le menacer de mort. Un des gens à pied, le doigt posé sur la bouche, pour montrer qu'il fallait se taire, prit Rossinante par la bride, et le conduisit hors du chemin; ses compagnons, entourant Sancho dans un merveilleux silence, le firent marcher du même côté. Deux ou trois fois il prit envie au pauvre chevalier de demander ce qu'on lui voulait, et où on le conduisait; mais dès qu'il voulait desserrer les lèvres, ses gardes, d'un œil menaçant et faisant briller leur lance, lui fermaient la bouche. Sancho n'en était pas quitte à si bon marché : pour peu qu'il fît mine de vouloir parler, on le piquait avec un aiguillon, lui et son âne, comme si l'on eût appréhendé que le grison n'eût la même envie. La nuit venue, on doubla le pas, et la frayeur augmenta dans le cœur de nos deux prisonniers, quand ils entendirent ces paroles : Avancez, Troglodytes; silence, barbares; souffrez, anthropophages; cessez de vous plaindre, Scythes; fermez les yeux, Polyphèmes meurtriers, tigres dévorants, et autres noms semblables, dont on leur assourdissait les oreilles.

Voilà des noms qui ne sonnent rien de bon! disait Sancho en lui-même; il souffle un mauvais vent! et tous les maux viennent à la fois, comme au chien les coups de bâton. Plaise à Dieu que cette rencontre ne finisse pas de même; mais elle commence trop mal pour avoir une bonne fin.

Don Quichotte marchait tout interdit; il ne pouvait comprendre les injures et les reproches dont on l'accablait; et malgré ses efforts pour trouver une explication, il jugea seulement qu'il y avait beaucoup à craindre et peu à espérer de cette aventure. Environ à une heure de la nuit, ils arrivèrent à la porte d'un château que don Quichotte reconnut pour être celui du duc, où il avait séjourné quelques jours auparavant.

Eh! que signifie tout ceci? demanda-t-il alors : n'est-ce pas dans ces lieux où j'ai rencontré naguère tant de courtoisie? Mais pour les vaincus tout est amertume et déception, le bien se change en mal, et le mal en pis.

En entrant dans la principale cour du château, ce qu'ils aperçurent augmenta leur étonnement, et redoubla leurs frayeurs, comme on le verra dans le chapitre suivant.

CHAPITRE LXIX

De la plus surprenante aventure qui soit arrivée à don Quichotte
dans tout le cours de cette grande histoire.

Les cavaliers mirent pied à terre, puis, enlevant don Quichotte et Sancho de leur selle, ils les portèrent dans la cour du château. Cent torches brûlaient à l'entour, et plus de cinq cents lampes qui donnaient une lumière égale à celle du plus beau jour éclairaient les galeries. Au milieu de la cour s'élevait un catafalque haut de sept à huit pieds, couvert d'un immense dais de velours noir, autour duquel brûlaient une centaine de cierges de cire blanche dans des chandeliers d'argent. Sur le catafalque était étendu le corps d'une jeune fille, si belle, qu'elle embellissait la mort même. Sa tête, posée sur un carreau de brocart, était couronnée d'une guirlande de fleurs diverses; dans ses mains, croisées sur sa poitrine, elle tenait une branche de palmier. A l'un des côtés de la cour s'élevait une espèce de théâtre, sur lequel on voyait deux personnages, couronne en tête et sceptre à la main, tels qu'on représente Minos et Rhadamanthe. Au pied de l'estrade, il y avait deux siéges vides : ce fut là que les gens qui avaient arrêté don Quichotte et Sancho les menèrent et les firent asseoir, en leur recommandant le silence d'un air farouche; mais il n'était pas besoin de menaces, la terreur les avait rendus muets.

Pendant que notre chevalier regardait tout cela avec stupéfaction, ne sachant que penser, surtout en voyant que le corps déposé sur le catafalque était celui de la belle Altisidore, deux personnages de distinction, que nos aventuriers reconnurent pour le duc et la duchesse, naguère leurs hôtes, montèrent sur le théâtre et vinrent s'asseoir sur de riches fauteuils, auprès des deux rois couronnés. Don Quichotte et Sancho leur firent une profonde révérence, à laquelle le noble couple répondit en inclinant légèrement la tête.

Un officier de justice parut alors, et s'approchant de Sancho, il le revêtit d'une robe de boucassin noir, bariolée de flammes peintes, lui posa sur la tête une mitre pointue, semblable à celles que portent les condamnés du saint office, en lui déclarant à voix basse que s'il desserrait les dents on lui mettrait un bâillon, si même on ne le massacrait sur la place. Ainsi affublé, Sancho se regardant des pieds à la tête, se voyait tout couvert en flammes; mais comme il ne se sentait point brûler, il en prit son parti. Il ôta la mitre, et la voyant couverte de

CHAPITRE LXIX.

diables, il la replaça sur sa tête, en se disant à lui-même : Puisque ni les flammes ne me brûlent ni les diables ne m'emportent, il n'y a pas à s'inquiéter. Don Quichotte, en regardant son écuyer, ne put, malgré toute sa frayeur, s'empêcher de rire.

Alors, au milieu du silence général, on entendit sortir de dessous le catafalque un agréable concert de flûtes; puis tout d'un coup près du coussin sur lequel reposait le cadavre se montra un beau jeune homme vêtu à la romaine, qui, accordant sa voix avec une harpe qu'il tenait, chanta les stances suivantes :

> Pendant que l'amoureuse et triste Altisidore
> Repose en son cercueil ;
> Pendant que nous voyons encore
> Soupirer et gémir ses compagnes en deuil,
> Je vais, ainsi qu'un autre Orphée,
> Chanter son mérite en mes vers,
> Et pour l'apprendre à l'Univers,
> En informer la renommée.
>
> Je ne prétends seulement pas
> Le publier pendant la vie,
> Je veux même après le trépas
> Que, libre de mon corps, mon esprit le publie ;
> Qu'on sache partout ses malheurs,
> Que l'Univers entier en pleure,
> Et jusqu'en la sombre demeure,
> Que Pluton et sa cour en répandent des pleurs [1].

Assez, dit un des deux rois ; assez, chantre divin : ce serait à n'en jamais finir que de vouloir célébrer la mort et les attraits de l'incomparable Altisidore. Elle n'est pas morte, comme le pense le vulgaire ignorant, car elle vit grâce à la renommée, mais elle vit et revivra, grâce surtout aux tourments que Sancho Panza, ici présent, va endurer pour la rendre à la lumière. Ainsi donc, ô Rhadamanthe ! toi qui siéges avec moi dans les sombres cavernes du destin, toi qui connais ce qu'ordonnent ses immuables décrets, pour que cette aimable personne revienne à la vie, déclare-le sur-le-champ, afin que nous ne soyons pas privés plus longtemps du bonheur que doit nous procurer son retour.

A peine Minos eut-il cessé de parler, que Rhadamanthe se leva et dit : Allons, ministres de justice, grands et petits, forts et faibles, vous tous qui êtes ici, accourez, et appliquez sur le visage de Sancho Panza vingt-quatre croquignoles, faites-lui douze pincements aux bras, et

---

[1]. Ces vers sont empruntés à la traduction de Filleau de Saint-Martin.

aux reins six piqûres d'épingles, car de cela dépend la résurrection d'Altisidore.

Mille Satans! s'écria Sancho, je suis aussi disposé à me laisser faire qu'à devenir Turc. Mort de ma vie! qu'a de commun ma peau avec la résurrection de cette demoiselle! Il paraît que l'appétit vient en mangeant. Madame Dulcinée est enchantée, il faut que je la désenchante à coups de fouet; celle-là meurt du mal que Dieu lui envoie et il faut que je me laisse meurtrir le visage à coups de croquignoles, et percer le corps comme un crible pour la rappeler à la vie! A d'autres, à d'autres, s'il vous plaît : je suis un vieux renard, et je ne m'en laisse pas conter de la sorte.

Tu mourras, cria Rhadamanthe d'une voix formidable; tigre, adoucis-toi, humilie-toi, superbe; souffre et tais-toi, puisqu'on ne te demande rien d'impossible, et surtout n'essaie pas de pénétrer le secret de cette affaire : tu seras soufflété, tu seras égratigné, tu gémiras sous les poignantes piqûres des épingles. Sus donc, mes fidèles ministres, qu'on exécute ma sentence, ou je vais vous montrer si je sais me faire obéir.

Aussitôt s'avancèrent six duègnes marchant à la file; quatre portaient des lunettes; toutes avaient la main droite levée et découverte jusqu'au poignet, afin qu'elle parût plus longue. En les apercevant, Sancho se mit à mugir comme un taureau.

Non! non! dit-il. Je me laisserai bien manier et pincer par qui l'on voudra, mais par des duègnes, jamais : qu'on m'égratigne le visage comme les chats égratignèrent celui de mon maître dans ce même château; qu'on me perce le corps à coups de dague; qu'on me déchiquette les bras avec des tenailles rouges, je le souffrirai, puisqu'il le faut : mais que des duègnes me touchent, non, mille fois non; dussent tous les diables m'emporter.

Résigne-toi, mon enfant, dit don Quichotte; donne contentement à ces seigneurs, et rends grâces au ciel de t'avoir octroyé une aussi grande vertu que celle de désenchanter les enchantées, et de ressusciter les morts.

Les duègnes étaient déjà près de Sancho, lorsque devenu plus traitable, ou plutôt acceptant ce qu'il ne pouvait empêcher, il commença à s'arranger sur son siége et tendit le visage. Une première duègne lui appliqua une vigoureuse croquignole sur la joue et lui fit ensuite une grande révérence.

Trêve de civilités, madame la duègne, dit Sancho, et à l'avenir rognez un peu mieux vos ongles.

Bref, les six duègnes lui en donnèrent autant avec les mêmes cérémonies, et tous les gens de la maison lui pincèrent les bras. Mais les piqûres d'épingles lui firent perdre toute patience : à la première il se leva de son siége, et, saisissant une torche enflammée qui se trouvait près de lui, il fondit sur ses bourreaux, en criant de toutes ses forces : Hors d'ici, ministres de Satan! croyez-vous que je sois de bronze pour être insensible à un pareil supplice?

En ce moment, Altisidore, fatiguée sans doute d'être restée si longtemps sur le dos, se tourna sur le côté; aussitôt tous les assistants de s'écrier : Altisidore est vivante! Altisidore est vivante!

Rhadamanthe invita Sancho à se calmer, puisque le résultat qu'on se proposait était obtenu.

Quand don Quichotte vit remuer Altisidore, il se jeta à deux genoux devant Sancho et lui dit : O mon fils! voici l'instant de t'appliquer quelques-uns de ces coups de fouet qu'on t'a ordonnés pour le désenchantement de Dulcinée! voici l'instant où ta vertu est en train d'opérer : ne perds pas une minute, je t'en conjure, pour travailler à la guérison de ma maîtresse, qui est aussi la tienne.

Savez-vous bien, seigneur, répondit Sancho, que soie sur soie n'est pas propre à faire bonne doublure? Comment, ce n'est pas assez d'être souffleté, pincé et égratigné, il faut encore que je me fouette? Tenez, seigneur, qu'on m'attache au cou une meule de moulin, et qu'on me jette dans un puits, si pour guérir les maux d'autrui je dois être toujours le veau de la noce. Qu'on me laisse tranquille, ou j'envoie tout au diable.

Pendant ce temps, Altisidore s'était dressée sur son séant, et l'on entendait le son des hautbois et des musettes, mêlé à des voix qui criaient : Vive Altisidore! vive Altisidore! Le duc et la duchesse, Minos et Rhadamanthe se levèrent, et tous, y compris don Quichotte et Sancho, s'avancèrent vers elle pour l'aider à descendre du catafalque. Altisidore fit une profonde révérence au duc, à la duchesse et aux deux rois, puis regardant notre héros de travers : Dieu te le pardonne, lui dit-elle, insensible chevalier dont la cruauté m'a envoyée dans l'autre monde où je suis restée, à ce qu'il me semble, un long siècle. Quant à toi, ô le plus compatissant des écuyers! ajouta-t-elle en se tournant vers Sancho, je te rends grâces de mon retour à la vie; reçois en récompense d'un si grand service six de mes chemises dont tu pourras faire six autres pour ton usage; si elles ne sont pas en très-bon état, au moins puis-je t'assurer qu'elles sont fort propres.

Sancho, ayant ôté sa mitre, mit un genou en terre et lui baisa la main en signe de sa reconnaissance. Le duc ordonna qu'on rendît à Sancho son chaperon et son pourpoint, et qu'on lui ôtât la robe semée de flammes; mais notre écuyer le supplia de permettre qu'il emportât chez lui la robe et la mitre, disant qu'il voulait les conserver en souvenir d'une aventure si étrange. La duchesse répondit qu'on les lui abandonnait volontiers.

Le duc fit débarrasser la cour de tout cet attirail; chacun se retira, puis on conduisit nos deux aventuriers à leur ancien appartement.

CHAPITRE LXX

Qui traite de choses fort importantes pour l'intelligence de cette histoire.

Sancho coucha cette nuit-là sur un lit de camp qu'on lui avait dressé dans la chambre du chevalier; ce qu'il aurait voulu éviter, se doutant bien que de questions en réponses et de réponses en questions, son maître ne lui laisserait pas un moment de repos, et il eût de bon cœur donné quelque chose pour coucher seul sous une hutte de berger plutôt que dans ce riche appartement.

En effet, le pauvre diable ne fut pas plus tôt au lit, que don Quichotte l'interpella : Que te semble, ami Sancho, lui dit-il, de l'aventure de cette nuit? Quelles doivent être la force et la violence d'un désespoir amoureux! Car, enfin, tu as vu de tes propres yeux Altisidore tuée, non par une arme meurtrière ni par l'action mortelle du poison, mais uniquement par l'indifférence que je lui ai montrée.

Qu'elle fût morte, à la bonne heure, répondit Sancho, mais au moins elle aurait dû me laisser tranquille, moi qui de ma vie ne l'ai ni enflammée ni dédaignée; qu'a de commun la guérison de cette Altisidore avec le martyre de Sancho Panza? C'est maintenant que je reconnais qu'il y a des enchanteurs et des enchantements dans ce monde : Dieu veuille m'en délivrer, puisque je ne sais pas m'en garantir. Mais, de grâce, seigneur, laissez-moi dormir, si vous ne voulez que je me jette par la fenêtre.

Dors, Sancho, dors, mon enfant, reprit don Quichotte, si toutefois tes chiquenaudes et tes piqûres te le permettent.

N'était l'affront de les avoir reçus de ces duègnes, je me moquerais bien des pincements et des piqûres, répliqua Sancho. Mais encore une fois, seigneur, laissez-moi dormir.

Ainsi soit-il, dit don Quichotte, et que Dieu soit avec toi.

CHAPITRE LXX.

Ils s'endormirent tous deux, et cid Hamet Ben-Engeli profite de ce répit pour nous apprendre ce qui avait engagé le duc à imaginer la plaisante cérémonie que nous venons de raconter. Carrasco, dit-il, conservait un amer souvenir de la culbute que lui avait fait faire don Quichotte en le désarçonnant comme chevalier des Miroirs; aussi était-il résolu à une nouvelle tentative aussitôt qu'il en trouverait l'occasion. S'étant donc informé près du page qui avait porté la lettre de la duchesse à Thérèse Panza du lieu où se trouvait notre héros, il se procura un cheval et des armes, et se mit en route avec un mulet chargé de son équipage que conduisait un paysan qui lui servait d'écuyer. En arrivant chez le duc, il sut le départ de don Quichotte, et le chemin qu'il avait pris dans le dessein de se trouver aux joutes de Saragosse. Le duc raconta à Carrasco les tours que l'on avait joués à notre chevalier, sans oublier le désenchantement de Dulcinée, qui devait s'opérer aux dépens du pauvre Sancho; il lui raconta aussi la malice de l'écuyer qui avait fait accroire à son maître que Dulcinée était enchantée et transformée en paysanne, mais comment la duchesse lui avait persuadé que c'était lui qui se trompait. Tout cela fit beaucoup rire le bachelier, qui se remit immédiatement à la recherche de notre héros, et promit au duc de lui faire savoir l'issue de l'entreprise. Ne le trouvant pas à Saragosse, Carrasco poussa plus avant, et le rencontra à Barcelone, où il eut sa revanche, comme nous l'avons dit. Il revint tout conter au duc, regagna promptement son village, où don Quichotte ne devait pas tarder de le rejoindre. Voilà ce qui avait fourni au duc l'idée de cette mystification, tant il se plaisait dans la compagnie de deux fous si divertissants.

Un grand nombre de ses gens, tant à pied qu'à cheval, se postèrent donc aux environs du château et sur tous les chemins par où l'on pouvait penser que passeraient nos aventuriers. On les rencontra, en effet, et incontinent le duc en fut informé. Comme tout était déjà préparé, on n'eut qu'à allumer les torches; Altisidore s'étendit sur le catafalque avec l'appareil qu'on vient de décrire, et tout réussit admirablement. Cid Hamet ajoute que pour lui il croit que les mystificateurs n'étaient guère moins fous que les mystifiés, et qu'il ne saurait penser autre chose du duc et de la duchesse, qui employaient ainsi leur esprit à se jouer de deux pauvres cervelles.

Le jour surprit don Quichotte et Sancho, l'un ronflant de toutes ses forces, l'autre complétement absorbé dans ses rêveries ordinaires.

Comme don Quichotte se disposait à se lever, car vaincu ou vainqueur il fut toujours ennemi de la paresse, Altisidore, la tête ornée de la même guirlande que la veille, vêtue d'une robe de satin blanc à fleurs d'or, les cheveux épars sur les épaules, et s'appuyant sur un bâton d'ébène, entra tout à coup dans la chambre du chevalier qui, troublé et confus, s'enfonça sous sa couverture, sans pouvoir articuler un seul mot. Altisidore s'assit sur une chaise, à son chevet, et après un grand soupir, elle lui dit à voix basse et d'un air tendre : Quand les dames de qualité et les modestes jeunes filles foulent aux pieds la honte, et permettent à leur langue de découvrir les secrets de leur cœur, c'est qu'elles se trouvent réduites à une bien cruelle extrémité; eh bien, moi, seigneur don Quichotte, je suis une de ces femmes, pressée par la passion, vaincue par l'amour, et cependant chaste à ce point, que pour cacher mon martyre, il m'en a coûté la vie. Il y a deux jours, insensible chevalier, que la seule pensée de ton indifférence m'a mise au tombeau, ou du moins fait juger morte par ceux qui m'entouraient ; et si, prenant pitié de mes peines, l'amour n'eût trouvé un remède dans le martyre de ce bon écuyer, je restais à jamais dans l'autre monde.

Par ma foi, dit Sancho, l'amour aurait bien pu faire à mon âne l'honneur qu'il m'a fait, je lui en aurais su beaucoup de gré. Dieu veuille, Madame, vous envoyer à l'avenir un amant plus traitable que mon maître! Mais, dites-moi, qu'avez-vous vu dans l'autre monde? et qu'est-ce que c'est que cet enfer dont ceux qui meurent volontairement sont obligés de prendre le chemin.

A dire vrai, répondit Altisidore, je doute fort que je fusse morte tout de bon, puisque je ne suis point entrée en enfer : car une fois dedans, il m'aurait bien fallu y rester. Je suis allée seulement jusqu'à la porte, et là j'ai trouvé une douzaine de démons en hauts-de-chausses et en pourpoint, avec des collets à la wallonne, garnis de dentelle, qui tous jouaient à la paume avec des raquettes de feu. Une chose me surprit étrangement : c'est qu'en guise de balles ils se servaient de livres enflés de vent et remplis de bourre. Mais ce qui m'étonna beaucoup aussi, ce fut de voir que, contre l'ordinaire des joueurs, qui tantôt sont tristes, tantôt sont joyeux, ceux-là grondaient toujours, pestaient, et s'envoyaient mille malédictions.

Il n'y a pas là de quoi s'étonner, dit Sancho; les diables, qu'ils jouent ou qu'ils ne jouent pas, qu'ils gagnent ou qu'ils perdent, ne peuvent jamais être contents.

J'en demeure d'accord, répondit Altisidore; mais une chose qui me parut encore plus étonnante, c'est que d'un seul coup de raquette ils mettaient la balle en un tel état, qu'elle ne pouvait plus servir, si bien qu'ils firent voler en pièces tant de livres vieux et nouveaux, que c'était merveille. Il y en eut un, entre autres, tout flambant neuf, qui reçut un si rude coup que toutes les feuilles s'éparpillèrent. « Quel est ce livre ? demanda un des diables. C'est la seconde partie de don Quichotte de la Manche, répondit son voisin ; non pas l'histoire composée par cid Hamet, mais celle que nous a donnée certain Aragonais qu'on dit natif de Tordesillas. Emporte-la, dit le premier démon, et jette-la au fond des abîmes ; qu'elle ne paraisse jamais devant moi. Est-elle donc si détestable ? dit l'autre démon. Si détestable, répliqua le premier, que si je voulais en faire une semblable, je n'en viendrais jamais à bout. » Ils continuèrent à peloter avec d'autres livres ; et moi, pour avoir entendu seulement le nom de don Quichotte, que j'aime avec tant d'ardeur, j'ai voulu retenir cette vision, et je ne l'oublierai plus.

Vision ce dut être, en effet, répliqua notre héros, car il n'y a point un second moi-même dans le monde ; cette histoire dont vous parlez passe ici de main en main, mais elle ne s'arrête en aucune, et partout on la repousse du pied. Pour moi, je ne suis nullement fâché d'apprendre que je me promène, semblable à un corps fantastique, milieu de ténèbres de l'abîme et à la clarté du jour, n'ayant rien de commun avec le don Quichotte dont parle cette histoire. Si elle est bonne et véridique, elle aura des siècles de vie ; si au contraire elle est fausse et menteuse, de sa naissance à son enterrement le chemin ne sera pas long.

Altisidore allait continuer ses doléances, quand don Quichotte la prévint : Je vous l'ai dit maintes fois, Mademoiselle, j'éprouve un grand déplaisir que vous ayez jeté les yeux sur moi, car je ne puis payer votre affection qu'avec de la reconnaissance. Je suis né pour appartenir à Dulcinée du Toboso ; c'est à elle que le destin m'a réservé. S'imaginer qu'une autre beauté puisse prendre dans mon cœur la place qu'elle occupe, c'est rêver l'impossible. Ces quelques mots suffiront, j'en ai l'espoir, pour vous désabuser et pour vous faire rentrer dans les bornes de la modestie.

Ame de mortier, double tigre, plus dur et plus têtu qu'un vilain quand il se croit sûr d'avoir l'avantage, s'écria Altisidore, feignant une grande colère, je ne sais qui m'empêche de t'arracher les yeux ! Tu t'imagines peut-être, don nigaud, don vaincu, don roué de coups de bâton, que je me suis laissée mourir d'amour pour ta maigre figure : non, non, Altisidore n'est pas assez sotte pour cela. Tout ce que tu as vu la nuit dernière n'était qu'une feinte. Je ne suis pas fille à me désespérer pour un animal de ton espèce, et, bien loin d'en mourir, je ne voudrais pas qu'il m'en coûtât seulement une larme.

Pardieu, je le crois volontiers, dit Sancho : toutes ces morts d'amoureux sont autant de plaisanteries; ils assurent toujours qu'ils vont se tuer, mais du diable s'ils en font rien !

En ce moment entra le musicien qui avait chanté les deux stances précédemment rapportées. Que Votre Grâce, seigneur chevalier, dit-il en faisant un profond salut à don Quichotte, veuille bien me compter parmi ses plus fidèles serviteurs. Depuis longtemps j'ai pour vous une grande affection et je vous ai voué une estime toute particulière, tant à cause de vos nombreuses prouesses que de la gloire qu'elles vous ont acquise.

Que Votre Grâce, seigneur, daigne m'apprendre qui elle est, répondit don Quichotte, afin que je proportionne mes remerciements à son mérite.

Le musicien répondit qu'il était le panégyriste d'Altisidore, celui qui avait chanté des vers à sa louange,

Vous avez une bien belle voix, repartit don Quichotte, mais ce que vous chantiez n'était guère à sa place : quel rapport peut-il y avoir entre les stances de Garcilasso et la mort de cette demoiselle?

Que cela ne vous étonne pas, seigneur, répliqua le musicien; il est de mode parmi les poëtes à la douzaine de ce temps-ci, et même parmi les plus habiles, d'écrire ce qui leur passe par la tête et de voler ce qui leur convient. Cela n'empêche pas leurs ouvrages d'être bien accueillis, et leurs plus grandes sottises de passer pour licences poétiques.

Don Quichotte s'apprêtait à répondre, mais il en fut empêché par l'arrivée du duc et de la duchesse. Alors une longue conversation s'engagea, dans laquelle Sancho débita tant de drôleries et de malices, que ses nobles hôtes ne cessaient d'admirer un si curieux mélange de finesse et de simplicité. Notre héros supplia Leurs Excellences de lui permettre de les quitter le jour même, disant qu'à un chevalier vaincu tel que lui, il convenait mieux d'habiter une étable à pourceaux qu'un palais de prince. Ses hôtes accédèrent de bonne grâce à sa demande.

La duchesse lui ayant demandé s'il ne gardait pas rancune à Altisidore : Madame, répondit-il, tout le mal de cette jeune fille prend sa source dans l'oisiveté; une occupation honnête et soutenue en sera le remède. Elle vient de me dire qu'en enfer on porte de la dentelle; je dois supposer qu'elle connaît ce genre d'ouvrage; eh bien, que sa main ne'quitte pas les fuseaux, et elle finira par oublier celui qui a troublé son repos. Tel est mon avis et mon conseil.

C'est aussi le mien, ajouta Sancho ; on n'a jamais vu mourir d'amour une faiseuse de dentelle, et lorsque les filles sont occupées, elles songent moins à l'amour qu'à leur ouvrage. J'en parle par expérience : car lorsque je suis à piocher aux champs, j'oublie jusqu'à ma ménagère elle-même, je veux dire ma Thérèse ; et pourtant je l'aime comme la prunelle de mes yeux.

Fort bien, Sancho, répondit la duchesse. Désormais Altisidore tournera le fuseau ; d'ailleurs elle s'y entend à merveille.

Il n'en sera pas besoin, Madame, répondit Altisidore ; le seul souvenir de l'ingratitude de ce malandrin vagabond me guérira ; et avec la permission de Votre Grandeur, je me retire pour ne pas voir davantage sa maigre et désagréable figure.

Cela me rappelle, reprit le duc, ce qu'on dit souvent : Qui s'emporte et éclate en injures, est bien près de pardonner.

Altisidore feignit de s'essuyer les yeux, et après avoir fait une grande révérence elle sortit.

Pauvre fille ! dit Sancho, elle mérite bien ce qu'elle a ; aussi pourquoi va-t-elle s'adresser à une âme sèche comme jonc ? Mort de ma vie ! si elle s'était tournée de mon côté, elle aurait entendu chanter un autre coq.

La conversation terminée, don Quichotte s'habilla, et, après avoir dîné avec ses hôtes, il se mit en route.

CHAPITRE LXXI

Où Sancho se met en devoir de désenchanter Dulcinée.

Moitié triste, moitié joyeux, s'en allait le vaincu don Quichotte ; triste à cause de sa défaite, joyeux à cause de la vertu merveilleuse qui s'était révélée dans son écuyer par la résurrection d'Altisidore ; quoiqu'à vrai dire il eût conçu quelque doute touchant la mort de l'amoureuse demoiselle. Quant à Sancho, toute sa tristesse venait de ce qu'Altisidore ne lui avait pas donné cette demi-douzaine de chemises qu'il avait si bien gagnée.

En vérité, seigneur, dit-il à son maître, il faut que je sois un bien malheureux médecin : la plupart tuent leurs malades et n'en sont pas moins grassement payés de leur peine, laquelle souvent ne consiste qu'à signer quelque ordonnance qu'exécute l'apothicaire (et tant pis pour la pauvre dupe!); tandis que moi, à qui la santé d'autrui coûte des croquignoles, des pincements, des coups de fouet, on ne me donne pas une obole. Je jure qu'à l'avenir si on m'amène quelque malade, il faudra d'abord me graisser la patte; le moine vit de ce qu'il chante, et si Dieu m'a accordé la vertu que je possède, c'est pour en tirer pied ou aile.

Tu as raison, Sancho, répondit don Quichotte, et Altisidore a eu tort de ne pas tenir sa parole; car, bien que la vertu que tu possèdes ne t'ait coûté aucune étude, ce que tu as souffert est pis qu'étudier. Quant à moi, je puis t'assurer une chose, c'est que si tu voulais une récompense pour les coups de fouet que tu as promis de t'appliquer afin de désenchanter Dulcinée, je te la donnerais si bonne que tu aurais lieu d'en être satisfait. Je ne sais trop si la guérison suivrait le salaire, et je ne voudrais pas contrarier l'effet du remède en le payant d'avance; cependant faisons-en l'épreuve. Voyons, Sancho, combien exiges-tu pour te fouetter sur l'heure; l'affaire finie, tu te paieras par tes mains sur l'argent que tu as à moi.

Ces paroles firent ouvrir les yeux et dresser l'oreille à Sancho, qui à l'instant résolut d'en finir avec le désenchantement de Dulcinée. Allons, seigneur, dit-il, il faut vous donner satisfaction : mon amour pour ma femme et mes enfants me fait songer à leur avantage, bien que ce soit aux dépens de ma peau. Or çà, combien m'accorderez-vous pour chaque coup de fouet?

Si la récompense devait égaler la nature et la grandeur du service, répondit don Quichotte, le trésor de Venise et les mines du Potose ne suffiraient pas; mais calcule d'après ce que tu portes dans ma bourse, et mets toi-même le prix à chaque coup.

Il y a, repartit Sancho, trois mille trois cents et tant de coups de fouet; je m'en suis déjà donné cinq; que ceux-là passent pour ce qui excède les trois mille trois cents, et calculons sur le reste. A un cuartillo la pièce, et je n'en rabattrais pas un maravédis, fût-ce pour le pape, ce sont trois mille cuartillos, qui font quinze cents demi-réaux ou sept cent cinquante réaux; pour les trois cents autres, je compte cent cinquante demi-réaux ou soixante-quinze réaux, lesquels, ajoutés aux sept cent cinquante, font en tout huit cent vingt-cinq réaux. Je retiendrai cette somme sur l'argent que j'ai à Votre Grâce, et je rentrerai chez moi content, quoique bien fouetté; mais on ne prend pas de truites sans se mouiller les chausses.

O mon cher Sancho! s'écria don Quichotte, ô mon aimable Sancho! à quelle reconnaissance, Dulcinée et moi, nous allons être tenus

CHAPITRE LXXI.

envers toi pour le reste de nos jours! Si la pauvre dame se retrouve jamais dans son premier état, sa disgrâce aura été un bonheur, et ma défaite un véritable triomphe. Voyons, mon fils, quand veux-tu commencer? Afin de te donner du courage, et que tu finisses plus vite, j'ajoute encore cent réaux.

Quand? répliqua Sancho; cette nuit même; seulement, faites en sorte que nous couchions en rase campagne, et vous verrez si je sais m'étriller.

Elle arriva enfin cette nuit que don Quichotte appelait avec tant d'impatience. Il lui semblait que les roues du char d'Apollon s'étaient brisées, et que le jour s'allongeait plus que de coutume, comme cela arrive aux amoureux qui toujours voudraient voir marcher le temps selon leurs désirs. Enfin, nos deux aventuriers entrèrent dans un bosquet d'arbres touffus un peu éloignés du chemin; puis, ayant dessellé Rossinante et débâté le grison, ils s'étendirent sur l'herbe et soupèrent avec ce qui se trouvait dans le bissac.

Lorsque Sancho eut bien mangé, il voulut tenir sa promesse : prenant donc le licou et une sangle du bât de son âne, il s'éloigna d'une vingtaine de pas, et s'établit au milieu de quelques hêtres.

Mon enfant, lui dit son maître en le voyant partir d'un air si résolu, je t'en conjure, prends garde de ne pas te mettre en pièces : fais qu'un coup attende l'autre, ne te presse pas tellement d'arriver au but que l'haleine vienne à te manquer au milieu de la carrière : en un mot, ne te frappe pas à ce point que la vie t'échappe avant que la pénitence soit achevée. Et afin que tu ne perdes pas la partie pour un coup de plus ou de moins, je vais me tenir ici près, et les compter sur mon rosaire. Courage, mon ami, que le ciel seconde tes bonnes intentions et les rende efficaces.

Un bon payeur ne craint point de donner des gages, dit Sancho, et je m'en vais m'étriller de telle façon que, sans me tuer, il ne laissera pas de m'en cuire, car je pense que c'est en cela que doit consister la vertu du remède.

Cela dit, Sancho se dépouille de la ceinture en haut, et se met en devoir de se fouetter, tandis que don Quichotte comptait les coups. Il s'en était à peine appliqué sept ou huit, qu'il commença à se dégoûter, et trouvant la charge trop pesante pour le prix : Par ma foi, seigneur, dit-il, j'en appelle comme d'abus, ces coups-là valent chacun un demi-réal et non un cuartillo.

Courage, ami Sancho, courage, reprit don Quichotte; qu'à cela ne tienne, je double la somme.

A la bonne heure, dit Sancho; à présent les coups de fouet vont tomber comme grêle.

Mais au lieu de s'en donner sur les épaules, le sournois se mit à frapper contre les arbres, poussant de temps à autre de grands soupirs, comme s'il eût été près de rendre l'âme. Don Quichotte, craignant que son fidèle écuyer n'y laissât la vie et que son imprudence ne vînt à tout perdre, lui cria : Arrête, mon ami, arrête! Comme tu y vas; le remède me paraît un peu rude, il sera bon d'y revenir à deux fois; on n'a pas pris Zamora en une heure[1]. Si j'ai bien compté, voilà plus de mille coups que tu viens de te donner; c'est assez quant à présent : l'âne, comme on dit, peut porter la charge, mais non la surcharge.

Non, non, seigneur, repartit Sancho, il ne sera jamais dit de moi : Gages payés, bras cassés. Que Votre Grâce s'éloigne un peu, et je vais m'en donner encore un mille. En deux temps l'affaire sera terminée, il y aura même bonne mesure.

Puisque tu es en si bonne disposition, dit don Quichotte, fais à ta fantaisie, je vais m'éloigner.

Sancho reprit sa tâche, et avec une telle énergie que bientôt il n'y eut plus autour de lui un seul arbre auquel il restât un lambeau d'écorce. Enfin, poussant un grand cri et frappant de toute sa force un dernier coup contre un hêtre : *Ici*, dit-il, *mourra Samson, et tous ceux qui avec lui sont.*

A ce coup terrible et à ce cri lamentable, don Quichotte accourut; A Dieu ne plaise, mon fils, dit-il en lui arrachant l'instrument de son supplice, à Dieu ne plaise que pour me faire plaisir il t'en coûte la vie ; elle est trop nécessaire à ta femme et à tes enfants; que Dulcinée attende encore un peu; quant à moi, je m'entretiendrai d'espérance, jusqu'à ce que tu aies repris de nouvelles forces. De cette manière, tout le monde sera content.

Puisque Votre Grâce l'exige, je le veux bien, répondit Sancho : seulement, jetez-moi votre manteau sur les épaules; car je suis tout en eau, et je pourrais me refroidir, comme cela arrive aux nouveaux pénitents.

Don Quichotte lui donna son manteau, et demeura en justaucorps.

Notre compagnon dormit jusqu'au jour, après quoi tous deux se mirent en route. Au bout d'environ trois heures de marche ils arrivèrent à une hôtellerie que don Quichotte reconnut pour telle, et non

---

1. Ville du royaume de Léon qu'Arabes et chrétiens se disputèrent longtemps.

CHAPITRE LXXI.

pour un château avec fossés et pont-levis, ainsi qu'il avait coutume de le faire ; car depuis sa défaite, il semblait que la raison lui fût revenue, comme on va le voir désormais. On logea notre héros dans une salle basse où, selon la mode des villages, il y avait en guise de rideaux deux vieilles serges peintes : l'une représentait le rapt d'Hélène, quand Pâris, violant l'hospitalité, l'enleva à Ménélas ; sur l'autre était l'histoire de Didon et d'Énée : la reine, montée sur une tour, agitait sa ceinture pour rappeler l'infidèle amant qui fuyait à voiles déployées. Don Quichotte remarqua qu'Hélène ne paraissait nullement fâchée de la violence qu'on lui faisait, car elle riait sous cape. Didon, au contraire, était tout éplorée ; et le peintre, de crainte qu'on ne s'en aperçût pas, avait sillonné ses joues de larmes aussi grosses que des noisettes.

Ces deux dames, dit notre héros, furent bien malheureuses de n'être pas nées dans mon temps, et moi plus malheureux encore de n'être pas né dans le leur : si j'avais rencontré ces galants-là, Troie n'aurait pas été embrasée, ni Carthage détruite, car la seule mort de Pâris aurait prévenu tous ces désastres.

Je gagerais, dit Sancho, que d'ici à peu de temps on ne trouvera pas de taverne, d'hôtellerie ou de boutique de barbier où l'on ne trouve en peinture l'histoire de nos prouesses ; mais du moins faudrait-il que ce fût par un meilleur peintre que le barbouilleur qui a portraité ces dames.

Tu as raison, reprit don Quichotte ; car ce peintre me rappelle celui d'Ubeda[1], qui, lorsqu'on lui demandait ce qu'il peignait : Nous le verrons tout à l'heure, répondait-il ; et si c'était quelque chose qui approchât d'un coq, il écrivait au-dessous : « Ceci est un coq », afin qu'on ne pût s'y tromper.

Je jurerais bien, dit Sancho, que l'Aragonais qui a composé notre histoire n'en savait guère davantage ; sa plume a marché au hasard, et il en est résulté ce qu'il aura plu à Dieu.

Il ressemble aussi beaucoup, ajouta don Quichotte, à ce poëte appelé Mauléon, qu'on voyait il y a quelque temps à la cour : ce Mauléon se vantait de répondre sur-le-champ à toutes sortes de questions, et répondait tout de travers. Mais laissons cela ; dis-moi, Sancho, dans le cas où il te plairait d'achever cette nuit ta pénitence, veux-tu que ce soit en rase campagne ou à couvert ?

---

1. Cervantes a déjà raconté cette histoire dans un des premiers chapitres de cette seconde partie.

Pardieu, seigneur, répondit Sancho, pour les coups que je songe à m'appliquer, il importe peu où je me les donne; pourtant j'aimerais mieux que ce fût dans un bois; j'aime beaucoup les arbres, et je crois qu'ils me procurent du soulagement.

Eh bien, mon ami, répliqua don Quichotte, afin que tu reprennes des forces, nous réserverons cela pour notre village, où nous arriverons au plus tard après-demain.

Comme il vous plaira, seigneur, vous êtes le maître; mais si vous vouliez m'en croire, j'expédierais la chose et je battrais le fer pendant qu'il est chaud : il fait bon moudre quand la meule vient d'être repiquée; lorsqu'on est en haleine, on marche mieux, et l'occasion perdue ne se retrouve pas toujours; un tiens vaut mieux que deux tu auras, et moineau dans la main que grue qui vole.

Halte-là, interrompit don Quichotte; te voilà encore lancé dans tes proverbes. Que ne parles-tu simplement et sans raffiner, comme je te l'ai recommandé tant de fois? tu verrais que tu t'en trouverais bien.

Je ne sais quelle malédiction pèse sur moi, repartit Sancho; je ne puis dire une raison sans y joindre un proverbe, ni dire un proverbe qui ne me semble une raison. Cependant, je tâcherai de me corriger. Là finit leur entretien.

CHAPITRE LXXII

Comment don Quichotte et Sancho arrivèrent à leur village.

Don Quichotte et Sancho passèrent tout ce jour dans cette hôtellerie, attendant la nuit, l'un pour achever sa pénitence, l'autre pour en voir la fin, qui était aussi celle de ses désirs. Pendant ce temps, un gentilhomme suivi de trois ou quatre domestiques vint y descendre, et l'un de ces derniers dit en s'adressant à celui qui paraissait être son maître : Votre Grâce, seigneur don Alvaro Tarfé, peut s'arrêter ici pour faire la sieste; l'endroit me paraît convenable.

A ce nom, don Quichotte regarda Sancho : Ne te souvient-il pas, lui dit-il, quand je feuilletai cette seconde partie de mon histoire, que j'y rencontrai ce nom de don Alvaro Tarfé?

Cela peut être, répondit Sancho; laissons-le descendre de cheval, nous le questionnerons ensuite.

Le gentilhomme mit pied à terre, et l'hôtesse lui donna une chambre en face de celle de don Quichotte, ornée pareillement de rideaux de serge peinte. Après avoir revêtu un costume d'été, l'inconnu se ren-

CHAPITRE LXXII.

dit sous le portail de l'auberge, qui était frais et spacieux, et y trouva notre chevalier se promenant de long en large. Seigneur, lui dit-il, peut-on savoir où se rend Votre Grâce?

A un village près d'ici où je demeure, répondit don Quichotte; et Votre Grâce, où va-t-elle?

Moi, repartit le cavalier, je vais à Grenade, ma patrie.

Excellent pays, dit don Quichotte. Mais, seigneur, quel est, je vous prie, le nom de Votre Grâce? le cœur me dit que j'ai quelque intérêt à le savoir.

Je m'appelle don Alvaro Tarfé, répondit le cavalier.

En ce cas, seigneur, dit notre héros, serait-ce vous dont il est parlé dans la seconde partie de l'histoire de don Quichotte de la Manche, que certain auteur a fait imprimer depuis peu?

C'est moi-même, répondit le cavalier, et ce don Quichotte, qui est le héros du livre, était fort de mes amis. C'est moi qui le tirai de chez lui, ou qui du moins lui inspirai le dessein de venir aux joutes de Saragosse où j'allais moi-même, et en vérité il m'a quelques obligations, mais une surtout, c'est que je l'ai empêché d'avoir les épaules flagellées par la main du bourreau à cause de ses insolences.

Dites-moi, seigneur don Alvaro, continua notre chevalier, est-ce que j'ai quelque ressemblance avec ce don Quichotte dont parle Votre Grâce?

Non assurément, répondit le voyageur.

Et ce don Quichotte, ajouta notre chevalier, avait-il un écuyer appelé Sancho Panza?

Oui, répondit don Alvaro, cet écuyer passait pour être fort plaisant, mais je ne l'ai jamais entendu rien dire de bon.

Oh! je le crois bien, dit Sancho; plaisanter d'une manière agréable n'est pas donné à tout le monde. Ce Sancho dont vous parlez, seigneur, doit être quelque grand vaurien; mais le véritable Sancho, c'est moi, et je débite des plaisanteries comme s'il en pleuvait. Sinon faites-en l'épreuve, que Votre Grâce me suive pendant toute une année, et à chaque pas vous verrez qu'il m'en sort de la bouche en si grande abondance, que je fais rire tous ceux qui m'écoutent, sans savoir le plus souvent ce que je dis. Quant au véritable don Quichotte de la Manche, le fameux, le vaillant, le sage, le père des orphelins, le défenseur des veuves, le meurtrier des demoiselles, celui enfin qui a pour unique dame de ses pensées la sans pareille Dulcinée du Toboso, c'est mon maître, que voilà devant vous. Tout autre don Quichotte et tout autre Sancho Panza sont autant de mensonges.

Pardieu, mon ami, je le crois sans peine, répliqua don Alvaro, en quatre paroles vous venez de dire plus de bonnes choses, que l'autre Sancho dans tous ses longs bavardages. Il sentait bien plus le glouton que l'homme d'esprit, et je commence à croire que les enchanteurs qui persécutent le véritable don Quichotte, ont voulu me persécuter, moi aussi, avec son méchant homonyme. En vérité je ne sais que penser : car j'ai laissé, il y a peu de jours, ce dernier enfermé dans l'hôpital des fous à Tolède, et j'en rencontre ici un autre qui, à la vérité, ne lui ressemble en rien.

Pour mon compte, reprit don Quichotte, je ne vous dirai pas que je sois le bon, mais je puis au moins affirmer que je ne suis pas le mauvais, et pour preuve, seigneur don Alvaro, apprenez que de ma vie je n'ai été à Saragosse. C'est justement pour avoir entendu dire que le faux don Quichotte s'était trouvé aux joutes de cette ville, que je n'ai pas voulu y mettre le pied. Aussi, afin de donner un démenti à l'auteur, j'ai gagné tout droit Barcelone, ville unique par son site et sa beauté, mère de la courtoisie, refuge des étrangers, retraite des pauvres, patrie des braves; le lieu de toute l'Europe où l'on peut le plus aisément lier une amitié constante et sincère. Quoique les choses qui m'y sont arrivées, loin d'être agréables, aient été pour la plupart, au contraire, fâcheuses et déplaisantes, je n'en ai pas moins une joie extrême de l'avoir vue, et cela me fait oublier tout le reste. Bref, seigneur don Alvaro, je suis ce même don Quichotte dont la renommée s'est occupée si souvent, et non ce misérable qui usurpe mon nom et se fait honneur de mes idées. Maintenant j'ai une grâce à vous demander, et cette grâce la voici : c'est que, par-devant l'alcade de ce village, vous fassiez une déclaration valable et authentique, que jusqu'à cette heure vous ne m'aviez jamais vu, et que je ne suis point le don Quichotte dont il est parlé dans cette seconde partie imprimée depuis peu; enfin, que Sancho Panza, mon écuyer, n'est point celui que Votre Grâce a connu.

Très-volontiers, seigneur don Quichotte, répondit don Alvaro, et je vous donnerai de bon cœur cette satisfaction, quoiqu'il soit assez surprenant de voir en même temps deux don Quichotte et deux Sancho Panza, qui se disent du même pays et sont si différents de visages, d'actions et de manières. Je doute presque de ce que j'ai vu; et peu s'en faut que je ne croie avoir fait un rêve.

Sans doute que Votre Grâce est enchantée, tout comme madame Dulcinée, dit Sancho. Et plût à Dieu qu'il ne fallût pour vous désenchanter que m'appliquer trois autres mille coups de fouet, comme je

CHAPITRE LXXII.

me les suis donnés pour elle ; par ma foi, ce serait bientôt expédié, et il ne vous en coûterait rien.

Qu'est-ce que ces coups de fouet? demanda don Alvaro ; je ne comprends pas ce que vous voulez dire.

Oh! seigneur, répondit Sancho, cela serait trop long à raconter ; mais si nous voyageons ensemble, je vous le dirai en chemin.

L'heure du souper arriva, don Alvaro et don Quichotte se mirent à table. Bientôt après l'alcade du lieu était survenu, accompagné d'un greffier, don Quichotte le requit de dresser acte de la déclaration que faisait le seigneur don Alvaro Tarfé, déclaration dans laquelle il affirmait ne point reconnaître don Quichotte de la Manche, ici présent, comme étant celui dont il avait lu l'histoire imprimée sous le titre de seconde partie de don Quichotte de la Manche, composée par un certain Avellaneda de Tordesillas. L'alcade procéda judiciairement, et la déclaration fut reçue dans les formes voulues ; ce qui réjouit fort nos chercheurs d'aventures, comme s'il eût été besoin d'un pareil acte pour faire éclater la différence qu'il y avait entre les deux don Quichotte et les deux Sancho, et qu'elle ne fût pas assez marquée par leurs actions et leurs paroles.

Don Alvaro et son nouvel ami échangèrent mille politesses et mille offres de services ; et notre chevalier déploya tant d'esprit, que le gentilhomme finit par se croire réellement enchanté, puisqu'il avait vu deux don Quichotte qui se ressemblaient si peu. Sur le soir, ils partirent tous ensemble, et chemin faisant notre héros apprit à don Alvaro l'issue de sa rencontre avec le chevalier de la Blanche-Lune, ainsi que l'enchantement de Dulcinée, sans oublier le remède enseigné par Merlin. Bref, après s'être fait de nouveaux compliments et s'être embrassés, ils se séparèrent.

Don Quichotte passa encore cette nuit-là dans un bois, pour donner à Sancho le loisir d'achever sa pénitence, ce que l'astucieux écuyer accomplit aux dépens des arbres plus que de ses épaules, qu'il sut si bien ménager que les coups de fouet n'auraient pu en faire envoler une mouche qui s'y serait posée. Le confiant chevalier n'omit pas un seul coup, et trouva qu'avec ceux de la nuit précédente, ils montaient à trois mille vingt-neuf ; il lui sembla même que le soleil s'était levé plus tôt qu'à l'ordinaire comme s'il eût été jaloux que la nuit fût seule témoin de cet intéressant sacrifice. Nos aventuriers se remirent en route dès qu'il fut jour, s'applaudissant derechef d'avoir tiré don Alvaro de l'erreur où il était, et surtout d'avoir obtenu de lui une déclaration en si bonne forme.

Cette journée et la nuit suivante se passèrent sans qu'il leur arrivât rien de remarquable, si ce n'est que Sancho compléta sa pénitence. Don Quichotte en ressentit une telle joie, qu'il attendait avec impatience le retour de la lumière, espérant d'un instant à l'autre rencontrer sa dame désenchantée. Ils partirent, et tout le long de la route notre héros n'apercevait point une femme qu'il ne courût aussitôt après elle, pour s'assurer si ce n'était point Dulcinée du Toboso, tant il tenait pour infaillibles les promesses de Merlin.

Dans ces pensées et dans ces espérances, ils arrivèrent au haut d'une colline d'où ils découvrirent un village. A peine Sancho l'eut-il reconnu qu'il se jeta à genoux en s'écriant avec transport : Ouvre les yeux, patrie désirée, et vois revenir à toi ton fils Sancho, sinon bien riche, au moins bien étrillé ! Ouvre les bras, et reçois aussi ton fils don Quichotte, lequel, s'il revient vaincu par un bras étranger, revient vainqueur de lui-même, victoire qui est, à ce qu'il a dit souvent, la plus grande qu'on puisse remporter. Quant à moi, j'apporte de l'argent, car si j'ai été bien étrillé, je me suis bien tenu sur ma bête.

Laisse là ces sottises, dit don Quichotte, et préparons-nous à entrer du pied droit dans notre village, où, lâchant la bride à notre fantaisie, nous disposerons tout pour la vie pastorale que nous devons mener. Cela dit, ils descendirent la colline.

CHAPITRE LXXIII

De ce que don Quichotte rencontra, et qu'il imputa à mauvais présage.

A l'entrée du pays, dit cid Hamet, don Quichotte vit sur la place qui sert à battre le grain deux petits garçons qui se querellaient; l'un disait à l'autre : Tu as beau faire, Periquillo ; tu ne la reverras de ta vie.

Sancho, dit notre chevalier, entends-tu ce que dit ce drôle : Tu ne la reverras de ta vie !

Qu'importe que ce petit garçon ait prononcé ces paroles ? répondit Sancho.

Eh bien, répliqua don Quichotte, cela signifie que je ne reverrai pas Dulcinée !

Sancho allait riposter, mais il en fut empêché par la vue d'un lièvre que des chasseurs poursuivaient avec leurs lévriers. La pauvre bête effrayée vint se réfugier et se blottir entre les jambes du grison ; l'écuyer la saisit et la présenta à son maître, qui murmura entre ses dents : *Malum signum, malum signum*[1]. Un lièvre fuit, des lévriers le poursuivent, et Dulcinée ne paraît point !

Parbleu, vous êtes un homme étrange, dit Sancho : supposez que ce lièvre est madame Dulcinée du Toboso, et que les lévriers qui le poursuivent sont les scélérats d'enchanteurs qui l'ont changée en paysanne : elle fuit, je la prends, je la mets entre les mains de Votre Grâce, qui la serre contre son cœur et la caresse tout à son aise. Eh bien, quel mauvais signe est-ce là ? et quel mauvais présage peut-on en tirer ?

Sur ce, les deux petits garçons s'approchèrent pour voir le lièvre, et Sancho leur ayant demandé le sujet de leur querelle, celui qui avait dit à l'autre : Tu ne la reverras de ta vie, répondit, en montrant une cage à grillons, qu'il avait pris cette cage à son compagnon et qu'il ne la lui rendrait jamais. Sancho leur donna une pièce de monnaie pour la cage, et la présentant à don Quichotte : Tenez, seigneur, lui dit-il, voilà le charme détruit. Si j'ai bonne mémoire, il me souvient d'avoir entendu notre curé dire qu'il n'est pas d'un chrétien et d'un homme de sens de s'arrêter à ces enfantillages ; et Votre Grâce ne m'assurait-elle pas encore, ces jours passés, que ceux qui y font attention sont des imbéciles ? Allons, seigneur, rentrons chez nous ; en voilà assez là-dessus.

Les chasseurs survinrent, réclamant leur lièvre, et don Quichotte le leur rendit.

Le chevalier, s'étant remis en marche, rencontra à l'entrée du pays le curé et le bachelier Carrasco, qui se promenaient dans un petit pré en causant. Nos deux amis accoururent les bras ouverts ; et don Quichotte, ayant mis pied à terre, les embrassa tendrement.

Or, il faut savoir que Sancho avait placé sur son grison, par-dessus le paquet des armes de son maître, la robe semée de flammes qu'on lui avait donnée, et coiffé la tête de l'animal avec la mitre couverte de diables, ce qui faisait le plus bizarre effet qui se puisse imaginer. Les petits enfants du pays (cet âge a des yeux de lynx) s'en étant aperçus, accouraient de tous côtés, se criant les uns aux autres : Holà ! eh ! venez vite, venez voir l'âne de Sancho Panza, plus gentil qu'un prince, et le cheval de don Quichotte, plus maigre encore que le jour de son départ. Bref, entourés de ces polissons et accompagnés du curé et de Carrasco, nos deux coureurs d'aventures entrèrent

---

1. Mauvais présage, mauvais présage.

dans le village, et se rendirent tout droit à la maison de don Quichotte, où ils trouvèrent sur le pas de la porte la gouvernante et la nièce, déjà instruites de leur arrivée.

On avait aussi raconté la nouvelle à Thérèse Panza, qui, les cheveux en désordre et dans une toilette fort incomplète, conduisant par la main Sanchette, sa fille, accourut au-devant de son mari. Mais en le voyant beaucoup moins bien costumé que, dans son opinion, devait l'être un gouverneur, elle lui dit : En quel état vous revois-je, mon cher mari? Vous m'avez l'air de revenir à pied, traînant la patte, et l'on vous prendrait plutôt pour un vaurien ingouvernable que pour un gouverneur.

Tais-toi, Thérèse, répondit Sancho ; souvent où il se trouve des crochets il n'y a pas de lard. Allons à la maison ; là je t'en conterai de belles! J'apporte de l'argent, ce qui est l'essentiel ; et de l'argent gagné par mon industrie, sans avoir fait tort à personne.

Apportez de l'argent, mon bon mari, repartit Thérèse ; et peu m'importe qu'il ait été gagné par ceci ou par cela ; de quelque manière qu'il soit venu, vous n'aurez pas introduit mode nouvelle dans le monde.

Sanchette embrassa son père, en demandant s'il lui apportait quelque chose; car elle l'attendait, disait-elle, comme on attend la pluie en été. Puis, le prenant d'un côté par sa ceinture de cuir, tandis que de l'autre Thérèse le tenait sous le bras (la petite tirant l'âne par le licou), ils s'en furent à leur maison, laissant don Quichotte dans la sienne, aux mains de sa gouvernante et de sa nièce, et en compagnie du curé et du bachelier.

Don Quichotte, s'étant enfermé avec ses deux amis, leur raconta brièvement sa défaite, et l'engagement qu'il avait pris de rester chez lui pendant une année, engagement que comme chevalier errant il voulait remplir au pied de la lettre. Il ajouta qu'il avait songé à se faire berger pendant ce temps-là, afin de se distraire dans la solitude et de pouvoir y donner libre carrière à ses amoureuses pensées. Enfin, il les supplia, si leurs occupations le leur permettaient, de vouloir bien être ses compagnons. Je me propose, dit-il, d'acheter un troupeau de brebis suffisant pour pouvoir nous dire bergers. Au reste, le plus fort est fait, car j'ai trouvé des noms qui vous iront à merveille. Le curé lui ayant demandé quels étaient ses noms : Moi, reprit le chevalier, je m'appellerai le berger Quichottin; vous, seigneur bachelier, le berger Carrascon; vous, seigneur licencié, le berger Curiambro; et Sancho Panza, le berger Pancinot.

Les deux amis restèrent confondus de cette nouvelle folie ; mais de crainte que le pauvre homme ne leur échappât une troisième fois, et surtout espérant que dans le délai d'une année on parviendrait à le guérir, ils feignirent d'entrer dans son idée, applaudirent à son projet, et promirent de l'accompagner. Il y a plus, ajouta Samson Carrasco; étant, comme on le sait déjà, un de nos plus fameux poëtes, je composerai à ma fantaisie des vers pastoraux ou héroïques, afin de passer le temps. L'essentiel, c'est que nous ne laissions pas un arbre, si dur soit-il, sans y graver les noms de nos bergères, suivant le constant usage des bergers amoureux.

A merveille, repartit don Quichotte. Mais moi, je n'ai pas besoin de chercher; j'ai sous la main la sans pareille Dulcinée du Toboso, gloire de ces rivages, ornement de ces prairies, fleur de l'esprit et de la grâce, finalement, personne si accomplie qu'aucune louange ne serait à la hauteur de son mérite, quelque hyperbolique qu'elle fût.

Cela est vrai, dit le curé. Nous autres, nous chercherons par ici quelques bergerettes à notre convenance.

Et si elles nous faisaient défaut, ajouta le bachelier, nous leur donnerions les noms de ces bergères imprimées et gravées : les Philis, les Amaryllis, les Dianes, les Bélizardes, les Galatées. Puisque les livres en sont pleins et que les boutiques de libraires en regorgent, nous pouvons bien nous en passer la fantaisie. Si ma dame, ou pour mieux dire ma bergère, s'appelle Anne par hasard, je la célébrerai sous le nom d'Anarda; si Françoise, je la nommerai Francine; Lucie, Lucinde, et ainsi du reste. De cette manière, tout sera pour le mieux. Sancho lui-même, s'il entre dans notre confrérie, pourra chanter sa Thérèse sous le nom de Thérésine.

Don Quichotte applaudit; et le curé, l'ayant comblé d'éloges pour une si honorable résolution, s'offrit de nouveau à lui tenir compagnie tout le temps que ne réclameraient pas les devoirs de son ministère. L'affaire convenue, les deux amis prirent congé du chevalier, en l'engageant à bien se soigner et à ne rien négliger de ce qui pourrait lui être salutaire.

Le sort voulut que la nièce et la gouvernante entendissent toute la conversation; aussi, dès que don Quichotte fut seul, elles entrèrent dans sa chambre.

Quoi, mon oncle, dit la nièce : lorsque nous pensions que Votre Grâce venait enfin se retirer dans sa maison pour y vivre tranquillement, voilà que vous vous embarquez dans de nouvelles aventures et que vous pensez à vous faire berger! Croyez-moi, la paille est trop mûre pour en faire des chalumeaux. Et comment, ajouta la gouvernante, Votre Grâce fera-t-elle pour passer les après-midi d'été, les nuits d'hiver à la belle étoile et entendre les hurlements des loups? Non, non; c'est un métier d'homme robuste, endurci, élevé à la peine dès le maillot. Mal pour mal, mieux vaut encore être chevalier errant que berger. Tenez, croyez-moi; suivez mon conseil, je vous le donne à jeun, et avec mes cinquante ans : restez chez vous, occupez-vous de vos affaires, confessez-vous une fois par semaine, venez en aide aux pauvres, et sur mon âme, si mal vous en arrive...

Silence, mes enfants, répondit don Quichotte; vous ne m'apprendrez pas ce que j'ai à faire. Menez-moi au lit, car je ne me sens pas bien, et sachez que, soit chevalier errant, soit berger errant, je ne cesserai de veiller à ce que vous ne manquiez de rien, comme l'avenir vous l'apprendra.

Sur ce, les deux bonnes filles le conduisirent à son lit, ne songeant qu'à le choyer de leur mieux.

CHAPITRE LXXIV

Comme quoi don Quichotte tomba malade, du testament qu'il fit, et de sa mort.

Comme rien n'est éternel ici-bas, comme toute chose y va déclinant de son origine à sa fin dernière, principalement la vie de l'homme, comme enfin don Quichotte n'avait reçu du ciel aucun privilége particulier pour prolonger le cours de la sienne, sa fin arriva au moment où il y pensait le moins. Soit par suite de la mélancolie que lui causait le sentiment de sa défaite, soit par la volonté du ciel qui en ordonnait ainsi, il fut pris d'une fièvre obstinée, qui le retint au lit six jours, pendant lesquels le visitèrent maintes fois ses amis le curé, le bachelier et le barbier, sans que le fidèle Sancho quittât son chevet un seul instant. Pensant que la honte d'avoir été vaincu et le chagrin de ne pas voir s'accomplir la délivrance de Dulcinée le tenaient en cet état, chacun d'eux cherchait à le distraire de son mieux. Allons, lui disait le bachelier, prenez courage et levez-vous, afin de commencer notre vie pastorale. J'ai composé tout exprès une églogue qui damera le pion aux églogues mêmes de Sannazar, et j'ai acheté à un berger de Quintanar deux fameux chiens de garde pour notre troupeau; l'un s'appelle Barcino, l'autre Butron.

Le seigneur Carrasco avait beau faire, rien ne pouvait tirer don

Quichotte de son abattement. On appela le médecin, qui lui tâta le pouls, n'en fut pas fort satisfait, et dit qu'il fallait sans perdre de temps songer à la santé de l'âme, celle du corps étant en danger. Notre héros entendit cet arrêt d'un esprit calme et résigné; mais il n'en fut pas de même de sa gouvernante, de sa nièce et de son écuyer, qui tous trois se mirent à pleurer comme s'ils l'eussent vu déjà mort. L'avis du médecin fut qu'il était miné par un chagrin secret. Don Quichotte, voulant reposer un peu, demanda qu'on le laissât seul. On s'éloigna, et il dormit d'une seule traite pendant plus de six heures, si bien que sa gouvernante et sa nièce crurent qu'il allait passer durant son sommeil. A la fin pourtant il s'éveilla en s'écriant : Béni soit le Dieu tout-puissant qui m'a accordé un pareil bienfait! Oui, sa miséricorde est infinie, et les péchés des hommes ne sauraient ni l'éloigner, ni l'affaiblir.

Frappée de ces paroles, qui lui parurent plus raisonnables que de coutume : Que dites-vous, seigneur? demanda la nièce; que parlez-vous de miséricordes et de péchés des hommes?

Ma fille, répondit don Quichotte, ces miséricordes sont celles dont Dieu vient à l'instant même de me combler; et je disais qu'il ne s'est pas arrêté à mes péchés. Oui, je me sens l'esprit libre et dégagé des ombres épaisses dont l'avait obscurci l'insipide et continuelle lecture des exécrables livres de chevalerie : aujourd'hui j'en reconnais l'extravagance et la fausseté; et je n'ai qu'un regret, c'est que désabusé trop tard je n'ai plus le temps de lire d'autres livres qui puissent éclairer mon âme. Je me sens près de ma fin, ma chère nièce, et je voudrais en faire une d'où l'on conclût que ma vie n'a pas été si mauvaise que je doive laisser après moi la réputation d'un fou. J'ai été fou, j'en conviens; mais je ne voudrais pas que ma mort en fût la preuve. Mon enfant, fais venir mes bons amis le curé, le bachelier Samson Carrasco, et maître Nicolas le barbier; je désire me confesser et faire mon testament.

La nièce fut dispensée de ce soin, car ils entraient au même instant. Félicitez-moi, mes bons amis, leur dit le pauvre hidalgo en les voyant, félicitez-moi, je ne suis plus don Quichotte de la Manche, mais Alonzo Quixano, que la douceur de ses mœurs fit surnommer le Bon. Je suis à cette heure l'ennemi déclaré d'Amadis de Gaule et de toute sa postérité; j'ai pris en aversion les profanes histoires de la chevalerie errante; je reconnais le danger que leur lecture m'a fait courir; enfin, par la miséricorde de Dieu, devenu sage à mes dépens, je les abhorre et les déteste!

Quand les trois amis l'entendirent parler de la sorte, ils s'imaginèrent qu'il venait d'être atteint d'une nouvelle folie.

Comment, seigneur, lui dit Samson Carrasco, maintenant que nous savons à n'en pas douter que madame Dulcinée est désenchantée, vous nous la donnez belle! Et quand nous sommes sur le point de nous faire bergers pour passer la vie en chantant comme des princes, vous parlez de vous faire ermite! De grâce! revenez à vous, et laissez là ces sornettes.

Les sornettes qui m'ont occupé jusqu'à présent, reprit don Quichotte, n'ont été que trop réelles, et à mon grand préjudice; puisse ma mort, avec l'aide du ciel, les faire tourner à mon profit! Seigneurs, je sens que je marche vers ma fin; ce n'est plus l'heure de plaisanter; j'ai besoin d'un prêtre pour me confesser, et d'un notaire pour recevoir mon testament. Dans une pareille situation l'homme ne doit point jouer avec son âme. Je vous en supplie, laissez-moi avec le seigneur curé, qui voudra bien écouter ma confession, et, pendant ce temps, qu'on aille chercher le notaire.

Ils se regardaient tous, étonnés d'un pareil langage; mais il fallut se rendre, car pour eux un des signes certains que le malade se mourait était ce retour à la raison; d'autant plus qu'à ses premiers discours il en ajouta d'autres en termes si chrétiens, si bien suivis, que leurs derniers doutes ayant disparu, ils reconnurent qu'il avait recouvré son bon sens.

Le curé fit retirer tout le monde, et resta seul avec le mourant, qu'il confessa pendant que Carrasco allait chercher le notaire. Bientôt le bachelier fut de retour, amenant avec lui Sancho; quand ce dernier, qui avait appris le triste état de son maître, vit la gouvernante et la nièce tout en larmes, il se mit à sangloter avec elles.

La confession terminée, le curé sortit en disant : Oui, mes amis, Alonzo Quixano est guéri de sa folie, mais il se meurt. Entrez, afin qu'il fasse son testament.

Ces paroles furent une nouvelle provocation aux yeux pleins de larmes de la gouvernante, de la nièce et du fidèle Sancho Panza; elles les firent pleurer et soupirer de plus belle; car, ainsi qu'on l'a déjà dit, don Quichotte, tout le temps qu'il fut Alonzo Quixano le Bon, comme tout le temps qu'il fut don Quichotte de la Manche, montra le meilleur naturel, et son commerce fut des plus agréables, de sorte qu'il n'était pas seulement aimé des gens de sa maison, mais de tous ceux qui le connaissaient.

Le notaire étant entré, écrivit le préambule du testament, dans

CHAPITRE LXXIV.

lequel don Quichotte recommandait son âme à Dieu, avec les pieuses formules en usage ; puis, passant aux legs, le mourant dicta ce qui suit :

Item, ma volonté est qu'ayant eu avec Sancho Panza, lequel, dans ma folie, je fis mon écuyer, plusieurs difficultés en règlement de compte, à propos de certaines sommes qu'il a à moi, on ne lui réclame rien ; de plus, s'il reste quelque chose quand il sera payé de ce que je lui dois, que cet excédant, qui ne peut être considérable, lui soit laissé en propre ; et grand bien lui fasse. Et si, de même qu'étant fou, je lui fis obtenir le gouvernement d'une île, je pouvais, maintenant que je suis en possession de ma raison, lui donner celui d'un royaume, je le lui donnerais, la simplicité de son caractère et la fidélité de ses services ne méritant pas moins.

Se tournant vers Sancho, il ajouta : Pardonne-moi, mon ami, de t'avoir fourni l'occasion de paraître aussi fou que moi-même, en t'entraînant dans l'erreur où je suis tombé relativement à l'existence des chevaliers errants.

Hélas ! ne mourez pas, mon bon maître, répondit Sancho en sanglotant ; croyez-moi, vivez, vivez longtemps ; la plus grande folie que puisse faire un homme en cette vie, c'est de se faire mourir lui-même, en s'abandonnant à la mélancolie. Allons, un peu de courage, levez-vous, et gagnons les champs en costume de bergers, comme nous en sommes convenus ; peut-être derrière quelque buisson trouverons-nous madame Dulcinée désenchantée, ce qui vous ravira. Que si Votre Grâce se meurt du chagrin d'avoir été vaincue, rejetez-en sur moi toute la faute, et dites qu'on vous a culbuté parce que j'avais mal sanglé Rossinante. Et puis n'avez-vous pas vu dans vos livres qu'il arrive souvent aux chevaliers de se culbuter les uns les autres, et que tel est vaincu aujourd'hui, qui demain revient vainqueur ?

Rien de plus vrai, ajouta Samson Carrasco, et à cet égard le bon Sancho a raison.

Doucement, mes amis, reprit don Quichotte, les oiseaux sont dénichés. J'ai été fou, mais à cette heure, je viens de recouvrer la raison ; j'ai été don Quichotte de la Manche, et maintenant, je le répète, me voilà redevenu Alonzo Quixano. Puissent mon repentir et ma sincérité me rendre l'estime que Vos Grâces avaient pour moi. Que le seigneur notaire continue :

Item, je lègue tous mes biens meubles et immeubles à Antonia

Quixana, ma nièce ici présente, après qu'on aura prélevé, sur le plus clair de ma succession, les sommes nécessaires au service des legs que je fais, en commençant par les gages de ma gouvernante pour tout le temps qu'elle m'a servi, et, de plus, vingt ducats pour un habillement. Je nomme pour mes exécuteurs testamentaires le seigneur curé et le seigneur bachelier Samson Carrasco, ici présents;

Item, ma volonté est que si Antonia Quixana, ma nièce, veut se marier, on s'assure d'abord, et cela par enquête judiciaire, que l'homme qu'elle épouse ne sait pas même ce que c'est que les livres de chevalerie. Dans le cas contraire, et si cependant ma nièce persiste à l'épouser, je veux qu'elle perde tout ce que je lui lègue, et mes exécuteurs testamentaires pourront employer la somme en œuvres pies, à leur volonté;

Item, je supplie ces seigneurs, mes exécuteurs testamentaires, si de fortune ils venaient à rencontrer l'auteur qui a composé, dit-on, une histoire intitulée : *Seconde partie des aventures de don Quichotte de la Manche*, de le prier de ma part, avec toutes sortes d'instances, de me pardonner l'occasion que je lui ai si involontairement donnée d'écrire tant et de si énormes sottises; car je quitte cette vie avec un véritable remords de lui en avoir fourni le prétexte.

Son testament signé et scellé, notre héros fut pris d'une grande défaillance, et s'étendit dans son lit. On s'empressa de lui porter secours; mais pendant les trois jours qu'il vécut encore, il s'évanouissait à chaque instant. La maison était sens dessus dessous; néanmoins la nièce mangeait de bon appétit, la gouvernante portait des santés, Sancho prenait ses ébats; tant l'espoir d'un prochain héritage suffit pour adoucir dans le cœur du légataire le sentiment de regret que devrait y laisser la perte du défunt.

Enfin, don Quichotte expira après avoir reçu les sacrements, et prononcé à plusieurs reprises les plus énergiques malédictions contre les livres de chevalerie. Le notaire déclara n'avoir jamais vu dans les livres qu'aucun chevalier errant fût mort dans son lit aussi paisiblement et aussi chrétiennement que don Quichotte, lequel rendit l'âme, je veux dire mourut, au milieu de la douleur et des larmes de tous ceux qui l'entouraient. Le voyant expiré, le curé pria le notaire d'attester comme quoi Alonzo Quixano le Bon, communément appelé don Quichotte de la Manche, était passé de cette vie en l'autre, et

CHAPITRE LXXIV.

décédé naturellement; ajoutant que s'il lui demandait cette attestation c'était pour empêcher que, contrairement à la vérité, un faux cid Hamet Ben-Engeli le ressuscitât, et composât sur ses prouesses d'interminables histoires.

Telle fut la fin de l'*ingénieux chevalier don Quichotte de la Manche*, dont cid Hamet ne voulut pas indiquer le pays natal, afin que toutes les villes et tous les bourgs de la Manche se disputassent l'insigne honneur de l'avoir vu naître et de le compter parmi leurs enfants, comme le firent sept villes de la Grèce à propos d'Homère [1]. On ne dira rien ici des pleurs de Sancho Panza, de la nièce et de la gouvernante, ni des épitaphes, assez originales, composées pour la tombe de don Quichotte. Voici cependant celle qu'y inscrivit Samson Carrasco :

« Ci gît le redoutable hidalgo qui porta si loin la valeur, que la mort ne put triompher de lui, même en le mettant au tombeau.

« Il brava l'univers entier, dont il fut l'admiration et l'effroi, et son bonheur fut de mourir sage après avoir vécu fou ! »

Ici le très-sage cid Hamet dit à sa plume :

« O ma petite plume, bien ou mal taillée, je ne sais, tu vas demeurer suspendue à ce fil de laiton; là tu resteras des siècles, à moins que de présomptueux historiens ne t'enlèvent de cette place pour te profaner. S'ils l'osaient, crie-leur :

« Halte-là, félons, halte-là; que personne ne me touche; car cette entreprise, bon roi, à moi seule était réservée [2]. »

« Pour moi seul, oui, pour moi seul naquit don Quichotte, et moi pour lui. Il sut agir et moi écrire. Nous ne faisons qu'un, en dépit du pseudonyme écrivain qui osa, et qui peut-être oserait encore écrire avec une lourde plume d'oie les prouesses de mon vaillant chevalier. Mais ce n'est pas là un fardeau à sa taille, ni un thème pour son esprit sec et froid. Si d'aventure tu parviens à le connaître, conseille-lui de laisser reposer en paix les os fatigués et déjà pourris de don Quichotte, et de ne pas essayer de le ressusciter, contre les priviléges de la mort, en le tirant de la sépulture où il gît étendu tout de son

---

1. En écrivant ces lignes, il semble que Cervantes ait eu le pressentiment qu'un jour huit villes d'Espagne se disputeraient l'honneur de l'avoir vu naître.
2. Ce passage est la traduction de quatre vers d'un ancien romancero.

long, hors d'état de faire une nouvelle sortie et une troisième campagne[1]. Pour livrer au ridicule celles de tant de chevaliers errants, il suffit des deux qu'il a faites, et qui ont si franchement désopilé nationaux et étrangers. En agissant ainsi, tu rempliras le devoir du chrétien, lequel doit toujours s'efforcer de donner un bon conseil à un ennemi. Quant à moi, je serai heureux et fier d'avoir retiré de mes écrits le fruit que j'en attendais; car mon seul désir était de couvrir d'un ridicule justement mérité les fausses et extravagantes histoires des livres de chevalerie, déjà frappés à mort par celle de mon véritable don Quichotte, et qui bientôt sans doute tomberont pour ne plus se relever. Adieu. »

1. A la fin de son livre, l'imitateur Avellaneda avait annoncé une troisième partie.

FIN DE DON QUICHOTTE.

TABLE

DEUXIÈME PARTIE

	Pages.
Préface..	I
Chap. I. De ce qui se passa entre le curé et le barbier avec don Quichotte, au sujet de sa maladie..	1
II. Qui traite de la grande querelle qu'eut Sancho Panza avec la nièce et la gouvernante, ainsi que d'autres plaisants événements......	10
III. Du risible entretien qu'eurent ensemble don Quichotte, Sancho Panza et le bachelier Samson Carrasco.......................	14
IV. Où Sancho Panza répond aux questions et éclaircit les doutes du bachelier Samson Carrasco, avec d'autres événements dignes d'être racontés..	20
V. Du spirituel, profond et gracieux entretien de Sancho et de sa femme, avec d'autres événements dignes d'heureuse souvenance.	24
VI. Qui traite de ce qui arriva à don Quichotte avec sa nièce et sa gouvernante, et l'un des plus importants chapitres de cette histoire..	29
VII. De ce qui se passa entre don Quichotte et son écuyer, ainsi que d'autres événements on ne peut plus dignes de mémoire........	33
VIII. De ce qui arriva à don Quichotte et à Sancho, en allant voir Dulcinée..	39
IX. Où l'on raconte ce qu'on y verra...............................	45
X. Où l'on raconte le stratagème qu'employa Sancho pour enchanter Dulcinée, avec d'autres événements non moins plaisants que véritables..	48
XI. De l'étrange aventure du char des Cortès de la Mort...............	55
XII. De l'étrange aventure qui arriva au valeureux don Quichotte, avec le grand chevalier des Miroirs............................	60
XIII. Où se poursuit l'aventure du chevalier du Bocage avec le piquant dialogue qu'eurent ensemble les écuyers......................	65
XIV. Où se poursuit l'aventure du chevalier du Bocage................	70
XV. Quels étaient le chevalier des Miroirs, et l'écuyer au grand nez....	79
XVI. De ce qui arriva à don Quichotte avec un chevalier de la Manche..	80

TABLE.

CHAPITRES.		Pages.
XVII.	De la plus grande preuve de courage qu'ait jamais donnée don Quichotte, et de l'heureuse fin de l'aventure des lions..........	87
XVIII.	De ce qui arriva à don Quichotte dans la maison de don Diégo....	95
XIX.	De l'aventure du berger amoureux, et de plusieurs autres choses..	102
XX.	Des noces de Gamache, et de ce qu'y fit Basile.................	108
XXI.	Suite des noces de Gamache, et des choses étranges qui y arrivèrent.....................	115
XXII.	De l'aventure inouïe de la caverne de Montesinos, dont le valeureux don Quichotte vint à bout.....................	120
XXIII.	Des admirables choses que l'incomparable don Quichotte prétendit avoir vues dans la profonde caverne de Montesinos, et dont l'invraisemblance et la grandeur font que l'on tient cette aventure pour apocryphe.....................	126
XXIV.	Où l'on verra mille babioles aussi ridicules qu'elles sont nécessaires pour l'intelligence de cette véridique histoire............	135
XXV.	De l'aventure du braiment de l'âne, de celle du joueur de marionnettes, et des divinations admirables du singe.................	140
XXVI.	De la représentation du tableau, avec d'autres choses qui ne sont en vérité que mauvaises.....................	147
XXVII.	Où l'on apprend ce qu'étaient maître Pierre et son singe, avec le fameux succès qu'eut don Quichotte dans l'aventure du braiment, qu'il ne termina pas comme il l'avait pensé...................	154
XXVIII.	Des grandes choses que dit Ben-Engeli, et que saura celui qui les lira s'il les lit avec attention.....................	159
XXIX.	De la fameuse aventure de la barque enchantée................	163
XXX.	De ce qui arriva à don Quichotte avec une belle chasseresse.......	168
XXXI.	Qui traite de plusieurs grandes choses.......................	172
XXXII.	De la réponse que fit don Quichotte aux invectives de l'ecclésiastique.....................	179
XXXIII.	De la conversation qui eut lieu entre la duchesse et Sancho Panza, conversation digne d'être lue avec attention....................	189
XXXIV.	Des moyens qu'on trouva pour désenchanter Dulcinée............	195
XXXV.	Suite des moyens qu'on prit pour désenchanter Dulcinée, etc.......	201
XXXVI.	De l'étrange et inouïe aventure de la duègne Doloride, appelée la comtesse Trifaldi, et d'une lettre que Sancho écrivit à sa femme.	206
XXXVII.	Suite de la fameuse aventure de la duègne Doloride..............	210
XXXVIII.	Où la duègne Doloride raconte son aventure.....................	212
XXXIX.	Suite de l'étonnante et mémorable histoire de la comtesse Trifaldi.	217
XL.	Suite de cette aventure, avec d'autres choses de même importance..	219
XLI.	De l'arrivée de Chevillard, et de la fin de cette longue et terrible aventure.....................	224
XLII.	Des conseils que don Quichotte donna à Sancho Panza touchant le gouvernement de l'île, etc.....................	232

Chapitres.		Pages.
XLIII.	Suite des conseils que don Quichotte donna à Sancho	236
XLIV.	Comment Sancho alla prendre possession du gouvernement de l'île, et de l'étrange aventure qui arriva à don Quichotte dans le château	241
XLV.	Comment le grand Sancho prit possession de son île, et de la manière dont il gouverna	248
XLVI.	De l'épouvantable charivari que reçut don Quichotte pendant qu'il rêvait à l'amour d'Altisidore	253
XLVII.	Suite du gouvernement du grand Sancho Panza	257
XLVIII.	De ce qui arriva à don Quichotte avec la senora Rodriguez, et d'autres choses aussi admirables	264
XLIX.	De ce qui arriva à Sancho Panza, en faisant la ronde dans son île	270
L.	Des enchanteurs qui fouettèrent la senora Rodriguez et qui égratignèrent don Quichotte	279
LI.	Suite du gouvernement de Sancho Panza	286
LII.	Aventure de la seconde Doloride, autrement la senora Rodriguez	293
LIII.	De la fin du gouvernement de Sancho Panza	298
LIV.	Qui traite des choses relatives à cette histoire et non à d'autres	303
LV.	De ce qui arriva à Sancho en chemin	308
LVI.	De l'étrange combat de don Quichotte et du laquais Tosilos, au sujet de la fille de la senora Rodriguez	313
LVII.	Comment don Quichotte prit congé du duc, et de ce qui lui arriva avec la belle Altisidore, demoiselle de la duchesse	317
LVIII.	Comment don Quichotte rencontra aventures sur aventures, et en si grand nombre, qu'il ne savait de quel côté se tourner	320
LIX.	De ce qui arriva à don Quichotte, et que l'on peut véritablement appeler une aventure	329
LX.	De ce qui arriva à don Quichotte en allant à Barcelone	335
LXI.	De ce qui arriva à don Quichotte à son entrée dans Barcelone, avec d'autres choses qui semblent plus vraies que raisonnables	345
LXII.	Aventure de la tête enchantée, ainsi que d'autres enfantillages qu'on ne peut s'empêcher de raconter	347
LXIII.	Du plaisant résultat qu'eut pour Sancho sa visite aux galères, et de l'aventure de la belle Morisque	357
LXIV.	De l'aventure qui causa le plus de chagrin à don Quichotte parmi toutes celles qui lui fussent jamais arrivées	364
LXV.	Où l'on fait connaître qui était chevalier de la Blanche-Lune, et où l'on raconte la délivrance de don Gregorio, ainsi que d'autres événements	367
LXVI.	Qui traite de ce que verra celui qui voudra le lire	371

CHAPITRES.		Pages.
LXVII.	De la résolution que prit don Quichotte de se faire berger tout le temps qu'il était obligé de ne point porter les armes............	375
LXVIII.	Aventure de nuit, qui fut plus sensible à Sancho qu'à don Quichotte..	379
LXIX.	De la plus surprenante aventure qui soit arrivée à don Quichotte dans tout le cours de cette grande histoire....................	384
LXX.	Qui traite de choses fort importantes pour l'intelligence de cette histoire...	388
LXXI.	Où Sancho se met en devoir de désenchanter Dulcinée...........	393
LXXII.	Comment don Quichotte et Sancho arrivèrent à leur village.......	398
LXXIII.	De ce que don Quichotte rencontra, et qu'il imputa à mauvais présage...	402
LXXIV.	Comme quoi don Quichotte tomba malade, du testament qu'il fit, et de sa mort..	406

PARIS. — IMPRIMERIE DE J. CLAYE
RUE SAINT-BENOIT, 7

www.ingramcontent.com/pod-product-compliance
Lightning Source LLC
Chambersburg PA
CBHW071108230426
43666CB00009B/1866